广西统计年鉴

GUANGXI STATISTICAL YEARBOOK

广西壮族自治区统计局 编

Compiled By Guangxi Statistical Bureau

中国统计出版社

China Statistics Press

图书在版编目(CIP)数据

广西统计年鉴. 2017:汉英对照/广西壮族自治区统计局编. —北京:中国统计出版社,2017.8
ISBN 978-7-5037-8257-2

Ⅰ. ①广… Ⅱ. ①广… Ⅲ. ①统计资料-广西-2017-年鉴-汉、英 Ⅳ. ①C832.67-54

中国版本图书馆 CIP 数据核字(2017)第 184162 号

广西统计年鉴—2017

作　　者/ 广西壮族自治区统计局
责任编辑/ 佘竞雄　熊　威　林道珠
装帧设计/ 蔡　英
出版发行/ 中国统计出版社
地　　址/ 北京市丰台区西三环南路甲 6 号
邮政编码/ 100073
电　　话/ 邮购(010)63376909　书店(010)68783171
网　　址/ http://www.zgtjcbs.com
印　　刷/ 广西民族印刷包装集团有限公司
经　　销/ 新华书店
开　　本/ 890mm×1240mm　1/16
字　　数/ 1610 千字
印　　张/ 44.75
版　　别/ 2017 年 10 月第 1 版
版　　次/ 2017 年 10 月第 1 次印刷
定　　价/ 360.00 元

本书附同版本 CD-ROM 一张,光盘内容以书面文字为准。
如有印装差错,由本社发行部调换。

编 者 说 明

一、《广西统计年鉴—2017》是一部全面反映广西壮族自治区国民经济和社会发展情况的大型资料性年刊。本书收录了全自治区2016年和1978年以来重要年份的主要统计数据，各市县（区）2016年的主要统计数据。

二、全书内容分为23个篇章，即：1.综合； 2.人口；3.国民经济核算；4.从业人员和职工工资；5.物价；6.人民生活；7.财政、金融和保险；8.资源与环境；9.能源生产与消费；10.固定资产投资；11.城市概况；12.对外经济贸易； 13.农业；14.工业；15.建筑业；16.批发和零售业；17.住宿餐饮业和旅游；18.交通、运输和邮电通信； 19.教育、科技和文化；20.体育、卫生、社会福利；21.区域经济；22.各市基本情况；23.县（市、区）基本情况。为便于读者更直观地了解全书内容和正确使用资料，篇章的后面附有主要统计指标解释。附录内容有：2016年广西国民经济和社会发展统计公报。

三、资料中所使用的度量衡单位均采用国际统一标准计量单位。

四、本年鉴部分数据合计数或相对数由于单位取舍不同产生的计算误差均未作机械调整。

五、本年鉴对以前发表的统计资料重新进行审核，凡与本年鉴资料有出入的，均以本年鉴为准。

六、本年鉴的资料来源：大部分来自统计年报，部分来自抽样调查。

七、本年鉴表中的符号使用说明：

"…"表示数据不足本表最小计量单位数；

"空格"表示该项统计数据不详或无该项统计数据；

"#"表示其中的主要项。

八、鉴于统计制度的改革，对统计年鉴中某些统计指标数据相应作了调整，对这些指标我们作了脚注，请读者在使用数据时要加以注意。

九、年鉴中涉及到经济普查的有关专业数据已按照第三次全国经济普查数据进行了调整，对此在各篇中我们也相应做了说明。

十、根据全国第二次农业普查，对2006年和2007年的农林牧渔业总产值以及粮食经济作物和主要畜禽水产等指标数据进行衔接，但2005年以前的数据均未修正。

2016年实施了研发支出核算改革，并根据国家统计局的布置对2007—2015年的GDP数据进行了衔接，相关GDP计算所得数随之调整。

十一、在本年鉴的编辑过程中，得到了许多单位和同志的大力支持，在此我们深表谢意。限于我们的水平，年鉴中的错误和不足之处在所难免，恳请广大读者给予批评指正。

PREFACE

Ⅰ. Guangxi Statistical Yearbook is an annual statistics publication, which covers very comprehensive data in 2016 and some selected data series in historically important years since 1978 of the whole autonomous region, the main statistical data of city, county(district) in 2016 and therefore, reflects various aspects of Guangxi's social and economic development.

Ⅱ. This book contains the following twenty–three parts, 1.General Survey; 2.Population; 3.National Economic Accounting; 4.Employment & Wages; 5. Price; 6. People's Livelihood; 7. Finance, Banking & Insurance; 8.Natural Resources & Environment; 9. Energy Production & Consumption; 10.Investment in Fixed Assets;11. General Survey of Cities; 12.Foreign Economy & Trades; 13. Agriculture; 14. Industry; 15. Construction; 16. Wholesale & Retail Trades; 17. Hotels Catering Services & Tourism; 18. Transportation, Postal & Telecommunication Services; 19. Education, Science & Culture; 20. Sport, Public Health & Social Welfare; 21. Economic Zones; 22. Basic Statistics of Cities; 23.Basic Statistics of Counties(Cities, Districts). In Order to make readers understand the whole content of this book and use the materials correctly, most of the chapters are equipped with explanatory notes on main statistical indicators at the end. Moreover, addenda(Statistical Communique on National Economic & Social Development of Guangxi in 2015) is attached at the end of the book.

Ⅲ. The international standard unit of measurement is applied in this book.

Ⅳ. Statistical discrepancies in this book due to rounding are not adjusted.

Ⅴ. In this yearbook, the statistical materials published before have been verified again, and the data that tally with this book should take the data of this book as standard.

Ⅵ. The major data sources of this publication are obtained from annual statistical reports and some from sample surveys.

Ⅶ. Notations used in this yearbook:

"…" indicates that the figure is not large enough to be measured with the smallest unit in the table;

"(blank)" indicates that the data are not available;

"#" indicates the major items of the table.

Ⅷ. Because of innovation in statistical system, some statistical data in this yearbook have been adjusted accordingly, and we have made footnote to these indicators. The users should notice that when using these data.

Ⅸ. Since the comprehensive survey of economy has not been publicized, data that related to national economy account are from preliminary reports, and it is explanted in the chapters.

Ⅹ. According to the 2nd Agriculture Census, the data of gross output value of farming, forestry animal husbandry and fishery, and the output of grains crops, economic crops and major animals in 2006 and 2007 has been , adjusted, while the data in 2005 and before hasn't.

Due to the reform of R&D expenditure accounting by National Statistics Bureau, the data of GDP from 2007 to 2015 has been recalculated, so as the related data.

Ⅺ. During the editions of this yearbook, we have won wide support from many departments and comrades, and we deeply thanks for these all. Based on our limited level, perhaps there are some mistakes in the book, we welcome all candid comments and criticism from our readers.

《广西统计年鉴—2017》编辑委员会及编辑人员

Editorial Board & Staff of Guangxi Statistical Yearbook–2017

广西主要经济指标占全国的比重（2016 年，%）

Proportion of Guangxi to Nation on Major Indicators (2016,%)

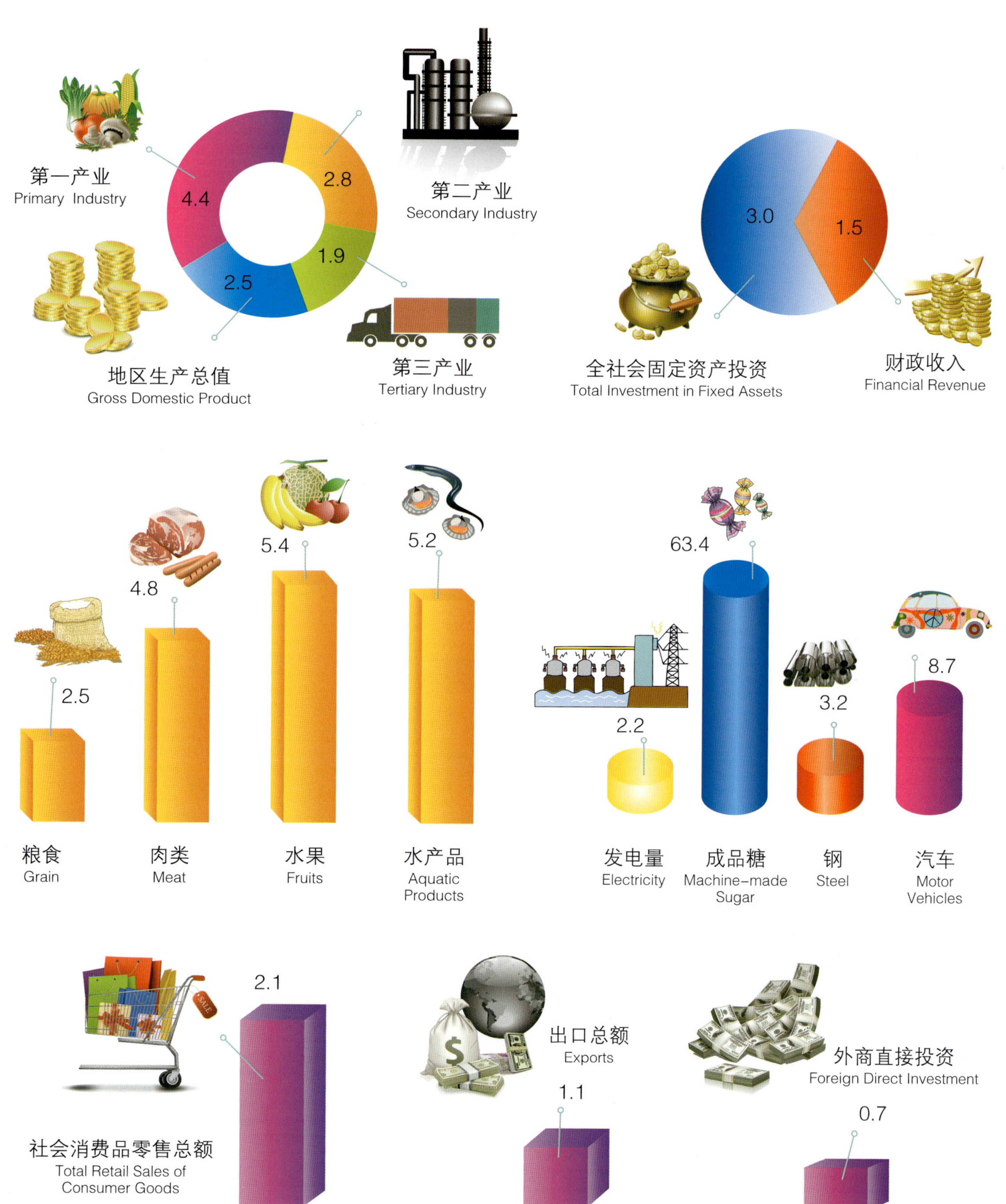

广西生产总值及增速

Guangxi Gross Domestic Product & Its Growth Rate

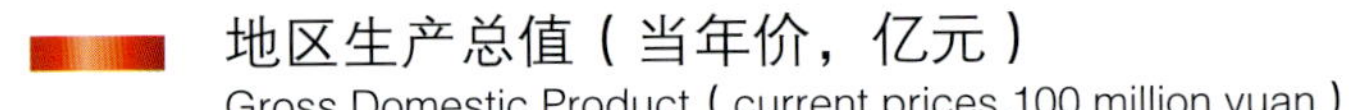

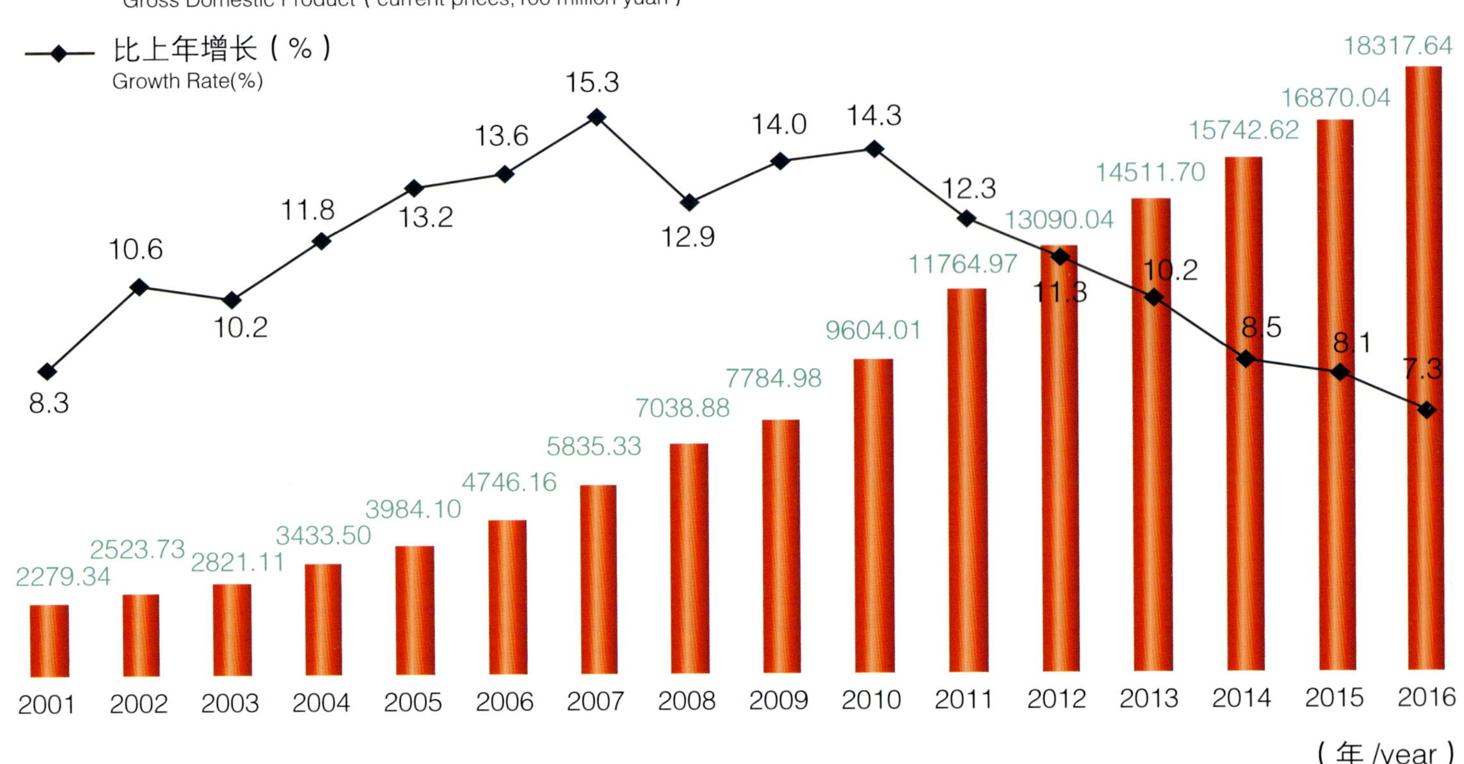

地区生产总值构成（%）

Composition of Guangxi Gross Domestic Product （%）

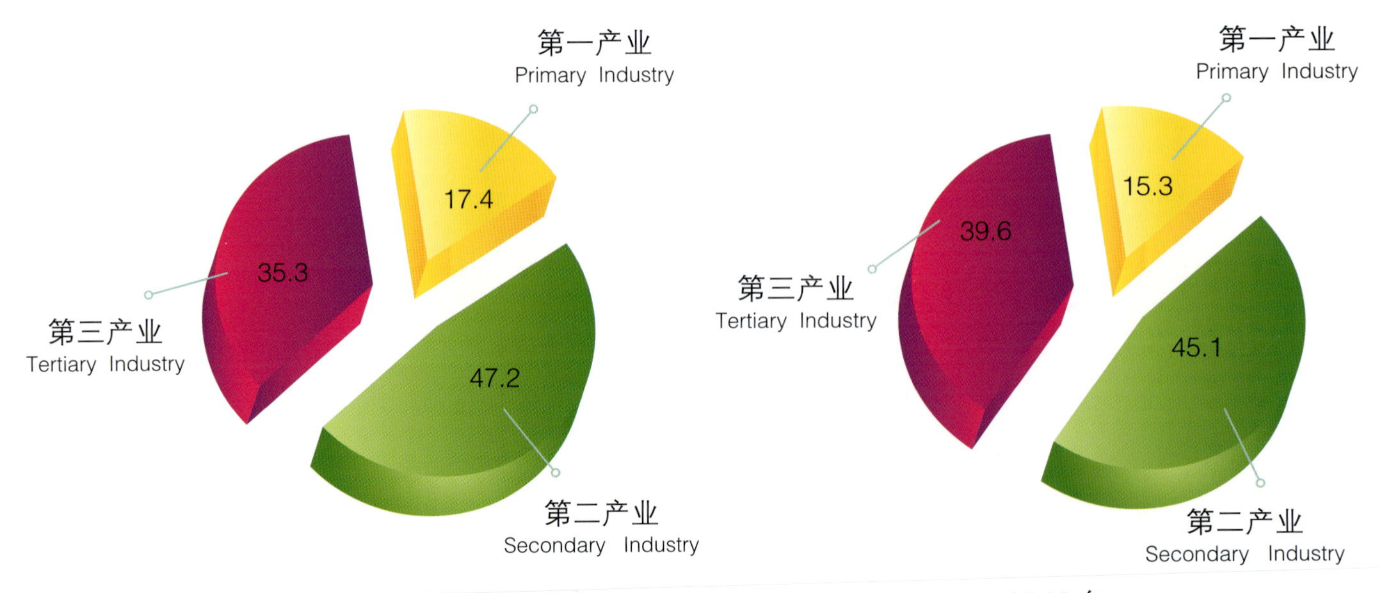

人均地区生产总值（元）

Per Capita Gross Domestic Product （yuan）

年末总人口（万人）

Total Population （10 000 persons）

性别比（以女性为 100）

Sex Ratio （Female=100）

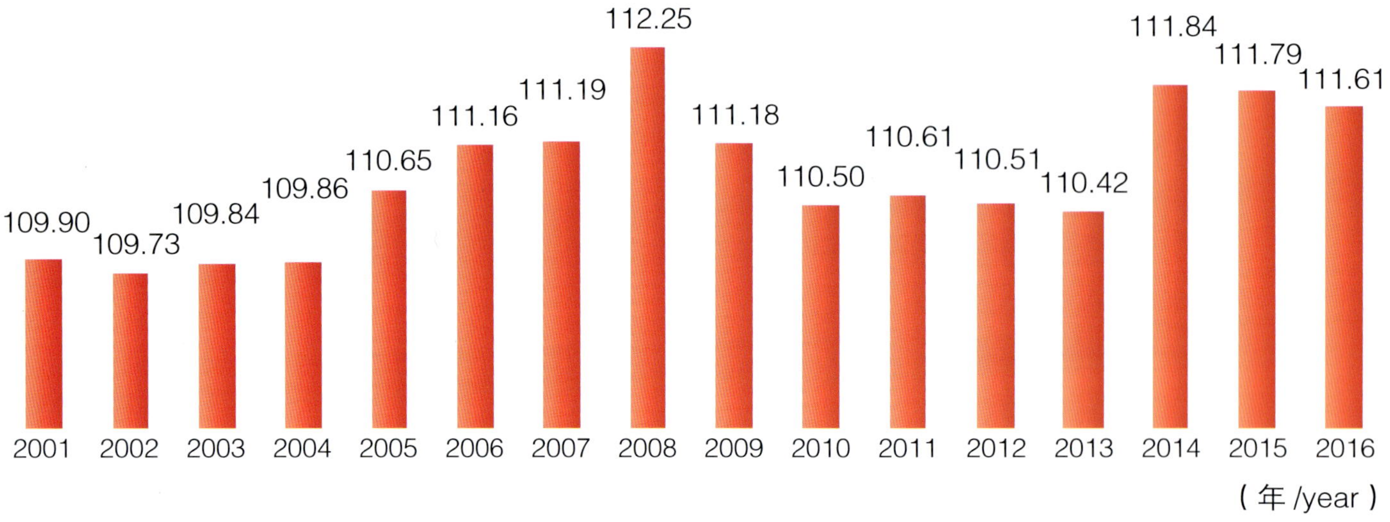

人口增长（‰）

Growth of Population （‰）

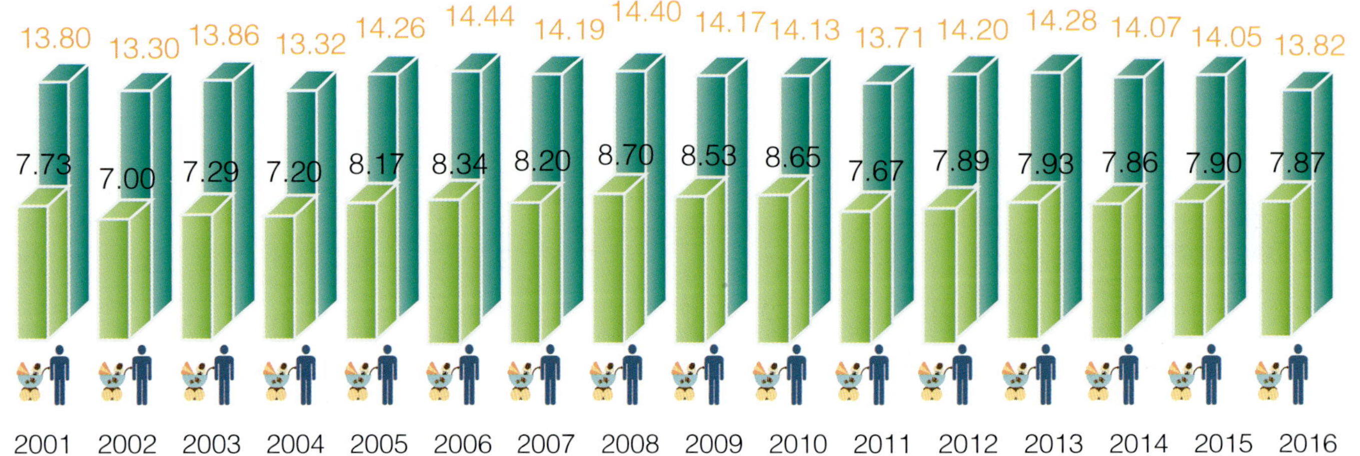

全社会从业人员（万人）

Total Employed Persons (10 000 persons)

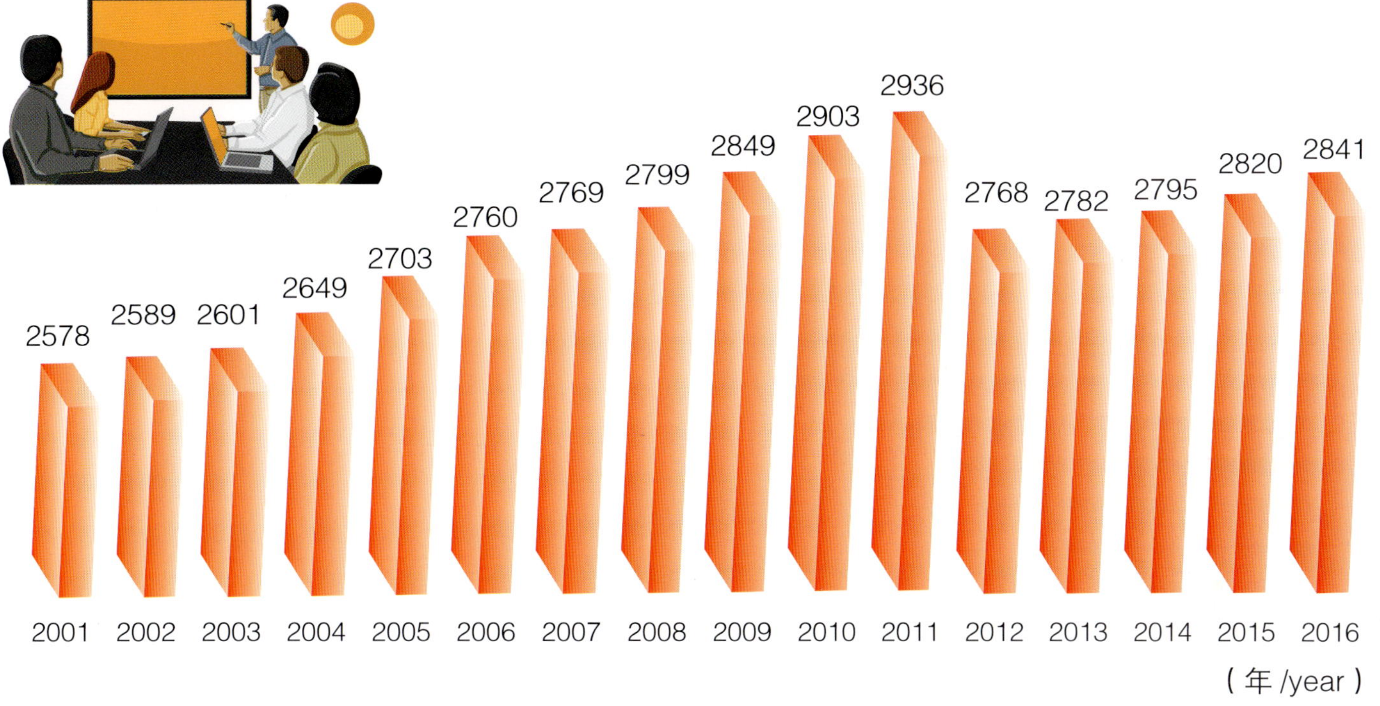

全社会从业人员构成（%）

Composition of Employment (%)

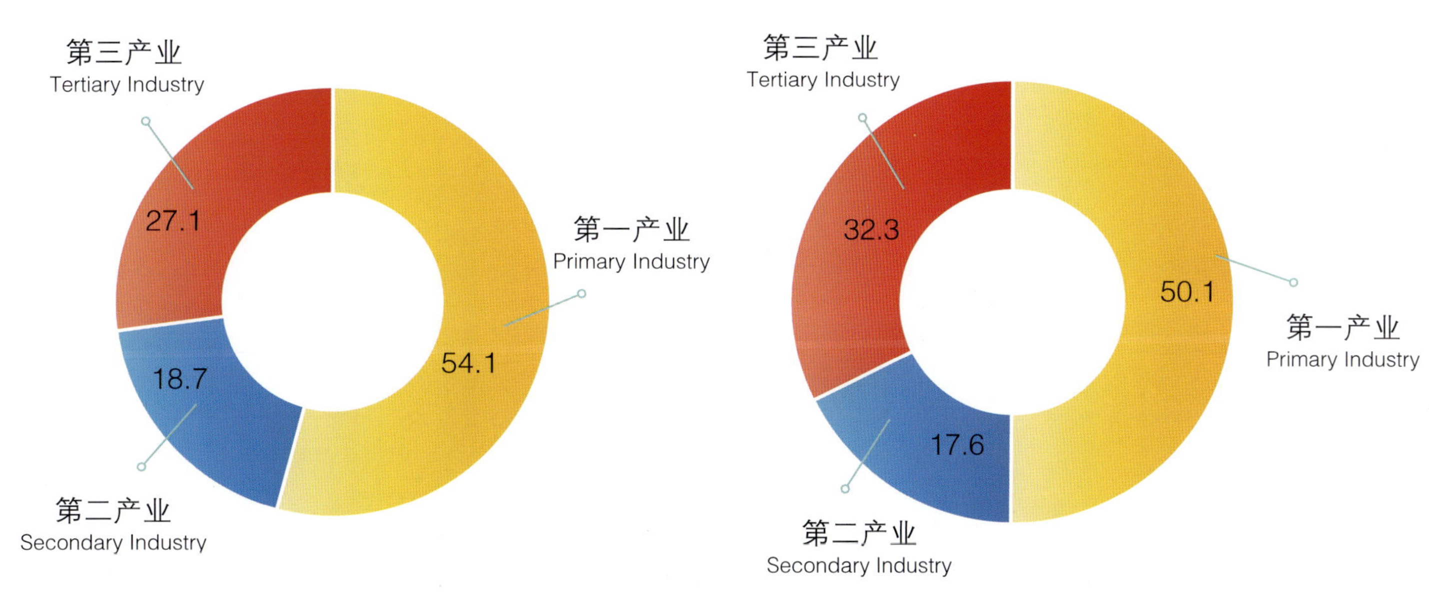

城镇单位在岗职工平均工资（元）

Average Wages of Staff & Workers at Post in Urban Units （yuan）

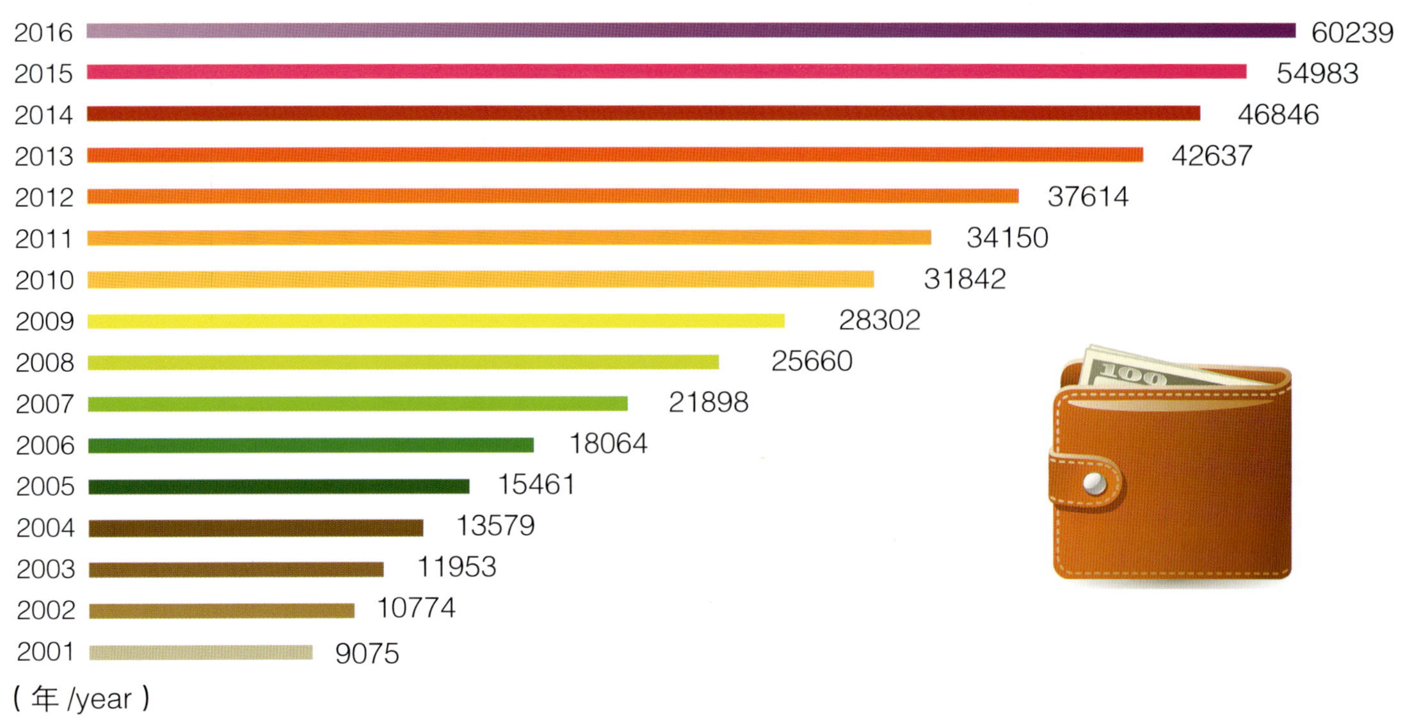

全社会固定资产投资（亿元）

Total Investment in Fixed Assets（100 million yuan）

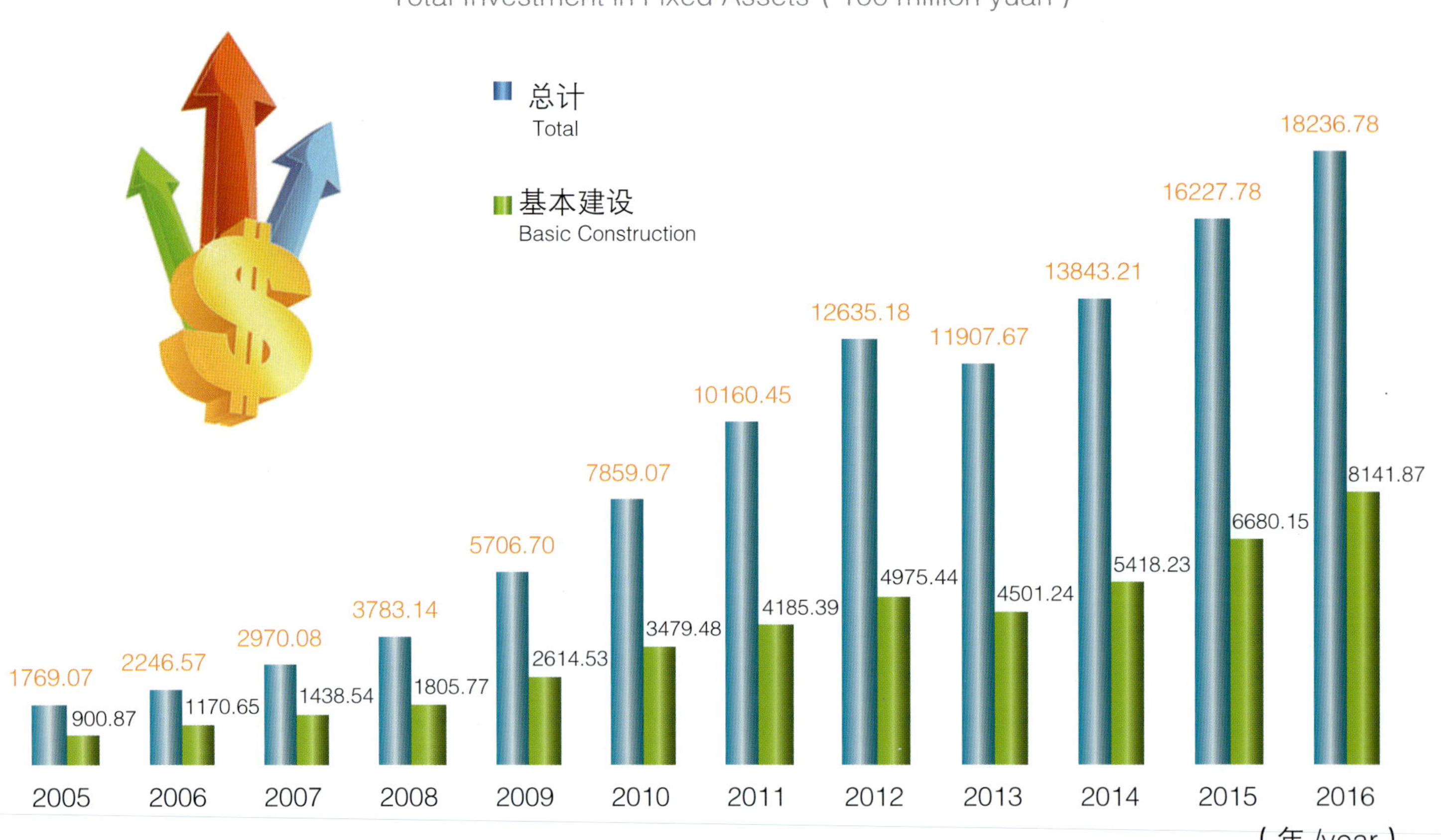

房地产投资完成额（亿元）

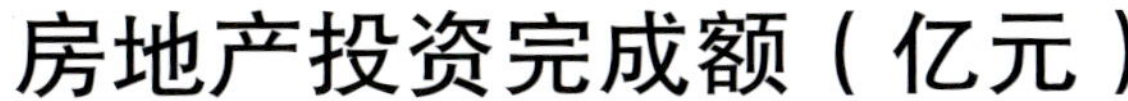

Real Estate Development（100 million yuan）

286.79
369.98
536.28
627.34
813.68
1206.22
1517.47
1554.94
1614.63
1838.49
1909.09
2397.99
2005
2006
2007
2008
2009
2010
2011
2012
2013
2014
2015
2016
（年 /year）

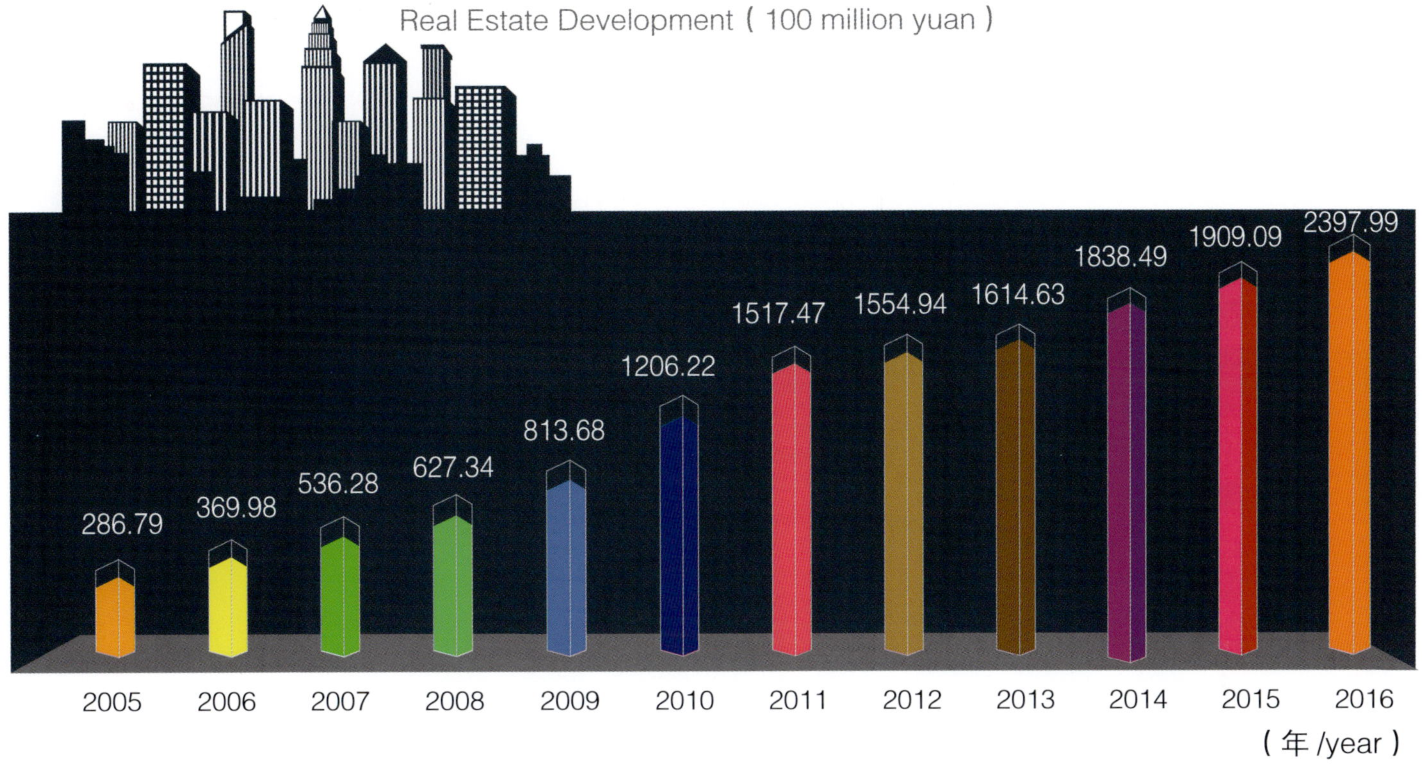

社会消费品零售总额（亿元）

Total Retail Sales of Consumer Goods （100 million yuan）

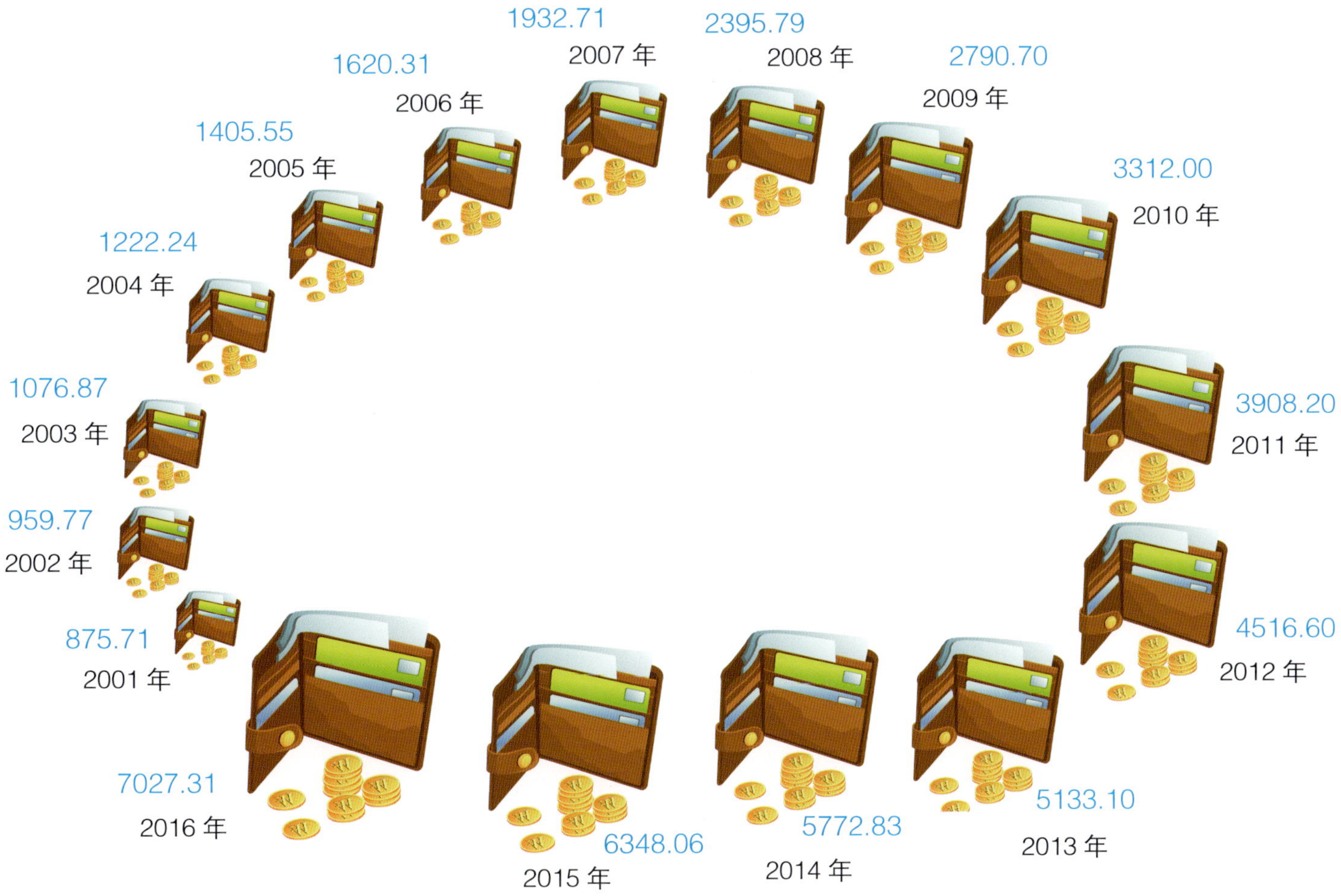

875.71
2001 年
959.77
2002 年
1076.87
2003 年
1222.24
2004 年
1405.55
2005 年
1620.31
2006 年
1932.71
2007 年
2395.79
2008 年
2790.70
2009 年
3312.00
2010 年
3908.20
2011 年
4516.60
2012 年
5133.10
2013 年
5772.83
2014 年
6348.06
2015 年
7027.31
2016 年

进出口总额（亿美元）

Total Import & Export Value （USD 100 million）

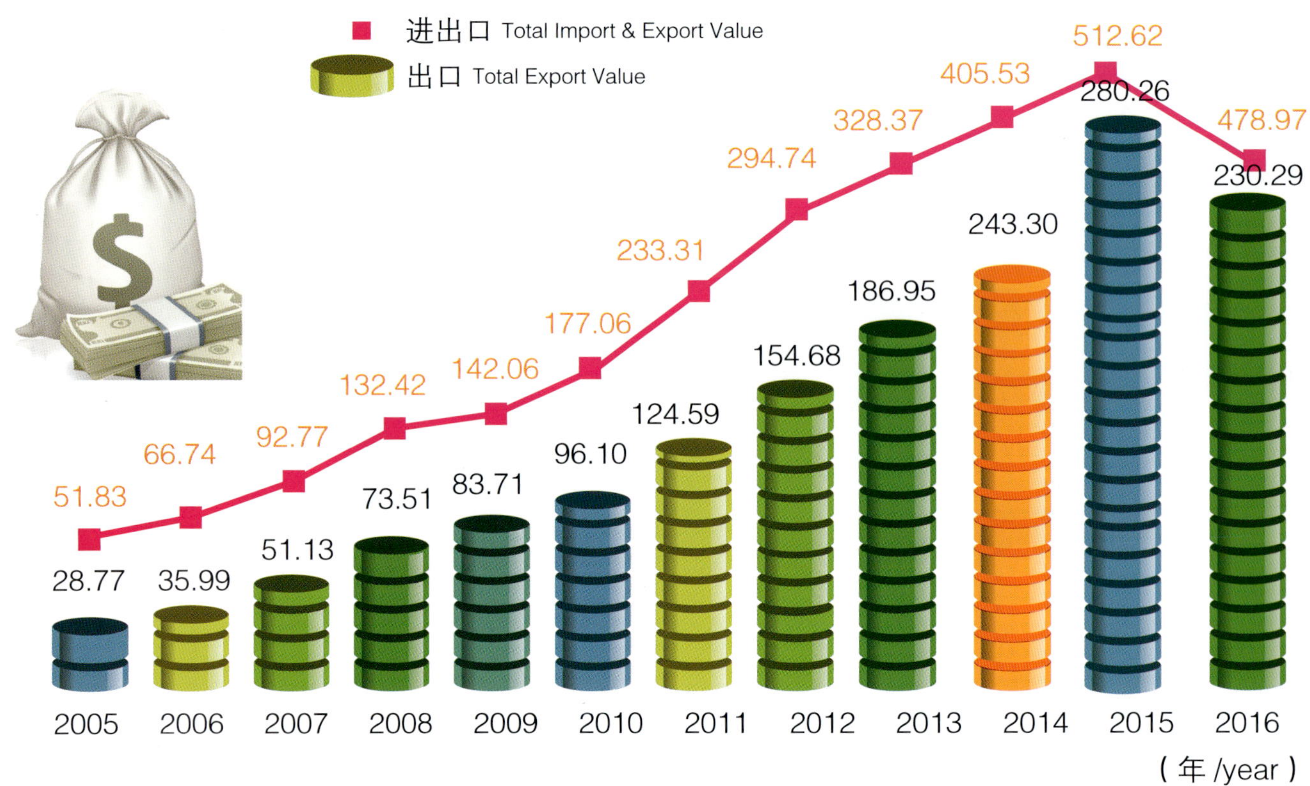

外商直接投资（亿美元）

Foreign Direct Investment （USD 100 million）

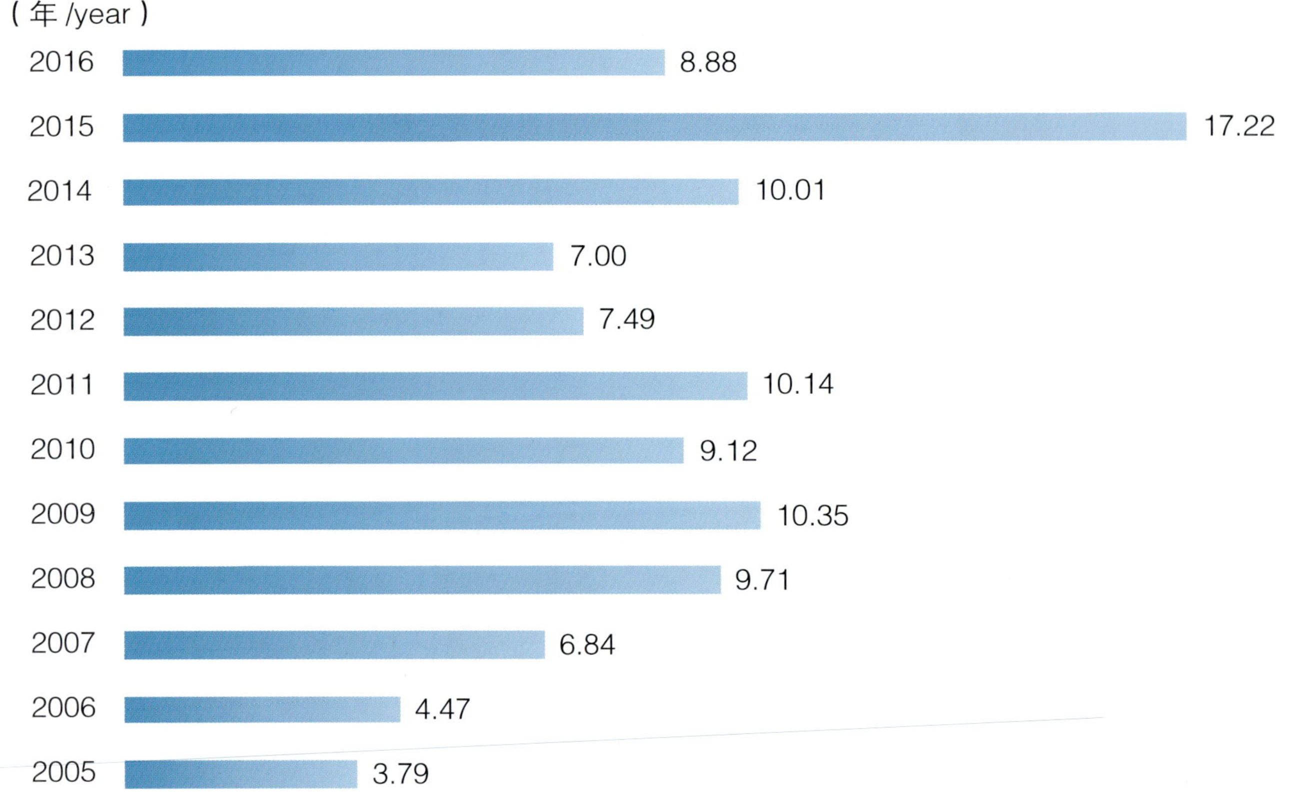

国际旅游人数（万人次）

Number of International Tourism （10 000 person-times）

国际旅游外汇收入（亿美元）

Income of International Tourism （USD 100 million）

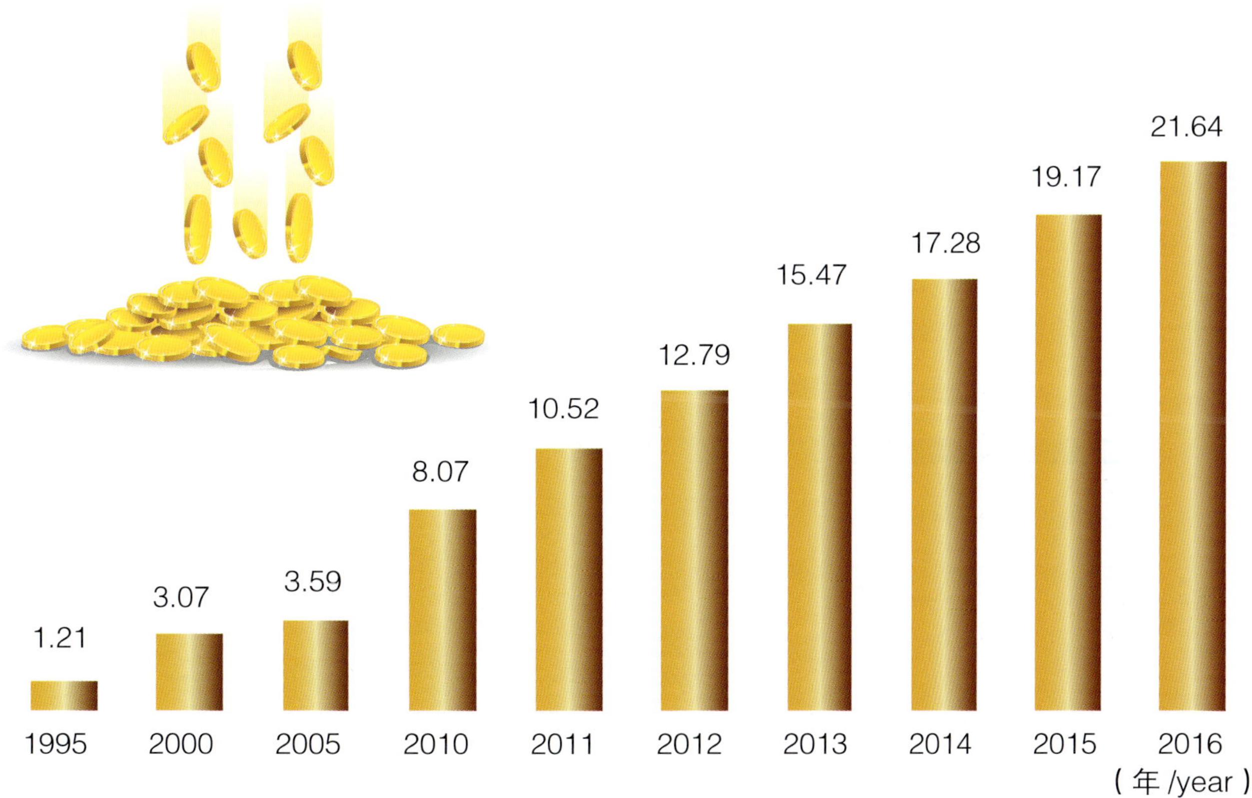

每万元 GDP 消费能源（吨标准煤）

Per 10 000 Yuan GDP Energy Consumption （ton of SCE）

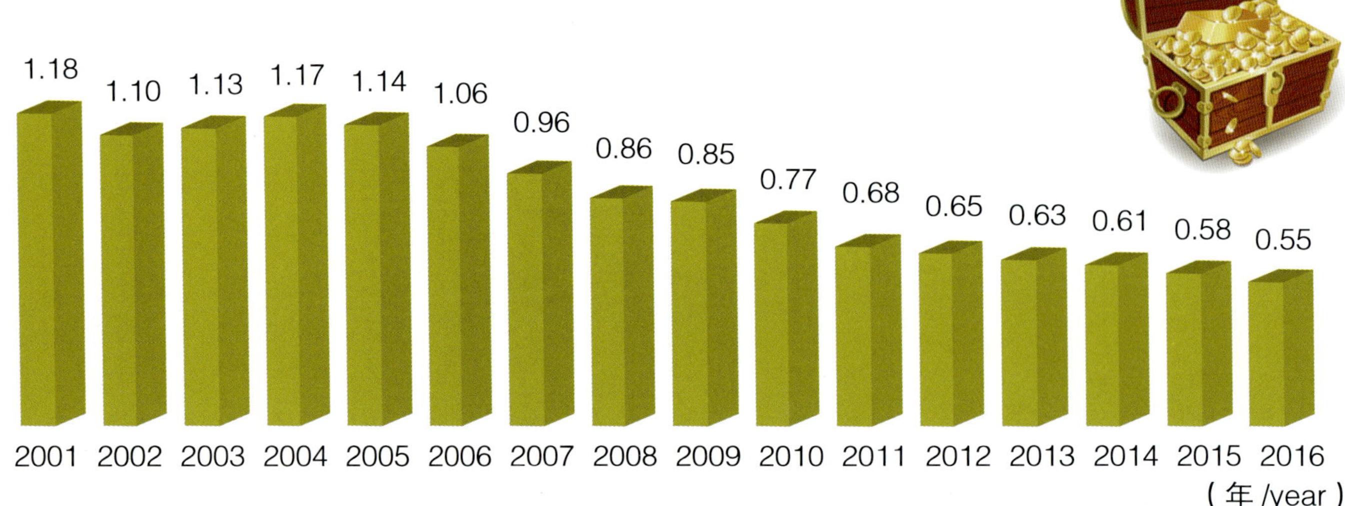

每万元工业总产值消费能源（吨标准煤）

Per 10 000 Yuan Gross Output Value of Industry Energy Consumption （ton of SCE）

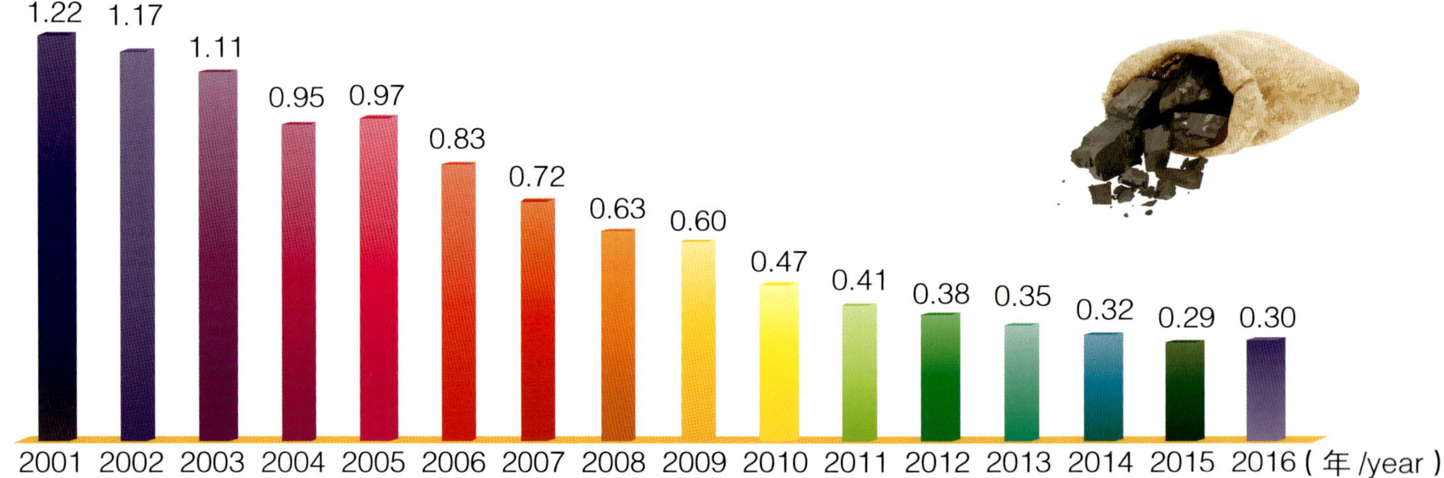

消费弹性系数

Elasticity Ratio of Energy Consumption

能源消费弹性系数 Elasticity Ratio of Energy Consumption

电力消费弹性系数 Elasticity Ratio of Electricity Consumption

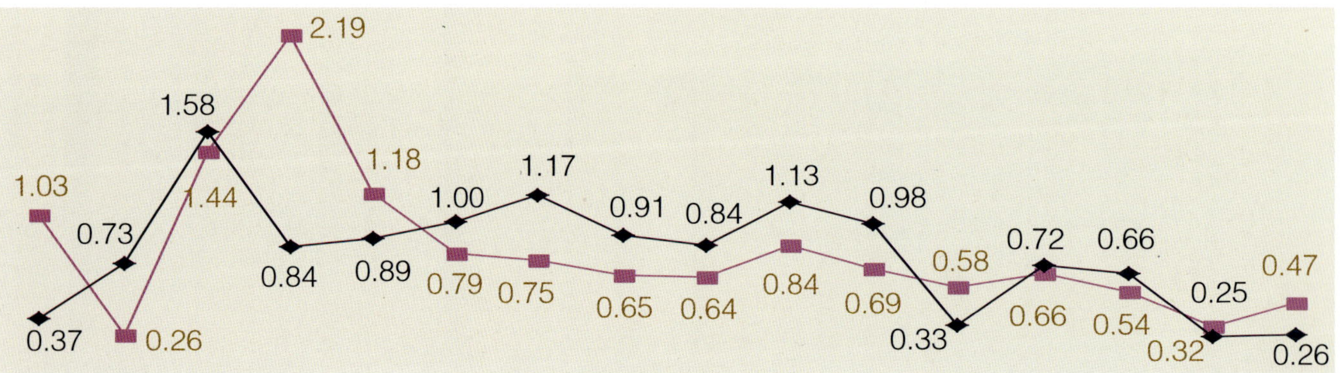

财政收入（亿元）

Financial Revenue （100 million yuan）

公共财政预算支出构成（%）

Composition of Public Budget Expenditure（%）

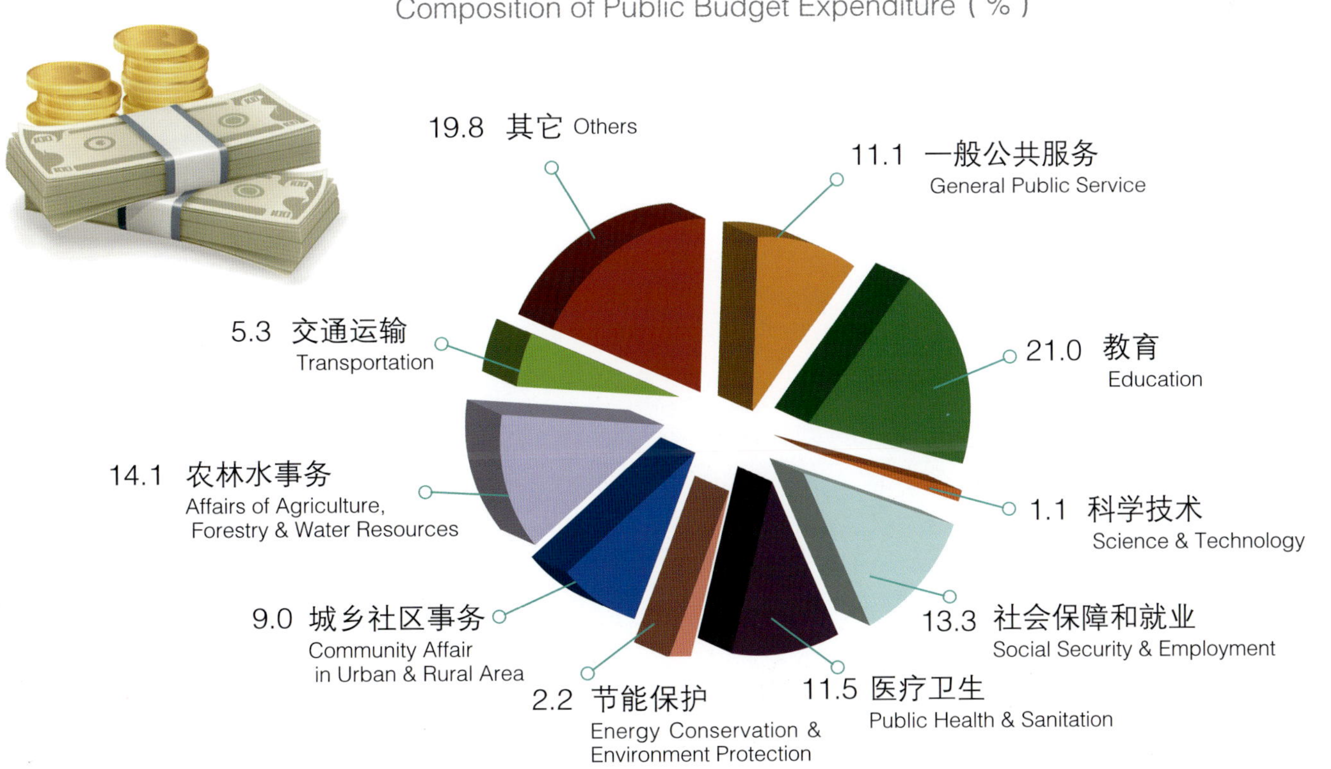

2016 年

个人存款（亿元）

Personal Deposits （100 million yuan）

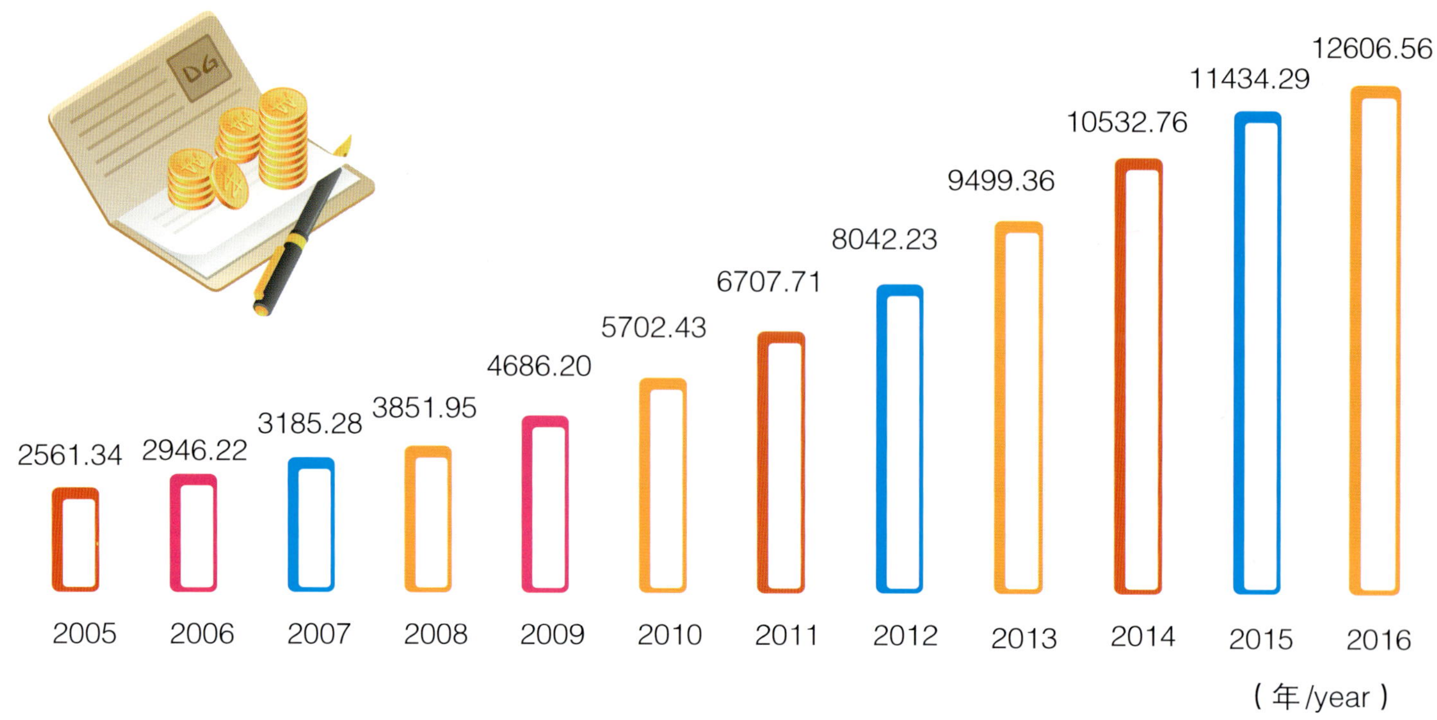

说明：根据中国人民银行南宁中心支行报表的调整，自 2011 年起，本图表中原指标“城乡居民储蓄存款”改为“个人存款”。

Note: Accroding to the reports adjustment of the Central Branch in Nanning of the People's Bank of China, the indicator "Urban & Rural Saving Deposits" has changde into "Personal Deposits" since 2011.

物价指数（上年=100）

Price Indices （preceding year = 100）

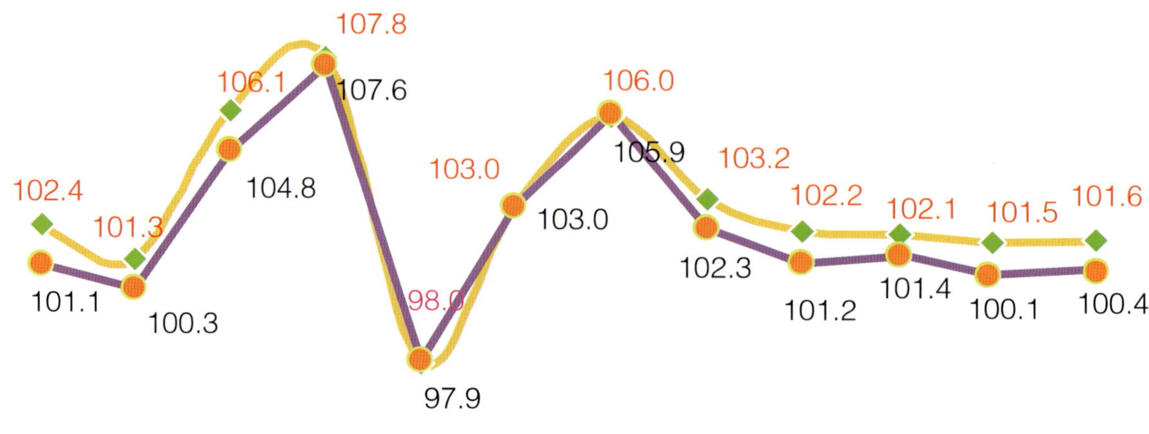

居民消费价格指数（上年=100）

Consumer Price Index （preceding year = 100）

工业生产者出厂价格指数、工业生产者购进价格指数（上年=100）

Producer Price Indices for Industrial Products, Purchasing Price Indices for Industrial Producers （preceding year = 100）

工业生产者购进价格指数
Purchasing Price Indices for Industrial Producers

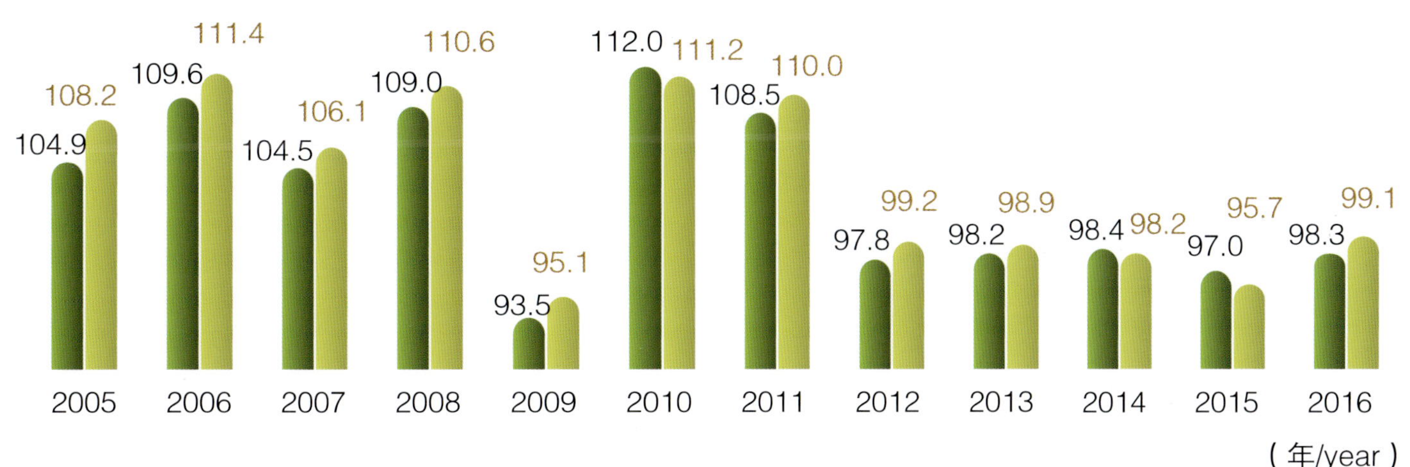

城镇居民人均可支配收入（元）

Per Capita Annual Disposable Income of Urban Households （yuan）

2016年城乡居民人均消费构成（%）

Composition of Per Capita Annual Consumption Expenditure of Urban & Rural Households in 2016（%）

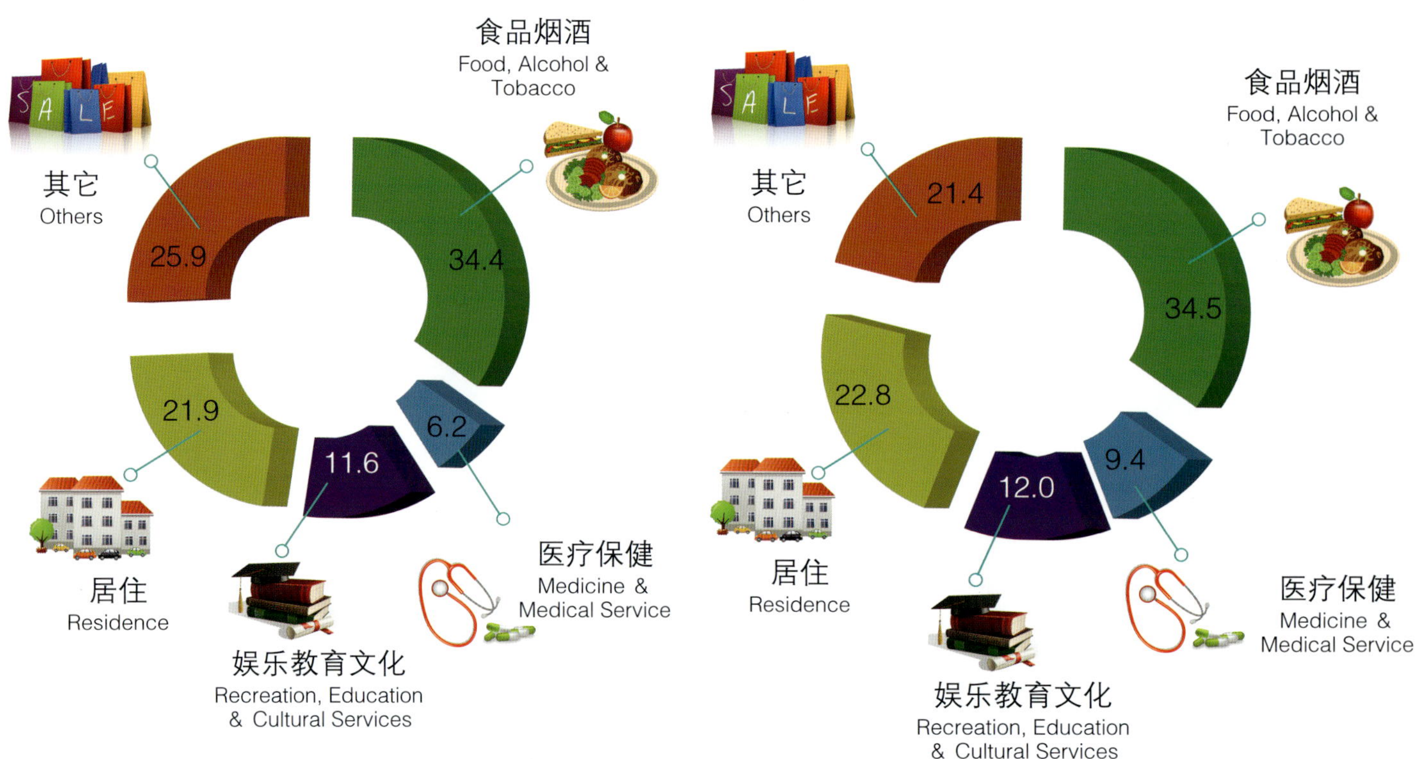

农民人均纯收入（元）

Per Capita Annual Net Income of Rural Households （yuan）

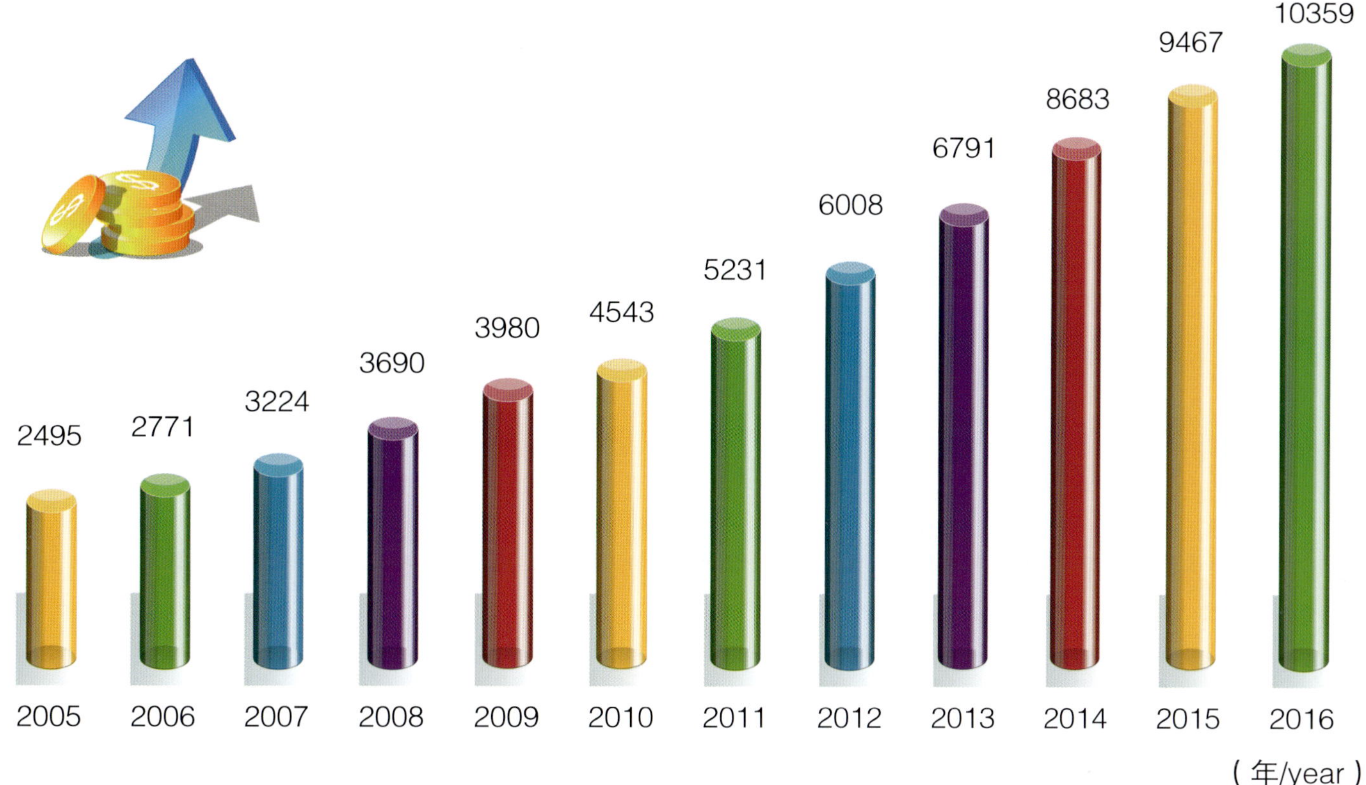

说明：2015年起为农民人均可支配收入。

Note: The data is “per capita disposable income of rural households” since 2015.

污染治理投资完成额（亿元）

Completed Investment in Pollution Treatment Projects（100 million yuan）

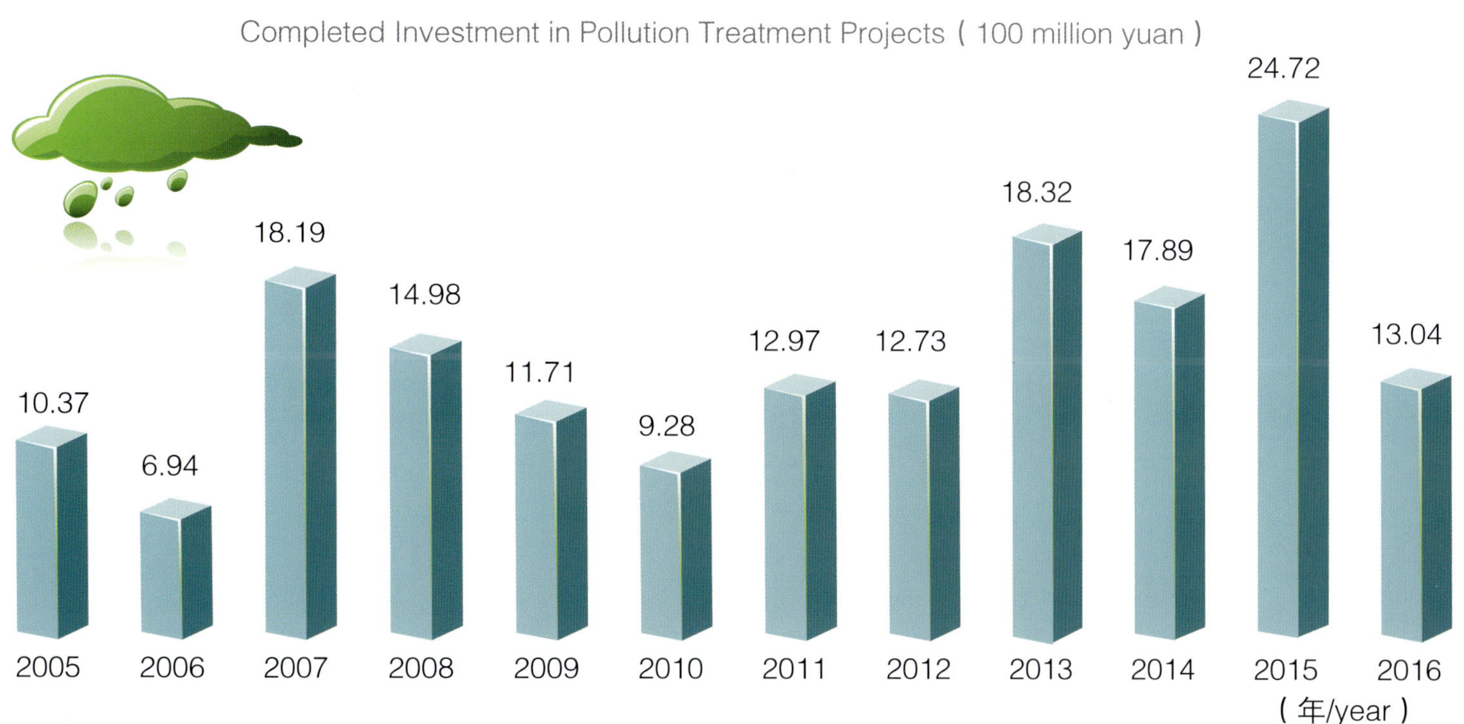

公园绿地面积（公顷）

Park Green Area (hectare)

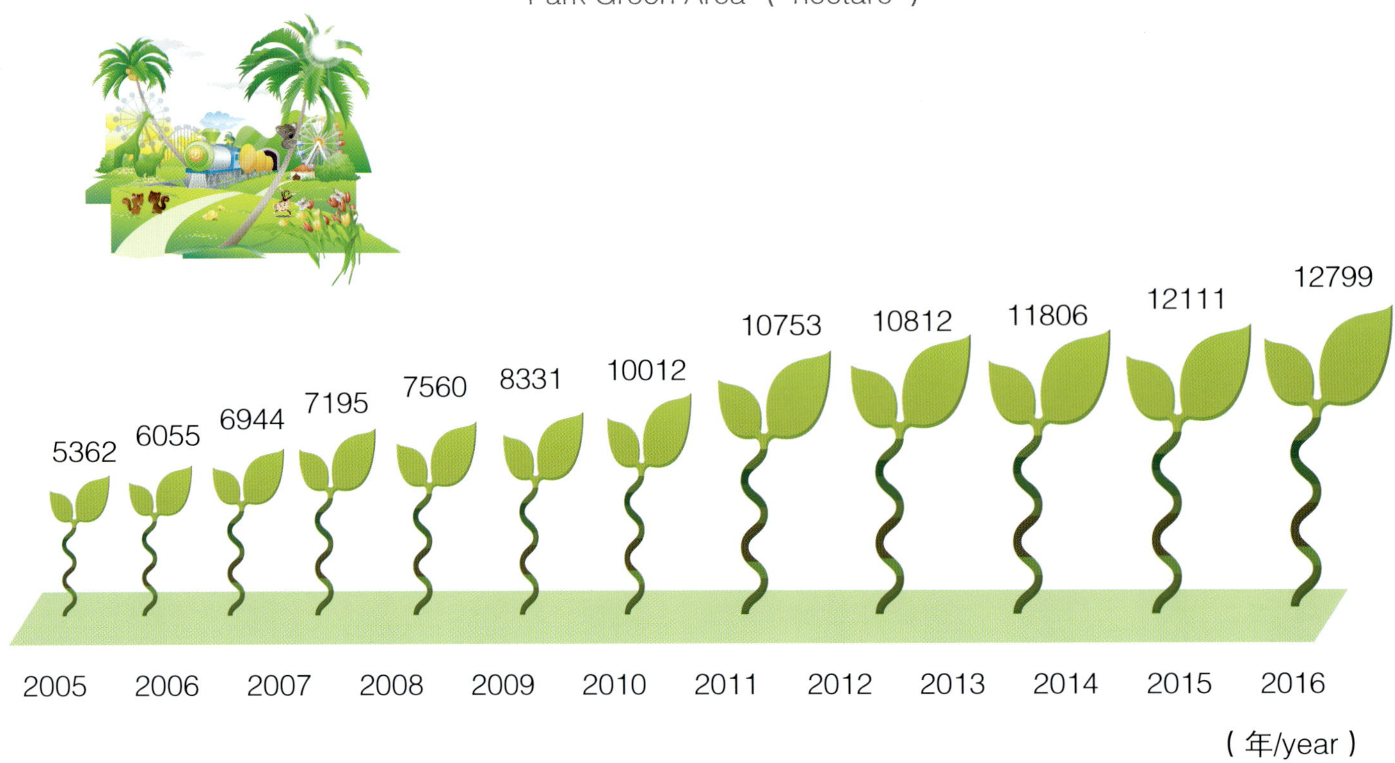

污水处理能力（万立方米/日）

Treatment Capacity of Pol luted Water (10 000 cu.m/day)

农林牧渔业总产值（当年价，亿元）

Gross Output Value of Farming,Forestry,Animal Husbandry & Fishery
(at current prices,100 million yuan)

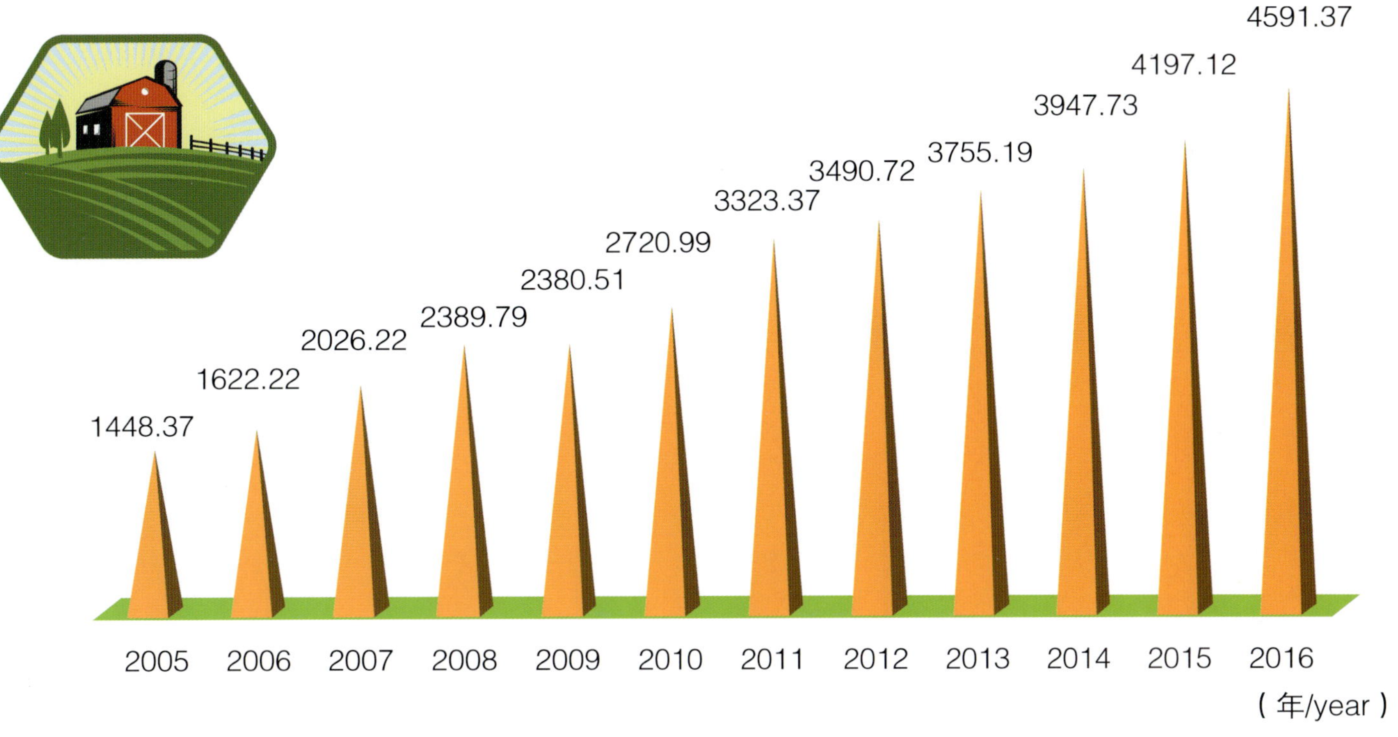

农林牧渔业总产值构成（%）

Composition of Gross Output Value of Farming,Forestry,Animal Husbandry & Fishery (%)

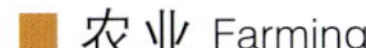

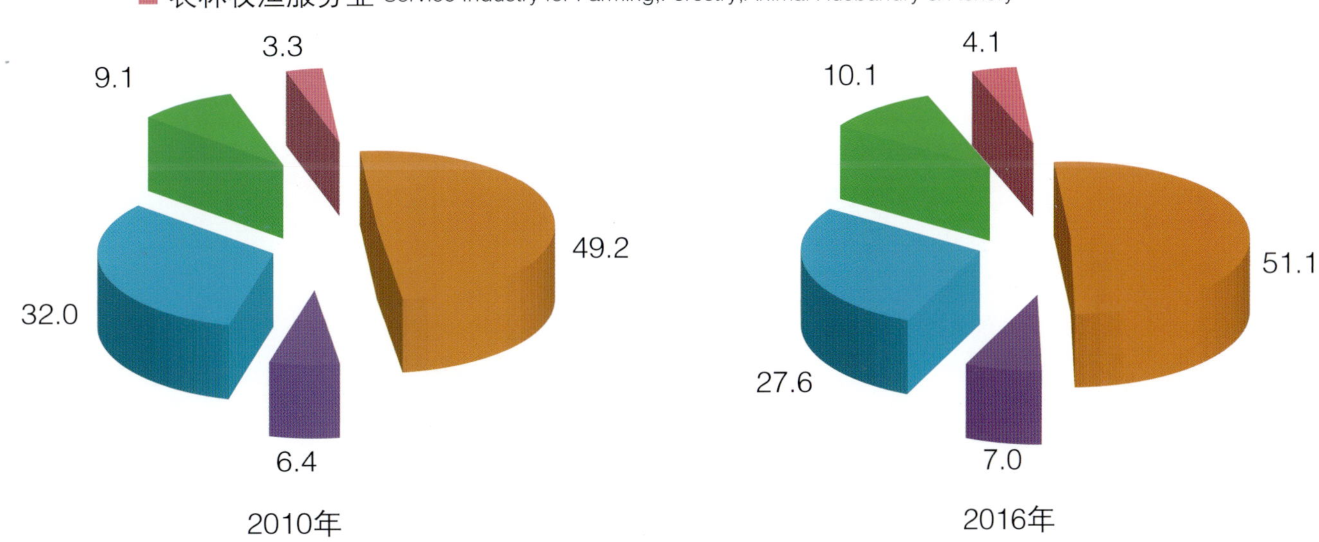

人均农产品产量（公斤）

Per Capita Major Agricultural Products （ kg ）

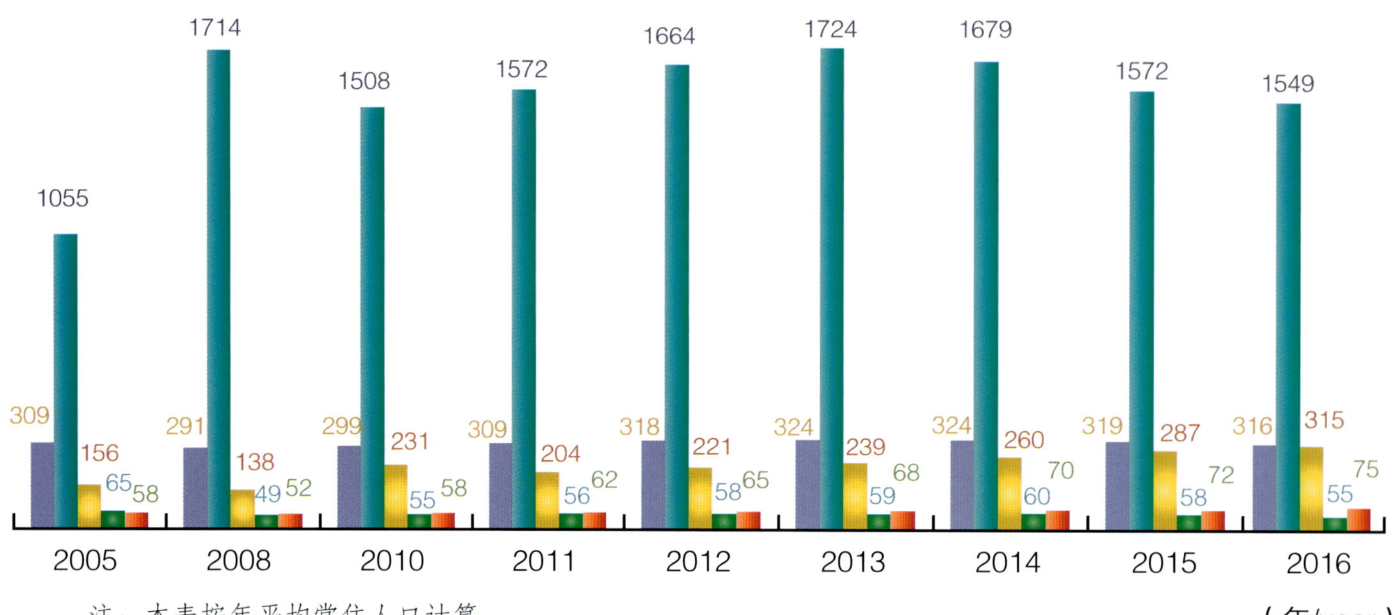

注：本表按年平均常住人口计算。

Note: The data is calculated by the annual everage permanent population.

全部工业总产值（当年价，亿元）

All Included Gross Industrial Output Value

（At Current Prices,100 million yuan）

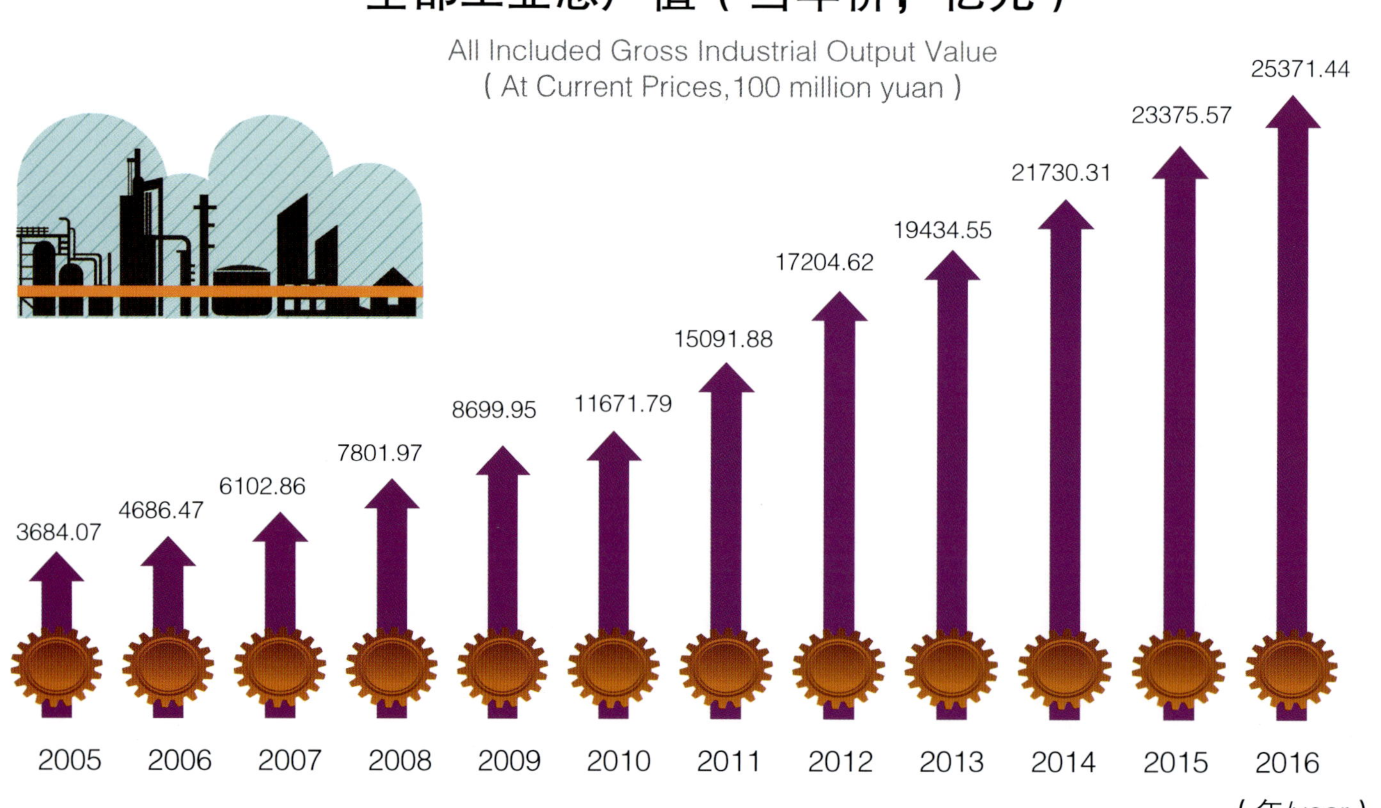

规模以上工业利润总额（亿元）

Total Profits of Industrial Enterprises above Designated Size (100 million yuan)

建筑业总产值（三级及三级以上，亿元）

Gross Output Value of Construction Enterprises (Third & Higher Grade,100 million yuan)

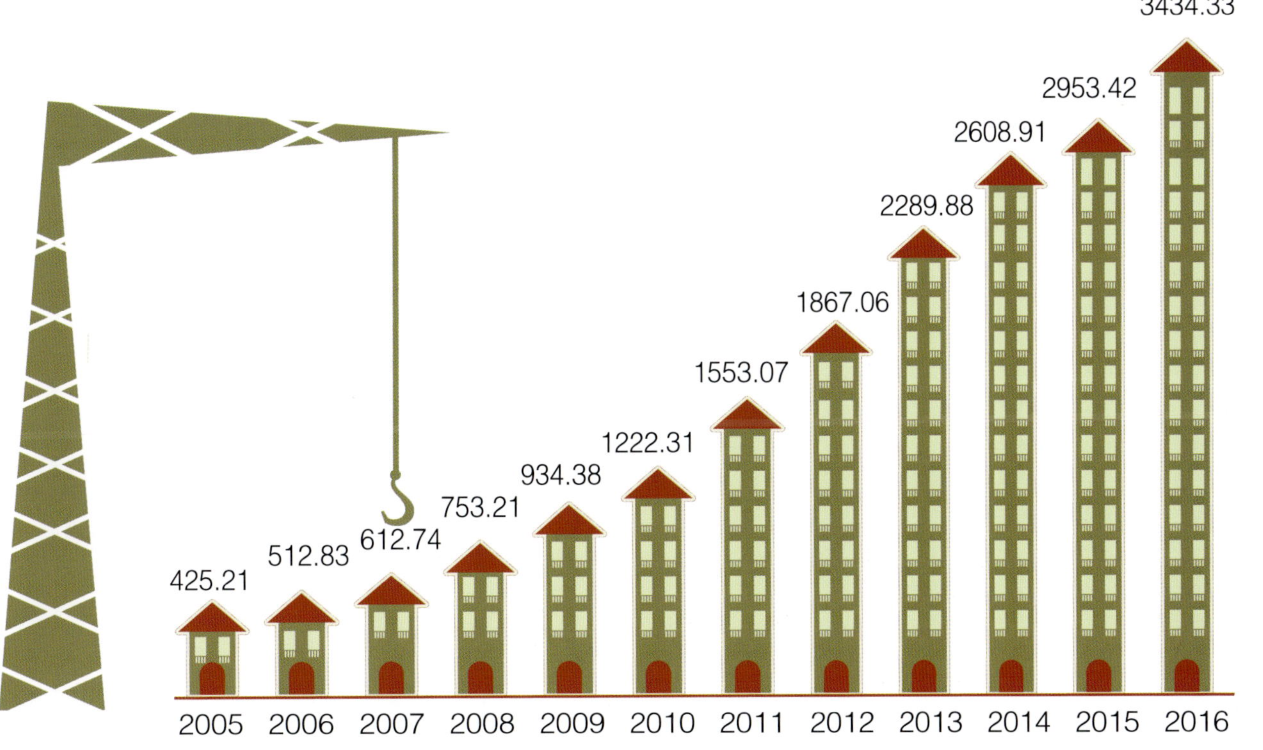

建筑业从业人员（三级及三级以上企业，万人）

Number of Employed Persons in Construction Enterprises
（Third & Higher Grade，10 000 persons）

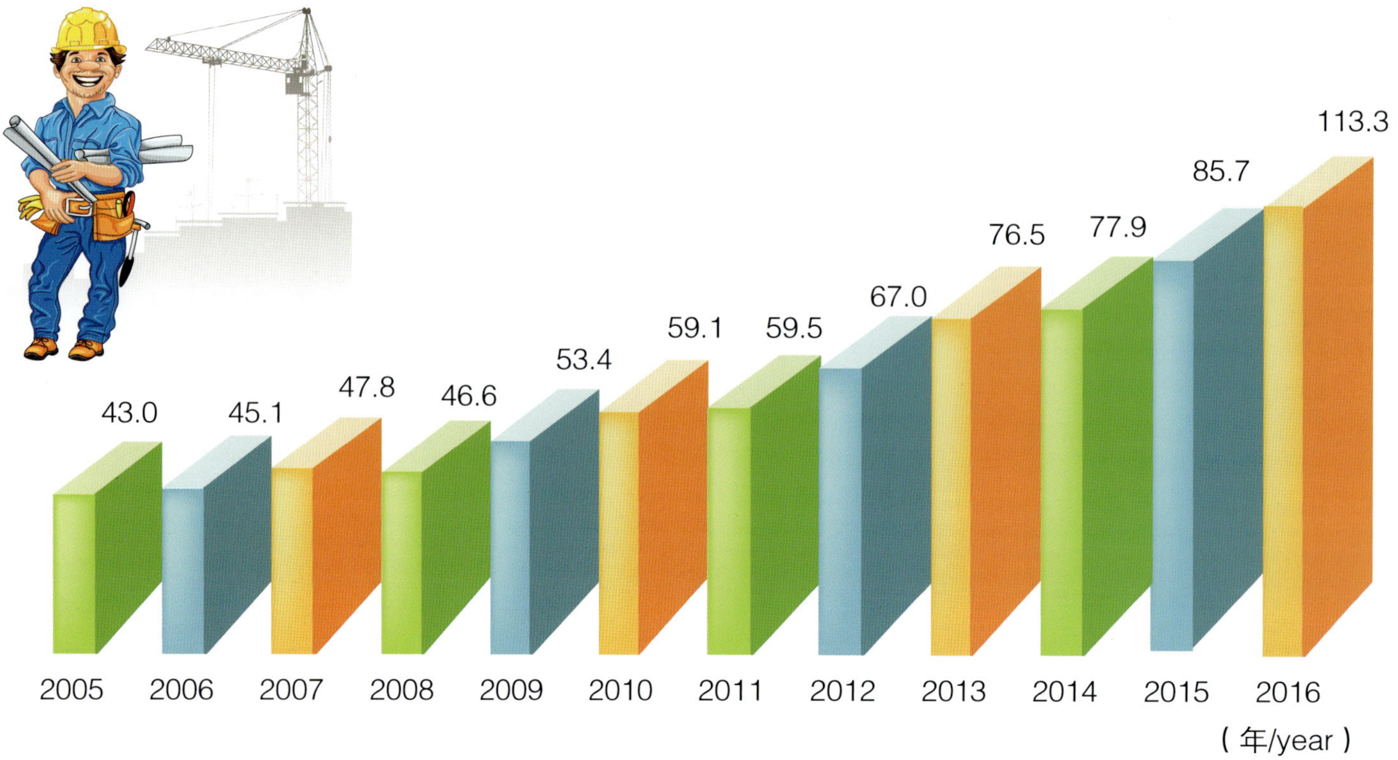

客货运输量

Total Passenger & Freight Traffic

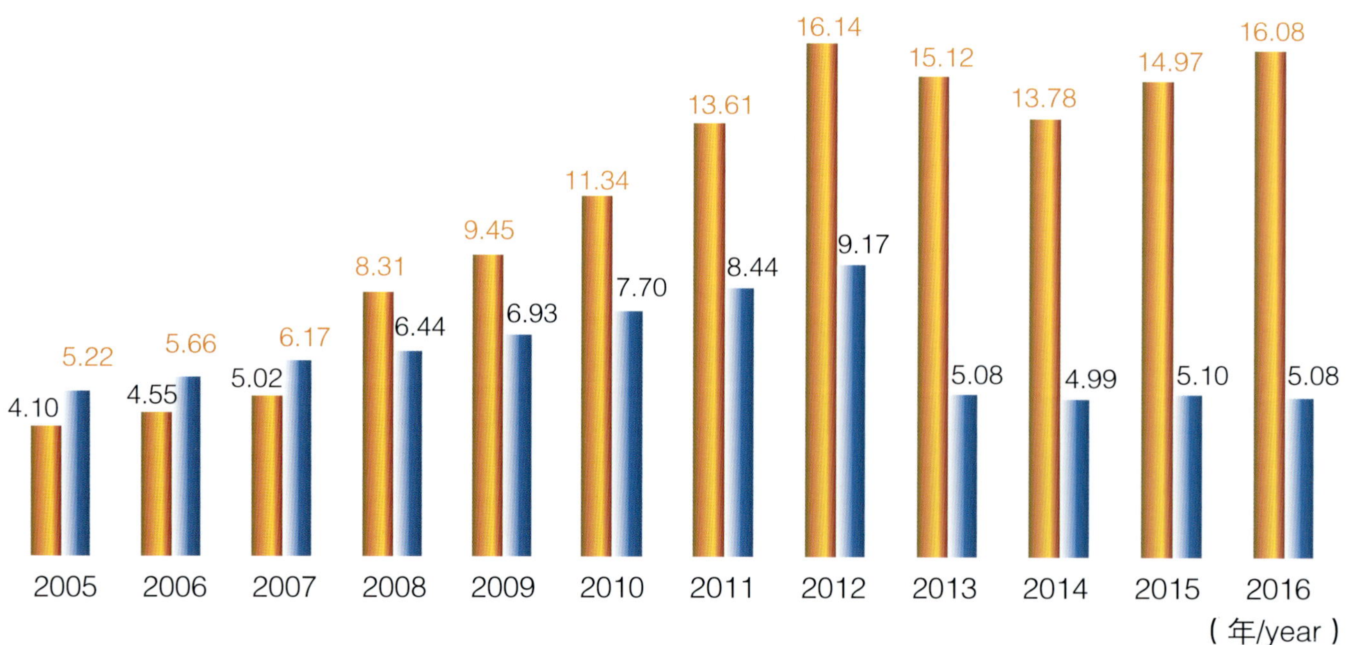

高速公路里程（公里）

Lenth of Expressway（km）

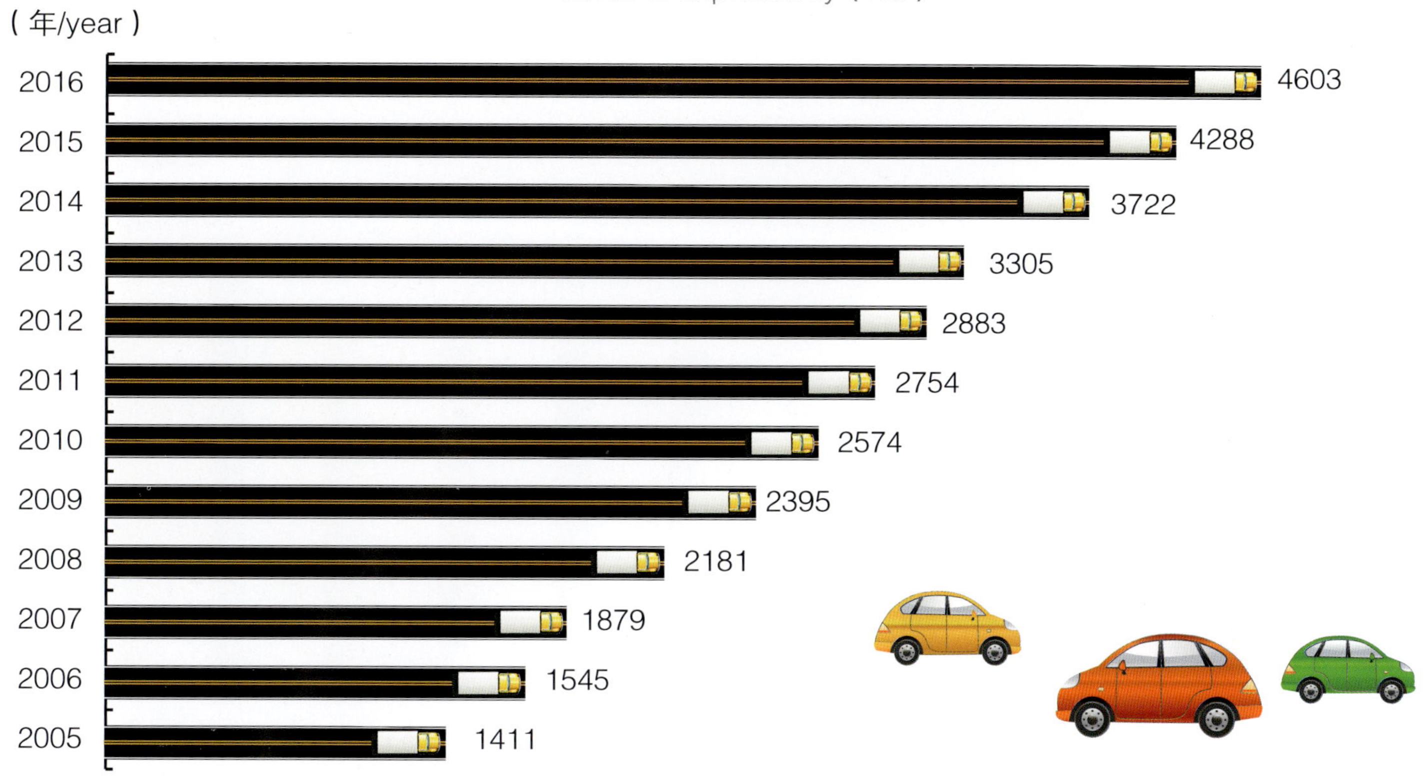

平均每万人拥有电话机（部）

Average Number of Telephone Subscribers per 10 000 Persons Owned （set）

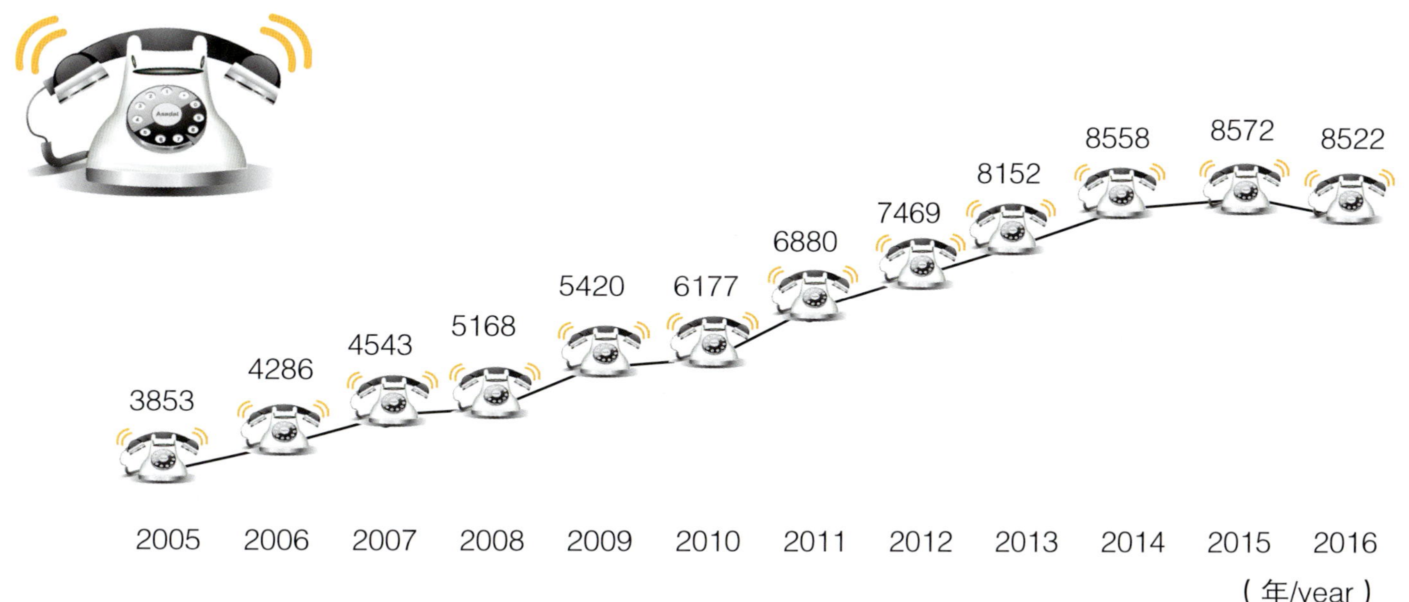

每万人在校大学生（人）

Number of University & College Students per 10 000 Persons（person）

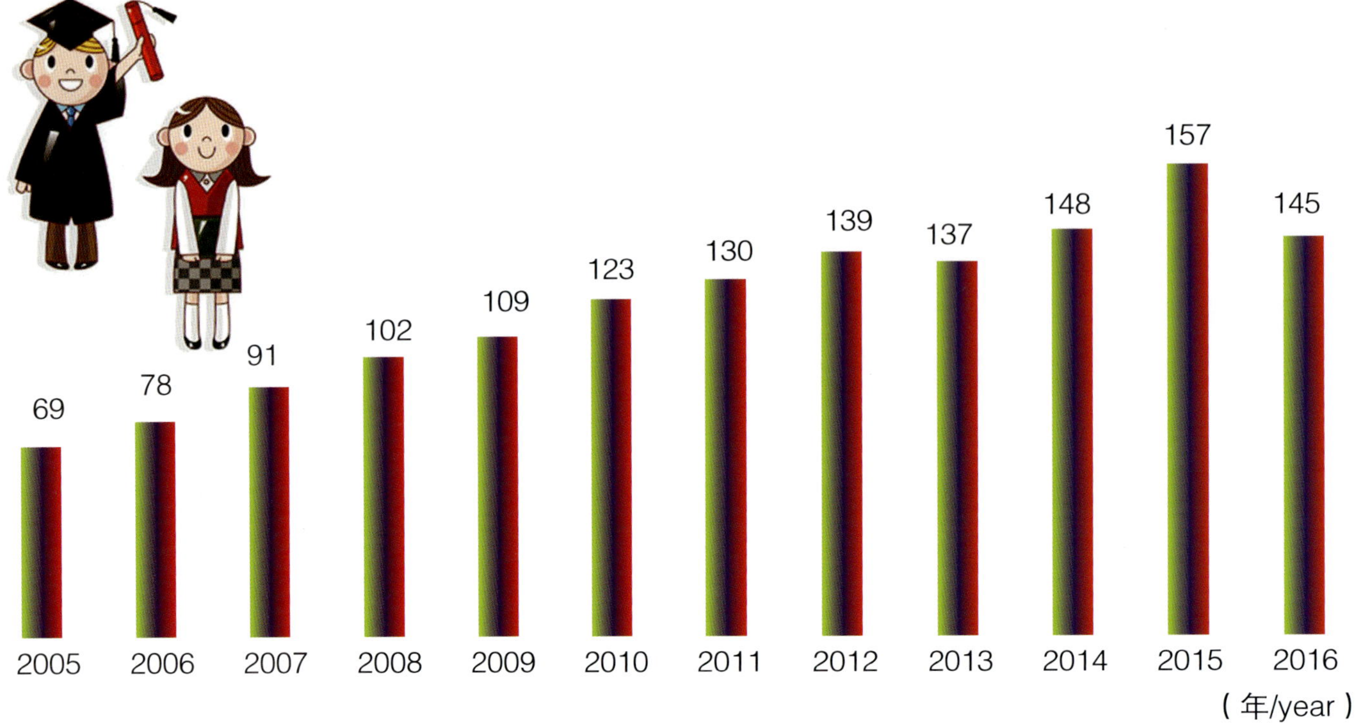

科技活动人员（万人）

Number of Persons Engaged in Scientific & Technological Activities（10 000 persons）

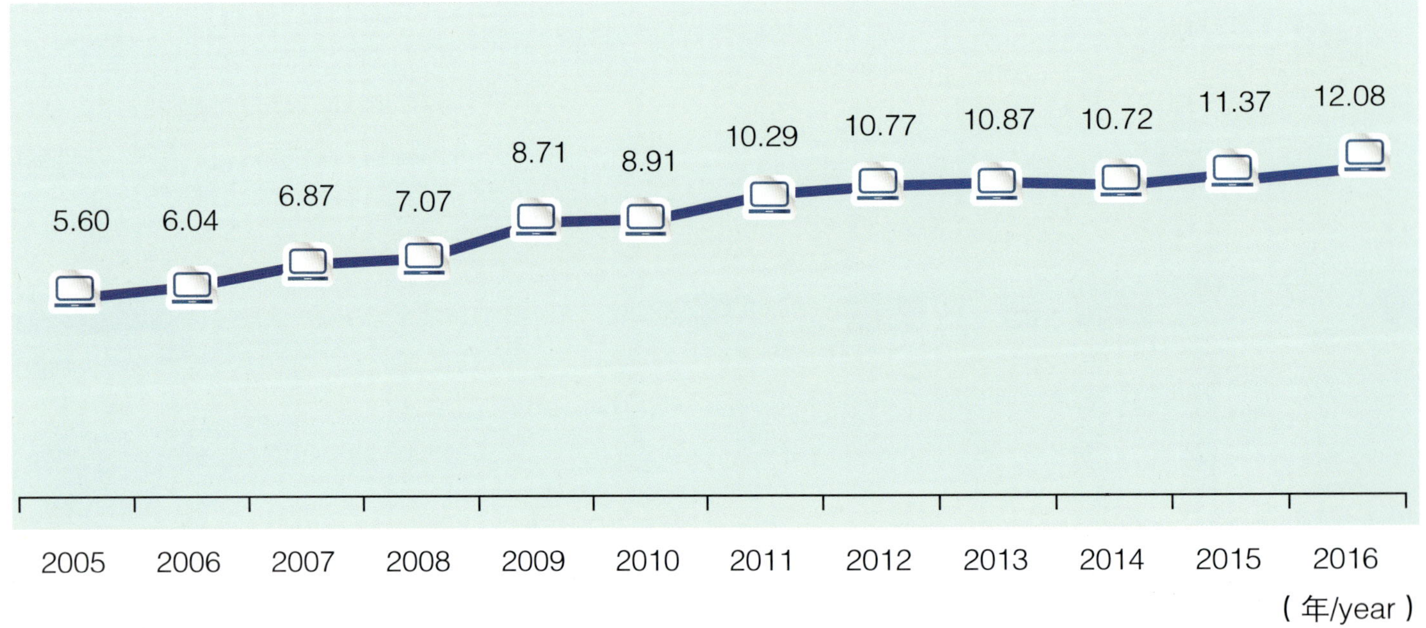

报纸、图书出版数量

Number of Publications of Newspaper & Books

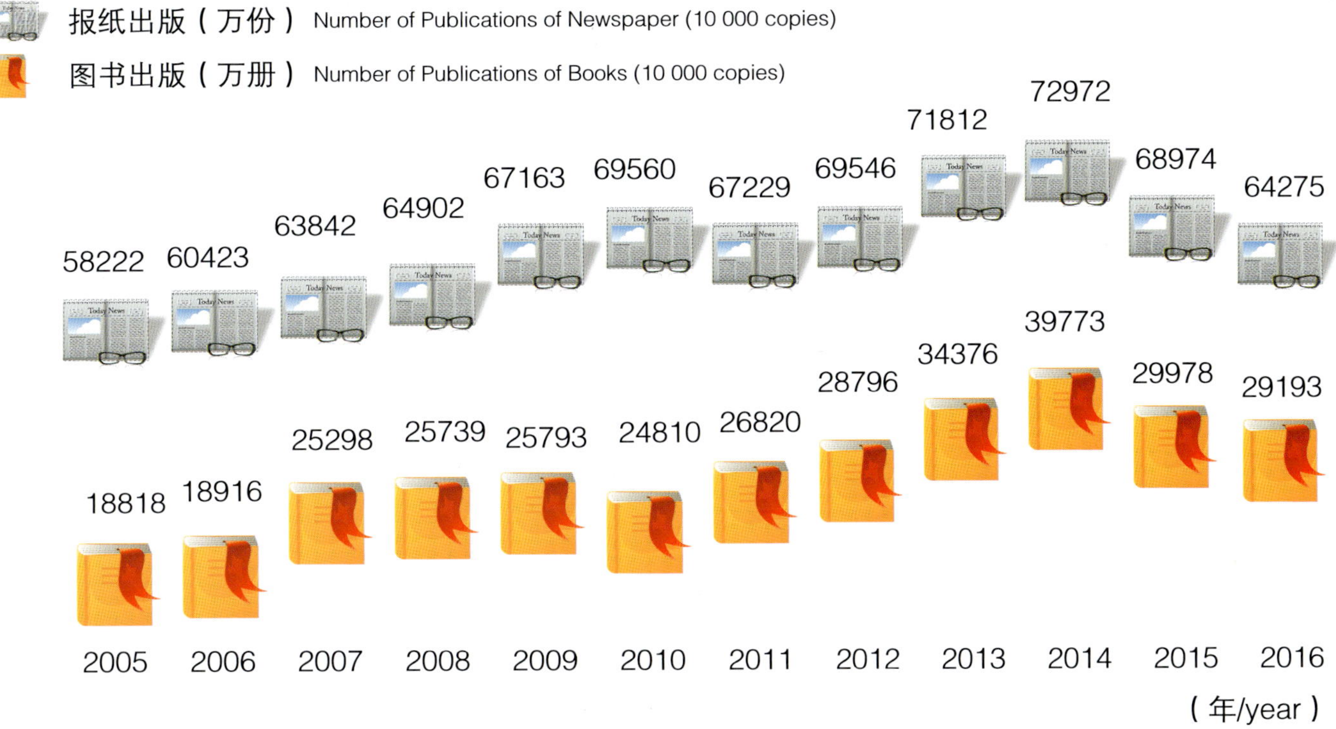

每万人医院、卫生院病床（张）

Number of Hospital Beds per 10 000 Persons （bed）

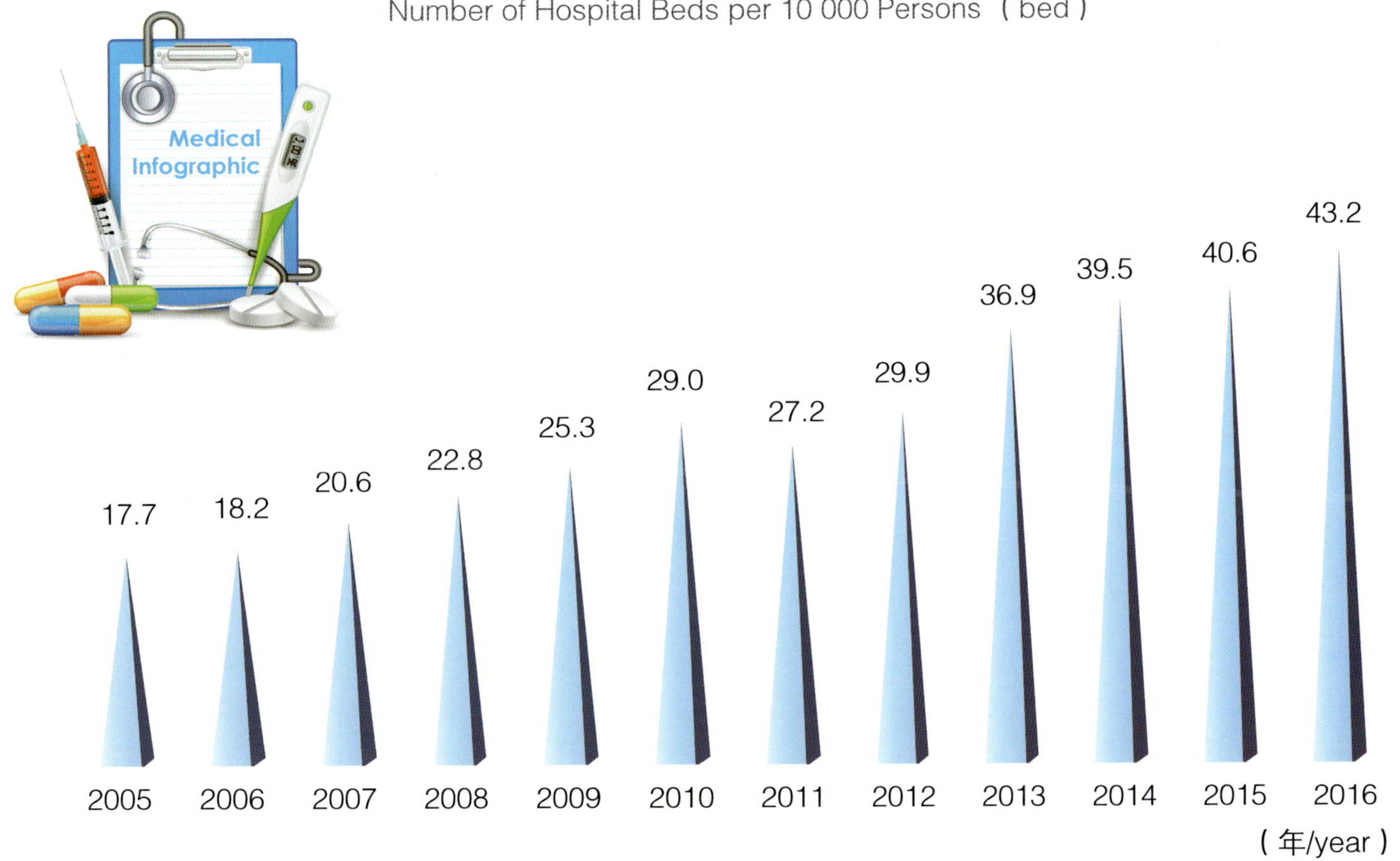

每万人卫生技术人员（人）

Number of Medical Technical Personnnel per 10 000 Persons （person）

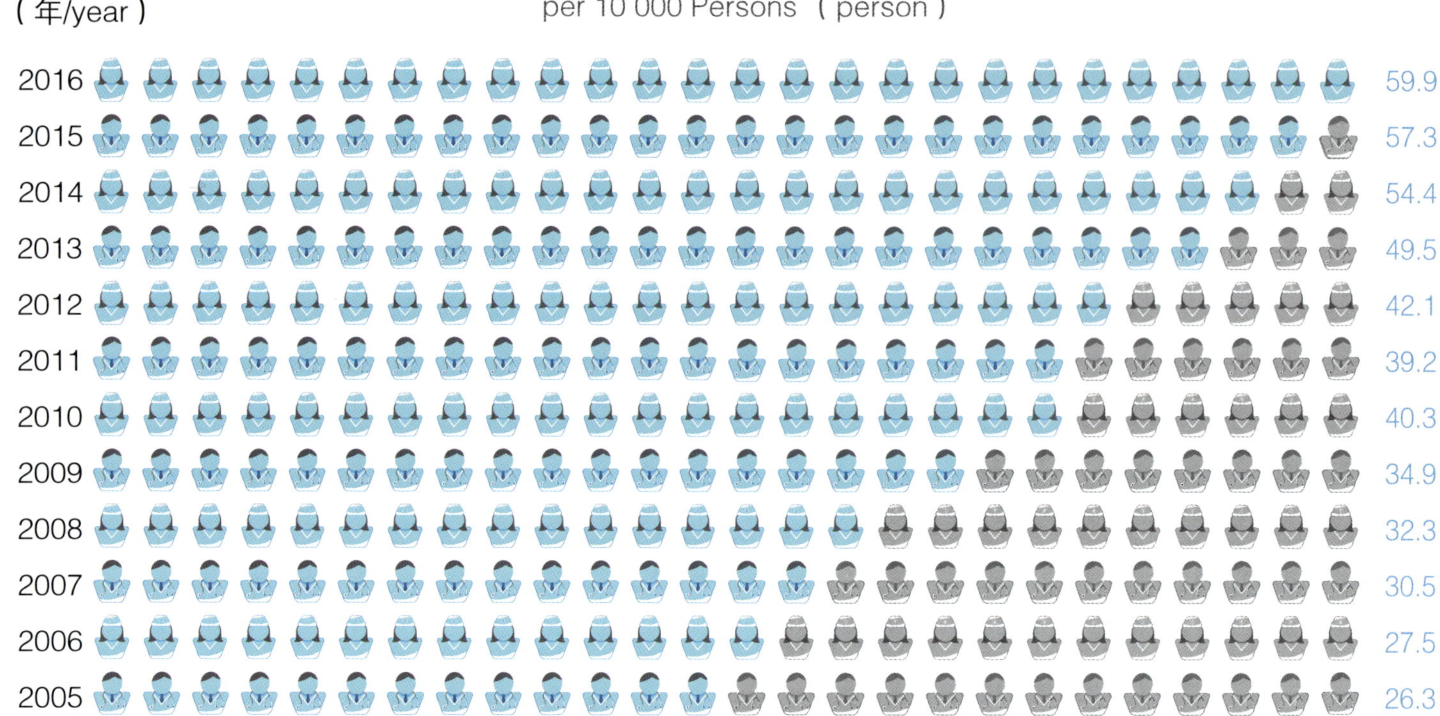

城乡居民生活最低保障人数（万人）

Population Receiving Lowest Cost-of-Living in Urban & Rural Area （10 000 persons）

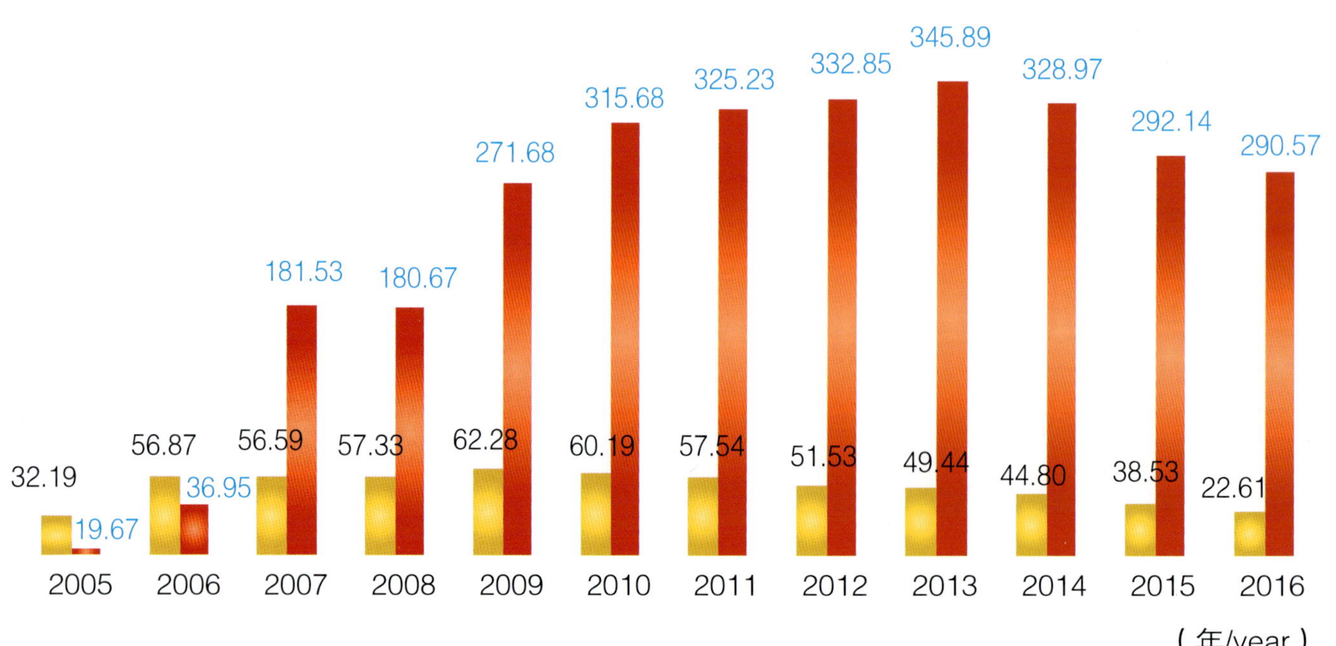

目　　录

CONTENTS

第一篇　综　合

CHAPTER 1　GENERAL SURVEY

第二篇　人　口

CHAPTER 2　POPULATION

第三篇　国民经济核算

CHAPTER 3　NATIONAL ECONOMIC ACCOUNTING

第四篇　从业人员和职工工资

CHAPTER 4　EMPLOYMENT & WAGES

第五篇　物　价

CHAPTER 5　PRICE

第六篇　人民生活

CHAPTER 6　PEOPLE’S LIVELIHOOD

第七篇 财政、金融和保险

CHAPTER 7 FINANCE, BANKING & INSURANCE

第八篇 资源与环境

CHAPTER 8 NATURAL RESOURCES & ENVIRONMENT

第九篇　能源生产与消费

CHAPTER 9　ENERGY PRODUCTION & CONSUMPTION

第十篇　固定资产投资

CHAPTER 10　INVESTMENT IN FIXED ASSETS

第十一篇 城市概况

CHAPTER 11 GENERAL SURVEY OF CITIES

第十二篇　对外经济贸易
CHAPTER 12　FOREIGN ECONOMY & TRADES

第十三篇　农　业
CHAPTER 13　AGRICULTURE

第十四篇 工 业

CHAPTER 14 INDUSTRY

第十五篇 建筑业

CHAPTER 15 CONSTRUCTION

第十六篇 批发和零售业

CHAPTER 16 WHOLESALE & RETAIL TRADES

第十七篇　住宿餐饮业和旅游

CHAPTER 17　HOTELS,CATERING SERVICES & TOURISM

第十八篇　交通、运输和邮电通信业

CHAPTER 18　TRANSPORTATION,POSTAL & TELECOMMUNICATION SERVICES

第二十篇 体育、卫生与社会福利
CHAPTER 20 SPORT, PUBLIC HEALTH & SOCIAL WELFARE

第二十一篇 区域经济

CHAPTER 21 ECONOMIC ZONES

第二十二篇 各市基本情况

HAPTER 22 BASIC STATISTICS OF CITIES

第二十三篇　县（市、区）基本情况

HAPTER 23　BASIC STATISTICS OF COUNTIES（CITIES, DISTRICTS）

附　录

GENERAL SURVEY

2017广西统计年鉴

①

第一篇
综合
GENERAL SURVEY

（编辑：黄浩洲　焦　夕）

1—1 行政区划（2016年末）
Division of Administrative Areas（End of 2016）

单位：个 (unit)

年 份 Year	地级单位合计 Number of Prefectures	县级单位合计 Number of Prefectures	市辖区 Districts under the Jurisdiction of Cities	县级市 Cities at County Level	县 Counties	自治县 Autono-mous Counties
1978	14	84	2	2	73	7
1980	14	99	17	2	73	7
1985	14	110	22	6	73	9
1990	14	111	21	7	71	12
1995	14	117	28	9	68	12
2000	14	120	29	10	69	12
2001	14	119	28	10	69	12
2002	14	115	32	7	64	12
2003	14	109	33	7	57	12
2004	14	109	33	7	57	12
2005	14	109	34	7	56	12
2006	14	109	34	7	56	12
2007	14	109	34	7	56	12
2008	14	109	34	7	56	12
2009	14	109	34	7	56	12
2010	14	109	34	7	56	12
2011	14	109	34	7	56	12
2012	14	109	34	7	56	12
2013	14	110	36	7	55	12
2014	14	110	36	7	55	12
2015	14	110	37	8	53	12
2016	14	111	40	7	52	12

注：本表资料由自治区民政厅提供。
Note: The data in this table is provided by Guangxi Civil Bureau.

1－1 续表 1 continued

单位：个 (unit)

年 份 Year	乡镇级单位合计 Number of Prefectures	镇 Towns	乡 Townships	民族乡 Nationlity Townships	街道办事处 Urban Sub-district Offices	居民委员会 Neighbourhood Committees	村民委员会 Village Committees
1978		66					
1980							
1985	1248	265	962	60	21	937	13873
1990	1412	359	1012	58	41	1154	76073
1995	1442	627	738	60	77	1233	28243
2000	1422	745	616	63	61	1250	14750
2001	1410	749	598	61	63	1261	14743
2002	1388	750	576	61	62	1555	14443
2003	1395	748	576	61	71	1621	14398
2004	1396	748	576	61	72	1611	14333
2005	1232	700	426	61	106	1644	14359
2006	1230	700	426	58	104	1649	14363
2007	1230	702	424	58	104	1648	14361
2008	1230	702	424	58	104	1701	14353
2009	1232	702	424	58	106	1701	14345
2010	1234	702	424	58	108	1714	14355
2011	1235	702	424	58	109	1725	14336
2012	1243	715	411	58	117	1791	14345
2013	1247	722	405	59	120	1835	14313
2014	1243	773	350	59	120	1891	14323
2015	1251	773	350	59	128	1924	14273
2016	1246	788	330	59	128	1931	14276

1－1 续表2 continued

单位：个 (unit)

地区	Region	地级单位合计 Number of Prefectures	县级单位合计 Number of Prefectures	市辖区 Districts under the Jurisdiction of Cities	县级市 Cities at County Level	县 Counties	自治县 Autono-mous Counties
全区合计	**Total**	**14**	**111**	**40**	**7**	**52**	**12**
南宁市	Nanning	1	12	7		5	
柳州市	Liuzhou	1	10	5		3	2
桂林市	Guilin	1	17	6		9	2
梧州市	Wuzhou	1	7	3	1	3	
北海市	Beihai	1	4	3		1	
防城港市	Fangchenggang	1	4	2	1	1	
钦州市	Qinzhou	1	4	2		2	
贵港市	Guigang	1	5	3	1	1	
玉林市	Yulin	1	7	2	1	4	
百色市	Baise	1	12	1	1	9	1
贺州市	Hezhou	1	5	2		2	1
河池市	Hechi	1	11	2		4	5
来宾市	Laibin	1	6	1	1	3	1
崇左市	Chongzuo	1	7	1	1	5	

注：本表资料由自治区民政厅提供。
Note: The data in this table is provided by Guangxi Civil Bureau.

1－1 续表3 continued

单位：个 (unit)

地 区	Region	乡镇级单位合计 Number of Prefectures	镇 Towns	乡 Townships	民族乡 Nationlity Townships	街道办事处 Urban Sub-district Offices	居民委员会 Neighbourhood Committees	村民委员会 Village Committees
全区合计	**Total**	**1246**	**788**	**330**	**59**	**128**	**1931**	**14276**
南宁市	Nanning	127	86	16	3	25	378	1383
柳州市	Liuzhou	117	52	34	6	31	281	939
桂林市	Guilin	147	83	51	15	13	232	1654
梧州市	Wuzhou	67	53	5	2	9	136	861
北海市	Beihai	30	22	1		7	85	342
防城港市	Fangchenggang	30	17	6	2	7	44	285
钦州市	Qinzhou	66	54			12	98	932
贵港市	Guigang	69	54	13	2	2	78	1074
玉林市	Yulin	110	102			8	162	1332
百色市	Baise	135	73	60	13	2	77	1796
贺州市	Hezhou	61	47	10	5	4	48	707
河池市	Hechi	139	64	74	11	1	148	1497
来宾市	Laibin	70	40	26		4	72	720
崇左市	Chongzuo	78	41	34		3	92	754

1－2　县级以上行政区划（2016年末）
Division of Administrative Areas at & above County Level（End of 2016）

市	City	县（市、区）名称	Name of County (City,District) Level
南宁市	Nanning	兴宁区 青秀区 江南区 西乡塘区 良庆区 邕宁区 武鸣区 隆安县 马山县 上林县 宾阳县 横县	Xingning, QingXiu, Jiangnan, Xixiangtang, Liangqing, Yongning, Wuming, Long'an, Mashan, Shanglin, Binyang, Hengxian
柳州市	Liuzhou	城中区 鱼峰区 柳南区 柳北区 柳城区 柳江县 鹿寨县 融安县 融水苗族自治县 三江侗族自治县	Chengzhong, Yufeng, Liunan, Liubei, Liucheng, Liujiang, Luzhai, Rong'an, Rongshui Miao Automous County, Sanjiang Dong Automous County
桂林市	Guilin	秀峰区 叠彩区 象山区 七星区 雁山区 临桂区 阳朔县 灵川县 全州县 兴安县 永福县 灌阳县 龙胜各族自治县 资源县 平乐县 荔浦县 恭城瑶族自治县	Xiufeng, Diecai, Xiangshan, Qixing, Yanshan, Lingui, Yangshuo, Lingchuan, Quanzhou, Xing'an, Yongfu, Guanyang, Longsheng all of Nationality Automous County, Ziyuan, Pingle, Lipu, Gongcheng Yao Automous County
梧州市	Wuzhou	万秀区 长洲区 龙圩区 苍梧县 藤县 蒙山县 岑溪市	Wanxiu, Changzhou, Longxu, Cangwu, Tengxian, Mengshan, Cenqi
北海市	Beihai	海城区 银海区 铁山港区 合浦县	Haicheng, Yinhai, Tieshangang, Hepu
防城港市	Fangchenggang	港口区 防城区 上思县 东兴市	Gangkou, Fangcheng, Shangsi, Dongxing
钦州市	Qinzhou	钦南区 钦北区 灵山县 浦北县	Qinnan, Qinbei, Lingshan, Pubei
贵港市	Guigang	港北区 港南区 覃塘区 平南县 桂平市	Gangbei, Gangnan, Qintang, Pingnan, Guiping
玉林市	Yulin	玉州区 福绵区 容　县 陆川县 博白县 兴业县 北流市	Yuzhou, Fumian, Rongxian, Luchuan, Bobai, Xingye, Beiliu
百色市	Baise	右江区 田阳县 田东县 平果县 德保县 那坡县 凌云县 乐业县 田林县 西林县 隆林各族自治县 靖西市	Youjiang, Tianyang, Tiandong, Pingguo, Debao, Napo, Lingyun, Leye, Tianlin, Xilin, Longlin all of Nationality Automous County, Jingxi
贺州市	Hezhou	八步区 平桂区 昭平县 钟山县 富川瑶族自治县	Babu, Pinggui, Zhaoping, Zhongshan, Fuchuan Yao Automous County
河池市	Hechi	金城江区 宜州区 南丹县 天峨县 凤山县 东兰县 罗城仫佬族自治县 环江毛南族自治县 巴马瑶族自治县 都安瑶族自治县 大化瑶族自治县	Jinchengjiang, Yizhou, Nandan, Tian'e, Fengshan, Donglan, Luocheng Mulao Automous County, Huanjiang Maonan Automous County, Bama Yao Automous County, Du'an Yao Automous County, Dahua Yao Automous County
来宾市	Laibin	兴宾区 忻城县 象州县 武宣县 金秀瑶族自治县 合山市	Xingbin, Xincheng, Xiangzhou, Wuxuan, Jinxiu Yao Automous County, Heshan
崇左市	Chongzuo	江州区 扶绥县 大新县 天等县 宁明县 龙州县 凭祥市	Jiangzhou, Fusui, Ningming, Longzhou, Daxin, Tiandeng, Pingxiang

注：本表资料由自治区民政厅提供。
Note: The data in this table is provided by Guangxi Civil Bureau.

1－3 主要年份国民经济和社会发展主要指标
Major Indicators on National Economic & Social Development in Main Years

指 标	Indicators	2000	2005	2010	2012	2013	2014	2015	2016
人口与就业	**Population & Employment**								
人 口（万人）	**Population (10 000 persons)**								
年末总人口	Year-end Population	4751	4925	5159	5240	5282	5475	5518	5579
男性	Male	2484	2587	2708	2759	2772	2891	2913	2943
女性	Female	2267	2338	2451	2481	2510	2584	2605	2636
常住人口	Permanent Population	4751	4660	4610	4682	4719	4754	4796	4838
市镇人口	Urban Population	1337	1567	1849	2038	2115	2187	2257	2326
乡村人口	Rural Population	3414	3093	2761	2644	2604	2567	2539	2512
就 业（万人）	**Employment (10 000 persons)**								
从业人员	Employment	2566	2703	2903	2768	2782	2795	2820	2841
城镇登记失业人数	Number of Registered Unemployed Persons in Urban Area	11.30	18.51	19.07	18.94	18.09	18.66	18.13	18.13
宏观经济	**Macroeconomic Indicators**								
国民核算（亿元）	**National Accounting (100 million yuan)**								
地区生产总值	Gross Domestic Product	2080.04	3984.10	9604.01	13090.04	14511.70	15742.62	16870.04	18317.64
第一产业	Primary Industry	557.38	912.50	1675.06	2172.37	2290.64	2413.44	2565.45	2796.80
第二产业	Secondary Industry	732.76	1510.68	4536.66	6287.19	6778.48	7378.14	7766.34	8273.66
#工业	Industry	612.33	1264.84	3885.20	5318.97	5647.39	6118.23	6408.64	6816.64
第三产业	Tertiary Industry	789.90	1560.92	3392.29	4630.48	5442.58	5951.04	6538.25	7247.18
人均地区生产总值	Per Capita GDP	4652	8590	20292	28069	30873	33237	35330	38027
支出法地区生产总值	Gross Demestic Product by Expenditure Approach	2080.04	3984.10	9604.01	13090.04	14511.70	15742.62	16870.04	18317.64
#最终消费	Final Consumption Expenditure	1448.30	2463.52	4936.44	6527.43	7501.50	8182.66	8873.15	9834.45
居民消费	Resident Consumption	1091.00	1808.47	3745.84	4923.64	5604.51	6131.54	6645.66	7231.78
政府消费	Government Consumption	357.30	655.05	1190.60	1603.79	1896.99	2051.12	2227.49	2602.67
资本形成总额	Total Capital Formation	676.10	1798.25	7974.75	9484.95	10197.57	10864.54	11524.47	12363.85
固定资本	Fixed Assets Formation	670.70	1749.87	7825.45	8963.83	9793.74	10537.80	11336.95	12114.06
存货增加	Inventory Increasement	5.50	48.38	149.30	521.12	403.83	326.74	187.52	249.79
固定资产投资（亿元）	**Investment in Fixed Assets (100 million yuan)**								
全社会固定资产投资	Total Investment in Fixed Assets	660.01	1769.07	7859.07	12635.22	11907.67	13843.21	16227.78	18236.78
#基本建设	Capital Counstruction	281.54	900.87	3479.48	4975.44	4501.24	5418.23	6680.15	8141.87
更新改造	Innovation	80.16	274.73	2215.90	4257.10	4319.06	5038.93	5897.85	6523.26
房地产开发	Real Estate Development	38.67	286.79	1206.22	1554.94	1614.63	1838.49	1909.09	2397.99
其他	Others	59.26	59.97	260.24	694.85	319.75	317.80	371.15	589.83

注：1. 总人口中，2000年、2010年为人口普查数，其他年份为人口变动抽样调查推算数。2012年从业人员按常住人口口径统计。

2. 根据国家统计制度要求，2013年我区固定资产投资统计起点由项目计划总投资50万元提高到500万元；2013年各增长数据根据2012年度国家口径数据作为基数计算；2013年度全区固定资产投资与国家公布的各省数据口径完全一致（不包括跨省项目投资），各市投资包含跨省项目投资，因此各市投资合计与全区固定资产投资不一致。其他投资2015年起包含农村投资。

3. 2016年实施了研发支出核算改革，根据国家统计局的布置对2007－2015年GDP数据进行衔接，相关GDP计算所得数随之调整。

Note: 1. The data on the total population in 2000 and 2010 is taken from the National Population Survey, and the data on the total population in other years is estimated by the sample survey of population variation. The employment in 2012 is calculated by the permanent population.

2. According to the National Statistical System, the statistical floor level of total planned projects investment in fixed assets of Guangxi has been raised from 500 000 Yuan to 5 000 000 Yuan. The data on growth rates in 2013 is calculated on the data of national statistical range in 2012. The statistical range of data on investment in fixed assets of Guangxi in 2013 is completely the same as the data of other provinces published by National Bureau of Statistic (excluding investment in inter-provincial projects). Due to the investment in inter-provincial projects is included in the investment of cities separately, there are differences between the summary of investment of cities and investment of Guangxi. Investment of "Others" include one from rural areas.

3. Due to the reform of R&D expenditure accounting by National Statistics Bureau, the data of GDP from 2007 to 2015 has been recalculated, so as the related data.

1—3 续表1 continued

指 标	Indicators	2000	2005	2010	2012	2013	2014	2015	2016
财 政（亿元）	**Public Finance (100 million yuan)**								
财政收入	Financial Revenue	220.01	475.37	1228.61	1810.14	2001.26	2162.54	2333.03	2454.08
#公共财政预算收入	Public Budget Income	147.05	283.04	771.99	1166.06	1317.60	1422.28	1515.16	1556.27
公共财政预算支出	Public Budget Expenditure	258.49	611.48	2007.59	2985.23	3208.67	3479.79	4065.51	4441.70
物价总指数（上年=100）	**Price Indices (preceding year=100)**								
居民消费价格总指数	General Consumer Price Index	99.7	102.4	103.0	103.2	102.2	102.1	101.5	101.6
城 市	Urban Area	100.0	103.0	102.9	103.2	102.1	102.2	101.5	101.6
农 村	Rural Area	99.5	101.6	103.4	103.3	102.4	101.9	101.5	101.7
商品零售价格总指数	General Retail Price Index	98.6	101.1	103.0	102.3	101.2	101.4	100.1	100.4
利用外资（亿美元）	**Utilization of Foreign Capital (100 million USD)**								
外商直接投资	Foreign Direct Investment	5.25	3.79	9.12	7.49	7.00	10.01	17.22	8.88
能源生产与消费（万吨标准煤）	**Production & Consumption of Energy (10 000 tons of SCE)**								
能源生产总量	Total Energy Production	833.28	1220.99	1951.85	2129.80	1973.19	2372.52	3274.39	3147.49
能源消费总量	Total energy Consumption	2487.40	4536.74	7379.23	8530.56	9100.37	9515.34	9760.65	10092.36
产 业	**Industry**								
农 业	**Agriculture**								
农林牧渔业劳动力（万人）	Labor Force of Farming, Forestry, Animal Husbandry & Fishery (10 000 persons)	1557	1503	1571	1481	1565	1450	1427	1423
农林牧渔业总产值（亿元）	Gross Output Value of Farming, Forestry, Animal Husbandry & Fishery (100 million yuan)	828.97	1448.37	2720.99	3490.72	3755.19	3947.73	4197.12	4591.37
主要农产品产量（万吨）	Output of Major Farm Products(10 000 tons)								
粮 食	Grain	1667.24	1516.29	1412.32	1484.90	1521.80	1534.41	1524.75	1521.30
油 料	Oil-bearing Crops	58.61	63.18	45.81	53.94	57.21	61.30	64.68	68.95
甘 蔗	Sugar Cane	2937.89	5154.69	7119.62	7829.71	8104.26	7952.57	7504.92	7461.32
园林水果	Fruits (grove)	360.14	571.58	841.77	1030.95	1122.63	1233.30	1369.76	1525.20
肉 类	Meat	287.26	418.60	387.77	410.99	420.02	420.03	417.27	411.16
水产品	Aquatic Products	239.86	284.19	275.09	303.47	319.06	332.12	345.62	361.37
工 业	**Industry**								
全部工业总产值（亿元）	All Included Gross Industrial Output Value(100 million yuan)	1800.24	3684.07	11671.79	17204.62	19434.55	21730.31	23375.57	25371.44
轻工业	Light Industry	862.00	1461.05	3857.83	5395.91	5837.56	6343.78	6711.34	7273.34
重工业	Heavy Industry	938.24	2223.02	7813.96	11808.71	13596.99	15386.52	16664.23	18098.10

1—3 续表2 continued

指 标	Indicators	2000	2005	2010	2012	2013	2014	2015	2016
主要工业产品产量	Output of Major Industrial Products								
成品糖（万吨）	Machine-made Sugar (10 000 tons)	325.76	504.34	705.46	861.47	1010.89	1077.16	925.74	914.69
机制纸及纸板（万吨）	Machine-made Paper (10 000 tons)	82.55	125.37	225.11	336.37	413.90	338.67	284.05	289.03
粗钢（万吨）	Steel (10 000 tons)	104.73	496.29	1204.57	1341.65	2223.65	2085.62	2146.05	2109.57
钢材（万吨）	Steel Products (10 000 tons)	102.63	519.88	1506.34	2149.54	2791.68	3263.68	3545.75	3645.08
十种有色金属（万吨）	Nonferrous Metal (10 000 tons)	60.59	66.63	140.55	111.23	123.86	137.54	157.67	180.45
发电量（亿千瓦时）	Electricity (100 million kwh)	289.09	446.04	1032.15	1186.12	1249.53	1310.03	1299.90	1346.50
原煤（万吨）	Coal (10 000 tons)	706.67	700.34	757.57	753.61	640.34	615.43	425.50	432.50
农用化肥（折纯100%，万吨）	Chemical Fertilizer (10 000 tons)	53.30	84.02	86.90	124.41	105.71	111.49	116.91	95.56
水泥（万吨）	Cement (10 000 tons)	2198.35	3306.13	7516.51	6986.88	11202.83	10744.58	11144.43	12056.42
汽车（万辆）	Motor Vehicles (10 000 sets)	13.12	37.72	136.61	167.33	186.91	209.23	229.40	245.45
建筑业（三级及三级以上企业）	**Construction**								
建筑企业年末从业人数（万人）	Number of Employed Persons (10 000 persons)	33.30	43.00	59.06	67.03	76.50	77.92	85.67	113.29
建筑业总产值（亿元）	Gross OutputValue (100 million yuan)	150.92	425.21	1222.31	1867.06	2289.88	2608.91	2953.42	3434.33
交通运输业	**Transportation**								
货运量（万吨）	Freight Traffic (10 000 tons)	31270	41025	113445	161368	151155	163043	149727	160774
#铁路	Railways	5843	8517	7052	6846	6916	6687	5779	5898
客运量（万人）	Passenger Traffic (10 000 persons)	42952	52197	76967	91656	50846	53881	50986	50765
#铁路	Railways	2508	2037	3163	3310	3275	4770	7046	8388
公路里程（公里）	Length of Highways (km)	52910	62003	101782	107906	111384	114900	117993	120547
规模以上港口货物吞吐量（万吨）	Volume of Freight Handled at Major Ports (10 000 tons)	2879	6877	18575	26873	29276	31025	31421	32041
邮电通信业	**Post & Telecommunication Services**								
年末电话用户数（万户）	Number of Subscribers of Telephone (10 000 subscribers)	485.96	1890.4	2923.4	3483.4	3831.9	4053.63	4034.63	4123.09
固定电话年末用户（万户）	Number of Subscribers of Fixed-line Telephone(10 000 subscribers)	319.12	869.40	708.9	599.3	546.3	499.85	439.67	348.94
城 市	Urban	233.48	557.70	430.3	376.5	354.7	336.91	312.01	244.36
农 村	Rural	85.64	311.70	278.6	222.8	191.6	162.94	127.65	104.58
移动电话用户数	Motor Telephoone (10 000 sets)	167	1021	2215	2884	3285.6	3553.78	3594.96	3774.15
邮电业务总量（亿元）	Business Volume of Post & Telecommunication Services(100 million yuan)	96.36	322.87	807.81	366.44	392.82	503.24	651.74	452.66
国内商业	**Domestic Trade**								
社会消费品零售总额（亿元）	Total Retail Sales of Consumer Goods (100 million yuan)	804.14	1405.55	3312	4516.60	5133.10	5772.83	6348.06	7027.31
对外经济贸易和国际旅游	**Foreign Trade & International Tourism**								
进出口总额（亿美元）	Total Exports & Imports (100 million USD)	20.38	51.83	177.06	294.74	328.37	405.53	512.62	478.97
出口总额	Exports	14.93	28.77	96.1	154.68	186.95	243.30	280.26	230.29
进口总额	Imports	5.45	23.05	80.96	140.05	141.42	162.23	232.36	248.68
接待入境旅游者人数（万人次）	**Number of International Tourists(10 000 persons)**	**124.03**	**146.16**	**250.24**	**350.27**	**391.54**	**421.18**	**450.06**	**482.52**
国际旅游收入（亿元）	Earnings from International Tourism (100 million yuan)	21.78	25.93	54.85	80.80	95.80	106.15	119.40	143.74

1—3 续表3 continued

指 标	Indicators	2000	2005	2010	2012	2013	2014	2015	2016
金融、保险（亿元）	**Finance & Insurance (100 million yuan)**								
金融机构本外币存款余额	Total Saving Deposit in RMB & Foreign Currency of Financial Institutions		4262.30	11813.90	15966.65	18400.48	20298.54	22793.54	25477.80
金融机构本外币贷款余额	Total Loan Balances in RMB & Foreign Currency of Financial Institutions		3104.60	8979.87	12355.52	14081.01	16070.95	18119.30	20640.54
财产险保费收入	Premium Income from Property Insurance	12.16	23.88	69.19	96.92	118.88	140.67	160.68	179.86
人身险保费收入	Premium Income from Life Insurance	18.82	49.24	109.86	141.35	156.60	172.56	225.07	289.31
教育、科技、文化	**Education, Science & Technology, Culture**								
教 育	**Education**								
专任教师数（万人）	Full-time Teachers (10 000 persons)								
普通高等学校	Institutions of Higher Education	0.93	1.96	3.17	3.50	3.74	3.77	3.86	4.15
普通中等专业学校	Special Secondary Schools	0.88	0.70	2.05	2.08	2.05	2.04	2.02	2.07
普通中学	Secondary Schools	12.67	15.24	16.08	16.20	16.98	16.62	16.97	21.19
小 学	Primary Schools	19.90	20.48	22.02	21.72	20.95	21.07	22.20	22.43
在校学生数（万人）	Student Enrollment (10 000 persons)								
普通高等学校	Institutions of Higher Education	11.79	33.83	56.75	62.92	64.42	70.19	75.12	81.03
普通中等专业学校	Special Secondary Schools	15.87	17.04	80.95	86.24	82.22	78.27	73.64	69.86
普通中学	Secondary Schools	285.63	303.87	275.79	276.20	276.96	278.90	282.88	290.64
小 学	Primary Schools	536.79	452.79	430.06	426.48	426.26	431.81	440.10	451.37
科 技	**Science & Technology**								
科技活动人员数（万人）	Personnel in Scientific & Technological Activities (10 000 persons)	4.86	5.67	8.91	10.77	10.87	10.72	11.37	12.08
研究与发展经费内部支出（亿元）	Inner Expenditure of Funds for Research & Develop-ment (100 million yuan)	8.36	14.67	62.52	97.15	107.68	111.90	105.91	117.75
文 化	**Culture**								
图书出版数量（万册）	Number of Books Published (10 000 copies)	23691	18818	24810	28796	34376	39773	29978	29193
期刊出版数量（万册）	Number of Magazines Issued (10 000 copies)	5242	5571	4268	4516	4870	4808	4754	4236
报纸出版数量（万份）	Number of Newspapers Issued (10 000 copies)	56008	58222	69560	69546	71812	72972	68974	64275
家庭 生活 环境									
家 庭	**Family**								
家庭总户数（万户）	Total Number of Households(10 000 households)	1140	1329	1347	1361	1383	1567	1575	1586
城镇居民平均每户家庭人口（人）	Average Persons Per Household in Urban Areas (person)			3.15	3.03	3.25	3.22	3.46	3.35
农村居民平均每户家庭人口（人）	Average Persons Per Household in Rural Areas (person)			3.47	3.47	3.38	3.37	3.62	3.56

注：2006年以后中等专业学校在校学生包括中等职业学校学生。

Note: The "Student Enrollment of Special Secondary Schools" after 2006 includes the students of vocational schools for secondary edcation.

1—3 续表4 continued

指 标	Indicators	2000	2005	2010	2012	2013	2014	2015	2015
居 住	**Housing**								
城镇居民人均居住面积（平方米）	Per Capita Net Floor Space of Urban Residents (sq.m)	18.91	25.20	28.88	29.83	29.90	37.72	38.63	39.24
农村居民人均生活用房面积（平方米）	Per Capita Net Floor Space of Rural Residents (sq.m)	23.40	28.67	33.94	35.98	36.81	43.25	45.22	46.28
生 活	**Livelihood**								
城镇居民人均可支配收入（元）	Per Capita Annual Disposable Income of Urban Households (yuan)	5834	8917	17064	21243	23305	24669	26416	28324
农民人均可支配收入（元）	Per Capita Annual Disposable Income of Rural Households (yuan)	1865	2495	4543	6008	6791	8683	9467	10359
工资和福利	**Wages & Welfare**								
在岗职工平均工资（元）	Average Annual Wages of Staff & Workers (yuan)	6772	15461	31842	37614	42637	46846	54983	60239
离退休退职职工保险福利费用（亿元）	Insurance & Welare Funds of VCSR, Retired & Resigned(100 million yuan)	52.89	127.22	324.40	457.61	544.10	613.34	710.44	599.56
卫 生	**Health Care**								
卫生机构数（个）	Health Institution (unit)	13707	9432	10341	10829	11195	11469	11770	11991
#医院、卫生院	Hospitial	1868	1753	1728	1749	1755	1756	1794	1810
医院、卫生院病床数（万张）	Hospital Beds (10 000 beds)	8.30	8.71	13.39	15.67	17.40	18.77	19.97	20.90
卫生技术人员（万人）	Medical Technical Personnel(10 000 persons)	12.70	12.92	18.57	22.08	23.38	25.86	27.47	28.99
市政建设	**City Construction**								
全年供水总量（亿吨）	Volume of Tap Water Supply(100 million tons)	13.58	13.29	14.73	15.55	16.17	16.22	17.33	17.67
排水管道长度（公里）	Length of Sewer Pipelines (km)	2885	4116	6417	7726	8309	8771	10588	11480
园林绿地面积（公顷）	Area of Gardens & Green Land (hectare)	44149	29689	60225	67149	69870	72414	82382	84484
环 境	**Environment**								
工业污染治理本年完成投资额（亿元）	Actual Investment for Industrial Pollution Treatment in the Year (100 million yuan)	7.37	10.37	9.28	12.73	18.32	17.89	24.72	13.04
工业污染治理本年施工项目（个）	Implementation Project of Industrial Pollution Treatment in the Year (unit)	1270	389	175	207	143	109	137	119
工业废水排放达标量（万吨）	Volume of Meeting Standard for Industrial Sewage Discharged (10 000 tons)	30303	121873	160139					

注：1. 因城乡住户一体化改革造成指标变动，2014—2015年居住类指标名称为期内城镇居民人均自有现住房面积和农村居民人均自有现住房面积，2014-2015年生活类指标名称为城镇常住居民人均可支配收入和农村常住居民人均可支配收入，与上年数据不可比。
2. 2003年以后职工工资及平均工资为在岗职工。
3. 市政建设指标为全区22个设市城市合计数。

Note: 1. According to the change of indicators caused by the integrate reforming on the survey of urban & rural residents, The indicators of housing in 2014 and 2015 are "Per Capita Self-owned Floor Space of Urban Residents" and "Per Capita Self-owned Floor Space of Rural Residents", and the indicators of livelihood in 2014 and 2015 are " Per Capita Annual Disposable Income of Urban Households" and "Per Capita Annual Disposable Income of Rural Households" uses the new statistical range of integration, and the data of them is not comparable with the data in preceding years.
2. Since 2003, the total wages and average annual wages of staff and workers refers to the ones at work.
3. The data on city construction refers to the summary of 22 cities in Guangxi.

1—4 主要年份国民经济和社会发展速度指标

Growth Rates of Major Indicators on National Economic & Social Development in Main Years

单位：% (%)

指 标	Indicators	指数（2016年为下列各年）Index(2016 as Percentage of the Following Years)				平均增长速度 Average Annual Growth Rate		
		2000	2005	2010	2015	2001-2005	2006-2010	2011-2015
人口与就业	**Population & Employment**							
人 口	**Population**							
年末总人口	Year-end Population	117.4	113.3	108.1	101.1	0.7	0.9	1.4
男性	Male	118.5	113.8	108.7	101.0	0.8	0.9	1.5
女性	Female	116.3	112.7	107.5	101.2	0.6	0.9	1.2
常住人口	Permanent Population	101.8	103.8	104.9	100.9	-0.4	-0.2	0.8
市镇人口	Urban Population	174.0	148.4	125.8	103.1	3.2	3.4	4.1
乡村人口	Rural Population	73.6	81.2	91.0	98.9	-2.0	-2.2	-1.7
就 业	**Employment**							
从业人数	Employment	110.7	105.1	97.9	100.7	1.0	1.4	-0.6
城镇登记失业人数	Number of Registered Unemployed Persons	160.4	97.9	95.1	100.0	10.4	0.6	-1.0
宏观经济	**Macroeconomic Indicators**							
国民核算	**National Accounting**							
地区生产总值	Gross Domestic Product	555.2	332.3	173.2	107.3	10.8	14.0	10.1
第一产业	Primary Industry	217.1	166.7	128.5	103.4	5.4	5.3	4.5
第二产业	Secondary Industry	869.9	455.5	190.0	107.4	13.8	19.3	12.1
#工业	Industry	867.0	454.1	187.4	107.3	13.8	19.5	11.8
第三产业	Tertiary Industry	533.6	314.4	173.2	108.6	11.2	12.7	9.8
人均地区生产总值	Per Capita GDP	490.2	304.5	165.9	106.3	10.0	13.0	9.3
支出法地区生产总值	Gross Domestic Expenditures	555.5	332.6	173.3	107.3	10.8	14.0	10.1
#最终消费	Total Consumption	446.0	283.8	165.8	106.8	9.5	11.3	9.4
居民消费	Resident Consumption	441.7	288.9	164.1	107.3	8.9	12.0	9.2
政府消费	Public Consumption	461.1	268.4	171.3	105.5	11.4	9.3	10.2
资本形成总额	Total Investment	1377.4	574.5	146.7	107.7	19.1	31.5	6.4
固定资本	Fixed Assets	1352.0	572.7	144.9	107.2	18.7	31.8	6.3
存货增加	Inventory Increasement	4277.1	622.1	248.1	134.8	47.0	20.2	13.0
固定资产投资	**Investment in Fixed Assets**							
全社会固定资产投资	Total Investment in Fixed Assets	3553.8	1325.9	299.0	112.4	21.8	34.7	21.6
#基本建设	Capital Counstruction	3765.4	1176.8	304.7	121.9	26.2	31.0	20.1
更新改造	Innovation	10430.5	3043.4	377.3	110.6	27.9	51.8	27.8
房地产开发	Real Estate Development	6140.6	828.1	198.7	125.6	49.3	33.3	9.6
其他	Others				163.6	0.2	34.1	46.2

1—4 续表1 continued

单位：% (%)

指 标	Indicators	指数（2016年为下列各年） Index (2016 as Percentage of the Following Years)				平均增长速度 Average Annual Growth Rate		
		2000	2005	2010	2015	2001-2005	2006-2010	2011-2015
财 政	**Public Finance**							
财政收入	Financial Revenue	1115.4	516.2	199.7	105.2	16.7	20.9	13.7
#公共财政预算收入	Public Budget Income	1058.3	549.8	201.6	102.7	14.0	22.2	14.4
公共财政预算支出	Public Budget Expenditure	1718.3	726.4	221.2	109.3	18.8	26.8	15.2
利用外资	**Utilization of Foreign Capital**							
#外商直接投资	Foreign Direct Investment	169.2	234.4	97.4	51.6	-6.3	19.2	13.6
能源生产与消费	**Production & Consumption of Energy**							
能源生产总量	Total Energy Production	377.7	257.8	161.3	96.1	7.9	9.8	10.9
能源消费总量	Total energy Consumption	405.7	222.5	136.8	103.4	12.8	10.2	5.8
产 业	**Industry**							
农 业	**Agriculture**							
农林牧渔业总产值	Gross Output Value of Farming,Forestry, Animal, Husbandry & Fishery	553.9	317.0	168.7	109.4	6.1	5.7	4.5
主要农产品产量	Output of Major Farm Products							
粮 食	Grain	91.2	100.3	107.7	99.8	-1.9	-1.4	1.5
油 料	Oil-bearing Crops	117.6	109.1	150.5	106.6	1.5	-6.2	7.1
甘 蔗	Sugar Cane	254.0	144.7	104.8	99.4	11.9	6.7	1.1
园林水果	Fruits	423.5	266.8	181.2	111.3	9.7	8.0	10.2
肉 类	Meat	143.1	98.2	106.0	98.5	7.8	-1.5	1.5
水产品	Aquatic Products	150.7	127.2	131.4	104.6	3.4	-0.6	4.7
工 业	**Industry**							
全部工业总产值	All Included Gross Industrial Output Value	1409.3	688.7	217.4	108.5	14.0	25.9	14.6
轻工业	Light Industry	843.8	497.8	188.5	108.4	10.4	21.4	12.2
重工业	Heavy Industry	1929.0	814.1	231.6	108.6	17.1	28.6	15.8
主要工业产品产量	Output of Major Industrial Products							
成品糖	Machine-made Sugar	280.8	181.4	129.7	98.8	9.1	6.9	5.6
机制纸及纸板	Machine-made Paper	350.1	230.5	128.4	101.8	8.7	12.4	4.8
粗 钢	Steel	2014.3	425.1	175.1	98.3	36.5	19.4	12.2
钢 材	Steel Products	3551.7	701.1	242.0	102.8	38.3	23.7	18.7
十种有色金属	Nonferrous Metal	297.8	270.8	128.4	114.4	1.9	16.1	2.3
发电量	Electricity	465.8	301.9	130.5	103.6	9.1	18.3	4.7
原 煤	Coal	61.2	61.8	57.1	101.6	-0.2	1.6	-10.9
农用化肥	Chemical Fertilizer	179.3	113.7	110.0	81.7	9.5	0.7	6.1
水 泥	Cement	548.4	364.7	160.4	108.2	8.5	17.9	8.2
汽 车	Motor Vehicles	1870.8	650.7	179.7	107.0	23.5	29.4	10.9

1—4 续表2 continued

单位：% (%)

指 标	Indicators	指数（2016年为下列各年）Index (2016 as Percentage of the Following Years)				平均增长速度 Average Annual Growth Rate		
		2000	2005	2010	2015	2001-2005	2006-2010	2011-2015
建筑业	**Construction**							
建筑企业年末从业人数	Number of Employed Persons	340.2	263.5	191.8	132.2	5.2	6.6	7.7
交通运输业	**Transportation**							
货运量	Freight Traffic	514.1	391.9	141.7	107.4	5.6	22.6	5.7
#铁路	Railways	100.9	69.2	83.6	102.1	7.8	-3.7	-3.9
客运量	Passenger Traffic	118.2	97.3	66.0	99.6	4.0	8.1	-7.9
#铁路	Railways	334.4	411.8	265.2	119.0	-4.1	9.2	17.4
公路里程	Length of Highways	227.8	194.4	118.4	102.2	3.2	10.4	3.0
规模以上港口货物吞吐量	Volume of Freight Handled at Major Ports	1112.9	465.9	172.5	102.0	19.0	22.0	11.1
邮电通信业	**Post & Telecommunication Services**							
年末电话用户数	Number of Subscribers of Telephone	848.4	218.1	141.0	102.2	31.2	9.1	6.7
固定电话年末用户	Number of Subscribers of Fixed-line Telephone	109.3	40.1	49.2	79.4	22.2	-4.0	-9.1
城 市	Urban	104.7	43.8	56.8	78.3	19.0	-5.1	-6.2
农 村	Rural	122.1	33.6	37.5	81.9	29.5	-2.2	-14.5
移动电话用户数	Motor Telephoone	2261.9	369.7	170.4	105.0	43.7	16.7	10.2
国内商业	**Domestic Trade**							
社会消费品零售总额	Total Retail Sales of Consumer Goods	873.9	500.0	212.2	110.7	11.7	18.7	13.9
对外经济贸易	**Foreign Trade**							
进出口总额	Total Exports & Imports	2350.2	924.1	270.5	93.4	20.5	27.9	23.7
出口总额	Exports	1542.5	800.5	239.6	82.2	14.0	27.3	23.9
进口总额	Imports	4562.9	1078.9	307.2	107.0	33.4	28.6	23.5
国际旅游	**International Tourism**							
接待入境旅游者人数	Number of International Tourists	389.0	330.1	192.8	107.2	3.3	11.4	12.5
国际旅游收入	Earnings from International Tourism	660.0	554.3	262.1	120.4	3.5	16.2	16.8

1－4 续表3 continued

单位：% (%)

指 标	Indicators	指数（2016年为下列各年） Index (2016 as Percentage of the Following Years)				平均增长速度 Average Annual Growth Rate		
		2000	2005	2010	2015	2001-2005	2006-2010	2011-2015
金融、保险	**Finance & Insurance**							
金融机构存款余额	Total Saving Deposit in RMB & Foreign Currency of Financial Institutions		597.7	215.7	111.8		22.6	14.0
金融机构贷款余额	Total Loan Balances in RMB & Foreign Currency of Financial Institutions		664.8	229.9	113.9		23.7	15.1
财产险保费收入	Premium Income from Property Insurance	1479.1	753.2	260.0	111.9	14.5	23.7	18.4
人身险保费收入	Premium Income from Life Insurance	1537.2	587.6	263.3	128.5	21.2	17.4	15.4
教育、科技、文化	**Education, Science & Technology, Culture**							
教 育	**Education**							
专任教师数	Full-time Teachers							
普通高等学校	Institutions of Higher Education	446.3	211.7	130.9	107.4	16.1	10.1	4.0
普通中等专业学校	Special Secondary Schools	235.6	296.2	101.1	102.9	-4.5	24.0	-0.3
普通中学	Secondary Schools	167.2	139.0	131.8	124.8	3.8	1.1	1.1
小 学	Primary Schools	112.7	109.5	101.8	101.0	0.6	1.5	0.2
在校学生数	Student Enrollment							
普通高等学校	Institutions of Higher Education	687.3	239.5	142.8	107.9	23.5	10.9	5.8
普通中等专业学校	Special Secondary Schools	440.2	410.0	86.3	94.9	1.4	36.6	-1.9
普通中学	Secondary Schools	101.8	95.6	105.4	102.7	1.2	-1.9	0.5
小 学	Primary Schools	84.1	99.7	105.0	102.6	-3.3	-1.0	0.5
科 技	**Science & Technology**							
科技活动人员数	Personnel in Scientific & Techno-logical Activities	248.6	213.1	135.6	106.2	3.1	9.5	5.0
研究与发展经费内部支出	Inner Expenditure of Funds for Research & Develop-ment	1408.5	802.6	188.3	111.2	18.8	33.6	11.1
文 化	**Culture**							
图书出版数量	Number of Books Published	123.2	155.1	117.7	97.4	-4.5	5.7	3.9
期刊出版数量	Number of Magazines Issued	80.8	76.0	99.3	89.1	1.2	-5.2	2.2
报纸出版数量	Number of Newspapers Issued	114.8	110.4	92.4	93.2	0.8	3.6	-0.2
家庭 生活 环境	**Family, Livelihood & Environment**							
家 庭	**Family**							
家庭总户数	Total Number of Households	139.1	119.3	117.7	100.7	2.9	0.3	3.2
城镇居民平均每户家庭人口	Average Persons Per Household in Urban Areas			106.3	96.8			1.9
农村居民平均每户家庭人口	Average Persons Per Household in Rural Areas			102.6	98.3			0.8

1—4 续表4 continued

单位：% (%)

指标	Indicators	指数（2016年为下列各年）Index (2016 as Percentage of the Following Years) 2000	2005	2010	2015	平均增长速度 Average Annual Growth Rate 2001-2005	2006-2010	2011-2015
居 住	**Housing**							
城镇居民人均居住面积	Per Capita Net Floor Space of Urban Residents	207.5	155.7	135.9	101.6	5.9	2.8	6.0
农村居民人均生活用房面积	Per Capita Net Floor Space of Rural Residents	197.8	161.4	136.3	102.3	4.1	3.4	5.9
生 活	**Livelihood**							
城镇居民人均可支配收入	Per Capita Annual Disposable Income of Urban Households	485.5	317.6	166.0	107.2	8.9	13.9	9.1
农村居民人均纯收入	Per Capita Net Income of Rural Residents					6.0	12.7	
工资和福利	**Wages & Welfare**							
在岗职工平均工资	Average Annual Wages of Staff & Workers	889.5	389.6	189.2	109.6	18.0	15.5	11.5
离退休退职职工保险福利费用	Insurance & Welare Funds of VCSR, Retired & Resigned	1133.6	471.3	184.8	84.4	19.2	20.6	17.0
卫 生	**Health Care**							
卫生机构数	Health Institution	87.5	127.1	116.0	101.9	-7.2	1.9	2.6
＃医院、卫生院	Hospitial	96.9	103.3	104.7	100.9	-1.3	-0.3	0.8
医院、卫生院病床数	Hospital Beds	251.8	240.0	156.1	104.7	1.0	9.0	8.3
卫生技术人员	Medical Technical Personnel	228.2	224.4	156.1	105.5	0.3	7.5	8.1
市政建设	**City Construction**							
全年供水总量	Volume of Tap Water Supply	130.1	133.0	120.0	102.0	5.2	2.1	3.3
排水管道长度	Length of Sewer Pipelines	397.9	278.9	178.9	108.4	17.7	9.3	10.5
园林绿地面积	Area of Gardens & Green Land	191.4	284.6	140.3	102.6	-2.0	15.2	6.5
环 境	**Environment**							
工业污染治理本年完成投资额	Actual Investment for Industrial Pollution Treatment in the Year	177.0	125.8	140.6	52.8	7.1	-2.2	21.6
工业污染治理本年施工项目	Implementation Project of Industrial Pollution Treatment in the Year	9.4	30.6	68.0	86.9	-21.1	-14.8	-4.8
工业废水排放达标量	Volume of Meeting Standard for Industrial Sewage Discharged					12.3	2.6	

说明：因2015年起农村居民人均纯收入改为农村居民人均可支配收入，相关年份数据不可比。

Note: Since the indicator "Per Capita Net Income of Rural Residents" is changed into "Per Capita Disposable Income of Rural Households" in 2015, the data in relavant year is incomparable.

1—5 主要年份国民经济和社会发展结构指标

Composition Indicators on National Economic & Social Development in Main Years

单位：% (%)

指 标	Indicators	2000	2005	2010	2012	2013	2014	2015	2016
人口与就业	**Population & Employment**								
人 口	**Population**								
城乡结构（常住人口口径）	Structure of Urban & Rural (Permanent Population)								
市镇人口	Urban	28.1	33.6	40.1	43.5	44.8	46.0	47.1	48.1
乡村人口	Rural	71.9	66.4	59.9	56.5	55.2	54.0	52.9	51.9
性别结构	Sexual Structure								
男	Male	52.6	52.5	52.5	52.7	52.7	52.8	52.8	52.8
女	Female	47.7	47.5	47.5	47.3	47.3	47.2	47.2	47.2
就 业	**Employment**								
从业人员结构	Exployment Structure of Industry								
第一产业	Primary Industry	61.2	56.2	54.1	53.5	53.1	51.9	50.6	50.1
第二产业	Secondary Industry	10.8	11.9	18.7	18.8	19.0	19.3	18.2	17.6
第三产业	Tertiary Industry	28.0	31.9	27.1	27.7	27.9	28.8	31.2	32.3
宏观经济	**Macroeconomic Indicators**								
国民核算	**National Accounting**								
地区生产总值产业结构	Industrial Structure of GDP								
第一产业	Primary Industry	26.8	22.9	17.4	16.6	15.8	15.3	15.2	15.3
第二产业	Secondary Industry	35.2	37.9	47.2	48.0	46.7	46.9	46.0	45.1
第三产业	Tertiary Industry	38.0	39.2	35.3	35.4	37.5	37.8	38.8	39.6
地区生产总值支出结构	Expenditure Structure of GDP								
最终消费	Final Consumption	69.6	61.8	51.4	49.9	51.7	52.0	52.6	53.7
居民消费	Personal Consumption	52.5	45.4	39.0	37.6	38.6	38.9	39.4	39.5
农村居民	Urban Households	24.4	18.3	11.3	11.0	10.7	10.9	11.2	11.3
城镇居民	Rural Households	28.1	26.5	27.7	26.6	27.9	28.0	28.2	28.2
政府消费	Government Consumption	17.2	16.4	12.4	12.3	13.1	13.0	13.2	14.2
资本形成总额	Gross Capital Formation	32.5	45.1	83.0	72.5	70.3	69.0	68.3	67.5
固定资本	Fixed Assets Formation	32.2	43.9	81.5	68.5	67.5	66.9	67.2	66.1
存货增加	Inventory Increasement	0.3	1.2	1.6	4.0	2.8	2.1	1.1	1.4
固定资产投资	**Investment in Fixed Assets**								
全社会投资管理渠道结构	Administrative Channels of Total Investment								
基本建设	Capital Counstruction	42.7	50.9	44.3	39.4	37.8	39.1	41.2	44.6
更新改造	Innovation	12.2	15.5	28.2	33.7	36.3	36.4	36.3	35.8
房地产开发	Real Estate Development	5.9	16.2	15.3	12.3	13.6	13.3	11.8	13.1
其他投资	Other Investment	9.0	3.4	3.3	5.5	2.7	2.2	10.7	6.4

1—5 续表1 continued

单位：% (%)

指 标	Indicators	2000	2005	2010	2012	2013	2014	2015	2016
资金来源结构	**Structure of Funded Sources**								
国家预算内资金	State Budgetary Appropriation	9.0	8.7	5.0	5.1	6.0	6.2	6.8	9.3
国内贷款	Domestic Loans	24.5	18.9	15.4	12.0	15.6	12.6	14.1	12.2
利用外资	Foreign Investment	3.7	3.9	0.9	0.3	0.1	0.1	0.2	0.1
自筹和其他投资	Fundraising & Others Investment	45.3	68.5	78.7	82.5	78.3	81.0	78.9	78.4
财 政	**Government Finance**								
财政收入结构	Structure of Government Revenue								
中央	Central Government	33.2	40.5	37.2	35.6	34.2	34.2	35.1	36.6
地方	Local Government	66.8	59.5	62.8	64.4	65.8	65.8	64.9	63.4
财政支出结构	Structure of Government Expenditures								
#社会保障和就业	Social Security & Employment			10.8	9.5	10.8	11.1	11.3	12.1
农林水事务	Affairs of Agriculture, Forestry & Water Resources			13.0	12.4	11.6	11.2	12.2	12.9
教育	Education			18.3	19.7	19.0	19.0	19.4	19.2
能源生产和消费	**Production & Consumption of Energy**								
能源生产总量结构	Structure of Energy Production								
原 煤	Coal	36.0	29.4	22.0	20.7	14.7	11.9	6.9	7.2
原 油	Petroleum Crude Oil	0.6	0.4	0.2	0.2	2.5	2.9	2.4	2.2
水电及其他	Hydropower	63.4	70.2	77.9	79.1	82.8	85.2	90.7	90.6
能源消费总量结构	Structure of Energy Consumption								
煤 炭	Coal	49.3	56.0	53.9	53.4	57.5	52.8	46.0	47.0
石 油	Petroleum Crude Oil	15.2	17.6	16.6	16.5	15.9	16.7	18.0	18.4
水电及其他	Hydropower	20.5	17.6	19.2	18.4	26.7	30.4	35.9	34.6
产 业	**Industry**								
农 业	**Agriculture**								
农林牧渔业产值结构	Structure of Gross Output Value of Agriculture								
农 业	Farming	50.5	49.1	49.2	49.4	49.8	50.5	51.1	51.1
林 业	Forestry	4.7	4.3	6.4	7.0	7.7	7.7	7.5	7.0
牧 业	Animal Husbandry	33.2	35.3	32.0	30.7	29.3	27.5	27.2	27.6
渔 业	Fishery	11.6	9.9	9.1	9.5	9.8	10.5	10.2	10.1
农林牧渔服务业	Service Industry for Farming, Forestry, Animal Husbandry & Fishery		1.4	3.3	3.4	3.4	3.8	4.0	4.1
工 业	**Industry**								
全部工业总产值结构	Structure of Gross Output Value of Industry								
轻工业	Light Industry	47.9	39.7	33.1	31.4	30.0	29.2	28.7	28.7
重工业	Heavy Industry	52.1	60.3	66.9	68.6	70.0	70.8	71.3	71.3

1—5 续表2 continued

单位：% (%)

指 标	Indicators	2000	2005	2010	2012	2013	2014	2015	2016
建筑业(三级及三级以上企业)	**Construction**								
建筑业总产值结构	Structure of Gross Output Value of Construction Industry								
#国有及国有控股企业	State-owned Enterprises	58.9	58.4	52.8	49.4	48.5	46.6	45.2	44.2
城镇集体企业	Urban Collective-owned Enterprises	30.9	15.0	9.6	8.2	6.7	6.6	6.5	5.9
交通运输业	**Transportation**								
货运量结构	Structure of Freight Traffic								
#铁路	Railways	18.7	20.8	6.2	4.2	4.6	4.1	3.9	3.7
公路	Highways	75.2	67.9	82.5	83.7	82.5	82.4	79.6	79.8
水运	Waterways	6.1	11.3	11.3	12.0	12.9	13.5	16.5	16.6
客运量结构	Structure of Passenger Traffic								
#铁路	Railways	5.8	3.9	4.1	3.6	6.4	8.9	13.8	16.5
公路	Highways	91.6	93.4	93.8	94.3	89.7	86.5	81.4	78.3
水运	Waterways	1.8	1.7	0.5	0.5	0.8	1.0	1.0	1.1
对外经济贸易	**Foreign Trade**								
进出口结构	Structure of Imports & Exports								
出口	Structure of Exports	73.3	55.5	54.3	52.5	56.9	60.0	54.7	48.1
进口	Structure of Imports	26.7	44.5	45.7	47.5	43.1	40.0	45.3	51.9
国际旅游	**International Tourism**								
来华旅游人数结构	Structure of Tourists								
外国人	Foreigners	40.8	59.7	56.5	55.0	54.2	52.6	53.2	52.2
港澳台同胞	Compatriots from Hongkong, Macao & Taiwan	58.9	40.1	43.5	45.0	45.8	47.4	46.8	47.8
教育、科技、文化	**Education, Science & Technology & Culture**								
教 育	**Education**								
在校学生结构	Structure of Students Enrollment								
大学生	College & University Students	1.4	4.2	6.7	7.4	7.8	8.3	8.6	9.1
中学生	Secondary School Students	35.5	40.3	42.3	42.5	42.8	42.2	40.9	40.4
小学生	Primary School Students	63.1	55.5	51.0	50.1	49.4	49.5	50.5	50.6
专任教师结构	Structure of Full-time Teachers								
大学	College & Universities	2.7	5.1	7.3	8.1	8.4	8.6	8.6	8.3
中学	Secondary School	39.4	42.1	41.9	42.0	44.3	43.5	42.2	46.7
小学	Primary School	57.9	52.8	50.8	49.9	47.3	47.9	49.3	45.0
科 技	**Science & Technology**								
从事科技活动人员结构	Structure of Personnel in Scientific & Technological Activities								
自然科学	Natural Sciences		8.5	9.8	10.8	10.4	10.5	10.9	10.4

注：本表在校生和专任教师结构自2013年起，大学生包括研究生和普通高等学校在在校生，专任教师仅指普通高校专任教师，中学包括普通中等专业学校、技工学校和普通中学（高中、初中）。科技活动人员结构范围为县及县以上政府部门。

Note: Since 2013, the "College & University Students" includes postgraduate students and internal students of regular higher education institutions, the "Full-time Teachers" only includes full-time teachers in regular institutions of higher education,the "Secondary School" includes specialized secondary schools, skilled workers schools and regular secondary schools (senior, junior). The range of data in "Structure of Personnel in Scientific & Technological Activities" is in governmental departments at and above county level.

1－5 续表3 continued

单位：% (%)

指 标	Indicators	2000	2005	2010	2012	2013	2014	2015	2016
农业科学	Agricultural Sciences		39.6	36.3	35.4	33.7	33.3	33.2	39.4
医药科学	Medical Sciences		13.1	15.9	15.8	16.7	17.6	17.4	23.9
工程与技术科学	Engineering & Technology Sciences		28.6	28.7	29.0	30.2	29.9	29.9	14.6
人文与社会科学	Humanities & Social Sciences		10.2	9.3	9.0	9.0	8.7	8.6	11.7
生活 环境	**Livelihood & Environment**								
生 活	**Livelihood**								
城镇居民消费结构	Consumption Structure of Urban Residents								
#食品类	Food	39.9	42.5	38.1	39.0	37.9	35.2	34.4	34.4
衣着类	Clothing	6.5	7.3	8.1	8.0	6.6	5.3	5.2	5.1
家庭设备用品及服务	Household Facilities, Articles & Services	9.0	5.9	7.4	7.9	7.0	6.0	5.8	6.0
居住	Residence	15.5	11.5	10.2	9.7	10.8	22.5	22.2	21.9
农村居民消费结构	Consumption Structure of Rural Residents								
#食品类	Food	55.4	50.5	48.5	42.8	40.0	36.9	35.4	34.5
衣着类	Clothing	3.5	3.4	3.2	3.2	3.3	3.1	3.1	3.0
家庭设备用品及服务	Household Facilities, Articles & Services	4.2	4.1	5.6	5.6	5.4	5.9	6.0	5.5
居住	Residence	13.5	16.2	20.0	24.6	26.1	23.2	22.8	22.8
卫 生	**Health Care**								
卫生技术人员结构	Structure of Medical Technical Personnel								
#执业（助理执业）医师	Practitioner Doctors & Practitioner Assistant Doctors	36.2	42.3	36.2	35.4	33.3	33.5	33.3	33.4
注册护士	Registered Nurses	31.8	34.5	37.6	38.7	40.2	40.2	41.2	42.3
环 境	**Environment**								
工业污染治理投资结构	Used of Funds in Industrial Pollution Treatment								
治理废水	Waste Water Treatment	54.3	32.5	51.0	37.6	35.8	18.4	6.4	8.4
治理废气	Waste Gas Treatment	36.5	54.8	29.3	49.6	60.2	59.3	75.9	80.2
治理固体废物	Solid Waste Treatment	3.7	1.8	18.3	6.9	0.3	9.6	10.8	10.8
治理噪声	Noise Treatment	0.1	0.5	0.1	0.0	0.1	0.0	0.0	0.0
其他	Others	5.3	10.4	1.2	6.0	3.6	12.7	6.9	0.6

注：因城乡住户一体化改革造成指标变动，城乡居民家庭设备用品及服务指标从2015开始改为生活用品及服务。

Note: According to the change of indicators caused by the integrate reforming on the survey of urban & rural residents,the data on "Household Facilities, Articles & Services" of urban and rural livelihood is changed into "Daily Necessities & Services" since 2015.

1—6 主要年份国民经济和社会发展比例和效益指标

Indicators on Proportions & Efficiency in National Economic & Social Development in Main Years

指 标	Indicators	2000	2005	2010	2012	2013	2014	2015	2016
人口与就业	**Population & Employment**								
人 口	**Population**								
人口出生率（‰）	Birth Rate (‰)	13.6	14.3	14.1	14.2	14.3	14.1	14.1	13.82
人口死亡率（‰）	Deatn Rate (‰)	5.7	6.1	5.5	6.3	6.4	6.2	6.2	5.95
人口自然增长率（‰）	Natural Growth Rate (‰)	7.9	8.2	8.7	7.9	7.9	7.9	7.9	7.87
就 业	**Employment**								
三次产业就业者比例（以第一产业为100）	Employment Ratio by Types of Industry (Employment in primary industry=100)								
第一产业	Primary Industry	100.0	100.0	100.0	100.0	100.0	100.0	100.0	100.0
第二产业	Secondary Industry	17.7	21.2	34.6	35.1	35.8	37.2	35.9	35.1
第三产业	Tertiary Industry	45.6	56.7	50.1	51.8	52.4	55.5	61.7	64.5
城镇登记失业率（%）	Unemployment Rate in Urban Area (%)	3.2	4.15	3.66	3.41	3.30	3.15	2.92	2.93
宏观经济	**Macroeconomic Indicators**								
国民核算	**National Accounting**								
三次产业增加值比例（以第一产业为100）	Ratio of Value-added by Tape of Industry (Value-added in primary industry=100)								
第一产业	Primary Industry	100.0	100.0	100.0	100.0	100.0	100.0	100.0	100.0
第二产业	Secondary Industry	131.5	165.6	270.8	289.4	295.9	305.7	302.7	295.8
第三产业	Tertiary Industry	141.7	171.1	202.5	213.2	237.6	246.6	254.9	259.1
全社会劳动生产率（元/人）	Overall Labor Productivity(yuan / person)	8106	14740	33083	47285	52158	56324	59823	64476
第一产业	Primary Industry	3548	6007	10662	14668	15494	16644	17978	19654
第二产业	Secondary Industry	26358	46915	83394	120908	128142	136632	151391	165468
第三产业	Tertiary Industry	11017	18108	43049	60371	70240	73926	74298	78976
固定资产投资	**Investment in Fixed Assets**								
全社会固定资产投资相当于地区生产总值比例（%）	Proportion of Investment in Fixed Assets to GDP (%)	31.7	44.4	81.8	96.5	82.1	87.9	96.2	99.6

1－6　续表1　continued

指　标	Indicators	2000	2005	2010	2012	2013	2014	2015	2016
财政	**Government Finance**								
财政收入相当于地区生产总值比例（%）	Proportion of Financial Revenue to GDP (%)	10.6	11.9	12.8	13.8	13.8	13.7	13.8	13.4
公共财政预算收入相当于地区生产总值比例（%）	Proportion of Public Budget Income to GDP (%)	7.1	7.1	8.0	8.9	9.1	9.0	9.0	8.5
公共财政预算支出相当于地区生产总值比例（%）	Proportion of Public Budget Expenditure to GDP (%)	12.4	15.3	20.9	22.8	22.1	22.1	24.1	24.2
能源生产与消费	**Production & Consumption of Energy**								
能源消费弹性系数	Elasticity Ratio of Energy Consumption	1.01	1.18	0.84	0.58	0.66	0.54	0.32	0.47
每万元地区生产总值消耗的能源（吨标准煤）	Energy Consumption per 10 000 yuan GDP (ton of SCE)	1.28	1.22	0.83	0.70	0.68	0.61	0.58	0.55
产　业	**Industry**								
农　业	**Agriculture**								
每公顷播种面积农产品产量（公斤）	Output of Farm Crops Per Hectare of Sown Area (kg)								
粮食	Grain	4563	4525	4614	4838	4947	5002	4984	5031
甘蔗	Sugarcane	57756	68950	66583	69411	72032	73530	77073	78455
工　业	**Industry**								
产值利税率（%）	Ratio of Per-tax Profits to Gross Output Value (%)	11.67	11.51	13.7	11.2	10.5	10.4	10.3	9.9
成本费用利润率（%）	After-Tax Profits/Cost (%)	3.86	5.82	8.8	6.7	6.3	6.2	6.7	6.8
建筑业	**Construction**								
技术装备率（元/人）	Value of Machinery per Laborer (yuan/person)	6797	8723	7128	6818	6576			
产值利税率（%）	Ratio of Per-tax Profits to Gross Output Value(%)	4.3	6.1	5.7	4.9	5.1	5.1	5.0	3.8
全员劳动生产率（元/人，按总产值计算）	Overall Labor Productivity (yuan/person, in terms of gross output value)	46667	100545	212375	315962	322334	290337	299354	287685
运输邮电业	**Transportation, Post & Telecommuni-cation Services**								
铁路网密度（公里/万平方公里）	Railway Density (km/10 000 sq.km)	115	115	133	133	168	198	214	216

1－6 续表2 continued

指 标	Indicators	2000	2005	2010	2012	2013	2014	2015	2016
公路网密度（公里/万平方公里）	Highway Density (km/10 000 sq.km)	2235	2619	4284	4541	4688	4836	4966	5073
电话普及率（部/万人，含移动电话）	Access to Telephones (set/10 000 persons, including mobilephone)	1102.3	3852.6	6176.6	7469.5	8152.0	8558.3	8571.7	8522.3
对外贸易	**Foreign Trade**								
进出口总额相当于地区生产总值比例（%）	Proportion of Total Exports & Imports to GDP (%)	8.1	10.5	12.3	14.2	13.8	15.8	18.9	17.3
金 融	**Finance**								
金融机构存款相当于地区生产总值比例（%）	Bank Deposits as Percentage of GDP (%)	109.1	105.5	123.0	122.0	126.8	128.9	135.1	139.1
金融机构贷款相当于地区生产总值比例（%）	Bank Loans as Percentage of GDP (%)	77.6	77.9	93.5	94.4	97.0	102.1	107.4	112.7
教育、科技、文化	**Education, Science & Technology & Culture**								
教 育	**Education**								
学龄儿童入学率（%）	Rate of School-age Children Enrollment (%)	98.7	99.1	99.4	99.8	99.6	99.6	99.4	99.6
每万人在校小学生（人）	Number of Primary School Students per 10 000 Persons (person)	1139	926	934	911	903	908	918	933
每万人在校中学生（人）	Number of Secondary School Students per 10 000 Persons (person)	693	711	799	798	783	775	768	768
每万人在校大学生（人）	Number of University & College Students per 10 000 Persons (person)	25	69	123	139	137	148	157	173
科 技	**Science & Technology**								
研究与发展经费内部支出相当于地区生产总值比例（%）	R&D Expenditures at & above County Level as Percentage of GDP (%)	0.4	0.4	0.7	0.7	0.7	0.7	0.6	0.6
文 化	**Culture**								
广播人口覆盖率（%）	Listener Rating (%)	85.0	88.7	95.0	96.1	96.2	96.6	96.7	96.9
电视人口覆盖率（%）	Viewer Rating (%)	90.0	93.5	97.0	97.7	98.0	98.2	98.3	98.4
卫 生	**Health Care**								
每万人卫生技术人员（人）	Number of Medical Technical Personnel per 10 000 Persons (person)	26.7	26.3	36.0	42.1	49.5	54.4	57.3	59.9
每万人医院、卫生院病床数（张）	Number of Hospital Beds per 10 000 Persons (unit)	17.4	17.7	26.0	29.9	36.9	39.5	40.6	43.2

1—7 主要年份人均主要工农业产品产量
Per Capita Output of Major Industrial & Agricultural Products in Main Years

指标	Indicators	2000	2005	2010	2012	2013	2014	2015	2016
粮食产量（公斤）	Grain(kg)	352	309	298.4	318.4	323.75	323.95	319.32	315.82
油料产量（公斤）	Oil-bearing Crops(kg)	12	13	9.7	11.6	12.17	12.94	13.55	14.27
甘蔗产量（公斤）	Sugarcane Crops(kg)	621	1050	1504.3	1678.9	1724.13	1679.00	1571.71	1548.96
水果产量（公斤）	Fruits(kg)	76	156	177.9	221.1	304.95	329.48	360.21	390.80
猪牛羊肉（公斤）	Pork, Beef & Mutton(kg)	49	65	54.6	57.8	59.34	59.94	57.89	55.58
水产品（公斤）	Aquatic Products(kg)	51	58	58.1	65.1	67.88	70.12	72.38	75.02
原煤（吨）	Coal(ton)	0.15	0.14	0.16	0.16	0.14	0.13	0.09	0.09
发电量（千瓦时）	Electricity(kwh)	611.0	909.0	2180.8	2543.4	2658.29	2765.76	2722.30	2795.31
水泥（公斤）	Cement(kg)	465.0	674.0	1588.1	1498.2	2383.33	2268.46	2333.91	2502.89
糖产量（公斤）	Sugar(kg)	69.0	103.0	149.1	184.7	215.06	227.42	193.87	189.89
机制纸及纸板（公斤）	Machine-made Paper & Paperboard(kg)	17.0	26.0	47.6	72.1	88.05	71.50	59.49	60.00

注：本表2007年起按年平均常住人口计算。自2013年起水果包括果用瓜。

Note: The data from 2007 in this table is calculated with the average permanent population in this year, and the fruits include the melons since 2013.

1—8 各个时期主要经济指标
Main Economic Indicators of Each Period

单位：亿元 (100 million yuan)

时 期	Period	地区生产总值 Gross Domestic Product	第一产业 Primary Industry	第二产业 Secondary Industry	#工业 Industry	第三产业 Tertiary Industry	固定资产投资 Investment in Fixed Assets
“一五”时期	“First Five-Year Plan” Period	88.96	50.35	22.59	19.89	16.02	6.19
“二五”时期	“Second Five-Year Plan” Period	125.03	57.92	37.65	31.64	29.46	19.58
	1963—1965	83.12	43.66	22.42	19.26	17.04	7.21
“三五”时期	“Third Five-Year Plan” Period	165.90	89.17	41.41	36.68	35.32	19.42
“四五”时期	“Fourth Five-Year Plan” Period	287.04	133.80	91.39	82.80	61.85	32.87
“五五”时期	“Fifth Five-Year Plan” Period	393.84	172.14	132.55	119.91	89.15	48.79
“六五”时期	“Sixth Five-Year Plan” Period	708.45	321.87	202.77	175.97	183.81	120.68
“七五”时期	“Seventh Five-Year Plan” Period	1592.80	627.12	479.93	417.65	485.75	337.65
“八五”时期	“Eighth Five-Year Plan” Period	4732.74	1465.25	1655.27	1423.97	1612.19	1314.72
“九五”时期	“Ninth Five-Year Plan” Period	9477.90	2829.42	3283.83	2772.24	3364.65	2808.14
“十五”时期	“Tenth Five-Year Plan” Period	15041.78	3567.49	5366.53	4462.13	6107.76	5586.27
“十一五”时期	“Eleventh Five-Year Plan” Period	35009.36	6861.12	15300.46	13099.14	12847.77	22565.56
“十二五”时期	“Twelfth Five-Year Plan” Period	71979.37	11489.12	33917.72	28376.54	26572.53	64774.33

1—8 续表 continued

单位：亿元 (100 million yuan)

时 期	Period	公共财政预算收入（亿元）Public Budget Income (100 million yuan)	公共财政预算支出（亿元）Public Budget Expenditure (100 million yuan)	外贸进出口总额（亿美元）Total Exports & Imports (100 million USD)	#出口总额 Exports	社会消费品零售总额（亿元）Total Retail Sales of Consumer Goods (100 million yuan)	货运量（万吨）Freight Traffic (10 000 tons)
“一五”时期	“First Five-Year Plan” Period	15.33	12.61	1.74	1.74	41.80	4344
“二五”时期	“Second Five-Year Plan” Period	23.66	34.70	1.48	1.48	59.36	12595
	1963—1965	12.64	15.92	1.24	1.21	42.88	5191
“三五”时期	“Third Five-Year Plan” Period	25.24	34.25	2.37	2.19	84.47	11523
“四五”时期	“Fourth Five-Year Plan” Period	48.32	61.57	7.77	7.21	114.48	21750
“五五”时期	“Fifth Five-Year Plan” Period	61.72	87.53	13.66	12.82	177.10	26379
“六五”时期	“Sixth Five-Year Plan” Period	72.99	105.13	21.12	17.46	321.52	30448
“七五”时期	“Seventh Five-Year Plan” eriod	177.90	265.93	37.97	28.32	720.45	94604
“八五”时期	“Eighth Five-Year Plan” Period	354.75	923.09	104.11	71.14	1656.07	138187
“九五”时期	“Ninth Five-Year Plan” Period	589.95	1009.68	126.74	91.87	3433.48	155717
“十五”时期	“Tenth Five-Year Plan” Period	1089.87	2334.06	168.91	99.86	5540.13	178259
“十一五”时期	“Eleventh Five-Year Plan” Period	2672.81	6641.98	611.05	340.44	12051.51	389077
“十二五”时期	“Twelfth Five-Year Plan” Period	6368.82	16284.48	1774.57	989.78	25678.80	736188

1—9 各个时期主要经济指标平均增长率
Average Growth Rate of Main Economic Indicators of Each Period

单位：% (%)

时 期	Period	地区生产总值 Gross Domestic Product	第一产业 Primary Industry	第二产业 Secondary Industry	#工业 Industry	第三产业 Tertiary Industry	固定资产投资 Investment in Fixed Assets
"一五"时期	"First Five-Year Plan" Period	10.8	6.5	11.2	12.1	27.5	41.7
"二五"时期	"Second Five-Year Plan" Period	1.2	-4.5	3.9	4.7	8.4	-0.9
	1963—1965	7.5	11.5	9.5	8.4	0.0	27.8
"三五"时期	"Third Five-Year Plan" Period	5.1	2.6	5.3	5.1	8.7	15.6
"四五"时期	"Fourth Five-Year Plan" Period	9.6	6.2	15.0	16.5	9.9	5.3
"五五"时期	"Fifth Five-Year Plan" Period	6.2	3.9	4.8	5.5	12.2	10.5
"六五"时期	"Sixth Five-Year Plan" Period	8.3	4.4	9.9	9.2	13.3	27.4
"七五"时期	"Seventh Five-Year Plan" Period	6.1	5.0	8.7	9.7	4.4	10.2
"八五"时期	"Eighth Five-Year Plan" Period	15.1	8.4	24.3	24.2	13.6	43.9
"九五"时期	"Ninth Five-Year Plan" Period	8.5	6.5	8.6	8.5	9.7	9.3
"十五"时期	"Tenth Five-Year Plan" Period	10.8	5.4	13.8	13.8	11.2	21.8
"十一五"时期	"Eleventh Five-Year Plan" Period	14.0	5.3	19.3	19.5	12.7	34.7
"十二五"时期	"Twelfth Five-Year Plan" Period	10.1	4.5	12.1	11.8	9.8	21.6

注：本表增长率按可比价格计算。
Note: The average growth rates in this table are calculated at comparable prices.

1－9 续表 continued

单位：% (%)

时 期	Period	公共财政预算收入 Pubic Budget Income	公共财政预算支出 Public Budget Expenditure	外贸进出口总额 Total Exports & Imports	#出口总额 Exports	社会消费品零售总额 Total Retail Sales of Consumer Goods	货运量 Freight Traffic
“一五”时期	“First Five-Year Plan” Period	6.4	14.7	47.1	47.1	13.2	39.8
“二五”时期	“Second Five-Year Plan” Period	2.7	2.0	-20.3	-20.3	6.1	1.7
	1963－1965	12.9	18.7	37.1	33.5	7.1	19.9
“三五”时期	“Third Five-Year Plan” Period	8.5	8.3	0.3	0.4	2.9	5.9
“四五”时期	“Fourth Five-Year Plan” Period	8.6	7.5	33.5	33.2	8.1	11.5
“五五”时期	“Fifth Five-Year Plan” Period	2.1	5.8	11.4	12.7	11.9	-2.4
“六五”时期	“Sixth Five-Year Plan” Period	10.4	11.3	6.7	0.3	14.1	23.5
“七五”时期	“Seventh Five-Year Plan” Period	18.3	16.9	11.4	14.4	14.6	9.0
“八五”时期	“Eighth Five-Year Plan” Period	11.1	16.7	29.0	25.2	23.2	7.5
“九五”时期	“Ninth Five-Year Plan” Period	13.1	13.0	-8.7	-7.8	10.1	1.8
“十五”时期	“Tenth Five-Year Plan” Period	14.0	18.8	20.5	14.0	11.7	5.6
“十一五”时期	“Eleventh Five-Year Plan” Period	22.2	26.8	27.9	27.3	18.7	22.6
“十二五”时期	“Twelfth Five-Year Plan” Period	14.4	15.2	23.7	23.9	13.9	5.7

1—10 主要年份平均每天主要社会经济活动
Selected Indicators on Average Daily Social & Economic Activities in Main Years

指 标	Indicators	2000	2005	2010	2012	2013	2014	2015	2016
每天创造的财富	**Daily Production**								
地区生产总值（亿元）	Gross Domestic Product(100 million yuan)	5.70	10.92	26.31	35.86	39.76	43.13	46.22	50.19
第一产业	Primary Industry	1.53	2.50	4.59	5.95	6.28	6.61	7.03	7.66
第二产业	Secondary Industry	2.01	4.14	12.43	17.23	18.57	20.21	21.28	22.67
#工业	Industry	1.68	3.47	10.64	14.57	15.47	16.76	17.56	18.68
第三产业	Tertiary Industry	2.16	4.28	9.29	12.69	14.91	16.30	17.91	19.86
#运输、仓储及邮政业	Transport, Storage & Post	0.44	0.59	1.32	1.71	1.86	2.01	2.20	2.34
批发零售、餐饮业	Wholesale, Retail & Catering Businesses	0.76	1.25	2.46	3.69	3.95	4.05	4.13	4.42
公共财政预算收入（亿元）	Public Budget Income(100 million yuan)	0.40	0.78	2.12	3.19	3.61	3.90	4.15	4.26
公共财政预算支出（亿元）	Public Budget Expenditure(100 million yuan)	0.71	1.68	5.50	8.16	8.79	9.52	11.14	12.17
粮 食（万吨）	Grain (10 000 tons)	4.57	4.15	3.87	4.06	4.17	4.20	4.18	4.17
油 料（万吨）	Oil-bearing Grops (10 000 tons)	0.16	0.17	0.13	0.15	0.16	0.17	0.18	0.19
甘 蔗（万吨）	Sugar Cane	8.03	14.12	19.51	21.39	22.20	21.79	20.56	20.44
猪牛羊肉（万吨）	Meat (10 000 tons)	0.63	0.88	0.71	0.74	0.72	0.74	0.76	0.73
水产品（万吨）	Aquatic Products (10 000 tons)	0.66	0.78	0.75	0.83	0.87	0.91	0.95	0.99
成品糖（万吨）	Machine-made Sugar (10 000 tons)	0.89	1.38	1.93	2.35	2.77	2.95	2.54	2.51
原 煤（万吨）	Coal (10 000 tons)	1.94	1.92	2.08	2.06	1.75	1.69	1.17	1.18
发电量（亿千瓦时）	Electricity (100 million kwh)	0.79	1.22	2.83	3.24	3.39	3.59	3.56	3.69
粗 钢（万吨）	Stee (10 000 tons)	0.29	1.36	3.30	3.67	6.09	5.71	5.88	5.78
钢 材（万吨）	Steel Products (10 000 tons)	0.28	1.42	4.13	5.87	7.65	8.94	9.71	9.99
水 泥（万吨）	Cement (10 000 tons)	6.02	9.06	20.59	19.09	30.69	29.44	30.53	33.03

1－10 续表 continued

指 标	Indicators	2000	2005	2010	2012	2013	2014	2015	2016
每天消费量	**Daily Consumption**								
最终消费（亿元）	Final Consumption Expenditure(100 million yuan)	3.97	6.75	13.52	17.88	20.55	22.42	24.31	27.15
居民消费	Resident Consumption	2.99	4.95	10.26	13.49	15.35	16.80	18.21	20.02
农村居民	Rural Resident	1.39	1.99	2.98	3.95	4.24	4.71	5.17	5.64
城镇居民	Urban Resident	1.60	2.96	7.28	9.54	11.11	12.09	13.03	14.38
政府消费	Government Consumption	0.98	1.79	3.26	4.39	5.20	5.62	6.10	7.13
能源消费量（万吨标准煤）	Energy Consumption (10 000 tons of SCE)	7.31	13.34	21.70	25.01	24.93	26.07	26.74	27.65
社会消费品零售总额（亿元）	Total Retail Sales of Consumer Goods (100 million yuan)	2.20	3.85	9.07	12.34	14.06	15.82	17.39	19.25
每天其他经济活动	**Other Daily Economic Activities**								
资本形成总额（亿元）	Gross Capital Formation (100 million yuan)	2.04	4.89	21.85	25.99	27.94	29.77	31.57	34.21
固定资产形成	Fixed Assets Formation	2.03	4.80	21.44	24.56	26.83	28.87	31.06	33.53
存货增加	Inventory Increasement	0.88	6.05	0.41	1.43	1.11	0.90	0.51	0.68
货运量（万吨）	Freight Traffic (10 000 tons)	85.67	112.40	310.81	440.90	492.59	446.69	410.21	440.48
客运量（万人）	Passenger Traffic (10 000 persons)	117.68	143.01	210.87	250.43	267.89	147.62	139.69	139.08
规模以上港口货物吞吐量（万吨）	Volume of Freight Handled at Major Ports (10 000 tons)	7.89	18.84	50.89	73.59	80.21	85.00	86.08	87.78
邮电业务总量（万元）	Revenue from Postal & Telecommunication Services (10 000 yuan)	2640	8846	22131.88	10012.02	10762.19	13787.40	17855.89	12401.64
进出口总额（万美元）	Total Exports & Imports (10 000 USD)	558	1420	4850.98	8052.92	8996.41	11110.42	14044.42	13122.45
出口总额	Exports	409	788	2632.84	4226.34	5121.92	6665.76	7678.27	6309.41
进口总额	Imports	149	632	2218.14	3826.58	3874.50	4444.66	6366.15	6813.04
外商直接投资（万美元）	Foreign Direct Investments (10 000 USD)	143.74	103.74	249.86	204.52	191.80	274.25	471.80	243.41
来华旅游人数（人次）	Number of International Tourists (10 000 persons-time)	3398	4004	6856	9570	10727	11539	12330	13220
每天人口变动和婚姻	**Daily Population Changes & Marriages**								
出 生（人）	Births (person)	1753	1918	1973	2022	2055	1973	1973	2110
死 亡（人）	Deaths (person)	712	822	685	902	904	822	822	795
结 婚（对）	Marriages (couple)	873	862	1439	1338	1288	1294	1150	1073
离 婚（对）	Divorces (couple)	80	133	200	235	255	221	228	

1—11 按行业分组的法人单位数

单位：个

行业门类	Sector	1996	2001	2004	2005	2006
总计	**Total**	**96356**	**123298**	**120706**	**130209**	**139566**
农、林、牧、渔业	Farming,Forestry,Animal Husbandry & Fishery	4487	8081	193	3536	4034
采矿业	Mining	2157	1165	1503	1639	1935
制造业	Manufacturing	17703	15105	16068	17110	18752
电力、热力、燃气及水生产和供应业	Producition & Supply of Electricity, Heat,Gas & water	970	1069	1578	1723	1865
建筑业	Construction	1841	1905	1586	1821	2131
批发和零售业	Wholesale & Retail Trades	14306	14921	14365	16291	18775
交通运输、仓储和邮政业	Transport,Storage & Post	1412	2430	1925	2068	2282
住宿和餐饮业	Hotel & Catering Services	1798	1891	1918	2056	2258
信息传输、软件和信息技术服务业	Information Transmission, Software & Infomation Technology	614	2052	2300	2721	3044
金融业	Financial Intermediation	1904	2085	1151	1191	1241
房地产业	Real Estate	1218	2417	3189	3644	4402
租赁和商务服务业	Leasing & Business Services	2433	5389	4781	5406	6140
科学研究和技术服务业	Scientific Research, Technical Service	1112	1811	4901	5083	5310
水利、环境和公共设施管理业	Management of Water Conservancy, Environment & Public Facilities	1074	3026	1481	1582	1626
居民服务、修理和其他服务业	Service of Household, Repair & Other Services	630	1230	972	1124	1339
教育	Education	8309	18650	17326	17477	17643
卫生和社会工作	Health & Social Service	3178	6227	6264	6204	6405
文化、体育和娱乐业	Culture, Sports & Entertainment	1255	2290	2574	2559	2667
公共管理、社会保障和社会组织	Public Management Social Security & Social Organizations	29955	31554	36631	36974	37717

注：1. 2004年和2008年及2013年农、林、牧、渔业法人单位数为兼营第二、三产业的农、林、牧、渔业法人单位。
2. 本表1996年、2001年、2004年、2008年及2013年均为普查数据，其余为年报数据。
3. 本表数据2011年以前按GB/T4754-2002标准分类，2012年以后按GB/T4754-2011标准分类。

Note: 1. The indicator of "Farming,Forestry,Animal Husbandry & Fishery" in 2004, 2008 & 2013 refers to the juridical entities operating primary industry also operating secondary industry or tertiary industry on the side.
2. The data in this table in 1996,2001,2004,2008 & 2013 is based on the Economic Census, data in other years is based on the annual reports.
3.The data in and before 2011 in this table is sorted out by the standard of GB/T4754-2002, and by the standard of GB/T4754-2011 since 2012.

Number of Legal Entities Grouped by Sector

(unit)

2007	2008	2009	2010	2011	2012	2013	2014	2015	2016
149472	**154748**	**180744**	**204970**	**238483**	**274666**	**238440**	**334564**	**402586**	**474480**
4306	210	2630	4486	10310	23041	3420	49601	61109	76497
2225	2258	2716	3079	3396	3656	2988	3386	3443	3686
20307	19683	22156	24381	27106	27725	24215	28087	31491	34750
1999	2271	2508	2628	2700	2771	2587	2750	2885	3055
2455	2329	3130	3951	5035	5713	4730	7516	10728	15299
22034	21560	33174	42384	54820	67375	64262	84623	106962	131838
2586	3178	3929	4634	5459	6107	5092	6647	8512	10650
2445	2152	2378	2764	3177	3466	3472	4103	5172	6264
3479	5040	5610	5997	6508	6952	2546	3851	6486	9612
1280	636	938	1249	1649	1643	1610	2321	2972	2509
5218	5628	7084	9013	10224	11034	8447	11513	13475	16006
7238	10535	12964	15394	18798	22108	18610	25498	35285	46247
5573	7141	7627	8397	9020	9959	10361	12613	15433	18547
1698	2081	2227	2376	2571	2748	2762	3129	3496	3887
1552	1607	2152	2666	3417	4093	3541	4709	6487	7572
17786	16435	16776	17126	17497	17788	18301	20043	21541	22010
6480	6207	6363	6446	6573	6644	5387	5745	6059	5021
2760	2600	2795	3005	3180	3489	6665	7302	7962	8818
38051	43197	43587	44994	47043	48354	49444	51127	53089	52212

1—12 各市按机构类型分组的法人单位数（2016年）

单位：个

地 区	Region	法人单位数 Number of Legal Entities	企业 Enterprise	事业单位 Institution
广 西	**Guangxi**	**474480**	**351445**	**41280**
南宁市	Nanning	91074	77919	4570
柳州市	Liuzhou	48915	39379	2866
桂林市	Guilin	56513	41959	4131
梧州市	Wuzhou	27273	19892	2715
北海市	Beihai	23850	20179	1439
防城港市	Fangchenggang	14287	10706	1159
钦州市	Qinzhou	23670	16913	2179
贵港市	Guigang	28662	20006	2770
玉林市	Yulin	45330	33003	4659
百色市	Baise	33508	22354	3712
贺州市	Hezhou	17473	11099	2535
河池市	Hechi	28608	16838	3709
来宾市	Laibin	17564	11048	2078
崇左市	Chongzuo	17753	10150	2758

Number of Legal Entities Grouped by Region & Type of Institution (2016)

(unit)

机关 Agency	社会团体 Social Group	农民专业合作社 farmer specialized cooperative	其他法人 Others
9329	**13091**	**31722**	**27613**
939	1102	2824	3720
722	1091	2422	2435
1272	1930	4087	3134
498	1087	1544	1537
307	383	659	883
412	623	757	630
480	810	1767	1521
406	512	2752	2216
651	1321	2923	2773
1056	1190	2444	2752
501	719	1323	1296
982	1149	3617	2313
538	644	1969	1287
565	530	2634	1116

1—13 各市按主要行业分组的法人单位数（2016年）

单位：个

地 区	Region	合计 Total	农、林、牧、渔业 Farming, Forestry, Animal Husbandry & Fishery	采矿业 Mining	制造业 Manufacturing	电力、热力、燃气及水生产和供应业 Producition & Supply of Electricity, Heat,Gas & water	建筑业 Construction	批发和零售业 Wholesale & Retail Trades	交通运输、仓储和邮政业 Transport, Storage & Post	住宿和餐饮业 Hotel & Catering Services
广 西	**Guangxi**	**474480**	**76497**	**3686**	**34750**	**3055**	**15299**	**131838**	**10650**	**6264**
南宁市	Nanning	91074	8045	215	5668	206	3723	32260	2043	1416
柳州市	Liuzhou	48915	5229	248	4388	203	1103	16981	1138	599
桂林市	Guilin	56513	8039	505	4798	861	2230	13860	854	1185
梧州市	Wuzhou	27273	5525	251	1864	201	840	7214	487	297
北海市	Beihai	23850	1454	68	1295	45	1274	7598	674	418
防城港市	Fangchenggang	14287	1691	96	694	63	625	3972	859	187
钦州市	Qinzhou	23670	4024	215	1881	117	959	5633	1018	243
贵港市	Guigang	28662	4616	172	3151	110	856	7539	698	271
玉林市	Yulin	45330	10125	271	4531	319	914	11796	858	481
百色市	Baise	33508	7307	376	1912	257	925	7782	590	485
贺州市	Hezhou	17473	4353	184	964	250	430	3674	256	124
河池市	Hechi	28608	7668	566	1581	187	490	5814	363	281
来宾市	Laibin	17564	4213	326	1118	124	567	3697	290	136
崇左市	Chongzuo	17753	4208	193	905	112	363	4018	522	141

Number of Legal Entities Grouped by Region &Major Sector（2016）

(unit)

信息传输、软件和信息技术服务业 Information Transmission, Software & Infomation Technology	金融业 Financial Interme-diation	房地产业 Real Estate	租赁和商务服务业 Leasing & Business Services	科学研究和技术服务业 Scientific Research, Technical Service	水利、环境和公共设施管理业 Management of Water Conservancy, Environment & Public Facilities	居民服务、修理和其他服务业 Service of Household, Repair & Other Services	教育 Education	卫生和社会工作 Health & Social Service	文化、体育和娱乐业 Culture, Sports & Entertain-ment	公共管理、社会保障和社会组织 Public Management Social Security & Social Organizations
9612	**2509**	**16006**	**46247**	**18547**	**3887**	**7572**	**22010**	**5021**	**8818**	**52212**
3090	292	3301	13532	4586	432	1895	3572	539	1316	4943
1344	281	1687	5378	2136	326	915	1457	525	849	4128
1527	432	1900	6216	2148	685	1114	1979	556	1049	6575
375	182	824	2133	935	210	293	1610	240	456	3336
708	164	2103	3361	1010	139	400	988	143	442	1566
198	115	744	1508	434	139	220	403	124	240	1975
368	132	841	1726	1008	183	395	1182	224	537	2984
356	218	799	2323	926	185	468	2038	353	675	2908
520	167	1159	2878	1435	372	570	3294	440	758	4442
304	153	737	2527	1100	287	440	1337	627	701	5661
227	90	376	957	567	179	142	1281	169	360	2890
232	116	598	1523	1060	344	342	1053	482	760	5148
230	74	484	1122	590	195	186	815	249	358	2790
133	93	453	1063	612	211	192	1001	350	317	2866

1－14　按行业、营业状态分组的企业法人单位数（2016年）

单位：个

行　业	Sector	单位数 Number of Legal Entities	营业 Operating	停业（歇业） Shutout(closed)
合计	**Total**	**351445**	**321230**	**10433**
农、林、牧、渔业	Farming,Forestry,Animal Husbandry & Fishery	45502	41741	884
采矿业	Mining	3686	2912	444
制造业	Manufacturing	34662	31062	1549
电力、热力、燃气及水生产和供应业	Producition & Supply of Electricity, Heat,Gas & water	2998	2770	78
建筑业	Construction	15299	14002	308
批发和零售业	Wholesale & Retail Trades	130844	120669	3965
交通运输、仓储和邮政业	Transport,Storage & Post	10208	9470	265
住宿和餐饮业	Hotel & Catering Services	6212	5765	146
信息传输、软件和信息技术服务业	Information Transmission, Software & Infomation Technology	9182	8584	138
金融业	Financial Intermediation	2468	2302	55
房地产业	Real Estate	15867	13930	604
租赁和商务服务业	Leasing & Business Services	44331	40288	1187
科学研究和技术服务业	Scientific Research, Technical Service	11878	10887	321
水利、环境和公共设施管理业	Management of Water Conservancy, Environment & Public Facilities	1773	1555	69
居民服务、修理和其他服务业	Service of Household, Repair & Other Services	7286	6775	163
教育	Education	2060	1902	34
卫生和社会工作	Health & Social Service	649	610	7
文化、体育和娱乐业	Culture, Sports & Entertainment	6531	5999	216
公共管理、社会保障和社会组织	Public Management Social Security & Social Organizations	9	7	

Number of Legal Entities Grouped by Sector & Operating State（2016）

(unit)

筹建 Preparing to Construct	当年关闭 Closedown in the Present Year	当年破产 Bankrupted in the Present Year	当年注销 Write-off in the Present Year	当年吊销 Revoked in the Present Year	注册未经营 Registered but not operating	其他 Others
9002	**5444**	**167**	**18**	**35**	**155**	**4961**
1455	304	17	2	1	6	1092
150	110	14	1	1	3	51
927	641	51	2	11	6	413
82	27	1		1		39
514	205		2	3	11	254
2655	2128	41	5	13	58	1310
223	139	4	2		3	102
150	89	3	2		5	52
249	116	1			9	85
65	18					28
438	267	4		2	10	612
1304	952	18	1	2	25	554
341	177	2			12	138
95	21	1			2	30
155	102	5			1	85
64	17		1		2	40
19	2					11
116	129	5		1	2	63
						2

1—15 按行业、登记注册类型分组的企业法人单位数（2016年）

单位：个

行 业	Sector	合计 Total	内资 Domestic Fund	国有 State-owned	集体 Collective-owned	股份合作 Cooperative Share Holding
合计	**Total**	**351445**	**349750**	**3688**	**3614**	**736**
农、林、牧、渔业	Farming,Forestry,Animal Husbandry & Fishery	45502	45447	225	70	31
采矿业	Mining	3686	3666	33	35	14
制造业	Manufacturing	34662	33875	439	737	131
电力、热力、燃气及水生产和供应业	Producition & Supply of Electricity, Heat,Gas & water	2998	2945	287	163	28
建筑业	Construction	15299	15281	130	214	28
批发和零售业	Wholesale & Retail Trades	130844	130640	881	1404	169
交通运输、仓储和邮政业	Transport,Storage & Post	10208	10154	295	175	25
住宿和餐饮业	Hotel & Catering Services	6212	6157	156	94	24
信息传输、软件和信息技术服务业	Information Transmission, Software & Infomation Technology	9182	9150	26	4	27
金融业	Financial Intermediation	2468	2422	62	14	92
房地产业	Real Estate	15867	15671	289	240	33
租赁和商务服务业	Leasing & Business Services	44331	44240	326	234	65
科学研究和技术服务业	Scientific Research, Technical Service	11878	11850	268	108	25
水利、环境和公共设施管理业	Management of Water Conservancy, Environment & Public Facilities	1773	1752	74	17	2
居民服务、修理和其他服务业	Service of Household, Repair & Other Services	7286	7272	44	60	22
教育	Education	2060	2060	39	26	7
卫生和社会工作	Health & Social Service	649	646	19	4	4
文化、体育和娱乐业	Culture, Sports & Entertainment	6531	6513	93	15	9
公共管理、社会保障和社会组织	Public Management Social Security & Social Organizations	9	9	2		

Number of Legal Entities Grouped by Sector & Registration Status（2016）

(unit)

联营 Joint-owned	国有联营 State Joint-owned	集体联营 Collective Joint-owned	国有与集体联营 State & Collective Joint-owned	其他联营 Other Joint-owned	有限责任公司 Limited Liability Company	国有独资公司 State Sole Investment	其他有限责任公司 Other Limited Companies
262	**32**	**142**	**15**	**73**	**42961**	**1124**	**41837**
22	1	9	1	11	1626	15	1611
4	1	2		1	343	14	329
43	2	26	4	11	4162	93	4069
14	3	7		4	463	74	389
7		2	1	4	2354	55	2299
91	15	57	3	16	15865	178	15687
8	2	4		2	1674	66	1608
9	1	5		3	820	7	813
2			2		1338	21	1317
2		1	1		416	18	398
8	1	4		3	3360	113	3247
21	2	10	1	8	6955	333	6622
9	1	5		3	1750	42	1708
1		1			366	51	315
9	1	5		3	840	10	830
6		2	1	3	183	1	182
					49	1	48
6	2	2	1	1	396	32	364
					1		1

1－15 续表

行 业	Sector	股份有限公司 Share Holding Limited	私营 Individual	私营独资 Individual Sole Investment	私营合伙 Private Partnership	私营有限责任公司 Private Limited Liability Company	私营股份有限公司 Private Share Holding Limited	其他内资 Others Domestic Funded
合计	**Total**	**5078**	**278343**	**81587**	**7352**	**182081**	**7323**	**15068**
农、林、牧、渔业	Farming,Forestry,Animal Husbandry & Fishery	264	39977	29635	927	9000	415	3232
采矿业	Mining	79	2975	1249	356	1256	114	183
制造业	Manufacturing	586	26580	9216	1357	15192	815	1197
电力、热力、燃气及水生产和供应业	Producition & Supply of Electricity, Heat,Gas & water	91	1788	400	742	591	55	111
建筑业	Construction	219	11851	1205	183	10116	347	478
批发和零售业	Wholesale & Retail Trades	1560	105495	25825	1584	75388	2698	5175
交通运输、仓储和邮政业	Transport,Storage & Post	207	7500	852	141	6219	288	270
住宿和餐饮业	Hotel & Catering Services	129	4646	1450	194	2870	132	279
信息传输、软件和信息技术服务业	Information Transmission, Software & Infomation Technology	106	7259	708	113	6242	196	388
金融业	Financial Intermediation	376	1413	90	49	1167	107	47
房地产业	Real Estate	369	11091	610	118	9913	450	281
租赁和商务服务业	Leasing & Business Services	682	34322	3253	846	29162	1061	1635
科学研究和技术服务业	Scientific Research, Technical Service	191	8955	871	144	7613	327	544
水利、环境和公共设施管理业	Management of Water Conservancy, Environment & Public Facilities	52	1175	154	42	930	49	65
居民服务、修理和其他服务业	Service of Household, Repair & Other Services	80	5875	1712	189	3811	163	342
教育	Education	34	1483	516	106	821	40	282
卫生和社会工作	Health & Social Service	11	482	211	48	213	10	77
文化、体育和娱乐业	Culture, Sports & Entertainment	42	5473	3628	213	1576	56	479
公共管理、社会保障和社会组织	Public Management Social Security & Social Organizations		3	2		1		3

continued

港澳台商投资 Funded by Enterprises from Hong Kong, Macao & Taiwan	与港澳台商合资经营 Joint Venture	与港澳台商合作经营 Cooperative Operation	港澳台商独资 Sole Investment	港澳台商投资股份有限公司 Share Holding Limited	其他港澳台商投资 Others Funded by Enterprises from Hong Kong, Macao & Taiwan	外商投资 Foreign-funded	中外合资经营 Joint Venture	中外合作经营 Cooperative Operation	外资企业 Sole Investment	外商投资股份有限公司 Share Holding Limited	其他外商投资 other Foreigh-funded
912	**307**	**62**	**500**	**29**	**14**	**783**	**263**	**42**	**343**	**73**	**62**
22	7	2	11	2		33	7	1	22		3
9	7	1	1			11	1	2	7		1
444	136	14	276	16	2	343	145	12	153	18	15
28	8	2	17		1	25	8	3	11	3	
13	3	10				5	2		2		1
111	36	4	65	3	3	93	26	3	39	7	18
28	8	9	10		1	26	10	6	9	1	
36	12	2	21	1		19	4	4	10	1	
22	7	1	8	2	4	10	3		4	1	2
2			1	1		44	5	1	6	30	2
111	61	6	43	1		85	30	5	41	3	6
45	8	5	27	3	2	46	12	2	16	7	9
10	5	2	3			18	6	1	10		1
14	5	1	7		1	7		1	4		2
5		2	3			9	2	1	4	1	1
1	1					2			1	1	
11	3	1	7			7	2		4		1

1-16 各市按三次产业分组的法人单位数（2016年）

Number of Legal Entities Grouped by The tertiary industry of Institution （2016）

单位：个 (unit)

地 区	Region	法人单位数 Number of Legal Entities	第一产业 Primary Industry	第二产业 Secon dany Industry	第三产业 Tertiary Industry
广 西	**Guangxi**	**474480**	**69902**	**56504**	**348074**
南宁市	Nanning	91074	7347	9774	73953
柳州市	Liuzhou	48915	4864	5895	38156
桂林市	Guilin	56513	6550	8343	41620
梧州市	Wuzhou	27273	5306	3133	18834
北海市	Beihai	23850	1269	2652	19929
防城港市	Fangchenggang	14287	1554	1474	11259
钦州市	Qinzhou	23670	3630	3149	16891
贵港市	Guigang	28662	4076	4278	20308
玉林市	Yulin	45330	9583	6014	29733
百色市	Baise	33508	6920	3456	23132
贺州市	Hezhou	17473	4108	1824	11541
河池市	Hechi	28608	7121	2814	18673
来宾市	Laibin	17564	3819	2126	11619
崇左市	Chongzuo	17753	3755	1572	12426

主要统计指标解释

发展速度 是表示某一时期内某一指标发展程度的相对数，它是报告期与基期水平之比，一般用百分数表示，即把基期水平定为1（或100%），以报告期的指标数值除以基期指标数值的商乘100%，即得发展速度。由于比较的标准时期不同，发展速度可分为定期发展速度和环比发展速度两种。发展速度的计算公式为：

发展速度=（指标当期数值/指标基期数值）×100%

增长速度 是反映社会经济增长程度的指标，它是报告期增长量与基期水平之比，又称增长率。其计算公式为：

增长速度=（指标当期数值/指标基期数值－1）×100%

或=发展速度－1（或100%）。

平均每年增长速度 我国计算平均增长速度有两种方法,一种是习惯上经常使用的“水平法”，又称几何平均法，是以间隔最后一年的水平同基期水平对比来计算平均每年增长（或下降）的速度；另一种是“累计法”又称代数平均法或方程法，是以间隔年内各年水平的总和同基期水平对比来计算平均每年增长（或下降）的速度。

在一般正常情况下，两种方法计算的平均每年增长速度比较接近，但在经济发展不平衡出现大起大落时，两种方法计算的结果差别较大。

本年鉴内所列的平均每年增长速度都是用水平法计算的。从某年到某年平均增长速度的年份，均不包基期年在内。如1981—2004年平均每年增长速度，是以1980年为基期，2004年为报告期，年份从1981年算起，共24年。

当年价格 是报告期当年的实际价格，也称现价或现行价格。使用当年价格计算的以货币表现的物量指标，反映当年的实际情况，可用于考核社会经济效益，便于对生产、流通、分配、消费之间进行经济核算和综合平衡。

可比价格 亦称固定价格。指在不同时期的价值指标对比时，扣除了价格变动因素，以确切反映物量的变化。按可比价格计算有两种方法：一种是直接用于产品产量乘其不变价格；一种是指数法换算。

不变价格 用某一时期的同类产品的平均价格作为固定价格，来计算各个时期的产品价值。目的是为了消除各个时期价格变动的影响，保证各时期间、地区间的可比性。

指数 指数是一种表明社会经济现象动态的相对数，一般用百分数表示。运用指数可以测定不能直接相加和直接对比的社会经济现象的总动态；可以分析社会经济现象总变动中各因素变动的影响程度；可以研究总平均指标变动中各组标志水平和总体结构变动的作用。它是在把各个年份的产值换算成可比价格的基础上，根据定基数等于相应各个环比指数的连乘积这个换算关系计算出来的。

本《年鉴》所列“国内生产总值指数”等都是按可比价格计算的，如计算有关年份产值增长情况，可用定期指数（即简称年度为100的定基指数）直接进行对比。例如，求2000年国内生产总值为1980年的百分比，按表上2000年指数，1980年指数，两者相除即得，其余以此类推。

各个计划时期 本年鉴表内所用各个“时期”代表的年份如下：第一个五年计划时期（简称“一五”时期）为1953到1957年；第二个五年计划时期（简称“二五”时期）为1958到1962年；第三个五年计划时期（简称“三五”时期）为1966到1970年；第四个五年计划时期（简称“四五”时期）为1971到1975年；第五个五年计划时期（简称“五五”时期）为1976到1980年；第六个五年计划时期（简称“六五”时期）为1981到1985年；第七个五年计划时期（简称“七五”时期）为1986到1990年；第八个五年计划时期（简称“八五”时期）为1991到1995年；第九个五年计划的时期（简称“九五”时期）为1996到2000年；第十个五年计划时期（简称“十五”时期）为2001到2005年；第十一个五年计划时期（简称“十一五”时期）为2006到2010年；第十二个五年计划时期（简称“十二五”时期）为2011—2015年。

Explanatory Notes on Main Statistical Indicators

Development Rate is a relative indicator that reflects the development extends of a certain indicator in a certain period. It is calculated by comparing the level of report period to the level of base period, and is expressed with percentage. Namely to set the value of base period for 1 (or 100%), the development rate equals to multiply the quotient that the indicator valve in report period comparing to base period by 100%. Development rate can be classified into fixed-base development rate and chain-base development rate. The formula is:

Development Rate = (Value of Indicator in Report Period / Value of Indicator in Base Period) × 100%

Growth Rate is a indicator that reflects the growth extend of social economy, and is calculated by growth level of report period to base period. The formula is:

Growth Rate = (Value of Indicator in Report Period/ Value of Indicator in Base Period–1) × 100%

or :

=Development Rate –1 (or 100%)

Average Annual Growth Rate Two methods for calculating average annual growth rate are applied in China, one is often called level approach or the method of calculating geometric average, which is derived by comparing the level of the last year of the interval with that of the beginning year; the other is called "accumulative approach" or algebraic average or equation method, which is derived by the summation of the actual figure of each year in the interval divided by the figure in the base year.

Usually the results calculated by the two methods are fairly close, but they differed sharply when uneven economic development occurred with striking fluctuation in growth.

The average annual growth rates listed in this statistical yearbook are calculated by "level approach". The base year are not listed when the year are listed for average annual growth rates. For instance, the average annual growth rate of 24 years since 1981 is listed as average annual growth rate of 1981—2004, among which 1980 is the base year and 2004 is the reference year.

Current Price refers to the actual price in the reference period. The quantum indicators calculated in accordance with actual prices in current year can reflect the actual situation in the reference year. It can be used to check the social economic effect, and to carry though economic accounting and comprehensive balance during production, circulation, distribution and consumption.

Comparable Price also called fixed price. It is applied when comparing indicators of value over time to reflect accurately the changes in real them. Two methods are used for calculating comparable prices: (1) multiplying the output of products by their constant prices of certain year; (2) conversion of the data in current prices by relevant price index.

Constant Price refers to the average price of a given product in certain year, which is used for comparison of output value over time. As the output value at constant prices removes the factor of price changes, it reflects the trend of production development over time.

Index Index is a kind of relative indicator that reflects the trends of social economic phenomena, and is usually expressed with percentage. Using indexes can determine the whole trend of social economic phenomena that cannot be added up or compared directly; can analysis the degree of various factors impacting during the whole variation of social economic phenomena; and also can research the actions of levels and general construction movements of groups of indicators during the variation of total average indicator. It is calculated on the converting relation that fixed cardinal number equal to the continues product of corresponding chain index, when the output value in various years has been converted into comparable prices.

All of the indexes of GDP listed in this yearbook are calculated at comparable prices. The situation of output value growth in certain years can be calculated by comparing term indexes (fixed base indexes that set annual data =100) directly. For instance, the GDP in 2000 as the percentage of in 1980 can be calculated by multiplying index of 2000 to index of 1980 listed in table, and this method by analogy apply to others.

Various Plan Periods The years represented by the various "periods" in tables of this yearbook are as follows: First Five-year Plan Period refers to 1953—1957; Second Five-year Plan Period refers to 1958—1962; Third Five-year Plan Period refers to 1966—1970; Fourth Five-year Plan Period refers to 1971—1975; Fifth Five-year Plan Period refers to 1976—1980; Sixth Five-year Plan Period refers to 1981—1985; Seventh Five-year Plan Period refers to 1986—1990; Eighth Five-year Plan Period refers to 1991—1995; Ninth Five-year Plan Period refers to 1996—2000; Tenth Five-year Plan Period refers to 2001—2005; and Eleventh Five-year plan period refers to 2006—2010.Eleventh Five-year plan period refers to 2006—2010; and Thirteenth Five-year Plan Period refers to 2011—2015.

第二篇

人口

POPULATION

（编辑：周慧妮）

2—1 总人口及其构成
Population & Its Composition

年 份 Year	总户数 (万户) Total House-holds (10 000 households)	总人口 (万人) Total Population (10 000 persons)	男 性 Male	女 性 Female	性别比 (以女性为100) Sex Ratio (Female=100)	常住人口 (万人) Permanent Population (10 000 persons)	人口密度 (人/平方公里) Population Density (person/sq.km)
1978	661	3402	1753	1649	106.31		144
1980	676	3538	1822	1716	106.18		149
1985	757	3873	2005	1868	107.33		164
1990	896	4242	2205	2037	108.25		179
1991	918	4324	2250	2074	108.49		183
1992	950	4380	2285	2095	109.07		185
1993	973	4438	2317	2121	109.24		187
1994	997	4493	2346	2147	109.27		190
1995	1020	4543	2377	2166	109.74		192
1996	1040	4589	2398	2191	109.45		194
1997	1069	4633	2421	2212	109.45		196
1998	1092	4675	2442	2233	109.37		198
1999	1110	4713	2463	2250	109.51		199
2000	1140	4751	2484	2267	109.56		201
2001	1178	4788	2506	2282	109.90		202
2002	1197	4822	2521	2301	109.73		204
2003	1235	4857	2542	2315	109.84		205
2004	1285	4889	2559	2330	109.86		206
2005	1329	4925	2587	2338	110.65	4660	208
2006	1374	4961	2612	2349	111.16	4719	209
2007	1416	5002	2634	2368	111.19	4768	201
2008	1459	5049	2659	2390	111.25	4816	203
2009	1499	5092	2681	2411	111.18	4856	205
2010	1347	5159	2708	2451	110.50	4610	195
2011	1359	5199	2730	2469	110.54	4645	196
2012	1361	5240	2759	2481	110.51	4682	197
2013	1383	5282	2772	2510	110.42	4719	199
2014	1567	5475	2891	2584	111.84	4754	201
2015	1575	5518	2913	2605	111.79	4796	202
2016	1586	5579	2943	2636	111.61	4838	204

注：本表数字按当年行政区划计算，总人口2000年为根据第五次人口普查资料推算，2010年为人口普查数，2011—2013年为人口抽样调查推算数。其余年份为户籍统计年报数，人口密度从2007年起按常住人口计算。

Note: The data in this table is calculated on the administrative division of the year, the total population in 2000 is estimated by the 5th Population Census, the data in 2010 is estimated by the population census, the data from 2011 to 2013 is estimated by population Sample Survery,and total population in other years is based on the annual reports of the household registration.Population density has been calculated by permanent population since 2007.

2—2 人口自然变动情况
Status of Population Natural Changes

年 份 Year	总人口比上年增减 Total Population Changes in Comparison with Last Year		出生人口 (万人) Birth Population (10 000 persons)	出生率 (‰) Birth Rate (‰)	死亡人口 (万人) Mortality Rate (10 000 persons)	死亡率 (‰) Mortality Rate (‰)	自然增长率 (‰) Natural Growth Rate (‰)
	绝对数 (万人) Absolute Population (10 000 persons)	增长速度 (%) Growth Rate (%)					
1978	73	2.19	83	24.69	19	5.79	18.90
1980	68	1.96	88	25.17	20	5.80	19.37
1985	67	1.76	98	25.51	22	5.60	19.91
1990	92	2.22	85	20.20	28	6.60	13.60
1991	63	1.48	93	21.89	31	7.24	14.65
1992	56	1.30	87	20.19	32	7.28	12.91
1993	58	1.32	86	19.58	28	6.35	13.23
1994	55	1.24	84	18.84	29	6.60	12.24
1995	50	1.11	79	17.54	29	6.53	11.01
1996	46	1.01	77	16.83	31	6.82	10.01
1997	44	0.96	74	15.93	30	6.40	9.53
1998	42	0.91	74	15.87	32	6.86	9.01
1999	38	0.81	70	14.96	32	6.93	8.03
2000	38	0.81	64	13.60	26	5.70	7.90
2001	37	0.78	66	13.80	29	6.07	7.73
2002	34	0.71	64	13.30	30	6.30	7.00
2003	35	0.73	67	13.86	32	6.57	7.29
2004	32	0.66	65	13.32	30	6.12	7.20
2005	36	0.74	70	14.26	30	6.09	8.17
2006	36	0.73	71	14.44	30	6.10	8.34
2007	41	0.83	71	14.19	30	5.99	8.20
2008	47	0.94	72	14.40	29	5.70	8.70
2009	43	0.85	72	14.17	29	5.64	8.53
2010	67	1.32	72	14.13	25	5.48	8.65
2011	40	0.78	71	13.71	31	6.04	7.67
2012	41	0.79	74	14.20	33	6.31	7.89
2013	42	0.80	75	14.28	33	6.35	7.93
2014	53	0.98	72	14.07	30	6.21	7.86
2015	43	0.79	72	14.05	30	6.15	7.90
2016	61	1.11	77	13.82	29	5.95	7.87

注：1. 1978、1980年的"三率"数字，根据第三次人口普查资料进行了调整。2000年、2010年为人口普查数，其余年份为人口抽样调查数。
2. 1990年以前和2014—2016年的总人口增减绝对数、增长速度为户籍统计年报数，其余年份为人口抽样调查数。

Note: 1. The Third Population Census adjusted the data of birth rate, mortality rate and natural growth rate in 1978 and 1980, and the data in 2000 and 2010 is from the population census, data in other years is based on population sample survey.
2. The absolute figures of the total population variation,the growth rate are based on the annual reports of the household registration before 1990 and from 2014 to 2016,and in the other years are based on the population sample survey.

2—3 主要年份按居住地分的城乡人口
Population by Urban & Rural by Living Areas in Main Years

单位：万人 (10 000 persons)

年 份 Year	按城乡分 Population by Urban & Rural		占总人口比例（%） As Percentage of Total Population(%)	
	市镇人口 Urban	乡村人口 Rural	市镇人口 Urban	乡村人口 Rural
1990	641	3601	15.10	84.90
1995	838	3705	18.45	81.55
2000	1337	3414	28.15	71.85
2001	1350	3438	28.20	71.80
2002	1365	3457	28.30	71.70
2003	1411	3446	29.06	70.94
2004	1550	3339	31.70	68.30
2005	1567	3093	33.62	66.38
2006	1635	3084	34.64	65.36
2007	1728	3040	36.24	63.76
2008	1838	2978	38.16	61.84
2009	1904	2952	39.20	60.80
2010	1849	2761	40.11	59.89
2011	1942	2703	41.80	58.20
2012	2038	2644	43.53	56.47
2013	2115	2604	44.81	55.19
2014	2187	2567	46.01	53.99
2015	2257	2539	47.06	52.94
2016	2326	2512	48.08	51.92

注：本表1990、2000、2010年为根据人口普查推算，其余年份为人口抽样调查推算数。2005年起为常住人口数。

Note: The data in 1990,2000 & 2010 is estimated by the population census, and the data since 2005 is based on permanent population, while the data in the other years is estimated by the population sample survey.

2—4　主要年份各市按居住地分的城乡人口

Population by Urban & Rural By Living Areas by City in Main Years

单位：万人　　(10 000 persons)

地　区 Region	按城乡分 Population by Urban & Rural	2005	2010	2011	2012	2013	2014	2015	2016
南宁市	市镇人口 Urban	286.58	350.52	367.37	382.21	395.24	403.70	414.32	425.34
Nanning City	乡村人口 Rural	359.74	315.64	306.03	296.87	290.13	287.68	284.29	280.88
柳州市	市镇人口 Urban	166.89	206.91	214.71	222.77	229.53	237.32	243.64	249.44
Liuzhou City	乡村人口 Rural	200.30	168.96	164.68	159.68	156.07	151.33	148.63	146.43
桂林市	市镇人口 Urban	165.36	184.02	193.87	207.05	215.46	224.12	231.29	238.48
Guilin City	乡村人口 Rural	314.78	290.78	284.95	276.89	272.59	267.79	264.87	262.46
梧州市	市镇人口 Urban	109.43	123.87	130.26	137.21	142.00	145.57	149.18	152.71
Wuzhou City	乡村人口 Rural	187.84	164.35	160.59	155.73	153.44	151.98	150.76	149.13
北海市	市镇人口 Urban	71.16	74.82	78.34	81.76	84.49	87.33	89.96	92.52
Beihai City	乡村人口 Rural	79.02	79.11	77.10	75.44	74.53	73.04	72.61	71.85
防城港市	市镇人口 Urban	31.82	41.85	44.08	46.05	47.66	49.09	50.63	52.36
Fangchenggang City	乡村人口 Rural	46.52	44.84	43.76	42.64	42.24	41.71	41.21	40.54
钦州市	市镇人口 Urban	79.73	94.57	101.08	106.97	111.66	114.88	118.84	122.59
Qinzhou City	乡村人口 Rural	233.43	213.40	209.88	206.36	204.26	203.18	202.09	201.71
贵港市	市镇人口 Urban	113.51	165.65	174.87	183.08	189.22	194.18	199.75	207.78
Guigang City	乡村人口 Rural	302.29	246.23	240.80	235.60	232.83	231.38	229.62	225.42
玉林市	市镇人口 Urban	177.95	217.32	229.71	241.03	249.66	258.10	265.45	272.07
Yulin City	乡村人口 Rural	372.48	331.42	324.13	317.09	312.59	307.91	305.27	303.53
百色市	市镇人口 Urban	88.33	92.23	99.25	104.89	110.26	116.85	122.66	127.40
Baise City	乡村人口 Rural	264.14	254.45	250.21	246.92	244.26	240.03	237.01	234.62
贺州市	市镇人口 Urban	60.31	68.95	72.98	77.39	80.51	83.72	86.36	89.66
Hezhou City	乡村人口 Rural	144.13	126.46	124.05	121.34	119.47	117.62	116.23	114.21
河池市	市镇人口 Urban	104.13	92.14	98.25	103.70	109.80	115.12	121.97	126.16
Hechi City	乡村人口 Rural	265.79	244.79	241.09	237.85	233.39	230.02	225.71	223.74
来宾市	市镇人口 Urban	57.80	69.65	73.95	77.71	80.52	85.47	88.76	92.83
Laibin City	乡村人口 Rural	164.85	140.32	137.87	135.80	134.38	130.90	129.44	127.22
崇左市	市镇人口 Urban	54.15	59.36	63.29	66.53	68.96	72.10	74.54	77.00
Chongzuo City	乡村人口 Rural	157.55	140.07	137.85	135.44	133.85	131.88	130.91	129.92

注：本表按常住人口口径统计。2010年为人口普查数，其余年份为人口抽样调查推算数。

Note: The data in this table is based on permanent population, the data in 2010 is from the population census , while the data in the other years is estimatel by the population sample survey.

2—5 各市县人口数（2016年）
Population by City & County（2016）

单位：万人 (10 000 persons)

市、县	City & County	户籍户数(万户) Total Households (10 000 households)	户籍人口 Total Household Registered Population	男 性 Male	女 性 Female	#城镇户籍人口 Urban Household Registered Population	常住人口 Permanent Population
南宁市	**Nanning**	**224.96**	**751.74**	**393.00**	**358.74**	**327.24**	**706.22**
市辖区	District	115.76	370.08	190.20	179.88	227.74	426.81
兴宁区	Xingning District	9.99	32.70	16.71	15.99	22.40	42.89
青秀区	Qingxiu District	22.68	71.23	35.48	35.75	59.32	77.75
江南区	Jiangnan District	15.93	51.41	26.55	24.86	35.35	62.68
西乡塘区	Xixiangtang District	24.83	79.20	40.00	39.20	61.55	121.77
良庆区	Liangqing District	8.40	27.96	14.81	13.16	13.04	37.02
邕宁区	Yongning District	10.25	35.97	19.26	16.71	14.76	28.16
武鸣区	Wuming District	23.68	71.59	37.38	34.21	21.31	56.54
隆安县	Long'an	11.58	42.20	22.39	19.81	8.89	31.25
马山县	Mashan	15.94	56.86	29.96	26.90	10.47	40.72
上林县	Shanglin	14.81	49.89	26.22	23.67	10.16	35.85
宾阳县	Binyang	30.96	105.79	56.55	49.24	33.41	81.42
横 县	Hengxian	35.92	126.92	67.68	59.24	36.57	90.17
柳州市	**Liuzhou**	**113.33**	**385.67**	**199.60**	**186.07**	**190.22**	**395.87**
市辖区	District	54.69	178.45	90.61	87.84	131.43	221.91
城中区	Chengzhong District	5.19	15.69	7.66	8.02	15.28	17.14
鱼峰区	Yufeng District	10.98	34.74	17.36	17.38	31.72	48.04
柳南区	Liunan District	11.95	35.90	18.14	17.76	35.29	51.76
柳北区	Liubei District	11.28	35.14	17.69	17.45	31.83	44.55
柳江区	Liujiang District	15.28	56.98	29.76	27.22	17.30	60.42
柳城县	Liucheng	12.50	41.10	21.24	19.86	16.25	36.73
鹿寨县	Luzhai	11.70	41.12	21.66	19.46	16.73	35.01
融安县	Rong'an	10.59	32.88	17.49	15.39	10.06	29.70
融水苗族自治县	Rongshui	13.13	51.98	27.40	24.58	10.49	41.64
三江侗族自治县	Sanjiang	10.72	40.13	21.19	18.94	5.27	30.88
桂林市	**Guilin**	**163.57**	**533.96**	**277.05**	**256.92**	**168.11**	**500.94**
市辖区	District	40.20	129.86	65.15	64.71	79.53	155.28
秀峰区	Xiufeng District	3.70	11.19	5.41	5.78	11.19	16.34
叠彩区	Diecai District	4.83	15.07	7.34	7.73	12.21	18.53
象山区	Xiangshan District	8.62	24.46	11.96	12.50	23.38	29.18
七星区	Qixing District	7.31	21.43	10.47	10.96	20.64	30.48
雁山区	Yanshan District	1.81	6.94	3.46	3.49	0.53	13.41
临桂区	Lingui District	13.93	50.77	26.51	24.26	11.58	47.34
阳朔县	Yangshuo	9.38	32.85	16.99	15.86	6.92	28.66

2－5 续表1 continued

单位：万人 (10 000 persons)

市、县	City & County	户籍户数（万户）Total Households (10 000 households)	户籍人口 Total Household Registered Population	男性 Male	女性 Female	#城镇户籍人口 Urban Household Registered Population	常住人口 Permanent Population
灵川县	Lingchuan	11.84	38.95	19.73	19.22	9.52	36.80
全州县	Quanzhou	25.00	84.29	45.46	38.83	10.89	66.06
兴安县	Xing'an	12.59	39.11	20.16	18.95	9.02	34.26
永福县	Yongfu	8.07	28.83	15.26	13.58	6.17	24.40
灌阳县	Guanyang	10.51	29.64	15.87	13.76	8.01	24.11
龙胜各族自治县	Longsheng	4.80	17.29	8.84	8.45	2.78	15.97
资源县	Ziyuan	5.75	17.98	9.40	8.58	4.06	15.31
平乐县	Pingle	15.05	46.26	24.50	21.77	12.69	38.41
荔浦县	Lipu	11.28	38.42	19.79	18.63	11.36	35.92
恭城瑶族自治县	Gongcheng	9.10	30.47	15.88	14.59	7.15	25.76
梧州市	**Wuzhou**	**99.60**	**347.47**	**184.63**	**162.84**	**162.93**	**301.84**
市辖区	District	24.55	79.38	40.79	38.59	59.63	80.85
万秀区	Wanxiu District	10.35	30.65	15.48	15.17	24.64	32.02
长洲区	Changzhou District	5.63	17.89	8.95	8.94	14.10	20.45
龙圩区	Longxu District	8.57	30.85	16.37	14.48	20.90	28.38
苍梧县	Cangwu	10.38	40.59	21.72	18.86	11.97	32.84
藤　县	Tengxian	30.27	109.57	59.26	50.31	42.79	87.31
蒙山县	Mengshan	7.45	22.42	11.81	10.61	5.99	20.12
岑溪市	Cenxi	26.95	95.51	51.04	44.46	42.56	80.72
北海市	**Beihai**	**44.51**	**174.34**	**91.54**	**82.80**	**57.34**	**164.37**
市辖区	District	18.67	66.11	33.46	32.65	36.73	71.81
海城区	Haicheng District	9.73	30.92	15.36	15.56	27.81	37.06
银海区	Yinhai District	4.54	16.74	8.59	8.15	6.69	19.53
铁山港区	Tieshangang District	4.41	18.45	9.51	8.95	2.23	15.22
合浦县	Hepu	25.84	108.23	58.08	50.15	20.61	92.56
防城港市	**Fangchenggang**	**25.20**	**97.20**	**52.61**	**44.59**	**35.67**	**92.90**
市辖区	District	14.55	57.65	31.03	26.62	22.59	56.01
港口区	Gangkou District	4.15	13.80	7.17	6.63	8.42	17.20
防城区	Fangcheng District	10.40	43.85	23.86	20.00	14.16	38.81
上思县	Shangsi	6.76	24.81	13.86	10.95	5.39	21.18
东兴市	Dongxing	3.90	14.74	7.72	7.02	7.69	15.71
钦州市	**Qinzhou**	**98.77**	**409.13**	**223.49**	**185.64**	**60.48**	**324.30**
市辖区	District	33.77	149.74	82.52	67.22	34.25	127.07
钦南区	Qinnan District	15.05	63.99	34.36	29.63	20.52	56.48

2—5 续表 2 continued

单位：万人 (10 000 persons)

市、县	City & County	户籍户数(万户) Total Households (10 000 households)	户籍人口 Total Household Registered Population	男 性 Male	女 性 Female	#城镇户籍人口 Urban Household Registered Population	常住人口 Permanent Population
钦北区	Qinbei District	18.72	85.75	48.16	37.59	13.73	70.59
灵山县	Lingshan	40.94	165.47	90.04	75.43	14.21	120.66
浦北县	Pubei	24.06	93.92	50.93	42.99	12.02	76.57
贵港市	**Guigang**	**157.94**	**554.89**	**294.74**	**260.15**	**114.79**	**433.20**
市辖区	District	60.53	200.79	105.13	95.65	50.14	158.06
港北区	Gangbei District	21.62	69.92	36.32	33.60	28.70	61.34
港南区	Gangnan District	21.36	70.16	37.13	33.03	13.48	53.78
覃塘区	Qintang District	17.55	60.71	31.68	29.03	7.97	42.94
平南县	Pingnan	43.32	152.46	82.02	70.44	30.72	118.08
桂平市	Guiping	54.09	201.65	107.59	94.06	33.93	157.06
玉林市	**Yulin**	**206.77**	**717.32**	**384.56**	**332.77**	**240.72**	**575.60**
市辖区	District	30.54	110.42	58.44	51.98	56.27	111.78
玉州区	Yuzhou District	18.72	66.92	34.73	32.19	42.09	72.07
福绵区	Fumian District	11.82	43.50	23.71	19.79	14.18	39.71
容 县	Rongxian	28.85	86.02	45.66	40.36	23.26	66.41
陆川县	Luchuan	33.10	109.39	58.11	51.28	31.12	79.54
博白县	Bobai	51.60	185.98	101.64	84.35	62.14	140.26
兴业县	Xingye	21.61	75.97	41.10	34.88	18.62	58.43
北流市	Beiliu	41.06	149.54	79.62	69.93	49.31	119.18
百色市	**Baise**	**111.52**	**417.17**	**217.13**	**200.04**	**103.51**	**362.02**
右江区	Youjiang District	9.81	36.25	18.32	17.93	13.99	39.71
田阳县	Tianyang	10.58	35.60	17.96	17.64	10.23	32.49
田东县	Tiandong	11.25	43.62	22.74	20.88	10.09	37.35
平果县	Pingguo	14.37	51.79	27.04	24.75	16.82	45.66
德保县	Debao	10.10	37.01	19.76	17.26	8.64	30.72
靖西市	Jingxi	16.63	65.97	34.88	31.09	14.39	51.95
那坡县	Napo	6.07	21.73	11.45	10.28	4.31	15.95
凌云县	Lingyun	5.99	22.22	11.59	10.63	4.88	19.33
乐业县	Leye	4.97	17.74	9.36	8.38	3.30	15.49
田林县	Tianlin	6.85	26.51	13.65	12.86	5.92	23.20
西林县	Xilin	4.15	16.06	8.36	7.70	1.92	14.50
隆林各族自治县	Longlin	10.76	42.67	22.02	20.64	9.03	35.67
贺州市	**Hezhou**	**64.81**	**242.52**	**127.85**	**114.67**	**34.76**	**203.87**
市辖区	District	32.20	119.48	62.19	57.29	17.37	105.21

2－5 续表3 continued

单位：万人 (10 000 persons)

市、县	City & County	户籍户数（万户）Total Households (10 000 households)	户籍人口 Total Household Registered Population	男 性 Male	女 性 Female	#城镇户籍人口 Urban Household Registered Population	常住人口 Permanent Population
八步区	Babu District	20.02	73.58	38.21	35.38	13.44	64.36
平桂区	Pinggui District	12.18	45.90	23.99	21.91	3.94	40.85
昭平县	Zhaoping	12.73	44.72	24.07	20.65	5.67	35.44
钟山县	Zhongshan	10.98	44.70	23.87	20.83	6.59	36.36
富川瑶族自治县	Fuchuan	8.91	33.62	17.72	15.90	5.13	26.86
河池市	**Hechi**	**125.38**	**428.59**	**223.11**	**205.48**	**95.78**	**349.90**
金城江区	Jinchengjiang District	11.05	34.41	17.79	16.62	17.10	34.54
南丹县	Nandan	9.78	32.28	16.94	15.34	7.52	29.01
天峨县	Tian'e	5.06	17.54	9.20	8.35	3.39	16.10
凤山县	Fengshan	6.00	21.89	11.47	10.42	3.52	16.82
东兰县	Donglan	8.52	31.17	16.44	14.73	3.88	22.15
罗城仫佬族自治县	Luocheng	12.07	38.58	19.95	18.63	10.43	30.98
环江毛南族自治县	Huanjiang	11.78	37.72	19.99	17.73	4.95	28.06
巴马瑶族自治县	Bama	7.80	29.12	15.18	13.94	3.86	23.18
都安瑶族自治县	Du'an	19.61	71.79	37.16	34.63	19.75	53.62
大化瑶族自治县	Dahua	13.41	47.44	24.48	22.96	7.52	37.32
宜州市	Yizhou	20.31	66.63	34.52	32.12	13.87	58.12
来宾市	**Laibin**	**78.18**	**268.56**	**141.08**	**127.48**	**62.05**	**220.05**
兴宾区	Xingbin District	30.99	112.60	59.45	53.15	25.38	96.25
忻城县	Xincheng	12.71	44.08	22.88	21.20	8.04	32.56
象州县	Xiangzhou	11.39	37.00	19.47	17.53	8.33	29.69
武宣县	Wuxuan	13.24	45.39	24.10	21.28	11.43	36.86
金秀瑶族自治县	Jinxiu	5.13	15.72	8.09	7.63	3.80	12.95
合山市	Heshan	4.71	13.78	7.08	6.70	5.07	11.74
崇左市	**Chongzuo**	**71.09**	**250.54**	**132.25**	**118.29**	**57.29**	**206.92**
江州区	Jiangzhou District	10.98	37.25	19.98	17.26	11.80	33.94
扶绥县	Fusui	15.14	46.35	24.73	21.62	11.98	39.85
宁明县	Ningming	11.39	44.27	23.60	20.67	7.82	35.08
龙州县	Longzhou	8.02	27.29	13.99	13.30	6.84	22.57
大新县	Daxin	10.24	38.34	19.83	18.51	7.89	30.53
天等县	Tiandeng	11.96	45.64	24.20	21.43	7.17	33.20
凭祥市	Pingxiang	3.37	11.40	5.91	5.49	3.78	11.75

注：本表为公安统计年报数，常住人口为根据人口抽样调查推算数。
Note: The data in this table is based on the annual report from Public Security Bureau of Guangxi ,and the permanent population is estimated by the population sample survey.

2－6 主要年份婚姻情况
Marital Status in Main Years

项 目	Item	2000	2005	2010	2011	2012	2013	2014	2015	2016
内地居民登记结婚（万对）	Registered Marriages of Inland Residents (10 000 couples)	31.86	31.47	52.51	49.38	48.98	47.01	47.22	41.97	39.18
涉外婚姻（对）	Registered Foreign Marriage (couple)	3700	3411	2018	1995	1881	1747	1653	1613	2366
#国内公民（人）	Domestic Individuals(person)	3700	3411	2017	1965	1872	1747	1653	1611	2366
#男 性	Male	504	196	231	298	429	554	503	612	981
女 性	Female	2196	3215	1786	1667	1443	1193	1150	999	1385
初婚（万人）	First Marriage(10 000 persons)	61.43	59.70	98.59	91.88	90.45	86.38	84.54	73.90	71.53
再婚（万人）	Remarriage(10 000 persons)	2.28	3.92	6.84	6.88	7.89	8.01	9.91	10.26	6.82
#女 性	Female	1.12	1.51	3.33	3.38	4.25	4.37	5.43	5.77	3.41
离婚人数（万对）	Divorces (10 000 couples)	2.90	4.85	7.31	7.75	8.59	9.30	8.08	8.33	
#民政部门批准	Divorces Approved	2.60	7.32	11.25	12.06	13.42	14.68	6.10	8.35	9.27
法院调判	Mediated by the Court	3.20	2.37	3.36	3.44	3.76	3.92	2.01		

注：本表为民政部门统计数。
Note: The data in this table is provided by civil affairs department.

2—7 主要年份各种规模家庭户构成
Composition of Various Size of Family Household in Main Years

单位：% (%)

年份 Year	合计 Total	1人户 Family of 1 Person	2人户 Family of 2 Persons	3人户 Family of 3 Persons	4人户 Family of 4 Persons	5人户 Family of 5 Persons	6人户 Family of 6 Persons	7人户 Family of 7 Persons	8人及以上户 Family of 8 & More Persons	家庭户平均每户人数（人） Average Population of One Family (person)	城镇家庭户平均每户人数 Average Population of One Urban Family	乡村家庭户平均每户人数 Average Population of One Rural Family
1995	100	6.50	9.58	16.84	23.75	19.30	12.50	6.40	5.12	4.31		
2000	100	10.05	13.86	21.67	23.43	17.54	7.63	3.34	2.48	3.81		
2005	100	11.18	20.45	24.71	21.82	13.02	5.25	1.98	1.59	3.37		
2007	100	6.75	18.06	26.33	26.67	13.29	5.67	1.89	1.34	3.56		
2008	100	6.87	19.17	26.56	26.69	12.62	5.31	1.66	1.12	3.48		
2009	100	4.79	9.97	20.81	28.04	20.11	9.28	3.92	3.09	3.53		
2010	100	11.30	12.98	20.23	23.41	16.35	7.97	4.00	3.76	3.34	3.15	3.47
2011	100	13.82	22.09	24.87	19.70	10.99	5.29	1.64	1.61	3.24	3.19	3.29
2012	100	13.27	21.01	23.86	20.68	11.75	5.86	1.87	1.70	3.32	3.03	3.47
2013	100	14.43	20.73	23.32	21.09	10.99	5.61	2.03	1.80	3.29	3.25	3.38
2014	100	13.73	21.13	24.41	19.78	11.29	5.77	2.08	1.81	3.30	3.22	3.37
2015	100	12.57	18.72	22.70	20.96	12.74	6.55	2.81	2.95	3.51	3.46	3.62
2016	100	12.90	19.34	22.91	21.01	12.32	6.36	2.62	2.55	3.46	3.35	3.56

注：本表为按常住人口口径统计。2000、2010年为人口普查数，其余年份为人口抽样调查推算数。

Note: The data in this table is based on permanent population, the data in 2000 and 2010 is based on the population census, while the data in other years is estimated by the population sample survey.

2-8 主要年份人口年龄构成
Population Composition by Age in Main Years

单位：%　　　　(%)

年 份 Year	0～14岁占总人口的比重 Ages Ranging from 0 to 14 as Percentage of Total Population	15～64岁占总人口的比重 Ages Ranging from 15 to 64 as Percentage of Total Population	65岁及以上占总人口的比重 Ages in & above 65 as Percentage of Total Population
1990	33.38	61.20	5.42
2000	26.20	66.49	7.31
2005	23.76	66.67	9.57
2007	22.28	68.45	9.27
2008	22.07	68.48	9.45
2009	22.10	68.50	9.40
2010	21.71	69.05	9.24
2011	21.80	68.37	9.83
2012	21.96	68.30	9.74
2013	21.57	68.77	9.66
2014	21.58	68.75	9.67
2015	22.09	67.94	9.97
2016	22.08	67.97	9.95

注：本表为按常住人口口径统计。1990、2000、2010年为人口普查数,其余年份为人口抽样调查数。

Note: The data in this table is based on permanent population, the data in 1990, 2000 and 2010 is based on the population census, while the data in other years is based on the population sample survey.

2—9　6岁及以上人口受教育程度构成

Composition of Educational Status of Ages in 6 & above

单位：%　　　　(%)

年份 Year	小　学 Primary Schools	初　中 Junior Secondary Schools	高中（含中职） Senior Secondary Schools (including specialized secondary schools)	大专及以上 Junior Colleges & above
2000	45.60	35.20	10.40	2.60
2005	39.84	38.19	9.89	3.96
2007	34.64	42.50	12.37	4.64
2008	34.70	43.63	11.39	4.51
2009	33.30	44.42	11.38	5.06
2010	34.85	42.64	12.14	6.58
2011	34.80	42.60	12.20	6.60
2012	33.28	43.97	12.40	6.63
2013	32.57	44.17	12.72	6.92
2014	32.32	44.17	12.79	7.10
2015	31.20	41.10	13.65	9.21
2016	31.12	41.08	13.98	9.21

注：本表为按常住人口口径统计。2000、2010年为人口普查数,其余年份为人口抽样调查数。

Note: The data in this table is based on permanent population, the data in 2000, 2010 is based on the population census, while the data in other years is based on the population sample survey.

主要统计指标解释

户数 包括家庭户（含单身独居）和集体户。

人口数 指一定时点、一定地区范围内有生命的个人的总和。

人口出生率 指在一定时期内（通常为一年）一定地区的出生人数与同期平均人数（或期中人数）之比，一般用千分率表示。计算公式：

$$人口出生率=\frac{年出生人口}{年平均人口}\times 1000‰$$

式中：出生人数指活产婴儿，即胎儿脱离母体时（不管怀孕月数），有过呼吸或其他生命现象。年平均人数指年初、年底人口数的平均数，也可用年中人口数代替。

出生人数 指活产婴儿，即胎儿脱离母体时（不管怀孕月数），有过呼吸或其他生命现象。

人口死亡率（又称粗死亡率） 指在一定时期内（通常为一年）一定地区的死亡人数与同期平均人数（或期中人数）之比，一般用千分率表示。计算公式：

$$人口死亡率=\frac{年死亡人数}{年平均人数}\times 1000‰$$

人口自然增长率 指在一定时期内（通常为一年）人口自然增加数（出生人数减死亡人数）与该时期内平均人数（或期中人数）之比，一般用千分率表示。计算公式：

$$人口自由增长率=\frac{本年出生人数-本年死亡人数}{年平均人数}\times 1000‰$$

或人口自然增长率=人口出生率－人口死亡率

性别比 反映两性人口间比例的指标，指在总人口中或各年龄组人口中，男性人数与女性人数之比。通常以每100个女性人口相对应的男性人口数来表示。计算公式：

$$性别比=\frac{男性人口}{女性人口}\times 100$$

常住人口 包括：

（一）居住本乡、镇、街道，并已在本乡、镇、街道办理常住户口登记的人；

（二）已在本乡、镇、街道居住半年以上，常住户口在本乡、镇、街道以外的人；

（三）在本乡、镇、街道居住不满半年，但已离开常住户口登记地半年以上的人；

（四）居住本乡、镇、街道，户口待定的人；

（五）原住本乡、镇、街道，在国外工作或者学习，暂无常住户口的人。

市人口 指居住在城区区域上的人口。城区是指在市辖区和不设区的市，区、市政府驻地的实际建设连接到的居民委员会和其他区域。

镇人口 指居住在镇区区域上的人口。镇区是指在城区以外的县人民政府驻地和其他镇，政府驻地的实际建设连接到的居民委员会和其他区域。

户籍人口 是指公民依照《中华人民共和国户口登记条例》，已在其经常居住地的公安户籍管理机关登记了常住户口的人。这类人口不管其是否外出，也不管外出时间长短，只要在某地注册有常住户口，则为该地区的户籍人口。

城镇户籍人口 指城镇区域范围内的户籍人口。

孩次构成 指一定时期内（通常为一年）某一孩次的出生婴儿人数占同期全部出生婴儿的比例。

家庭户规模 家庭的大小，亦即家庭成员的多少。

Explanatory Notes on Main Statistical Indicators

Households include family household (including single household) and collective households.

Total Population refers to the total number of people alive at a certain point of time within a given area.

Population Birth Rate refers to the ratio of the number of births to the average population during a certain period of time (usually a year) in a certain region, which is often expressed in ‰.The following formula is used:

$$\text{Birth Rate} = \frac{\text{Number of Births}}{\text{Annual Average Number of Population}} \times 1000‰$$

In this formula, number of births refers to live births, i.e. the births babies had showed any vital phenomena regardless of the length of pregnancy, and annual average number of population refers to the average number of the beginning and end of the year (also can be replaced by midyear population).

Number of Births refers to live births, i.e. the births babies had showed any vital phenomena regardless of the length of pregnancy.

Death Rate refers to the ratio of the number of deaths to the average population (or mid-period population) during a certain period of time (usually a year) which is often expressed in ‰. The following formula is used:

$$\text{Death Rate} = \frac{\text{Annual Average Number of Population}}{\text{Number of Deaths}} \times 1000‰$$

Natural Growth Rate of Population refers to the ratio of natural increase in population (number of births minus number of deaths) in a certain period of time (usually a year) to the average population (or mid-period population) to the same period which is often expressed in ‰. The following formula are applied:

$$\text{Natural Growth Rate of Population} = \frac{\text{Number of Births} - \text{Number of Deaths}}{\text{Average Number of Population}} \times 1000‰$$

or: Natural Growth Rate of Population = Birth Rate – Death Rate

Sex Ratio is the indicator reflects the ratio of the population of male to female in total population or various age groups. Generally, it is often expressed in the ratio of male population to 100 female. The calculating formula:

$$\text{Sex Ratio} = \frac{\text{Male Population}}{\text{Female Population}} \times 100$$

Permanent Population includes:

1. the population living in the local countries, towns or streets, and registered as permanent residences in the local countries, towns or streets.

2. the population having been living in the local countries, towns or streets for more than half a year, with the permanent residences outside the local countries, towns or streets.

3. the population having been living in the local countries, towns or streets for less than half a year, but having been apart from the countries, towns or streets where registered their permanent residences for more than half a year.

4. the population living in the local countries, towns or streets, with undetermined residences.

5. the population once living in the local countries, towns or streets, working or studying in foreign countries now, and without permanent residences temporarily.

City Population refers to the population living in the urban area. Urban area refers to the municipal districts, the cities without district being set up, the neighborhood committees connected with the actual construction of governments of districts and cities and other areas.

Town Population refers to the population living in the town areas. The town area refers to the seat of town governments and other town beside the urban areas, the neighborhood committees connected with the seat of governments and other areas.

Total Household Registered Population refers to the population of citizens registered permanent residence in the public security household registration authorities of their permanent living places in accordance with the Regulations of the People's Republic of China on Residence Registration. Those who registered permanent residence are counted as household registered population, whether and how long they go out.

Urban Household Registered Population refers to the household registered population in the urban areas.

Composition of Birth refers to the ratio of the number of births of a certain composition to the total births in the same period during a certain period of time (usually a year).

Household Size refers to the size of a family, or the number of family members.

第三篇

国民经济核算

NATIONAL ECONOMIC ACCOUNTING

（编辑：陈家芹　欧阳炎）

3－1　广西生产总值（1978－2016年）

Gross Domestic Product（1978－2016）

（按当年价格计算）（calculated at current prices）　　单位：亿元（100 million yuan）

年 份 Year	广 西 生产总值 Gross Domestic Product	第一产业 Primary Industry	第二产业 Secondary Industry	第三产业 Tertiary Industry	#工 业 Industry	#建筑业 Construction	#交通运输、仓储及邮政业 Transport, Storage & Post	#批发、零售和住宿餐饮业 Wholesale, Retail Trade, Hotel & Catering Services	人均地区生产总值（元/人） Per Capita GDP (yuan/person)
1978	75.85	31.01	25.81	19.03	23.29	2.52	2.91	4.43	225
1979	84.59	37.57	27.98	19.04	25.12	2.86	2.94	3.98	246
1980	97.33	44.07	30.79	22.47	27.78	3.01	3.80	5.00	278
1981	113.46	52.58	33.01	27.87	29.71	3.30	4.01	10.40	317
1982	129.15	63.15	34.72	31.28	30.98	3.74	4.25	11.36	354
1983	134.60	63.59	37.09	33.92	32.39	4.70	4.70	11.17	363
1984	150.27	66.26	43.26	40.75	36.97	6.29	5.46	12.31	399
1985	180.97	77.49	54.69	48.79	45.92	8.77	6.11	14.56	471
1986	205.46	85.62	69.03	50.81	58.41	10.62	7.17	12.30	525
1987	241.56	99.94	81.79	59.83	70.96	10.83	9.14	13.55	607
1988	313.28	118.25	100.69	94.34	86.38	14.31	12.46	28.23	770
1989	383.44	149.98	109.97	123.49	97.11	12.86	16.21	44.41	927
1990	449.06	176.77	118.45	153.84	104.79	13.66	20.45	57.53	1066
1991	518.59	195.17	141.02	182.40	123.66	17.36	30.65	62.03	1211
1992	646.60	233.03	187.48	226.09	161.44	26.04	38.96	74.92	1490
1993	871.70	250.11	321.10	300.49	273.03	48.07	48.49	101.66	1982
1994	1198.29	333.79	469.81	394.69	404.59	65.22	55.12	130.96	2675
1995	1497.56	453.15	535.86	508.55	461.25	74.61	73.76	168.97	3304
1996	1697.90	534.88	587.37	575.65	503.32	84.05	88.77	200.72	3706
1997	1817.25	582.74	614.07	620.44	524.49	89.58	95.20	223.52	3928
1998	1911.30	586.70	667.29	657.31	561.34	105.95	98.65	247.04	4346
1999	1971.41	567.72	682.34	721.35	570.76	111.58	114.07	267.96	4444
2000	2080.04	557.38	732.76	789.90	612.33	120.43	125.36	290.02	4652
2001	2279.34	576.34	771.18	931.82	639.55	131.64	145.86	312.68	5058
2002	2523.73	601.99	846.89	1074.85	699.15	147.74	174.63	342.28	5558
2003	2821.11	658.78	984.08	1178.25	813.79	170.29	184.12	375.96	6169
2004	3433.50	817.88	1253.70	1361.92	1044.80	208.90	211.15	416.50	7461
2005	3984.10	912.50	1510.68	1560.92	1264.84	245.84	213.99	455.80	8590
2006	4746.16	1032.47	1878.56	1835.12	1592.33	286.23	235.72	515.23	10121
2007	5835.33	1241.35	2434.00	2159.98	2098.73	335.27	266.90	583.37	12302
2008	7038.88	1453.75	3050.82	2534.31	2640.34	410.48	337.30	664.77	14689
2009	7784.98	1458.49	3400.42	2926.07	2882.54	517.88	378.75	759.14	16098
2010	9604.01	1675.06	4536.66	3392.29	3885.20	651.46	480.17	898.17	20292
2011	11764.97	2047.22	5707.57	4010.18	4883.31	824.26	588.20	1111.36	25424
2012	13090.04	2172.37	6287.19	4630.48	5318.97	968.22	625.57	1346.64	28069
2013	14511.70	2290.64	6778.48	5442.58	5647.39	1134.51	677.77	1442.63	30873
2014	15742.62	2413.44	7378.14	5951.04	6118.23	1264.16	733.63	1477.11	33237
2015	16870.04	2565.45	7766.34	6538.25	6408.64	1358.56	803.10	1508.12	35330
2016	18317.64	2796.80	8273.66	7247.18	6816.64	1458.41	855.67	1613.23	38027

注：1. 表中数据按国民经济新行业划分进行了调整。
2. 2016年实施了研发支出核算改革，根据国家统计局的布置对2007－2015年进行衔接，相关GDP计算所得数随之调整。

Note: 1. The data in this table has been adjusted by new divisions of trades in national economy .
2. Due to the reform of R&D expenditure accounting by National Statistic Bureau, the data of GDP from 2007－2015 has been recalculated, so as the related data.

3－2 广西生产总值构成（1978－2016年）
Composition of Gross Domestic Product（1978－2016）

（按当年价格计算） (calculated at current prices) 单位：%（%）

年 份 Year	广 西 生产总值 Gross Domestic Product	第一产业 Primary Industry	第二产业 Secondary Industry	第三产业 Tertiary Industry	#工 业 Industry	#建筑业 Construction	#交通运输、仓储及邮政业 Transport, Storage & Post	#批发、零售和住宿餐饮业 Wholesale, Retail Trade, Hotel & Catering Services
1978	100.0	40.9	34.0	25.1	30.7	3.3	3.8	5.8
1979	100.0	44.4	33.1	22.5	29.7	3.4	3.5	4.7
1980	100.0	45.3	31.6	23.1	28.5	3.1	3.9	5.1
1981	100.0	46.3	29.1	24.6	26.2	2.9	3.5	9.2
1982	100.0	48.9	26.9	24.2	24.0	2.9	3.3	8.8
1983	100.0	47.2	27.6	25.2	24.1	3.5	3.5	8.3
1984	100.0	44.1	28.8	27.1	24.6	4.2	3.6	8.2
1985	100.0	42.8	30.2	27.0	25.4	4.8	3.4	8.0
1986	100.0	41.7	33.6	24.7	28.4	5.2	3.5	6.0
1987	100.0	41.4	33.9	24.8	29.4	4.5	3.8	5.6
1988	100.0	37.7	32.1	30.1	27.6	4.6	4.0	9.0
1989	100.0	39.1	28.7	32.2	25.3	3.4	4.2	11.6
1990	100.0	39.4	26.4	34.3	23.3	3.0	4.6	12.8
1991	100.0	37.6	27.2	35.2	23.8	3.3	5.9	12.0
1992	100.0	36.0	29.0	35.0	25.0	4.0	6.0	11.6
1993	100.0	28.7	36.8	34.5	31.3	5.5	5.6	11.7
1994	100.0	27.9	39.2	32.9	33.8	5.4	4.6	10.9
1995	100.0	30.3	35.8	34.0	30.8	5.0	4.9	11.3
1996	100.0	31.5	34.6	33.9	29.6	5.0	5.2	11.8
1997	100.0	32.1	33.8	34.1	28.9	4.9	5.2	12.3
1998	100.0	30.7	34.9	34.4	29.4	5.5	5.2	12.9
1999	100.0	28.8	34.6	36.6	29.0	5.7	5.8	13.6
2000	100.0	26.8	35.2	38.0	29.4	5.8	6.0	13.9
2001	100.0	25.3	33.8	40.9	28.1	5.8	6.4	13.7
2002	100.0	23.9	33.6	42.6	27.7	5.9	6.9	13.6
2003	100.0	23.4	34.9	41.8	28.8	6.0	6.5	13.3
2004	100.0	23.8	36.5	39.7	30.4	6.1	6.1	12.1
2005	100.0	22.9	37.9	39.2	31.7	6.2	5.4	11.4
2006	100.0	21.8	39.6	38.7	33.5	6.0	5.0	10.9
2007	100.0	21.3	41.7	37.0	36.0	5.7	4.6	10.0
2008	100.0	20.7	43.3	36.0	37.5	5.8	4.8	9.4
2009	100.0	18.7	43.7	37.6	37.0	6.7	4.9	9.8
2010	100.0	17.4	47.2	35.3	40.5	6.8	5.0	9.4
2011	100.0	17.4	48.5	34.1	41.5	7.0	5.0	9.4
2012	100.0	16.6	48.0	35.4	40.6	7.4	4.8	10.3
2013	100.0	15.8	46.7	37.5	38.9	7.8	4.7	9.9
2014	100.0	15.3	46.9	37.8	38.9	8.0	4.7	9.4
2015	100.0	15.2	46.0	38.8	38.0	8.1	4.8	8.9
2016	100.0	15.3	45.1	39.6	37.2	8.0	4.7	8.8

3－3 广西生产总值指数（1978－2016年）

Indices of Gross Domestic Product (1978－2016)

（按可比价格计算，以上年为100） (calculated at comparable prices, preceding year = 100)

年 份 Year	广 西 生产总值 Gross Domestic Product	第一产业 Primary Industry	第二产业 Secondary Industry	第三产业 Tertiary Industry	#工 业 Industry	#建筑业 Construction	#交通运输、仓储及邮政业 Transport, Storage & Post	#批发、零售和住宿餐饮业 Wholesale, Retail Trade, Hotel & Catering Services	人均地区生产总值 Per Capita GDP
1978	111.7	102.3	100.2	148.2	100.0	103.6	119.5	123.6	109.1
1979	103.4	105.5	105.4	98.3	105.2	109.1	100.7	91.8	101.3
1980	110.2	112.6	107.5	110.2	108.5	92.1	129.2	114.9	108.2
1981	108.0	102.5	105.5	123.0	106.9	92.7	106.2	205.2	105.9
1982	112.5	118.5	105.0	110.6	104.1	114.7	106.9	106.8	110.5
1983	103.3	99.3	106.9	107.0	105.0	125.6	104.0	100.6	101.5
1984	106.9	97.8	113.6	115.5	112.6	122.0	117.8	108.0	105.2
1985	111.0	105.0	119.0	111.1	117.8	128.2	107.7	109.2	108.9
1986	106.4	105.7	118.1	93.7	119.4	109.2	106.5	79.8	104.6
1987	109.2	105.7	112.0	110.8	114.5	92.6	119.7	103.3	107.3
1988	104.5	93.8	108.8	114.2	108.1	115.0	117.6	137.3	102.3
1989	103.6	112.4	99.2	99.0	100.7	86.1	102.4	82.9	101.8
1990	107.0	108.5	106.4	105.8	106.6	104.3	93.3	96.8	105.2
1991	112.7	108.8	115.9	114.8	114.8	125.0	131.7	106.2	110.9
1992	118.3	112.9	128.0	116.6	127.9	128.5	119.7	112.8	116.8
1993	118.3	99.6	144.9	115.1	145.1	143.8	108.4	116.9	116.7
1994	115.2	106.0	127.3	110.7	128.3	120.0	111.7	104.2	113.2
1995	111.4	115.6	108.6	111.1	108.2	111.4	116.0	111.2	110.0
1996	108.3	107.2	109.3	108.2	109.4	108.8	113.5	113.3	107.2
1997	108.0	111.2	106.4	107.3	106.4	106.1	106.6	111.3	107.0
1998	110.0	106.8	112.8	109.8	112.7	113.7	101.9	117.8	109.0
1999	108.0	107.6	106.6	109.8	106.1	109.5	113.9	109.6	107.1
2000	107.9	100.2	108.3	113.4	108.2	108.9	112.1	108.6	107.0
2001	108.3	103.4	108.0	111.8	108.0	108.2	107.2	109.7	107.4
2002	110.6	107.3	111.3	112.0	110.9	113.1	110.6	110.1	109.8
2003	110.2	104.0	114.6	110.0	114.6	114.6	112.5	109.0	109.4
2004	111.8	105.4	117.1	110.7	117.0	117.4	116.8	105.6	111.1
2005	113.2	107.1	118.4	111.3	118.9	116.2	107.3	109.4	112.3
2006	113.6	106.5	119.3	112.1	120.1	115.1	109.8	109.7	112.3
2007	115.3	105.5	121.2	114.7	122.6	113.7	104.5	109.6	114.0
2008	112.9	104.9	117.5	111.9	118.7	110.6	121.5	106.1	111.7
2009	114.0	105.2	117.9	113.8	115.9	130.3	107.5	114.6	113.0
2010	114.3	104.6	120.5	111.1	120.4	121.2	117.0	110.9	113.9
2011	112.3	104.8	116.5	110.5	116.5	116.4	109.8	115.9	112.0
2012	111.3	105.6	114.2	109.9	113.8	116.5	102.0	114.7	110.4
2013	110.2	104.1	111.6	110.9	110.7	117.3	105.2	105.6	109.3
2014	108.5	103.9	110.1	108.1	110.3	109.0	105.0	104.4	107.7
2015	108.1	103.9	108.1	109.6	107.8	109.6	111.3	102.0	107.2
2016	107.3	103.4	107.4	108.6	107.3	108.0	104.7	106.1	106.3

3－4　广西生产总值指数（1978－2016年）

Indices of Gross Domestic Product（1978－2016）

（按可比价格计算，以1978年为100）　(calculated at comparable prices, 1978 = 100)

年　份 Year	广　西 生产总值 Gross Domestic Product	第一产业 Primary Industry	第二产业 Secondary Industry	第三产业 Tertiary Industry	#工　业 Industry	#建筑业 Construc-tion	#交通运输、仓储及邮政业 Transport, Storage & Post	#批发、零售和住宿餐饮业 Wholesale, RetailTrade, Hotel & Catering Services	人均地区生产总值 Per Capita GDP
1978	100.0	100.0	100.0	100.0	100.0	100.0	100.0	100.0	100.0
1979	103.4	105.5	105.4	98.3	105.2	109.1	100.7	91.8	101.3
1980	113.9	118.8	113.3	108.3	114.2	100.5	130.2	105.4	109.4
1981	123.1	121.8	119.6	133.3	122.1	93.2	138.2	216.4	115.8
1982	138.4	144.3	125.6	147.3	127.2	106.9	147.7	231.1	127.7
1983	143.0	143.2	134.3	157.7	133.5	134.2	153.6	232.5	129.8
1984	152.9	140.1	152.6	182.1	150.2	163.8	181.0	251.1	136.5
1985	169.7	147.2	181.6	202.2	177.0	210.0	194.8	274.3	148.8
1986	180.6	155.6	214.6	189.5	211.4	229.4	207.5	218.8	155.5
1987	197.2	164.4	240.2	209.8	242.1	212.6	248.3	226.0	166.8
1988	206.0	154.2	261.3	239.6	261.8	244.3	292.1	310.3	170.5
1989	213.5	173.3	259.2	237.2	263.5	210.4	299.0	257.3	173.8
1990	228.4	188.0	275.7	251.1	280.9	219.4	279.1	249.1	182.6
1991	257.5	204.5	319.6	288.2	322.3	274.3	367.5	264.4	202.4
1992	304.7	230.9	409.1	336.1	412.3	352.5	440.0	298.4	236.3
1993	360.4	230.0	592.8	386.9	598.2	506.8	476.9	348.8	275.7
1994	415.2	243.8	754.5	428.2	767.4	608.2	532.6	363.5	312.0
1995	462.4	281.7	819.3	475.8	830.5	677.7	618.0	404.1	343.3
1996	500.9	301.9	895.4	515.1	908.2	737.1	701.4	457.8	368.1
1997	541.2	335.6	952.4	552.8	966.3	782.4	747.8	509.6	393.8
1998	595.4	358.4	1074.3	607.0	1089.0	889.5	762.0	600.4	429.3
1999	643.0	385.6	1145.2	666.5	1155.4	974.0	867.9	658.0	459.8
2000	693.8	386.4	1240.3	755.8	1250.2	1060.7	972.9	714.6	492.0
2001	751.4	399.5	1339.5	844.9	1350.2	1147.7	1043.0	783.9	528.4
2002	831.0	428.7	1490.9	946.3	1497.4	1298.1	1153.5	863.1	580.2
2003	915.8	445.8	1708.5	1041.0	1716.0	1487.6	1297.7	940.8	634.7
2004	1023.8	469.9	2000.7	1152.3	2007.7	1746.4	1515.7	993.4	705.1
2005	1159.5	503.2	2369.6	1282.3	2387.0	2029.3	1626.2	1087.3	791.9
2006	1317.2	535.9	2826.9	1437.5	2866.8	2335.7	1785.6	1192.8	889.3
2007	1518.7	565.4	3426.2	1648.8	3514.7	2655.7	1866.0	1307.3	1013.8
2008	1714.6	593.1	4025.8	1845.0	4171.9	2937.2	2267.2	1387.0	1132.4
2009	1954.6	623.9	4746.4	2099.6	4835.2	3827.2	2437.2	1589.5	1279.6
2010	2234.1	652.6	5719.4	2332.7	5821.6	4638.6	2851.5	1762.8	1457.5
2011	2508.9	683.9	6663.1	2577.6	6782.2	5399.3	3130.9	2043.1	1632.4
2012	2792.4	722.2	7609.3	2832.8	7718.1	6290.2	3193.5	2343.4	1802.2
2013	3077.2	751.8	8492.0	3141.6	8543.9	7378.4	3359.6	2474.6	1969.8
2014	3338.8	781.1	9349.7	3396.1	9423.9	8042.5	3527.6	2583.5	2121.5
2015	3609.2	811.6	10107.0	3722.1	10159.0	8814.6	3926.2	2635.2	2274.2
2016	3872.7	839.2	10854.9	4042.2	10900.6	9519.8	4110.7	2795.9	2417.5

3-5 三次产业贡献率（1990—2016年）
Contribution Rate of Three Industries（1990—2016）

（按可比价格计算）（calculated at comparable prices） 单位：%

年 份 Year	地区生产总值 Gross Pomestic Product	第一产业 Primary Industry	第二产业 Secondary Industry	第三产业 Tertiary Industry	#工 业 Industry
1990	100.0	48.3	31.1	20.7	28.1
1991	100.0	27.2	33.0	39.8	27.1
1992	100.0	26.8	41.5	31.7	36.3
1993	100.0	-0.8	72.3	28.5	63.6
1994	100.0	12.0	64.5	23.5	58.6
1995	100.0	38.6	30.1	31.4	25.3
1996	100.0	26.3	40.1	33.6	34.9
1997	100.0	41.2	28.4	30.4	24.5
1998	100.0	21.1	45.7	33.2	39.1
1999	100.0	28.5	30.2	41.3	24.0
2000	100.0	0.8	39.2	60.1	33.1
2001	100.0	11.1	34.3	54.6	28.7
2002	100.0	17.7	37.7	44.6	30.4
2003	100.0	9.8	51.0	39.2	42.4
2004	100.0	10.7	53.3	36.0	44.1
2005	100.0	12.0	54.1	33.9	46.3
2006	100.0	11.0	54.0	35.0	47.1
2007	100.0	7.7	55.1	37.2	49.5
2008	100.0	7.6	57.0	35.5	51.9
2009	100.0	6.8	55.5	37.6	42.4
2010	100.0	5.5	64.8	29.7	54.6
2011	100.0	6.8	63.1	30.1	54.1
2012	100.0	8.0	61.7	30.3	51.4
2013	100.0	6.1	57.0	36.9	44.9
2014	100.0	6.5	60.3	33.2	52.1
2015	100.0	6.7	52.0	41.3	42.3
2016	100.0	7.2	47.1	45.7	38.3

3－6 各市生产总值、人均地区生产总值（2016年）

GDP & Per Capita GDP by City（2016）

（按当年价格计算） (calculated at current prices) 单位：亿元（100 million yuan）

城市	City	地区生产总值 Gross Domestic Product	第一产业 Primary Industry	第二产业 Secondary Industry	第三产业 Tertiary Industry	#工业 Industry	人均地区生产总值（元/人） Per Capita GDP (yuan/person)
南宁市	Nanning	3703.33	395.93	1426.50	1880.90	1063.14	52723
柳州市	Liuzhou	2476.94	179.46	1361.81	935.67	1232.52	62855
桂林市	Guilin	2054.82	361.27	916.74	776.81	750.07	41216
梧州市	Wuzhou	1175.65	131.31	679.35	364.99	627.01	39072
北海市	Beihai	1006.65	174.76	516.14	315.75	464.42	61580
防城港市	Fangchenggang	676.04	82.60	386.26	207.18	340.88	73188
钦州市	Qinzhou	1102.05	220.10	481.90	400.05	363.22	34160
贵港市	Guigang	958.76	190.01	393.20	375.55	319.38	22230
玉林市	Yulin	1553.83	278.16	665.03	610.64	521.11	27110
百色市	Baise	1114.31	182.25	594.73	337.33	508.74	30881
贺州市	Hezhou	518.19	111.44	211.55	195.20	144.67	25498
河池市	Hechi	657.18	150.99	199.82	306.36	147.09	18842
来宾市	Laibin	589.11	148.60	220.20	220.31	160.92	26885
崇左市	Chongzuo	766.20	167.66	310.69	287.85	257.13	37161

3－7 各市生产总值、人均地区生产总值指数（2016年）
Indices of GDP & Per Capita GDP by City（2016）

（按可比价格计算，以上年为100） (calculated at comparable prices, preceding year = 100)

城 市	City	地区生产总值 Gross Domestic Product	第一产业 Primary Industry	第二产业 Secondary Industry	第三产业 Tertiary Industry	#工业 Industry	人均地区生产总值 Per Capita GDP
南宁市	Nanning	107.0	103.2	106.8	108.0	107.0	105.9
柳州市	Liuzhou	107.3	103.1	105.7	110.5	105.9	106.3
桂林市	Guilin	106.9	104.5	106.4	108.7	106.3	105.9
梧州市	Wuzhou	107.6	103.3	108.6	107.2	109.2	106.8
北海市	Beihai	108.6	104.1	109.6	109.7	109.9	107.3
防城港市	Fangchenggang	109.1	104.0	111.5	106.5	112.1	107.8
钦州市	Qinzhou	109.0	103.5	111.3	109.7	109.9	107.9
贵港市	Guigang	107.9	103.8	110.0	107.9	108.4	107.0
玉林市	Yulin	108.0	102.1	109.6	109.0	108.2	107.1
百色市	Baise	108.8	103.9	109.5	110.2	109.2	108.0
贺州市	Hezhou	108.1	104.1	110.0	108.3	110.6	107.4
河池市	Hechi	104.9	103.2	101.2	108.5	101.4	104.2
来宾市	Laibin	103.9	103.0	101.5	107.1	102.0	103.0
崇左市	Chongzuo	108.2	103.4	107.9	111.5	107.0	107.4

3－8 支出法广西生产总值（1978－2016年）

Gross Domestic Product by Expenditure Approach （1978－2016）

（按当年价格计算） (calculated at current prices) 单位：亿元（100 million yuan）

年份 Year	支出法广西生产总值 Gross Domestic Product by Expenditure Approach	最终消费 Final Consumption Expenditure	居民消费 Resident Consumption	农村居民 Rural Households	城镇居民 Urban Households	政府消费 Government Consumption	资本形成总额 Total Capital Formation	固定资本 Fixed Assets Formation	存货增加 Inventory Increasement
1978	75.85	58.50	49.40	35.90	13.50	9.10	26.80	20.90	5.90
1979	84.59	64.60	54.50	38.80	15.70	10.10	26.20	20.60	5.60
1980	97.33	76.90	64.90	45.70	19.20	12.00	29.10	26.80	2.30
1981	113.46	86.00	73.10	52.00	21.10	12.90	32.70	27.00	5.80
1982	129.15	102.90	87.50	65.60	21.90	15.40	30.60	19.10	11.50
1983	134.60	108.70	91.80	67.90	23.90	16.90	32.40	23.30	9.10
1984	150.27	123.50	100.70	73.60	27.10	22.80	36.50	34.40	2.10
1985	180.97	142.80	115.50	87.80	27.70	27.30	61.80	42.20	19.60
1986	205.46	166.00	136.40	93.00	43.40	29.60	72.00	55.20	16.80
1987	241.56	186.50	153.50	102.40	51.10	33.00	79.70	62.70	17.00
1988	313.28	251.00	199.60	121.40	78.20	51.40	104.30	75.60	28.70
1989	383.44	293.10	231.10	142.20	88.90	62.00	111.50	70.80	40.70
1990	449.06	342.90	268.90	162.20	106.70	74.00	107.40	72.60	34.80
1991	518.59	391.30	303.60	175.30	128.30	87.70	137.10	99.40	37.80
1992	646.60	441.50	336.70	190.90	145.80	104.80	227.40	150.10	77.30
1993	871.70	566.00	439.60	230.40	209.20	126.40	350.50	278.10	72.50
1994	1198.29	790.20	622.10	300.20	321.90	168.10	472.30	382.60	89.70
1995	1497.56	1009.30	799.10	382.60	416.50	210.20	618.80	423.40	195.40
1996	1697.90	1214.10	968.20	482.90	485.30	245.90	597.00	483.60	113.40
1997	1817.25	1265.10	989.70	485.30	504.40	275.40	578.60	487.30	91.30
1998	1911.30	1312.00	1007.10	494.70	512.40	304.90	650.60	573.10	77.50
1999	1971.41	1350.40	1041.00	498.10	542.90	309.40	654.60	629.10	15.60
2000	2080.04	1448.30	1091.00	507.00	584.00	357.30	676.10	670.70	5.50
2001	2279.34	1595.40	1159.40	523.00	636.40	436.00	769.00	735.60	33.50
2002	2523.73	1699.70	1250.90	560.20	690.70	448.80	877.90	842.70	35.20
2003	2821.11	1859.50	1360.20	576.70	783.50	499.30	1030.40	990.70	39.70
2004	3433.50	2097.20	1538.00	625.10	912.90	559.20	1356.35	1296.55	59.80
2005	3984.10	2463.52	1808.47	727.32	1081.15	655.05	1798.25	1749.87	48.38
2006	4746.16	2779.59	2006.99	754.49	1252.50	772.60	2200.39	2141.72	58.67
2007	5835.33	3341.39	2425.83	833.08	1592.75	915.56	3008.82	2805.91	202.91
2008	7038.88	3877.14	2947.82	945.78	2002.04	929.32	4114.10	3783.61	330.49
2009	7784.98	4371.51	3369.86	1015.40	2354.46	1001.65	5825.96	5563.43	262.53
2010	9604.01	4936.44	3745.84	1088.89	2656.95	1190.60	7974.75	7825.45	149.30
2011	11764.97	5594.12	4248.30	1276.15	2972.15	1345.82	10087.62	9797.29	290.33
2012	13090.04	6527.43	4923.64	1442.13	3481.51	1603.79	9484.95	8963.83	521.12
2013	14511.70	7501.50	5604.51	1548.73	4055.78	1896.99	10197.57	9793.74	403.83
2014	15742.62	8182.66	6131.54	1718.09	4413.45	2051.12	10864.54	10537.80	326.74
2015	16870.04	8873.15	6645.66	1888.82	4756.84	2227.49	11524.47	11336.95	187.52
2016	18317.64	9834.45	7231.78	2076.80	5154.98	2602.67	12363.85	12114.06	249.79

注：根据国家统计局的布置，2005－2008年数据进行了调整。
Note: The data in from 2005 to 2008 has been adjusted by arrangement of National Statistic Bureau.

3-9 支出法广西生产总值构成（1978－2016年）
Composition of Gross Domestic Product by Expenditure Approach（1978－2016）

（按当年价格计算）（calculated at current prices） 单位：%（%）

年 份 Year	支出法广西生产总值 Gross Domestic Product by Expenditure Approach	最终消费 Final Consumption Expenditure	居民消费 Resident Consumption	农村居民 Rural Households	城镇居民 Urban Households	政府消费 Government Consumption	资本形成总额 Total Capital Formation	固定资本 Fixed Assets Formation	存货增加 Inventory Increasement
1978	100.0	77.1	65.1	47.3	17.8	12.0	35.3	27.6	7.8
1979	100.0	76.4	64.4	45.9	18.6	11.9	31.0	24.4	6.6
1980	100.0	79.0	66.7	47.0	19.7	12.3	29.9	27.5	2.4
1981	100.0	75.8	64.4	45.8	18.6	11.4	28.8	23.8	5.1
1982	100.0	79.7	67.8	50.8	17.0	11.9	23.7	14.8	8.9
1983	100.0	80.8	68.2	50.4	17.8	12.6	24.1	17.3	6.8
1984	100.0	82.2	67.0	49.0	18.0	15.2	24.3	22.9	1.4
1985	100.0	78.9	63.8	48.5	15.3	15.1	34.1	23.3	10.8
1986	100.0	80.8	66.4	45.3	21.1	14.4	35.0	26.9	8.2
1987	100.0	77.2	63.5	42.4	21.2	13.7	33.0	26.0	7.0
1988	100.0	80.1	63.7	38.8	25.0	16.4	33.3	24.1	9.2
1989	100.0	76.4	60.3	37.1	23.2	16.2	29.1	18.5	10.6
1990	100.0	76.4	59.9	36.1	23.8	16.5	23.9	16.2	7.7
1991	100.0	75.5	58.5	33.8	24.7	16.9	26.4	19.2	7.3
1992	100.0	68.3	52.1	29.5	22.5	16.2	35.2	23.2	12.0
1993	100.0	64.9	50.4	26.4	24.0	14.5	40.2	31.9	8.3
1994	100.0	65.9	51.9	25.1	26.9	14.0	39.4	31.9	7.5
1995	100.0	67.4	53.4	25.5	27.8	14.0	41.3	28.3	13.0
1996	100.0	71.5	57.0	28.4	28.6	14.5	35.2	28.5	6.7
1997	100.0	69.6	54.5	26.7	27.8	15.2	31.8	26.8	5.0
1998	100.0	68.6	52.7	25.9	26.8	16.0	34.0	30.0	4.1
1999	100.0	68.5	52.8	25.3	27.5	15.7	33.2	31.9	0.8
2000	100.0	69.6	52.5	24.4	28.1	17.2	32.5	32.2	0.3
2001	100.0	70.0	50.9	22.9	27.9	19.1	33.7	32.3	1.5
2002	100.0	67.3	49.6	22.2	27.4	17.8	34.8	33.4	1.4
2003	100.0	65.9	48.2	20.4	27.8	17.7	36.5	35.1	1.4
2004	100.0	61.1	44.8	18.2	26.6	16.3	39.5	37.8	1.7
2005	100.0	61.8	45.4	18.3	27.1	16.4	45.1	43.9	1.2
2006	100.0	58.6	42.3	15.9	26.4	16.3	46.4	45.1	1.2
2007	100.0	57.3	41.6	14.3	27.3	15.7	51.6	48.1	3.5
2008	100.0	55.1	41.9	13.4	28.4	13.2	58.4	53.8	4.7
2009	100.0	56.2	43.3	13.0	30.2	12.9	74.8	71.5	3.4
2010	100.0	51.4	39.0	11.3	27.7	12.4	83.0	81.5	1.6
2011	100.0	47.5	36.1	10.8	25.3	11.4	85.7	83.3	2.5
2012	100.0	49.9	37.6	11.0	26.6	12.3	72.5	68.5	4.0
2013	100.0	51.7	38.6	10.7	27.9	13.1	70.3	67.5	2.8
2014	100.0	52.0	38.9	10.9	28.0	13.0	69.0	66.9	2.1
2015	100.0	52.6	39.4	11.2	28.2	13.2	68.3	67.2	1.1
2016	100.0	53.7	39.5	11.3	28.2	14.2	67.5	66.1	1.4

3－10　支出法广西生产总值指数（1978－2016年）

Indices of Gross Domestic Product by Expenditure Approach（1978－2016）

（按可比价格计算，以上年为100）　(calculated at comparable prices, preceding year = 100)

年 份 Year	支出法广西生产总值 Gross Domestic Product by Expenditure Approach	最终消费 Final Consumption Expenditure	居民消费 Resident Consumption	农村居民 Rural Households	城镇居民 Urban Households	政府消费 Government Consumption	资本形成总额 Total Capital Formation	固定资本 Fixed Assets Formation	存货增加 Inventory Increasement
1978	111.7	110.1	106.5	108.4	101.5	132.2	109.3	109.3	109.3
1979	103.4	101.8	100.6	97.2	110.4	108.5	91.5	92.1	90.2
1980	110.2	117.4	117.1	117.8	115.4	118.1	95.1	121.2	41.9
1981	108.0	111.2	111.8	114.0	106.5	107.9	100.0	89.6	221.7
1982	112.5	116.6	116.8	123.9	98.8	115.7	95.2	67.5	225.5
1983	103.3	104.4	103.6	102.9	105.9	108.7	106.5	130.2	73.0
1984	106.9	110.6	105.6	103.5	112.1	137.8	103.1	135.1	22.6
1985	111.0	111.0	111.5	110.4	114.6	108.8	159.9	115.1	831.6
1986	106.4	103.5	103.3	102.1	106.8	104.4	110.1	122.3	84.8
1987	109.2	104.9	104.9	102.9	110.2	104.8	102.6	105.2	94.8
1988	104.5	107.4	105.3	100.2	117.8	116.2	90.2	78.2	129.9
1989	103.6	95.3	98.4	100.7	93.6	83.5	110.5	97.0	137.6
1990	107.0	108.4	107.6	104.2	115.1	112.2	102.2	89.1	120.7
1991	112.7	113.3	111.9	108.6	116.8	118.5	112.6	115.7	106.0
1992	118.3	110.3	106.0	104.6	108.1	124.9	153.7	135.8	194.3
1993	118.3	107.8	110.8	102.0	122.8	99.3	151.8	196.0	81.5
1994	115.2	113.0	115.0	106.8	124.3	106.6	118.8	122.5	104.5
1995	111.4	112.1	113.3	115.9	110.7	108.2	122.6	107.0	192.8
1996	108.3	111.0	110.8	114.6	107.0	111.7	94.7	110.3	55.9
1997	108.0	107.7	105.0	103.6	106.5	117.8	97.2	100.5	81.3
1998	110.0	108.5	106.0	107.0	105.0	116.5	112.1	116.1	87.5
1999	108.0	107.4	107.7	108.9	106.4	106.4	106.9	114.4	46.5
2000	107.9	108.8	106.6	106.2	107.0	115.6	105.5	105.1	114.3
2001	108.3	108.5	105.1	102.5	107.3	118.9	112.0	107.5	658.9
2002	110.6	107.2	108.4	108.9	108.0	103.9	113.9	114.2	108.3
2003	110.2	107.1	106.1	100.4	110.8	110.0	115.2	115.5	110.1
2004	111.8	109.3	109.3	101.7	115.1	110.4	125.2	125.1	126.1
2005	113.2	115.4	115.7	115.4	116.0	114.5	130.3	133.1	69.4
2006	113.6	111.5	109.7	102.8	114.4	116.4	120.8	121.0	112.3
2007	115.3	112.8	113.1	101.4	120.3	111.9	133.0	128.1	322.1
2008	112.9	109.5	112.0	102.0	117.1	103.1	127.3	125.6	153.4
2009	114.0	112.6	116.8	110.0	119.9	100.5	144.3	149.2	82.3
2010	114.3	110.1	108.5	103.8	110.5	115.5	133.3	136.7	54.9
2011	112.3	106.3	106.1	108.4	105.2	106.7	119.5	118.3	181.1
2012	111.3	112.6	111.6	107.9	113.1	115.6	93.5	91.0	180.6
2013	110.2	112.6	111.5	104.8	114.3	115.8	107.3	109.0	78.3
2014	108.5	107.8	108.4	110.8	107.5	105.9	106.6	107.6	81.4
2015	108.1	108.1	108.3	109.7	107.7	107.5	106.7	107.3	88.3
2016	107.3	106.8	107.3	107.9	107.0	105.5	107.7	107.2	134.8

3－11 支出法广西生产总值指数（1978－2016年）

Indices of Gross Domestic Product by Expenditure Approach （1978－2016）

（按可比价格计算，以1978年为100） (calculated at comparable prices, 1978 = 100)

年份 Year	支出法广西生产总值 Gross Domestic Product by Expenditure Approach	最终消费 Final Consumption Expenditure	居民消费 Resident Consumption	农村居民 Rural Households	城镇居民 Urban Households	政府消费 Government Consumption	资本形成总额 Total Capital Formation	固定资本 Fixed Assets Formation	存货增加 Inventory Increasement
1978	100.0	100.0	100.0	100.0	100.0	100.0	100.0	100.0	100.0
1979	103.4	101.8	100.6	97.2	110.4	108.5	91.5	92.1	90.2
1980	113.9	119.5	117.8	114.5	127.4	128.1	87.0	111.6	37.8
1981	123.1	132.9	131.7	130.5	135.7	138.3	87.0	100.0	83.8
1982	138.4	155.0	153.8	161.7	134.1	160.0	82.8	67.5	188.9
1983	143.0	161.8	159.4	166.4	142.0	173.9	88.2	87.9	137.9
1984	152.9	178.9	168.3	172.2	159.1	239.6	91.0	118.8	31.2
1985	169.7	198.6	187.6	190.2	182.4	260.7	145.4	136.7	259.2
1986	180.6	205.6	193.8	194.2	194.8	272.2	160.1	167.2	219.8
1987	197.2	215.6	203.3	199.8	214.6	285.2	164.3	175.9	208.4
1988	206.0	231.6	214.1	200.2	252.9	331.4	148.2	137.5	270.7
1989	213.5	220.7	210.7	201.6	236.7	276.8	163.8	133.4	372.5
1990	228.4	239.2	226.7	210.0	272.4	310.5	167.4	118.9	449.6
1991	257.5	271.1	253.7	228.1	318.2	368.0	188.4	137.5	476.6
1992	304.7	299.0	268.9	238.6	343.9	459.6	289.6	186.7	926.0
1993	360.4	322.3	297.9	243.4	422.4	456.4	439.7	366.0	754.7
1994	415.2	364.2	342.6	259.9	525.0	486.5	522.3	448.4	788.6
1995	462.4	408.3	388.2	301.3	581.2	526.4	640.4	479.8	1520.5
1996	500.9	453.2	430.1	345.2	621.9	588.0	606.4	529.2	849.9
1997	541.2	488.1	451.6	357.7	662.3	692.6	589.5	531.8	691.0
1998	595.4	529.6	478.7	382.7	695.4	806.9	660.8	617.4	604.6
1999	643.0	568.7	515.6	416.8	739.9	858.6	706.4	706.4	281.2
2000	693.8	618.8	549.6	442.6	791.7	992.5	745.2	742.4	321.4
2001	751.4	671.4	577.6	453.7	849.5	1180.1	834.7	798.1	2117.4
2002	831.0	719.7	626.2	494.0	917.4	1226.1	950.7	911.4	2293.2
2003	915.8	770.8	664.4	496.0	1016.5	1348.7	1095.2	1052.6	2524.8
2004	1023.8	842.5	726.2	504.5	1170.0	1489.0	1371.2	1316.9	3183.7
2005	1159.5	972.3	840.2	582.1	1357.2	1704.9	1786.6	1752.7	2209.5
2006	1317.2	1084.1	921.7	598.4	1552.6	1984.5	2158.3	2120.8	2481.3
2007	1518.7	1222.9	1042.4	606.8	1867.8	2220.7	2870.5	2716.7	7992.3
2008	1714.6	1339.1	1167.5	618.9	2187.2	2289.5	3654.1	3412.2	12260.2
2009	1954.6	1507.8	1363.6	680.8	2622.5	2300.9	5272.9	5091.0	10090.1
2010	2234.1	1660.1	1479.5	706.7	2897.9	2657.5	7028.8	6959.4	5539.5
2011	2508.9	1764.7	1569.7	766.1	3048.6	2835.6	8399.4	8233.0	10032.0
2012	2792.4	1987.1	1751.8	826.6	3448.0	3278.0	7853.4	7492.0	18117.8
2013	3077.2	2237.5	1953.3	866.3	3941.1	3795.9	8426.7	8166.3	14186.2
2014	3338.8	2412.0	2117.4	959.9	4236.7	4019.9	8982.9	8786.9	11547.6
2015	3609.2	2607.4	2293.1	1053.0	4562.9	4321.4	9584.8	9428.3	10196.5
2016	3872.7	2784.7	2460.5	1136.2	4882.3	4559.1	10322.8	10107.1	13744.9

3－12 主要年份按支出法计算的广西生产总值

Gross Domestic Product by Expenditure Approach in Main Years

（按当年价格计算） (calculated at current prices) 单位：亿元 (100 million yuan)

指 标	Item	2005	2010	2011	2012	2013	2014	2015	2016
支出法广西生产总值	**Gross Domestic Product by Expenditure Approach**	**3984.10**	**9604.01**	**11764.97**	**13090.04**	**14511.70**	**15742.62**	**16870.04**	**18317.64**
最终消费	Final Consumption Expenditure	2463.52	4936.44	5594.12	6527.43	7501.50	8182.66	8873.15	9834.45
居民消费	Resident Consumption	1808.47	3745.84	4248.30	4923.64	5604.51	6131.54	6645.66	7231.78
农村居民	Rural Households	727.32	1088.89	1276.15	1442.13	1548.73	1718.09	1888.82	2076.80
食品类支出	Expenditure for Food	370.61	474.81	504.07	557.59	547.02	599.32	676.36	727.29
衣着类支出	Expenditure for Clothes	24.82	31.30	33.86	41.84	44.85	47.31	51.71	63.64
居住类支出	Expenditure for Housing	50.61	68.35	108.33	108.41	139.11	150.77	355.85	363.43
家庭设备、用品及服务类支出	Expenditure for Household Equipment, Facilities & Services	29.82	61.44	74.41	73.41	73.76	82.34	92.16	116.24
医疗保健类支出	Expenditure for Medical Appliances & Articles	38.53	110.70	149.57	209.51	224.67	249.02	286.59	247.18
交通和通信类支出	Expenditure for Transportation & Communication	66.85	98.19	108.52	121.11	135.47	147.77	146.65	250.62
文教娱乐用品及服务类支出	Expenditure for Facilities & Services for Culture, Education & Entertainment	70.70	51.73	59.76	57.29	72.48	78.06	88.95	112.70
金融中介服务虚拟支出	Virtual Expenditure for Financial Agency Services	7.36	71.81	79.73	84.30	102.85	136.44	146.85	126.81
金融机构实际消费支出	Actual Expenditure for Financial Institutions	0.66	6.09	7.50	8.40				
保险服务消费支出	Expenditure for Insurance Services	1.94	3.47	3.98	4.40	10.18	10.81	12.40	17.26
自有住房服务虚拟支出	Virtual Expenditure for Services for Private-owned Houses	51.32	93.34	125.36	146.78	171.44	183.97		
其它商品和服务类支出	Expenditure for Other Goods & Services	13.88	17.66	21.06	29.09	26.90	32.28	31.30	51.63
城镇居民	Urban Households	1081.15	2656.95	2972.15	3481.51	4055.78	4413.45	4756.84	5154.98
食品类支出	Expenditure for Food	413.73	828.85	961.79	1104.96	1212.92	1349.11	1466.03	1360.80
衣着类支出	Expenditure for Clothes	71.17	175.60	193.20	228.15	210.95	226.94	249.27	303.13
居住类支出	Expenditure for Housing	99.81	221.18	234.63	274.07	345.22	386.11	704.6	784.85
家庭设备、用品及服务类支出	Expenditure for Household Equipment, Facilities & Services	57.48	161.80	169.07	223.95	225.60	247.12	272.66	305.67
医疗保健类支出	Expenditure for Medical Appliances & Articles	57.83	185.63	227.17	334.71	378.03	391.69	411.67	433.03
交通和通信类支出	Expenditure for Transportation & Communication	98.13	373.99	379.18	415.64	532.61	533.16	584.37	756.54
文教娱乐用品及服务类支出	Expenditure for Facilities & Services for Culture, Education & Entertainment	131.22	235.75	284.80	323.58	432.74	453.34	509.67	523.22
金融中介服务虚拟支出	Virtual Expenditure for Financial Agency Services	29.44	152.19	175.27	196.70	239.99	318.37	347.86	380.44
金融机构实际消费支出	Actual Expenditure for Financial Institutions	2.65	12.91	16.50	19.60				
保险服务消费支出	Expenditure for Insurance Services	7.75	31.23	35.84	39.59	91.66	97.33	114.43	155.33
自有住房服务虚拟支出	Virtual Expenditure for Services for Private-owned Houses	46.16	165.70	172.17	186.21	257.17	275.96		
实物消费支出	Expenditure for In-kind Consumption	9.85	49.90	56.29	45.98	48.64	48.02		
其它商品和服务类支出	Expenditure for Other Goods & Services	32.44	62.22	66.24	88.37	80.25	86.3	96.28	151.97
政府消费	Government Consumption	655.05	1190.60	1345.82	1603.79	1896.99	2051.12	2227.49	2602.67

注：公共医疗消费支出数据从2009年开始合并到医疗保健支出中，2014年金融中介服务虚拟支出和金融机构实际消费支出合并为银行中介服务支出，2015年自有住房服务虚拟支出合并到居住支出中。

Note: The data on "Expenditure for Public Medical Care" has been combined into "Expenditure for Medical Appliances & Articles" since 2009. The indicator "Virtual Expenditure for Financial Agency Services" and "Actual Expenditure for Financial Institutions" have been combined as "Expenditure for Intermediary Services of Banks", and the indicator "Virtual Expenditure for Services for Private-owned Houses" is merged into "Expenditure for Housing" since 2015.

主要统计指标解释

地区生产总值（原国内生产总值） 是指一个地区所有常住单位在一定时期内生产活动的最终成果。地区生产总值有三种表现形态,即价值形态、收入形态和产品形态。从价值形态看，它是所有常住单位在一定时期内所生产的全部货物和服务价值超过同期投入的全部非固定资产货物和服务价值的差额，即所有常住单位的增加值之和；从收入形态看，它是所有常住单位在一定时期内所创造并分配给常住单位和非常住单位的初次分配收入之和；从产品形态看，它是最终使用的货物和服务减去进口货物和服务。在核算中， 地区生产总值的三种表现形态表现为三种计算方法，即生产法、收入法和支出法。三种方法分别从不同的方面反映地区生产总值及其构成。根据国家统计局有关我国GDP核算和数据发布制度的规定，广西国内生产总值自2004年起更名为“广西生产总值”，简称“广西GDP”。

地区生产净值 是市场价格计算的地区生产净值的简称，它等于地区生产总值减去所有常住单位的固定资产折旧。

地区收入总值 是按市场价格计算的地区收入总值的简称。它是一个国家或地区所有常住单位在一定时期内收入初次分配的最终成果。一地区常住单位从事生产活动所创造的增加值在初次分配过程中主要分配给该地区的常住单位，但也有一部分以生产税及进口税（扣除生产和进口补贴）、劳动者报酬和财产收入等形式分配给非常住单位，同时，地区外生产所创造的增加值也有一部分以生产税及进口税（扣除生产和进口补贴）、劳动者报酬和财产收入的形式分配给该地区的常住单位，从而产生了地区收入总值概念。它等于地区生产总值加上来自地区外的净要素收入。地区生产总值是一个生产概念，而地区收入总值总值是个收入概念。

地区收入净值 是按市场价格计算的地区收入净值简称，它等于地区收入总值减所有常住单位的固定资产折旧。

三次产业 是根据社会生产活动历史发展的顺序对产业结构的划分，产品直接取自然界的部门称为第一产业，对初级产品进行再加工的部门称为第二产业，为生产和消费提供各种服务的部门称为第三产业。

我国的三次产业划分是:

第一产业：农业（包括种植业、林业、牧业和渔业）。

第二产业：工业（包括采掘业，制造业，电力、煤气及水的生产和供应业）和建筑业。

第三产业：除第一、第二产业以外的其他各业。由于第三产业包括的行业多，范围广，根据我国的实际情况，第三产业又分为两大部分：一是流通部门，二是服务部门。

增加值 是指常住单位生产过程中创造的新增价值和固定资产的转移价值。它可以按生产法计算，也可以按收入法计算。按生产法计算，它等于总产出减去中间投入；按收入法计算，它等于劳动者报酬、生产税净额、固定资产折旧和营业盈余之和。

劳动者报酬 是指劳动者因从事生产活动所获得的全部报酬。它包括劳动者获得的各种形式工资、奖金和津贴，既包括货币形式的，也包括实物形式的，还包括劳动者所享受的公费医疗和医药卫生费、上下班交通补贴和单位支付的社会保险费等。单位支付的社会保险费，就是单位直接支付给负责社会保险的政府单位（一般指劳动部门）的社会保险金或为本单位职工离退休、发生死亡、伤残、医疗保险等而支付的保险费。对于个体经济来说，其所有者所获得的劳动报酬和经营利润不易区分，这两部分统一作为劳动者报酬处理。

生产税净额 是指生产税减生产补贴后的差额。生产税指政府对生产单位生产、销售和从事经营活动以及因从事生产活动使用某些生产要素，如固定资产、土地、劳动力所征收的各种税、附加费和规费。具体包括销售税金及附加、增值税、管理费中开支的各种税、应交纳的养路费、排污费和水电费附加、烟酒专卖上缴政府的专项收入等。生产补贴与生产税相反，是政府对生产单位的单方面收入转移，因此视为负生产税处理，包括政策亏损补贴、粮食系统价格补贴、外贸企业出口退税收入等。

固定资产折旧 是指一定时期内为弥补固定资产损耗按照核定的固定资产折旧率提取的固定资产折旧，或按国民经济核算统一规定的折旧率虚拟计算的固定资产折旧。它反映了固定资产在当期生产中的转移价值。

营业盈余 是指常住单位创造的增加值扣除劳动者报酬、生产税净额和固定资产折旧后的余额。它相当于企业的营业利润加上生产补贴，但要扣除从利润中开支的工资和福利等。

支出法地区生产总值　指一个地区所有常住单位在一定时期内用于最终消费、资本形成总额、以及货物和服务的净流出总额，它反映本期生产的地区生产总值的使用及结构。

最终消费　是指常住单位在一定时期内对于货物和服务的全部最终消费支出，也就是常住单位为满足物质、文化和精神生活的需要，从本地区经济领土和国外购买的货物和服务的支出。它不包括非常住单位在本地区经济领土内的消费支出。最终消费分为居民消费和政府消费。

居民消费　指常住住户在一定时期内对于货物和服务的全部最终消费支出。居民关于货物的最终消费支出在货物的所有权发生变化时记录，关于服务的最终消费支出在服务提供的时候记录。居民消费按市场价格计算，即按居民支付的购买者价格计算，货物的购买者价格是购买者取得交货所支付的价格，它包括购买者支付的运输和商业费用。

政府消费　指政府部门为全社会提供的公共服务的消费支出和免费或以较低的价格向居民住户提供的货物和服务的净支出，前者等于政府服务的产出价值减去政府单位所获得的经营收入的价值，政府服务的产出价值等于它的经常性业务支出加上固定资产折旧；后者等于政府部门免费或以较低价格向居民住户提供的货物和服务的市场价值减去向住户收取的价值。

资本形成总额　指常住单位在一定时期内对固定资产和存货的投资支出合计，包括固定资本形成总额和存货增加。

固定资本形成总额　指常住单位在一定时期内购置、转入和自产自用的固定资产，扣除固定资产的销售和转出后的价值。可分为有形固定资本形成总额和无形固定资本形成总额。

存货增加　指常住单位在一定时期内存货实物量变动的市场价值，即期末价值减期初价值的差额，存货增加可以是正值，也可以是负值，正值表示存货上升，负值表示存货下降。它包括生产单位购进的原材料、燃料和储备物资等存货，以及生产单位生产的产成品、在制品和半成品等存货等。

货物和服务净流出　指货物和服务流出减货物和服务流进的差额。流出包括常住单位向非常住单位出售或无偿转让的各种货物和服务的价值；流进包括常住单位从非常住单位购买或无偿得到的各种货物和服务的价值。

来自国（地区）外的净要素收入　指一个国家（地区）来自国外（地区外）的生产税及进口税（扣除生产及进口补贴）、劳动者报酬和财产收入，减去支付给国外（地区外）的生产税及进口税（扣除生产及进口补贴）、劳动者报酬和财产收入的差额。国内（地区）生产总值加上来自国外的净要素收入等于国民生产总值（或地区收入总值）。

Explanatory Notes on Main Statistical Indicators

Gross Domestic Product (GDP) refers to the final products of all resident units in a region during a certain period of time. Gross domestic product is expressed in three different forms, i.e. value added, income, and products respectively. The form of value added refers to the total value of all products and services produced by all resident units during a certain period of time minus total value of input of materials and services of the nature of non-fixed assets of the summation of the value added of all resident units; the form of income includes all the income created by all resident units and distributed primarily to all resident and non-resident units; the form of products refers to all final goods and services minus imports of goods and services. In the practice of national accounting, gross domestic product is calculated with three approaches, i.e. product approach, income approach, and expenditure approach respectively to reflect gross domestic product and its composition from different aspects.

Net Value of Domestic Product is the abbreviation for net value of domestic product calculated in market prices. It equals to gross domestic product minus the depreciation of fixed assets of total resident units.

Gross National Product is the abbreviation for net value of domestic national product calculated by market prices. It is the final income that after first distribution of all resident units in a country (or region) in a certain period of time. The added value created during productive activities in resident units in a country is mainly distributed to the resident units in this country, while a part of it to non-resident units in form of taxes on production and import (deducted subsidies for production and importation), laborers' remuneration and income from property, then come out the concept of gross domestic product. It equals to gross domestic product adds income of net elements from foreign countries. GDP is a concept of production, while GNP is a concept of income.

Net Value of Gross National Product is the abbreviation for net value of national product calculated in market prices. It equals to gross national product minus the depreciation of fixed assets of total resident units.

Three Industries Industry structure has been classified according to the historical sequence of development. Primary industry refers to extraction of natural resources; secondary industry involves processing of primary products; and tertiary industry provides services of various kinds for production and consumption. Industry in China comprises:

Primary industry agriculture (including farming, forestry, animal husbandry and fishery).

Secondary industry industry (including mining and quarrying, manufacturing, and electricity, gas and water production and supply).

Tertiary industry all other industries not included in primary or secondary industry. Since tertiary industry includes various trades and is with extensive coverage, it is divided into 2 parts according to our country's actual situation: circulation department and service department.

Value Added refers to the newly increased value and the transfer value of fixed assets created by all resident units in a country (or a region) during a certain period of time. It can be calculated by production approach and income approach. In terms of product approach, it is the total output minus intimidates input. In terms of income approach, it is the summation of laborers' remuneration, net taxes on production, depreciation of fixes assets and operating surplus.

Laborers' Remuneration refers to the whole payment of various forms earned by the laborers from the productive activities they are engaged in. It includes wages, bonuses and allowance the laborers earned in monetary form and in kind. It also includes the free medical services provided to the laborers and the medicine expenses, traffic subsidies and social insurance free paid by the laborers' working units for them. Social insurance free paid by the laborers' working units refers to the social insurance directly paid by units to government institutions in charge of social insurance, or premiums paid by units for retired employees, death, invalidity and medical treatment of workers and staff in this unit. As the individual economy is concerned, since the laborers' remuneration is not easily distinguished from the operating profit, both are treated as laborers remuneration.

Net Taxes on Production refers to the residual of the taxes on production minus the subsidies on production. The taxes on production refer to the various taxes, extra charges and fees levied on the production units on their production, sail and business activities as well as on some factors of production, such as fixed assets land and labor force, used in the production activities they are engaged in. Concretely, they include taxes on sales, additional tax, value added tax, various taxes from expense for administration, way maintenance fee, waste discharging fee and electricity and water bills should be paid, and specific income from monopoly tobacco and liquor turned in government. In contrast to the taxes on production, the subsidies on production refer to the unilateral transfer of part of the government's revenue to the production units and are therefore regarded as negative taxes on production. They include subsidies on the loss due to implementation of government policies, price subsidies to the grain institutions, foreign trade corporations' receipts from drawback, etc.

Depreciation of Fixes Assets refers to the depreciation of fixed assets of a given period, drawn in accordance with the stipulated depreciation rate for purpose of compensating the wear loss of the fixed assets or the depreciation of fixed assets calculated in a fictitious way in accordance with the stipulated unified depreciation rate in the national economic accounting system. It reflects the value of transfer of the fixed assets in the production of the current period.

Operating Surplus refers to the balance of the value added created by the resident units deducting the laborers' remuneration, net taxes on production and the depreciation of fixed assets. It is equivalent to the business profit of the enterprises plus subsidies on production, but the wages and welfare expenses paid from the profits should be deducted.

GDP Calculated by Expenditure Approach refers to total expenditure on final consumption, total capital formation and net export of goods and services by resident units of a region in a certain period of time. It reflects the composition of GDP by its use.

Final Consumption refers to the total expenditure of resident units on final consumption of goods and services in a certain period, namely the expenditure of the resident units for purchase the goods and services from domestic economic territory and abroad to meet the requirements of material, cultural and spiritual life. It excludes the expenditure of non-resident units on consumption in the economic territory of the country. The final consumption is classified into household consumption and government consumption.

Household Consumption refers to the total expenditure of resident households on the final consumption of goods and services in a certain period. The expenditure of resident households on the final consumption of goods is recorded when the proprietary rights of goods changed, and the expenditure of resident households on the final consumption of services is recorded when the services are providing. The households' consumption is calculated at market prices, namely the purchaser's prices that the households pay; the purchaser's prices of goods are the prices the households pay when they obtain the goods including the transport and commercial expenses paid by the households.

Government Consumption refers to the expenditure on the consumption of the public services provided by the government to the whole society and the net expenditure on the goods and services provided by the government to the households at free charge or lower prices. The former equals to the output value of the government services minus the value of operating income obtained by the government departments, and the output value of the government services equals to its current operating expenditure plus depreciation of fixed assets. The latter equals to the market value of goods and services provided by the government free of charge or at low prices to the households minus the value received by the government from the households.

Total Capital Formation refers to the fixed assets acquired minus those disposed and the change in inventory including the total fixed assets formation and the increase in inventory.

Total Fixed Capital Formation refers to the value of fixed assets purchased, transferred in by the resident units and those produced and used by themselves deducting the value of fixed assets sold and transferred out. It can be classified into total tangible assets formation and total intangible formation.

Increase in Inventory refers to the market value of the change in inventory, i.e. the difference of value between the beginning and the end of the period. The increase in inventory can be positive or negative. A positive value indicates the increase in inventory while a negative value indicates the decrease in stock. The inventory includes the raw materials, fuels, and reserve materials purchased by the production units as well as the inventory of finished products, products work-in-progress and semi finished products ect.

Net Export of Goods and Services refers to the difference of the exports of goods and services minus the imports of goods and services. The imports include the value of various goods and services sold or gratuitously transferred by the resident units to the non-resident units. The imports included the value of various goods and services purchased or gratuitously acquired by the resident units from the non-resident units.

Income of Net Elements from Foreign Countries (Regions) refers to the balance, which taxes on production and import (deducted subsidies for production and importation), laborers' remuneration and income from property from foreign countries (regions) minus the ones paid to foreign countries (regions). GDP adds income of net elements from foreign countries (regions) equals GNP.

④

2017广西统计年鉴

第四篇

从业人员和职工工资

EMPLOYMENT & WAGES

（编辑：韦　昆）

4—1　主要年份就业和劳动报酬基本情况

指　标	Items	1995	2000	2005	2010
劳动力资源总数（万人）	**Total Resource of Labor Force (10 000 persons)**	**2907**	**3203**	**3536**	**3732**
占人口总数比重（%）	Proportion in Total Population (%)	64.00	67.40	71.80	72.34
劳动力资源利用率（%）	Utilization Ratio of Resource of Labor Force (%)	82.00	80.10	76.44	77.79
从业人员合计（万人）	**Employed Persons (10 000 persons)**	**2383**	**2566**	**2703**	**2903**
第一产业	Primary Industry	1583	1571	1519	1571
第二产业	Secondary Industry	282	278	322	544
第三产业	Tertiary Industry	518	717	862	788
从业人员构成（%）	**Composition of Employment (%)**				
第一产业	Primary Industry	66.40	61.20	56.20	54.12
第二产业	Secondary Industry	11.80	10.80	11.91	18.74
第三产业	Tertiary Industry	21.80	28.00	31.89	27.14
按城乡分从业人员	**Employed Persons by Urban & Rural**				
城镇从业人员（万人）	Urban (10 000 persons)	405	421	785	1003
国有单位	State Owned Units	293.45	234.52	199.00	203.32
城镇集体单位	Urban Collective Owned Units	48.72	28.36	20.00	17.27
股份合作单位	Cooperative Share Holding Units		1.39	2.00	2.96
联营单位	Joint-owned Units	0.42	0.34	1.00	0.75
有限责任公司	Limited-liability Companies		15.09	34.00	49.82
股份有限公司	Share Holding Limited Companies	6.00	8.79	11.00	15.15
港澳台商投资单位	Enterprises Funded by Hong Kong, Macao & Taiwan	1.62	2.97	5.50	8.23
外商投资单位	Foreign-funded Enterprises	5.66	3.83	6.20	8.99
私营企业	Private Enterprises	9.01	22.14	54.00	100.00
个体	Individual	52.99	67.86	90.00	141.00
在岗职工人数（万人）	Number of Staff & Workers at Post (10 000 persons)	343.00	283.00	269.00	291.98
国有单位	State-owned Units	283.00	225.00	189.00	187.53
城镇集体单位	Urban Collective Owned Units	47.00	26.00	18.00	13.57
其他类型单位	Others	13.00	32.00	62.00	90.87
乡村从业人员（万人）	Rural (10 000 persons)	1965	2145	2275	2387
城镇单位从业人员劳动报酬	**Remuneration of Staff & Workers in Urban Units**				
非私营单位从业人员平均劳动报酬（元）	Average Remuneration of Staff & Workers in Non-private Enterprise (Yuan)	5105	6772	15079	30673
国有单位	State-owned Units	5226	7081	15668	32587
城镇集体单位	Urban Collective owned Units	4064	4471	10392	21533
城镇私营单位从业人员平均劳动报酬（元）	**Average Remuneration of Staff & Workers in Private Enterprise (Yuan)**				
城镇登记失业人数（万人）	**Registered Unemployment in Urban Areas (10 000 persons)**	**10.10**	**11.30**	**18.51**	**19.07**
城镇登记失业率（%）	**Registered Unemployment Rate in Urban Areas (%)**	**2.40**	**3.20**	**4.15**	**3.66**

注：1. 2002年以后城镇从业人员数含农村进城从业人员。2012年按常住人口口径统计，劳动力资源总数、从业人员人数不包括外出自治区以外半年以上的人员。

2. 根据国家劳动统计报表制的统一规定，从2013年年报起，将原属于乡镇企业的“四上”企业（即规模以上工业企业，有资质的建筑业及全部房地产开发经营企业，限额以上批发和零售业、限额以上住宿餐饮业企业，部分规模以上服务业企业）纳入城镇单位从业人员与工资统计范围。

3. 本篇“城镇单位”均指“城镇非私营单位”（下同）

Note:1. Employed population in urban areas since 2002 include employed persons entering urban areas from rural areas.sinve 2012, the statistical range of excludes the persons leaving Guangxi for more than half a year.

2. Accoding to the standard of National Statistical System of Labour Report,the onterprises of “4 Aboves” (industrial enterprises above designated size, qualified construction enterprises and all of the enterprises of real estate development & management, whloe sale & retail trade hotels & catering above designated size, and some service enterprises above designated size) which belonged to rural enterprises have been included to the statistical range of employment & wages of urban units since 2013.

3. In this chapter,urban corporate units refers to urban corporate unit excluding private units.

Resource of Labor Force & Number of Employed Persons in Main Years

2011	2012	2013	2014	2015	2016
3777	**3349**	**3373**	**3399**	**3438**	**3465**
72.65	71.53	71.48	71.49	71.69	71.62
77.73	82.65	82.49	82.30	82.03	81.99
2936	**2768**	**2782**	**2795**	**2820**	**2841**
1565	1481	1478	1450	1427	1423
562	520	529	540	513	500
809	767	775	805	880	918
53.30	53.50	53.14	51.90	50.60	50.10
19.10	18.80	19.01	19.30	18.20	17.60
27.60	27.70	27.85	28.80	31.20	32.30
1035	1113	1120	1145	1198	1236
209.49	214.03	210.93	206.48	202.37	201.82
18.76	16.25	14.39	15.09	13.27	13.21
2.78	3.29	2.18	2.04	2.06	1.88
0.79	0.99	0.21	0.15	0.14	0.11
58.11	68.55	108.38	113.59	125.21	123.25
19.69	19.81	27.73	27.66	27.55	27.41
9.53	11.18	17.41	17.20	16.36	16.17
11.06	10.53	14.42	13.43	12.92	12.98
123.00	137.34	130.00	152.00	168.00	247.00
157.00	139.15	168.00	190.00	212.00	252.00
293.60	303.45	330.23	326.50	329.60	325.50
187.90	190.45	186.35	184.15	178.80	178.36
15.41	12.12	11.15	10.82	10.08	9.62
90.27	100.88	132.73	131.54	140.72	137.50
2407	1655	1662	1650	1622	1605
33032	36386	41391	45424	52982	57878
34886	37706	42552	46065	57247	63751
22123	28819	32197	36874	40510	43064
					36089
18.81	**18.94**	**18.09**	**18.66**	**18.13**	**18.13**
3.46	**3.41**	**3.30**	**3.15**	**2.92**	**2.93**

4－2 城乡从业人员及城镇单位在岗职工平均工资（1978－2016年）
Urban & Rural Employed Persons, Average Wages of Staff & Workers at Post in Urban Units（1978－2016）

年 份 Year	从业人员（万人） Employed Persons(10 000 persons)			城镇单位在岗职工平均工资 Average Wages of Staff & Workers at Post in Urban Units	
	第一产业 Primary Industry	第二产业 Secondary Industry	第三产业 Tertiary Industry	绝对数（元） Absolute Number(yuan)	指数（上年=100） Relate Indices (Preceding year=100)
1978	1171	153	132	462	104.5
1980	1283	125	142	609	108.5
1985	1463	160	207	1077	99.9
1986	1501	177	218	1282	128.6
1987	1529	193	239	1438	108.1
1988	1548	205	259	1720	106.9
1989	1575	203	269	1819	108.9
1990	1614	207	288	2049	137.2
1991	1643	215	313	2262	105.7
1992	1628	235	355	2634	111.8
1993	1594	253	428	3368	111.0
1994	1589	268	479	4468	130.4
1995	1583	282	518	5105	121.4
1996	1600	283	534	5397	118.2
1997	1606	283	565	5540	107.5
1998	1620	283	596	5779	108.2
1999	1619	276	619	6254	108.1
2000	1571	278	717	7650	118.9
2001	1570	275	733	9075	117.1
2002	1571	270	748	10774	121.6
2003	1556	279	766	11953	108.7
2004	1532	283	817	13579	110.1
2005	1519	322	862	15461	115.1
2006	1521	334	905	18064	118.8
2007	1521	419	829	21898	116.3
2008	1528	424	847	25660	115.0
2009	1561	516	771	28302	121.0
2010	1571	544	788	31842	107.0
2011	1565	562	809	34150	104.0
2012	1481	520	767	37614	113.0
2013	1478	529	775	42637	114.5
2014	1451	540	805	46846	110.0
2015	1427	513	880	54983	118.0
2016	1423	500	918	60239	109.5

4—3　按产业、经济类型分组的从业人员（2016年）

Number of Employed Persons Grouped by Industry & the Categories of Registration（2016）

单位：万人　　　　(10 000 persons)

行　业	Sector	从业人员 Employed Persons	国有单位 State-owned Units	城镇集体单位 Urban Collective Owned Units
总　　计	**Total**	**2841**	**201.82**	**13.21**
第一产业	**Primary Industry**	**1423**	**7.29**	**0.03**
农、林、牧、渔业	Farming, Forestry, Animal Husbandry & Fishery		7.29	0.03
第二产业	**Secondary Industry**	**500**	**13.17**	**8.89**
工业	Industry		9.36	1.63
采矿业	Mining		0.19	0.04
制造业	Manufacturing		4.81	1.53
电力、煤气及水的生产和供应业	Electricity, Gas & Water Production & Supply		4.36	0.06
建筑业	Construction		3.81	7.26
第三产业	**Tertiary Industry**	**918**	**181.37**	**4.30**
交通运输、仓储和邮政业	Transportation, Storage & Postal Services		2.31	0.72
信息传输、计算机服务和软件业	Information Transmission, Computer Service & Software Industries		9.63	0.50
批发和零售业	Wholesale & Retail Trade		0.84	0.09
住宿和餐饮业	Hotel & Catering Trade		0.61	0.00
金融业	Finance		5.32	1.41
房地产业	Real Estate		0.80	0.19
租赁和商务服务业	Leasing & Business Service		3.55	0.83
科学研究、技术服务和地质勘查业	Scientific Research, Technology Service & Geological Prospecting		7.22	0.07
水利、环境和公共设施管理业	Water Conservancy, Environment & Public Facility Management		7.85	0.09
居民服务和其他服务业	Residents & Other Services		0.23	0.14
教育	Education		59.53	0.17
卫生、社会保障和社会福利业	Public Health, Social Security & Social Welfare		30.55	0.06
文化、体育和娱乐业	Culture, Sports & Entertainment		2.47	0.00
公共管理和社会组织	Public Administration & Social Organizations		50.46	0.03
国际组织	International Organizations			

4-4 城镇单位从业人员（2016年）
Number of Employed Persons in Urban Units (2016)

单位：人 (person)

项 目	Item	从业人员年末人数 Total Employed Persons at Year End	在岗职工 Staff & Workers at Post	劳务派遣工 Labor-dispatched Workers	其他从业人员 Others
总 计	**Total**	**4013895**	**3254734**	**430917**	**328244**
按登记注册类型分	**By Registered Style**				
国有单位	State-owned Units	2018215	1783573	56199	178443
城镇集体单位	Urban Collective Owned Units	132113	96189	8600	27324
其他类型单位	Others	1863567	1374972	366118	122477
内资	Domestic Capital	1572111	1105118	350980	116013
外商投资	Foreign Investment	129778	115737	11233	2808
港、澳、台投资	Enterprise Funded by Hong Kong, Macao & Taiwan	161678	154117	3905	3656
按企业、事业、机关分	**By Enterprise,Institution & Agency**				
企业	Enterprise	2367496	1765681	397413	204402
事业	Institution	1186039	1086875	12963	86201
机关	Agency	432000	378541	18596	34863
民间非营利组织	Nongovernmental Nonprofit Organizations & Others	9096	8773	140	183
其他	others	19264	14864	1805	2595
按国民经济行业分	**By Sector**				
农、林、牧、渔业	Farming,Forestry,Animal Husbandry & Fishery	78057	49951	151	27955
采矿业	Mining	31114	28196	1871	1047
制造业	Manufacturing	724268	663355	37518	23395
电力、煤气及水的生产和供应业	Electricity, Gas & Water Production & Supply	137440	127963	5798	3679
建筑业	Construction	648694	276624	297430	74640
批发和零售业	Wholesale & Retail Trade	135124	124094	4722	6308
交通运输、仓储和邮政业	Transportation, Storage & Postal Services	194274	163377	20967	9930
住宿和餐饮业	Hotel & Catering Trade	45976	43547	1014	1415
信息传输、计算机服务和软件业	Information Transmission, Computer Service & Software Industries	42259	37419	3213	1627
金融业	Finance	142951	96235	5075	41641
房地产业	Real Estate	79589	69174	4401	6014
租赁和商务服务业	Leasing & Business Service	99695	78748	14371	6576
科学研究、技术服务和地质勘查业	Scientific Research, Technology Service & Geological Prospecting	88998	79975	2815	6208
水利、环境和公共设施管理业	Water Conservancy, Environment & Public Facility Management	85160	67107	2879	15174
居民服务和其他服务业	Residents & Other Services	7417	5863	733	821
教育	Education	618322	571128	3345	43849
卫生、社会保障和社会福利业	Public Health,Social Security & Social Welfare	316696	300468	2606	13622
文化、体育和娱乐业	Culture, Sports & Entertainment	32498	29781	401	2316
公共管理和社会组织	Public Administration & Social Organizations	505363	441729	21607	42027
国际组织	International Organizations				

4—5 按行业、经济类型分组的城镇单位女性从业人数（2016年）

Number of Female Employed in Urban Units Grouped by Industry & the Categories of Registration（2016）

单位：人 (person)

行业	Sector	合计 Total	国有单位 State-owned Units	城镇集体单位 Urban Collective owned Units	其他类型单位 Others
总　计	**Total**	**1550101**	**925398**	**32232**	**592471**
按企业、事业、机关分	**By Enterprise, Institution & Agency**				
企业	Enterprise	739903	135322	29951	574630
事业	Institution	655523	648929	1651	4943
机关	Agency	139837	139518	36	283
民间非营利组织	Nongovernmental Nonprofit Organizations	6710	16	242	6452
其他	Others	8128	1613	352	6163
按国民经济行业分	**By Sector**				
第一产业	**Primary Industry**	**30328**	**28664**	**115**	**1549**
农、林、牧、渔业	Farming,Forestry,Animal Husbandry & Fishery	30328	28664	115	1549
第二产业	**Secondary Industry**	**399927**	**33404**	**16608**	**349915**
工业	Industry	334951	26429	6987	301535
采矿业	Mining	8449	357	87	8005
制造业	Manufacturing	288958	13731	6734	268493
电力、煤气及水的生产和供应业	Electricity,Gas & Water Production & Supply	37544	12341	166	25037
建筑业	Construction	64976	6975	9621	48380
第三产业	**Tertiary Industry**	**1119846**	**863330**	**15509**	**241007**
批发和零售业	Wholesale & Retail Trade	65780	7412	2681	55687
交通运输、仓储和邮政业	Transportation,Storage & Postal Services	50837	23073	1681	26083
住宿和餐饮业	Hotel & Catering Trade	26950	4827	564	21559
信息传输、计算机服务和软件业	Information Transmission, Computer Service & Software Industries	17084	2335	2	14747
金融业	Finance	78962	29522	5275	44165
房地产业	Real Estate	31215	3447	697	27071
租赁和商务服务业	Leasing & Business Service	29801	11214	1684	16903
科学研究、技术服务和地质勘查业	Scientific Research, Technology Service & Geological Prospecting	29774	24165	257	5352
水利、环境和公共设施管理业	Water Conservancy, Environment & Public Facility Management	43362	40233	494	2635
居民服务和其他服务业	Residents & Other Services	3110	744	661	1705
教育	Education	349614	334171	957	14486
卫生、社会保障和社会福利业	Public Health,Social Security & Social Welfare	213619	206440	435	6744
文化、体育和娱乐业	Culture, Sports & Entertainment	14473	10746	10	3717
公共管理和社会组织	Public Administration & Social Organizations	165265	165001	111	153
国际组织	International Organizations				

4—6 城镇单位从业人员工资总额（2016年）
Earning of Employed Persons in Urban Units（2016）

单位：万元 (10 000 yuan)

指 标	Item	从业人员全年工资总额 Total Remuneration	在岗职工工资总额 Wages of Staff & Workers at post	劳务派遣工工资总额 Total Wages of Labor-dispatched Workers	其他从业人员工资总额 Remuneration Payment to Other Employed Persons
总 计	**Total**	**22820116**	**19897401**	**1958673**	**964042**
按登记注册类型分	**By Registered Style**				
国有单位	State Owned Units	12766360	12097740	209279	459341
城镇集体单位	Urban Collective Owned Units	547318	426751	28259	92308
其他类型单位	Others	9506437	7372910	1721134	412393
内资	Domestic Funds	8020527	5973390	1663130	384007
外商投资	Foreign Investment	792050	733365	44588	14097
港、澳、台投资	Enterprises Funded by Hong Kong,Macao & Taiwan	693861	666154	13418	14289
按企业、事业、机关分	**By Enterprise,Institution & Agency**				
企业	Enterprise	12526316	10016818	1857572	651926
事业	Institution	7296345	7050704	36525	209117
机关	Agency	2864669	2726781	54731	83157
民间非营利组织及其他	Nongovernmental Nonprofit Organizations & Others	132786	103098	9845	19843
按国民经济行业分	**By Sector**				
农、林、牧、渔业	Farming, Forestry, Animal Husbandry & Fishery	254875	190899	502	63473
采矿业	Mining	158963	147296	7317	4350
制造业	Manufacturing	3577916	3334753	160883	82281
电力、煤气及水的生产和供应业	Electricity, Gas & Water Production & Supply	1017984	987126	22359	8499
建筑业	Construction	2870504	1173421	1435240	261843
批发和零售业	Wholesale & Retail Trade	662569	624153	19564	18853
交通运输、仓储和邮政业	Transportation, Storage & Postal Services	1263781	1120244	106234	37303
住宿和餐饮业	Hotel & Catering Trade	146623	138956	3776	3890
信息传输、计算机服务和软件业	Information Transmission, Computer Service & Software Industries	354978	326132	19110	9736
金融业	Finance	1243019	1093278	20183	129557
房地产业	Real Estate	411967	379126	14063	18779
租赁和商务服务业	Leasing & Business Service	474142	406227	47669	20246
科学研究、技术服务和地质勘查业	Scientific Research, Technology Service & Geological Prospecting	610795	584288	10001	16506
水利、环境和公共设施管理业	Water Conservancy, Environ-ment & Public Facility Management	343695	295452	9210	39033
居民服务和其他服务业	Resident & Other Services	33432	28393	2351	2688
教育	Education	3690749	3592689	8443	89617
卫生、社会保障和社会福利业	Public Health, Social Security & Social Welfare	2233164	2174086	7565	51513
文化、体育和娱乐业	Culture, Sports & Entertainment	201613	194452	1210	5952
公共管理和社会组织	Public Administration & Social Organizations	3269348	3106430	62994	99924
国际组织	International Organizations				

4—7 城镇单位从业人员平均工资（2016年）

Average Earning of Staff & Workers in Urban Units (2016)

单位：元 (yuan)

指 标	Item	单位从业人员平均工资 Average Remuneration of Staff & Workers	国有单位 State-owned Units	城镇集体单位 Urban Collective owned Units	其他类型单位 Others
总 计	**Total**	**57878**	**63751**	**43064**	**52430**
按企业、事业、机关分	**By Enterprise, Institution & Agency**				
企业	Enterprise	54245	65165	42599	52580
事业	Institution	62155	62219	47431	58946
机关	Agency	66863	66860	71958	67844
按国民经济行业分	**By Sector**				
农、林、牧、渔业	Farming, Forestry, Animal Husbandry & Fishery	33131	32136	32696	47459
采矿业	Mining	50397	36015	44474	51642
制造业	Manufacturing	49835	65365	40791	48882
电力、煤气及水的生产和供应业	Electricity,Gas & Water Production & Supply	73851	69946	43325	75869
建筑业	Construction	47079	47404	36429	48507
批发和零售业	Wholesale & Retail Trade	49369	75097	29645	44981
交通运输、仓储和邮政业	Transportation, Storage & Postal Services	65433	78591	47567	52706
住宿和餐饮业	Hotel & Catering Trade	31884	38451	32877	30320
信息传输、计算机服务和软件业	Information Transmission, Computer Service & Software Industries	84064	77207	16000	85215
金融业	Finance	89936	92941	90026	87726
房地产业	Real Estate	52588	50066	32307	53417
租赁和商务服务业	Leasing & Business Service	48058	48136	34518	50001
科学研究、技术服务和地质勘	Scientific Research, Technology Service & Geological Prospecting	68957	68379	44588	72583
水利、环境和公共设施管理业	Water Conservancy, Environment & Public Facility Management	40320	39571	29793	52240
居民服务和其他服务业	Resident & Other Services	45729	58504	41054	39432
教育	Education	60395	61250	47954	37445
卫生、社会保障和社会福利业	Public Health, Social Security & Social Welfare	71529	72049	56176	57455
文化、体育和娱乐业	Culture, Sports & Entertainment	62365	64514	24909	55531
公共管理和社会组织	Public Administration & Social Organizations	65218	65226	53453	64245
国际组织	International Organizations				

4－8　城镇单位在岗职工平均工资（2016年）

Average Earning of Staff & Workers in Urban Units（2016）

单位：元　　　　(yuan)

项　目	Item	在岗职工 Staff & Workers at Post	国有单位 State-owned Units	城镇集体单位 Urban Collective-owned Units	其他类型单位 Others
总　计	**Total**	**60239**	**67381**	**44956**	**53478**
按企业、事业、机关分	**By Enterprise, Institution & Agency**				
企业	Enterprise	56039	70987	44263	53621
事业	Institution	65049	65094	55441	61726
机关	Agency	70571	70568	77012	71563
按国民经济行业分	**By Sector**				
农、林、牧、渔业	Farming,Forestry,Animal Husbandry & Fishery	38069	36962	36498	51655
采矿业	Mining	50746	36106	46673	52018
制造业	Manufacturing	50145	66718	41156	49130
电力、煤气及水的生产和供应业	Electricity, Gas & Water Production & Supply	75259	71478	44635	77206
建筑业	Construction	48479	54717	36249	49352
批发和零售业	Wholesale & Retail Trade	50394	76708	30323	45734
交通运输、仓储和邮政业	Transportation, Storage & Postal Services	66667	79949	49379	53328
住宿和餐饮业	Hotel & Catering Trade	31996	39487	33070	30316
信息传输、计算机服务和软件业	Information Transmission, Computer Service & Software Industries	85050	77965	16000	86273
金融业	Finance	110653	104233	91877	123125
房地产业	Real Estate	54216	53922	33053	54761
租赁和商务服务业	Leasing & Business Service	49419	50540	34709	51012
科学研究、技术服务和地质勘查业	Scientific Research, Technology Service & Geological Prospecting	72304	71825	45598	75604
水利、环境和公共设施管理业	Water Conservancy, Environment & Public Facility Management	43467	42610	46679	53306
居民服务和其他服务业	Resident & Other Services	47511	62161	41314	40230
教育	Education	63300	64240	49373	38273
卫生、社会保障和社会福利业	Public Health, Social Security & Social Welfare	73032	73534	58938	58710
文化、体育和娱乐业	Culture, Sports & Entertainment	65214	67219	24909	58673
公共管理和社会组织	Public Administration & Social Organizations	68927	68937	56314	66312
国际组织	International Organizations				

4—9 分市城镇单位在岗职工人数（2016年）

Number of Employed Persons in Urban Units by City (2016)

单位：人 (person)

市别	Region	在岗职工人数 Staff & Workers at Post	国有单位 State-owned Units	城镇集体单位 Urban Collective-owned Units	其他类型单位 Others
总计	**Total**	**3254734**	**1783573**	**96189**	**1374972**
南宁市	Nanning	734898	336374	8004	390520
柳州市	Liuzhou	389391	175289	9146	204956
桂林市	Guilin	344839	184914	9810	150115
梧州市	Wuzhou	175078	83345	6873	84860
北海市	Beihai	120204	62441	4351	53412
防城港市	Fangchenggang	71022	40990	801	29231
钦州市	Qinzhou	205297	103369	12120	89808
贵港市	Guigang	161310	107439	5104	48767
玉林市	Yulin	307869	153823	17818	136228
百色市	Baise	210381	143653	10884	55844
贺州市	Hezhou	89826	66678	929	22219
河池市	Hechi	160182	115385	3464	41333
来宾市	Laibin	105268	68501	4030	32737
崇左市	Chongzuo	119726	82794	1990	34942

注：总计包括广西电网、广西中烟、南宁铁路局等单位。

Note: The total data includes Nanning Railway Bureau, Guangxi Building Engineering Group Corporation and Central Logistics Department.

4—10　分市城镇单位在岗职工平均工资（2016年）
Average Wages of Staff & Workers at Post in Urban Units by City（2016）

单位：元　(yuan)

市　别	Region	在岗职工 Staff & Workers at Post	国有单位 State-owned Units	城镇集体单位 Urban Collective-owned Units	其他类型单位 Others
总　计	**Total**	**60239**	**67381**	**44956**	**53478**
南宁市	Nanning	68560	77362	50920	63043
柳州市	Liuzhou	60228	70726	48214	54941
桂林市	Guilin	59129	65945	48935	52563
梧州市	Wuzhou	52479	65641	44506	40528
北海市	Beihai	55502	67783	38963	43175
防城港市	Fangchenggang	55409	60928	39378	48232
钦州市	Qinzhou	52127	58541	44377	45879
贵港市	Guigang	55121	60694	38279	44838
玉林市	Yulin	52771	60979	46691	44277
百色市	Baise	55364	58917	39579	49721
贺州市	Hezhou	62110	64890	52083	54448
河池市	Hechi	61259	67875	38786	45584
来宾市	Laibin	59982	66713	46255	47802
崇左市	Chongzuo	53954	58650	34158	44047

注：总计包括广西电网、广西中烟、南宁铁路局等单位。
Note: The total data includes Nanning Railway Bureau, Guangxi Building Engineering Group Corporation and Central Logistics Department.

4－11 分市城镇单位从业人员工资总额（2016年）
Earning of Employed Persons in Urban Units by City（2016）

单位：万元 (10000 yuan)

市　别	Region	单位从业人员工资总额 Wages of Employed Persons in Urban Units at the Year-end	国有单位 State-owned Units	城镇集体单位 Urban Collective-owned Units	其他类型单位 Others
总　计	**Total**	**22820116**	**12766360**	**547318**	**9506437**
南宁市	Nanning	6282544	2780749	48240	3453556
柳州市	Liuzhou	3337596	1332258	51459	1953879
桂林市	Guilin	2384338	1316126	65093	1003120
梧州市	Wuzhou	1011006	588748	32384	389874
北海市	Beihai	755887	452071	34828	268988
防城港市	Fangchenggang	462392	288490	4245	169657
钦州市	Qinzhou	1086638	609260	57035	420343
贵港市	Guigang	948619	675297	31507	241816
玉林市	Yulin	1715041	984065	107451	623525
百色市	Baise	1201266	857564	43176	300525
贺州市	Hezhou	587917	449861	5075	132982
河池市	Hechi	1069632	832118	29535	207979
来宾市	Laibin	710217	509679	22616	177922
崇左市	Chongzuo	679185	510330	6584	162272

注：总计包括广西电网、广西中烟、南宁铁路局等单位。
Note: The total data includes Nanning Railway Bureau, Guangxi Building Engineering Group Corporation and Central Logistics Department.

4－12　分市城镇单位从业人员平均工资（2016年）

Number of Employed Persons in Urban Units by City & Sector（2016）

单位：元　　　　(yuan)

市　别	Region	单位从业人员平均工资 Average Wages of Employed Persons	国有单位 State-owned Units	城镇集体单位 Urban Collective-owned Units	其他类型单位 Others
总　计	**Total**	**57878**	**63751**	**43064**	**52430**
南宁市	Nanning	66225	72858	50349	61957
柳州市	Liuzhou	58800	67442	46535	54423
桂林市	Guilin	56285	63185	47736	49736
梧州市	Wuzhou	50066	60853	42588	39953
北海市	Beihai	52076	61123	37433	43464
防城港市	Fangchenggang	50100	52565	38906	46712
钦州市	Qinzhou	51340	57165	44309	45589
贵港市	Guigang	51917	57645	33287	43101
玉林市	Yulin	51175	58044	45326	43945
百色市	Baise	54553	57728	39560	49481
贺州市	Hezhou	58583	61192	50747	51461
河池市	Hechi	57218	62794	37035	44777
来宾市	Laibin	56499	62187	42464	46311
崇左市	Chongzuo	51343	55043	34024	43117

注：总计包括广西电网、广西中烟、南宁铁路局等单位。
Note: The total data includes Nanning Railway Bureau, Guangxi Building Engineering Group Corporation and Central Logistics Department.

4－13 城镇单位分市分行业从业人员（2016年）

Number of Employed Persons in Urban Units by City & Sector (2016)

单位：人 (person)

市别 Region	合计 Total	农、林、牧、渔业 Farming, Forestry, Animal Husbandry & Fishery	采矿业 Mining	制造业 Manufacturing	电力、煤气及水的生产和供应业 Electricity, Gas & Water Production & Supply	建筑业 Construction	批发和零售业 Wholesale & Retail Trade	交通运输、仓储和邮政业 Transpor- tation, Storage & Postal Services	住宿和餐饮业 Hotel & Catering Trade	信息传输、计算机服务和软件业 Information Transmi- ssion, Computer Service & Software Industries
总 计 Total	**4013895**	**78057**	**31114**	**724268**	**137440**	**648694**	**135124**	**194274**	**45976**	**42259**
南宁市 Nanning	974481	11337	227	126817	53957	227953	46932	45746	18810	14905
柳州市 Liuzhou	584698	4551	334	156746	7884	158748	18913	16819	3930	2872
桂林市 Guilin	427147	4922	4758	88134	11808	61726	15125	10512	8038	3983
梧州市 Wuzhou	199370	651	1123	66409	6321	7501	4742	5498	1001	1842
北海市 Beihai	145336	4827	763	38750	2650	13896	3994	4317	2734	1974
防城港市 Fangchenggang	97294	11632	104	6465	1735	21671	1702	6884	1004	1164
钦州市 Qinzhou	217778	3019	899	35186	4472	55900	5831	5835	1225	1361
贵港市 Guigang	184408	975	85	29994	8378	8889	5404	6955	1058	1711
玉林市 Yulin	339374	7075	5	77565	7621	51082	9713	9106	1836	3443
百色市 Baise	221835	2976	10926	26591	9976	12407	8051	9080	1675	1799
贺州市 Hezhou	101912	1493	726	11019	4363	1567	1997	2101	686	1450
河池市 Hechi	189079	3245	5587	19442	8601	10826	5581	7658	1350	2749
来宾市 Laibin	127494	8537	1226	18464	5159	11154	2842	2625	391	1510
崇左市 Chongzuo	135004	12744	4351	18366	4515	4103	3942	2885	1315	1397

注：总计包括广西电网、广西中烟、南宁铁路局等单位。

Note: The total data includes Nanning Railway Bureau, Guangxi Building Engineering Group Corporation and Central Logistics Department.

4－13 续表 continued

单位：人 (person)

市别 Region	金融业 Finance	房地产业 Real Estate	租赁和商务服务业 Leasing & Business Service	科学研究、技术服务和地质勘查业 Scientific Research, Technology Service & Geological Prospecting	水利、环境和公共设施管理业 Water Conservancy, Environment & Public Facility Management	居民服务和其他服务业 Resident & Other Services	教育 Education	卫生、社会保障和社会福利业 Public Health, Social Security & Social Welfare	文化、体育和娱乐业 Culture, Sports & Entertainment	公共管理和社会组织 Public Administration & Social Organizations
总 计 Total	**142951**	**79589**	**99695**	**88998**	**85160**	**7417**	**618322**	**316696**	**32498**	**505363**
南宁市 Nanning	48941	29539	27105	34737	20418	2021	111061	60915	13074	79986
柳州市 Liuzhou	10262	13420	24092	13192	14428	1228	55697	34927	2708	43947
桂林市 Guilin	17953	9698	16953	8599	11578	1202	61519	31916	4921	53802
梧州市 Wuzhou	7375	3197	1752	3248	3408	159	36897	19962	1531	26753
北海市 Beihai	7103	3035	1903	3067	4239	285	21642	10654	1217	18286
防城港市 Fangchenggang	1798	2115	1590	1075	2844	57	11911	6531	449	16563
钦州市 Qinzhou	4424	3161	2075	2739	3079	153	40632	20561	813	26413
贵港市 Guigang	8559	1730	1773	2055	2472	539	51489	19851	495	31996
玉林市 Yulin	8783	4497	5667	5235	7060	335	71461	30237	1884	36769
百色市 Baise	5118	2308	5107	3323	5728	186	41745	22413	1135	51291
贺州市 Hezhou	6672	812	2043	2100	1977	66	25658	10889	924	25369
河池市 Hechi	6323	2058	2406	2536	3854	153	40761	22534	1567	41848
来宾市 Laibin	5020	1960	2737	2425	1874	84	23299	12487	827	24873
崇左市 Chongzuo	4572	1760	3523	3903	2201	64	24550	12497	849	27467

4—14 城镇单位分市分行业女性从业人数（2016年）

Number of Female Employed Persons in Urban Units by City & Sector（2016）

单位：人 (person)

市别 Region	合计 Total	农、林、牧、渔业 Farming, Forestry, Animal Husbandry & Fishery	采矿业 Mining	制造业 Manufacturing	电力、煤气及水的生产和供应业 Electricity, Gas & Water Production & Supply	建筑业 Construction	批发和零售业 Wholesale & Retail Trade	交通运输、仓储和邮政业 Transportation, Storage & Postal Services	住宿和餐饮业 Hotel & Catering Trade	信息传输、计算机服务和软件业 Information Transmi- ssion, Computer Service & Software Industries
总计 Total	**1550101**	**30328**	**8449**	**288958**	**37544**	**64976**	**65780**	**50837**	**26950**	**17084**
南宁市 Nanning	349902	3915	40	53793	13905	20039	23165	13102	10718	5526
柳州市 Liuzhou	180033	1520	64	41115	2208	13082	10599	5762	2096	598
桂林市 Guilin	171772	2010	1534	36690	3580	6244	7879	3045	4766	1870
梧州市 Wuzhou	84056	132	130	23689	1810	1121	2067	1507	622	770
北海市 Beihai	66436	1748	150	19865	747	1072	1889	1375	1620	984
防城港市 Fangcheng-gang	38791	6748	43	2538	488	4299	787	1726	577	488
钦州市 Qinzhou	85116	1073	127	17577	1148	6259	2511	1445	720	590
贵港市 Guigang	86789	310	40	13907	2262	2113	1897	2033	763	738
玉林市 Yulin	148882	1937	2	41724	2009	4656	4421	2506	1048	1466
百色市 Baise	87639	975	2544	9196	3322	1533	3818	3243	1079	598
贺州市 Hezhou	47488	585	347	4672	1289	346	979	748	480	619
河池市 Hechi	81098	852	1850	9320	2048	1528	2339	3060	891	1437
来宾市 Laibin	53879	3292	155	7803	1401	2065	1344	943	258	776
崇左市 Chongzuo	55452	5231	1423	6197	1327	361	1914	907	790	598

注：总计包括广西电网、广西中烟、南宁铁路局等单位。

Note: The total data includes Nanning Railway Bureau, Guangxi Building Engineering Group Corporation and Central Logistics Department.

4－14 续表 continued

单位：人 (person)

市 别 Region	金融业 Finance	房地产业 Real Estate	租赁和商务服务业 Leasing & Business Service	科学研究、技术服务和地质勘查业 Scientific Research, Technology Service & Geological Prospecting	水利、环境和公共设施管理业 Water Conservancy, Environment & Public Facility Management	居民服务和其他服务业 Resident & Other Services	教育 Education	卫生、社会保障和社会福利业 Public Health, Social Security & Social Welfare	文化、体育和娱乐业 Culture, Sports & Entertainment	公共管理和社会组织 Public Administration & Social Organizations
总 计 Total	**78962**	**31215**	**29801**	**29774**	**43362**	**3110**	**349614**	**213619**	**14473**	**165265**
南宁市 Nanning	29738	11629	8296	12784	10718	859	60433	38188	5781	27273
柳州市 Liuzhou	5343	4754	8002	4215	7078	415	33279	23224	1263	15416
桂林市 Guilin	10312	3805	3768	2813	5402	569	35510	22362	2209	17404
梧州市 Wuzhou	3819	1176	455	1004	1670	67	21436	13627	668	8286
北海市 Beihai	4234	1375	560	981	1935	128	13292	7376	601	6504
防城港市 Fangchenggang	850	870	543	318	1614	13	6836	4252	214	5587
钦州市 Qinzhou	2090	1219	641	868	1658	53	24401	13955	373	8408
贵港市 Guigang	4485	644	449	510	988	95	30967	13498	208	10882
玉林市 Yulin	4074	1985	1705	1597	3552	140	43926	20233	801	11100
百色市 Baise	2204	1013	1384	1059	3344	93	19839	15844	520	16031
贺州市 Hezhou	3845	364	520	623	1016	14	14278	7661	428	8674
河池市 Hechi	3088	862	759	745	2288	71	20745	15952	584	12679
来宾市 Laibin	2581	763	1071	782	927	25	12562	8742	383	8006
崇左市 Chongzuo	2269	646	1177	1355	1172	21	12110	8544	395	9015

4—15 城镇单位分市分行业从业人员平均工资（2016年）

Average Earning of Staff & Workers at Work in Urban Units by City & Sector (2016)

单位：元 (yuan)

市别 Region	合计 Total	农、林、牧、渔业 Farming, Forestry, Animal Husbandry & Fishery	采矿业 Mining	制造业 Manufacturing	电力、煤气及水的生产和供应业 Electricity, Gas & Water Production & Supply	建筑业 Manufacturing	批发和零售业 Wholesale & Retail Trade	交通运输、仓储和邮政业 Transportation,Storage & Postal Services	住宿和餐饮业 Hotel & Catering Trade	信息传输、计算机服务和软件业 Information Transmission, Computer Service & Software Industries
总计 Total	**57878**	**33131**	**50397**	**49835**	**73851**	**47079**	**49369**	**65433**	**31884**	**84064**
南宁市 Nanning	66225	46366	45893	52648	86503	54987	54476	67102	30494	100635
柳州市 Liuzhou	58800	46495	51767	66276	64413	48460	48339	47678	34105	85249
桂林市 Guilin	56285	32154	48782	48551	68818	47708	46507	53441	32173	68292
梧州市 Wuzhou	50066	50698	28230	36938	63591	32819	43084	45451	27897	82101
北海市 Beihai	52076	36040	38497	37653	73925	43461	44463	62607	35570	76338
防城港市 Fangcheng-gang	50100	19339	38429	45372	54819	37768	57543	66738	35714	78741
钦州市 Qinzhou	51340	34962	104174	52957	82391	35896	48636	48388	29530	84389
贵港市 Guigang	51917	42281	34188	37138	66442	35099	45548	50247	24658	72928
玉林市 Yulin	51175	26443	25000	43205	60952	37077	45788	45028	32693	75098
百色市 Baise	54553	34949	55374	48432	59365	34535	42243	44101	29502	58841
贺州市 Hezhou	58583	43371	38205	43552	71260	33370	67139	50422	26210	79841
河池市 Hechi	57218	38126	48606	36008	64675	32991	42108	46352	27128	67664
来宾市 Laibin	56499	35363	40843	44235	73288	36786	44776	47202	25535	69971
崇左市 Chongzuo	51343	23620	44966	39884	53722	32564	45246	51476	33566	78877

注：总计包括广西电网、广西中烟、南宁铁路局等单位。

Note: The total data includes Nanning Railway Bureau, Guangxi Building Engineering Group Corporation and Central Logistics Department.

4－15　续表　continued

单位：元　　(yuan)

市　别	Region	金融业 Finance	房地产业 Real Estate	租赁和商务服务业 Leasing & Business Service	科学研究、技术服务和地质勘查业 Scientific Research, Technology Service & Geological Prospecting	水利、环境和公共设施管理业 Water Conservancy, Environment & Public Facility Management	居民服务和其他服务业 Resident & Other Services	教育 Education	卫生、社会保障和社会福利业 Public Health, Social Security & Social Welfare	文化、体育和娱乐业 Culture, Sports & Entertainment	公共管理和社会组织 Public Administration & Social Organizations
总　计	**Total**	**89936**	**52588**	**48058**	**68957**	**40320**	**45729**	**60395**	**71529**	**62365**	**65218**
南宁市	Nanning	111179	62630	61852	86240	43482	54772	65322	92991	73976	69680
柳州市	Liuzhou	104103	46264	42108	52880	39029	42920	60909	72179	63078	74235
桂林市	Guilin	90675	45789	40965	58960	41115	35783	62368	69928	55702	68766
梧州市	Wuzhou	74010	43504	37670	58368	35126	21434	58760	62625	48012	62529
北海市	Beihai	70982	58395	37561	59812	39013	51586	60951	64006	52594	68104
防城港市	Fangchenggang	89078	52352	44862	59197	40508	41640	57839	55576	63991	64045
钦州市	Qinzhou	75041	50057	43549	52056	41459	52702	56429	61067	44130	58564
贵港市	Guigang	53319	47537	36169	58383	49309	38195	52446	64357	65022	60101
玉林市	Yulin	93322	46508	43618	63608	37226	43827	54179	71115	46576	62006
百色市	Baise	71246	42875	53202	51970	36549	35702	64140	59210	49812	58454
贺州市	Hezhou	67064	49851	51384	64036	38025	44288	61541	65914	52190	59657
河池市	Hechi	73093	36176	43328	61046	34949	51612	64561	67188	55148	67224
来宾市	Laibin	74457	42369	37224	60601	45648	53667	64694	71246	55609	65339
崇左市	Chongzuo	65177	46099	42529	51538	39783	57313	58121	63442	55413	63483

4—16 主要年份离休、退休、退职人员和保险福利费用情况

Statistics of VCSR, Retired & Resigned，Insurance & Welfare Funds in Main Years

项　目	Item	2005	2010	2012	2013	2014	2015	2016
一、截止年末离休、退休、退职人员数总计（人）	**Total Number of VCSR, Retired & Resigned at Year End (person)**	**1199346**	**1869510**	**1455848**	**2243670**	**1535235**	**2416388**	**2406732**
企业	Enterprise	755568	920376	953245	980095	1006166	1026462	1019703
（一）内资企业	Domestic Capital	752135		946730	973339	999030	1019222	1012575
国有企业	State Owned Units	585777		659505	673947	665913	666089	667394
集体企业	Collective Owned Units	105402		95810	100030	89890	90804	88180
其他企业	Others	60956		191415	199362	243227	262329	257001
（二）港澳台投资企业	Enterprise Funded by Hong Kong, Macao & Taiwan&Foreign Investment	3433		6515	6756	7136	7240	7128
其他人员*	Other Stuffs*	10814	460905	682578	745870	796621	842226	902015
事业	Institution	315286	372802	380388	391202	399955	412900	224787
机关	Agency	117678	115427	122215	126503	129114	134800	259498
其他单位*	Other Units*							729
二、保险福利费用总计（万元）	**Total Insurance & Welfare Funds (10 000 yuan)**	**1272196**	**3244030**	**4576084**	**5441025**	**6133443**	**7104382**	**5995598**
企业	Enterprise	615790	1362997	1835566	2155958	2425804	2662397	2951393
离休金	Pensions for VCSR	14918	15229	16599	20361	18415	17403	18533
退休金（含退职人员生活费）	Pensions for Retired (including the cost-of-living for the retired)	559821	1342027	1813453	2113772	2395348	2624693	2932533
医疗卫生费	Medical Care	18829						
其他	Others	22222	5741	5514	21825	12041	20301	
其他人员*	Other Stuffs*	6749	492671	1077868	1320829	1554116	1830426	2027933
离休金	Pensions for VCSR			127			4	
退休金（含退职人员生活费）	Pensions for Retired (including the cost-of-living for the retired)	6604	491805	1066613	1319431	1542068	1830407	2027933
医疗卫生费	Medical Care	44						
其他	Others	101	866	11128	1398	12048	15	
事业	Institution	455450	965149	1205115	1438915	1581838	1926304	624559
离休金	Pensions for VCSR	10757	16285	15123	15747	14616	20941	
退休金（含退职人员生活费）	Pensions for Retired (including the cost-of-living for the retired)	397501	948864	1189992	1423168	1567223	1905363	624559
医疗卫生费	Medical Care	13997					1926304	
其他	Others	33195						
机关	Agency	194206	423213	457535	525323	571685	685255	388691
离休金	Pensions for VCSR	11769	28912	25866	9345	25217	32338	
退休金（含退职人员生活费）	Pensions for Retired (including the cost-of-living for the retired)	162706	394301	431669	507767	5464680	651117	388691
医疗卫生费	Medical Care	4904						
其他	Others	14828						
其他单位*	Other Units*							3022
离休金	Pensions for VCSR							
退休金（含退职人员生活费）	Pensions for Retired (including the cost-of-living for the retired)							3022
医疗卫生费	Medical Care							
其他	Others							

注：1. 此表数据由自治区人社厅提供。
2. 其他人员*是指参加城镇企业职工基本养老保险的个体经济组织以及灵活就业人员中的参保退休人员及其保险福利费用，该项指标从2005年起建立。
3. 其他单位*是指参加执行机关事业单位养老保险制度的除机关、事业单位之外的单位。
4. 机关、事业单位离休、退休退职人员是指参加城镇机关事业单位职工基本养老保险中的参保离休、退休退职人员，该项指标从2016年起建立。
5. 因2016年社保制度改革，机关事业单位退休金数据和往年数据口径不一致，无可比性。

Note: 1. The data in this table is provided by Department of Human Resources and Social Security of Guangxi.
2. The item of "Other Stuffs" starts at 2005, refers to individual operators and liberal professions who participate in the Enterprise Basic Pension Insurance System.
3. The item of "Other Units" refers to units which participate in the Institution & Agency Basic Pension Insurance System, but neither institutions nor agencies.
4. The item of "Statistics of VCSR, Retired & Resigned" start at 2016, refers to the number of retired and resigned person who participate in the Institution & Agency Basic Pension Insurance System.
5. Due to the reform of social security system in 2016, the pension data of institution and agency are inconsistent with the previous years.

4－17　参加社会保险人员
Number of Persons Joined Social Security in Main Years

单位：人　　　　(person)

项　目	Item	2016
一、截止年末参加城镇基本养老保险人员总数	**Total Number of Persons Joined Urban Basic Pension Insurance at Year End**	**7519122**
#离休退休退职人数	Total Retired, VCSR & RRSW	2406732
（一）执行企业养老保险制度	The Enterprise Basic Pension Insurance System	5993248
1.企业	Enterprise	3916603
国有企业	Stale-owned Enterprise	1983279
集体企业	Collective Enterprise	209607
其他企业	Other Enterprise	1640339
港、澳、台及外资企业	Foreign Investment & Enterprise Funded by Hony Kong,Macao & Taiwan	83378
2.其他人员	Other Stufts	2076645
（二）执行机关事业单位养老保险制度	The Institution & Agency Basic Pension Insurance System	1525874
1.机关	Agency	802505
2.事业	Institution	721124
3.其他单位	Other Units	2245
二、截止年末参加失业保险人员总数	**Total Number of Persons Joined Unemployment Insurance at Year End**	**2837069**
（一）企业	Enterprise	1770989
1.内资企业	Domestic Capital	1659273
2.港、澳、台及外资企业	Foreign Investment & Enterprise Funded by Hong Kong,Macao & Taiwan	111716
（二）事业单位	Agency	977245
（三）其他单位	Others	88835
三、截止年末参加城镇基本医疗保险人员总数	**Total Number of Persons Joined the Urban Basic Health Care Program at Year End**	**10964222**
（一）城镇职工基本医疗保险参保人数	Urban Staff & Workers	5307125
#退休人数	Total Number of VCSR	1549806
（一）企业	Enterprise	2900687
（二）事业	Institution	1416769
（三）机关	Agency	519570
（四）其他人员	Other Stuffs	470099
（二）城镇居民基本医疗保险参保人数	Urban Residents	5657097
四、截止年末参加工伤保险人员总数	**Total Number of Persons Joined the Industrial Injury Insurance at Year End**	**3740685**
五、截止年末参加生育保险人员总数	**Total Number of Persons Joined the Bearing Insurance at Year End**	**3195872**
六、截止年末参加城乡居民基本养老保险人数	**Total Number of Residents Joined tue Urban & Rural Basic Pension Insurance at Year End**	**17720258**

注：1. 此表数据由自治区人社厅提供

2. 因社会保险制度改革，执行机关事业单位基本养老保险制度的统计指标从2016年起建立。

Note: 1. The data in this table s provided by Department of Human Resources and Social Security of Guangxi.

2.The items about "The Institution & Agency Basic Pension Insurance System" start at 2016, because of the reform of social security system.

4—18 分市社会保险参保人数（2016年）
Number of Persons Joined Social Security by City (2016)

单位：人 (person)

地区	City	城镇基本养老保险人数 Number of Persons Participating in The Basic Pension Insurance in Urban	执行企业职工基本养老保险制度 The Enterprise Basic Pension Insurance System	执行机关事业单位职工基本养老保险制度 The Institution & Agency Basic Pension Insurance System	失业保险人数 Number of Persons Participating in the Unemployment Insurance Program	基本医疗保险人数 Number of Person Participating in the Basic Health Care Program	工伤保险人数 Number of Person Participating in the Industrial Injury Insurance	生育保险人数 Number of Person Participating in the Bearing Insurance	城乡居民基本养老保险参保人数 Number of Residents Participating in The Urban & Rural Basic Pension Insurance
总计	**Total**	**7519122**	**5993248**	**1525874**	**2837069**	**10964222**	**3740685**	**3195872**	**17720258**
南宁市	Nanning	1230825	1080973	149852	523407	1914825	590115	555314	2102098
柳州市	Liuzhou	1084990	948791	136199	396014	1538447	511305	399815	1042498
桂林市	Guilin	894007	735126	158881	290516	1245073	429509	323637	1994263
梧州市	Wuzhou	417560	335670	81890	137163	775572	180470	167825	1204434
北海市	Beihai	252420	200391	52029	108103	437508	131166	101739	394401
防城港市	Fangchenggang	155965	125685	30280	69349	310982	97734	67215	271108
钦州市	Qinzhou	251645	167917	83728	92422	485889	124941	112137	1134953
贵港市	Guigang	299117	203706	95411	100441	605441	165036	120736	1745510
玉林市	Yulin	518078	380105	137973	163486	944387	204356	198333	1937576
百色市	Baise	351234	235682	115552	122777	604976	190882	175618	1678055
贺州市	Hezhou	182152	124411	57741	77269	318346	94568	88602	809467
河池市	Hechi	353779	240761	113018	121031	484013	145803	157480	1613272
来宾市	Laibin	204595	156399	48196	71576	370456	95467	99756	867049
崇左市	Chongzuo	236782	161366	75416	80398	473557	117472	100433	925574

注：1. 此表数据由自治区人社厅提供
2. 总计包括自治区本级。
3. 基本医疗保险人数包括城镇职工基本医疗保险与城镇居民基本医疗保险能参保人数之和。
4. 执行机关事业单位基本养老保险制度的统计指标从2016年起建立。

Note: 1. The data in this table s provided by Department of Human Resources and Social Security of Guangxi.
2.The total item include the Autonomous Region itself.
3. The number of persons participating in the Basic Health Care Program include the number of persons in the urban stuff and workers’ Basic Health Care Program and the urban residents’ Basic Health Care Program.
4. The items about “The Institution & Agency Basic Pension Insurance System” start at 2016.

4—19　城镇私营单位从业人员平均工资（2016年）
Average Wages of Employed Persons in Urban Private Units（2016）

单位：元　　　　(yuan)

行　业	Sector	从业人员平均工资 Average Wages of Employed Persons
总　　计	**Total**	**36089**
农、林、牧、渔业	Farming, Forestry, Animal Husbandry & Fishery	29441
采矿业	Mining	34653
制造业	Manufacturing	37741
电力、热力、燃气及水生产和供应业	Electricity, Gas & Water Production & Supply	37989
建筑业	Construction	36814
批发和零售业	Wholesale & Retail Trade	34201
交通运输、仓储和邮政业	Transportation, Storage & Postal Services	38442
住宿和餐饮业	Hotel & Catering Trade	29042
信息传输、软件和信息技术服务业	Information Transmission, Com puter Service & Software Industries	38073
金融业	Finance	42692
房地产业	Real Estate	39501
租赁和商务服务业	Leasing & Business Service	37749
科学研究和技术服务业	Scientific Research, Technology Service & Geological Prospecting	45501
水利、环境和公共设施管理业	Water Conservancy, Environment & Public Facility Management	32664
居民服务、修理和其他服务业	Residents & Other Services	30917
教育	Education	32704
卫生和社会工作	Public Health,Social Security & Social Welfare	37021
文化、体育和娱乐业	Culture, Sports & Entertainment	29305

注：城镇私营单位工资统计采取抽样调查方式，样本代表性仅为省（自治区）级，无市、县（区）数据。

Note: The data of “Average Wages of Employed Persons in Urban Private Units” comes from sample survey, with the population of that in Autonomous Region, doesn’t involve cities and counties.

主要统计指标解释

劳动力资源总数 指在劳动年龄内人口（16周岁及以上）总数中，具有劳动能力，在正常情况下，可能或实际参加社会劳动的人口数。

从业人员 指从事一定社会劳动并取得劳动报酬或经营收入的人员。从业人员按从业身份分组包括：（1）职工；（2）再就业的离退休人员；（3）私营业主；（4）个体户主；（5）私营企业和个体从业人员；（6）乡镇企业从业人员；（7）农村从业人员；（8）其他从业人员（包括现役军人）。

职工 指在国有、城镇集体、联营、股份制、外商和港、澳、台投资、其他单位及其附属机构中工作，并由其支付工资的各类人员。不包括下列人员：（1）乡镇企业从业人员；（2）私营企业从业人员；（3）城镇个体劳动者；（4）离休、退休、退职人员；（5）再就业的离、退休人员；（6）民办教师；（7）其他按有关规定不列入职工统计范围的人员。

城镇登记失业人员 指有非农业户口，在一定的劳动年龄内（16岁及以上男50岁以下，女45岁以下），有劳动能力，无业而要求就业，并在当地就业服务机构进行求职登记的人员。

城镇登记失业率 城镇登记失业人员与城镇单位从业人员（扣除使用的农村劳动力、聘用的离退休人员、港澳台及外方人员）、城镇单位中的不在岗职工、城镇私营业主、个体户主、城镇私营企业和个体从业人员、城镇登记失业人员之和的比。计算公式为：

$$\text{城镇登记失业率}=\frac{\text{城镇登记失业人数}}{\begin{array}{l}\text{（城镇登记单位从业人员}-\text{使用的农村劳动和}-\text{聘用的离退休人员}-\text{聘用}\\\text{的港澳台及外方人员）}+\text{不在岗职工}+\text{城镇私营业主}+\text{城镇个体户主}+\text{城}\\\text{镇私营企业及个体从业人员}+\text{城镇登记失业人数}\end{array}}\times 100\%$$

工资总额 指各单位在一定时期内直接支付给本单位全部职工的劳动报酬总额。工资总额的计算应以直接支付给职工的全部劳动报酬为根据。各单位支付给职工的劳动报酬以及其他根据有关规定支付的工资，不论是计入成本的还是不计入成本的，不论是以货币形式支付的还是以实物形式支付的，均应列入工资总额的计算范围。工资总额包括计时工资、计件工资、奖金、津贴和补贴、加班加点工资、特殊情况下支付的工资。

平均工资 指企业、事业、机关等单位的职工在一定时期内平均每人所得的货币工资额。其计算公式为：

$$\text{平均工资}=\frac{\text{报告期实际支付的全部职工工资总额}}{\text{报告期全部职工平均人数（人）}}$$

平均实际工资 是指扣除物价变动因素后的职工平均工资。其计算公式为：

$$\text{平均实际工资}=\frac{\text{报告期职工平均工资}}{\text{报告期城市居民消费价格指数}}$$

参加城镇基本养老保险人员总数 指截止报告期末参加城镇基本养老保险并在社会保险机构已建立缴费记录档案的人数，包括不能正常缴费、已中断缴费但未终止养老保险关系的人数，包括已参加基本养老保险、后进入再就业服务中心、并继续缴费的下岗职工人数。不包括只登记而未建立缴费记录档案的人数。

参加城镇基本养老保险的离退职人数 指报告期末参加城镇基本养老保险并由养老保险基金支付养老金的离休人员、退休人员、退职人员人数。

参加失业保险人员总数　指截止报告期末按照国家法律、法规和有关政策规定，参加了失业保险的城镇企业事业单位职工和地方政府规定的参加失业保险的其他人员的总数。

参加城镇基本医疗保险人员总数　指截止报告期末参加城镇基本医疗保险（实施统帐结合和单建统筹基金）的职工人数和退休人数的总数。

Explanatory Notes on Main Statistical Indicators

Total Resource of Labor Force refers to the population aged 16 and over who are capable to work , are willing to participate in or participating in social labor.

Employees refers to the persons who are engaged in social labor and receive remuneration payment or earn business income, including: (1) staff and workers at work; (2) re-employed retirees; (3) employers of private enterprises; (4) self-employed workers; (5) employers in private and individual economy; (6) employees in township; (7) employed persons in the rural areas; (8) other employed persons (including the servicemen).

Staff and Workers refer to the persons who work in (and receive payment there from) enterprise and institutions of state ownership, collective ownership, joint ownership, share holding, foreign ownership, and ownership by entrepreneurs from Hong Kong, Macao, and Taiwan, and other types of ownership and their affiliated units, excluding: (1) employed persons in rural enterprises; (2) employed persons in private enterprises; (3) urban individual laborers;(4) retired persons, VCSR and RRSW; (5) re-employed retirees and VCSR; (6) teachers in the schools run by the local people; (7) other persons aren't included in the statistic range of staff and workers according to related rules.

Registered Urban Unemployed Persons refer to the persons who are registered as permanent residents in the urban areas engaged in non-agricultural activities, aged within the range of working age (16 age and over, while male below 50 and female below 45), capable to labor, unemployed but desirous to be employed and have been registered at the local employment service agencies to apply for a job.

Registered Urban Unemployment Rate refers to the ratio of the number of the registered unemployed persons to the sum of the number of persons employed in various units and in private enterprises in urban areas, urban self-employed individuals and the registered urban unemployed persons. The formula is as follows:

$$\text{Registered urban unemployment rate} = \frac{\text{Number of registered urban unemployed persons}}{\begin{array}{l}\text{(number of persons employed in urban units+number of persons}\\ \text{employed in urban private enterprises+self-employed individuals in urban}\\ \text{areas+number of registered urban unemployed persons) +number of staff}\\ \text{and workers out of post+number of urban privately owners+number of}\\ \text{urban self-employed ivdividuals+number of personneel in urban privately}\\ \text{enterprises and self-employed laborers+number of the registered urban}\\ \text{unemployed persons}\end{array}} \times 100\%$$

Total Wages of Staff and Workers refer to the total remuneration payment to staff and workers in various units during a certain period of time. The calculation of total wages is based on the total remuneration payment to the staff and workers. Therefore, all the wages and salaries and other payments to staff and workers are included in the total wages regardless of their sources, category, and forms (in kind or cash). Total wages of staff and workers includes the wage calculated by time, wage calculated by volume, bonus, subsidies and allowances, wage paid in special.

Average Wage of Staff and Workers refers to the average wage in money terms per person during a certain period of time for staff and workers in enterprises, institutions and government agencies. The formula for calculating Average Wage of Staff and Workers is as follows:

$$\text{Average Wage of Staff and Workers} = \frac{\text{Total Wages of Ataff and Workers in Reference Period}}{\text{Average Number of Staff and Workers in Reference Period}}$$

Average Real Wage of Staff and Workers refers to the average wage, which has removed the factor of price change. The formula is as follows:

$$\text{Average Real Wage of Staff and Workers} = \frac{\text{Average Wago of Staff and Workers in Reference Period}}{\text{Urban Consumer Prices Indes in Reference Period}}$$

Total Number of Persons Participating in Urban Basic Pension Programs refers to the persons participating in the urban basic pension programs and registering in the social insurance institutions with payment registration, including the persons who cannot pay regularly, have stopped paid but maintained the pension insurance relation; including laid-off workers who have participated basic pension insurance, entered re-employment service center and go on paying; excluding the persons registered but without payment registration.

Total Number of Retired, VCSR & RRSW Participating in Urban Basic Pension Programs refers to number of the retired, VCSR & RRSW participating in urban basic pension programs in the report period and are paid pensions from the pension insurance funds.

Total Number of Persons Participating in Unemployment Insurance Programs refers to the number of staff and workers in urban enterprises and institutions or other persons by local government in participating in unemployment insurance programs according to national laws, rules and relative policies in the report period.

Total Number of Persons Participating Urban Basic Health Insurance Programs refers to the total number of staff, workers and retired participating urban basic health insurance programs in the report period.

第五篇

物价

PRICE

（编辑：黄岚兰　陈　钧）

5－1 居民消费及商品零售价格总指数（1978－2016年）
Consumer & Retail General Price Indices（1978－2016）

（以上年价格为100） (preceding year=100)

年份 Year	居民消费价格总指数 Consumer General Price Index			商品零售价格总指数 Retail General Price Index		
	全区 Total	城市 Urban Areas	农村 Rural Areas	全区 Total	城市 Urban Areas	农村 Rural Areas
1978	100.0	99.8	100.0	100.0	99.8	100.1
1979	102.6	102.8	101.1	102.3	102.9	101.7
1980	110.0	112.6	106.0	109.2	113.1	106.1
1981	101.6	102.7	100.1	101.7	103.0	100.5
1982	103.3	104.1	102.4	103.1	104.4	102.4
1983	102.7	103.0	102.7	102.8	103.0	102.7
1984	103.3	104.6	102.4	104.2	104.5	104.1
1985	113.0	114.7	111.8	111.2	114.5	109.3
1986	106.2	106.2	106.2	105.1	106.0	104.4
1987	108.2	110.2	105.8	108.0	110.5	105.5
1988	120.8	123.3	118.4	121.0	123.2	119.4
1989	121.1	119.7	123.3	121.3	119.1	123.5
1990	101.1	98.3	104.4	100.1	97.4	102.4
1991	102.8	102.7	103.0	102.5	102.5	102.5
1992	105.9	107.0	105.4	104.6	106.2	103.9
1993	122.0	123.3	119.1	118.9	121.9	114.8
1994	126.0	125.4	126.5	124.4	122.7	125.6
1995	118.4	118.0	118.6	116.4	115.0	117.7
1996	106.5	105.5	107.4	104.5	104.1	104.9
1997	100.8	100.7	100.8	99.6	99.9	99.4
1998	97.0	97.1	96.8	96.3	96.7	95.9
1999	97.7	97.2	98.2	97.2	96.8	97.6
2000	99.7	100.0	99.5	98.6	98.4	98.8
2001	100.6	101.3	99.6	97.8	97.3	99.0
2002	99.1	98.9	99.3	98.1	98.2	98.0
2003	101.1	100.9	101.3	100.2	99.6	100.8
2004	104.4	104.1	104.9	103.9	103.4	104.4
2005	102.4	103.0	101.6	101.1	101.3	101.0
2006	101.3	101.6	100.9	100.3	100.8	99.8
2007	106.1	105.6	106.8	104.8	104.2	105.3
2008	107.8	107.6	108.5	107.6	107.6	108.3
2009	97.9	97.9	97.5	98.0	98.1	96.9
2010	103.0	102.9	103.4	103.0	103.0	103.2
2011	105.9	105.7	106.4	106.0	105.7	106.6
2012	103.2	103.2	103.3	102.3	102.2	102.4
2013	102.2	102.1	102.4	101.2	101.1	101.3
2014	102.1	102.2	101.9	101.4	101.5	101.1
2015	101.5	101.5	101.5	100.1	100.1	100.1
2016	101.6	101.6	101.7	100.4	100.4	100.3

注：1994年起商品零售价格总指数不包括农资。

Note: Retail General Price Index since 1994 has excluded agricultural means of production.

5－2 各地区商品零售和农业生产资料价格指数（2016年）

（以上年价格为100）

地 区	Region	总指数 General Index	一、食品类 Food	粮食 Grain	食用油 Oil or Fat	菜 Vegetables	畜肉 Livestock Meat	禽肉 Poultry Meat	水产品 Aquatic Products
全区平均	**Average of the Whole Autonomous Region**	**100.4**	**103.9**	**100.6**	**101.1**	**109.4**	**111.3**	**100.1**	**104.1**
南宁市	Nanning	99.8	102.9	100.5	99.8	106.3	110.3	102.7	104.1
柳州市	Liuzhou	100.5	104.6	99.4	99.1	112.6	111.1	100.0	104.2
桂林市	Guilin	100.9	104.7	100.9	107.9	110.3	112.8	100.0	102.7
梧州市	Wuzhou	100.6	104.5	100.6	100.6	110.8	110.1	100.3	111.5
北海市	Beihai	100.8	104.1	100.0	101.6	106.5	110.7	98.1	110.5
防城港市	Fangchenggang	101.0	102.9	100.6	103.1	106.5	110.4	100.1	99.5
钦州市	Qinzhou	100.9	104.1	102.1	102.7	110.7	111.5	95.7	102.8
贵港市	Guigang	99.7	104.6	100.6	100.7	110.0	109.9	99.2	100.7
玉林市	Yulin	101.0	102.8	99.9	95.3	108.8	112.0	97.0	104.6
百色市	Baise	100.4	103.9	100.5	102.3	109.9	109.2	100.5	104.8
贺州市	Hezhou	99.2	105.1	100.1	100.7	109.0	112.7	100.7	101.9
河池市	Hechi	100.5	103.6	99.0	104.6	109.3	109.7	98.9	100.5
来宾市	Laibin	101.3	104.9	102.6	101.5	110.3	113.8	103.8	101.5
崇左市	Chongzuo	100.9	104.4	101.0	100.3	108.2	113.3	99.1	104.5
城市平均	**Average of Urban Areas**	**100.4**	**103.8**	**100.5**	**100.8**	**109.2**	**111.2**	**100.2**	**104.1**
农村平均	**Average of Rural Areas**	**100.3**	**104.5**	**101.4**	**102.8**	**110.9**	**111.9**	**99.6**	**103.4**

Retail & Agricultural Means of Production Price Indices by Region (2016)

(preceding year=100)

干鲜瓜果 Dry and Fresh Melons & Fruits	其他食品 Other Foods	二、饮料、烟酒类 Beverages, Tobacco & Liquor	三、服装、鞋帽类 Clothes, Shoes & Hats	服装 Clothes	鞋袜帽 Shoes, Socks & Hats	四、纺织品类 Textiles
98.7	**100.7**	**100.8**	**102.1**	**102.3**	**101.3**	**101.3**
100.7	96.7	101.3	103.1	101.6	107.3	104.4
98.9	101.2	99.7	103.9	105.5	98.6	99.5
99.0	103.1	100.8	103.1	104.1	100.1	100.1
94.3	102.9	100.6	102.9	104.1	99.9	98.0
98.1	97.3	100.2	99.6	99.9	99.3	98.9
100.1	99.2	101.3	102.5	103.3	100.8	99.0
96.9	103.9	101.1	102.4	103.0	101.2	102.0
109.8	99.9	100.5	99.6	99.9	98.6	99.5
89.7	102.1	101.1	103.0	103.4	100.7	101.3
96.6	107.3	101.0	101.2	101.3	101.3	99.8
104.2	98.8	101.0	101.2	101.6	99.9	101.6
97.2	105.4	100.9	102.0	101.5	104.3	102.3
101.2	100.7	100.7	101.3	101.0	102.3	102.5
98.5	99.8	101.0	100.8	101.4	98.7	99.8
98.9	**100.5**	**100.8**	**102.6**	**102.7**	**102.1**	**101.6**
97.3	**101.5**	**100.7**	**97.9**	**98.7**	**95.6**	**99.2**

5—2 续表 1

(以上年价格为100)

地 区	Region	五、家用电器及音像器材 Household Appliances, Music & Video Equipments	家庭设备 Household Appliances	文娱用耐用消费品 Durable Consumer Goods for Recrea-tional Use	专业音像器材类 Professional Music & Video Equip-ments	六、文化办公用品 Cultural and office Appliance	七、日用品 Articles for Daily Use	八、体育娱乐用品 Sports & Recrea-tion Goods
全区平均	**Average of the Whole Autonomous Region**	**98.1**	**98.6**	**97.2**	**100.0**	**99.8**	**99.5**	**100.8**
南宁市	Nanning	97.6	97.4	97.7	99.5	99.3	98.6	99.0
柳州市	Liuzhou	98.6	99.7	97.1	100.1	99.4	99.0	103.1
桂林市	Guilin	98.1	98.8	95.8	100.0	100.0	100.0	101.3
梧州市	Wuzhou	95.0	96.7	92.2	99.1	97.3	97.6	99.9
北海市	Beihai	98.0	97.5	98.8	99.9	99.9	99.8	99.3
防城港市	Fangchenggang	101.3	100.8	103.0	97.1	97.4	101.9	100.9
钦州市	Qinzhou	100.1	100.9	98.5	101.6	100.4	100.5	102.3
贵港市	Guigang	98.4	97.5	99.4	99.5	102.1	99.9	99.9
玉林市	Yulin	101.1	100.2	102.4	100.8	102.1	99.9	104.7
百色市	Baise	96.2	101.1	90.3	100.0	100.4	99.9	99.8
贺州市	Hezhou	97.2	98.5	95.3	99.8	100.0	99.8	99.2
河池市	Hechi	99.3	99.4	99.0	100.0	99.8	99.9	100.1
来宾市	Laibin	98.9	99.2	98.4	99.8	99.9	99.4	99.9
崇左市	Chongzuo	98.2	98.4	97.7	100.0	99.5	100.3	101.1
城市平均	**Average of Urban Areas**	**98.1**	**98.7**	**97.2**	**100.1**	**99.9**	**99.4**	**100.9**
农村平均	**Average of Rural Areas**	**97.8**	**97.8**	**97.7**	**99.3**	**99.5**	**99.9**	**100.0**

continued

(preceding year=100)

体育户外用品 Sports Articles	娱乐用品 Recreation Goods	九、交通、通信用品 Transporta-tion & Communi-cation Appliances	交通运输机械 Transpor-tation Appliances	通讯器材类 Communi-cation Appliances	十、家具 Furnitures	十一、化妆品类 Cosmetics	十二、金银饰品 Cold,Silver and Jewelry
100.1	**101.2**	**97.4**	**99.1**	**94.1**	**99.8**	**100.3**	**105.8**
97.8	99.9	94.4	99.6	83.6	101.4	99.9	105.6
102.0	103.8	97.2	97.7	96.2	97.6	100.8	106.2
100.0	101.9	98.0	96.8	101.3	100.0	100.8	111.5
100.0	99.8	98.5	99.2	96.9	101.1	99.8	109.2
98.9	99.6	98.1	97.9	98.7	100.1	99.8	111.7
99.4	101.6	99.4	99.8	96.1	103.0	101.7	103.2
103.4	101.9	101.0	101.2	100.6	100.9	100.3	100.8
99.4	100.4	93.3	95.6	86.9	96.9	100.5	102.9
105.1	104.4	100.7	99.7	102.8	97.7	100.0	108.7
99.3	100.0	98.6	98.0	99.9	100.6	99.7	103.8
98.6	99.6	93.8	96.8	87.9	100.4	100.4	93.9
99.8	100.2	100.6	100.0	101.4	97.5	100.2	106.1
100.1	99.8	99.7	99.7	99.7	101.5	101.1	99.8
100.0	101.9	100.9	99.6	103.6	99.7	99.8	89.9
100.1	**101.3**	**97.4**	**99.0**	**94.0**	**99.7**	**100.2**	**106.3**
100.0	**100.0**	**97.7**	**99.5**	**95.2**	**100.5**	**100.6**	**100.3**

5－2 续表2 continued

(以上年价格为100) (preceding year=100)

地 区	Region	十三、中西药品及医疗保健用品类 Traditianal Chinese &Western Medicines & Health Care Articles	医疗卫生器具 Medical Appliance and Articles	中药 Tradiltional Chinese Medicine	西药 Western Medicine	保健器具及用品 Health Care Appliances & Articles	十四、书报杂志及电子出版物类 Books, Newspapers, Magazines & Electronic Publications	十五、燃料 Fuels	十六、建筑材料及五金电料 Building Materials and Hardware
全区平均	**Average of the Whole Autonomous Region**	**103.6**	**100.8**	**104.9**	**103.3**	**103.1**	**100.4**	**92.8**	**100.3**
南宁市	Nanning	103.2	99.6	105.5	101.1	108.9	99.4	92.8	100.8
柳州市	Liuzhou	102.3	100.2	105.0	102.0	99.6	99.9	92.8	100.3
桂林市	Guilin	102.9	100.0	105.6	102.5	101.7	102.5	92.7	100.8
梧州市	Wuzhou	108.8	99.5	110.4	110.8	101.6	100.0	91.3	99.9
北海市	Beihai	106.0	102.3	107.5	105.3	108.1	99.8	96.7	99.8
防城港市	Fangchenggang	104.1	98.6	104.2	105.1	103.4	101.6	93.2	100.9
钦州市	Qinzhou	101.5	101.8	102.8	101.3	100.0	100.0	89.4	101.6
贵港市	Guigang	106.2	102.4	107.4	109.4	100.8	101.5	90.5	100.5
玉林市	Yulin	104.0	104.9	101.5	105.2	105.1	99.7	91.0	99.8
百色市	Baise	101.9	100.0	104.7	101.0	100.4	103.4	95.4	98.3
贺州市	Hezhou	101.7	100.0	103.7	100.6	103.1	99.9	86.4	100.7
河池市	Hechi	101.9	99.2	104.0	101.2	100.1	100.4	89.4	99.4
来宾市	Laibin	100.3	100.0	101.0	100.1	100.0	99.8	100.4	99.6
崇左市	Chongzuo	104.5	100.0	110.9	102.9	100.0	99.6	95.0	99.3
城市平均	**Average of Urban Areas**	**103.6**	**100.8**	**105.1**	**103.2**	**103.3**	**100.3**	**92.5**	**100.4**
农村平均	**Average of Rural Areas**	**103.4**	**101.0**	**103.6**	**103.9**	**100.9**	**101.0**	**94.4**	**100.2**

5－2 续表3 continued

(以上年价格为100) (preceding year=100)

地 区	Region	农业生产资料价格指数 Price Index of Agricultural Means of Production	农用手工工具 Small Farm Tools	饲料 Forage	仔畜幼禽及产品畜 Newborn and Commodity Animals	半机械化农具 Semimechanized Farm Tools
全区平均	**Average of the Whole Autonomous Region**	**100.7**	**100.4**	**94.1**	**138.7**	**99.9**
贵港市	Guigang	99.3	96.7	88.4	152.5	100.0
百色市	Baise	104.4	100.0	99.6	154.2	100.0
贺州市	Hezhou	99.7	99.8	90.1	132.0	100.0

5－2 续表4 continued

(以上年价格为100) (preceding year=100)

地 区	Region	机械化农具 Mechanized Farm Machin-ery	化学肥料 Chemical Fertilizer	农药及农药械 Pesticide & Its Applia-nces	农用机油 Oil for Farm Machinery	其他农业生产资料 Others
全区平均	**Average of the Whole Autonomous Region**	**100.0**	**98.2**	**99.5**	**95.7**	**99.0**
贵港市	Guigang	99.3	96.3	99.4	95.3	97.1
百色市	Baise	100.0	99.9	99.5	95.5	99.7
贺州市	Hezhou	99.8	97.7	100.5	95.6	99.5

5-3 各地区居民消费价格指数（2016年）

（以上年价格为100）

地 区	Region	总指数 General Index	一、食品烟酒 Food, Tobacco and Liquor	1.食品 Food	(1) 粮食 Grain	(2) 薯类 Tubers	(3) 豆类 Beans	(4) 食用油 Oil or Fat	(5) 菜 Vegetables	(6) 畜肉类 Livestock Meat
全区平均	**Average of the Whole Autonomous Region**	**101.6**	**103.4**	**104.3**	**101.0**	**111.6**	**102.2**	**101.4**	**109.1**	**111.4**
南宁市	Nanning	101.4	102.5	103.6	100.7	113.7	100.8	99.8	106.3	110.2
柳州市	Liuzhou	101.8	103.5	104.8	99.7	111.2	105.2	99.1	112.6	111.2
桂林市	Guilin	102.3	104.1	105.1	100.9	111.5	100.6	107.9	110.3	112.8
梧州市	Wuzhou	101.2	103.8	104.6	100.6	112.6	102.4	100.6	110.8	110.1
北海市	Beihai	101.1	104.3	104.2	99.9	111.6	103.3	101.6	106.8	110.7
防城港市	Fangchenggang	101.1	102.4	103.1	100.8	115.5	102.1	103.1	106.5	110.4
钦州市	Qinzhou	101.6	103.8	104.0	102.1	119.9	101.0	102.7	110.7	111.5
贵港市	Guigang	101.2	103.7	105.0	100.6	120.0	102.5	100.7	110.0	110.1
玉林市	Yulin	102.4	101.9	102.6	99.9	117.6	107.9	95.3	108.8	111.6
百色市	Baise	101.1	103.7	104.3	100.5	113.4	100.5	102.3	109.9	109.5
贺州市	Hezhou	101.4	104.2	105.0	100.4	105.6	102.0	100.7	109.0	112.7
河池市	Hechi	101.0	102.8	103.6	99.0	118.6	101.2	104.6	109.3	109.7
来宾市	Laibin	102.0	104.4	105.4	102.2	120.4	101.5	101.5	110.3	113.2
崇左市	Chongzuo	101.6	103.6	104.4	101.1	109.3	104.3	100.3	108.2	113.3
城市平均	**Average of Urban Areas**	**101.6**	**103.3**	**104.2**	**100.6**	**114.7**	**102.3**	**101.0**	**109.1**	**111.0**
农村平均	**Average of Rural Areas**	**101.7**	**103.7**	**104.5**	**101.6**	**108.5**	**102.1**	**101.9**	**109.2**	**112.0**

Consumer Price Indices by Region（2016）

（preceding year=100）

(7) 禽肉类 Poultry Meat	(8) 水产品 Aquatic Produots	(9) 蛋类 Eggs	(10) 奶类 Milk	(11) 干鲜瓜果类 Dry and Fresh Melons & Fruits	(12) 糖果糕点类 Sweets & Cakes	(13) 调味品 Flavoring	(14) 其他食品类 Other Foods	2.茶及饮料 Tea and Bevevages
100.0	**102.8**	**98.6**	**99.6**	**99.3**	**100.2**	**100.3**	**100.7**	**100.5**
102.7	104.1	98.0	96.0	100.7	97.0	97.3	96.7	100.3
100.0	103.5	95.2	102.7	98.9	102.8	99.7	101.2	99.5
100.0	102.7	97.0	100.1	99.0	101.6	101.1	103.1	100.2
100.3	109.7	97.2	101.6	94.3	99.5	100.6	102.9	100.6
98.1	109.9	96.9	100.0	98.1	99.6	101.3	97.3	99.6
100.1	99.5	95.9	102.8	100.1	99.2	101.2	99.2	101.4
95.7	102.8	102.4	99.1	96.9	102.2	101.8	103.9	101.0
99.2	100.7	99.3	101.1	109.9	101.0	101.2	99.9	100.1
97.0	103.0	102.3	99.6	89.7	100.0	100.4	102.1	98.9
100.5	104.8	99.3	99.8	96.6	102.6	100.7	107.3	100.8
100.7	101.9	96.0	103.0	104.2	102.6	102.8	98.8	101.0
98.9	100.5	97.9	99.6	97.2	101.7	101.1	105.4	100.1
103.8	101.3	101.9	98.4	101.2	100.5	101.8	100.7	101.3
99.1	104.5	94.4	100.2	98.5	100.6	102.2	99.8	101.9
100.2	**103.3**	**98.5**	**99.5**	**99.6**	**100.4**	**100.3**	**100.5**	**100.3**
99.6	**101.9**	**99.0**	**99.9**	**98.8**	**100.0**	**100.4**	**101.1**	**100.9**

5-3 续表1

(以上年价格为100)

地 区	Region	3.烟酒 Tobacco & Liquor	(1) 烟草 Tobacco	(2) 酒类 Liquor	4.在外餐饮 Dining Out	二、衣着 Clothing	1.服装 Garments
全区平均	**Average of the Whole Autonomous Region**	**100.9**	**101.4**	**100.2**	**102.2**	**101.3**	**101.4**
南宁市	Nanning	101.6	101.5	102.0	100.1	102.9	101.6
柳州市	Liuzhou	100.9	102.1	98.0	101.3	104.2	105.6
桂林市	Guilin	100.9	101.6	99.8	103.1	103.1	104.2
梧州市	Wuzhou	100.9	101.6	99.2	103.0	103.1	104.1
北海市	Beihai	100.4	101.5	99.2	107.0	100.5	99.9
防城港市	Fangchenggang	101.3	101.6	100.9	100.9	102.4	103.2
钦州市	Qinzhou	101.3	101.7	100.9	104.7	102.9	103.0
贵港市	Guigang	100.8	102.1	98.6	101.5	99.6	99.9
玉林市	Yulin	102.3	102.8	101.4	100.3	102.8	103.5
百色市	Baise	101.1	100.9	101.3	103.2	101.2	101.3
贺州市	Hezhou	101.1	101.5	100.4	103.5	101.3	101.6
河池市	Hechi	101.4	102.8	99.5	101.2	102.0	101.5
来宾市	Laibin	100.4	99.4	101.9	103.4	101.4	101.0
崇左市	Chongzuo	100.8	101.5	99.8	102.7	100.9	101.4
城市平均	**Average of Urban Areas**	**101.2**	**101.6**	**100.5**	**102.0**	**102.4**	**102.4**
农村平均	**Average of Rural Areas**	**100.6**	**101.1**	**99.9**	**102.8**	**98.7**	**98.7**

continued

(preceding year=100)

2.服装材料 Clothing Material	3.其他衣着及配件 Other Clothing and Auessories	4.衣着加工服务 Clothing Manufacturing Services	5.鞋类 Shoes	三、居住 Residence	1.租赁房房租 Rental	2.住房保养维修及管理 Housing Maintenance & Managment	3.水电燃料 Water, Electricity and Fuels	4.自有住房 Private Housing
101.8	**101.6**	**104.2**	**100.7**	**100.3**	**101.8**	**101.0**	**96.7**	**101.8**
107.0	107.4	105.1	106.2	100.5	101.7	102.4	96.1	102.0
100.0	103.0	107.0	99.7	100.5	104.2	101.6	96.1	101.8
101.0	100.0	101.6	100.2	102.8	107.5	101.8	95.9	105.9
102.4	99.5	101.1	100.4	98.5	100.0	99.9	94.7	100.0
99.3	96.9	108.4	100.9	97.3	100.8	97.4	100.0	95.1
100.0	105.1	100.0	99.6	99.4	96.1	109.5	96.7	97.2
102.0	101.2	108.6	102.2	98.5	100.5	100.3	95.1	99.4
100.0	99.3	104.8	98.2	100.5	101.7	101.9	94.9	103.3
102.7	103.0	103.2	100.3	99.0	100.0	99.8	97.5	99.3
100.0	99.1	100.5	101.4	99.3	100.2	97.7	99.6	99.7
104.5	100.9	102.2	99.9	100.1	104.7	100.4	92.3	104.2
100.0	98.3	100.3	104.6	100.2	102.0	99.6	94.7	103.5
100.0	104.0	100.0	102.5	102.7	98.8	100.6	102.0	105.0
100.0	101.1	107.0	98.7	101.0	100.3	100.5	98.3	103.2
102.3	**102.3**	**104.5**	**101.9**	**100.2**	**101.9**	**101.2**	**96.5**	**101.8**
99.2	**99.3**	**103.6**	**97.9**	**100.3**	**101.2**	**100.7**	**97.2**	**101.6**

5—3 续表2

(以上年价格为100)

地 区	Region	四、生活用品及服务 Datly Necessities & Services	1.家具及室内装饰品 Furniture & Interior Decorations	2.家用器具 Household Appliances	3.家用纺织品 Household Textiles	4.家庭日用杂品 Goods for Daily Use	5.个人护理用品 Personal Care Applies	6.家庭服务 Household Services	五、交通和通信 Transportation & Communication	1.交通 Transportation	2.通信 Communication
全区平均	**Average of the Whole Autonomous Region**	**99.9**	**100.1**	**98.4**	**100.0**	**100.1**	**100.1**	**102.8**	**98.8**	**98.7**	**99.1**
南宁市	Nanning	99.6	101.3	97.6	102.8	99.5	99.3	100.2	98.2	98.7	97.2
柳州市	Liuzhou	100.6	97.8	100.2	99.3	100.1	100.1	109.6	98.4	97.7	99.8
桂林市	Guilin	100.4	100.0	99.1	100.0	100.4	101.0	104.2	98.7	97.6	100.9
梧州市	Wuzhou	98.6	101.0	96.8	96.7	97.4	99.4	102.0	98.4	98.3	98.6
北海市	Beihai	100.1	100.3	97.7	99.2	100.6	98.3	111.6	99.6	99.2	100.3
防城港市	Fangchenggang	102.1	103.0	101.2	99.4	102.8	101.4	104.0	98.8	98.6	99.3
钦州市	Qinzhou	101.7	100.9	100.9	101.8	100.8	100.3	111.5	99.9	99.8	100.1
贵港市	Guigang	99.0	96.7	97.6	100.0	100.2	100.3	99.5	97.1	96.7	98.1
玉林市	Yulin	99.6	98.0	99.8	99.2	100.1	100.1	100.4	100.3	98.6	103.3
百色市	Baise	100.3	100.7	101.2	99.5	100.0	99.1	101.9	98.6	98.1	99.6
贺州市	Hezhou	100.1	100.7	98.5	100.0	100.6	100.4	102.2	96.6	97.3	95.5
河池市	Hechi	99.7	97.6	99.4	101.9	99.9	100.1	101.2	100.1	99.9	100.6
来宾市	Laibin	100.3	101.3	99.1	102.3	100.1	100.3	100.0	99.3	99.0	100.0
崇左市	Chongzuo	99.8	99.6	98.7	99.9	100.2	99.9	102.9	99.4	98.6	100.8
城市平均	**Average of Urban Areas**	**100.1**	**100.1**	**98.8**	**100.7**	**100.0**	**99.9**	**103.1**	**98.7**	**98.5**	**99.0**
农村平均	**Average of Rural Areas**	**99.6**	**100.2**	**97.9**	**98.7**	**100.3**	**100.8**	**102.0**	**99.2**	**99.1**	**99.2**

continued

(preceding year=100)

六、教育文化和娱乐 Education, Culture & Recreation	1.教育 Education	2.文化娱乐 Culture Recreation	七、医疗保健 Health Care	1.药品及医疗器具 Medical Instrument and Articles	2.医疗服务 Medical Services	八、其他用品和服务 Others	1.其他用品类 Other Supplies	2.其他服务类 Other Services
101.6	**101.6**	**101.4**	**103.7**	**103.1**	**104.1**	**101.9**	**101.1**	**102.5**
102.6	100.8	105.0	101.6	104.0	100.0	104.2	103.0	105.2
101.2	101.3	101.0	104.0	101.8	105.4	100.5	101.8	99.5
101.2	101.8	100.2	102.2	102.9	101.1	102.8	104.2	101.5
100.8	100.8	100.9	102.9	107.5	100.0	103.0	102.0	103.8
100.3	100.3	100.3	103.1	106.8	100.0	101.8	103.9	99.9
99.2	100.2	98.0	103.7	105.0	102.8	102.6	103.6	101.8
102.7	100.1	105.7	100.6	101.4	100.0	99.9	99.4	100.2
101.7	102.2	101.0	102.0	105.4	100.0	100.9	101.0	100.8
101.9	103.9	99.2	118.5	104.6	128.2	105.9	103.2	108.2
99.8	101.6	97.2	101.5	101.7	101.3	103.0	102.0	103.8
102.1	102.2	102.1	100.8	102.0	100.0	99.7	97.5	101.4
99.4	99.7	98.9	100.6	101.5	100.0	100.3	99.6	101.0
100.2	100.3	100.1	100.1	100.3	100.0	100.0	99.7	100.2
101.1	102.7	98.8	102.1	103.9	100.9	99.1	97.5	100.4
101.5	**101.3**	**101.8**	**102.9**	**103.4**	**102.7**	**102.2**	**101.8**	**102.6**
101.6	**102.1**	**100.4**	**104.9**	**102.5**	**106.1**	**101.2**	**99.6**	**102.3**

5—4 主要年份工业品出厂价格（工业生产者出厂价格）分类指数
Ex-Factory Price Indices of Industrial Products in Main Years

（以上年价格为100） (preceding year=100)

指 标	Item	1995	2000	2005	2010	2011	2012	2013	2014	2015	2016
总指数	**General Index**	**117.2**	**105.5**	**104.9**	**112.0**	**108.5**	**97.8**	**98.2**	**98.4**	**97.0**	**99.1**
按轻重工业分	**Grouped by Light & Heavy Industry**										
轻工业	Light Industry	123.8	109.0	105.8	115.0	114.7	98.6	97.7	97.4	100.6	101.8
以农产品为原料	Using Farm Products as Raw Materials	126.6	109.9	107.5	118.9	116.1	98.0	97.1	97.0	100.8	102.2
以非农产品为原料	Using Non-farm Products as Raw Materials	113.1	100.4	101.8	105.6	106.2	102.6	100.9	99.8	99.7	100.0
重工业	Heavy Industry	111.2	103.1	104.2	110.3	106.3	97.5	98.4	98.7	95.7	98.2
采掘	Mining & Quarrying	126.6	106.1	126.5	129.1	121.2	101.7	96.3	96.6	97.9	100.8
原材料	Raw Materials Industry	105.3	106.1	105.2	113.0	106.3	98.5	98.9	99.6	96.2	96.7
加工	Manufacturing Industry	115.8	96.0	101.5	106.3	105.2	96.6	98.2	98.3	95.3	98.7
按两大部类分	**Grouped by Production & Living materials**										
生产资料	Production Materials	114.2	103.2	104.0	110.3	107.2	97.4	98.4	98.7	95.5	98.1
生活资料	Living Materials	121.4	110.4	106.8	118.2	112.0	99.0	97.5	97.5	101.3	102.4
按工业部门分	**Grouped by Department of Industry**										
冶金工业	Metallurgical Industry	111.0	108.5	106.4	118.1	110.1	90.9	94.3	94.4	89.2	99.0
电力工业	Power Industry	107.9	112.6	100.9	102.0	99.3	106.3	100.5	100.4	99.4	98.0
煤炭及炼焦工业	Coal & Coking Industry	100.9	104.1	133.1	111.0	130.5	113.6	99.0	94.2	93.1	94.6
化学工业	Chemical Industry	129.2	95.6	108.0	114.7	113.4	95.8	99.9	100.3	97.7	98.4
机械工业	Machine Building Industry	106.2	95.7	100.6	102.3	101.4	100.0	99.7	100.1	99.8	99.0
建筑材料工业	Building Materials Industry	95.2	100.6	98.3	106.6		98.1	100.4	103.3	97.4	94.5
森林工业	Timber Industry	99.8	101.4	100.5	106.4	105.7	105.4	102.8	100.6	99.4	101.6
食品工业	Food Industry	124.4	111.1	109.4	120.3	118.2	97.5	96.0	95.7	101.0	102.9
纺织工业	Textile Industry	126.1	115.5	99.9	126.8	118.0	95.2	103.1	98.9	95.3	101.7
造纸工业	Paper Making Industry	146.6	111.2	102.0	113.5	102.7	96.1	96.2	101.1	101.2	100.3
其他工业	Others	126.1	98.4	103.8	117.0	108.9	102.4	103.6	102.1	98.3	97.6

5-4 续表 continued

(以上年价格为100) (preceding year=100)

指 标	Item	2016
按工业行业分	**Grouped by Industrial Sector**	
煤炭开采和洗选业	Coal Mining & Dressing	94.6
石油和天然气开采业		84.9
黑色金属矿采选业	Ferrous Metals Mining & Dressing	97.2
有色金属矿采选业	Nonferrous Metals Mining & Dressing	103.2
非金属矿采选业	Nonmetal Ores Mining & Dressing	103.5
农副食品加工业	Farm & Sideline Products Processing	103.8
食品制造业	Food Manufacturing	100.3
酒、饮料和精制茶制造业	Wine, Drink & Refined Tea Manufacturing	99.8
烟草制品业	Tobacco Products	100.0
纺织业	Textile Industry	101.7
纺织服装、服饰业	Textiles, Clothing & Dresses Manufacturing	100.3
皮革、毛皮、羽毛及其制品和制鞋业	Leather, Fur, Feather & Related Products & Shoes Manufacturing	97.4
木材加工和木、竹、藤、棕、草制品业	Timber Processing, Wood, Bamboo, Cane, Palm Fiber & Straw Products	101.5
家具制造业	Furniture Manufacturing	102.3
造纸及纸制品业	Papermaking & Paper Products	100.3
印刷和记录媒介复制业	Printing & Record Duplicating	98.5
文教、工美、体育和娱乐用品制造业	Cultural, Educational, Art, Sports & Entertainment Goods	100.1
石油加工、炼焦和核燃料加工业	Oil Processing, Coking & Nuclear Fuel Processing	94.0
化学原料和化学制品制造业	Raw Chemical Materials & Chemical Products	97.1
医药制造业	Medical & Pharmaceutical Products	103.4
橡胶和塑料制品业	Rubber & Plastic Products	96.7
非金属矿物制品业	Manufacturing of Non-metallic Minerals Mining Products	93.8
黑色金属冶炼和压延加工业	Smelting & Pressing of Ferrous Metals	100.1
有色金属冶炼和压延加工业	Smelting & Pressing of Nonferrous Metals	95.6
金属制品业	Metal Products	103.0
通用设备制造业	General Equipment Manufacturing	95.2
专用设备制造业	For Special Purposes Equipment Manufacturing	99.4
汽车制造业	Automobile Manufacturing	99.1
铁路、船舶、航空航天和其他运输设备制造业	Railway, Ship, Aerospace & Other Transportation Equipment Manufacturing	104.7
电气机械和器材制造业	Electric Equipment & Machinery	98.3
计算机、通信和其他电子设备制造业	Computer, Communication & Other Electronic Equipment Manufacturing	100.3
仪器仪表制造业	Instruments & Meters Producing	101.6
其他制造业	Other Manufacturing	94.2
废弃资源综合利用业	Utilization of Waste Resources	92.1
电力、热力的生产和供应业	Electricity & Heating Power Production & Supply	98.0
燃气生产和供应业	Gas Production & Supply	90.9
水的生产和供应业	Water Production & Supply	101.0

说明：2011年基期轮换后，工业生产者出厂价格行业数据计算有新行业和旧行业之分，但数据对外公布均使用新行业数据，2016年基期轮换后，行业数据计算均为新行业。

Note: The data calculation of ex-Factory price indices of industrial products is classificated by new industry and old indsutry, and published in new industry after the base period rotation in 2011. The data is calculated completely in new industry after the base period rotation in 2016.

5—5 主要年份工业生产者购进价格指数
Purchasing Price Indices for Industrial Producers in Main Years

(以上年价格为100) (preceding year=100)

指 标	Item	1995	2000	2005	2010	2011	2012	2013	2014	2015	2016
总 指 数	**General Index**	**112.9**	**100.9**	**108.2**	**111.2**	**110.0**	**99.2**	**98.9**	**98.2**	**95.7**	**98.3**
燃料、动力类	Fuel & Power	107.8	98.9	112.1	109.3	105.5	104.0	97.8	98.4	95.1	94.8
黑色金属材料类	Ferrous Metals	94.7	103.0	111.3	103.7	107.7	95.2	97.6	96.0	90.9	96.4
其中：钢材	Steel	94.4	105.0	105.9	105.7	109.1	96.4	97.4	96.3	93.1	96.1
有色金属材料及电线类	Non-ferrous Metals & Wire	137.6	123.8	114.5	128.6	114.5	95.2	95.5	96.7	95.4	99.8
化工原料类	Raw Chemical Materials	125.2	104.5	110.0	112.3	116.5	98.3	98.1	99.6	98.0	97.6
木材及纸浆类	Timber & Paper Pulp	108.9	99.8	94.4	111.2	108.6	97.5	100.2	100.3	99.6	100.6
建筑材料及非金属类	Building Materials & Nonmetal Mineral	88.1	92.5	103.6	114.6	109.5	98.3	98.6	100.2	95.7	98.0
其他工业原材料及半成品类	Other Industrial Raw Materials	91.7	104.7	103.7	110.3	107.0	98.5	98.6	98.2	97.9	99.5
农副产品类	Agricultural Products	148.2	90.3	116.8	116.6	115.9	101.3	103.4	98.1	93.8	102.9
纺织原料类	Textile Materials	150.5	106.3	90.6	121.4	119.5	92.1	98.5	99.8	99.7	98.2

5—6 主要年份固定资产投资价格指数
Price Indices of Investment in Fixed Assets in Main Years

(以上年价格为100) (preceding year=100)

指 标	Item	1995	2000	2005	2010	2011	2012	2013	2014	2015	2016
总 指 数	**General Index**	**103.4**	**101.4**	**101.4**	**103.1**	**106.2**	**100.6**	**100.1**	**101.6**	**98.8**	**99.5**
建筑安装、装饰工程	Construction, Installation & Decoration	101.8	102.4	101.3	103.8	108.7	100.8	99.9	102.2	98	99.4
设备、工器具购置	Purchase of Equipment, Tools & Instruments	106.2	95.7	100.8	101.2	101	99.3	99.6	100.4	99.8	99.4
其他费用	Others	105.5	104.5	102.0	102.6	103.9	101.5	101.3	100.7	100.4	100

主要统计指标解释

居民消费价格指数 是反映一定时期内居民所消费商品及服务项目的价格水平变动趋势和变动程度的相对数。居民消费价格水平的变动率在一定程度上反映了通货膨胀（或紧缩）的程度。编制居民消费价格指数的目的，在于分析消费品价格和服务价格变动对社会经济和居民生活的影响，满足各级政府制定政策和计划、进行宏观调控的需要，以及为国民经济核算提供参考依据。

商品零售价格指数 是反映市场商品零售价格的变动趋势和变动程度的相对数。编制商品零售价格指数，其目的在于掌握商品价格的变动趋势，为国家宏观调控和国民经济核算提供参考依据。

工业生产者出厂价格指数 反映工业企业产品第一次出售时的出厂价格的变化趋势和变动幅度。

工业生产者购进价格指数 反映工业企业产品作为中间投入产品的购进价格的变化趋势和变动幅度。

固定资产投资价格指数 是反映固定资产投资额价格变动趋势和程度的相对数。固定资产投资额是由建筑安装工程投资完成额和设备、工器具购置投资完成额和其他费用投资完成额三部分组成的。编制固定资产投资价格指数，先分别编制上述三部分投资的价格指数，然后采用加权算术平均法，计算出固定资产投资价格总指数。

Explanatory Notes on Main Statistical Indicators

Consumer Price Indices reflect the trend and degree of changes in prices of consumer goods and services purchased by households during a given period. The rate of change of CPI reflects the degree of currency inflation(or deflation) to a certain extent. The purpose of working out CPI is analyzing the effect of the price changes of consumer goods and services on the social economy and household livelihood, meeting the needs of all levels of governments' policy and plants making, carrying out macroeconomic control, and providing reference for national accounting.

Retail Price Indices reflect the trend and degree of changes in prices of retail goods in market. The purpose of working out RPI is obtaining the trend of the price changes of goods, and providing reference for macroeconomic control and national accounting.

Producer Price Indices for Industrial Products reflects the trend and degree of the ex-factory prices of industrial products in the first sale.

Purchasing Price Indices for Industrial Producers reflects the trend and degree of the purchasing prices of industrial products as intermediate inputs.

Price Indices of Investment in Fixed Assets reflect the change trend and degree of change in prices of investment goods and projects in fixed assets during a given period. The investment in fixed assets consists of three components, namely the investment in construction and installation, the investment in purchases of equipment and instrument, and the investment in other items. Price indices of investment in fixed assets are calculated as the weighted arithmetic mean of the price indices of the three components of investment in fixed assets.

第六篇

人民生活

PEOPLE'S LIVELIHOOD

（编辑：李兰澜　陆　海）

6—1 城乡居民家庭人均收入及恩格尔系数（1978—2016年）

Per Capita Annual Income & Engle Coefficient of Urban & Rural Households（1978—2016）

年 份 Year	城镇居民人均可支配收入 Per Capita Annual Disposable Income of Urban Households		农民人均纯收入 Per Capita Annual Net Income of Rural Households		城镇居民家庭恩格尔系数 (%) Engle Coefficient of Urban Households (%)	农村居民家庭恩格尔系数 (%) Engle Coefficient of Rural Households (%)
	绝对数（元） Value (yuan)	比上年±% Growth Rate Over Precding Year (%)	绝对数（元） Value (yuan)	比上年±% Growth Rate Over Precding Year (%)		
1978						
1979						
1980	455		173		57.3	63.5
1981	429	-5.7	204	17.9	58.7	67.6
1982	427	-0.6	235	15.2	61.5	66.2
1983	444	4.1	262	11.5	59.2	66.2
1984	563	26.8	267	1.9	57.2	64.6
1985	683	21.4	303	13.5	56.6	62.2
1986	784	14.7	316	4.3	58.0	61.9
1987	899	14.7	354	12.0	59.1	62.1
1988	1159	28.9	424	19.8	54.6	59.6
1989	1304	12.5	483	13.9	59.3	58.3
1990	1448	11.0	639	3.5	58.6	64.4
1991	1614	11.4	658	3.0	55.3	62.0
1992	2104	30.4	732	11.2	55.9	61.8
1993	2895	37.6	885	20.9	53.7	63.6
1994	3981	37.5	1107	25.1	50.4	59.0
1995	4792	20.4	1446	30.6	51.0	61.3
1996	5033	5.0	1703	17.8	50.4	58.2
1997	5110	1.5	1875	10.1	47.4	58.2
1998	5412	5.9	1972	5.2	46.3	57.2
1999	5620	3.8	2048	3.9	44.3	58.3
2000	5834	3.8	1865	-9.0	39.9	55.4
2001	6666	14.3	1944	4.3	37.7	52.3
2002	7315	9.8	2013	3.5	40.7	51.9
2003	7785	6.4	2095	4.1	40.0	51.3
2004	8177	5.0	2305	10.0	44.0	54.3
2005	8917	9.0	2495	8.2	42.5	50.5
2006	9899	11.0	2771	11.1	42.1	49.5
2007	12200	23.2	3224	16.3	41.7	50.2
2008	14146	16.0	3690	14.5	42.4	53.4
2009	15451	9.2	3980	7.9	39.9	48.7
2010	17064	10.4	4543	14.1	38.1	48.5
2011	18854	10.5	5231	15.1	39.5	43.8
2012	21243	12.7	6008	14.8	39.0	42.8
2013	23305	9.7	6791	13.0	37.9	40.0
2014	24669	8.7	8683	11.4	35.2	36.9
2015	26416	7.1	9467	9.0	34.4	35.4
2016	28324	7.2	10359	9.4	34.4	34.5

注：自2014年起为一体化城乡住户收支调查后新口径数据，与2013年及以前数据不可比。下同。

Note: Since 2014，the data is based on the new statistical range of the intergation survey of urban and rural residents' income and expenses, and it is not comparable with the data in and before 2013. The same as the following tables.

6—2 主要年份城镇居民家庭基本情况

Basic Conditions of Urban Households in Main Years

单位：人 (person)

项 目	Item	2013	2014	2015	2016
期内住户常住成员数	**Number of Permanent Residents**	**8770**	**8794**	**9218**	**9531**
调查样本住户数（户）	**Number of Households Surveyed (household)**	**2575**	**2611**	**2701**	**2746**
期内人均自有现住房面积（平方米）	**Per Capita Living Floor Space of Period (sq.m)**	**36.07**	**37.72**	**38.63**	**39.24**
常住成员从业人数	**Number of Employees of Permanent Residents**	**4843**	**4983**	**5036**	**5129**
户主文化程度	**Education of Household**				
1.未上过学	Not on school	35	32	31	23
2.小学	Primary School	371	339	319	320
3.初中	Junior Secondary School	924	932	1001	1014
4.高中	Senior Secondary School	663	682	696	736
5.大学专科	College & Higher Level	341	367	386	388
6.大学本科	Undergraduate	219	237	241	244
7.研究生	Postgraduate	23	23	27	22
本年度就业类型	**Type of Employment in the Current Year**				
1.雇主	Employer	98	86	86	64
2.公职人员	Public Officials	246	259	256	273
3.事业单位人员	Institutions Personnel	554	529	501	479
4.国有企业雇员	Employees of Nationalized Business	289	260	244	235
5.其他雇员	Other Employees	1558	1801	2182	2348
6.农业自营	Farming Self-employed	1142	1055	903	814
7.非农自营	Not Farming Self-employed	956	993	864	915
本年度从事主要行业	**Engagine Major Industries in the Current Year**				
1.第一产业	Primary Industry	1229	1138	969	870
2.第二产业	Secondary Industry	832	862	954	948
3.第三产业	Tertiary Industry	2782	2983	3114	3312

注：国家统计局对城乡住户调查实施了一体化改革，统一了城乡居民收入指标名称、分类和统计标准，建立了城乡统一的一体化住户调查。广西从2014年开始，正式发布此项改革后的一体化城乡住户收支与生活状况调查数据。表11-2至11-22内的数据均来源于一体化城乡住户收支调查。与2013年及以前公布的年鉴数据不可比。

Note: National Bureau of Statistics has carried out the integrate reforming on the survey of urban & rural residents, unified the names, classification and statistical standards of the indicators on urban & rural residents' income, and built up the concordant survey for urban & rural residents. Since 2014, Guangxi has formally released the data on the integration survey of urban and rural residents' income, expenses and livelihood after this reforming. The data in tables from 11-2 to 11-22 is based on the integration survey of urban and rural residents' income and expenses, and it is not comparable with the data released before 2013.

6—3 主要年份城镇居民人均可支配收入及构成

Per Capita Annual Disposable Income of Urban Households & Its Composition in Main Years

单位：元 (yuan)

项　目	Item	2013	2014	2015	2016
可支配收入	**Disposable Income**	**22689**	**24669**	**26416**	**28324**
一、工资性收入	Income of Wage & Subsidy	13346	13893	15163	16493
（一）工资	Wage & Subsidy	12090	12730	14051	15357
（二）实物福利	Physical Benefits	60	54	63	56
（三）其他	Other Income	1196	1109	1050	1079
二、经营净收入	Net Income from Management	2504	3431	3665	4805
（一）第一产业经营净收入	Net Income from Management of Primary Industry	502	551	563	856
1.农业	Farming	386	377	397	498
2.林业	Forestry	24	6	19	47
3.牧业	Animal Husbandry	55	91	82	137
4.渔业	Fishery	37	78	64	174
（二）第二产业经营净收入	Net Income from Management of Secondary Industry	329	461	371	422
（三）第三产业经营净收入	Net Income from Management of Tertiary Industry	1674	2419	2731	3527
三、财产净收入	Property Net Income	1973	2235	2308	2229
四、转移净收入	Transfer Net Income	4866	5110	5280	4798
（一）转移性收入	Transfer Income	5759	6132	6631	6432
#养老金或离退休金	Pensions for Old People & Retirement	5017	5185	5490	5282
（二）转移性支出	Transfer Expenditures	893	1022	1351	1635
#社会保障支出	Social Relief Expenditures	627	732	1006	1245

6—4 主要年份城镇居民人均现金可支配收入及构成

Per Capita Annual Cash disposable Income of Urban Households & Its Composition in Main Years

单位：元 (yuan)

项　目	Item	2013	2014	2015	2016
现金可支配收入	**Cash Disposable income**	**21641**	**23435**	**25146**	**27120**
一、现金工资性收入	Cash Income of Wage & Subsidy	13286	13839	15100	16437
（一）工资	Wage & Subsidy	12090	12730	14051	15357
（二）其他工资性收入	Other Income	1196	1109	1050	1079
二、现金经营净收入	Cash Net Income from Management	2773	3595	3895	5115
（一）第一产业现金经营净收入	Cash Net Income from Management of Primary Industry	452	444	469	764
1.农业	Farming	340	281	263	391
2.林业	Forestry	9	-10	1	43
3.牧业	Animal Husbandry	44	75	74	118
4.渔业	Fishery	50	98	132	212
（二）第二产业现金经营净收入	Cash Net Income from Management of Secondary Industry	445	554	451	496
（三）第三产业现金经营净收入	Cash Net Income from Management of Tertiary Industry	1876	2597	2974	3854
三、现金财产净收入	Cash Property Net Income	875	1065	1098	1005
四、现金转移净收入	Cash Transfer Net Income	4707	4935	5053	4564
（一）现金转移性收入	Cash Transfer Income	5599	5958	6417	6198
#养老金或离退休金	Pensions for Old People & Retirement	5017	5185	5490	5282
（二）现金转移性支出	Cash Transfer Expenditures	893	1022	1364	1635
#个人缴纳的社会保障支出	Social Relief Expenditures paid by individuals	628	732	1006	1245

6－5　主要年份城镇居民人均消费支出
Per Capita Annual Consumption Expenditure of Urban Households in Main Years

单位：元　　(yuan)

项　目	Item	2013	2014	2015	2016
消费支出	**Consumption Expenditures**	**14470**	**15046**	**16321**	**17268**
一、食品烟酒	Food,Alcohol & Tobacco	4934	5293	5610	5937
二、衣着	Clothing	765	794	846	886
三、居住	Residence	3263	3390	3629	3784
四、生活用品及服务	Daily Necessities & Services	856	906	952	1033
五、交通通信	Transportation & Communication	1911	1846	2249	2260
六、教育文化娱乐	Education Cultural & Recreation Services	1666	1689	1845	2003
七、医疗保健	Medical Appliances & Articles	803	846	866	1066
八、其他用品和服务	Other Supplies & Services	272	282	323	299

6－6　主要年份城镇居民人均现金消费支出
Per Capita Annual Cash Consumption Expenditure of Urban Households in Main Years

单位：元　　(yuan)

项　目	Item	2013	2014	2015	2016
现金消费支出	**Cash Consumption Expenditures**	**12277**	**12698**	**13808**	**14654**
一、食品烟酒	Food,Alcohol & Tobacco	4823	5143	5461	5785
二、衣着	Clothing	764	794	846	886
三、居住	Residence	1339	1367	1485	1555
四、生活用品及服务	Daily necessities and services	852	901	942	1023
五、交通通信	Transportation & Communication	1909	1844	2243	2250
六、教育文化娱乐	Education Cultural & Recreation Services	1662	1689	1843	2002
七、医疗保健	Medical Appliances & Articles	667	683	668	860
八、其他用品和服务	Other Supplies & Services	261	276	319	292

6—7 主要年份城镇居民人均消费支出细项

Breakdown of Per Capita Annual Consumption Expenditure of Urban Households in Main Years

单位：元 (yuan)

项　目	Item	2013	2014	2015	2016
消费支出	**Consumption Expenditures**	**14470**	**15046**	**16321**	**17268**
一、食品烟酒	Food,Alcohol & Tobacco	4934	5293	5610	5937
（一）食品	Food	4043	4231	4470	4739
（二）烟酒	Tobacco & Alcohol	258	273	272	280
（三）饮料	Beverages		84	84	80
（四）饮食服务	Catering Services	633	705	784	838
二、衣着	Clothing	765	794	846	886
（一）衣类	Garments	609	630	666	700
（二）鞋类	Shoes	156	164	179	186
三、居住	Residence	3263	3390	3629	3784
（一）租赁房房租	Tenancy	170	149	139	125
（二）住房维修及管理	Housing Maintenance & Management	346	338	489	560
（三）水电燃料及其他	Water,Electricity,Fuels Fee & ect	844	909	884	877
（四）自有住房折算租金	Conversion Rent of Owner-occupied housing	1903	1995	2118	2223
四、生活用品及服务	Daily Necessities & Services	856	906	952	1033
（一）家具及室内装饰品	Furniture & Interior Decoration	138	145	162	169
（二）家用器具	Household Appliances	252	254	279	277
（三）家用纺织品	Home Textiles	68	72	72	88
（四）家庭日用杂品	Goods for Daily Use	257	255	263	273
（五）个人用品	Personal Items	91	125	131	165
（六）家庭服务	Household Services	50	55	45	61
五、交通通信	Transportation & Communication	1911	1846	2249	2260
（一）交通	Transportation	1283	1143	1513	1498
（二）通信	Communication	628	703	737	761
六、教育文化娱乐	Education Cultural & Recreation Services	1666	1689	1845	2003
（一）教育	Education	999	955	1009	1202
（二）文化娱乐	Consumption Goods for Recreational Use	668	734	836	801
七、医疗保健	Medical Appliances & Articles	803	846	866	1066
（一）医疗器具及药品	Medical Apparatus & Medicine	271	282	308	377
（二）医疗服务	Medical Service	532	564	558	689
八、其他用品和服务	Other Supplies & Services	272	282	323	299
（一）其他用品	Other Supplies	149	150	172	152
（二）其他服务	Other Services	123	132	151	147

6—8 主要年份城镇居民人均现金消费支出细项

Breakdown of Per Capita Annual Cash Consumption Expenditure of Urban Households in Main Years

单位：元 (yuan)

项 目	Item	2013	2014	2015	2016
现金消费支出	**Cash Consumption Expenditures**	**12277**	**12698**	**13808**	**14654**
一、食品烟酒	Food,Alcohol & Tobacco	4823	5143	5461	5785
（一）食品	Food	3944	4102	4345	4612
（二）烟酒	Tobacco & Alcohol	258	273	272	280
（三）饮料	Beverages		84	84	80
（四）饮食服务	Catering Services	621	684	760	814
二、衣着	Clothing	764	794	846	886
（一）衣类	Garments	594	630	666	699
（二）鞋类	Shoes	156	164	179	186
三、居住	Residence	1339	1367	1485	1555
（一）租赁房房租	Tenancy	170	149	139	125
（二）住房维修及管理	Housing Maintenance & Management	346	338	489	560
（三）水电燃料及其他	Water,Electricity,Fuels Fee & ect	805	881	857	870
四、生活用品及服务	Daily Necessities & Services	852	901	942	1023
（一）家具及室内装饰品	Furniture & Interior Decoration	125	145	162	169
（二）家用器具	Household Appliances	252	254	279	277
（三）家用纺织品	Home Textiles	68	72	72	88
（四）家庭日用杂品	Goods for Daily Use	257	251	253	263
（五）个人用品	Personal Items	91	125	131	165
（六）家庭服务	Household Services	50	55	45	61
五、交通通信	Transportation & Communication	1909	1844	2243	2250
（一）交通	Transportation	1282	1141	1507	1489
（二）通信	Communication	627	703	737	761
六、教育文化娱乐	Education Cultural & Recreation Services	1662	1689	1843	2002
（一）教育	Education	999	955	1009	1202
（二）文化娱乐	Consumption Goods for Recreational Use	663	734	834	800
七、医疗保健	Medical Appliances & Articles	667	683	668	860
（一）医疗器具及药品	Medical Apparatus & Medicine	271	282	308	376
（二）医疗服务	Medical Service	532	401	360	484
八、其他用品和服务	Other Supplies & Services	261	276	319	292
（一）其他用品	Other Supplies	142	150	171	151
（二）其他服务	Other Services	119	127	147	141

6－9 主要年份城镇居民人均消费主要食品数量

Per Capita Annual Consumption of Major Foods of Urban Households in Main Years

单位：公斤 (kg)

项 目	Item	2013	2014	2015	2016
食品消费情况（含自产自用）	**Conditions of Foods Consumption (including production for self consumption)**				
一、粮食消费量	Grain Consumption	112.42	110.31	106.25	102.18
（一）谷物消费量	Cereal Consumption	103.90	101.74	97.84	93.34
（二）薯类消费量	Tuber Consumption	0.93	1.07	1.20	1.25
（三）豆类消费量	Beans Consumption	7.60	7.50	7.22	7.59
1.大豆	Soybean	0.62	0.57	0.64	0.57
二、油脂类消费量	Oil & Fat	9.19	9.22	9.25	8.46
（一）植物油	Oil-bearing Crops	8.67	8.73	8.71	7.91
三、蔬菜及菜制品消费量	Vegetables & Its Products Consumption	99.03	101.82	100.06	100.07
（一）鲜菜	Fresh Vegetables	94.21	96.91	95.31	94.84
四、肉类	Meat	32.87	36.66	36.65	36.34
（一）猪肉	Pork	29.82	30.38	30.26	29.00
（二）牛肉	Beef	2.45	2.27	2.55	2.95
（三）羊肉	Mutton	0.60	0.64	0.77	1.17
五、禽类	Poultry	16.41	19.74	19.96	20.76
六、水产品	Aquatic Products	14.73	14.30	14.23	14.10
七、蛋类及蛋制品	Eggs & Its Products	6.05	6.22	6.45	6.42
八、奶和奶制品	Milk & Its Products	14.73	10.62	10.38	9.83
九、干鲜瓜果类	Dried (Fresh) Melons & Fruits	42.74	47.44	49.35	50.73
（一）鲜瓜果	Fresh Meions & Fruits	21.24	44.25	45.84	47.03
（二）坚果类	Nuts & Processed Products	2.38	2.50	2.69	2.86
十、糖果糕点类	Sweets & cakes	5.89	5.60	5.87	5.45
#食糖	Sugar	1.74	1.77	1.75	1.66

6－10　主要年份城镇居民每百户主要耐用消费品拥有量
Ownership of Major Durable Consumer Goods Per 100 Urban Households in Main Years

项　目	Item	2013	2014	2015	2016
耐用消费品拥有情况	**Ownership of Major Durable Consumer Goods**				
1.家用汽车（辆）	Automobile (unit)	19.91	24.03	30.90	36.06
2.摩托车（辆）	Motorcycle (unit)	54.69	58.32	46.34	43.81
3.助力车（辆）	Helping Hand Car (unit)	57.45	63.55	70.47	81.04
4.洗衣机（台）	Washing Machine (unit)	83.92	87.59	92.59	96.51
5.电冰箱（台）	Refrigerator (unit)	87.38	90.06	94.66	97.97
6.微波炉（台）	Oven (unit)	51.02	52.87	64.92	65.39
7.彩色电视机（台）	Color Television Set (unit)	116.20	120.39	115.87	112.90
8.空调器（台）	Air Conditioner (unit)	85.17	94.81	121.13	128.57
9.淋浴热水器（台）	Shower (unit)	85.00	90.93	95.54	100.43
10.排油烟机（台）	Range Hood (unit)	49.09	51.29	61.19	62.29
11.固定电话（部）	Telephone (unit)	37.07	44.10	38.91	31.93
12.移动电话（部）	Mobile Telephone (unit)	240.42	250.45	249.87	260.09
13.家用电脑（台）	Computer (unit)	68.67	75.88	88.10	88.69
14.照相机（架）	Camera (unit)	24.67	26.25	33.36	24.98

6－11 主要年份城镇居民人均第二、三产业生产经营收支情况

Production & Management Expenditure Conditions of per Capita Annual Secondary & Tertiary Industry of Urban Households in Main Years

单位：元 (yuan)

项　目	Item	2013	2014	2015	2016
第二产业经营收入	**Operating Income of Secondary Industry**	**583**	**675**	**717**	**971**
第二产业经营现金收入	Operating Cash Income from Management of Secondary Industry	583	675	717	971
第二产业经营费用支出	Operating Expenditures of Secondary Industry	138	121	266	474
第二产业经营现金费用支出	Operating Cash Expenditures of Secondary Industry	138	121	266	474
第三产业经营收入	**Operating Income of Tertiary Industry**	**2128**	**2879**	**3767**	**4832**
第三产业经营现金收入	Operating Cash Income of Tertiary industries	2150	2879	3767	4832
第三产业经营费用支出	Operating Expenditures of Tertiary Industry	240	283	793	978
第三产业经营现金费用支出	Operating Cash Expenditures of Tertiary Industry	240	283	793	978

6－12 主要年份城镇居民人均可支配收入分五等份收入组

Per Capita Annual Disposable Income of Urban Households by Income Quintile in Main Years

单位：元 (yuan)

年　份	Year	低收入户 (20%) Low Income Households	中等偏下户 (20%) Lower Middle Income Households	中等收入户 (20%) Middle Income Households	中等偏上户 (20%) Upper Middle Income Households	高收入户 (20%) High Income Households
城镇居民人均可支配收入（元）	**Per Capita Annual Disposable Income of Urban Households (yuan)**					
2013		9314	15704	20897	28387	49602
2014		10339	16958	23205	30723	51950
2015		10400	18489	25792	33950	54483
2016		11283	19331	27006	35973	60881

6－13　主要年份农村居民家庭基本情况
Basic Conditions of Rural Households in Main Years

单位：人　(person)

项　目	Item	2013	2014	2015	2016
期内住户常住成员数	**Number of Permanent Residents**	**8382**	**8202**	**8361**	**8685**
调查样本住户数（户）	**Number of Households Surveyed (household)**	**2298**	**2307**	**2345**	**2365**
期内人均自有现住房面积（m^2）	**Per Capita Living Floor Space of Period (sq.m)**	**40.49**	**43.25**	**45.22**	**46.28**
常住成员从业人数	**Number of Employees of Permanent Residents**	**4957**	**4810**	**4907**	**4965**
户主文化程度	**Education of Household**				
1.未上过学	Not on school	46	46	29	25
2.小学	Primary School	740	716	712	749
3.初中	Junior Secondary School	1155	1174	1246	1288
4.高中	Senior Secondary School	335	350	343	281
5.大学专科	College & Higher Level	22	22	15	21
6.大学本科	Undergraduate				1
7.研究生	Postgraduate				
本年度就业类型	**Type of Employment in the Current Year**				
一、雇主	Employer	38	31	32	20
二、公职人员	Public Officials	27	15	8	12
三、事业单位人员	Institutions Personnel	46	35	31	42
四、国有企业雇员	Employees of Nationalized Business	10	3	5	9
五、其他雇员	Other Employees	664	723	910	1179
六、农业自营	Farming Self-employed	3796	3600	3566	3320
七、非农自营	Not Farming Self-employed	376	403	355	383
本季度从事主要行业	**Engagine Major industries in the Current Year**				
一、第一产业	Primary Industry	3817	3648	3578	3391
二、第二产业	Secondary Industry	519	476	604	763
三、第三产业	Tertiary Industry	621	686	725	811

6—14 主要年份农村居民人均可支配收入及构成
Per Capita Annual Disposable Income of Rural Households & Its Composition in Main Years

单位：元 (yuan)

项　目	Item	2013	2014	2015	2016
可支配收入	**Disposable Income**	**7793**	**8683**	**9467**	**10359**
一、工资性收入	Income of Wage & Subsidy	2135	2335	2549	2848
（一）工资	Wage & Subsidy	1551	1934	2057	2482
（二）实物福利	Physical Benefits	3	5	10	14
（三）其他	Other Income	581	397	481	352
二、经营净收入	Net Income from Management	3794	4048	4359	4759
（一）第一产业经营净收入	Net Income from Management of Primary Industry	3116	3260	3509	3788
1. 农业	Farming	2065	2171	2299	2417
2. 林业	Forestry	296	325	326	367
3.牧业	Animal Husbandry	691	695	754	851
4. 渔业	Fishery	65	69	130	154
（二）第二产业经营净收入	Net Income from Management of Secondary Industry	112	129	135	118
（三）第三产业经营净收入	Net Income from Management of Tertiary Industry	566	659	715	852
三、财产净收入	Property Net Income	51	75	116	149
四、转移净收入	Transfer Net Income	1813	2225	2442	2603
（一）转移性收入	Transfer Income	1937	2343	2594	2805
#养老金或离退休金	Pensions for Old People & Retirement	301	387	424	517
（二）转移性支出	Transfer Expenditures	124	118	152	202
#社会保障支出	Social Relief Expenditures	106	90	125	161

6—15　主要年份农村居民人均现金可支配收入及构成
Per Capita Annual Cash disposable Income of Rural Households & Its Composition in Main Years

单位：元　　(yuan)

项　目	Item	2013	2014	2015	2016
现金可支配收入	**Cash Disposable income**	**6959**	**7365**	**8330**	**9378**
一、现金工资性收入	Cash Income of Wage & Subsidy	2132	2331	2539	2834
（一）工资	Wage & Subsidy	1551	1934	2057	2482
（二）其他工资性收入	Other Income	581	397	481	352
二、现金经营净收入	Cash Net Income from Management	3108	2930	3439	4015
（一）第一产业现金经营净收入	Cash Net Income from Management of Primary Industry	2439	2046	2498	2946
1. 农业	Farming	1418	1206	1447	1692
2. 林业	Forestry	167	153	250	333
3. 牧业	Animal Husbandry	691	620	678	775
4. 渔业	Fishery	61	67	124	147
（二）第二产业现金经营净收入	Cash Net Income from Management of Secondary Industry	123	141	149	131
（三）第三产业现金经营净收入	Cash Net Income from Management of Tertiary Industry	546	743	791	939
三、现金财产净收入	Cash Property Net Income	52	76	116	149
四、现金转移净收入	Cash Transfer Net Income	1668	2027	2236	2380
（一）现金转移性收入	Cash Transfer Income	1792	2145	2388	2581
#养老金或离退休金	Pensions for Old People & Retirement	301	387	424	517
（二）现金转移性支出	Cash Transfer Expenditures	124	118	152	202
#个人缴纳的社会保障支出	Social Relief Expenditures paid by individuals	106	90	125	161

6－16 主要年份农村居民人均消费支出

Per Capita Annual Consumption Expenditure of Rural Households in Main Years

单位：元 (yuan)

项 目	Item	2013	2014	2015	2016
消费支出	**Consumption Expenditures**	**6035**	**6675**	**7582**	**8351**
一、食品烟酒	Food,Alcohol & Tobacco	2215	2463	2681	2880
二、衣着	Clothing	195	209	237	252
三、居住	Residence	1369	1551	1730	1904
四、生活用品及服务	Household Facilities, Articles & Services	367	395	456	456
五、交通通信	Transport, Post & Telecommunication Services	641	710	822	972
六、教育文化娱乐	Cultural, Educational & Recreational Articles & Services	624	682	842	1001
七、医疗保健	Medicines & Medical Services	526	554	710	782
八、其他用品和服务	Other Commodities & Services	99	112	106	105

6－17 主要年份农村居民人均现金消费支出

Per Capita Annual Cash Consumption Expenditure of Rural Households in Main Years

单位：元 (yuan)

项 目	Item	2013	2014	2015	2016
现金消费支出	**Cash Consumption Expenditures**	**4448**	**4715**	**5577**	**6277**
一、食品烟酒	Food,Alcohol & Tobacco	1571	1646	1931	2151
二、衣着	Clothing	195	208	237	252
三、居住	Residence	546	566	634	738
四、生活用品及服务	Household Facilities, Articles & Services	358	385	446	449
五、交通通信	Transport, Post & Telecommunication Services	641	710	819	965
六、教育文化娱乐	Cultural, Educational & Recreational Articles & Services	624	682	842	1000
七、医疗保健	Medicines & Medical Services	420	408	563	623
八、其他用品和服务	Other Commodities & Services	92	110	104	101

6—18　主要年份农村居民人均消费支出明细
Breakdown of Per Capita Annual Consumption Expenditure of Rural Households in Main Years

单位：元　　(yuan)

项　目	Item	2013	2014	2015	2016
消费支出	**Consumption Expenditures**	**6035**	**6675**	**7582**	**8351**
一、食品烟酒	Food,Alcohol & Tobacco	2215	2463	2681	2880
（一）食品	Food	1969	2154	2327	2502
（二）烟酒	Tobacco & Alcohol	178	187	211	212
（三）饮料	Beverages		40	44	45
（四）饮食服务	Catering Services	68	83	100	120
二、衣着	Clothing	195	209	237	252
（一）衣类	Garments	150	157	180	193
（二）鞋类	Shoes	45	52	57	59
三、居住	Residence	1369	1551	1730	1904
（一）租赁房房租	Tenancy	6	7	12	17
（二）住房维修及管理	Housing Maintenance & Management	320	306	321	398
（三）水电燃料及其他	Water, Electricity, Fuels Fee & ect	349	409	375	362
（四）自有住房折算租金	Conversion Rent of Owner-occupied Housing	695	829	1021	1127
四、生活用品及服务	Daily Necessities & Services	367	395	456	456
（一）家具及室内装饰品	Furniture & Interior Decoration	77	74	84	72
（二）家用器具	Household Appliances	112	111	131	130
（三）家用纺织品	Home Textiles	30	27	36	31
（四）家庭日用杂品	Goods for Daily Use	123	134	140	143
（五）个人用品	Personal Items	18	41	56	70
（六）家庭服务	Household Services	7	8	9	10
五、交通通信	Transportation & Communication	641	710	822	972
（一）交通	Transportation	457	496	560	667
（二）通信	Communication	185	214	262	305
六、教育文化娱乐	Education Cultural & Recreation Services	624	683	842	1001
（一）教育	Education	522	563	693	844
（二）文化娱乐	Consumption Goods for Recreational Use	102	119	149	157
七、医疗保健	Medical Appliances & Articles	526	554	710	782
（一）医疗器具及药品	Medical Apparatus & Medicine	116	129	134	150
（二）医疗服务	Medical Service	410	425	576	632
八、其他用品和服务	Other Supplies & Services	99	112	106	105
（一）其他用品	Other Supplies	75	72	72	67
（二）其他服务	Other Services	23	41	33	38

6—19 主要年份农村居民人均现金消费支出明细

Breakdown of Per Capita Annual Cash Consumption Expenditure of Rural Households in Main Years

单位：元 (yuan)

项　目	Item	2013	2014	2015	2016
现金消费支出	**Cash Consumption Expenditures**	**4448**	**4715**	**5577**	**6277**
一、食品烟酒	Food,Alcohol & Tobacco	1571	1646	1931	2151
（一）食品	Food	1327	1341	1586	1784
（二）烟酒	Tobacco & Alcohol	178	186	210	212
（三）饮料	Beverages		39	44	45
（四）饮食服务	Catering Services	67	80	92	110
二、衣着	Clothing	195	208	237	252
（一）衣类	Garments	150	157	180	193
（二）鞋类	Shoes	45	52	57	59
三、居住	Residence	546	566	634	738
（一）租赁房房租	Tenancy	6	7	12	17
（二）住房维修及管理	Housing Maintenance & Management	320	306	321	398
（三）水电燃料及其他	Water, Electricity, Fuels Fee & ect	221	253	301	323
四、生活用品及服务	Daily Necessities & Services	358	385	446	449
（一）家具及室内装饰品	Furniture & Interior Decoration	69	70	82	69
（二）家用器具	Household Appliances	112	111	131	130
（三）家用纺织品	Home Textiles	30	27	36	31
（四）家庭日用杂品	Goods for Daily Use	123	129	132	138
（五）个人用品	Personal Items	18	41	56	70
（六）家庭服务	Household Services	7	8	9	10
五、交通通信	Transportation & Communication	641	710	819	965
（一）交通	Transportation	457	496	557	660
（二）通信	Communication	185	214	262	305
六、教育文化娱乐	Education Cultural & Recreation Services	624	682	842	1000
（一）教育	Education	522	563	693	844
（二）文化娱乐	Consumption Goods for Recreational Use	102	119	149	157
七、医疗保健	Medical Appliances & Articles	420	408	563	623
（一）医疗器具及药品	Medical Apparatus & Medicine	116	129	134	150
（二）医疗服务	Medical Service	410	279	429	472
八、其他用品和服务	Other Supplies & Services	92	110	104	101
（一）其他用品	Other Supplies	69	69	71	65
（二）其他服务	Other Services	23	40	33	36

6—20　主要年份农村居民人均消费主要食品数量

Per Capita Annual Consumption of Major Foods by Rural Households in Main Years

单位：公斤 (kg)

项　目	Item	2013	2014	2015	2016
食品消费情况（含自产自用）	**Conditions of Foods consumption (including production for self consumption)**				
一、粮食消费量	Grain Consumption	182.68	183.62	172.21	168.27
（一）谷物消费量	Cereal Consumption	178.22	178.52	167.04	162.56
（二）薯类消费量	Tuber Consumption	0.62	0.74	0.65	0.77
（三）豆类消费量	Beans Consumption	3.85	4.36	4.52	4.94
1.大豆	Soybean	0.89	0.92	0.74	0.90
二、油脂类消费量	Oil & Fat	9.96	10.19	7.39	6.80
（一）植物油	Oil-bearing Crops	7.36	8.13	5.30	4.92
三、蔬菜及菜制品消费量	Vegetables & Its Products Consumption	87.09	95.42	87.44	79.98
（一）鲜菜	Fresh Vegetables	86.19	94.28	86.41	78.88
四、肉类	Meat	25.72	27.41	27.69	27.44
（一）猪肉	Pork	25.28	25.74	26.10	25.49
（二）牛肉	Beef	0.33	0.31	0.38	0.53
（三）羊肉	Mutton	0.12	0.12	0.18	0.36
五、禽类	Poultry	14.64	16.79	17.58	18.44
六、水产品	Aquatic Products	5.72	6.62	7.01	7.59
七、蛋类及蛋制品	Eggs & Its Products	3.88	4.41	5.19	4.49
八、奶和奶制品	Milk & Its Products	5.72	2.20	1.99	2.23
九、干鲜瓜果类	Dried (Fresh) Melons & Fruits	20.66	25.14	27.86	30.99
（一）鲜瓜果	Fresh Meions & Fruits	9.54	24.25	26.83	29.43
（二）坚果类	Nuts & Processed Products	0.76	0.76	0.87	1.35
十、糖果糕点类	Sweets & Cakes	3.41	3.45	3.45	3.47
#食糖	Sugar	1.02	1.16	1.20	1.12

6－21 主要年份农村居民每百户主要耐用消费品拥有量
Ownership of Major Durable Consumer Goods Per 100 Rural Households in Main Years

项 目	Item	2013	2014	2015	2016
耐用消费品拥有情况	**Ownership of Major Durable Consumer Goods**				
一、家用汽车（辆）	Automobile (unit)	6.92	7.15	6.77	9.98
二、摩托车（辆）	Motorcycle (unit)	92.71	100.87	100.51	101.77
三、助力车（辆）	Helping Hand Car (unit)	24.10	29.70	31.26	39.88
四、洗衣机（台）	Washing Machine (unit)	45.22	51.90	54.48	65.40
五、电冰箱（台）	Refrigerator (unit)	70.17	75.87	79.56	86.23
六、微波炉（台）	Oven (unit)	14.76	16.29	14.89	16.63
七、彩色电视机（台）	Color Television Set (unit)	111.13	114.49	110.74	112.33
八、空调（台）	Air Conditioner (unit)	12.52	15.34	16.86	24.40
九、热水器（台）	Shower (unit)	40.81	47.48	50.32	62.33
十、排油烟机（台）	Range Hood (unit)	5.75	6.67	6.29	8.62
十一、固定电话（部）	Telephone (unit)	20.19	25.53	18.56	15.16
十二、移动电话（部）	Mobile Telephone (unit)	237.77	252.26	261.97	274.12
十三、计算机（台）	Computer (unit)	13.96	17.42	17.15	20.24
十四、照相机（架）	Camera (unit)	2.70	2.95	1.78	1.21

6—22 主要年份农村居民人均第一产业生产经营收支情况
operating position Conditions of Per Capita Annual Primary Industry of Rural Households in Main Years

单位：元 (yuan)

项 目	Item	2013	2014	2015	2016
第一产业经营收入	**Operating Income of Primary industry**	**5505**	**6072**	**6078**	**6706**
一、农业	Farming	3244	3543	3551	3706
二、林业	Forestry	376	435	450	594
三、牧业	Animal Husbandry	1747	1927	1828	2152
四、渔业	Fishery	117	167	249	254
第一产业现金经营收入	**Operating Cash Income of Primary industry**	**4413**	**4482**	**4721**	**5498**
一、农业	Farming	2455	2389	2503	2795
二、林业	Forestry	246	261	374	554
三、牧业	Animal Husbandry	1590	1675	1605	1908
四、渔业	Fishery	111	157	239	241
第一产业经营费用支出	**Operating Expenditures of Primary industry**	**2226**	**2606**	**2413**	**2745**
一、农业	Farming	1059	1241	1139	1178
二、林业	Forestry	79	108	123	220
三、牧业	Animal Husbandry	1006	1167	1035	1253
四、渔业	Fishery	50	90	116	94
第一产业经营现金费用支出	**Operating Cash Expenditures of Primary industry**	**2087**	**2435**	**2223**	**2552**
一、农业	Farming	1041	1182	1056	1103
二、林业	Forestry	79	108	123	220
三、牧业	Animal Husbandry	906	1055	927	1134
四、渔业	Fishery	50	90	116	94

6—23 主要年份农村居民人均可支配收入五等份收入分组
Per Capita Annual Disposable Income of Rural Households by Income Quintile in Main Years

年 份	Year	低收入户 (20%) Low Income Households	中等偏下户 (20%) Lower Middle Income Households	中等收入户 (20%) Middle Income Households	中等偏上户 (20%) Upper Middle Income Households	高收入户 (20%) High Income Households
农村居民人均可支配收入（元）	**Per Capita Annual Disposable Income of Rural Households (yuan)**					
	2013	3245	5477	7392	9857	15121
	2014	3252	5835	7911	10647	18307
	2015	4016	6566	8922	12183	21396
	2016	5001	6990	9547	13420	24606

6－24 各市城镇居民人均可支配收入和农村居民可支配收入

Per Capita Annual Disposable Income of Urban & Rural Households by City

单位：元 (yuan)

地 区	Region	城镇居民人均可支配收入 Per Capita Annual Disposable Income of Urban Households			农民人均可支配收入 Per Capita Annual Disposable Income of Rural Households		
		2014年	2015年	2016年	2014年	2015年	2016年
南宁市	Nanning City	26540	28531	30728	9489	10409	11398
柳州市	Liuzhou City	26193	28184	30270	9221	10125	11107
桂林市	Guilin City	26189	28101	30124	10090	11089	12176
梧州市	Wuzhou City	23944	25548	27260	8592	9322	10142
北海市	Beihai City	25618	27514	29412	9719	10623	11622
防城港市	Fangchenggang City	25727	27579	29758	10038	10992	12113
钦州市	Qinzhou City	25501	27363	29360	9172	10016	10947
贵港市	Guigang City	23252	24880	26771	9624	10558	11572
玉林市	Yulin City	25984	28089	30083	10320	11404	12590
百色市	Baise City	23359	25041	26919	7677	8452	9348
贺州市	Hezhou City	23613	25219	26883	8033	8820	9552
河池市	Hechi City	20880	22237	23660	6432	6927	7509
来宾市	Laibin City	25391	27067	28962	8319	8993	9820
崇左市	Chongzuo City	23152	24634	26605	8273	8918	9801

主要统计指标解释

从2012年四季度起，国家统计局对分别进行的城乡住户调查实施了一体化改革，统一了城乡居民收入指标名称、分类和统计标准，建立了城乡统一的一体化住户调查。广西从2014年开始，正式发布此项改革后的一体化城乡住户收支与生活状况调查数据。

住户　指居住在一个住宅内，共同分享生活开支或收入的一群人。居住在同一房间内、不共同分享生活开支的人群，每个人都视为一个住户。住家保姆、住家家庭帮工视为单独的住户。

常住居民　指住户成员中，经常在家居住、或者调查期内居住时间超过一半的人员，以及本住户供养的学生。常住居民是住户收支的调查对象。

居民人均可支配收入　指居民可用于最终消费支出和储蓄的总和，即居民可用于自由支配的收入，既包括现金收入，也包括实物收入。按照收入的来源，可支配收入包含四项，分别为：工资性收入、经营净收入、财产净收入、转移净收入。

工资性收入　指就业人员通过各种途径得到的全部劳动报酬和各种福利，包括受雇于单位或个人、从事各种自由职业、兼职和零星劳动得到的全部劳动报酬和福利。

经营净收入　指住户或住户成员从事生产经营活动所获得的净收入，是全部经营收入中扣除经营费用、生产性固定资产折旧和生产税净额（生产税减去生产补贴）之后得到的净收入。计算公式具体为：

经营净收入＝经营收入－经营费用－生产性固定资产折旧－生产税净额（生产税－生产补贴）

财产净收入　指住户或住户成员将其所拥有的金融资产和自然资源交由其他机构单位、住户或个人支配而获得的回报并扣除相关的费用之后得到的净收入。计算公式为：财产净收入＝财产性收入－财产性支出

转移净收入　指国家、单位、社会团体对住户的各种经常性转移支付和住户之间的经常性收入转移。包括政府、非行政事业单位、社会团体对居民转移的养老金或退休金、社会救济和补助、政策性生活补贴、救灾款、经常性捐赠和赔偿以及报销医疗费等；住户之间的赡养收入、经常性捐赠和赔偿以及农村地区（村委会）在外（含国外）工作的本住户非常住成员寄回带回的收入等。计算公式为：转移净收入=转移性收入－转移性支出

居民收入五等份分组　指将所有调查户按人均收入水平从低到高顺序排列，平均分为五个等份，处于最高20%的收入群体为高收入组，依此类推依次为中高收入组、中等收入组、中低收入组、低收入组。

居民人均生活消费支出　指居民用于满足家庭日常生活消费需要的全部支出，既包括现金消费支出，也包括实物消费支出。根据用途不同，消费支出可划分为食品烟酒、衣着、居住、生活用品及服务、交通通信、教育文化娱乐、医疗保健、其他用品及服务八大类。

Explanatory Notes on Main Statistical Indicators

Since the 4th quarter of 2012, National Bureau of Statistics has carried out the integrate reforming on the survey of urban & rural residents which were once carried out separately, unified the names, classification and statistical standards of the indicators on urban & rural residents' income, and built up the concordant survey for urban & rural residents. Since 2014, Guangxi has formally released the data on the integration survey of urban and rural residents' income, expenses and livelihood after this reforming.

Household refers to a group of people living in the same residence, sharing the living expenses or incomes together. If the group of people living in the same residence, but not sharing the living expenses or incomes together, then each people in this group is count as one household. The live-in caregiver or live-in journeyman is count as one simply household.

Permanent Resident refers to the personnel living at home permanently or more than a half survey period in a household, and the students provided by this household. The permanent residents are the objects of the household income and expenses survey.

Disposable Income of Household refers to the summary of final consumption and expenses available for household, namely the income can be arranged freely by household, which includes the incomes in cash and in kind. According to the resource, the disposable income includes 4 parts: income of wage and subsidy, net income from management, property net income and transfer net income.

Income of Wage & Subsidy refers to the total labor reward and various welfares earned by employment in various ways, including the total labor reward and welfares earned by being employed by institutions or individuals, working freelance, working part-time jobs and odd jobs.

Net Income from Management refers to the net income earned by household or member of household with working management, and it is the net income gained after deducting the operating costs, productive depreciation of fixed assets and net amount of productive taxes(deducting productive subsidy from productive taxes)from the total operating income. Its calculating formulation is:

Net Income from Management= Total Operating Income

－Operating Costs

－Productive Depreciation of Fixed Assets

－Net Amount of Productive Taxes(Productive Taxes－Productive Subsidy)

Property Net Income refers to the net income after deducting the relevant costs from the return, which is gained through organizing the financial assets and natural assets owned by the household or member of household by other institutions, households or individuals. Its calculating formulation is:

Property Net Income = Property Income－Property Expenses

Transfer Net Income refers to the various usually transferring of incomes from nation, units, and social groups to household and between households. It includes the pension or retirement pay from governments, non-administrative institutions and social groups to household, social relieves and subsidy, policy subsidy for livelihood, relief money, regularly donations, compensations and applies for medical fee, etc. It also includes the supporting income, regularly donations and compensations between households, and the income sent back or brought back by the non-permanent member of the household working out of the rural area(village committee)or overseas. Its calculating formulation is:

Transfer Net Income = Transfer Income－Transfer Expenses

Five Equal Divides of Residents' Income refers to equally divide the total survey households into 5 groups according to the capita income degrees, and rank them from low to high. The group whose income in the highest 20% is called high income households, and by analogy are the upper middle income households, middle income households, lower middle income households, and low income households.

Per Capita Consumption Expenditure for Livelihood of Household refers to the total expenses meeting the households' needs of daily livelihood consumption, including the consumption expenses in cash and in kind. According to the use, consumption expenses can be divided into 8 broad categories: food, alcohol & tobacco, clothing, residence, daily necessities & services, transportation & communication, education, cultural & recreation services, medical appliances & articles and other supplies & services.

第七篇

财政、金融和保险

FINANCE, BANKING & INSURANCE

（编辑：黄浩洲　欧阳炎）

7－1 公共财政预算收支总额及指数（1978－2016年）

Total Volume & Index of Public Budget Income & Expenditure（1978－2016）

单位：万元 (10 000 yuan)

年 份 Year	公共财政预算收入 Public Budget Income	公共财政预算支出 Public Budget Expenditure	收支差额 Income & Expenditure Balance	指数（以上年为100） Index (preceding year =100)	
				公共财政预算收入 Public Budget Income	公共财政预算支出 Public Budget Expenditure
1978	149029	207838	-58809	123.4	143.2
1979	123898	205987	-82089	83.1	99.1
1980	125791	174440	-48649	101.5	84.7
1981	130329	160412	-30083	103.6	92.0
1982	133183	174422	-41239	102.2	108.7
1983	138862	188416	-49554	104.3	108.0
1984	137567	230558	-92991	99.1	122.4
1985	201773	297485	-95712	146.7	129.0
1986	252306	422199	-169893	125.0	141.9
1987	305368	476958	-171590	121.0	113.0
1988	338871	532723	-193852	111.0	111.7
1989	414130	577433	-163303	122.2	108.4
1990	468305	650005	-181700	113.1	112.6
1991	559225	716089	-156864	119.4	110.2
1992	611953	784754	-172801	109.4	109.6
1993	959269	1074853	-115584	156.8	137.0
1994	622617	1249283	-626666	64.9	116.2
1995	794422	1405892	-611470	127.6	112.5
1996	905102	1570121	-665019	113.9	111.7
1997	991568	1708345	-716777	109.6	108.8
1998	1196720	1983609	-786889	120.7	116.1
1999	1335647	2249775	-914128	111.6	113.4
2000	1470539	2584866	-1114327	110.1	114.9
2001	1786706	3516498	-1729792	121.5	136.0
2002	1867320	4198575	-2331255	104.5	119.4
2003	2036578	4436023	-2399445	109.1	105.7
2004	2377721	5074721	-2697000	116.8	114.4
2005	2830359	6114806	-3284447	119.0	120.5
2006	3425788	7295172	-3869384	121.0	119.3
2007	4188265	9859433	-5671168	122.3	135.2
2008	5184245	12971100	-7786855	123.8	131.6
2009	6209888	16218218	-10008330	119.8	125.0
2010	7719918	20075907	-12355989	124.3	123.8
2011	9477209	25452778	-15975569	122.8	126.8
2012	11660614	29852261	-18191647	123.0	117.3
2013	13176035	32086656	-18910621	113.0	107.5
2014	14222803	34797922	-20575119	107.9	108.4
2015	15151562	40655144	-25503582	106.5	116.8
2016	15562677	44417035	-28854358	102.7	109.3

说明：本表中公共财政预算收入和公共财政预算支出2010年以前为地方财政收入和地方财政支出。

Note: The indicators of "Public Budget Income" and "Public Expenditure" refer to Local Financial Income and Local Financial Expenditure Before 2010.

7—2 主要年份财政分项目收入

单位：万元

指 标	Item	2007	2008	2009
财政总收入	**Total Financial Revenue**	**7038810**	**8433036**	**9668808**
#上划中央收入	Turn Over Revenue to the Central Government	2850545	3248791	3458920
公共财政预算收入	**Public Budget Income**	**4188265**	**5184245**	**6209888**
税收收入	**Total Tax Revenue**	**2826809**	**3464935**	**4176820**
增值税	Taxes on Value Added	588429	658507	650089
营业税	Run Taxes	1031216	1219700	1548621
企业所得税	Enterprises Income Taxes	300304	372285	360607
企业所得税退税	Return for Enterprises Income Taxes		-117	
个人所得税	Individual Income Taxes	192112	194782	200448
资源税	Resource Tax	31740	41411	53448
固定资产投资方向调节税	Fixed Assets Investment Orientation Regulation Tax	534	-5	-2
城市维护建设税	City aintenance & Construction Tax	185412	217927	240827
房产税	House Property Tax	86254	102785	113070
印花税	Stamp Tax	26670	43831	53965
城镇土地使用税	Urban Land Use Tax	39211	85333	94409
土地增值税	Land Appreciation Tax	105211	157758	151990
车船税	Tax on Vehicles and Boat Operation	8734	19452	32987
耕地占用税	Farm Land Occupation Tax	39951	131219	336245
契税	Deed Tax	184189	212325	330283
烟叶税	Tobacco Leaf Tax	6703	7574	9798
其他税收收入	Other Tax Revenue	139	168	35
非税收入	**Total Non-tax Revenue**	**1361456**	**1719310**	**2033068**
专项收入	Special Income	163642	220854	180871
行政事业性收费收入	Charge of Administrative and Institutional Units	404737	615911	593492
罚没收入	Penalty Receipts	229299	251511	243914
国有资本经营收入	Government Capital Operating Income	372212	404895	593341
国有资源（资产）有偿使用收入	Paid use of Stated-owned Vesources Income	141731	133138	265671
其他收入	Other Income	49835	93001	155779

Local Government Revenue by Items in Main Years

(10 000 yuan)

2010	2011	2012	2013	2014	2015	2016
12286122	**15422300**	**18101386**	**20012643**	**21625355**	**23330330**	**24540771**
4566204	5945091	6440772	6836608	7402552	8178768	8978094
7719918	**9477209**	**11660614**	**13176035**	**14222803**	**15151562**	**15562677**
5338656	**6448003**	**7624567**	**8757432**	**9780659**	**10316473**	**10362194**
774782	861253	848105	987547	1264512	1399850	2854605
2074387	2407465	2623212	3041956	3212611	3219044	1560017
589533	856453	859532	940375	1093533	1097392	1170262
-334						
258422	294069	241900	277433	302214	347596	401563
69713	85553	101929	119681	171015	180612	172170
-2	-10					
296697	405098	420483	495948	531407	635556	611496
116542	142581	173472	211833	235635	275218	307071
70265	81757	100136	116984	139617	142669	142017
95713	118644	128883	159986	234488	260456	261403
222740	339912	593007	651611	683037	570897	625848
43253	54222	74962	90121	105881	124882	146200
309510	339006	906846	917856	1041784	1282505	1220729
411765	453475	540723	731220	752373	771470	880330
5670	8525	11377	14881	12552	8326	8483
2381262	**3029206**	**4036047**	**4418603**	**4442144**	**4835089**	**5200483**
226704	303745	314887	407379	429901	1273125	1201637
650728	956031	1214518	1202154	1140393	978068	1051235
312924	297410	381689	381520	352951	400054	409964
661566	756247	991353	966988	1038912	882447	857632
358740	531203	833992	1163824	1067260	965871	1150319
170600	184570	299608	296738	412727	335524	529696

7—3 主要年份财政分项目支出

单位：万元

指 标	Item	2007	2008	2009
公共财政预算支出	**Public Budget Expenditure**	**9859433**	**12971100**	**16218218**
一般公共服务	General Public Service	1933693	2245366	2370751
外交	Diplomacy	82		
国防	National Defense	34323	31057	51815
公共安全	Public Security	824496	956563	1077044
教育	Education	1893837	2512210	2965980
#普通教育	Regular Education	1543495	2074491	2390167
职业教育	Vocational Education	157548	225549	334877
科学技术	Science & Technology	131873	162149	180741
#应用研究	Application Research	22223	23349	30712
技术研究与开发	Technological Research & Development	44628	66849	70661
科学技术普及	Popularization of Science & Technology	10766	14592	11115
文化体育与传媒	Culture，Sport & Media	214101	292467	292731
社会保障和就业	Social Security & Employment	1106700	1289769	2036887
#财政对社会保险基金的补助	Subsidy of Finance to the Fund of Social Security	198138	142628	432047
行政事业单位离退休	Retire of Administrative Department	399340	458704	512987
城市居民最低生活保障	Lowest Cost-of-Living of Citizens in Urban Area	59818	97871	116540
农村最低生活保障	Lowest Cost-of-Living of Peasants in Rural Area	12753	84622	144463
医疗卫生与计划生育	Public Health & Family Planning	507547	787683	1161466
#医疗服务	Public Health Service	91227	110341	216395
医疗保障	Medical Security	257360	437517	583090
节能环保支出	Energy Conservation & Environment Protection	135469	279740	499221
#污染防治	Pollution Prevention & Treatmernt	39033	106564	161690
退耕还林	Returning Land for Farming to Forestry	71327	79393	118652
城乡社区事务	Community Affair in Urban & Rural Area	586447	723033	1040811
农林水事务	Affairs of Agriculture, Forestry & Water Resources	898179	1393970	2107419
#农业	Agriculture	404699	640248	1135962
扶贫	Poverty Alleviation	130868	174651	171991
交通运输	Transpotation	412666	584781	815499
工业商业金融等事务	Affairs of Industry, Commerce & Finance	717962	1066574	1064948
其他支出	Other Expenditures	462058	645738	552905

Local Government Expenditure by Accounting Items in Main Years

(10 000 yuan)

2010	2011	2012	2013	2014	2015	2016
20075907	**25452778**	**29852261**	**32086656**	**34797922**	**40655144**	**44417035**
2687583	3221799	3863708	4131959	4059911	3952989	4507770
					4569	1103
72561	82131	76619	79199	99268	98706	90216
1251395	1394382	1523891	1788149	1922172	2205544	2632819
3668362	4568882	5892383	6099303	6605347	7896904	8545468
2982905	3719736	4887114	5022462	5578061	6498328	7012212
349163	355561	406955	424441	473987	789090	784253
216554	282470	428120	543579	599250	496321	451977
31212	32775	39412	55164	50772	65724	59836
89541	126866	263396	354225	414686	266765	231450
12345	13656	16724	18462	19347	27401	23707
327718	374814	455212	498502	685192	790041	710815
2170733	2506400	2823276	3481154	3871792	4606296	5389523
446204	687335	988788	1265318	1417965	1882014	2094332
577000	530725	483010	588726	709171	876652	1218638
129143	158387	137102	146328	139813	133889	148491
254607	353717	309049	408039	408318	417310	472009
1654911	2328800	2531744	2856114	3553263	4138687	4681866
836314	1248112	1405004	1668682	1911111	2264488	2596483
639887	538979	600090	642258	839981	986801	906993
181610	113020	146243	145133	155892	179542	241227
123239	98495	94228	91273	78883	86536	66376
1038717	1187324	1620715	2123282	2693394	3175179	3649854
2602616	3148555	3690650	3718964	3912868	4975252	5734793
1233650	1099138	1347723	1356624	1397472	1642166	1669941
182179	200648	270335	302349	367640	590863	1570837
937145	2489779	2427442	2389886	2049153	2378280	2171215
2167009	2932896	3466946	3216638	3512985		
640716	395567	451465	517669	393346	267313	265715

7−4 金融机构存贷款情况（期末余额，2005−2015年）
Deposits & Loans of Financial Institutions（Year-end，2005−2016）

单位：亿元 (100 million yuan)

年 份 Year	本外币存款 Balance of Deposits in RMB & Foreign Currencies	本外币贷款 Balance of Loans in RMB & Foreign currencies
2005	4262.30	3104.60
2006	5029.47	3636.90
2007	5801.04	4331.03
2008	7075.02	5110.06
2009	9638.89	7360.43
2010	11813.90	8979.87
2011	13527.97	10646.43
2012	15966.65	12355.52
2013	18400.48	14081.01
2014	20298.54	16070.95
2015	22793.54	18119.30
2016	25477.80	20640.54

7—5 2016年全社会金融机构本外币信贷收支平衡表（期末余额）

Balance Sheet of Credit Funds in RMB & Foreign Currencies of Total Financial Institutions in Main Years（2016,Year-end）

单位：亿元 (100 million yuan)

资金来源项目	Sources of Finance	余额 Balance	比年初增加 Increasing Volume than Preceding Year
一、各项存款	Total Deposits	25477.80	2684.26
（一）境内存款	Domestic Deposits	25440.90	2681.96
1. 住户存款	Household Deposits	12606.56	1172.32
（1）活期存款	Current Deposits	6688.46	817.62
（2）定期及其他存款	Fixed deposits & Others	5918.10	354.70
2. 非金融企业存款	Non-financial Enterprises Deposits	7496.93	1120.00
（1）活期存款	Current Deposits	4566.02	1143.44
（2）定期及其他存款	Fixed deposits & Others	2930.92	-23.45
3. 广义政府存款	Broad Government Deposits	4454.92	173.01
（1）财政性存款	financial Deposits	392.71	36.45
（2）机关团体存款	Organization Financial Deposits	4062.21	136.56
4. 非银行业金融机构存款	Non-banking Financial Institution Fnancial Deposits	882.48	216.63
（二）境外存款	Offshore deposits	36.90	2.30
二、金融债券	Bonds	91.98	-13.06
其中：境外发行	Overseas		
三、卖出回购资产	Financial Assets Sold for Repurchase	34.29	16.00
四、借款及非银行业金融机构拆入	Borrowing & Loans from Non-banking Financial Institutions	15.41	-0.12
五、联行往来（净）	Interbank Transactions (net)		
六、应付及暂收款	Accounts Payable & Receivable	407.06	-26.96
七、各项准备	Other Reserve Funds	612.09	53.61
八、所有者权益	Creditor’s Equity	1065.25	71.92
#实收资本	Called-up Capital	323.25	11.53
九、其他	Others	-2148.00	-374.64
资金来源总计	**Total Capital Sources**	**25555.88**	**2411.00**

说明：本表中部分指标已根据中国人民银行南宁中心支行2015年报表进行了调整，下同。

Note: Several indicators in this table are adjusted by the report of Nanning Central Sub Branch of the People’s Bank of China in 2015, and the same as the following tables.

7−5 续表 continued

单位：亿元 (100 million yuan)

资金运用项目	Sources of Finance	余额 Balance	比年初增加 Increasing Volume than Preceding Year
一、各项贷款	Total Deposits	20640.54	2521.15
(一) 境内贷款	Domestic Loans	20375.66	2505.79
1. 住户贷款	Household Loans	6926.23	1154.90
(1) 短期贷款	Short-term Loans	993.29	-18.53
消费贷款	Consumer Loans	283.63	25.69
经营贷款	Operating Loans	709.66	-44.22
(2) 中长期贷款	Medium & Long-term Loans	5932.94	1173.44
消费贷款	Consumer Loans	4408.06	853.91
经营贷款	Operating Loans	1524.88	319.53
2. 非金融企业及机关团体贷款	Non-financial Enterprises & Organizations Loans	13449.43	1350.88
(1) 短期贷款	Short-term Loans	3600.62	-157.97
(2) 中长期贷款	Medium & Long-term Loans	8786.56	1136.43
(3) 票据融资	Bill Financing	981.80	369.37
(4) 融资租赁	Finance Lease	21.40	6.45
(5) 各项垫款	Advance Money	59.06	-3.40
3. 非银行业金融机构贷款	Non-banking Financial Institution Fnancial Loans		
(二) 境外贷款	Overseas Loans	264.88	15.36
二、债券投资	Investment in Bonds	990.58	-416.64
其中：境外债券	Overseas Bonds		
三、股权及其他投资	Stock Rights & Other Investments	1335.44	207.15
四、买入返售资产	Buying Back Assets	71.71	-23.13
五、存放非银行业金融机构款项	Deposits of Non-banking Financial Institutions	7.36	-9.62
六、联行往来（净）	Interbank Transactions (net)	2046.29	112.90
其中：境内存放二级准备金	Domestic Deposits of Secondary Reserves	935.23	93.71
七、金银占款	Funds Outstanding for Gold & Silver		
八、中央银行外汇占款	Funds Outstanding for Foreign Exchange		
九、应收及预付款	Accounts Payable & Suspense Credit	227.20	7.95
十、投资性房地产	Investment Real Estate	0.48	-0.02
十一、固定资产	Fixed Assets	236.28	11.27
资金运用总计	**Total Assets**	**25555.88**	**2411.00**

7—6 2016年全社会金融机构人民币信贷收支平衡表（期末余额）

Balance Sheet of Credit Funds in Renminbi of Total Financial Institutions in Main Years（2016,Year-end）

单位：亿元 (100 million yuan)

资金来源项目	Sources of Finance	余额 Balance	比年初增加 Increasing Volume than Preceding Year
一、各项存款	Total Deposits	25257.56	2690.59
（一）境内存款	Domestic Deposits	25223.93	2688.70
1. 住户存款	Household Deposits	12548.64	1156.52
（1）活期存款	Current Deposits	6652.89	808.11
（2）定期及其他存款	Fixed deposits & Others	5895.75	348.41
2. 非金融企业存款	Non-financial Enterprises Deposits	7345.95	1137.11
（1）活期存款	Current Deposits	4478.48	1108.30
（2）定期及其他存款	Fixed deposits & Others	2867.46	28.81
3. 广义政府存款	Broad Government Deposits	4447.63	173.79
（1）财政性存款	Financial Deposits	392.71	36.45
（2）机关团体存款	Organization Fnancial Deposits	4054.92	137.34
4. 非银行业金融机构存款	Non-banking Financial Institution Fnancial Deposits	881.72	221.27
（二）境外存款	Offshore deposits	33.63	1.90
二、金融债券	Bonds	91.98	-13.06
其中：境外发行	Overseas		
三、卖出回购资产	Financial Assets Sold for Repurchase	34.29	16.00
四、借款及非银行业金融机构拆入	Borrowing & Loans from Non-banking Financial Institutions	3.44	-0.09
五、联行往来（净）	Interbank Transactions (net)		
六、应付及暂收款	Accounts Payable & Receivable	401.40	-28.58
八、各项准备	Other Reserve Funds	592.12	53.76
九、所有者权益	Creditor' s Equity	1057.24	70.08
#实收资本	Called-up Capital	323.25	11.53
十、其他	Others	-2172.89	-386.67
资金来源总计	**Total Capital Sources**	**25265.15**	**2402.02**

7—6 续表 continued

单位：亿元 (100 million yuan)

资金运用项目	Applications of Funds	余额 Balance	比年初增加 Increasing Volume than Preceding Year
一、各项贷款	Total Deposits	20175.77	2518.92
（一）境内贷款	Domestic Loans	20171.17	2524.60
1. 住户贷款	Household Loans	6925.99	1154.91
（1）短期贷款	Short-term Loans	993.07	-18.53
消费贷款	Consumer Loans	283.40	25.69
经营贷款	Operating Loans	709.66	-44.22
（2）中长期贷款	Medium & Long-term Loans	5932.93	1173.44
消费贷款	Consumer Loans	4408.05	853.91
经营贷款	Operating Loans	1524.88	319.53
2. 非金融企业及机关团体贷款	Non-financial Enterprises & Organizations Loans	13245.18	1369.69
（1）短期贷款	Short-term Loans	3436.03	-158.14
（2）中长期贷款	Medium & Long-term Loans	8747.35	1155.32
（3）票据融资	Bill Financing	981.80	369.49
（4）融资租赁	Finance Lease	21.40	6.45
（5）各项垫款	Advance Money	58.60	-3.42
3. 非银行业金融机构贷款	Non-banking Financial Institution Fnancial Loans		
（二）境外贷款	Overseas Loans	4.60	-5.68
二、债券投资	Investment in Bonds	990.58	-416.64
其中：境外债券	Overseas Bonds		
三、股权及其他投资	Stock Rights & Other Investments	1335.44	207.15
四、买入返售资产	Buying Back Assets	71.71	-23.13
五、存放非银行业金融机构款项	Deposits of Non-banking Financial Institutions	6.14	-8.83
六、联行往来（净）	Interbank Transactions (net)	2228.84	107.96
其中：境内存放二级准备金	Domestic Deposits of Secondary Reserves	933.66	93.05
七、金银占款	Funds Outstanding for Gold & Silver		
八、中央银行外汇占款	Funds Outstanding for Foreign Exchange		
九、应收及预付款	Accounts Payable & Suspense Credit	219.93	5.34
十、投资性房地产	Investment Real Estate	0.48	-0.02
十一、固定资产	Fixed Assets	236.26	11.27
资金运用总计	**Total Capital Applications**	**25265.15**	**2402.02**

7—7　主要年份保险业务

Major Indictors of Insurance Business in Main Years

单位：万元　　　　(10 000 yuan)

项　目	Item	2001	2005	2010	2011	2012	2013	2014	2015	2016
全部业务	**All Insurance Business**									
保费收入	**Premium Income**	**350616**	**731142**	**1790516**	**2126634**	**2382639**	**2754733**	**3132331**	**3857457**	**4691738**
保险密度（元）	Insurance Density (yuan)	73.69	149.39	389.02	457.83	508.78	583.75	661.32	804.31	969.76
保险深度（%）	Insurance Depth (%)	1.57	1.80	1.88	1.82	1.84	1.92	2	2.30	2.57
财产保险公司业务	**Property Insurance Business**									
保费收入	Premium Income	133096	238790	691943	829520	969182	1188778	1406703	1606792	1798638
企业财产保险	Enterprise Property Insurance	30655	31204	44305	49939	52598	57998	59952	56043	53926
机动车辆保险	Automobile Insurance	75637	160592	529660	631612	741209	902254	1037357	1172478	1329670
货物运输保险	Cargo Transportation Insurance	7653	9228	13727	16898	18161	18845	19107	19597	17223
其他财产保险	Other Property Insurance	8425	9084	16228	39272	43586	47380	50906	55889	59886
责任保险	Liability Insurance	8898	8060	23152	29846	31615	35362	43507	52424	58643
信用保证保险	Credit & Guarantee Insurance	726	7878	12005	14751	22431	32096	45208	51578	48964
农业保险	Agriculture Insurance	1102	347	7454	8314	12962	27640	49748	63413	88822
短期健康保险	Short-term Health Insurance		308	10517	11808	14333	25187	50234	76974	76096
意外伤害险	Personal Accident Insurance		12089	24078	27081	32289	42017	50685	58395	65409
储金	Deposits From Insured	8446	5611	4901	4701	4193	4346	4352	133093	283871
赔案件数（万件）	Number of Claims (10 000 cases)	11.82	28.24	79.93	90.12	120.83	147.54	176.77	294.21	265.23
赔款支出	Benefit Paid	62992	117165	270387	367699	479145	566449	710738	791312	841977
企业财产保险	Enterprise Property Insurance	14836	13173	10984	13995	22360	26789	55184	42648	28701
机动车辆保险	Automobile Insurance	36795	72637	217688	297803	385634	447984	514911	549783	598909
货物运输保险	Cargo Transportation Insurance	3118	18904	4831	7828	10290	9978	13070	10080	10948
其他财产保险	Other Property Insurance	2366	3322	5270	16199	21640	24810	28199	28066	26367
责任保险	Liability Insurance	4143	2571	9114	12680	13880	15724	20004	20546	23291
信用保证保险	Credit & Guarantee Insurance	33	1921	765	1668	1590	8274	3510	19682	18688
农业保险	Agriculture Insurance	476	116	7148	5371	9544	12878	39536	52591	52916
短期健康保险	Short-term Health Insurance		61	5523	5623	7087	11554	23131	49320	62158
意外伤害险	Personal Accident Insurance		4459	6860	6531	7119	8457	13193	18596	20000
未决赔款	Outstanding Insurance	21255	55668	158487	186717	233909	279890	333106	349303	378654

注：2001—2007年保险密度使用平均总人口计算，2008年保险密度使用平均常住人口计算，请使用时注意口径区别。

Note: The data on "Insurance Density" from 2001 to 2007 was calculated by average total population, while the data in 2008 was calculated by average permanent population, please pay attention to the difference of coverage while using.

7—7　续表 continued

单位：万元　　(10 000 yuan)

项　目	Item	2001	2005	2010	2011	2012	2013	2014	2015	2016
人身保险公司业务	**Life Insurance Business**									
保费收入	Premium Income	217520	492352	1098573	1297114	1413457	1566045	1725628	2250665	2893100
个人业务	Personal Insurance									
人寿保险	Life Insurance Business	161293	383881	970539	1157509	1232878	1350117	1435262	1848424	2380223
分红产品	Participating	36710	250131	837623	1025296	1095057	1176250	920041	882007	1000947
投资连接产品	Unit-link	8837		603	496	574	674	773	969	1177
其他产品	Others	115546	133750	132314	131717	137248	173193	514448	965448	1378099
意外伤害险	Personal Accident Insurance	6302	6847	21642	24604	31514	28861	45510	59499	61707
健康险	Health Insurance	3180	21642	57851	68628	87237	106493	138495	193886	287417
团体业务	Group Insurance									
人寿保险	Life Insurance Business	27140	43950	15804	9828	9624	6063	5573	5773	5724
分红产品	Participating	2300	33443	0	302	761	87	6	18	32
投资连接产品	Unit-link				1					
其他产品	Others	2440	10507	15804	9525	8863	5975	5567	5755	5691
意外伤害险	Personal Accident Insurance	16496	17875	14765	17216	19893	33544	31340	34242	34852
健康险	Health Insurance	3109	18157	17972	19329	32312	40968	69449	108841	115587
#新单保费	Initial Premium	104475	244075	615763	737232	708929	740331	822591	1257626	1663922
有效保单件数（万件）	Policies In Force (10 000 cases)	785.49	589.65	1063	1229	1159	1283	1191	1594	1958
赔款和给付支出	Benefit Paid	83988	52123	173078	220447	263311	342055	380048	536356	747528
个人业务	Personal Insurance									
年金给付	Annuity Paid	36306	11836	24995	24491	35867	37852	48230	81108	108692
满期给付	Maturity Benefit	17754	6972	90873	129193	153677	213088	225969	313774	417729
死伤医疗给付	Benefit of Deaths, Injury & Medical Treatment	7573	7936	14436	21405	25832	31448	36008	43817	54187
团体业务	Group Insurance									
年金给付	Annuity Paid	6136	2952	6904	7782	8378	7984	8521	8346	9025
满期给付	Maturity Benefit	4791	313	3182	4476	3474	4394	3650	3615	6852
死伤医疗给付	Benefit of Deaths, Injury & Medical Treatment	11428	934	1085	2155	3475	6769	9927	12720	11696
退保	Surrender	27014	83367	82797	105651	141586	210284	350146	417756	413876

注：1. 本表由中国保险监督管理委员会广西监管局提供。
2. 2005年人身保险公司业务中人寿保险的个人业务和团体业务“投资连接保险”并入其他产品中统计。
3. 2005年赔款和给付支出中“赔款支出”从“死伤医疗给付”中剔除，但包含在赔款和给付支出总额中。

Note: 1. The data in this table is provided by Guangxi management & supervison bureau of Chinese insurance management & supervison committee.
2. The “Unit-link”, which belonging to personal insurance and group insurance of life insurance business in life insurance company business, was merged into the other business in 2005.
3. The “Benefit” was eliminated from “Benefit of Deaths, Injury & Medical Treatment” in “Benefit Paid” in 2005, but it is still belong to the “Benefit Paid”.

主要统计指标解释

财政收入 是指国家财政参与社会产品分配所取得的收入，是实现国家职能的财力保证。财政收入所包括的内容几经变化，目前主要包括：（1）各项税收，包括增值税、营业税、消费税、土地增值税、城市维护建设税、资源税、城市土地使用税、印花税、房产税、车船使用税、屠宰税、个人所得税、企业所得税、关税、契税、农牧业税和耕地占用税等。（2）专项收入：包括征收排污费收入、城市水资源费收入、教育费附加收入、矿产资源补偿费收入。（3）其他收入，包括国有资产经营收益、国有企业计划亏损补贴、基本建设贷款归还收入、基本建设收入、罚没收入、行政性收费收入、其他收入等。

地方财政收入 指按财政体制划分的地方本级收入。1994年分税制财政体制改革以后，属于中央财政的收入包括关税、海关代征消费税和增值税，消费税，中央企业所得税，地方银行和外资银行及非银行金融企业所得税，铁道、银行总行、保险总公司等集中缴纳的营业税、所得税、利润和城市维护建设税，增值税的75%部分，证券交易税（印花税）50%部分和海洋石油资源税。属于地方财政的收入包括营业税，地方企业所得税，个人所得税，城镇土地使用税，固定资产投资方向调节税，城镇维护建设税，房产税，车船使用税，印花税，屠宰税、农牧业税，农业特产税，耕地占用税，契税、增值税的25%部分，证券交易税（印花税）50%部分和除海洋石油资源税以外的其他资源税。

财政支出 是指国家为行使其职能，对筹集的财政资金进行有计划的分配使用的总称。国家财政支出，体现政府的活动范围和方向，反映财政资金的分配关系。财政支出主要包括：（1）基本建设支出；（2）企业挖潜改造资金；（3）地质勘探费；（4）科技三项费用；（5）流动资金；（6）支援农村生产支出；（7）农林水利气象等部门的事业费；（8）工业交通等部门事业费；（9）商业部门事业费；（10）城市维护费；（11）文教卫生事业费；（12）科学事业费；（13）其他部门事业费；（14）抚恤和社会福利救济费；（15）国防支出类；（16）行政管理费；（17）公检法支出；（18）价格补贴支出；（19）支援不发达地区支出；（20）专项支出；（21）农业综合开发支出；（22）行政事业单位离退休经费（23）其他支出等。

地方财政支出 指根据政府在经济和社会活动中的不同职责，划分中央和地方政府的责权，按照政府的责权划分确定的支出。中央财政支出包括国防支出，武装警察部队支出，中央行政管理费和各项事业费，重点建设支出以及中央政府调整国民经济结构、协调地区发展、实施宏观调控的支出。地方财政支出主要包括地方行政管理和各项事业费，地方统筹的基本建设、技术改造支出，支援农村生产支出，城市维护和建设费，价格补贴支出等。

地方财政用于农业的支出 指国家财政预算内资金用于农业的各项投资支出。包括：（1）对农垦、农业、畜牧、林业、农机管理、水利、水产、气象等部门的各项事业经费和基本建设、流动资金、挖潜改造资金、科技三项费用等专项拨款；（2）支援农业的各项生产支出，如小型农田水利和水土保持补助费、扶持农业经济困难的乡镇企业，农业生产队（组、户）改善生产基本条件的资金和农村开荒补助、农村草场和畜禽保护补助费、农村造林和林木保护补助费、农村水产补助费、农业发展和发展粮食生产专项资金支出、支援不发达地区资金中用于农业的支出等；（3）农业综合开发支出。

地方财政用于教育的支出 指国家财政预算内资金安排用于教育的各项支出。包括：（1）教育部门的事业费和基本建设拨款；（2）各部门事业费中用于教育的支出。如中等专业学校、技工学校经费、干部培训费等；（3）专项经费中的教育费附加支出，支援不发达地区资金中用于教育的支出。

信贷资金 指金融机构以信用方式积聚和分配的货币资金。金融机构信贷资金的来源有各项存款，对省外（国际）金融机构负债、流通中货币、银行自有资金及当年结益等；信贷资金的运用有各项贷款、黄金占款、外汇占款、财政借款及在省外（国际）金融机构中的资产等。

存款 指企业、机关、团体或居民根据资金必须收回的原则，把货币资金存入银行或其他信用机构保管并取得一定利息的一种信用活动形式。根据存款对象的不同可划分为企业存款、财政存款、机关团体存款、基本建设存款、城镇储蓄存款、农村存款等科目。它是银行信贷资金的主要来源。

贷款 指银行或其他信用机构根据资金必须归还的原则，按一定利率，为企业、个人等提供资金的一种信用活动形式。我国银行贷款分为流动资金贷款、固定资产贷款、城乡个体工商户贷款以及农业贷款等科目。

保险公司　在中国境内的、经过保险监督部门批准设立，并依法登记注册的各类商业保险公司。

保险金额　又叫承保额，是指保险人对被保险人负提损失补偿或约定给付的金额。它是保险合同上的最高责任额，也是计算保费的依据。

保费　又叫保险费，是指投保人为取得保险人在约定范围内所承担赔偿责任而支付给保险人的费用。

赔款　指保险人根据保险合同的规定，向被保险人支付的赔偿保险责任损失的金额。

给付　包括死伤医疗给付和满期给付。死伤医疗给付是指保险人根据人寿保险及长期健康保险合同的规定，因被保险人在保险期内发生保险责任范围内的保险事故支付给被保险人（或受益人）的金额。满期给付是指被保险人生存期满，保险人按人寿保险合同规定支付给被保险人的满期保险金额。

Explanatory Notes on Main Statistical Indicators

Government Revenue refers to the revenue of the government finance by means of participating in the distribution of the social products, which are the financial resources for ensuring the government to function. The contents of government revenue have been changed several times. Now it includes the following main items: (1) Various tax revenues, including value added taxes, business tax, consumption tax, land value added tax, tax on city maintenance and construction, resources tax, tax on use of urban land, stamp tax, tax on real estate, tax on the use of vehicles and ships, slaughter tax, personal income tax, enterprise income tax, tariff, contract tax, tax on agriculture and animal husbandry and tax on occupancy of cultivated land, etc. (2) Special income: including revenue collected from imposing fee on sewage treatment, revenue collected from imposing fee on urban water resources, extra-charges for education, and revenue collected from imposing fee on mine resources. (3) Other revenues, including profits from management of state-owned assets, subsidies to loss-making state-owned enterprise, revenue from the repayment of capital construction loan, revenue from capital construction, penalty, administration income and other incomes.

Revenue of the Local Government In according with the classification of the structure of the government finance in 1994 on the basis of the classification of channels for collection of tax revenues, the revenue of the local governments have different coverage. The revenue of the central government includes tariff, consumption tax and value added tax levied by the customs, consumption tax, income tax of the enterprises subordinate to the central government, income taxes of the local banks, foreign-funded banks and non-band financial institutions, business tax, income tax and profits of railways, head office of insurance company, which are handed over to the government in a centralized way, tax on city maintenance and construction, 75% of the value added tax, tax on ocean petroleum resources, 50% of the tax on stock dealing (stamp tax). The revenue of the local government includes business tax, income tax of the enterprises subordinated to the local government, personal income tax, tax on the use of urban land, tax on the adjustment of the investment in fixed assets. Tax on town maintenance and construction, tax on real estate, tax on the use of vehicles and ships, stamp tax, slaughter tax, tax on agriculture and animal husbandry, tax on special agricultural products, tax on the occupancy of cultivated land, contract tax, 25% of the value added tax, 50% of the tax on stock dealing (stamp tax) and tax on resources other than the ocean petroleum resources.

Government Expenditure refers to the (1) Expenditure for capital construction; (2) Innovation funds of the enterprises; (3) Geological prospecting expenses; (4) Expenditures for science and technology promotion; (5) Circulating funds; (6) Expenditure for supporting rural production; (7) Operating expenses of the departments of farming, forestry, water conservancy and meteorology etc; (8) Operating expenses of the departments of industry, transport; (9) Operating expenses of the department of commerce; (10) Expenditure for city maintenance; (11) Operating expenses of the departments of culture, education and public health; (12) Operating expenses of the department of science; (13) Operating expenses of the other departments; (14) Pension for the disabled or for the families of the bereaved and relief funds for social welfare; (15) Expenditures for national defense; (16) Administrative expenses (17) Expenditure for public security agency, procurator agency and court of justice; (18) Expenditure for price subsidies; (19) Expenditure for supporting under-developed areas; (20) Special expenditure; (21) Expenditure for comprehensive development of agriculture; (22) Expenditure for retired persons in administrative department; (23) Other expenditures.

Expenditure of the Local Governments According to the different functions of the central government and local governments in the economic and social activities, the rights of affairs administration are classified between the central government and local governments are made on the basis of the classification of the rights of affairs administration between them. The expenditure of the central government includes the expenditure for national defense, expenditure for armed police forces, the administrative expenses and various operating expenses at the level of central government, expenditure for key projects and the expenditure of the central government for adjusting the national economic structure, coordinating the development among different regions and exercising the macro-economic regulation and control. The expenditure of the local governments includes mainly the administrative expenses and various operating expenses at the level of local government, expenditure for supporting rural production, expenditure for city maintenance and construction and expenditure for price subsidies, etc.

Local Government Expenditure for Agriculture refers to the investment and expenditure of national financial budgetary fund for agriculture, including: (1) Operating expenses for agricultural exclamation, agriculture, animal husbandry, forestry, agricultural machinery management, water conservancy, aquatic products and meteorology, and special appropriation for capital construction, floating funds, innovation funds and expenditures for science and technology promotion; (2) Expenditures for supporting agricultural production, such as subsidies to the small water conservancy and rural water and soil conserving, expenditure for supporting township enterprises, funds for improving capital productive conditions of agricultural production teams and subsidies on the rural waste land exclamation, subsidies to the expenditure for the protection of grasslands and cattle and fowls, subsidies on forestation and forest protection in rural areas, subsidies on the rural aquatic products industry, special fund for developing agriculture and grain production, expenditure in funds supporting under-developed areas for agriculture; (3) Expenditure for agriculture comprehensive development.

Local Government Expenditure for Education refers to expenses of national financial budgetary fund for education, including: (1) Operating expenses and capital construction appropriation of education departments; (2) Expenditure for education in operating expenses of various departments, such as expenses for specialized secondary schools and skilled workers' schools and expenditure for cadres training, etc. (3) Education expenditure added in special expenditure and expenditure in funds supporting under-developed areas for education.

Credit Funds refer to the funds issued as loans by banking institution. The sources of credit funds of the banking institutions included deposits, liabilities to international financial institutions, currency in circulation, self-owned funds and current retained profits, etc. The credit funds can be used in forms of loans, gold, foreign exchange, government debt and assets in the other provinces, autonomous regions and municipalities (international) financial institutions.

Deposit is a form of credit by which enterprises, institutions, organizations or residents can put money into banks and other credit institutions for safekeeping and interest earning under the principle of free withdrawal. According to different depositors, deposits are divided into enterprise deposits, treasury deposits, deposits of government agencies and organizations, capital construction deposits, urban savings deposits, rural deposits and other deposits. Deposits are major sources of the credit funds of banks.

Loan is a form of credit by which banks and other credit institutions provide funds at certain interest rate to enterprises and individuals in the light of the principle of unconditional repayment. Loans from Chinese banks include circulating capital loans, fixed assets loans, loans to urban and rural individuals engaged in industrial and commercial business and agricultural loans.

Insurance Companies refer to commercial insurance companies of various forms registered by law and established in China with the approval of insurance regulatory agencies.

Amount Insured refers to the maximum that the insurant will get for the claim of the case insured.

Premium is the fee paid by the insurant based on a proportion of the benefit he or she may get from the insurance plus the insurance value. It includes the income from the deposit of property insurance and personal insurance.

Settle Claim is the compensation paid by the insurer to the insurant in accordance with the insurance contact.

Payment includes payment for death, injury or medical treatment and mature payment. Payment for death, injury or medical treatment refers to the money paid to the insurant (of the beneficiary) in accordance with the life of health insurance contract when the insurant encounters accidents within the insured period covered in the contract. Mature payment refers to the mature payment to the insurant in according with the life insurance contract at the end of the insured period for the loss which has been checked and found to be in the range liability of the insurance after an accident has happened to the insured property or to a person who has insured his life. It is further divided into settled and unsettled claim.

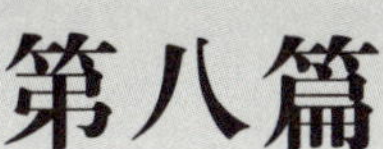

第八篇

资源与环境

NATURAL RESOURCES & ENVIRONMENT

（编辑：黄浩洲　朱旭芳）

8－1　自然资源（2016年）
Natural Resources（2016）

指　标	Indicators	2015	2016
一、土地（2014年数据）	**Land (Data in 2014)**		
土地面积（万平方公里）	Land Area (10 000 sq.km)	23.76	23.76
按土地特征分：（万公顷）	By Land Use (10 000 hectares)		
林地面积	Area of Afforested Land	1331.53	1330.64
牧草地面积	Grass Area	0.52	0.52
水域及水利设施用地面积	Water Area & Water Conservancy Facilities Area	86.20	86.00
二、海洋	**Sea**		
海岸线长度（公里）	Length of Mainland Shore (km)	1628.6	1769
浅海面积（平方公里）	Shallow Sea Area (sq.km)	6488	3593
滩涂面积（平方公里）	Sea-beach Area (sq.km)	1005	833
三、气候	**Climate**		
年平均气温（℃）	Annual Average Temperature (℃)	21.5	21.4
年平均日照时数（小时）	Annual Average Sunshine Time (hour)	1354	1604
年平均降水量（毫米）	Annual Average Precipitation (mm)	1937	1660
四、森林	**Forest**		
森林面积（万公顷）	Forest Area (10 000 hectares)	1478	1479
人均森林面积（亩，按常住人口平均）	Per Capita Forest Area (mu，Average by Permanent Population)	4.64	4.61
活立木蓄积量（万立方米）	Stock Volume of Living Stumpage (10 000 cu.m)	70308	76194

注:本表资料由自治区国土厅、海洋局、林业厅、气象局气候中心气候变化评价室提供。

Note: Autonomous Region Territorial Resources Bureau, Oceanic Administration Bureau,Forestry Bureau and Evaluation Office for Climatic Variation in Weather Center of Meteorological Bureau provide the data in this table.The date of the land is in 2012.

8－1　续表 1　countinued

指　标	Indicators	2016
森林覆盖率（%）	Forest-coverage Rate (%)	62.3
按市分	Grouped by City	
南 宁 市	Nanning	47.7
柳 州 市	Liuzhou	65.0
桂 林 市	Guilin	70.9
梧 州 市	Wuzhou	75.9
北 海 市	Beihai	36.3
防城港市	Fangchenggang	58.7
钦 州 市	Qinzhou	54.2
贵 港 市	Guigang	46.3
玉 林 市	Yulin	61.0
百 色 市	Baise	67.4
贺 州 市	Hezhou	72.9
河 池 市	Hechi	68.7
来 宾 市	Laibin	51.8
崇 左 市	Chongzuo	54.7
五、矿产资源（保有资源储量，万吨）	**Mineral Ensured Reserves (10 000 tons)**	
锰矿（矿石）	Manganese (ore)	47449
锡（Sn）	Tin	70
砷（As）	Arsenic	41
钨（Wo_3）	Wolfram	36
锑（Sb）	Antimony	50
铝土矿（矿石）	Bauxite (ore)	88625
滑石（矿石）	Talcum (ore)	1620
重晶石（矿石）	Barite (ore)	5249
镁（白云岩，矿石）	Magnesium (dolomite,ore)	161
硫铁矿（矿石）	Troilite (ore)	25980
煤矿（矿石）	Coal (ore)	208861

8－2 主要河流基本情况（2016年）
Major Rivers (2016)

河流名称	River	流域面积（万平方公里）Drainage Area (10 000 sq.km)	年径流量（亿立方米）Annual Flow (100 million sq.m)	水力资源蕴藏量（万千瓦）Hydropower Resource (10 000 kw)	流域面积占全区总面积的比重（%）As Percentage of Total Drainage Area of Guangxi (%)
全自治区	**Total**	**23.67**	**1978.10**	**2133.00**	**100**
#红水河	Hongshuihe River	3.86	255.33	690.00	16.3
郁　江	Yujiang River	6.81	262.69	355.86	28.8
西江下游区	Lower Reaches of Xijiang River	2.14	171.11	25.82	9.0
桂　江	Guijiang River	1.82	290.47	146.20	7.7
南流江	Nanliujiang River	0.92	91.77	49.06	3.9
柳　江	Liujiang River	4.20	430.07	341.82	17.7
贺　江	Hejiang River	0.84	64.46		3.5

注：本表数据由自治区水利厅提供，下表同。

Note: The data in this table and the above one is provided by Autonomous Region Water Conservancy Bureau.

8－3 水资源基本情况
Water Resources of Guangxi

年份与市别	Year & Cities	地表水资源量（亿立方米）Volume of Surface Water Resources (100 million cu.m)	地下水资源量（亿立方米）Volume of Underground Water Resources (100 million cu.m)	人均水资源量（立方米/人）Per Capita Water Resources (cu.m/person)
2000		1592.10	385.01	3375
2001		2415.10	438.78	5031
2002		2372.60	514.50	4942
2003		1807.10	575.30	3740
2004		1604.52	321.53	3282
2005		1720.82	365.69	3494
2006		1881.00	453.20	3792
2007		1377.83	341.30	2891
2008		2282.45	504.77	4739
2009		1484.31	256.84	3069
2010		1823.60	355.80	3962
2011		1350.02	271.21	2909
2012		2086.36	587.34	4476
2013		2057.33	478.12	4360
2014		1978.06	402.97	4164
2015		2432.20	467.28	5074
2016		2177.00	529.15	4503
南宁市	Nanning	122	36	1726
柳州市	Liuzhou	210	46	5314
桂林市	Guilin	419	98	8370
梧州市	Wuzhou	136	25	4502
北海市	Beihai	33	11	2113
防城港市	Fangchenggang	73	19	7846
钦州市	Qinzhou	117	29	3617
贵港市	Guigang	103	23	2383
玉林市	Yulin	147	46	2548
百色市	Baise	131	44	3615
贺州市	Hezhou	169	40	8267
河池市	Hechi	315	64	8989
来宾市	Laibin	121	26	5500
崇左市	Chongzuo	82	23	3937

8—4 供水用水情况（2016年）
Statistics of Water Supply & Consumption (2016)

单位：亿立方米 (100 million cu.m)

地 区	Region	供水总量 Total Volume of Water Supply	#地表水 Surface Water	用水总量 Total Volume of Water Consumption	#农田灌溉用水 Water for Irrigation of Agricultural Land	工业用水 Water Consumption for Industry	居民生活用水 Water Consumption for Household
全自治区	**Total**	**290.60**	**278.00**	**290.60**	**177.50**	**49.80**	**28.00**
南宁市	Nanning	41.82	39.82	41.82	23.23	8.76	4.42
柳州市	Liuzhou	22.35	20.64	22.35	11.88	5.81	2.55
桂林市	Guilin	41.05	40.45	41.05	28.25	4.75	3.07
梧州市	Wuzhou	14.34	14.32	14.34	7.50	2.72	2.00
北海市	Beihai	10.92	9.42	10.92	5.64	1.98	1.03
防城港市	Fangchenggang	6.15	6.12	6.15	2.94	1.66	0.51
钦州市	Qinzhou	14.50	14.02	14.50	9.86	1.89	1.66
贵港市	Guigang	28.54	27.13	28.54	18.38	4.33	2.49
玉林市	Yulin	24.54	23.55	24.54	15.47	2.92	3.22
百色市	Baise	20.24	19.14	20.24	12.70	3.03	1.83
贺州市	Hezhou	15.04	14.70	15.04	11.32	0.79	1.01
河池市	Hechi	15.18	14.29	15.18	10.84	0.94	1.91
来宾市	Laibin	23.42	22.76	23.42	10.93	9.16	1.18
崇左市	Chongzuo	12.47	11.61	12.47	8.58	1.10	1.18

注：本表由自治区水利厅提供。
Note: The data in this table is provided by Autonomous Region Water Conservancy Bureau.

8－5 主要城市气象站点平均气温（2016年）

单位：℃

城 市	City	1月 Jan.	2月 Feb.	3月 Mar.	4月 Apr.	5月 May.	6月 Jun.
南 宁	Nanning	12.6	12.3	17.6	24.5	26.5	28.9
柳 州	Liuzhou	10.8	12.2	16.5	23.1	25.6	28.9
桂 林	Guilin	8.8	10.6	14.8	21.0	23.1	28.2
梧 州	Wuzhou	12.0	12.1	16.7	23.6	25.5	28.1
北 海	Beihai	14.8	13.7	19.0	25.4	27.9	29.8
防城港	Fangchenggang	14.1	13.9	18.4	24.9	27.5	29.4
钦 州	Qinzhou	13.2	13.3	18.1	24.6	27.0	28.6
贵 港	Guigang	12.5	12.9	17.7	25.1	26.7	29.3
玉 林	Yulin	13.1	13.2	17.9	24.7	26.7	28.7
百 色	Baise	13.3	13.5	19.1	24.8	26.8	28.8
贺 州	Hezhou	9.6	10.6	15.5	22.0	24.3	28.0
河 池	Hechi	10.8	12.5	16.1	22.4	24.6	28.0
来 宾	Laibin	11.1	11.8	16.5	23.3	25.5	28.0
崇 左	Chongzuo	13.0	13.7	18.1	24.8	26.8	28.8

注：本表资料由自治区气象局气象台气候变化评价室提供。
Note: The data on this table is provided by Evaluation Office for Climatic Variation in Weather Center of Meteorological Bureau.

Monthly Average Temperature at Meteorological Stations of Major Cities（2016）

(℃)

7月 Jul.	8月 Aug.	9月 Sep.	10月 Oct.	11月 Nov.	12月 Dec.	年平均 Annual Average
29.0	28.3	27.1	25.1	19.4	16.1	22.3
30.4	29.6	28.1	25.3	17.9	14.8	21.9
29.9	29.0	27.0	23.2	15.8	12.7	20.3
29.0	28.3	27.0	24.8	18.2	15.7	21.8
29.9	28.9	28.3	27.0	20.8	18.8	23.7
29.3	28.8	28.5	26.8	20.7	18.7	23.4
28.3	28.1	27.5	25.8	19.7	17.7	22.7
29.7	29.5	28.2	26.0	19.0	16.6	22.8
28.7	28.5	27.3	25.8	19.5	17.1	22.6
29.6	27.9	26.8	24.6	18.6	16.5	22.5
29.0	27.7	26.1	22.9	16.5	13.5	20.5
29.3	28.1	26.3	24.1	17.5	14.7	21.2
28.9	28.5	26.8	24.3	17.7	14.6	21.4
28.8	27.9	26.9	25.3	19.6	17.6	22.6

8－6　主要城市气象站点降水量（2016年）

单位：毫米

城 市	City	1月 Jan.	2月 Feb.	3月 Mar.	4月 Apr.	5月 May.	6月 Jun.
南 宁	Nanning	129.1	19.0	38.6	130.8	203.8	345.2
柳 州	Liuzhou	112.9	32.7	53.3	175.8	235.2	435.7
桂 林	Guilin	99.8	20.1	125.9	386.7	362.9	324.0
梧 州	Wuzhou	254.7	34.2	96.3	229.2	300.4	191.0
北 海	Beihai	394.9	18.7	48.2	70.2	151.7	180.9
防城港	Fangchenggang	282.7	9.7	47.2	130.2	147.4	412.1
钦 州	Qinzhou	202.9	14.7	72.1	95.7	116.9	431.4
贵 港	Guigang	160.7	17.4	45.3	98.8	292.7	242.0
玉 林	Yulin	236.3	24.7	46.4	151.1	175.6	166.3
百 色	Baise	12.7	9.0	6.3	105.4	135.5	104.7
贺 州	Hezhou	200.8	40.5	98.9	348.3	280.1	240.0
河 池	Hechi	42.2	8.0	32.7	143.4	257.0	302.9
来 宾	Laibin	97.1	26.0	35.4	84.7	230.3	414.9
崇 左	Chongzuo	96.4	10.8	31.1	106.0	56.4	166.6

Monthly Average Precipitation at Meteorological Stations of Major Cities (2016)

(mm)

7月 Jul.	8月 Aug.	9月 Sep.	10月 Oct.	11月 Nov.	12月 Dec.	年平均 Annual Average
76.0	355.2	47.2	152.8	44.6	4.1	1546.4
100.3	165.0	123.0	55.0	100.0	16.1	1605.0
149.7	153.4	62.9	9.9	157.8	66.5	1919.6
150.6	278.7	147.9	39.6	142.0	9.6	1874.2
158.5	401.4	124.8	179.1	82.4	12.7	1823.5
593.7	343.3	203.5	137.1	48.7	36.6	2392.2
535.7	402.9	194.8	363.1	121.3	29.1	2580.6
146.0	189.8	170.6	101.5	114.2	30.6	1609.6
223.4	161.8	172.3	57.4	141.9	25.6	1582.8
55.7	304.7	86.1	105.1	11.7	10.6	947.5
124.8	172.6	121.5	70.0	214.9	19.7	1932.1
60.9	307.6	135.8	95.3	37.7	13.7	1437.2
68.1	174.8	145.4	84.1	117.1	5.1	1483.0
106.8	523.1	101.8	113.4	26.4	15.5	1354.3

8—7 主要年份城市公用事业基本情况
Basic Statistics on Urban Public Utilities in Main Years

指 标	Item	2010	2011	2012	2013	2014	2015	2016
全年供水总量（万吨）	Total Volume of Tap Water Supply (10 000 tons)	147291	154483	155501	161657	162236	173266	176719
#生活用水量	Households	72823	74324	63118	78101	79239	93869	99385
人均日生活用水量（升）	Per Capita Daily Water Consumption (liter)	250	242	247	240	235	256	256
用水普及率（%）	Percentage of Population with Access Tap Water (%)	94.7	93.9	95.3	95.9	94.4	97.5	97.7
人均城市道路面积（平方米）	Area of Roads Owned per 10 000 Persons (sq.m)	14.31	14.34	14.74	15.53	15.75	16.28	17.06
建成区路网密度（公里/平方公里）	Road Network Density of Developed Area (km/sq.km)							6.44
建成区道路面积率（%）	Road Area Ratio of Developed Area (%)							13.9
排水管道总长度（公里）	Length of Drainpipes (km)	6417	7264	7726	8309	8771	10588	11480
污水处理厂座数（座）	Number of Effluent Treatment Plants (unit)	32	33	33	32	34	41	47
污水处理厂能力（万立方米/日）	Treatment Capacity of Polluted Water (10 000 cu.m/day)	221	257	254	262	287	303	326
污水处理厂集中处理率（%）	Rate of Centralized Treatment of Polluted Water (%)	46.8	53.0	60.0	59.3	60.5	67.8	70.6
液化石油气供气总量（吨）	Total Liquefied Petroleum Gas Supply (ton)	303804	297416	326110	309475	267632	262313	255863
#家庭用量	Used by Residential Households	263720	246834	262661	242840	223605	212108	217047
人工煤气供气总量（万立方米）	Total Manufactured Gas Supply (10 000 cu.m)	4517	4503	4423	4533	4739	4439	4428
#家庭用量	Used by Residential Households	3993	3927	3788	3970	3952	3671	3517
天然气供气总量（万立方米）	Total Natural Gas Supply (10 000 cu.m)	10320	13606	16904	22234	28510	38789	48713
#家庭用量	Used by Residential Households	4403	5983	7591	9496	12547	15726	20792
用气普及率（%）	Rate of Households with Access to Natural Gas (%)	92.4	91.1	93.3	93.6	93.0	94.5	95.9
园林绿地面积（公顷）	Area of Gardens & Green Space (hectare)	60225	64461	67149	69870	72414	82382	84484
公园绿地面积（公顷）	Area of Green Space of Parks (hectare)	8331	10012	10753	10812	11086	12111	12799
人均公园绿地面积（平方米）	Per Capita Public Green Space of Parks (sq.m)	9.83	11.02	11.60	11.48	11.19	11.60	11.77
建成区绿化覆盖率（%）	Coverage Area of Forestation of Developed Area (%)	35.0	37.4	37.7	37.7	39.4	37.6	37.6
公园个数（个）	Number of Parks (unit)	146	168	178	183	196	216	239
公园面积（公顷）	Area of Parks (hectare)	5842	7205	7603	7626	7767	8579	8928
道路清扫保洁面积（万平方米）	Area Under Cleaning Program (10 000 sq.m)	11005	11133	11601	12927	14065	18189	19713
生活垃圾及粪便清运量（万吨）	Volume of Garbage, Excrement & Urine Disposal (10 000 tons)	267.71	255.81	267.00	312.24	348.61	394.19	418.82
公共厕所数（座）	Number of Public Lavatories (unit)	1487	2104	2159	2156	2129	1496	1503
生活垃圾无害化处理率（%）	Rate of Garbage No Harmful Disposal (%)	91.1	95.5	98.1	96.4	95.4	98.7	99.0

注：1.本表为22个设市城市平均水平，下表同。
2.城市建设资料由自治区住房和城乡建设厅提供
3.有关公共交通的三个指标由自治区交通厅提供。

Note: 1.The data in this table refers to the average level of the 22 cities of Guangxi (the administrative level of Jingxi changed from county to city in 2015), and the same as the continued tables.
2.The data on city construction is provided by the GuangXi Housing & Urban & Rural Construction Department.
3.The data on public tromsportation is provided by the GuangXi Transportation Department.

8—8 城市市政公用设施水平（2016年）
Level of Urban Public Utilities in Cities（2016）

地 区	Region	人口密度（人/平方公里）Population Density (person/sq.km)	人均日生活用水量（升）Per Capita Daily Consumption of Tap Water for Residential Use (litre)	用水普及率（%）Rate of Population with Access to Water (%)	用气普及率（%）Rate of Population with Access to Gas (%)	建成区排水管道密度（公里/平方公里）Density of Drainpipes of Developed Area (km/sq.km)	人均城市道路面积（平方米）Area of Roads Owned per 10 000 Persons (sq.m)	建成区路网密度（公里/平方公里）Road Network Density of Developed Area (km/sq.km)
全区城市	**All Cities**	**1891**	**256.38**	**97.7**	**95.85**	**8.61**	**17.06**	**6.44**
南宁市	Nanning City	3637	329.80	96.14	99.49	5.31	14.73	5.5
柳州市	Liuzhou City	3581	217.67	98.36	95.27	7.62	12.76	5.68
桂林市	Guilin City	1558	298.00	97.17	99.99	8.10	14.08	6.69
梧州市	Wuzhou City	1275	209.31	96.17	94.18	7.67	17.48	9.63
北海市	Beihai City	467	306.78	97.76	99.78	11.43	20.69	5.66
防城港市	Fangchenggang City	844	261.75	100.00	97.91	13.87	33.11	8.14
钦州市	Qinzhou City	1022	290.99	99.92	96.69	10.05	35.24	5.49
贵港市	Guigang City	1471	183.86	98.29	97.70	5.82	20.43	5.05
玉林市	Yulin City	2333	176.41	100.00	98.89	11.19	15.45	8.66
百色市	Baise City	717	298.00	100.00	58.46	7.93	19.83	4.42
贺州市	Hezhou City	3081	203.63	99.00	90.72	8.49	18.49	3.34
河池市	Hechi City	2583	240.69	100.00	92.11	12.97	13.16	6.74
来宾市	Laibin City	3276	193.50	99.93	99.00	13.16	21.50	4.6
崇左市	Chongzuo City	3584	201.98	94.87	92.08	7.01	13.80	6.54

注：本表为22个设市城市（2015年百色靖西县撤县改市）平均水平，下表同。

Note: The data in this table refers to the average level of the 22 cities of Guangxi (the administrative level of Jingxi changed from county to city in 2015), and the same as the continued tables.

8－8　续表　continued

地　区	Region	建成区道路面积率(%) Road Area Ratio of Developed Area (%)	人均公园绿地面积(平方米) Public Green Space of Parks per Population (sq.m)	建成区绿地率(%) Rate of Green Land of Developed Area (%)	建成区绿化覆盖率(%) Coverage Area of Forestation of Developed Area (%)	污水处理率(%) Treatment Rate of Polluted Water (%)	#污水处理厂集中处理率(%) Concentrated Treatment Rate by Factory (%)	生活垃圾无害化处理率(%) Rate of Garbage No Harmful Disposal (%)
全区城市	**All Cities**	**13.91**	**11.77**	**32.58**	**37.62**	**92.11**	**70.58**	**98.96**
南宁市	Nanning City	14.92	12.07	36.33	42.12	89.51	78.74	99.04
柳州市	Liuzhou City	11.25	13.46	36.53	43.95	95.10	49.21	100.00
桂林市	Guilin City	13.22	11.91	36.52	40.73	90.05	87.46	100.00
梧州市	Wuzhou City	18.90	11.14	40.12	40.93	90.24	61.98	100.00
北海市	Beihai City	12.20	10.93	34.29	40.53	97.20	97.20	100.00
防城港市	Fangchenggang City	16.43	16.01	18.51	21.18	87.32	41.55	100.00
钦州市	Qinzhou City	14.11	12.75	33.66	38.54	95.88	86.71	100.00
贵港市	Guigang City	12.37	11.78	20.92	22.11	99.51	48.01	100.00
玉林市	Yulin City	15.64	10.23	32.14	37.07	99.14	99.14	100.00
百色市	Baise City	10.51	12.15	35.63	40.13	87.05	87.05	100.00
贺州市	Hezhou City	14.13	8.54	32.86	37.53	89.16	87.03	100.00
河池市	Hechi City	11.40	10.30	30.75	34.94	93.57	90.23	100.00
来宾市	Laibin City	15.03	10.33	31.22	33.26	87.37	87.37	100.00
崇左市	Chongzuo City	8.24	12.92	31.92	38.90	34.20	34.20	62.98

8－9 城市人口和建设用地（2016年）

Population & Developed Areas in Cities (2016)

地 区	Region	市区人口（万人）Urban Population (10 000 persons)	市区面积（平方公里）Area of Urban (sq.km)	城区人口（万人）Population of Cities (10 000 persons)	城区（县城）暂住人口（万人）Transient Population of cities (counties) (10 000 persons)	城区面积（平方公里）Area of Cities (sq.km)	建成区面积（平方公里）Developed Area (sq.km)	城市建设用地面积（平方公里）Land for Construction in Cities (sq.km)	#居住用地 Land for Residence	公共管理与公共服务用地 Land for Public Utilities	工业用地 Land for Industry
全区城市	**All Cities**	**2324.43**	**66000.60**	**875.30**	**212.31**	**5752.04**	**1333.80**	**1292.58**	**388.37**	**137.48**	**204.10**
南宁市	Nanning	441.67	9947.00	224.70	89.91	865.08	310.47	305.59	90.07	42.91	33.51
柳州市	Liuzhou	122.14	1016.00	114.91	51.38	464.39	188.49	188.49	48.83	17.45	43.74
桂林市	Guilin	129.85	2767.00	86.35	9.08	612.63	101.66	101.16	29.91	11.83	18.14
梧州市	Wuzhou	79.38	1850.20	48.18	13.67	485.01	57.19	55.71	19.01	5.46	8.51
北海市	Beihai	66.11	957.00	36.96	7.74	957.00	75.80	75.60	27.00	9.80	5.20
防城港市	Fangchenggang	60.39	2816.40	16.60	3.52	238.33	40.54	38.40	7.02	2.70	8.60
钦州市	Qinzhou	147.73	4767.20	32.92	3.31	354.38	90.50	89.98	22.79	7.45	21.68
贵港市	Guigang	199.59	3533.00	41.73	2.61	301.50	73.23	70.13	23.10	6.67	16.31
玉林市	Yulin	110.42	1251.30	55.38	15.08	302.04	69.60	69.22	26.28	9.56	2.18
百色市	Baise	36.06	3702.00	20.55	5.45	362.60	49.08	45.97	15.27	4.32	7.14
贺州市	Hezhou	119.48	5676.60	22.55	1.48	78.00	31.43	30.41	9.67	4.62	4.81
河池市	Hechi	42.85	2340.00	20.04	0.62	80.00	23.85	23.85	7.06	2.81	5.03
来宾市	Laibin	112.60	4363.00	29.71	0.43	92.00	43.10	43.10	11.43	1.67	6.22
崇左市	Chongzuo	37.50	2951.00	17.50	0.42	50.00	30.00	19.21	6.40	2.02	2.43

注：1. 全区城市数为22个设市合计数，14个地级市数为市本级数据，不含所辖（市）县。以下各表同。

2. 市区、城区人口及面积统计范围以国家建设部城市（县城）建设统计报表制度为准。即市区面积指的是城市行政区域内的全部土地面积（包括水域面积），城区面积指的是设市城市的城建统计的范围面积，市区、城区人口统计范围同。

Note: 1.The data on all the cities of Guangxi refers to the summary of data on 22 cities, and the data on 14 prefecture-level cities excludes the under counties(county-level cities). And the same as the tables below.

2. The statistical ranges of population and area of urban area and cities subject to the statistical report system of city(county seat) construction from the Ministry of Construction. The area of city district refers to the total land area(including the area of water) in the administrative areas of a city, and the urban area refers to the statistical range of city construction in a city. And so as the statistical range of the population of city district and urban area.

8－10 城市供水情况（2016年）
Statistics of Water Supply in Cities（2016）

地 区	Region	供水综合生产能力（万立方米/日）Comprehensive Productive Capacity of Water Supply (10 000 cu.m/day)	供水管道长度（公里）Length of Water Supply Pipelines (km)	供水总量（万立方米）Total Volume of Water Supply (10 000 cu.m)	#家庭用量 Households	用水人口（万人）Number of Residents with Access to Tap Water (10 000 persons)
全区城市	**All Cities**	**684.66**	**17493.30**	**176718.60**	**77849.09**	**1062.59**
南宁市	Nanning	164.80	3690.71	55445.34	28604.59	302.47
柳州市	Liuzhou	149.50	2593.19	42018.95	9854.72	163.56
桂林市	Guilin	46.60	1912.14	14354.94	7297.26	92.73
梧州市	Wuzhou	45.30	502.79	7032.41	3138.45	59.48
北海市	Beihai	36.44	1351.08	6973.78	3465.65	43.70
防城港市	Fangchenggang	17.60	468.46	4389.87	1489.86	20.12
钦州市	Qinzhou	31.38	973.76	5783.61	3181.31	36.20
贵港市	Guigang	35.08	1143.86	10002.68	2759.11	43.58
玉林市	Yulin	18.50	867.97	6423.74	3776.22	70.46
百色市	Baise	15.00	611.07	3480.98	2071.98	26.00
贺州市	Hezhou	8.00	522.47	2546.14	1470.08	23.79
河池市	Hechi	18.50	325.31	2432.00	1643.00	20.66
来宾市	Laibin	19.20	901.64	2648.10	2004.62	30.12
崇左市	Chongzuo	5.00	205.00	1542.30	800.00	17.00

8－11 城市园林绿化情况（2016年）
Basic Statistics on Parks, Gardens & Green Areas in Cities （2016）

地 区	Region	绿化覆盖面积（公顷）Coverage Area of Forestation (hectare)	#建成区 Developed Area	园林绿地面积（公顷）Area of Gardens & Green Area (hectare)	#建成区 Developed Area	公园绿地面积 Area of Public Green Area (hectare)	公园面积（公顷）Area of Parks (hectare)
全区城市	**All Cities**	**92506.34**	**50178.47**	**84483.53**	**43459.30**	**12798.72**	**8928.32**
#南宁市	Nanning	41515.16	13076.03	39717.58	11278.37	3798.67	2918.00
柳州市	Liuzhou	9181.22	8283.22	7962.20	6884.90	2237.84	1463.74
桂林市	Guilin	4364.18	4140.72	3913.80	3712.45	1136.48	611.29
梧州市	Wuzhou	3279.12	2340.72	3232.75	2294.34	689.08	608.31
北海市	Beihai	3072.53	3072.53	2599.14	2599.14	488.74	454.17
防城港市	Fangchenggang	1382.07	858.76	1251.70	750.31	322.16	79.00
钦州市	Qinzhou	12751.44	3487.59	11095.07	3046.63	461.84	425.83
贵港市	Guigang	1682.80	1619.12	1573.99	1531.69	522.22	196.00
玉林市	Yulin	2865.00	2580.00	2680.00	2237.00	721.00	670.00
百色市	Baise	2171.58	1969.58	1978.72	1748.72	315.79	161.00
贺州市	Hezhou	1296.63	1179.67	1145.90	1032.85	205.15	205.15
河池市	Hechi	909.25	833.42	809.21	733.41	212.80	212.62
来宾市	Laibin	1503.54	1433.50	1415.58	1345.54	311.32	60.41
崇左市	Chongzuo	1258.00	1167.00	981.53	957.53	231.50	152.60

8－12　城市市政设施情况（2016年）
Basic Statistics on Municipal Utilities in Cities（2016）

地　区	Region	城市道路长度（公里）Length of Roads (km)	城市道路面积（万平方米）Area of Roads (10 000 sq.m)	路灯盏数（盏）Number of Street Lights (10 000 unit)	排水管道长度（公里）Length of Drainpipes (km)	污水年排放量（万吨）Discharged Volume of Polluted Water (10 000 tons)	污水处理厂集中处理能力（万吨/日）Concentrated Treatment Capacity of Polluted Water by Factory (10 000 tons/day)	污水处理总量（万吨）Treated Total Volume of Polluted Water (10 000 tons)
全区城市	**All Cities**	**8584.62**	**18555.22**	**677299**	**11479.86**	**136471**	**325.6**	**125707**
#南宁市	Nanning	1707.75	4632.81	87063	1647.39	40217	83.0	35998
柳州市	Liuzhou	1071.24	2121.23	72156	1435.93	33615	57.5	31968
桂林市	Guilin	680.40	1343.69	68326	823.76	10852	41.5	9772
梧州市	Wuzhou	550.71	1081.00	84982	438.92	5626	12.7	5077
北海市	Beihai	428.89	924.63	31951	866.07	5928	20.0	5762
防城港市	Fangchenggang	330.13	666.09	21668	562.45	3297	4.0	2879
钦州市	Qinzhou	496.81	1276.60	23425	909.83	4055	22.5	3888
贵港市	Guigang	369.76	906.05	8810	426.12	8819	12.4	8776
玉林市	Yulin	602.75	1088.50	32600	778.81	5373	20.0	5327
百色市	Baise	216.70	515.69	30597	389.42	2611	6.0	2273
贺州市	Hezhou	105.05	444.25	17796	266.85	1789	5.0	1595
河池市	Hechi	160.66	271.88	18188	309.26	1821	5.0	1704
来宾市	Laibin	198.37	647.92	93690	567.28	2066	9.0	1805
崇左市	Chongzuo	196.34	247.27	9138	210.24	1120	3.0	383

8－13 城市公共交通、清洁卫生和供气情况（2016年）
Basic Statistics on Public Traffic, Urban Sanitation & Gas Supply in Cities（2016）

地 区 Region	年末实有公共汽车营运车辆（辆）Year-end Operating Public Buses (vehicle)	年末实有公共汽车标台营运车辆（标台）Year-end Operating Public Buses (standard vehicle)	运营线路网长度（公里）Length of Public Transporta-tion Routes (km)	公共汽车客运总量（万人次）Total Passenger Traffic (10 000 person-times)	出租汽车运营车数（辆）Taxis (vehicle)	道路清扫保洁面积（万平方米）Area Under Cleaning Program (10 000 sq.m)	生活垃圾清运量（万吨）Volume of Garbage Disposal (10 000 tons)
全区城市 All Cities	**12896**	**13828**	**25702**	**139583**	**21221**	**19713**	**411**
#南宁市 Nanning	3565	4544	3802	44287	6820	5743	107.31
柳州市 Liuzhou	1308	1589	1878	21207	2182	3315	53.97
桂林市 Guilin	761	1033	999	21500	2143	1997	40.86
梧州市 Wuzhou	379	381	778	5248	806	680	20.88
北海市 Beihai	386	426	440	3051	555	1370	30.36
防城港市 Fangchenggang	301	274	842	1502	336	636	8.82
钦州市 Qinzhou	244	249	658	1904	396	1116	14.85
贵港市 Guigang	197	226	271	1864	365	574	25.52
玉林市 Yulin	202	209	250	3758	699	708	28.89
百色市 Baise	215	242	553	2255	505	582	7.12
贺州市 Hezhou	131	131	219	1218	280	499	12.32
河池市 Hechi	147	147	278	2782	300	170	4.90
来宾市 Laibin	379	387	377	2477	530	592	11.57
崇左市 Chongzuo	86	82	294	420	109	198	5.16

注：“全区城市”包括所有设市城市和县；设市城市城区为设市城市本级行政管辖的地域，不包含市辖县（市）。

8－13 续表 continued

地 区 Region	垃圾无害化处理量(万吨) Volume of Garbage & Urine No Harmful Disposal (10 000 tons)	粪便清运量(万吨) Volume of Excrement & Urine Disposal (10 000 tons)	公共厕所座数(座) Number of Public Lavatories (unit)	市容环卫专用车辆设备总数(辆) Environmental Sanitation Equipment (unit)	液化石油气供气总量(吨) Total Volume of Liquid Petrol Gas Supply (ton)	人工煤气供气总量(万立方米) Total Volume of Manufactured Gas Supply (10 000 cu.m)	天然气供气总量(万立方米) Total Volume of Natural Gas Supply (10 000 cu.m)
全区城市 All Cities	**406.91**	**7.65**	**1503**	**7430**	**255862.94**	**4427.68**	**48713.44**
#南宁市 Nanning	106.28	2.53	220	4748	61409.65		22048.12
柳州市 Liuzhou	53.97	2.28	306	506	43136.80	4237.58	5940.38
桂林市 Guilin	40.86	0.00	319	455	19941.20		5641.00
梧州市 Wuzhou	20.88	0.00	72	123	5267.55		2472.09
北海市 Beihai	30.36	0.75	111	151	20001.50		3810.00
防城港市 Fangchenggang	8.82	0.00	22	224	9825.25		629.09
钦州市 Qinzhou	14.85	0.12	84	81	11379.60		1303.89
贵港市 Guigang	25.52	0.38	43	130	14749.00		1193.20
玉林市 Yulin	28.89	0.00	58	74	24000.50		2867.97
百色市 Baise	7.12	0.57	43	357	5994.00		265.97
贺州市 Hezhou	12.32	0.00	26	81	2291.60		229.12
河池市 Hechi	4.90	0.00	28	52	5018.00	190.10	14.3
来宾市 Laibin	11.57	0.00	33	50	3505.56		627.83
崇左市 Chongzuo	3.25	0.00	12	129	3401.05		48.46

8－14　主要年份工业污染治理项目建设情况

Construction of Industrial Pollution Treatment Projects in Main Years

指　标	Item	1995	2000	2005	2010	2011	2012	2013	2014	2015	2016
汇总工业企业数（个）	Total Number of Industrial Enterprises (unit)			255	126	191	194	159	135	108	139
施工项目本年投资来源合计（万元）	Total Funds of Projects under Construction in This Year (10 000 yuan)			103730	92845	129745	127329	183218	178909	247151	130433
排污费补助	Pollution Charges Subsidies			9533	770	1524	494	0	325	168	801
政府其他补助	Other Government Subsidies			284	388	3574	4721	9617	4331	2367	832
企业自筹	Self-raising Funds			93914	91687	123639	80429	173601	174253	244616	128800
#银行贷款	Loans			32665	30	19258	8193	12281	12076	1260	35
施工项目本年完成投资额（万元）	Completed Investment in Construction Projects in This Year (10 000 yuan)	33191	73659	103730	92845	129745	127329	183218	178909	247151	130442
治理废水	Treatment of Waste Water	17867	40020	33678	47388	58814	47863	66235	32927	15939	10906
治理废气	Treatment of Waste Gas	10184	26895	56863	27250	64494	63105	110217	106049	187490	104600
治理固体废物	Treatment of Solid Wastes	3771	2716	1849	17024	3249	8782	540	17201	26722	14096
治理噪声	Treatment of Noise Pollution	389	102	505.3	80	156	2	276	0	50	0
治理污染搬迁	Treatment of Moving away for Pollution			10	0	0	0	0	0	0	0
治理其他	Treatment of Other Pollution	980	3927	10824.4	1104	2801	7577	7051	22731	16950	840
施工和竣工项目（个）	Projects under Construction & Projects Completed (unit)										0
当年施工项目（个）	Projects under Construction (unit)	1002	1270	389	175	315	207	143	109	137	119
#治理废水	Treatment of Waste Water			166	109	146	95	52	48	36	36
治理废气	Treatment of Waste Gas			174	36	84	40	55	40	65	60
治理固体废物	Treatment of Solid Wastes			34	22	37	16	6	6	7	9
治理噪声	Treatment of Noise Pollution			7	1	6	1	3	0	2	0
治理污染搬迁	Treatment of Moving away for Pollution			1	0	0	0	0	0	0	0
治理其他	Treatment of Other Pollution			7	7	36	55	27	15	27	14
当年竣工项目（个）	Projects Completed (unit)	844	1060	307	166	223	203	157	119	99	79
#治理废水	Treatment of Waste Water	292	443	124	104	105	92	53	49	29	24
治理废气	Treatment of Waste Gas	355	553	138	34	62	42	71	48	45	41
治理固体废物	Treatment of Solid Wastes	100	32	30	20	25	13	5	5	5	7
治理噪声	Treatment of Noise Pollution	62	4	7	1	6	1	3	0	1	0
治理污染搬迁	Treatment of Moving away for Pollution			1	0	0	0	0	0	0	0
治理其他	Treatment of Other Pollution		28	7	7	22	55	25	17	19	7

8—15 主要年份工业污染排放及处理利用情况
Discharge, Treatment & Utilization of Industrial Pollution in Main Years

指 标	Item	1995	2000	2005	2010	2011	2012	2013	2014	2015	2016
汇总工业企业数（个）	Total Number of Industrial Enterprises (unit)			1738	4443	3565	3517	3532	3464	3543	3298
工业废水排放量（万吨）	Volume of Industrial Waste Water Discharged (10 000 tons)	96563	81571	145609	165211	101234	110671	89508	72936	63253	32554
#经过处理达标	Treated Waste Water up to Discharge Standard	42227	30303	121873	160139						
工业废气排放总量（亿标立方米）	Volume of Industrial Waste Gas Discharged (100 million cu.m)	2797	4607	8339	14520	29853	27611	29051	18631	16773	13485
#燃料燃烧过程中废气排放量	Volume of Waste Gas in the Process of Fuel Burning	1699	1787	4370	8584						
生产工艺过程中废气排放量	Volume of Waste Gas in the Process of Production	1098	2820	3969	5936						
二氧化硫排放总量（万吨）	Volume of Sulfur Dioxide Discharged (10 000 tons)	76	83	97	85	48.87	47.16	43.8	43.1	38.6	13
烟（粉）尘排放量（万吨）	Volume of Smoke (dust) Discharged (10 000 tons)					26	26.85	26.0	37.6	32.9	21.0
烟尘排放总量（万吨）	Volume of Soot Discharged (10 000 tons)	50	59	54	26						
工业粉尘排放量（万吨）	Volume of Dust Discharged (10 000 tons)	28	57	56	32						
工业固体废物产生量（万吨）	Volume of Industrial Solid Waste Product (10 000 tons)	1588	2108	3489	6232	7438	7964	7676	8038	7023	6476
工业固体废物处置量（万吨）	Volume of Industrial Solid Waste Treated (10 000 tons)	238	227	109	1563	2050	2218	1609	1454	546	259
工业固体废物综合利用量（万吨）	Volume of Comprehensive Utilization of Industrial Solid Waste (10 000 tons)	727	1058	2165	4231	4292	5369	5425	5058	4433	4152
工业固体废物排放量（万吨）	Volume of Industrial Solid Wastes Discharged (10 000 tons)	99	127	110	9.1	2.57	0.41	0.38	0.37	0.42	0.35
“三废”综合利用产品产值（万元）	Output Value of Products Made from Utilization of Waste Gas, Waste Water & Waste Residues (10 000 yuan)	110322	84856	238923	510233						

8－16 环境污染治理投资情况
Investment in Environment Pollution Treatment

指 标	Item	2014	2015	2016
环境污染源治理投资总额（万元）	**Total Investment in Treatment of Environmental Pollution (10 000 yuan)**	**2045292**	**2329068**	**1908757**
一、工业污染源治理项目本年完成投资	Completed Investment in Treatment of Industrial Pollution Sources Projects in This Year	178909	247151	130433
二、当年完成环保验收项目环保投资	Enviornment Protection Investment in the Environmental Protection Acceptance Projects in the Year	387683	596962	176712
三、城市环境基础设施建设本年完成投资额	Investment in Urban Environment Basic Facilities Construction Completed in the Year	1478700	1484955	1601612
燃气工程建设	Engineering Construction of Gas	147347	115689	117135
排水工程建设	Engineering Construction of Drainage	395776	546952	517550
园林绿化工程建设	Engineering Construction of Landscaping	825240	754666	831305
市容环境卫生	Sanitation of Cities	110337	67648	135622

8－17　重点调查工业废水排放及治理情况（2016年）
Discharge & Treatment of Waste Water by Branch of Industry (2016)

指标名称	Item	汇总工业企业数（个）Number of Industrial Enterprises (unit)	工业废水排放总量（万吨）Total Discharged Volume of Industrial Waste Water (10 000 tons)	废水治理设施数（套）Number of Facilities for Treatment of Waste Water (set)
总　计	**Total**	**3298**	**32554.3**	**1609**
煤炭采选业	Coal Mining & Processing	21	193.6	13
石油和天然气开采业	Petroleum & Natural Gas Extraction			
黑色金属矿采选业	Ferrous Metals Mining & Processing	26	14.2	9
有色金属矿采选业	Nonferrous Metals Mining & Processing	123	2063.6	46
非金属矿采选业	Nonmetal Mining & Processing	30	177.1	9
其他采矿业	Other Mining Industries	3	159.7	1
农副食品加工业	Major Grain & Sideline Product Processing	386	6155.3	296
食品制造业	Food Production	82	1044.0	61
饮料制造业	Beverage Production	62	1212.2	50
烟草制造业	Tobacco Processing	3	42.6	2
纺织业	Textile Industry	87	816.4	73
纺织服装、鞋、帽制造业	Garments, Shoes & Accessories Manufacturing	25	1227.1	22
皮革、毛皮、羽绒及其制造业	Leather, Furs, Down & Related Products	16	121.1	9
木材加工及竹、藤、棕、草制品业	Timber, Bamboo, Cane, Palm Fiber, Straw Products	183	135.8	50
家具制造业	Manufacture of Furniture	10	0	1
造纸及纸制品业	Papermaking & Paper Products	151	8639.1	113
印刷业和记录媒介的复制	Printing & Record Medium Reproduction	21	121.8	10
文教、工美、体育和娱乐用品制造业	Culture, Education, Handcraft Art, Sport & Enter tainment Goods Manufacturing	2	5.3	2
石油加工、炼焦及核燃料加工业	Petroleum Refining & Coking	8	364.5	7
化学原料及化学制品制造业	Raw Chemical Materials & Chemical Products	240	4112.1	154
医药制造业	Medical & Pharmaceutical Products	78	637.1	68

8—17 续表 continued

指标名称	Item	汇总工业企业数（个）Number of Industrial Enterprises (unit)	工业废水排放总量（万吨）Total Discharged Volume of Industrial Waste Water (10 000 tons)	废水治理设施数（套）Number of Facilities for Treatment of Waste Water (set)
橡胶和塑料制品业	Rubber & Plastic Products	27	59.3	12
非金属矿物制品业	Nonmetal Mineral Products	1181	355.3	284
黑色金属冶炼及压延加工业	Smelting & Pressing of Ferrous Metals	167	1409.8	94
有色金属冶炼及压延加工业	Smelting & Pressing of Nonferrous Metals	101	958.8	48
金属制品业	Metal Products	64	163.0	33
通用设备制造业	Ordinary Machinery	10	9.7	5
专用设备制造业	Special Purpose Equipment	20	152.9	11
汽车制造业	Automobile Manufacturing	38	671.2	27
铁路、船舶、航空航天和其他运输设备制造业	Railway, Ship, Aerospace & Other Transportation Equipment Manufacturing	6	22.0	2
电气机械和器材制造业	Electric Equipment & Machinery	9	21.0	4
计算机、通信和其他电子设备制造业	Computer, Communication & Other Electronic Equipment Manufacturing	11	634.9	9
仪器仪表制造业	Instruments Manufacturing	6	10.8	5
其他制造业	Other Manufacturing	30	29.5	12
废弃资源综合利用业	Waste Resources Comprehensive Utilization	30	81.6	6
金属制品、机械和设备修理业	Metal Product, Machinery & Equipment Repair Services	3	176.0	4
电力、热力生产和供应业	Production & Supply of Electric Power & Steam	34	551.5	55
燃气生产和供应业	Production & Supply of Gas	2	0	1

8－18 重点调查工业废气排放及治理情况（2016年）

指标名称	Item	汇总工业企业数（个）Number of Industrial Enterprises (unit)	废气治理设施数（套）Number of Facilities for Treatment of Waste Gas (set)	工业废气排放量（亿立方米）Total Volume of Industrial Waste Gas Emission (100 million cu.m)
总　计	**Total**	**3298**	**5294**	**13485.0**
煤炭采选业	Coal Mining & Processing	21	1	0
石油和天然气开采业	Petroleum & Natural Gas Extraction			
黑色金属矿采选业	Ferrous Metals Mining & Processing	26	4	11.0
有色金属矿采选业	Nonferrous Metals Mining & Processing	123	13	20.6
非金属矿采选业	Nonmetal Mining & Processing	30	16	9.8
其他采矿业	Other Mining Industries	3	0	0
农副食品加工业	Major Grain & Sideline Product Processing	386	460	519.7
食品制造业	Food Production	82	72	44.0
饮料制造业	Beverage Production	62	65	53.9
烟草制造业	Tobacco Processing	3	9	1.1
纺织业	Textile Industry	87	81	19.8
纺织服装、鞋、帽制造业	Garments, Shoes & Accessories Manufacturing	25	52	4.1
皮革、毛皮、羽绒及其制造业	Leather, Furs, Down & Related Products	16	14	1.8
木材加工及竹、藤、棕、草制品业	Timber, Bamboo, Cane, Palm Fiber, Straw Products	183	268	478.4
家具制造业	Manufacture of Furniture	10	16	3.8
造纸及纸制品业	Papermaking & Paper Products	151	157	291.2
印刷业和记录媒介的复制	Printing & Record Medium Reproduction	21	11	1.3
文教、工美、体育和娱乐用品制造业	Culture, Education, Handcraft, Art, Sport & Entertainment Goods Manufacturing	2	4	0.1
石油加工、炼焦及核燃料加工业	Petroleum Refining & Coking	8	7	249.2
化学原料及化学制品制造业	Raw Chemical Materials & Chemical Products	240	413	347.3
医药制造业	Medical & Pharmaceutical Products	78	75	55.0

Discharge & Treatment of Waste Gas by Branch of Industry（2016）

二氧化硫去除率 (%) Removed rate of Sulfur Dioxide (%)	二氧化硫排放量 (吨) Volume of Sulfur Dioxide Discharged (ton)	氮氧化物去除率 (%) Removed rate of Nitrogen Oxides (%)	氮氧化物排放量 (吨) Volume of Nitrogen Oxides Discharged (ton)	烟（粉）尘排放量 (吨) Volume of Smoke & Dust Discharged (ton)
90.2	**130268.1**	**56.6**	**158368.2**	**209514.7**
0	0	0	0	0.1
0	2.0	0	3.1	8.0
95.8	675.1	0	2.6	94.4
30.4	58.6	0	31.6	167.1
0	0	0	0	0
50.6	5624.4	15.7	8456.5	13739.9
33.0	1074.8	17.0	467.6	619.6
65.9	1534.5	28.8	844.6	651.8
69.8	7.6	0	6.8	0.9
47.9	315.5	12.4	304.4	1215.2
0	513.0	0	117.8	160.3
58.0	71.5	0	16.7	31.2
9.4	533.9	0.1	683.4	6392.6
0	1.8	0	1.4	29.0
72.8	4918.1	39.6	4103.1	5301.6
16.4	72.6	0	20.9	39.5
0	0	0	0.4	0.1
89.8	889.2	2.3	2571.6	579.8
67.4	8553.4	43.1	3104.6	5362.2
23.9	892.4	7.5	483.9	435.0

8－18 续表

指标名称	Item	汇总工业企业数（个）Number of Industrial Enterprises (unit)	废气治理设施数（套）Number of Facilities for Treatment of Waste Gas (set)	工业废气排放量（亿立方米）Total Volume of Industrial Waste Gas Emission (100 million cu.m)
橡胶和塑料制品业	Rubber & Plastic Products	27	26	5.6
非金属矿物制品业	Nonmetal Mineral Products	1181	2209	3634.4
黑色金属冶炼及压延加工业	Smelting & Pressing of Ferrous Metals	167	419	4091.5
有色金属冶炼及压延加工业	Smelting & Pressing of Nonferrous Metals	101	316	1347.6
金属制品业	Metal Products	64	73	57.0
通用设备制造业	Ordinary Machinery	10	5	1.3
专用设备制造业	Special Purpose Equipment	20	168	45.2
汽车制造业	Automobile Manufacturing	38	97	192.2
铁路、船舶、航空航天和其他运输设备制造业	Railway, Ship, Aerospace & Other Transportation Equipment Manufacturing	6	3	13.8
电气机械和器材制造业	Electric Equipment & Machinery	9	20	4.7
计算机、通信和其他电子设备制造业	Computer, Communication & Other Electronic Equipment Manufacturing	11	11	2.6
仪器仪表制造业	Instruments Manufacturing	6	5	1.8
其他制造业	Other Manufacturing	30	6	25.3
废弃资源综合利用业	Waste Resources Comprehensive Utilization	30	16	8.4
金属制品、机械和设备修理业	Metal Product, Machinery & Equipment Repair Services	3	21	78.0
电力、热力生产和供应业	Production & Supply of Electric Power & Steam	34	157	1858.7
燃气生产和供应业	Production & Supply of Gas	2	1	4.9

continued

二氧化硫去除率 (%) Removed rate of Sulfur Dioxide (%)	二氧化硫排放量 (吨) Volume of Sulfur Dioxide Discharged (ton)	氮氧化物去除率 (%) Removed rate of Nitrogen Oxides (%)	氮氧化物排放量 (吨) Volume of Nitrogen Oxides Discharged (ton)	烟（粉）尘排放量 (吨) Volume of Smoke & Dust Discharged (ton)
3.1	293.7	0	68.9	116.7
34.3	28512.8	50.7	75579.0	52701.6
72.4	19892.5	18.2	26953.1	104133.3
95.7	18379.5	51.7	7066.7	3880.7
1.5	7056.4	0	417.2	3978.6
0	50.2	0	14.3	7.7
0	70.0	0	15.4	346.0
47.3	23.4	0	91.1	631.0
0	30.2	0	12.0	13.1
0	0.1	0	1.4	3.6
82.4	15.4	64.6	14.5	3.4
0	0.3	0	0	1.4
10.9	317.5	0	134.2	853.8
0	51.4	0	49.5	18.5
0	0	0	1.7	567.7
95.6	29816.7	80.2	26720.8	7421.1
50.0	15.9	0	1.4	6.4

8－19　重点调查工业固体废物排放及治理情况（2016年）

指标名称	Item	汇总工业企业数（个）Number of Industrial Enterprises (unit)	工业固体废物产生量（万吨）Volume of Industrial Solid Waste Produced (10 000 tons)	#危险废物（吨）Dangerous Wastes (ton)
总　计	**Total**	**3298**	**6476.5**	**204.37**
煤炭采选业	Coal Mining & Processing	21	38.8	0
石油和天然气开采业	Petroleum & Natural Gas Extraction			
黑色金属矿采选业	Ferrous Metals Mining & Processing	26	165.2	0
有色金属矿采选业	Nonferrous Metals Mining & Processing	123	518.9	3.75
非金属矿采选业	Nonmetal Mining & Processing	30	68.0	0
其他采矿业	Other Mining Industries	3	0.4	0
农副食品加工业	Major Grain & Sideline Product Processing	386	430.9	0.02
食品制造业	Food Production	82	6.7	0
饮料制造业	Beverage Production	62	42.1	0
烟草制造业	Tobacco Processing	3	0	0
纺织业	Textile Industry	87	1.9	0
纺织服装、鞋、帽制造业	Garments, Shoes & Accessories Manufacturing	25	1.1	0
皮革、毛皮、羽绒及其制造业	Leather, Furs, Down & Related Products	16	0.7	0.02
木材加工及竹、藤、棕、草制品业	Timber, Bamboo, Cane, Palm Fiber, Straw Products	183	26.6	0
家具制造业	Manufacture of Furniture	10	0	0
造纸及纸制品业	Papermaking & Paper Products	151	78.7	0.01
印刷业和记录媒介的复制	Printing & Record Medium Reproduction	21	0.3	0.18
文教、工美、体育和娱乐用品制造业	Culture, Education, Handcraft, Art, Sport & Entertainment Goods Manufacturing	2	0	0.01
石油加工、炼焦及核燃料加工业	Petroleum Refining & Coking	8	0.1	5.10
化学原料及化学制品制造业	Raw Chemical Materials & Chemical Products	240	396.8	93.19
医药制造业	Medical & Pharmaceutical Products	78	8.1	0.04

Discharge & Treatment of Industrial Solid Wastes（2016）

工业固体废物综合利用量(万吨) Volume of Industrial Solid Wastes Utilized (10 000 tons)	工业固体废物贮存量(万吨) Volume of Industrial Solid Wastes Accumulated (10 000 tons)	工业固体废物处置量(万吨) Volume of Industrial Solid Wastes Treated (10 000 tons)	工业固体废物排放量(万吨) Volume of Industrial Solid Wastes Discharged (10 000 tons)
4152.2	**2153.3**	**259.2**	**0.35**
39.0	0	0	0
106.8	56.3	2.0	0
328.0	177.6	55.3	0.28
49.1	1.1	19.3	0
0	0	0.4	0
391.2	0.4	43.4	0
6.3	0.2	0.3	0
38.9	0	3.6	0
0	0	0	0
1.6	0	0.4	0
1.1	0	0	0
0.7	0	0	0.02
26.1	0	0.5	0
0	0	0	0
66.2	4.5	8.1	0
0.2	0	0.1	0
0	0	0	0
0	0	0.1	0
216.2	123.1	62.7	0
5.0	0.1	3.1	0

8－19　续表

指标名称	Item	汇总工业企业数（个）Number of Industrial Enterprises (unit)	工业固体废物产生量（万吨）Volume of Industrial Solid Waste Produced (10 000 tons)	#危险废物（吨）Dangerous Wastes (ton)
橡胶和塑料制品业	Rubber & Plastic Products	27	0.4	0.01
非金属矿物制品业	Nonmetal Mineral Products	1181	130.0	1.43
黑色金属冶炼及压延加工业	Smelting & Pressing of Ferrous Metals	167	1437.2	6.47
有色金属冶炼及压延加工业	Smelting & Pressing of Nonferrous Metals	101	1557.4	74.77
金属制品业	Metal Products	64	356.1	3.45
通用设备制造业	Ordinary Machinery	10	0.4	0.02
专用设备制造业	Special Purpose Equipment	20	2.6	0.33
汽车制造业	Automobile Manufacturing	38	16.2	1.27
铁路、船舶、航空航天和其他运输设备制造业	Railway, Ship, Aerospace & Other Transportation Equipment Manufacturing	6	0	0
电气机械和器材制造业	Electric Equipment & Machinery	9	0	0.12
计算机、通信和其他电子设备制造业	Computer, Communication & Other Electronic Equipment Manufacturing	11	5.0	13.64
仪器仪表制造业	Instruments Manufacturing	6	0.1	0.01
其他制造业	Other Manufacturing	30	2.5	0.04
废弃资源综合利用业	Waste Resources Comprehensive Utilization	30	0.7	0.20
金属制品、机械和设备修理业	Metal Product, Machinery & Equipment Repair Services	3	0.4	0.01
电力、热力生产和供应业	Production & Supply of Electric Power & Steam	34	1180.0	0.29
燃气生产和供应业	Production & Supply of Gas	2	2.1	0

continued

工业固体废物 综合利用量 (万吨) Volume of Industrial Solid Wastes Utilized (10 000 tons)	工业固体废物 贮存量 (万吨) Volume of Industrial Solid Wastes Accumulated (10 000 tons)	工业固体废物 处置量 (万吨) Volume of Industrial Solid Wastes Treated (10 000 tons)	工业固体废物 排放量 (万吨) Volume of Industrial Solid Wastes Discharged (10 000 tons)
0.4	0	0	0
132.1	0.9	7.8	0.03
1293.5	125.9	39.9	0
246.3	1307.6	5.4	0
355.7	0	0.4	0
0	0	0.4	0
2.4	0	0.3	0
15.6	0	0.5	0
0	0	0	0
0	0	0	0
0	0	5.0	0
0.1	0	0	0
2.5	0	0	0
0.6	0	0.1	0
0.1	0	0.3	0
824.5	355.5	0	0
2.1	0	0	0

主要统计指标解释

自然资源　指人类可以直接从自然界获得，并用于生产和生活的物质资源。自然资源一般可以分成可再生资源和非再生资源两大类。可再生资源指在较短时间内可以再生、可以循环利用的资源，包括土地资源、水资源、气候资源、生物资源和海洋资源等。非再生资源指在使用后不能再生的资源，包括矿产资源和地热能源。

土地资源　土地是指陆地的表层部分，它主要由岩石、岩石的风化物和土壤构成。土地资源按利用类型可以分为农用地、建筑用地和未利用地。农用地包括耕地、园地、林地、牧草地和水面。建筑用地包括居民点及工矿用地、交通用地和水利设施用地。未利用地指家用地和建筑用地以外的土地，包括滩涂、荒漠、戈壁、冰川和石山等。

林业用地面积　指生长乔木、竹类、灌木、沿海红树林等林木的土地面积，包括有林地、灌木林、疏林地、未成林造林地、迹地、苗圃等。

草地面积　指牧区和农区用于放牧牲畜或割草，植被盖度在5%以上的草原、草坡、草山等面积。包括天然的和人工种植或改良的草地面积。

海洋　是海和洋的统称。洋为地球表面上相连接的广大咸水水体的主体部分。海为地球表面相连接的广大咸水水体被陆地、岛礁、半岛包围或分隔的边缘部分。

森林面积　指由乔木树种构成，郁闭度0.2以上（含0.2）的林地或冠幅宽度10米以上的林带的面积，即有林地面积。森林面积包括天然起源和人工起源的针叶林面积、阔叶林面积、针阔混交林面积和竹林面积，不包括灌木林地面积的疏林地面积。

活立木蓄积量　指一定范围内土地上全部树木蓄积的总量，包括森林蓄积、疏林蓄积、散生木蓄积和四旁树蓄积。

森林覆盖率　指一个国家或地区森林面积占土地总面积的百分比。森林覆盖率是反映森林资源的丰富程度和生态平衡善的重要指标。在计算森林覆盖率时，森林面积包括郁闭度0.2以上的乔木林地面积和竹林地面积，国家特别规定的灌木林地面积、农田林网以及四旁（村旁、路旁、水旁、宅旁）林木的覆盖面积。计算公式为：

$$\text{森林覆盖率（\%）}=\frac{\text{森林面积}}{\text{土地总面积}}\times 100\%$$

矿产资源保有储量　指探明的矿产储量（包括工业储量和远景储量）扣除已开采部分和地下损失量后的年底实有储量。它反映国家矿产资源的现状。

径流量　指在一定时段内通过河流某一过水断面的水量，用以反映一个国家或地区水资源的丰歉程度。计算公式为：

$$\text{径流量}=\text{降水量}-\text{蒸发量}$$

气温　指空气的温度，我国一般以摄氏度（℃）为单位表示。气候观测的温度表是放在离地面约1.5米处通风良好的百叶箱里测量的，因此，通常的气温指的是离地面1.5米处百叶箱中的温度。其统计计算方法为：

月平均气温是将全月各日的平均气温相加，除以该月的天数而得。

年平均气温是将12个月的平均气温累加后除以12而得。

降水量　指从天空降落到地面的液态或固态（经融化后）水，未经蒸发、渗透、流失而在地面上积聚的深度。其统计计算方法为：

月降水量是将全月各日的降水量累加而得。

年降水量是将12个月的月降水量累加而得。

日照时数　指太阳实际照射地面的时间。其统计方法与降水量相同。

工业废水排放量　指经过企业厂区所有排放口排到企业外部的工业废水量。包括生产废水、外排的直接冷却水、超标排放的矿井地下水和与工业废水混排的厂区生活污水，不包括外排的间接冷却水（清污不分流的间接冷却水应计算在内）。

工业废气排放量　指企业厂内燃料燃烧和生产工艺过程中产生的各种排入空气的含有污染物的气体总量，按标准状态

（273K，101325Pa）计算。

二氧化硫排放量 指企业在燃料燃烧和生产工艺过程中排入大气的二氧化硫数量。

烟尘排放量 指企业厂内燃料燃烧产生的烟气中夹带的颗粒物数量。

工业粉尘排放量 指企业在生产工艺过程中排放的颗粒物重量，如钢铁企业的耐火材料粉尘、焦化企业的筛焦系统粉尘、烧结机的粉尘、石灰窑的粉尘、建材企业的水泥粉尘等。不包括电厂排入大气的烟尘。

工业固体废物产生量 指企业在生产过程中产生的固体状、半固体状和高浓度液体废弃物的总量，包括危险废物、冶炼废渣、粉煤灰、炉渣、煤矸石、尾矿、放射性废物和其他废物等；不包括矿山开采的剥离废石和掘进废石（煤矸石和呈酸性或碱性的废石除外）。酸性或碱性废石指采掘的废石其流经水、雨淋水的pH值小于4或pH值大于10.5者。

工业固体废物综合利用量 指通过回收、加工、循环、交换等方式，从固体废物中提取或者使其转化为可以利用的资源、能源和其他原材料的固体废物量（包括当年利用往年的工业固体废物累计贮存量），如用作农业肥料、生产建筑材料、筑路等。综合利用量由原产生固体废物的单位统计。

工业固体废物处置量 指将固体废物焚烧或者最终置于符合环境保护规定要求的场所，并不再回取的工业固体废物量（包括当年处置往年的工业固体废物累计贮存量）。处置方法有填埋（其中危险废物应安全填埋）、焚烧、专业贮存场（库）封场处理、深层灌注、回填矿井等。

工业固体废物排放量 指将所产生的固体废物排到固体废物污染防治设施、场所以外的数量，不包括矿山开采的剥离废石和掘进废石（煤矸石和呈酸性或碱性的废石除外）。

"三废"综合利用产品产值 指利用"三废"（废液、废气、废渣）作为主要原料生产的产品价值（现行价）；已经销售或准备销售的应计算产品价值，留作生产自用的不应计算产品价值。

城市统计范围 根据建设部的新规定，设市城市按城区范围统计，县的统计范围为县城。

设市城市的城区 包括：

（一）街道办事处所辖地域；

（二）城市公共设施、居住设施和市政公用设施等连接到的其他镇（乡）地域；

（三）常住人口在3000人以上独立的工矿区、开发区、科研单位、大专院校等特殊区域。

县城 包括：

（一）县政府驻地的镇（城关镇）或街道办事处地域；

（二）县城公共设施、居住设施和市政公用设施等连接到的其他镇（乡）地域；

（三）常住人口在3000人以上独立的工矿区、开发区、科研单位、大专院校等特殊区域。

市区面积 指城市行政区域内的全部土地面积（包括水域面积）。地级城市行政区不包括市辖县（市），以国务院批准的行政区划面积为准。

城区面积 指设市城市的城建统计的范围面积。

市区（县）人口 指城市（县）行政区域内有常住户口和未落常住户口的人，以及被注销户口的在押犯、劳改、劳教人员。未落常住户口是指持出生、迁移、复员转业、劳改释放、解除劳教等证件未落常住户口的、无户口的人员以及户口情况不明且定居一年以上的流入人口。

城区（县城）人口 指划定的城区（县城）范围的人口数。

Explanatory Notes on Main Statistical Indicators

Natural Resources refer to the material resources that can be get from nature directly and used for production and life. Natural resources usually can be divided into 2 kinds; renewable resources and non-renewable resources. Renewable resources refer to the resources that can reproduce or recycle in a comparatively short time, including land resource, water resource, climate resource, biology resource, ocean and sea resource and so on. Non-renewable resources refer to the resources that cannot reproduce after using, including mineral resources and geothermal resource.

Land Resource Land refers to the surface of the earth, consisting of mainly rocks and its weathering and earth. Land resource can be classified, by its utilization, as land for agriculture, land for construction and unused land. Land for agriculture includes cultivated land, plantation land, forestland, grassland and waters. Land for construction includes land for residential purpose, for manufacturing and mining, for transportation and for water conservancy projects. Unused land refers to land other than land for agriculture and construction, including beaches, deserts, Gobi, glaciers and rock mountains.

Area of Afforested Land refers to land for trees, bamboo, bushes and mangrove, including forest-covered land, bush-covered land, sparse forest land, land planned for forestation and nurseries of young trees.

Area of Grassland refers to areas of grassland, grass-slopes and grass-covered hills with vegetation covering rate of over 5% that are used for animal husbandry or harvesting of grass. It includes natural, cultivated and improved grassland area.

Oceans and Seas Oceans refer to the principal part of the large bodies of saltwater connecting on the surface of the earth. Seas refer to the edges that the large bodies of saltwater connecting on the surface of the earth encircled or isolated by land, islands, reefs and peninsulas.

Forest Area refers to the area of forest where trees and bamboo grow with canopy density above 0.2 including land of natural woods and planted woods, but excluding bush land and thin forestland. It reflects the total areas of forestation.

Stock Volume of Forest refers to total stock volume of wood growing in forest area, which shows the total size and level of forest resources of a country or a region. It is also an important indicator illustrating the richness of forest resource and the status of forest ecological environment.

Forest Coverage Rate refers to the ratio of area of forestation land to total land area. It is a very important indicator that reflects the status of abundance of forest resource and ecosystem balance. Forest area includes the area of trees and bamboo grow with canopy density above 0.2, the area of shrubby tree according to regulations of the government, the area of forest land inside farm land and the area of trees planted by the side of villages, farm houses and along roads and rivers. The formula for calculating forest coverage rate is as follows:

Forest Coverage Rate (%) = (Area of Forested Land / Area of Total Land) × 100%

Ensured Reserves of Mineral Resources refer to the proven reserves of mineral resources (including industrial reserves and future reserves), which equal to the basic reserves and volume of resources minus the part mined and underground losses. They reflect status quo of mineral resources of countries.

Volume of Runoff refers to the volume of water that run through a certain cross section of a river during a given period, and it reflects the abundance of water resource in a country or region. The formula for calculating the volume of runoff is as follows:

Volume of Runoff = Amount of Precipitation – Amount of Evaporation

Atmospheric Temperature refers to the temperature of air, and is usually measured in degree centigrade (℃) in China. The thermometer for climate observation is placed in a drafty thermometer screen in distance of 1.5 meters from ground, thus the atmospheric temperature usually called refers to the temperature in the thermometer in distance of 1.5 meters from ground. The statistical calculating method is:

Average monthly atmospheric temperature equals to add up the average atmospheric temperatures of all days over a month and then multiplies the number of days over the month.

Average annual atmospheric temperature equals to add up the average monthly atmospheric temperatures and then multiplies 12.

Amount of Precipitation refers to the depth of liquid or solid (melted) water, which falls from sky to land, collected on ground without evaporation, infiltration and loss. The statistical calculating method is:

Monthly amount of precipitation equals to add up the amount of precipitation in all days over a month.

Annual amount of precipitation equals to add up the monthly amount of precipitation in 12 months of 1 year.

Sunshine Time refers to the actual hours that the sun shining ground. The statistical calculating method is the same as amount of precipitation.

Volume of Industrial Waste Water Discharged refers to the volume of industrial waste water discharged, through all outlets, to the outside of industrial enterprises, including waste water produced, direct-cooling water, underground water from mines from mines that does not meet the standard of discharge, and the domestic sewage mixed up with industrial waste water when discharged, but excluding discharged indirect-cooling water.

Volume of Industrial Waste Gas Emission refers to waste gas emitted from burning of fuels and from production process in the area of factory, and is measured by 10 000 standard cubic meters each year under normal condition (273K, 101325Pa).

Volume of Industrial Sulphur Dioxide Discharged refers to the volume of sulphur dioxide to the air in the process of fuel burning or in the production process.

Volume of Industrial Soot Discharged refers to the volume solid soot in the smoke discharged in the process of fuel burning in the area of the factory.

Industrial Dust Discharged refers to the total weight of solid dust discharged by industrial enterprises in the production process, such as dust of refractory materials form iron plants, dust from coke-screening systems or from sintering machines of coking plants, dust form lime kilns, cements dust from building material enterprises, etc., but excluding smoke and dust discharged by power plants.

Volume of Industrial Solid Wastes Produced refers to the total volume of solid, semi-solid or high-concentration liquid residue produced by industrial enterprises in their production process, including dangerous wastes, residues from melting, fly ash, slag, gangue, tailings, radioactive residues and other residues, but excluding stripped or dug stones in mining (except gangue and acid or alkali stones which are stones washed or soaked by water with a PH value smaller than 4 or larger than 10.5)

Volume of Industrial Solid Wastes Utilized in a Comprehensive Way refers to the volume of solid wastes form which useful materials can be extracted or which can be changed to be utilizable resources, energy or other materials, including the volume of industrial solid wastes stored up in the previous years and utilized in the current year, such as the solid wastes utilized as fertilizers, building materials, for making roads or for other purpose. Solid wastes producing units collect statistical data on utilization of industrial solid wastes.

Volume of Industrial Solid Wastes Treated refers to solid wastes disposed of in a non-recoverable place that meet the requirement of environmental protection, such as burying (The dangerous wastes should be buried safely), burning, piling in designated sites, pouring water into the deep strata, filing of old mines, etc. (including treatment of solid wastes piled up in the previous years).

Volume of Industrial Solid Wastes Discharged refers to the volume of industrial solid wastes produced and discharged at the places outside the special facilities or special sites for preventing against pollution, excluding stripped or dug stones in mining (except gangue and acid or alkali waste stones).

Output Value of Products Made from Utilization of Waste Gas, Waste Water and Industrial Solid Wastes refers to the value of products (calculated at current prices) made by industrial enterprises using recovered waste water, waste gas or solid wastes as main raw materials. Only the value of the products, which have been sold or are ready, to be sold should be included. The value of the products, which will be used in the production of the enterprises, should not be included.

Statistical Range of City According to the new regulation of Ministry of Construction, the statistical range of administratively designated city refers to the urban area, and the statistical range of county refers to the county seat.

Urban Area of Administratively Designated City includes:

1. The area ruled by sub-district offices;

2. The area of other towns (villages) joint by city public facilities, living facilities and municipal facilities;

3. The special area of independent industrial and mining areas, development zones, institutions of scientific research and universities and colleges, with the permanent population above 3000 persons.

County Seat includes:

1. The area of the seat towns of county governments or sub-district offices;

2. The area of other towns (villages) joint by public facilities of county seats, living facilities and municipal facilities;

3. The special area of independent industrial and mining areas, development zones, institutions of scientific research and universities and colleges, with the permanent population above 3000 persons.

Area of City District refers to the total land area (including water area) in the administrative areas of the city. The administrative areas of the prefecture-level city excludes the under counties (county-level cities), and subject to the area of administrative divisions authorized by the State Department.

Urban Area refers to the area of the statistical range of the administratively designated cities' construction.

Population of City District (county) refers to the population with permanent residences and not yet with permanent residences, and the residence-canceled population of criminals in custody, reform-through-labor personnel and reeducation- through-labor personnel. The population not yet with permanent residences refers to the personnel that without residences or have not registered their identifications (such as for birth, transferring, demobilization and returning to civilian work, reform- through-labor personnel released and reeducation-through-labor personnel released) as permanent residences yet, and also includes the influx of population that have uncertain residences and settle for more than 1 year.

Population of Urban Area (county seat) refers to the population in the range of the circumscribed urban area (county seat).

⑨

2017广西统计年鉴

第九篇

能源生产与消费

ENERGY PRODUCTION & CONSUMPTION

（编辑：李剑波）

9－1　能源生产、消费总量（1978－2016年）

Production & Consumption of Energy（1978－2016）

单位：万吨标准煤　　(10 000 tons of SCE)

年　份 Year	能源生产总　量 Total Production of Energy	原煤 Coal	原油 Crude Oil	水电及其他能源 Hydroelectricity & Other Resources of Energy	能源消费总　量 Total Consumption of Energy	煤炭 Coal	石油 Oil	水电及其他能源 Hydroelectricity & Other Resources of Energy
1978	508.59	382.26		126.33	781.00	479.53	175.14	126.33
1979	475.57	341.44		134.13	765.00	437.58	193.29	134.13
1980	415.21	287.79		127.42	730.00	413.91	188.69	127.40
1981	440.82	288.59		152.23	717.00	391.55	173.22	152.23
1982	481.92	306.91		175.01	769.00	439.95	154.04	175.01
1983	524.21	333.76	3.07	187.38	810.00	461.21	161.41	187.38
1984	526.19	324.50	4.50	197.19	854.00	487.63	169.18	197.19
1985	638.52	330.16	5.13	303.23	1008.21	530.60	125.70	351.91
1986	571.19	264.64		306.55	1022.77	542.36	125.89	354.52
1987	628.55	315.04	5.39	308.12	1135.66	648.80	133.47	353.39
1988	684.25	417.56	5.20	261.49	1160.21	728.76	121.75	309.70
1989	706.28	465.87	4.67	235.74	1200.28	776.59	127.22	296.47
1990	704.63	416.27	17.14	271.22	1308.21	820.62	151.81	335.78
1991	693.59	426.95	4.49	262.15	1386.88	903.22	155.70	327.96
1992	783.88	492.88	4.59	286.41	1549.30	1034.80	157.16	357.34
1993	958.47	502.35	4.40	451.72	1809.21	1068.67	179.18	561.36
1994	1064.73	575.91	4.61	484.21	2047.95	1232.19	193.60	622.16
1995	1103.39	561.90	14.53	526.96	2256.52	1261.41	227.49	767.62
1996	1035.50	531.33	5.14	499.03	2301.11	1303.05	244.90	753.16
1997	1065.84	472.81	5.60	587.43	2327.74	1190.25	245.92	891.57
1998	975.93	430.71	4.50	540.72	2417.68	1218.87	318.95	879.86
1999	855.47	346.25	5.00	504.22	2472.73	1299.03	327.89	845.81
2000	833.28	300.26	4.70	528.32	2487.40	1226.29	378.09	883.02
2001	838.35	260.31	4.64	573.21	2700.97	1372.09	461.87	867.01
2002	770.23	185.31	5.00	579.93	2778.58	1322.61	536.27	919.71
2003	729.67	188.12	4.69	651.15	3187.66	1632.08	678.97	876.61
2004	908.43	267.06	5.13	636.24	4014.56	1971.15	863.13	1180.28
2005	1220.99	358.78	4.90	857.31	4536.74	2540.57	798.47	1197.70
2006	1359.27	288.54	4.84	1065.88	5022.95	2697.33	863.95	1461.67
2007	1467.60	305.91	4.11	1157.58	5588.61	3297.28	927.71	1363.62
2008	1926.42	191.30	4.09	1730.91	6054.22	3396.42	974.73	1683.07
2009	1820.23	259.86	4.13	1556.24	6592.74	3876.53	1068.02	1648.19
2010	1951.85	428.48	3.84	1519.53	7379.23	3977.40	1224.95	2176.88
2011	1777.24	445.37	3.24	1328.63	8005.79	4315.12	1377.00	2313.67
2012	2129.80	440.96	3.27	1685.57	8530.55	4555.32	1408.13	2567.11
2013	2517.35	369.26	62.50	2084.26	9100.37	5229.98	1443.41	2426.98
2014	2869.84	341.29	83.86	2444.69	9515.34	5025.22	1593.11	2897.01
2015	3274.39	224.60	79.30	2970.49	9760.65	4492.78	1760.29	3507.58
2016	3147.49	227.45	67.72	2852.32	10092.36	4738.59	1860.64	3493.13

注：1. 本表指标均为常规能源折合标准煤。

2. 从1988年起电力折标系数调整，2000年－2013年因第三次经济普查数据作调整。

Note：1.The items in this table are converted into SCE.

2.Since 1988, the ratio of Hydro-Power converted into SCE has been adjusted. The data from 2000 to 2013 has been adjusted by the 3rd Economic Census.

9-2 能源生产、消费构成（1978-2016年）

Composition of Energy Production & Consumption（1978-2016）

单位：%　　(%)

年 份 Year	能源生产总量 Total Production of Energy	原煤 Coal	原油 Crude Oil	水电及其他能源 Hydroelectricity & Electricity Produced by Other Powers	能源消费总量 Total Consumption of Energy	煤炭 Coal	石油 Oil	水电及其他能源 Hydroelectricity & Electricity Produced by Other Powers
1978	100	75.2		24.8	100	61.4	22.4	16.2
1979	100	71.8		28.2	100	57.2	25.3	17.5
1980	100	69.3		30.7	100	56.7	25.9	17.4
1981	100	65.5		34.5	100	54.6	24.2	21.2
1982	100	63.7		36.3	100	57.2	20.0	22.8
1983	100	63.7	0.5	35.8	100	56.9	19.9	23.2
1984	100	61.7	0.8	37.5	100	57.1	19.8	23.1
1985	100	51.7	0.8	47.5	100	52.6	12.4	35.0
1986	100	46.3	0.9	53.7	100	53.0	12.3	34.7
1987	100	50.1	0.9	49.0	100	57.1	11.8	31.1
1988	100	61.0	0.8	38.2	100	62.8	10.5	26.7
1989	100	66.0	0.7	33.4	100	64.7	10.6	24.7
1990	100	59.1	2.4	38.5	100	62.7	11.6	25.7
1991	100	61.6	0.6	37.8	100	65.1	11.2	23.7
1992	100	62.9	0.6	36.5	100	66.8	10.1	23.1
1993	100	52.4	0.5	47.1	100	59.1	9.9	31.0
1994	100	54.1	0.4	45.5	100	60.2	9.5	30.3
1995	100	50.9	1.3	47.8	100	55.9	10.1	34.0
1996	100	51.3	0.5	48.2	100	56.6	10.6	32.8
1997	100	44.4	0.5	55.1	100	51.1	10.6	38.3
1998	100	44.1	0.5	55.4	100	50.4	13.2	36.4
1999	100	40.5	0.6	58.9	100	52.5	13.6	33.9
2000	100	36.0	0.6	63.4	100	49.3	15.2	35.5
2001	100	31.1	0.6	68.3	100	50.8	17.1	32.1
2002	100	24.1	0.7	75.2	100	47.6	19.3	33.1
2003	100	25.8	0.6	73.6	100	51.2	21.3	27.5
2004	100	32.3	0.8	66.9	100	49.1	21.5	29.4
2005	100	29.4	0.4	70.2	100	56.0	17.6	26.4
2006	100	21.2	0.4	78.4	100	53.7	17.2	29.1
2007	100	20.8	0.3	78.9	100	59.0	16.6	24.4
2008	100	9.9	0.2	89.9	100	56.1	16.1	27.8
2009	100	14.3	0.2	85.5	100	58.8	16.2	25.0
2010	100	22.0	0.2	77.9	100	53.9	16.6	29.5
2011	100	25.1	0.2	74.8	100	53.9	17.2	28.9
2012	100	20.7	0.2	79.1	100	53.4	16.5	30.1
2013	100	18.7	3.2	78.3	100	57.5	15.9	26.6
2014	100	15.6	3.5	82.1	100	52.8	16.7	30.5
2015	100	6.9	2.4	90.7	100	46.0	18.0	36.0
2016	100	7.2	2.2	90.6	100	47.0	18.4	34.6

9-3 能源利用效益主要指标
Economic Results Indicators for the Utilization of Energy

年 份 Year	每万元地区生产总值消费能源 (吨标准煤) Per 10 000 Yuan GDP Energy Consumption (ton of SCE)	每万元工业总产值消费能源 (吨标准煤) Per10 000 Yuan Gross Output Value of Industry Energy Consumption (ton of SCE)	每吨能源消费实现的地区生产总值（元） Per Ton Energy Consumption Format Gross Domestic Product (yuan)	每吨能源消费实现的工业总产值（元） Per Ton Energy Consumption Format Gross Industrial Output Value (yuan)
1985	5.57	5.25	1795	1905
1990	2.91	2.84	3431	3526
1991	2.67	2.57	3739	3891
1992	2.40	2.16	4173	4640
1993	2.08	1.59	4818	6276
1994	1.71	1.26	5851	7912
1995	1.51	1.26	6637	7917
1996	1.36	1.16	7379	8597
1997	1.28	1.12	7807	8928
1998	1.27	1.09	7906	9161
1999	1.27	1.16	7973	8649
2000	1.20	1.13	8362	8859
2001	1.18	1.22	8439	8213
2002	1.10	1.17	9083	8575
2003	1.13	1.11	8850	8982
2004	1.17	0.95	8553	10523
2005	1.14	0.97	8182	10273
2006	1.06	0.83	9449	12081
2007	0.96	0.72	10420	13843
2008	0.86	0.63	11597	15983
2009	0.85	0.60	11769	16678
2010	0.77	0.47	12969	21277
2011	0.68	0.41	14640	24235
2012	0.65	0.38	15280	26144
2013	0.63	0.35	15799	26489
2014	0.61	0.32	16156	31467
2015	0.58	0.29	17215	34062
2016	0.55	0.30	18078	33439

注：1. 价值指标按当年价格计算。因1998年后价值指标作调整，故本表资料相应变化。
2. 2000年－2013年数据根据第三次经济普查调整。

Note：1.The data in value terms in this table are calculated at current prices. Due to the indicators of value have been readjusted since 1998, the data in this table have been relatively changed.
2.The data from 2000 to 2013 has been adjusted by the 3rd Economic Census.

9—4 能源消费弹性系数
Elasticity Ratio of Energy Consumption

年 份 Year	能源消费 比上年增长（%） Growth Rate of Energy Consump-tion over Preceding Year (%)	电力消费 比上年增长（%） Growth Rate of Electricity Consump-tion over Preceding Year (%)	地区生产总值 比上年增长（%） Growth Rate of GDP over Preceding Year (%)	能源消费 弹性系数 Elasticity Ratio of Energy Consumption	电力消费 弹性系数 Elasticity Ratio of Electricity Consumption
1985	6.4	15.1	11.0	0.58	1.37
1990	8.2	11.8	7.0	1.17	1.69
1991	6.0	7.8	12.7	0.47	0.61
1992	11.7	13.1	18.3	0.64	0.72
1993	16.8	10.1	18.3	0.92	0.55
1994	13.2	13.0	15.2	0.87	0.85
1995	10.2	19.8	11.4	0.90	1.74
1996	2.0	7.5	8.3	0.24	0.90
1997	1.2	3.3	8.0	0.15	0.41
1998	3.9	7.9	10.0	0.39	0.79
1999	2.3	5.7	8.0	0.29	0.71
2000	8.0	11.4	7.9	1.01	1.44
2001	8.6	3.1	8.3	1.03	0.37
2002	2.8	7.5	10.6	0.26	0.73
2003	14.7	16.5	10.2	1.44	1.58
2004	25.9	9.9	11.8	2.19	0.84
2005	15.6	11.7	13.2	1.18	0.89
2006	10.7	13.6	13.6	0.79	1.00
2007	11.3	17.6	15.1	0.75	1.17
2008	8.3	11.7	12.8	0.65	0.91
2009	8.9	11.7	13.9	0.64	0.84
2010	11.9	16.0	14.2	0.84	1.13
2011	8.5	12.0	12.3	0.69	0.98
2012	6.6	3.7	11.3	0.58	0.33
2013	6.7	7.3	10.2	0.66	0.72
2014	4.6	5.6	8.5	0.54	0.66
2015	2.6	2.0	8.1	0.32	0.25
2016	3.4	1.9	7.3	0.47	0.26

9—5 主要年份分行业能源消费量和构成

行业名称	Sector	1995		2000		2005	
		消费总量（万吨标准煤）Total Consumption (10 000 tce)	构成（%）Composition (%)	消费总量（万吨标准煤）Total Consumption (10 000 tce)	构成（%）Composition (%)	消费总量（万吨标准煤）Total Consumption (10 000 tce)	构成（%）Composition (%)
消费总计	**Total Consunmption**	**2256.52**	**100.0**	**2487.40**	**100.0**	**4536.74**	**100.0**
一、农、林、牧、渔业、水利业	**Farming,Forestry,Animal Husbandry, Fishery & Conservancy**	**45.37**	**2.0**	**52.73**	**2.1**	**96.18**	**2.1**
二、工业	**Industry**	**1848.24**	**81.9**	**1893.66**	**76.1**	**3341.76**	**73.7**
轻工业	**Light Industry**	**480.48**	**21.3**	**450.47**	**18.1**	**563.46**	**12.4**
重工业	**Heavy Industry**	**1367.76**	**60.6**	**1443.19**	**58.0**	**2778.30**	**61.2**
（一）采矿业	**Mining & Quarrying**	**92.03**	**4.1**	**83.58**	**3.4**	**92.10**	**2.0**
煤炭开采和洗选业	Mining & Washing of Coal	34.62	1.5	25.87	1.0	14.06	0.3
石油和天然气开采业	Extraction of Petroleum & Natural Gas			0.50	…	0.45	…
黑色金属矿采选业	Mining & Processing of Ferrous Metal Ores	10.55	0.5	7.96	0.3	21.78	0.5
有色金属矿采选业	Mining & Processing of Non-Ferrous Metal Ores	32.46	1.4	40.30	1.6	39.02	0.9
非金属矿采选业	Mining & processing of Nonmetal Ores	9.74	0.4	6.47	0.3	13.16	0.3
开采辅助活动	Mining Assist Activities						
其他采矿业	Mining of Other Ores	4.66	0.2	2.49	0.1	3.18	0.1
（二）制造业	**Manufacturing**	**1568.96**	**69.5**	**1679.99**	**67.5**	**3104.04**	**68.4**
农副食品加工业	Processing of Food from Agricultural Products	187.26	8.3	239.29	9.6	286.72	6.3
食品制造业	Manufacture of Foods	36.78	1.6	20.65	0.8	12.70	0.3
酒、饮料和精制茶制造业	Wine, Drink & Refined Tea Manufacturing	29.40	1.3	12.93	0.5	24.04	0.5
烟草制品业	Manufacture of Tobacco	4.18	0.2	3.73	0.2	6.35	0.1
纺织业	Manufacture of Textile	34.56	1.5	16.17	0.7	20.87	0.5
纺织服装、服饰业	Manufacture of Textile Wearing Apparel,Footware & Caps	2.80	0.1	0.99	0.1	1.36	…
皮革、毛皮、羽毛及其制品业和制鞋业	Manufacture of Leather,Fur,Feather & Related Products	2.33	0.1	2.24	0.1	4.54	0.1
木材加工及木、竹、藤、棕、草制品业	Processing of Timber,Manufacture of Wood,Bam boo,Rattan, Palm & Sreaw Products	14.27	0.6	16.91	0.7	25.41	0.6
家具制造业	Manufacture of Furniture	4.56	0.2	1.49	0.1	3.18	0.1
造纸及纸制品业	Manufacture of Paper and Paper Products	66.99	3.0	61.94	2.5	120.22	2.7
印刷业和记录媒介的复制	Printing,Reproduction of Recording Media	1.92	0.1	1.74	0.1	6.35	0.1
文教、工美、体育和娱乐用品制造业	Manufacture of Articles For Culture,Education & Sport Activity	0.29	…	0.25	…	0.45	…
石油加工、炼焦和核燃料加工业	Processing of Petroleum,Coking, Processing of Nuclear Fuel	8.64	0.4	9.45	0.4	33.12	0.7
化学原料及化学制品制造业	Manufacture of Raw Chemical Materials & Chemical Products	225.44	10.0	221.63	8.9	355.23	7.8

Comsuption & Composition of Energy by Sector in Main Years

2011		2012		2013		2014		2015		2016	
消费总量(万吨标准煤) Total Consumption (10 000 tce)	构成(%) Composition (%)	消费总量(万吨标准煤) Total Consumption (10 000 tce)	构成(%) Composition (%)	消费总量(万吨标准煤) Total Consumption (10 000 tce)	构成(%) Composition (%)	消费总量(万吨标准煤) Total Consumption (10 000 tce)	构成(%) Composition (%)	消费总量(万吨标准煤) Total Consumption (10 000 tce)	构成(%) Composition (%)	消费总量(万吨标准煤) Total Consumption (10 000 tce)	构成(%) Composition (%)
8005.79	**100.0**	**8530.56**	**100.0**	**9100.37**	**100.0**	**9515.35**	**100.0**	**9760.65**	**100.0**	**10092.36**	**100.0**
129.69	**1.6**	**134.78**	**1.6**	**191.27**	**2.1**	**218.38**	**2.3**	**235.13**	**2.4**	**255.13**	**2.5**
5802.60	**72.5**	**6131.77**	**71.9**	**6759.21**	**74.3**	**6848.42**	**72.0**	**6862.57**	**70.3**	**6983.35**	**69.2**
887.84	**11.1**	**880.35**	**10.3**	**858.98**	**9.4**	**946.51**	**10.0**	**878.09**	**9.0**	**766.85**	**7.6**
4914.75	**61.4**	**5252.27**	**61.6**	**5900.23**	**64.8**	**5901.90**	**62.0**	**5984.49**	**61.3**	**6216.50**	**61.6**
86.46	**1.1**	**80.19**	**0.9**	**86.10**	**1.0**	**85.55**	**1.0**	**87.10**	**0.9**	**94.52**	**0.9**
9.61	0.1	17.06	0.2	13.13	0.1	12.92	0.1	5.37	0.1	24.83	0.3
				1.68	…	1.67	…	1.41	…	1.51	…
32.82	0.4	15.36	0.2	12.22	0.1	12.20	0.1	12.47	0.1	13.69	0.1
30.42	0.4	23.89	0.3	30.48	0.3	29.96	0.3	34.47	0.4	26.06	0.3
13.61	0.2	23.03	0.3	28.60	0.3	28.81	0.3	33.30	0.3	28.32	0.3
								0.09	…	0.10	…
5343.06	**66.7**	**5623.35**	**65.9**	**6120.14**	**67.3**	**6229.81**	**65.5**	**6270.37**	**64.2**	**6410.29**	**63.5**
502.76	6.3	477.71	5.6	467.89	5.1	514.21	5.4	423.29	4.3	225.98	2.2
32.02	0.4	40.95	0.5	46.97	0.5	52.69	0.6	64.68	0.7	58.51	0.6
52.04	0.7	68.24	0.8	77.33	0.9	74.49	0.8	61.26	0.6	59.40	0.6
3.20	0.1	3.41	0.1	4.10	0.1	6.50	0.1	3.83	0.1	3.60	0.1
32.82	0.4	26.44	0.3	26.87	0.3	26.72	0.3	34.06	0.4	19.59	0.2
3.20	0.1	6.82	0.1	7.53	0.1	7.40	0.1	8.92	0.1	8.84	0.1
4.80	0.1	5.97	0.1	7.14	0.1	7.09	0.1	7.32	0.1	5.99	0.1
100.07	1.3	98.10	1.2	114.24	1.3	123.87	1.3	132.04	1.4	105.49	1.1
4.00	0.1	4.27	0.05	5.47	0.1	5.39	0.1	6.65	0.1	6.87	0.1
220.96	2.8	203.03	2.4	182.94	2.0	219.17	2.3	223.98	2.3	263.17	2.6
3.20	0.1	5.12	0.1	2.74	…	2.70	…	4.90	0.1	3.75	0.1
0.80	…	1.71	…	0.30	…	0.30	…	3.00	…	2.34	…
154.51	1.9	218.38	2.6	279.73	3.1	266.85	2.8	222.59	2.3	236.68	2.4
448.32	5.6	489.65	5.7	483.98	5.3	474.05	5.0	549.97	5.6	434.71	4.3

9-5 续表

行业名称	Sector	1995 消费总量(万吨标准煤) Total Consumption (10 000 tce)	1995 构成(%) Composition (%)	2000 消费总量(万吨标准煤) Total Consumption (10 000 tce)	2000 构成(%) Composition (%)	2005 消费总量(万吨标准煤) Total Consumption (10 000 tce)	2005 构成(%) Composition (%)
医药制造业	Manufacture of Medicines	19.76	0.9	9.95	0.4	19.51	0.4
化学纤维制造业	Manufacture of Chemical Fibers	18.37	0.8	11.94	0.5	5.44	0.1
橡胶和塑料制品业	Rubber & Plastic Products	22.83	0.7	12.19	0.5	9.53	0.2
非金属矿物制品业	Manufacture of Non-metallic Mineral Products	448.60	19.9	493.00	19.8	587.05	12.9
黑色金属冶炼及压延加工业	Smelting and Pressing of Ferrous Metals	216.38	9.6	242.52	9.8	1043.45	23.0
有色金属冶炼及压延加工业	Smelting and Pressing of Nonferrous Metals	86.10	3.8	211.18	8.5	370.65	8.2
金属制品业	Manufacture of Metal Products	20.91	0.9	13.18	0.5	21.78	0.5
通用设备制造业	Manufacture of Genereal Purpose Machinery	24.95	1.1	13.93	0.6	19.96	0.4
专用设备制造业	Manufacture of Special Purpose Machinery	9.15	0.4	4.48	0.2	7.26	0.2
汽车制造业	Manufacture of Transport Equipment	13.76	0.6	9.20	0.4	40.38	0.9
铁路、船舶、航空航天和其他运输设备制造业	Railway, Ship, Aerospace & Other Transportation Equipment Manufacturing						
电气机械及器材制造业	Manufacture of Electrical Machinery & Equipment	6.60	0.3	7.71	0.3	9.53	0.2
通信设备、计算机及其他电子设备制造业	Manufacture of Communication Equipment,Computers & Other Electronic Equipment	1.63	0.1	1.49	0.1	3.18	0.1
仪器仪表制造业	Manufacture of Measuring Instruments & Machinery for Cultural Activity & Office Work	0.85	0.1	0.50	…	0.91	…
其他制造业	Other Manufacturing					51.72	1.1
废弃资源综合利用业	Recycling and Disposal of Waste					5.44	0.1
金属制品业、机械和设备修理业	Metal Product, Machinery & Equipment Repair Services						
（三）电力、燃气及水的生产和供应业	**Electric Power,Gas & Water Production & Supply**	**187.26**	**8.3**	**130.09**	**5.2**	**145.63**	**3.2**
电力、热力的生产和供应业	Production and Distribution of Electric Power & Heat Power	173.48	7.7	118.90	4.8	119.77	2.6
燃气生产和供应业	Production & Distribution of Gas	1.77	0.1	0.25	…	8.17	0.2
水的生产和供应业	Production & Distribution of Water	12.00	0.5	10.70	0.4	17.69	0.4
三、建筑业	**Construction**	**12.34**	**0.6**	**7.46**	**0.3**	**33.12**	**0.7**
四、交通运输储运业和邮政业	**Transportation,Storage & Post**	**106.17**	**4.7**	**213.67**	**8.6**	**382.90**	**8.4**
五、批发、零售业和住宿、餐饮业	**Wholesale & Retail Trade,Hotel & Catering**	**23.76**	**1.1**	**35.32**	**1.4**	**109.34**	**2.4**
六、其他行业	**Others**	**46.06**	**2.0**	**46.76**	**1.9**	**117.96**	**2.6**
七、城乡居民生活	**Residential Consumption**	**174.69**	**7.7**	**237.80**	**9.6**	**455.49**	**10.0**

注：2000年、2005年、2011年、2012年和2013年数据根据第三次经济普查调整。行业分类按2011年《国民经济行业分类》(GB/T4754-2011)标准。

Note: The data in 2000, 2005, 2011, 2012 and 2013 has been adjusted by the 3rd Economic Census, and the industry classification is based on the standard of National Economic Industry Classificaiong (GB/T4754-2011) in 2011.

continued

2011		2012		2013		2014		2015		2016	
消费总量（万吨标准煤）Total Consumption (10 000 tce)	构成（%）Composition (%)	消费总量（万吨标准煤）Total Consumption (10 000 tce)	构成（%）Composition (%)	消费总量（万吨标准煤）Total Consumption (10 000 tce)	构成（%）Composition (%)	消费总量（万吨标准煤）Total Consumption (10 000 tce)	构成（%）Composition (%)	消费总量（万吨标准煤）Total Consumption (10 000 tce)	构成（%）Composition (%)	消费总量（万吨标准煤）Total Consumption (10 000 tce)	构成（%）Composition (%)
25.62	0.3	29.86	0.4	24.93	0.3	25.18	0.3	32.29	0.3	102.18	1.0
		5.12	0.1	2.45	…	2.40	…	0.03	…	2.64	…
7.21	0.1	23.89	0.3	28.01	0.3	28.33	0.3	49.30	0.5	35.15	0.4
1185.66	14.8	1273.61	14.9	1433.43	15.8	1346.85	14.2	1374.95	14.1	1422.38	14.1
1488.28	18.6	1519.29	17.8	1967.96	21.6	2106.75	22.1	2030.19	20.8	2151.72	21.3
875.03	10.9	942.63	11.1	755.37	8.3	741.29	7.8	776.67	8.0	984.01	9.8
22.42	0.3	29.86	0.4	39.41	0.4	42.25	0.4	50.95	0.5	94.83	0.9
41.63	0.5	14.50	0.2	17.92	0.2	17.10	0.2	28.67	0.3	34.30	0.3
14.41	0.2	17.06	0.2	16.65	0.2	16.34	0.2	19.25	0.2	23.64	0.2
63.25	0.8	63.98	0.8	66.49	0.7	62.71	0.7	89.72	0.9	78.53	0.8
		8.53	0.1	9.20	0.1	9.04	0.1	5.53	0.1	5.51	0.1
28.82	0.4	29.86	0.4	32.92	0.4	32.31	0.3	43.34	0.4	20.38	0.2
8.81	0.1	11.09	0.1	12.59	0.1	12.35	0.1	15.61	0.2	12.10	0.1
0.80	…	0.85	…	1.37	…	1.35	…	1.89	…	2.03	…
4.00	0.1	1.71	…	2.30	…	2.28	…	3.88	0.1	3.98	0.1
0.80	…	0.85	…	1.74	…	1.71	…	1.44	…	1.85	…
				0.16	…	0.15	…	0.16	…	0.16	…
373.07	**4.7**	**429.09**	**5.0**	**552.97**	**6.1**	**533.05**	**5.6**	**505.11**	**5.2**	**478.54**	**4.7**
361.86	4.5	407.76	4.8	528.57	5.8	509.14	5.4	487.54	5.0	439.61	4.4
		0.85	…	0.86	…	0.85	…	1.34	…	11.33	0.1
11.21	0.1	21.33	0.3	23.53	0.3	23.07	0.2	16.23	0.2	27.60	0.3
40.83	**0.5**	**42.65**	**0.5**	**46.47**	**0.5**	**50.54**	**0.5**	**59.90**	**0.6**	**62.06**	**0.6**
759.75	**9.5**	**823.20**	**9.7**	**667.69**	**7.3**	**876.77**	**9.2**	**932.88**	**9.6**	**979.94**	**9.7**
200.14	**2.5**	**215.82**	**2.5**	**178.11**	**2.0**	**215.60**	**2.3**	**233.90**	**2.4**	**244.26**	**2.4**
252.98	**3.2**	**278.95**	**3.3**	**254.59**	**2.8**	**276.74**	**2.9**	**310.49**	**3.2**	**340.10**	**3.4**
819.79	**10.2**	**903.39**	**10.6**	**1003.03**	**11.0**	**1028.90**	**10.8**	**1125.77**	**11.5**	**1227.52**	**12.2**

9—5—1 主要年份规模以上工业分行业综合能源消费量

单位：万吨标准煤

指 标	Item
规模以上工业企业合计	
#轻工业	Light Industry
#重工业	Heavy Industry
一、采矿业	**Mining & Quarrying**
煤炭开采和洗选业	Mining & Washing of Coal
石油和天然气开采业	Extraction of Petroleum & Natural Gas
黑色金属矿采选业	Mining & Processing of Ferrous Metal Ores
有色金属矿采选业	Mining & Processing of Non-Ferrous Metal Ores
非金属矿采选业	Mining & Processing of Nonmetal Ores
开采辅助活动	Mining Assist Activities
其他采矿业	Mining of Other Ores
二、制造业	**Manufacturing**
农副食品加工业	Processing of Food from Agricultural Products
食品制造业	Manufacture of Foods
酒、饮料和精制茶制造业	Wine, Drink & Refined Tea Manufacturing
烟草制品业	Manufacture of Tobacco
纺织业	Manufacture of Textile
纺织服装、服饰业	Manufacture of Textile Wearing Apparel,Footware & Caps
皮革、毛皮、羽毛及其制品和制鞋业	Manufacture of Leather,Fur,Feather & Related Products
木材加工和木、竹、藤、棕、草制品业	Processing of Timber,Manufacture of Wood,Bamboo,Rattan,Palm & Sreaw Products
家具制造业	Manufacture of Furniture
造纸和纸制品业	Manufacture of Paper & Paper Products
印刷和记录媒介复制业	Printing ,Reproduction of Recording Media
文教、工美、体育和娱乐用品制造业	Manufacture of Articles For Culture,Education & Sport Activity
石油加工、炼焦和核燃料加工业	Processing of Petroleum,Coking,Processing of Nuclear Fuel
化学原料和化学制品制造业	Manufacture of Raw Chemical Materials & Chemical Products
医药制造业	Manufacture of Medicines
化学纤维制造业	Manufacture of Chemical Fibers
橡胶和塑料制品业	Rubber & Plastic Products
非金属矿物制品业	Manufacture of Non-metallic Mineral Products
黑色金属冶炼和压延加工业	Smelting and Pressing of Ferrous Metals
有色金属冶炼和压延加工业	Smelting and Pressing of Nonferrous Metals
金属制品业	Manufacture of Metal Products
通用设备制造业	Manufacture of Genereal Purpose Machinery
专用设备制造业	Manufacture of Special Purpose Machinery
汽车制造业	Manufacture of Transport Equipment
铁路、船舶、航空航天和其他运输设备制造业	Railway, Ship, Aerospace & Other Transportation Equipment Manufacturing
电气机械和器材制造业	Manufacture of Electrical Machinery & Equipment
计算机、通信和其他电子设备制造业	Manufacture of Communication Equipment,Computers & Other Electronic Equipment
仪器仪表制造业	Manufacture of Measuring Instruments & Machinery for Cultural Activity & Office Work
其他制造业	Other Manufacturing
废弃资源综合利用业	Recycling & Disposal of Waste
金属制品、机械和设备修理业	Metal Product, Machinery & Equipment Repair Services
三、电力、燃气及水的生产和供应业	**Electric Power,Gas & Water Production & Supply**
电力、热力生产和供应业	Production & Distribution of Electric Power & Heat Power
燃气生产和供应业	Production & Distribution of Gas
水的生产和供应业	Production & Distribution of Water

注：本表中数据采用电热当量计算法。
Note: The data of this table was calculated using the Electro-thermal Equivalent Calculation Methond.

Consumption of Comprehensive Energy by Sector above Designated Size in Main Years

(10 000 tons of SCE)

2010	2011	2012	2013	2014	2015	2016
4549.11	**5138.94**	**5545.10**	**6084.62**	**6116.29**	**5802.01**	**5929.64**
686.42	757.34	826.50	896.44	904.75	840.30	816.69
3862.70	4381.60	4718.60	5188.18	5211.54	4961.71	5112.95
35.91	**45.89**	**48.91**	**51.76**	**55.01**	**60.39**	**58.80**
3.85	4.08	4.18	3.47	2.39	2.83	1.68
			1.33	2.12	2.17	2.66
11.08	17.76	20.51	18.95	20.36	23.26	25.10
12.99	14.98	13.83	14.51	14.71	15.48	11.36
7.91	9.08	10.39	13.49	15.43	16.55	17.84
			0.01	0.01	0.01	0.02
0.09					0.10	0.15
3583.14	**4026.94**	**4357.38**	**4762.61**	**4966.20**	**4904.69**	**4972.24**
350.12	368.43	399.33	429.13	433.79	386.23	366.50
19.59	23.72	31.24	33.38	38.62	37.64	38.02
44.71	47.01	54.06	53.57	45.21	44.96	43.24
2.76	2.31	2.16	2.31	2.15	2.11	1.85
20.19	19.76	21.44	20.23	21.56	25.15	22.59
0.94	1.50	2.93	3.14	3.53	3.63	3.60
4.08	3.47	3.52	3.59	3.09	3.26	2.87
43.69	51.65	57.90	67.91	75.37	79.74	83.34
1.17	1.86	2.01	2.08	2.40	2.62	2.66
123.52	160.22	175.39	197.88	198.64	176.69	172.85
1.25	1.15	2.02	2.28	1.66	1.90	2.10
0.25	0.24	0.74	0.95	1.18	1.38	1.27
84.78	144.49	213.60	213.60	264.13	247.17	253.73
302.90	352.02	345.87	376.84	381.40	342.58	286.50
18.89	19.29	20.21	22.57	20.84	20.46	22.01
0.01					0.01	0.01
13.43	13.22	15.88	18.68	19.66	22.78	21.12
896.25	1040.47	1134.40	1180.43	1163.39	1146.94	1261.36
1077.81	1159.04	1269.53	1518.67	1635.54	1621.92	1649.38
500.08	525.00	519.41	521.56	553.60	628.51	626.29
11.54	12.46	20.27	19.37	20.71	24.85	24.57
16.80	20.96	4.78	11.80	11.32	10.24	12.19
6.72	6.92	7.31	7.46	7.88	7.78	8.46
27.44	31.73	30.94	32.06	32.73	35.80	36.24
		2.11	2.15	2.29	2.19	2.03
7.64	12.99	13.39	14.25	17.44	18.24	16.14
2.77	3.55	4.54	4.47	5.37	6.10	7.06
0.47	0.46	0.32	0.29	0.43	0.68	0.66
1.99	2.35	1.25	1.21	1.54	2.39	2.43
1.35	0.65	0.80	0.74	0.71	0.71	1.15
		0.01	0.01		0.01	0.01
930.06	**1066.11**	**1138.82**	**1270.25**	**1095.08**	**836.92**	**898.59**
924.48	1061.45	1133.27	1264.50	1088.66	829.85	888.21
0.14	0.12	0.38	0.42	0.64	0.76	3.70
5.45	4.54	5.17	5.33	5.78	6.31	6.69

9－5－2　主要年份各市规模以上工业综合能源消费量

单位：万吨标准煤

地　区	Item	2010	2011
全　区		**4549.11**	**5138.94**
南宁市	Nanning	353.12	385.09
柳州市	Liuzhou	1009.27	1034.77
桂林市	Guilin	321.90	340.24
梧州市	Wuzhou	120.31	128.31
北海市	Beihai	103.13	136.81
防城港市	Fangchenggang	249.40	324.59
钦州市	Qinzhou	281.98	407.97
贵港市	Guigang	468.81	493.12
玉林市	Yulin	201.42	215.43
百色市	Baise	611.58	683.14
贺州市	Hezhou	48.37	79.16
河池市	Hechi	166.01	174.49
来宾市	Laibin	400.06	450.23
崇左市	Chongzuo	213.76	244.73

注：本表中数据采用电热当量计算法。
Note: The data of this table was calculated using the Electro-thermal Equivalent Calculation Methond.

Industrial Comprehensive Enevgy Consumption above Designated Size by City in Main Years

(10 000 tons of SCE)

2012	2013	2014	2015	2016
5545.10	**6084.62**	**6116.29**	**5802.01**	**5929.64**
527.65	586.96	524.25	471.69	470.61
1056.35	1142.94	1154.03	1064.63	1062.94
366.84	380.67	350.84	328.85	299.17
138.59	161.68	162.68	166.63	168.04
210.76	237.15	261.12	274.11	295.97
360.04	434.71	516.40	517.72	558.48
397.47	424.05	458.05	417.77	416.01
481.55	517.71	506.95	486.12	518.31
247.80	251.54	254.57	253.47	253.97
721.39	736.78	751.35	750.52	834.45
133.18	273.19	229.17	194.37	209.29
131.86	151.71	153.06	151.66	134.56
477.96	457.07	439.98	372.29	338.53
266.74	301.51	326.22	322.04	343.32

9−6　主要年份电力消费量

单位：亿千瓦时

指　标	Item
消费总计	**Total Consunmption**
一、农、林、牧、渔业、水利业	**Farming,Forestry,Animal Husbandry,Fishery & Conservancy**
二、工业	**Industry**
轻工业	**Light Industry**
重工业	**Heavy Industry**
（一）采矿业	**Mining & Quarrying**
煤炭开采和洗选业	Mining & Washing of Coal
石油和天然气开采业	Extraction of Petroleum & Natural Gas
黑色金属矿采选业	Mining & Processing of Ferrous Metal Ores
有色金属矿采选业	Mining & Processing of Non-Ferrous Metal Ores
非金属矿采选业	Mining & Processing of Nonmetal Ores
开采辅助活动	Mining Assist Activities
其他采矿业	Mining of Other Ores
（二）制造业	**Manufacturing**
农副食品加工业	Processing of Food from Agricultural Products
食品制造业	Manufacture of Foods
酒、饮料和精制茶制造业	Wine, Drink & Refined Tea Manufacturing
烟草制品业	Manufacture of Tobacco
纺织业	Manufacture of Textile
纺织服装、服饰业	Manufacture of Textile Wearing Apparel,Footware & Caps
皮革、毛皮、羽毛及其制品业和制鞋业	Manufacture of Leather,Fur,Feather & Related Products
木材加工及木、竹、藤、棕、草制品业	Processing of Timber,Manufacture of Wood,Bamboo,Rattan,Palm & Sreaw Products
家具制造业	Manufacture of Furniture
造纸及纸制品业	Manufacture of Paper & Paper Products
印刷和记录媒介的复制	Printing ,Reproduction of Recording Media
文教、工美、体育和娱乐用品制造业	Manufacture of Articles For Culture,Education & Sport Activity
石油加工、炼焦及核燃料加工业	Processing of Petroleum,Coking,Processing of Nuclear Fuel
化学原料及化学制品制造业	Manufacture of Raw Chemical Materials & Chemical Products
医药制造业	Manufacture of Medicines
化学纤维制造业	Manufacture of Chemical Fibers
橡胶和塑料制品业	Rubber & Plastic Products
非金属矿物制品业	Manufacture of Non-metallic Mineral Products
黑色金属冶炼及压延加工业	Smelting and Pressing of Ferrous Metals
有色金属冶炼及压延加工业	Smelting and Pressing of Nonferrous Metals
金属制品业	Manufacture of Metal Products
通用设备制造业	Manufacture of Genereal Purpose Machinery
专用设备制造业	Manufacture of Special Purpose Machinery
汽车制造业	Manufacture of Transport Equipment
铁路、船舶、航空航天和其他运输设备制造业	Railway, Ship, Aerospace & Other Transportation Equipment Manufacturing
电气机械及器材制造业	Manufacture of Electrical Machinery & Equipment
通信设备、计算机和其他电子设备制造业	Manufacture of Communication Equipment,Computers & Other Electronic Equipment
仪器仪表制造业	Manufacture of Measuring Instruments & Machinery for Cultural Activity & Office Work
其他制造业	Other Manufacturing
废弃资源综合利用业	Recycling & Disposal of Waste
金属制品、机械和设备修理业	Metal Product, Machinery & Equipment Repair Services
（三）电力、燃气及水的生产和供应业	**Electric Power,Gas & Water Production & Supply**
电力、热力的生产和供应业	Production & Distribution of Electric Power & Heat Power
燃气生产和供应业	Production & Distribution of Gas
水的生产和供应业	Production & Distribution of Water
三、建筑业	**Construction**
四、交通运输储运业和邮政业	**Transportation,Storage & Post**
五、批发、零售业和住宿、餐饮业	**Wholesale & Retail Trade,Hotel & Catering**
六、其他行业	**Others**
七、城乡居民生活	**Residential Consumption**

注：行业分类按2011年《国民经济行业分类》（GB/T4754−2011）标准。

Note: The industry classification is based on the standard of National Economic Industry Classification (GB/T4754−2011) in 2011.

Consumption of Electricity in Main Years

(100 million kwh)

1995	2000	2005	2010	2011	2012	2013	2014	2015	2016
228.08	**322.02**	**510.15**	**993.24**	**1112.21**	**1153.85**	**1237.75**	**1307.51**	**1334.32**	**1359.64**
8.68	**13.17**	**14.01**	**20.09**	**22.74**	**22.49**	**23.97**	**25.02**	**26.61**	**28.63**
155.51	**211.41**	**384.44**	**737.55**	**815.76**	**832.73**	**869.33**	**895.49**	**892.63**	**880.88**
40.88	**49.10**	**53.51**	**98.74**	**89.69**	**80.87**	**84.90**	**104.71**	**103.60**	**92.86**
114.63	**162.31**	**330.93**	**638.81**	**726.07**	**751.86**	**784.43**	**790.78**	**789.03**	**788.02**
14.97	**14.80**	**16.56**	**18.91**	**23.00**	**19.18**	**20.15**	**20.15**	**20.58**	**14.31**
5.86	4.30	2.53	2.94	2.72	3.46	3.36	3.36	1.52	1.28
	0.16	0.13	0.50	0.00	0.11	0.11	0.11	0.32	0.35
1.26	0.87	2.96	1.80	8.87	2.75	1.55	1.55	1.32	0.78
5.99	9.00	8.11	8.54	8.74	6.76	8.49	8.49	9.97	7.19
1.47	0.22	1.80	3.87	2.67	6.10	6.64	6.64	7.45	4.71
0.39	0.25	0.83	1.26						
118.75	**179.80**	**306.51**	**618.13**	**682.70**	**699.85**	**706.20**	**733.32**	**732.21**	**736.57**
13.68	15.03	18.13	34.14	40.14	37.02	38.66	51.55	35.50	32.51
2.61	1.26	1.56	4.32	4.28	5.79	6.79	8.19	8.19	9.43
1.71	0.89	1.40	6.59	5.17	6.71	6.86	6.86	6.86	6.86
0.31	0.33	0.89	1.14	0.46	0.51	0.63	0.63	0.75	0.75
3.96	3.58	4.01	3.55	5.29	3.27	3.44	3.44	5.82	3.43
0.43	0.21	0.35	0.58	0.91	2.14	2.31	2.31	2.73	2.69
0.30	0.45	0.65	1.15	1.00	1.26	1.53	1.53	1.53	1.40
1.76	3.35	4.73	10.71	19.51	15.64	18.83	22.35	19.55	22.68
1.04	0.38	0.76	0.27	1.01	1.18	1.36	1.36	1.72	1.77
5.29	7.67	9.95	15.86	26.02	14.78	18.93	24.45	31.92	27.62
0.38	0.54	0.96	0.57	0.94	1.52	0.80	0.80	1.51	1.10
0.04	0.05	0.05	0.04	0.15	0.52	0.07	0.07	0.92	0.70
0.50	0.83	0.92	4.03	7.63	11.52	9.52	9.52	14.73	14.38
18.46	26.18	36.01	50.77	54.62	54.08	59.23	59.23	61.00	48.42
0.93	0.65	1.86	1.99	3.33	4.25	2.29	2.29	5.40	3.02
2.43	3.73	1.21	2.14		1.66	0.78	0.78	0.01	0.83
2.11	1.99	3.12	5.96	5.34	6.67	6.67	6.67	12.07	8.15
20.01	24.27	40.98	89.03	99.35	102.31	106.00	106.00	111.26	111.73
14.86	30.56	94.12	192.27	210.95	240.84	240.56	244.35	225.49	223.42
13.06	41.74	52.62	148.67	145.02	137.51	126.55	126.55	117.64	161.18
2.27	2.50	5.06	9.08	6.07	8.55	10.29	10.29	13.12	11.28
3.01	3.11	3.77	4.52	11.12	3.48	3.48	3.48	6.64	7.69
1.34	1.00	1.16	2.37	3.89	4.51	4.51	4.51	5.66	5.96
2.09	2.18	6.45	8.45	16.91	17.76	18.09	18.09	20.79	16.63
					2.31	2.56	2.56	1.41	1.39
0.87	1.63	2.06	4.63	9.14	9.53	10.14	10.14	13.39	5.92
0.33	0.49	0.68	1.29	2.85	3.68	3.96	3.96	4.89	3.74
0.14	0.12	0.22	0.25	0.31	0.27	0.35	0.35	0.51	0.55
0.13	5.07	11.73	13.38	0.99	0.26	0.45	0.45	0.74	0.75
		1.10	0.38	0.30	0.28	0.51	0.51	0.41	0.54
					0.04	0.05	0.05	0.05	0.05
21.79	**16.81**	**61.37**	**100.51**	**110.06**	**113.70**	**142.98**	**142.02**	**139.84**	**130.00**
18.61	13.45	56.73	94.65	106.42	106.49	135.29	134.33	134.54	120.46
0.11	0.02	0.94	0.19	0.05	0.27	0.27	0.27	0.21	0.93
3.07	3.34	3.70	5.68	3.59	6.94	7.42	7.42	5.09	8.61
2.04	**1.00**	**5.02**	**9.84**	**11.83**	**11.89**	**14.06**	**15.51**	**16.79**	**18.43**
2.09	**4.39**	**6.87**	**11.52**	**13.31**	**14.35**	**15.74**	**18.85**	**23.29**	**27.12**
3.49	**5.97**	**13.11**	**23.92**	**27.41**	**31.13**	**36.50**	**39.92**	**43.13**	**45.94**
6.06	**9.67**	**17.26**	**46.20**	**51.27**	**57.83**	**66.59**	**74.22**	**80.86**	**88.43**
31.19	**49.58**	**69.44**	**144.12**	**169.89**	**183.43**	**211.56**	**238.50**	**251.01**	**270.21**

9—7 主要年份万元工业总产值电力消费量

单位：千瓦小时/万元

指 标	Item
总 计	**Total**
采矿业	**Mining & Quarrying**
煤炭开采和洗选业	Mining & Washing of Coal
石油和天然气开采业	Extraction of Petroleum & Natural Gas
黑色金属矿采选业	Mining & Processing of Ferrous Metal Ores
有色金属矿采选业	Mining & Processing of Non-Ferrous Metal Ores
非金属矿采选业	Mining & Processing of Nonmetal Ores
开采辅助活动	Mining Assist Activities
其他采矿业	Mining of Other Ores
制造业	**Manufacturing**
农副食品加工业	Processing of Food from Agricultural Products
食品制造业	Manufacture of Foods
酒、饮料和精制茶制造业	Wine, Drink & Refined Tea Manufacturing
烟草制品业	Manufacture of Tobacco
纺织业	Manufacture of Textile
纺织服装、服饰业	Manufacture of Textile Wearing Apparel,Footware & Caps
皮革、毛皮、羽毛（绒）及其制品业和制鞋业	Manufacture of Leather,Fur,Feather & Related Products
木材加工及木、竹、藤、棕、草制品业	Processing of Timber,Manufacture of Wood,Bamboo,Rattan,Palm & Sreaw Products
家具制造业	Manufacture of Furniture
造纸及纸制品业	Manufacture of Paper & Paper Products
印刷业和记录媒介的复制	Printing ,Reproduction of Recording Media
文教、工美、体育和娱乐用品制造业	Manufacture of Articles For Culture,Education & Sport Activity
石油加工、炼焦及核燃料加工业	Processing of Petroleum,Coking,Processing of Nuclear Fuel
化学原料及化学制品制造业	Manufacture of Raw Chemical Materials and Chemical Products
医药制造业	Manufacture of Medicines
化学纤维制造业	Manufacture of Chemical Fibers
橡胶和塑料制品业	Rubber & Plastic Products
非金属矿物制品业	Manufacture of Non-metallic Mineral Products
黑色金属冶炼及压延加工业	Smelting & Pressing of Ferrous Metals
有色金属冶炼及压延加工业	Smelting & Pressing of Nonferrous Metals
金属制品业	Manufacture of Metal Products
通用设备制造业	Manufacture of Genereal Purpose Machinery
专用设备制造业	Manufacture of Special Purpose Machinery
汽车制造业	Manufacture of Transport Equipment
铁路、船舶、航空航天和其他运输设备制造业	Railway, Ship, Aerospace & Other Transportation Equipment Manufacturing
电气机械及器材制造业	Manufacture of Electrical Machinery & Equipment
通信设备、计算机及其他电子设备制造业	Manufacture of Communication Equipment,Computers and Other Electronic Equipment
仪器仪表制造业	Manufacture of Measuring Instruments & Machinery for Cultural Activity & Office Work
其他制造业	Other Manufacturing
废弃资源综合利用业	Recycling & Disposal of Waste
金属制品、机械和设备修理业	Metal Product, Machinery & Equipment Repair Services
电力、燃气及水的生产和供应业	**Electric Power,Gas and Water Production & Supply**
电力、热力的生产和供应业	Production & Distribution of Electric Power & Heat Power
燃气生产和供应业	Production & Distribution of Gas
水的生产和供应业	Production & Distribution of Water

注：2010年起工业总产值统计范围为年主营业务收入2000万元及以上工业法人企业，2012年起按当年价格，行业分类按2011年《国民经济行业分类》（GB/T4754—2011）标准。

Note: The statistical range of gross output value of industry is the industrial corporations whose annual major business income above 2,0000,000 Yuan since 2010.and the gross output value is calculated bu current prices since 2012,industrial classification is based on the standard of National Economic Industry Classification （GB/T4754—2011）.

Electricity Consumption of Gross Output Value of Industry per 10,000 Yuan in Main Years

(kwh/10 000 yuan)

1995	2000	2005	2010	2011	2012	2013	2014	2015	2016
1613	**1753**	**1330**	**952**	**946**	**567**	**473**	**434**	**395**	**596**
6003	**5987**	**5642**	**827**	**925**	**401**	**270**	**247**	**244**	**457**
4056	3404	3174	1732	1735	927	871	749	295	292
						55	46	319	548
2576	1311	2324	161	152	626	82	67	66	918
2350	1023	1090	1152	702	310	265	292	303	380
1056	275	498	860	816	250	372	301	304	241
									45
1085									900
1436	**1298**	**1222**	**862**	**865**	**544**	**432**	**397**	**350**	**560**
1000	750	827	347	404	245	189	231	151	273
623	450	357	420	412	254	241	242	211	282
754	464	354	359	332	195	162	151	127	171
154	139	87	101	98	30	33	29	34	51
1025	1555	843	279	254	263	157	138	210	266
391	1229	158	176	181	182	224	187	198	222
388	682	175	141	152	112	124	124	115	147
1464	2658	1416	407	411	427	281	265	187	370
4464	5061	418	122	131	125	118	133	145	202
1734	2393	1674	1039	1009	911	488	641	833	1161
489	833	198	98	97	171	77	74	124	187
272	3307	377	33	31	84	80	5	72	79
641	339	256	204	203	115	109	111	218	291
2538	2704	1972	1103	1104	659	631	578	505	547
434	182	343	113	105	160	68	60	123	177
3178	8715							114	128
823	1074	2835	327	317	348	262	223	346	458
2129	3460	2826	1757	1762	1089	832	711	654	985
4113	4173	2806	2551	2456	1378	1077	998	921	1539
2710	4088	2033	3064	3041	1536	1245	1058	930	1653
1103	1988	729	1219	1185	437	363	306	309	417
554	488	398	317	306	130	111	108	196	339
521	495	212	86	83	103	98	86	108	151
319	252	145	67	65	107	95	84	85	118
					121	195	164	80	100
340	629	307	180	162	177	157	133	148	164
290	222	100	44	42	70	54	41	38	52
370	384	240	79	76	88	99	82	100	120
385	412	396	276	266	128	202	173	247	381
					44	42	28	14	25
					30	206	220	173	47
1358	**1436**	**1246**	**1353**	**1269**	**1046**	**1125**	**1061**	**1060**	**1332**
4818	1439	1187	1311	1261	988	1105	1053	1078	1356
2895	796	104	715	696	58	119	75	49	67
7962	4487	3317	2855	2404	1991	3083	2860	1792	2351

9—8　能源消费水平
Annual Average per Capita Energy Consumption

年　份 Year	每人每年平均用能 (千克标准煤) Annual Average per Capita Energy Consumption (kilo of SCE)	每人每年平均用电 (千瓦小时) Annual Average per Capita Electricity Consumption(kwh)	每人每年平均生活用能 (千克标准煤) Annual Average per Capita Household Energy Consumption (kilo of SCE)	每人每年生活用电 (千瓦小时) Annual Average per Capita Household Electricity Consumption(kwh)
1985	251	197	25	27
1990	299	275	25	41
1991	313	293	31	48
1992	345	327	31	51
1993	408	379	38	59
1994	456	424	36	64
1995	497	502	38	69
1996	501	535	42	73
1997	502	547	48	78
1998	517	585	49	84
1999	525	613	51	92
2000	526	678	52	104
2001	566	696	56	101
2002	578	743	60	115
2003	659	857	63	127
2004	824	938	69	123
2005	974	1095	98	149
2006	1071	1228	102	171
2007	1178	1429	112	195
2008	1263	1580	120	226
2009	1363	1771	140	267
2010	1559	2099	152	305
2011	1730	2405	177	367
2012	1829	2474	194	393
2013	1936	2633	213	450
2014	2009	2760	217	503
2015	2044	2794	236	526
2016	2095	2823	255	561

注：从2005年起按常住人口调整，2000年—2013年因第三经济普查数据作相应调整。

Note: The data in this table is adjusted by permanent population since 2005.The data from 2000 to 2013 has been adjusted by the 3rd Economic Census.

9—9 能源主要产品生活消费量
Household Energy Consumption of Main Energy Products

年 份 Year	生活用能合计 (万吨标准煤) Total Household Energy Consumption (10 000 tons of SCE)	原 煤 (万吨) Coal (10 000 tons)	液化石油气 (万吨) Liquefied Gas (10 000 tons)	煤 气 (亿立方米) Gas (100 million cu.m)	电 力 (亿千瓦时) Electricity (100 million kwh)
1985	76.12	66.71	0.07	0.00	10.56
1990	106.83	60.31	0.09	0.09	17.45
1991	133.21	59.07	6.03	0.12	20.59
1992	135.10	55.18	6.06	0.15	22.14
1993	169.27	57.57	7.89	0.21	25.97
1994	161.79	28.40	8.46	0.53	28.66
1995	174.69	27.65	15.66	0.60	31.19
1996	193.14	29.52	22.42	0.22	33.31
1997	221.23	26.16	24.40	0.37	36.30
1998	228.79	12.89	27.81	0.34	39.50
1999	238.00	10.64	32.26	0.30	43.27
2000	255.07	13.09	32.24	0.37	49.58
2001	273.02	12.96	38.94	0.25	48.44
2002	296.32	11.17	43.11	0.27	55.31
2003	316.72	13.38	45.76	0.36	61.48
2004	372.42	17.75	50.26	0.39	60.07
2005	493.28	18.56	54.26	0.41	69.44
2006	552.73	23.53	65.70	0.49	80.53
2007	582.82	29.45	70.04	0.58	93.01
2008	635.55	22.35	74.57	0.94	109.09
2009	682.64	22.56	75.80	1.10	129.00
2010	772.44	32.52	79.52	1.70	144.12
2011	878.67	32.45	84.56	0.40	169.89
2012	969.77	36.78	96.58	0.83	183.43
2013	1003.04	14.78	50.46	0.45	211.56
2014	1028.90	16.98	51.61	0.68	238.50
2015	1125.77	14.14	62.45	0.37	251.01
2016	1227.52	8.01	64.66	1.89	270.21

注：2000年—2013年数据因第三次经济普查调整。
Note: The data from 2000 to 2013 has been adjusted by the 3rd Economic Census.

9—10　主要年份石油及燃料消费量
Consumption of Petroleum & Fuel in Main Years

品　名	Type	1995	2000	2005	2010	2011	2012	2013	2014	2015	2016
原　油（万吨）	Crude Oil (10 000 tons)	42.44	61.41	97.71	396.02	1018.84	1471.92	1296.13	1390.47	1428.77	1339.94
汽　油（万吨）	Gasoline (10 000 tons)	41.32	65.87	127.75	182.68	197.56	214.53	224.21	224.30	290.89	379.03
煤　油（万吨）	Kerosene (10 000 tons)	5.60	3.79	7.00	2.73	0.28	0.08	23.83	90.32	56.36	62.51
柴　油（万吨）	Diesel Oil (10 000 tons)	72.43	136.82	234.06	332.37	376.91	400.50	430.89	506.17	573.34	537.65
燃料油（万吨）	Fuel Oil (10 000 tons)	13.57	7.67	20.96	24.64	32.45	38.42	44.83	31.22	24.10	10.21
液化石油气（万吨）	Liquefied Gas (10 000 tons)	15.89	35.27	50.70	84.85	98.94	115.36	125.88	103.02	116.32	80.94
煤　气（亿立方米）	Gas (100 million cu.m)	1.16	5.83	12.31	228.97	190.04	225.88	310.60	361.34	360.72	337.59

注：2000年—2013年部分数据根据第三次经济普查调整。
Note: The data from 2000 to 2013 has been adjusted by the 3rd Economic Census.

9—11　能源可供量（2016年）
Energy Available for Consumption (2016)

品　名	Type	综合能源可供量 Total Energy Available	生产量 Output	调入量 Transfer From Other Regions	进口量 Imports	调出量 Transfer to Other Province Regions	年初年末库存差额 Stock Balance in This Year
综合能源（万吨标准煤）	Total Energy (10 000 tons of SCE)	10090.68	3147.49	6736.10	1386.40	1207.43	53.55
煤　炭（万吨）	Coal(10 000 tons)	6515.81	425.46	5239.20	922.74	156.00	111.33
原　油（万吨）	Crude Oil (10 000 tons)	1340.43	47.40	842.53	464.54		
电力（亿千瓦时）	Electricity(100 million kwh)	1359.64	1346.50	103.13		89.99	

注：电力可供生产量为水电、火电可供生产量，未包括回收能。
Note: Data on electricity available output refers to the total available output of hydro-power & thermal power, excluding the recycled energy.

主要统计指标解释

能源生产总量 指一定时期内一个国家或地区一次能源生产量的总和，是观察全国能源生产水平、规模、构成和发展速度的总量指标。一次能源生产量包括原煤、原油、天然气、水电、核能及其他动力能（如风能、地热能等）发电量，不包括低热值燃料生产量、生物质能、太阳能等的利用和由一次能源加工转换而成的二次能源产量。

能源消费总量 指一定时期内一个国家或地区物质生产部门、非物质生产部门和生活消费的各种能源的总和，是观察能源消费水平、构成和增长速度的总量指标。能源消费总量包括原煤和原油及其制品、天然气、电力，不包括低热值燃料、生物质能和太阳能等的利用。能源消费总量分为终端能源消费量、能源加工转换损失量和损失量三部分。

终端能源消费量 指一定时期内一个国家或地区生产和生活消费的各种能源在扣除了用于加工转换二次能源消费量和损失量以后的数量。

能源加工转换损失量 指一定时期内一个国家或地区投入加工转换的各种能源数量之和与产出各种能源产品之和的差额，是观察能源在加工转换过程中损失量变化的指标。

能源损失量 指一定时期内一个国家或地区能源在输送、分配、储存过程中发生的损失和由客观原因造成的各种损失量，不包括各种气体能源放空、放散量。

能源消费弹性系数 是反映能源消费增长速度与国民经济增长速度之间比例关系的指标。

计算公式为：

$$\text{能源消费弹性系数}=\frac{\text{能源消费量年平均增长速度}}{\text{国民经济年平均增长速度}}$$

电力消费弹性系数 反映电力消费增长速度与国民经济增长速度之间比例关系的指标。

计算公式为：

$$\text{电力消费弹性系数}=\frac{\text{电力消费量年平均增长速度}}{\text{国民经济年平均增长速度}}$$

发电煤耗计算方法 指电力按当年平均火力发电煤耗换算成标准煤。

电热当量计算法 指电力按自身的热功当量换算成标准煤。采用的折标系数为1万千瓦时=1.229吨标准煤。

Explanatory Notes on Main Statistical Indicators

Total Energy Production refers to the total production of primary energy by all energy production enterprises in a country or region in a given period of time. It is a comprehensive indicator to show the capacity, scale, composition and development of energy production of the country. The production of primary energy includes that of coal, crude oil, natural gas, hydro-power and electricity generated by nuclear energy and other means such as wind power and geothermal power. However, it excludes the production of fuels of low calorific value bio-energy, solar energy and the secondary energy converted from the primary energy.

Total Domestic Energy Consumption refers to the total consumption of energy of various kinds by material production sectors, non-material production sectors and households in a country or region in a given period of time. It is a comprehensive indicator to show the scale, composition and development of energy consumption. The total energy consumption includes that of coal, crude oil and their products, natural gas and electricity. However, it excludes the consumption of fuel of low calorific value, bio-energy and solar energy. Total domestic energy consumption can be divided into three parts: final energy consumption, loss during the process of energy conversion and loss.

Volume of Terminal Energy Consumption refers to volume of various of energy consumption for production and living in a country or region during a giving period after deducting the volume consummated in processing secondhand energy and the volume losing.

Volume of Energy Lost by Processing and Conversion refers to balance between volume of various of energy put into processing and conversion and output volume of energy in one country or area in certain period, and it is an indicator to carrying out observations at changes of volume of energy lost in processing and conversion.

Volume of Energy Los refers to various of volume of energy lost in transporting, distributing and storing and for objective causes in one country or area in certain period, excludes discharged volume of various of gas energy.

Elasticity Ratio of Energy Consumption is an indicator to show the relationship between the growth rate of energy consumption and the growth rate of the national economy. The formula is:

$$\textbf{Elasticity Ratio of Energy Consumption} = \frac{\text{Average Annual Growth Rate of Energy Consumption}}{\text{Average Annual Growth Rate of National Economy}}$$

Elasticity Ratio of Energy Consumption is an indicator to show the relationship between the growth rate of energy consumption and the growth rate of the national economy. The formula is:

$$\textbf{Elasticity Ratio of Energy Consumption} = \frac{\text{Average Annual Growth Rate of Electricity Consumption}}{\text{Average Annual Growth Rate of National Economy}}$$

Calculation Method of Ceneration Coal Consumption Electricity is converted into SCE according to the average coal-fired power consumpion of the year.

Electro-thermal Equivalent Calculation Method Electricity is converted into SCE according to its own thermal equivalent. Using the ratio of: 10 000 kwh=1.229 tons of SCE.

第十篇

固定资产投资

INVESTMENT IN FIXED ASSETS

（编辑：黄新倩）

10－1　全社会固定资产投资及增长速度（1978－2016年）
Investment in Fixed Assets & Its Growth Rate（1978－2016）

年　份 Year	全社会投资总额 Total Investment	城镇投资 Urban Investment	按管理渠道分 By Channel of Management				农村投资 Rural Investment	全社会投资总额中住宅 Residential Buildings
			基本建设投资 Basic Investment	更新改造投资 Innovation	其他固定资产投资 Others	房地产开发投资 Real Estate Development		
投资额（万元） Investment（10 000 yuan）								
1978	96055	96055	96055					6745
1980	121815	121815	103067	18748				23185
1985	422191	422191	167327	71218	17599			142092
1990	685666	471432	212880	169619	35800	21933	214234	221077
1991	896479	622695	288923	220662	42900	23310	273784	285398
1992	1410395	1050784	522135	341696	76855	45413	359611	378228
1993	2780754	2288445	1099415	527724	210325	316451	492309	680317
1994	3825871	2800623	1407722	658346	146333	328408	1025248	1102233
1995	4233742	3206590	1570988	685572	162654	515050	1027152	1208881
1996	4764200	3405965	1744608	713293	105148	432305	1358235	1537400
1997	4798023	3435948	1829651	591029	145175	335374	1362075	1664245
1998	5717025	4231848	2405296	697162	156963	326838	1485177	1851688
1999	6202035	4658915	2630000	700972	394008	329735	1543120	1918970
2000	6600146	5241049	2815412	801593	592572	386747	1359097	1644650
2001	7312523	5953938	3243086	865975	646851	555826	1358585	1734899
2002	8349852	6931808	3725200	1055354	606548	882807	1418044	2008016
2003	9873063	8476445	4488309	1427401	622937	1403112	1396618	2549373
2004	12636500	11217558	6267732	1985739	847299	2116787	1418942	2863485
2005	17690715	15223560	9008716	2747259	599670	2867915	2467155	3416021
2006	22465743	19956664	11706485	3722813	827563	3699803	2509079	3978916
2007	29700845	26271518	14385378	5270504	1252801	5362835	3429327	5562505
2008	37831385	33526716	18057743	7689521	1512659	6273423	4304669	6663557
2009	57066957	51593360	26145334	15525521	1785694	8136811	5473597	9200203
2010	78590660	71618399	34794814	22158979	2602395	12062211	6972261	12279939
2011	101604527	92803004	41853857	30548054	5226437	15174656	8801523	15554926
2012	126352181	114823208	49754367	42570996	6948457	15549388	11528973	16020340
2013	119076669	107546757	45012370	43190601	3197464	16146322	11529912	16212711
2014	138432123	126067961	54182316	50389319	3111384	18384942	12364162	17861116
2015	162277817	148475604	66801531	58978498	3604642	19090933	13802213	19135552
2016	182367786	176529486	81418711	65232594	5898319	23979862	5838300	22390853

10－1 续表 continued

年 份 Year	全社会投资总额 Total Investment	按管理渠道分 By Channel of Management 城镇投资 Urban Investment	基本建设投资 Basic Investment	更新改投资 Innovation	其他固定资产投资 Others	房地产开发投资 Real Estate Development	农村投资 Rural Investment	全社会投资总额中住宅 Residential Buildings
增长速度（上年=100） Growth Rate (preceding year=100)								
1978	22.1		22.1					17.2
1980	24.2		7.4	809.7				84.2
1985	49.9		54.9	55.9	129.4			72.7
1990	-4.6		2.5	-13.1	-33.5			16.4
1991	30.7	32.1	35.7	30.1	19.8	6.3	27.8	29.1
1992	57.3	68.7	80.7	54.9	79.1	94.8	31.3	32.5
1993	97.2	117.8	110.6	54.4	173.7	596.8	36.9	79.9
1994	37.6	22.4	28.0	24.8	-30.4	3.8	108.3	62.0
1995	10.7	14.5	11.6	4.1	11.2	56.8	0.2	9.7
1996	12.5	6.2	11.1	4.0	-35.4	-16.1	32.2	27.2
1997	0.7	0.9	4.9	-17.1	38.1	-22.4	0.3	8.3
1998	19.2	23.2	31.5	18.0	8.1	-2.5	9.0	11.3
1999	8.5	10.1	9.3	0.5	151.0	0.9	3.9	3.6
2000	6.4	12.5	7.0	14.4	50.4	17.3	-11.9	-14.3
2001	10.8	13.6	15.2	8.0	9.2	43.7	0.0	5.5
2002	14.2	16.4	14.9	21.9	-6.2	58.8	4.4	15.7
2003	18.2	22.3	20.5	35.3	2.7	58.9	-1.5	27.0
2004	28.0	32.3	39.6	39.1	36.0	50.9	1.6	12.3
2005	40.0	35.7	43.7	38.3	-29.2	35.5	73.9	19.3
2006	27.0	31.1	29.9	35.5	38.0	29.0	1.7	16.5
2007	32.2	31.6	22.9	41.6	51.4	44.9	36.7	39.8
2008	27.2	27.6	25.5	45.9	20.7	15.9	25.5	19.8
2009	50.8	53.9	44.8	101.9	18.1	29.7	27.2	38.1
2010	37.7	38.8	33.1	42.7	45.7	48.2	27.4	33.5
2011	29.3	29.6	20.3	37.9	100.8	25.8	26.2	26.7
2012	24.4	23.7	18.9	39.4	32.9	2.5	31.0	3.0
2013	21.4	19.8	17.8	30.0	14.6	3.8	38.5	7.3
2014	16.3	17.2	20.4	16.7	-2.7	13.9	7.2	10.2
2015	17.2	17.8	23.3	17.0	15.9	3.8	11.6	7.1
2016	12.4	12.8	21.9	10.6	63.6	25.6	1.9	17.0

注：1. 1978年~1981年为全民投资总额，1982年以后为全社会投资总额。2008年的数据根据经济普查数予以调整。

2. 根据相关制度要求，2013年我区固定资产投资统计起点由项目计划总投资50万元提高到500万元；2013年各增长数据根据2012年度国家口径作为基数计算；2013年度全区固定资产投资与国家公布的各省数据口径完全一致（不包含跨省项目投资），各市投资包含跨省项目投资，因此各市投资合计与全区固定资产投资不一致。

3. 根据制度设计，2016年制度取消城乡分组，故农村投资仅包含农村居民家庭固定资产，增速为同口径增速。

Note:1. Investment in fixed assets during the years 1978 to 1981 refer to total people investment, and since 1982 are total social investment in fixed assets. The data in 2008 has been adjusted by the 2nd Economic Census.

2. According to the National Statistical System, the statistical floor level of total planned projects investment in fixed assets of Guangxi has been raised from 500 000 Yuan to 5 000 000 Yuan. The data on growth rates in 2013 is calculated on the data of national statistical range in 2012. The statistical range of data on investment in fixed assets of Guangxi is completely the same as the data of other provinces published by National Bureau of Statistic (excluding investment in inter-provincial projects). Due to the investment in inter-provincial projects is included in the investment of cities separately, there are differences between the summary of investment of cities and investment of Guangxi.

3. According to the National Statistical System, the data on 'Others' in this table includes 2 parts: other investment in fixed assets and private building in urban and factory & mine areas.

10－2 国有单位固定资产投资及增长速度（1978－2016年）
Investment in Fixed Assets of State-owned Units & Its Growth Rate（1978－2016）

年份 Year	投资总额 Total Investment	中央项目 Central	地方项目 Local	地方投资占总额比重（%） Proportion of Local Investment in Total Investment (%)	新增固定资产 Newly Increased Fixed Assets
投资额（万元） Investment (10 000 yuan)					
1978	96055	15710	80345	83.6	54677
1980	121815	28129	93686	76.9	89031
1985	247349	88319	159030	64.3	163230
1990	411663	88657	323006	78.5	374779
1991	542295	128015	414280	76.4	419072
1992	926799	229885	696914	75.2	609629
1993	1693664	393855	1299809	76.7	960428
1994	1939743	518424	1421319	73.3	1089639
1995	2162880	623052	1539828	71.2	1917553
1996	2361406	550378	1811028	76.7	1753595
1997	2228299	467362	1760937	79.0	1946615
1998	2765781	581435	2184346	79.0	2141607
1999	3034692	689587	2345105	77.3	2112000
2000	3287710	994743	2292967	69.7	3140709
2001	3575582	922303	2653279	74.2	2332310
2002	4023603	990379	3033224	75.4	2270341
2003	4492504	1052907	3439597	76.6	3142566
2004	5394295	932227	4462068	82.7	3296786
2005	7078102	1135701	5942401	84.0	4248682
2006	8225875	1190370	7035505	85.5	4107952
2007	10056627	1167349	8889278	88.4	5110058
2008	12698400	1445195	11253205	88.6	5492696
2009	23510063	3850208	19659855	83.6	10552524
2010	30665485	5562613	25102872	81.9	11285161
2011	34849787	5196362	29653425	85.1	15927158
2012	38361748	5416951	32944797	85.9	18639488
2013	34182726	2288299	31894427	93.3	19534313
2014	38854457	2461364	36393093	93.7	22040292
2015	46135787	2251879	43883908	95.1	25625920
2016	50970596	2504243	48466353	95.1	28860824

注：2006年以后国有单位固定资产投资包含了农村非农户投资，2006年数据做相应调整。根据经普对2008年数据进行调整。

Note: Investment in fixed assets of state-owned units has included investment from rural non-agriculture households in fixed assets since 2006,and the data of 2006 is adjusted relevantly.The data in 2008 has been adjusted by the 2nd Economic Census.

10—2 续表 continued

年 份 Year	投资总额 Total Investment	中央项目 Central	地方项目 Local	地方投资占总额比重（%） Proportion of Local Investment in Total Investment (%)	新 增 固定资产 Newly Increased Fixed Assets
增长速度（上年=100） Growth Rate (preceding year=100)					
1978	20.9	32.3	18.8		-8.5
1980	24.2	-4.3	36.5		13.0
1985	50.6	57.4	47.0		19.6
1990	-0.6	-8.0	1.6		2.5
1991	31.7	44.4	28.3		11.8
1992	70.9	79.6	68.2		45.5
1993	82.7	71.3	86.5		57.5
1994	14.5	31.6	9.3		13.5
1995	11.5	20.2	8.3		76.0
1996	9.2	-11.7	17.6		-8.6
1997	-5.6	-15.1	-2.8		11.0
1998	24.1	24.4	24.0		10.0
1999	9.7	18.6	7.4		-1.4
2000	8.3	44.3	-2.2		48.7
2001	8.8	-7.3	15.7		-25.7
2002	12.5	7.4	14.3		-2.7
2003	11.7	6.3	13.4		38.4
2004	20.1	-11.5	29.7		4.9
2005	31.2	21.8	33.2		28.9
2006	16.2	4.8	18.4		-3.3
2007	22.3	-1.9	26.3		24.4
2008	26.3	23.8	26.6		7.5
2009	85.1	166.4	74.7		92.1
2010	30.4	44.5	27.7		6.9
2011	13.6	-6.6	18.1		41.1
2012	10.1	4.2	11.1		17.0
2013	9.1	-48.3	18.5		28.3
2014	13.7	7.6	14.1		12.8
2015	18.7	-8.5	20.6		16.3
2016	10.5	11.2	10.4		12.6

10—3 主要年份全社会固定资产投资总额

单位：亿元

指 标	Item	1995	2000
总　　计	**Total**	**423.37**	**660.01**
基本建设投资	**Basic Construction**	**157.10**	**281.54**
按经济类型分	By Economic Type		
国有经济	State-owned Units	137.15	249.95
联营经济	Joint-owned	0.86	0.45
其他经济	Others	19.09	31.14
按隶属关系分	By Administrative Relationship		
中　央	Central	43.58	71.48
地　方	Local	113.52	210.06
更新改造投资	**Innovation**	**68.56**	**80.16**
按经济类型分	By Economic Type		
国有经济	State-owned Units	55.24	64.41
联营经济	Joint-owned	0.07	0.08
其他经济	Others	13.25	15.67
按隶属关系分	By Administrative Relationship		
中　央	Central	18.81	38.51
地　方	Local	49.75	41.65
其他投资	**Others**	**16.27**	**59.26**
按经济类型分	By Economic Type		
国有经济	State-owned Units	5.41	2.96
联营经济	Joint-owned	8.10	6.92
其他经济	Others	2.76	49.38
按隶属关系分	By Administrative Relationship		
中　央	Central	0.17	0.15
地　方	Local	16.10	59.11
房地产开发投资	**Real Estate Development**	**51.51**	**38.67**
按经济类型分	By Economic Type		
国有经济	State-owned Units	18.28	11.45
联营经济	Joint-owned	9.23	3.25
其他经济	Others	23.80	23.97
农村非农户固定资产投资	**Investment from Rural Non-agriculture in Fixed Assets**	**39.67**	**50.32**
私人固定资产投资	**Individual**	**90.28**	**150.06**
城镇和工矿区私人建房	Housing Construction by Urban & Industrial & Mining Areas Individuals	27.23	64.47
农村农户投资	Rural Individuals	63.05	85.59

注：2016年国家制度修订，不设城乡分组及城镇和工矿区私人建房指标，农村农户投资数据由国家统计局广西调查总队提供。

Note: Before 2005,the data on the investment from non-agriculture households was provided by the Survey Office in Guangxi, and the housing construction by urban & industrial & mining areas refered to the total investment for individual housing construction. Since 2005, the housing construction by urban & industrial & mining areas individuals and the investment from rural non-agriculture households were calculated unitedly by sector according to the reformation of the state statistic system.

Total Investment in Fixed Assets in Main Years

(100 million yuan)

2005	2010	2011	2012	2013	2014	2015	2016
1769.07	**7859.07**	**10160.45**	**12635.22**	**11907.67**	**13843.21**	**16227.78**	**18236.78**
900.87	**3479.48**	**4185.39**	**4975.44**	**4501.24**	**5418.23**	**6680.15**	**8141.87**
553.93	2245.94	2506.27	2868.61	2332.70	2709.51	3291.01	3482.44
4.23	1.86	4.85	10.65	24.86	19.74	7.01	30.08
342.71	1231.67	1674.26	2096.18	2143.67	2688.98	3382.14	4629.35
118.63	490.81	446.27	471.34	170.29	188.52	184.97	250.22
782.24	2988.67	3739.12	4504.10	4330.94	5229.71	6495.19	7891.65
274.73	**2215.90**	**3054.81**	**4257.10**	**4319.06**	**5038.93**	**5897.85**	**6523.26**
106.81	538.18	616.13	684.74	633.87	771.68	936.00	1660.89
0.27	6.19	5.26	11.00	17.03	11.10	10.84	13.83
167.65	1671.52	2433.41	3561.36	3668.16	4256.15	4951.01	4848.54
39.34	98.73	108.51	86.64	77.68	86.23	78.23	282.49
235.39	2117.17	2946.29	4170.46	4241.38	4952.70	5819.61	6240.77
59.97	**237.25**	**441.77**	**569.99**	**313.50**	**304.48**	**349.77**	**589.83**
17.04	72.49	94.17	102.97	96.24	65.12	70.63	122.41
4.32	0.86	3.30	1.10	1.04	1.47	2.77	1.22
38.61	163.89	344.30	465.92	216.22	237.88	276.38	466.20
1.43	2.10	9.51	4.31	2.86	1.05	3.73	5.69
58.54	235.14	432.27	565.68	310.64	303.42	346.05	584.14
286.79	**1206.22**	**1517.47**	**1554.94**	**1614.63**	**1838.49**	**1909.09**	**2397.99**
30.03	100.49	145.01	189.27	137.52	94.58	94.23	140.61
6.35	0.84	0.24	5.74	1.83	0.00	0.00	1.22
250.41	1104.90	1372.22	1359.93	1475.27	1743.92		2256.15
99.74	**358.97**	**470.40**	**689.46**	**629.25**	**680.81**	**807.39**	
146.97	**361.25**	**490.63**	**588.29**	**529.99**	**562.27**	**583.52**	**583.52**
	22.99	80.87	124.86	6.25	6.66	10.69	
146.97	338.26	409.76	463.43	523.74	555.61	572.83	583.83

10—4 主要年份固定资产投资资金来源

单位：万元

指 标	Item	1995	2000
资金来源总计	**Total Fund**	**2939513**	**4198133**
#地 方	Local	2331578	3066097
#国家预算内	State Budgetary Appropriation	78769	378744
#地 方	Local	57511	280640
国内贷款	Domestic Loans	854107	1029012
#地 方	Local	611133	617914
利用外资	Foreign Investment	220117	154224
#地 方	Local	177239	154224
自筹投资	Fundraising	1264132	1901390
#地 方	Local	1012207	1330788
在资金来源总计中:	In Total Fund		
基本建设资金来源	**Basic Construction**	**1540377**	**2714050**
#地 方	Local	1117568	1966652
#国家预算内	State Budgetary Appropriation	69741	369687
#地 方	Local	48550	272429
国内贷款	Domestic Loans	435347	738631
#地 方	Local	216517	357399
利用外资	Foreign Investment	139004	126656
#地 方	Local	103334	126656
自筹投资	Fundraising	653431	1084562
#地 方	Local	547660	863847
更新改造资金来源	**Innovation**	**669422**	**790952**
#地 方	Local	490525	410096
#国家预算内	State Budgetary Appropriation	3511	3881
#地 方	Local	3444	3035
国内贷款	Domestic Loans	204597	172464
#地 方	Local	180841	143345
利用外资	Foreign Investment	16959	7076
#地 方	Local	9751	7076
自筹投资	Fundraising	401512	579146
#地 方	Local	257846	231174

注：资金来源为城镇基建、更改、其它和房地产四部分当年资金到位数。

Note: Sources of funds refer to the funds reaching the designated positions in the current year, including basic construction, innovation, other investment & real estate by urban areas.

Investment in Fixed Assets by Source of Funds in Main Years

(10 000 yuan)

2005	2010	2011	2012	2013	2014	2015	2016
16044415	**75978774**	**95911551**	**121833076**	**115286106**	**136737288**	**157003534**	**178963738**
14357240	70082471	72249974	116621621	112559191	133046079	153990334	145120748
1400300	3819964	4335425	6213347	5993435	8115523	10631186	16692984
889757	3108320	3814097	5657903	5762880	7854940	10474167	13339131
3026562	11669666	12032171	14654095	15569087	18439270	22163086	21807643
2495061	9637499	7499023	13073702	14654564	17271360	21009748	19617101
629035	718151	769380	420027	140943	132717	348586	205466
628585	711543	699256	387026	140943	132717	348586	205466
7702416	47479010	65682301	82805057	78113682	91881533	104586961	114080015
7089364	45136176	55798279	80731248	76741722	90241623	102969491	111959050
9129466	**34765422**	**41499968**	**70853235**	**67357690**	**56702552**	**69258070**	**79886111**
7853019	29978628	36662231	66622236	65480825	54564006	67385027	77495028
1312284	3105247	3450090	4617904	4562547	6437761	8128695	10408371
820560	2481063	2938630	4115766	4375960	6206685	8039456	8225017
2136352	6815018	6566367	10282592	10090530	8160430	11261550	10113597
1620027	4948199	4652505	8920765	9313312	7150775	10408513	9386536
349733	291442	317719	211504	90812	62250	153005	154326
349283	285942	317719	178503	90812	62250	153005	154326
4088562	21118834	27928690	40433080	38884501	37985530	44793887	49432818
3844733	19572221	26192105	39060701	38174715	37168991	43887098	48394995
2897512	**23214855**	**31259988**	**43925090**	**44657932**	**52670321**	**60664143**	**65953802**
2508256	22166358	30147586	42987692	43836557	51743433	59828842	63401344
41947	578956	722581	1362091	1151840	1471295	2234128	5815645
23128	491496	712713	1308785	1110372	1443588	2213453	4734656
303837	2301995	2771150	4238135	5398272	6795931	7420362	6578415
288661	2136647	2628207	4019569	5260967	6696676	7208388	5398234
194299	321268	367446	205748	49031	68411	168167	49628
194299	320160	367446	205748	49031	68411	168167	49628
2193981	19020094	26585829	36729030	36608276	42114222	48561186	48618390
1840264	18244885	25632832	36070580	35972169	41325992	47963049	47729283

10—5　按登记注册类型分的固定资产投资（2016年）

单位：万元

指　标	Item	投资合计 Total Investment
合　计	**Total**	**176529486**
内资	**Domestic Fund**	**169930611**
国有	State-owned	38707047
集体	Collective-owned	1623943
股份合作	Cooperative Share Holding	522714
国有联营	State Joint-owned	133767
集体联营	Collective Joint-owned	61065
国有与集体联营	State & Collective Joint-owned	20338
其他联营	Other Joint-owned	236171
国有独资公司	State Sole Investment	13517415
其他有限责任公司	Other Limited Companies	36067992
股份有限公司	Share Holding Limited	4059171
私营	Individual	62702896
其他	Others	12278092
港澳台商投资	**Funded by Enterprises from Hong Kong, Macao & Taiwan**	**3022948**
合资经营	Joint Venture	842295
合作经营	Cooperative Operation	6860
独资	Sole Investment	1979763
股份有限	Share Holding Limited	91390
其他	Others	102640
外商投资	**Foreign-funded**	**2033736**
合资经营	Joint Venture	1137671
合作经营	Cooperative Operation	15677
独资	Sole Investment	530049
股份有限	Share Holding Limited	122325
其他	Others	228014
个体经营	**Individual**	**1542191**
个体户	Private	1120200
个人合伙	Individual Partnership	421991

注：本表数据合计含城镇基建、更改、其他和房地产四部分。
Note: Total investment in this table includes basic construction, innovation, other investment & real tate development over designated size.

Investment in Fixed Assets Grouped by Registration Status (2016)

(10 000 yuan)

基本建设 Basic Construction	更新改造 Innovation	其他 Others	房地产 Real Estate Development
81418711	**65232594**	**5898319**	**23979862**
79556004	**62869965**	**5758481**	**21746161**
23822381	13473129	1052029	359508
945750	581270	78423	18500
206757	277506	29951	8500
75450	58317	0	0
40073	19022	1970	0
5140	10448	4750	0
180110	50551	5510	
9935630	2466713	86947	1028125
13857642	10592179	827184	10790987
1800001	1508551	189902	560717
22399208	28426859	2900015	8976814
6287862	5405420	581800	3010
459485	**918908**	**13636**	**1630919**
127813	335042	12403	367037
4000	2860	0	0
237253	477528	1100	1263882
29021	62236	133	0
61398	41242	0	0
805673	**607874**	**17407**	**602782**
408363	315921	723	412664
8062	7615	0	0
280747	179548	3212	66542
45519	37017	6972	32817
62982	67773	6500	90759
597549	**835847**	**108795**	**0**
436485	589983	93732	0
161064	245864	15063	0

10－6 按登记注册类型分的投资资金来源（2016年）

单位：万元

指 标	Item	资金来源合计 Total Sources of Fund	上年末结余资金 Surplus from Fund of the End of Last Year
合 计	**Total**	**190509943**	**11567672**
内资	**Domestic Fund**	**169930611**	**10230648**
国有	State-owned	38707047	1552636
集体	Collective-owned	1623943	95145
股份合作	Cooperative Share Holding	522714	1079
国有联营	State Joint-owned	133767	6800
集体联营	Collective Joint-owned	61065	0
国有与集体联营	State & Collective Joint-owned	20338	0
其他联营	Other Joint-owned	236171	13272
国有独资公司	State Sole Investment	13517415	1673988
其他有限责任公司	Other Limited Companies	36067992	3497083
股份有限公司	Share Holding Limited	4059171	222865
私营	Individual	62702896	587986
其他	Others	12278092	56130
港澳台商投资	**Funded by Enterprises from Hongkong, Macao & Taiwan**	**3022948**	**566522**
合资经营	Joint Venture	842295	81575
合作经营	Cooperative Operation	6860	0
独资	Sole Investment	1979763	484468
股份有限	Share Holding Limited	91390	479
其他	Others	102640	0
外商投资	**Foreign-funded**	**2033736**	**806844**
合资经营	Joint Venture	1137671	276409
合作经营	Cooperative Operation	15677	825
独资	Sole Investment	530049	515315
股份有限	Share Holding Limited	122325	6242
其他	Others	228014	8053
个体经营	**Individual**	**1542191**	**5253**
个体户	Private	1120200	5253
个人合伙	Individual Partnership	421991	0

注：本表含城镇基建、更改、其他和房地产四部分。
Note: Total investment in this table includes basic construction, innovation, other investment & real estate development overdesignated size.

Sources of Funds for Investment in Fixed Assets Grouped by Registration Status (2016)

(10 000 yuan)

本年资金来源小计 Surplus of Fund in This Year	预算内资金 Budgetary Appropriation	国内贷款 Domestic Loans	利用外资 Foreign Investment	自筹资金 Fundraising	其他资金 Others
178942271	**16692984**	**21807643**	**205466**	**114080015**	**25686712**
171777050	**16686030**	**20993973**	**170952**	**109830504**	**23626140**
37126266	13772816	3179656	72411	15502419	4294148
1672845	87253	48879	0	1245882	289221
533469	1770	5758	0	457421	68520
130975	18809	27770	0	79974	4422
61247	1882	2700	0	51925	4740
20338	6170	0	0	9183	4985
236182	25906	56330	0	130112	23834
10360878	1047659	4069018	7414	4009556	1185459
39401699	1095238	7232715	20740	22800090	8167301
4225278	80450	270249	0	3229681	643698
54013944	207900	4300600	59092	47534453	1877461
12615402	340177	890627	11295	10035256	1338047
3108751	**6846**	**323377**	**3457**	**1347379**	**1427692**
934476	5100	139247	3457	456165	330507
6860	0	350	0	4510	2000
1979703	0	158680	0	742747	1078276
90389	1746	500	0	84463	3680
97323	0	24600	0	59494	13229
2483904	**643**	**377524**	**26105**	**1604609**	**475023**
1315080	0	133630	16522	927862	237066
14880	0	2536	0	12090	254
621695	0	177358	9133	346427	88777
178527	0	25000	0	147054	6473
353722	643	39000	450	171176	142453
1594033	**4457**	**119200**	**4952**	**1305567**	**159857**
1156834	3490	83858	4040	1013236	52210
437199	967	35342	912	292331	107647

10—7 按登记注册类型分的新增固定资产（2016年）

单位：万元

指 标	Item	新增固定资产合计 Newly Increased Fixed Assets
合 计	**Total**	**108012121**
内资	**Domestic Fund**	**103796776**
国有	State-owned	25371464
集体	Collective-owned	1324069
股份合作	Cooperative Share Holding	427119
国有联营	State Joint-owned	127018
集体联营	Collective Joint-owned	68266
国有与集体联营	State & Collective Joint-owned	21708
其他联营	Other Joint-owned	223530
国有独资公司	State Sole Investment	3362342
其他有限责任公司	Other Limited Companies	19167618
股份有限公司	Share Holding Limited	2734922
私营	Individual	40654791
其他	Others	10313929
港澳台商投资	**Funded by Enterprises from Hong Kong, Macao & Taiwan**	**1335519**
合资经营	Joint Venture	596453
合作经营	Cooperative Operation	6860
独资	Sole Investment	575694
股份有限	Share Holding Limited	98070
其他	Others	58442
外商投资	**Foreign-funded**	**1613008**
合资经营	Joint Venture	553437
合作经营	Cooperative Operation	20040
独资	Sole Investment	882916
股份有限	Share Holding Limited	72511
其他	Others	84104
个体经营	**Individual**	**1266818**
个体户	Private	898372
个人合伙	Individual Partnership	368446

注：本表仅含城镇基建、更改、其他和房地产四部分。
Note: The investment in fixed assets in this table just contains 3 parts by urban areas: investment in basic construction, innovation & others.

Newly Increased Fixed Assets Grouped by Registration Status（2016）

(10 000 yuan)

基本建设 Basic Construction	更新改造 Innovation	其他 Others	房地产 Real Estate Development
50036088	**35477981**	**5087218**	**5492416**
48008781	**34167969**	**4963932**	**5196167**
14453211	4988831	837448	189357
762016	317909	61007	0
105593	236696	30951	7400
75250	38148		
44346	15810	1970	
5140		4750	
171628	20564	5510	
2391668	261677	53439	404654
8731449	6282332	761436	1880658
1425853	840710	167317	332262
14634453	18003016	2556420	2379886
5208174	3162276	483684	1950
318740	**527842**	**5908**	**243417**
38641	123796	4458	56736
4000	1410	0	0
205409	327369	0	186681
40750	50070	1450	
29940	25197	0	
1240725	**299502**	**11294**	**52832**
417822	120142	723	8333
8450	11590	0	
766333	108903	2600	0
22450	33933	7694	0
25670	24934	277	
467842	**482668**	**106084**	
329314	327492	92001	
138528	155176	14083	

10－8　分行业固定资产投资（2016年）
Investment in Fixed Assets by Sector（2016）

单位：万元　　(10 000 yuan)

指　标	Item	投资总额 Total Investment	按隶属关系分 By Administrative Relationship		新增固定资产 Newly Increased Fixed Assets
			中　央 Central	地　方 Local	
总　计	**Total**	**176529486**	**5614146**	**170915340**	**113504537**
按三次产业分	**By Industry**				
第一产业	Primary Industry	9490518	5897	9484621	7766953
第二产业	Secondary Industry	65267020	3411776	61855244	54239413
第三产业	Tertiary Industry	101771948	2196473	99575475	51498171
按国民经济行业分	**By Sector**				
农、林、牧、渔业	Farming, Forestry, Animal Husbandry & Fishery	9490518	5897	9484621	7766953
#农业	Farming	3255060	5897	3249163	2719789
林业	Forestry	1404907		1404907	1118567
工业	Industry	64044563	3409591	60634972	53276897
采矿业	Mining	2768834	17343	2751491	2430617
制造业	Manufacturing	51880439	592177	51288262	40666333
电力燃气及水的生产供应业	Power, Gas & Water Production & Supply	9395290	2800071	6595219	10179947
建筑业	Construction	1222457	2185	1220272	962516
交通运输、仓储及邮政业	Transportation,Storage & Postal	18452054	1034706	17417348	8382908
交通运输业	Transportation	17260046	1016588	16243458	7782082
仓储业	Storage	1109604	18118	1091486	554566
邮政业	Postal	82404		82404	46260
信息传输、计算机服务和软件业	Information Transmission, Computer Service & Software Industries	2232267	496651	1735616	1425280

注：本表仅含城镇基建、更改、其他三部分，不含房地产开发投资。
Note: The investment in fixed assets in this table just contains 3 parts by urban areas: investment in basic construction, innovation & others.

10—8 续表 continued

单位：万元 (10 000 yuan)

指 标	Item	投资总额 Total Investment	按隶属关系分 By Administrative Relationship		新增固定资产 Newly Increased Fixed Assets
			中 央 Central	地 方 Local	
批发和零售业	Wholesale & Retail Trade	7561661	16066	7545595	5765045
批发业	Wholesale	3909546	5871	3903675	3071709
零售业	Retail Trade	3652115	10195	3641920	2693336
住宿和餐饮业	Hotel & Catering Trade	2020378	8870	2011508	1474302
#餐饮业	Catering Trade	774348		774348	612774
金融业	Finance	720671	25263	695408	503538
房地产业	Real Estate	29991428	306250	29685178	8766781
租赁和商务服务业	Leasing & Business Service	5601112	16447	5584665	2926159
科学研究、技术服务地质勘查业	Scientific Research, Technology Service & Geological Prospecting	1534336	19098	1515238	1104473
水利、环境和公共设施管理业	Water Conservancy, Environment & Public Facility Management	20876765	169276	20707489	12499610
水利管理业	Water Conservancy	3022393	19497	3002896	2334155
公共设施管理业	Public Facility Management	17141873	126772	17015101	9614555
居民服务和其他服务业	Resident & Other Services	941502	3723	937779	764310
教育事业	Education	4775364	50642	4724722	3249103
卫生、社会保障和社会福利业	Public Health, Social Security & Social Welfare	2190282	8646	2181636	1534004
#卫生事业	Public Health	1927720	6246	1921474	1356165
文化、体育和娱乐业	Culture, Sports & Entertainment	2248556	626	2247930	1222897
公共管理和社会组织	Public Administration & Social Organizations	2625572	40209	2585363	1879761
国际组织	International Organizations				

10—9 工业分行业固定资产投资（2016年）
Investment in Urban Fixed Assets by Industrial Sector（2016）

单位：万元 (10 000 yuan)

指 标	Item	投资总额 Total Investment	按隶属关系分 By Administrative Relationship		新增固定资产 Newly Increased Fixed Assets
			中 央 Central	地 方 Local	
合 计	**Total**	**64044563**	**3409591**	**60634972**	**53276897**
煤炭采选业	Coal Mining & Processing	47885		47885	38798
石油和天然气开采	Petrol & Natural Gas Mining	14517		14517	9100
黑色金属矿采选业	Ferrous Metals Mining & Processing	303209		303209	280713
有色金属矿采选业	Nonferrous Metals Mining & Processing	544962	9143	535819	472361
非金属矿采选业	Nonmetal Mining & Processing	1736423		1736423	1535627
开采辅助活动	Assist Activities of Mining	22493	8200	14293	15600
其他采矿业	Other Mining & Processing	99345		99345	78418
农副食品加工	Major Grain & Sideline Food Processing	3674034	9066	3664968	2919741
#制糖业	Sugar Production	359617	9066	350551	315934
食品制造业	Food Production	2179153		2179153	1667243
饮料制造业	Beverage Production	1438884		1438884	1074424
烟草加工业	Tobacco Processing	48222	44240	3982	9177
纺织业	Textile Industry	803157		803157	657022
纺织服装、鞋帽制造业	Textile Clothes, Shoes & Caps Producing	1315707		1315707	1193950
皮革、毛皮、羽毛（绒）及其制品业	Leathers, Furs, Down & Related Products	559066		559066	472150
木材加工及竹、藤、棕、草制品业	Timber, Bamboo, Cane, Palm Fiber, Straw Products	5285829		5285829	4513683
家具制造业	Furniture Manufacturing	1143851		1143851	1012008
造纸及纸制品业	Papermaking & Paper Products	1361783		1361783	1589880
印刷业、记录、媒介的复制	Printing & Record Medium Reproduction	573808		573808	492599
文教体育用品制造业	Culture, Education & Sports Facilities Producing	24115		24115	23165
石油加工、炼焦及核燃料加工业	Petroleum Processing, Coking Products & Nuclear Fuel Processing	273947	16401	257546	148906
化学原料及化学制品制造业	Raw Chemical Materials & Chemical Products	2550973	7650	2543323	2017851

注：1. 本表仅含基建、更改、其他三部分。
2. 2014年起，由于新国民经济行业代码调整，原办公用机械制造业已归至通用机械制造业。“仪器仪表及文化、办公用机械制造业”数据与往年不可比。

Note: 1. The investment in fixed assets in this table just contains 3 parts: investment in basic construction, innovation & others.
2. According to the code adjustment of the new national economic industry, the old indicator “Clerical Machinery Manufacturing” has been brought into the “General Machinery Manufacturing” since 2014. The data on “Instruments, Meters, Cultural & Clerical Machinery Manufacturing” in 2014 is not comarable with the former years.

10－9 续表 continued

单位：万元 (10 000 yuan)

指 标	Item	投资总额 Total Investment	按隶属关系分 By Administrative Relationship		新增固定资产 Newly Increased Fixed Assets
			中 央 Central	地 方 Local	
医药制造业	Medical & Pharmaceutical Products	1203263		1203263	812298
化学纤维制造业	Chemical Fiber	9259		9259	2524
橡胶和塑料制品业	Rubber & Plastic Products	1550139		1550139	1276614
非金属矿物制品业	Nonmetal Mineral Products	8630918	118838	8512080	6568856
#水泥制造业	Cements Products	610002	106878	503124	346416
黑色金属冶练及压延加工业	Smelting & Pressing of Ferrous Metals	998323	126162	872161	659641
有色金属冶练及压延加工业	Smelting & Pressing of Nonferrous Metals	1458692	8000	1450692	747680
金属制品业	Metal Products	2026209	8257	2017952	1433273
通用机械制造业	General Machinery Manufacturing	1735893	3480	1732413	1342739
专用设备制造业	Special Purpose Equipment	2530666	5250	2525416	1886209
交通运输设备制造业	Transport Equipment	4299059	182927	4116132	3173796
电气、机械及器材制造业	Electric Equipment & Machinery Manufacturing	2138729	35258	2103471	1744535
通信设备、计算机及其他电子设备制造业	Communications Equipment, Computer & Other Electric Equipment Manufacturing	1831687	22586	1809101	1504410
仪器仪表及文化、办公用机械制造业	Instruments, Meters, Cultural & Clerical Machinery	208770		208770	176343
工艺品及其他制造业	Artworks & Other Products Manufacturing	783579	4062	779517	644639
废弃资源和废旧材料回收加工业	Abandoned Resources & Junk Materials Recycling & Processing	872827		872827	580603
金属制品、机械和设备修理业	Metal Product, Machinery & Equipment Repair Services	68231		68231	41106
电力、蒸气、热水的生成和供应业	Electricity, Steam, Hot Water Production & Supply	6769732	2260393	4509339	7000723
#水电	Hydropower	1558489	20105	1538384	840461
火电	Thermal Power	940181	459447	480734	1250060
煤气生成和供应业	Gas Production & Supply	1019347	534956	484391	2107585
自来水的生成和供应业	Tap Water Production & Supply	1606211	4722	1601489	1071639

10—10 基本建设分行业固定资产投资（2016年）
Investment in Fixed Assets in Basic Construction by Sector（2016）

单位：万元 (10 000 yuan)

指 标	Item	投资总额 Total Investment	按隶属关系分 By Administrative Relationship 中 央 Central	地 方 Local	新增固定资产 Newly Increased Fixed Assets
总 计	**Total**	**81418711**	**2502228**	**78916483**	**50036088**
按三次产业分	**By Industry**				
第一产业	Primary Industry	6719862	5897	6713965	5366801
第二产业	Secondary Industry	22591060	1349326	21241734	17541276
第三产业	Tertiary Industry	52107789	1147005	50960784	27128011
按国民经济行业分	**By Sector**				
农、林、牧、渔业	Farming,Forestry,Animal Husbandry & Fishery	6719862	5897	6713965	5366801
#农业	Farming	2422247	5897	2416350	1978804
林业	Forestry	867664		867664	683613
工业	Industry	21866721	1347141	20519580	16987232
采矿业	Mining	588505	3850	584655	519507
制造业	Manufacturing	16880929	467508	16413421	11752386
电力燃气及水的生产供应业	Power, Gas & Water Production & Supply	4397287	875783	3521504	4715339
建筑业	Construction	724339	2185	722154	554044
交通运输、仓储及邮政业	Transportation,Storage & Postal	11014638	492804	10521834	3973119
交通运输业	Transportation	10113051	474686	9638365	3598032
仓储业	Storage	852127	18118	834009	350452
邮政业	Postal	49460		49460	24635
信息传输、计算机服务和软件业	Information Transmission, Computer Service & Software Industries	1248848	402498	846350	600232

10—10 续表 continued

单位：万元 (10 000 yuan)

指 标	Item	投资总额 Total Investment	按隶属关系分 By Administrative Relationship 中 央 Central	地 方 Local	新增固定资产 Newly Increased Fixed Assets
批发和零售业	Wholesale & Retail Trade	4473959		4473959	3099893
批发业	Wholesale	2242902		2242902	1574081
零售业	Retail Trade	2231057		2231057	1525812
住宿和餐饮业	Hotel & Catering Trade	1392282	4300	1387982	1003267
#餐饮业	Catering Trade	479627		479627	365955
金融业	Finance	461548		461548	267341
房地产业	Real Estate	4688675	51329	4637346	2335903
租赁和商务服务业	Leasing & Business Service	3908627	12737	3895890	1710113
科学研究、技术服务地质勘查业	Scientific Research, Technology Service & Geological Prospecting	925215	17798	907417	630292
水利、环境和公共设施管理业	Water Conservancy, Environment & Public Facility Management	15220297	127525	15092772	8177183
水利管理业	Water Conservancy	1954755	11857	1942898	1486850
公共设施管理业	Public Facility Management	12846250	109104	12737146	6360520
居民服务和其他服务业	Resident & Other Services	558376		558376	425838
教育事业	Education	3300100	10073	3290027	2084102
卫生、社会保障和社会福利业	Public Health, Social Security & Social Welfare	1264154	2082	1262072	704657
#卫生事业	Public Health	1062592	2082	1060510	570754
文化、体育和娱乐业	Culture, Sports & Entertainment	1737793		1737793	811236
公共管理和社会组织	Public Administration & Social Organizations	1913277	25859	1887418	1304835
国际组织	International Organizations				

10－11　工业行业基本建设投资（2016年）
Investment in Basic Construction by Industrial Sector （2016）

单位：万元　　　　(10 000 yuan)

指　标	Item	投资总额 Total Investment	按隶属关系分 By Administrative Relationship		新增固定资产 Newly Increased Fixed Assets
			中 央 Central	地 方 Local	
合　计	**Total**	**21866721**	**1347141**	**20519580**	**16987232**
煤炭采选业	Coal Mining & Processing	3900		3900	0
石油和天然气开采	Petrol & Natural Gas Mining	9617		9617	4200
黑色金属矿采选业	Ferrous Metals Mining & Processing	52979		52979	54409
有色金属矿采选业	Nonferrous Metals Mining & Processing	94617		94617	89700
非金属矿采选业	Nonmetal Mining & Processing	377180		377180	335036
开采辅助活动	Assist Activities of Mining	18143	3850	14293	12950
其他采矿业	Other Mining & Processing	32069		32069	23212
农副食品加工	Major Grain & Sideline Food Processing	1137936		1137936	779097
#制糖业	Sugar Production	69440		69440	55693
食品制造业	Food Production	804513		804513	522521
饮料制造业	Beverage Production	443506		443506	211797
烟草加工业	Tobacco Processing	895		895	895
纺织业	Textile Industry	260168		260168	216252
纺织服装、鞋帽制造业	Textile Clothes, Shoes & Caps Producing	448583		448583	435133
皮革、毛皮、羽毛（绒）及其制品业	Leathers, Furs, Down & Related Products	207444		207444	166368
木材加工及竹、藤、棕、草制品业	Timber, Bamboo, Cane, Palm Fiber, Straw Products	1062333		1062333	817616
家具制造业	Furniture Manufacturing	381708		381708	297060
造纸及纸制品业	Papermaking & Paper Products	494054		494054	890730
印刷业、记录、媒介的复制	Printing & Record Medium Reproduction	113876		113876	100748
文教体育用品制造业	Culture, Education & Sports Facilities Producing	5250		5250	4300
石油加工、炼焦及核燃料加工业	Petroleum Processing, Coking Products & Nuclear Fuel Processing	147519	16401	131118	37717
化学原料及化学制品制造业	Raw Chemical Materials & Chemical Products	723753		723753	468131

10—11 续表 continued

单位：万元 (10 000 yuan)

指 标	Item	投资总额 Total Investment	按隶属关系分 By Administrative Relationship 中 央 Central	地 方 Local	新增固定资产 Newly Increased Fixed Assets
医药制造业	Medical & Pharmaceutical Products	437666		437666	216280
化学纤维制造业	Chemical Fiber	3850		3850	701
橡胶和塑料制品业	Rubber & Plastic Products	468040		468040	370928
非金属矿物制品业	Nonmetal Mineral Products	2770759	84891	2685868	1760425
#水泥制造业	Cements Products	173442	72931	100511	65103
黑色金属冶练及压延加工业	Smelting & Pressing of Ferrous Metals	316465	126162	190303	164478
有色金属冶练及压延加工业	Smelting & Pressing of Nonferrous Metals	784584		784584	227589
金属制品业	Metal Products	541546	8257	533289	345152
通用机械制造业	General Machinery Manufacturing	440777		440777	258542
专用设备制造业	Special Purpose Equipment	885034	4730	880304	427386
交通运输设备制造业	Transport Equipment	1377808	169223	1208585	1027767
电气、机械及器材制造业	Electric Equipment & Machinery Manufacturing	813359	35258	778101	662614
通信设备、计算机及其他电子设备制造业	Communications Equipment, Computer & Other Electric Equipment Manufacturing	805169	22586	782583	623345
仪器仪表及文化、办公用机械制造业	Instruments, Meters, Cultural & Clerical Machinery	58054		58054	45818
工艺品及其他制造业	Artworks & Other Products Manufacturing	164495		164495	126357
废弃资源和废旧材料回收加工业	Abandoned Resources & Junk Materials Recycling & Processing	680333		680333	452446
金属制品、机械和设备修理业	Metal Products, Machinery & Equipment Repair Services	26229		26229	14864
电力、蒸气、热水的生成和供应业	Electricity, Steam, Hot Water Production & Supply	3144582	864322	2280260	4047201
#水电	Hydropower	753669	11058	742611	104916
火电	Thermal Power	599926	259100	340826	216457
煤气生成和供应业	Gas Production & Supply	297984	7675	290309	148632
自来水的生成和供应业	Tap Water Production & Supply	954721	3786	950935	519506

10—12 基本建设分行业投资项目和新增固定资产（2016年）
Basic Construction Projects & Newly Increased Fixed Assets by Sector（2016）

项 目	Item	施工项目（个）Project under Construc-tion (unit)	全部建成投产项目（个）Projects Fully Completed Put into Operation (unit)	项目建成投产率（%）Rate of Investment of Projects Completed (%)	投资总额（万元）Total Investment (10 000 yuan)	新增固定资产（万元）Newly Increased Fixed Assets (10 000 yuan)	固定资产交付使用率（%）Rate of Fixed Assets Put into Use (%)
总 计	**Total**	**24056**	**16010**	**66.6**	**81418711**	**50036088**	**61.5**
按三次产业分	**By Industry**						
第一产业	Primary Industry	2974	2321	78	6719862	5366801	79.9
第二产业	Secondary Industry	5647	3691	65.4	22591060	17541276	77.6
第三产业	Tertiary Industry	15435	9998	64.8	52107789	27128011	52.1
按国民经济行业分	**By Sector**						
农、林、牧、渔业	Farming,Forestry,Animal Husbandry & Fishery	2974	2321	78	6719862	5366801	79.9
#农业	Farming	1063	834	78.5	2422247	1978804	81.7
林业	Forestry	391	299	76.5	867664	683613	78.8
工业	Industry	5284	3428	64.9	21866721	16987232	77.7
采矿业	Mining	211	157	74.4	588505	519507	88.3
制造业	Manufacturing	4304	2862	66.5	16880929	11752386	69.6
电力燃气及水的生产供应业	Power, Gas & Water Production & Supply	769	409	53.2	4397287	4715339	107.2
建筑业	Construction	363	263	72.5	724339	554044	76.5
交通运输、仓储及邮政业	Transportation,Storage, Postal & Telecommunication Services	2188	1506	68.8	11014638	3973119	36.1
交通运输业	Transportation	1977	1378	69.7	10113051	3598032	35.6
仓储业	Storage	186	109	58.6	852127	350452	41.1
邮政业	Postal	25	19	76	49460	24635	49.8
信息传输、计算机服务和软件业	Information Transmission, Computer Service & Software Industries	304	188	61.8	1248848	600232	48.1

10－12 续表 continued

项 目	Item	施工项目（个）Project under Construc-tion (unit)	全部建成投产项目（个）Projects Fully Completed Put into Operation (unit)	项目建成投产率（%）Rate of Investment of Projects Completed (%)	投资总额（万元）Total Investment (10 000 yuan)	新增固定资产（万元）Newly Increased Fixed Assets (10 000 yuan)	固定资产交付使用率（%）Rate of Fixed Assets Put into Use (%)
批发和零售业	Wholesale & Retail Trade	1641	1074	65.4	4473959	3099893	69.3
批发业	Wholesale	825	514	62.3	2242902	1574081	70.2
零售业	Retail Trade	816	560	68.6	2231057	1525812	68.4
住宿和餐饮业	Hotel & Catering Trade	468	340	72.6	1392282	1003267	72.1
#餐饮业	Catering Trade	218	154	70.6	479627	365955	76.3
金融业	Finance	129	91	70.5	461548	267341	57.9
房地产业	Real Estate	1121	648	57.8	4688675	2335903	49.8
租赁和商务服务业	Leasing & Business Service	1066	587	55.1	3908627	1710113	43.8
科学研究、技术服务地质勘查业	Scientific Research, Technology Service & Geological Prospecting	381	249	65.4	925215	630292	68.1
水利、环境和公共设施管理业	Water Conservancy, Environment & Public Facility Management	4347	2773	63.8	15220297	8177183	53.7
水利管理业	Water Conservancy	860	650	75.6	1954755	1486850	76.1
公共设施管理业	Public Facility Management	3306	2002	60.6	12846250	6360520	49.5
居民服务和其他服务业	Resident & Other Services	248	178	71.8	558376	425838	76.3
教育事业	Education	1407	980	69.7	3300100	2084102	63.2
卫生、社会保障和社会福利业	Public Health, Social Security & Social Welfare	499	309	61.9	1264154	704657	55.7
卫生事业	Public Health	386	228	59.1	1062592	570754	53.7
文化、体育和娱乐业	Culture, Sports & Entertainment	526	348	66.2	1737793	811236	46.7
公共管理和社会组织	Public Administration & Social Organizations	1110	727	65.5	1913277	1304835	68.2
国际组织	International Organizations						

10—13　分行业更新改造投资（2016年）

Investment in Innovation by Sector（2016）

单位：万元　　(10 000 yuan)

指　标	Item	投资总额 Total Investment	按隶属关系分 By Administrative Relationship		新增固定资产 Newly Increased Fixed Assets
			中　央 Central	地　方 Local	
总　计	**Total**	**65232594**	**2824870**	**62407724**	**52888815**
按三次产业分	**By Industry**				
第一产业	Primary Industry	2602766		2602766	2246132
第二产业	Secondary Industry	41184740	2058216	39126524	35374173
第三产业	Tertiary Industry	21445088	766654	20678434	15268510
按国民经济行业分	**By Sector**				
农、林、牧、渔业	Farming,Forestry,Animal Husbandry & Fishery	2602766		2602766	2246132
#农业	Farming	792883		792883	701055
林业	Forestry	515119		515119	417998
工业	Industry	40873346	2058216	38815130	35150487
采矿业	Mining	2120316	13493	2106823	1857881
制造业	Manufacturing	33862633	120989	33741644	27916721
电力燃气及水的生产供应业	Power, Gas & Water Production & Supply	4890397	1923734	2966663	5375885
建筑业	Construction	311394		311394	223686
交通运输、仓储及邮政业	Transportation,Storage,Postal & Telecommunication Services	6208624	541902	5666722	3488180
交通运输业	Transportation	5934391	541902	5392489	3283317
仓储业	Storage	247375		247375	189324
邮政业	Postal	26858		26858	15539
信息传输、计算机服务和软件业	Information Transmission, Computer Service & Software Industries	874721	93881	780840	721434

10－13 续表 continued

单位：万元 (10 000 yuan)

指 标	Item	投资总额 Total Investment	按隶属关系分 By Administrative Relationship 中 央 Central	地 方 Local	新增固定资产 Newly Increased Fixed Assets
批发和零售业	Wholesale & Retail Trade	2447043	11786	2435257	2064138
批发业	Wholesale	1247355	1591	1245764	1103493
零售业	Retail Trade	1199688	10195	1189493	960645
住宿和餐饮业	Hotel & Catering Trade	490096	4570	485526	333783
#餐饮业	Catering Trade	208047		208047	160163
金融业	Finance	165103	11977	153126	146079
房地产业	Real Estate	1172726	24804	1147922	828976
租赁和商务服务业	Leasing & Business Service	1182227	3177	1179050	714672
科学研究、技术服务地质勘查业	Scientific Research, Technology Service & Geological Prospecting	456810		456810	338682
水利、环境和公共设施管理业	Water Conservancy, Environment & Public Facility Management	5472488	31161	5441327	4183832
水利管理业	Water Conservancy	1036619	7640	1028979	826186
公共设施管理业	Public Facility Management	4164172	8161	4156011	3158066
居民服务和其他服务业	Resident & Other Services	272371	3091	269280	237380
教育事业	Education	1185659	35330	1150329	943420
卫生、社会保障和社会福利业	Public Health, Social Security & Social Welfare	510357	4975	505382	473699
卫生事业	Public Health	453007	2575	450432	429763
文化、体育和娱乐业	Culture, Sports & Entertainment	413326		413326	321624
公共管理和社会组织	Public Administration & Social Organizations	593537		593537	472611
国际组织	International Organizations				

10－14　工业分行业更新改造投资（2016年）
Investment in Innovation by Industrial Sector（2016）

单位：万元　　（10 000 yuan）

指　标	Item	投资总额 Total Investment	按隶属关系分 By Administrative Relationship 中　央 Central	地　方 Local	新增固定资产 Newly Increased Fixed Assets
合　计	**Total**	**40873346**	**2058216**	**38815130**	**35150487**
煤炭采选业	Coal Mining & Processing	40447		40447	35260
石油和天然气开采	Petrol & Natural Gas Mining	4900		4900	4900
黑色金属矿采选业	Ferrous Metals Mining & Processing	237005		237005	217034
有色金属矿采选业	Nonferrous Metals Mining & Processing	448365	9143	439222	380681
非金属矿采选业	Non-metal Mining & Processing	1330596		1330596	1174773
开采辅助活动	Assist Activities of Mining	4350	4350		2650
其他采矿业	Other Mining & Processing	54653		54653	42583
农副食品加工	Major Grain & Sideline Food Processing	2463226	9066	2454160	2071358
#制糖业	Sugar Production	285912	9066	276846	257541
食品制造业	Food Production	1318726		1318726	1088381
饮料制造业	Beverage Production	967103		967103	836714
烟草加工业	Tobacco Processing	43647	40560	3087	4602
纺织业	Textile Industry	522002		522002	426006
纺织服装、鞋帽制造业	Textile Clothes, Shoes & Caps Producing	834972		834972	730144
皮革、毛皮、羽毛（绒）及其制品业	Leathers, Furs, Down & Related Products	345250		345250	299747
木材加工及竹、藤、棕、草制品业	Timber, Bamboo, Cane, Palm Fiber, Straw Products	4135692		4135692	3622232
家具制造业	Furniture Manufacturing	752367		752367	707455
造纸及纸制品业	Papermaking & Paper Products	856881		856881	688822
印刷业、记录、媒介的复制	Printing & Record Medium Reproduction	411206		411206	340335
文教体育用品制造业	Culture, Education & Sports Facilities Producing	18865		18865	18865
石油加工、炼焦及核燃料加工业	Petroleum Processing, Coking Products & Nuclear Fuel	125628		125628	111189
化学原料及化学制品制造业	Raw Chemical Materials & Chemical Products	1786445	7650	1778795	1509730

10－14 续表 continued

单位：万元 (10 000 yuan)

指 标	Item	投资总额 Total Investment	按隶属关系分 By Administrative Relationship		新增固定资产 Newly Increased Fixed Assets
			中 央 Central	地 方 Local	
医药制造业	Medical & Pharmaceutical Products	750158		750158	583878
化学纤维制造业	Chemical Fiber	5409		5409	1823
橡胶和塑料制品业	Rubber Products	1073282		1073282	899269
非金属矿物制品业	Nonmetal Mineral Products	5652331	33947	5618384	4643538
#水泥制造业	Cements Products	423895	33947	389948	271518
黑色金属冶练及压延加工业	Smelting & Pressing of Ferrous Metals	637685		637685	490050
有色金属冶练及压延加工业	Smelting & Pressing of Nonferrous Metals	655666	8000	647666	512006
金属制品业	Metal Products	1443203		1443203	1045342
通用机械制造业	General Machinery Manufacturing	1195232	3480	1191752	988033
专用设备制造业	Special Purpose Equipment	1569577	520	1569057	1382823
交通运输设备制造业	Transport Equipment	2857937	13704	2844233	2092300
电气、机械及器材制造业	Electric Equipment & Machinery Manufacturing	1264157		1264157	1020234
通信设备、计算机及其他电子设备制造业	Communications Equipment, Computer & Other Electric Equipment Manufacturing	1001956		1001956	856713
仪器仪表及文化、办公用机械制造业	Instruments, Meters, Cultural & Clerical Machinery	137191		137191	117000
工艺品及其他制造业	Artworks & Other Products Manufacturing	599711	4062	595649	498922
废弃资源和废旧材料回收加工业	Abandoned Resources & Junk Materials Recycling & Processing	188320		188320	123983
金属制品、机械和设备修理业	Metal Products, Machinery & Equipment Repair Services	29248		29248	13488
电力、蒸气、热水的生成和供应业	Electricity, Steam, Hot Water Production & Supply	3553312	1396071	2157241	2891771
#水电	Hydropower	795520	9047	786473	726366
火电	Thermal Power	340255	200347	139908	1033603
煤气生成和供应业	Gas Production & Supply	703407	527281	176126	1949743
自来水的生成和供应业	Tap Water Production & Supply	633678	382	633296	534371

10－15 分行业更新改造投资项目和新增固定资产（2016年）
Investment in Innovation Projects & Newly Increased Fixed Assets by Sector（2016）

指 标	Item	施工项目（个）Project under Construc-tion (unit)	全部建成投产项目（个）Projects Fully Completed Put into Operation (unit)	项目建成投产率（%）Rate of Investment of Projects Completed (%)	投资总额（万元）Total Investment (10 000 yuan)	新增固定资产（万元）Newly Increased Fixed Assets (10 000 yuan)	固定资产交付使用率（%）Rate of Fixed Assets Put into Use (%)
总 计	**Total**	**22404**	**17455**	**77.9**	**65232594**	**52888815**	**81.1**
按三次产业分	**By Industry**						
第一产业	Primary Industry	1211	986	81.4	2602766	2246132	86.3
第二产业	Secondary Industry	13268	10394	78.3	41184740	35374173	85.9
第三产业	Tertiary Industry	7925	6075	76.7	21445088	15268510	71.2
按国民经济行业分	**By Sector**						
农、林、牧、渔业	Farming,Forestry,Animal Husbandry & Fishery	1211	986	81.4	2602766	2246132	86.3
#农业	Farming	359	291	81.1	792883	701055	88.4
林业	Forestry	241	195	80.9	515119	417998	81.1
工业	Industry	13121	10306	78.5	40873346	35150487	86
采矿业	Mining	763	641	84	2120316	1857881	87.6
制造业	Manufacturing	11216	8771	78.2	33862633	27916721	82.4
电力燃气及水的生产供应业	Power, Gas & Water Produc-tion & Supply	1142	894	78.3	4890397	5375885	109.9
建筑业	Construction	147	88	59.9	311394	223686	71.8
交通运输、仓储及邮电通讯业	Transportation, Storage, Postal & Telecommunication Services	1844	1466	79.5	6208624	3488180	56.2
交通运输业	Transportation	1753	1392	79.4	5934391	3283317	55.3
仓储业	Storage	80	67	83.8	247375	189324	76.5
邮政业	Postal	11	7	63.6	26858	15539	57.9
信息传输、计算机服务和软件业	Information Transmission, Computer Service & Software Industries	320	273	85.3	874721	721434	82.5

10—15 续表 continued

指 标	Item	施工项目(个) Project under Construc-tion (unit)	全部建成投产项目(个) Projects Fully Completed Put into Operation (unit)	项目建成投产率(%) Rate of Investment of Projects Completed (%)	投资总额(万元) Total Investment (10 000 yuan)	新增固定资产(万元) Newly Increased Fixed Assets (10 000 yuan)	固定资产交付使用率(%) Rate of Fixed Assets Put into Use (%)
批发和零售业	Wholesale & Retail Trade	956	738	77.2	2447043	2064138	84.4
批发业	Wholesale	504	393	78	1247355	1103493	88.5
零售业	Retail Trade	452	345	76.3	1199688	960645	80.1
住宿和餐饮业	Hotel & Catering Trade	201	151	75.1	490096	333783	68.1
#餐饮业	Catering Trade	97	71	73.2	208047	160163	77
金融业	Finance	59	50	84.7	165103	146079	88.5
房地产业	Real Estate	388	268	69.1	1172726	828976	70.7
租赁和商务服务业	Leasing & Business Service	378	260	68.8	1182227	714672	60.5
科学研究、技术服务地质勘查业	Scientific Research, Technology Service & Geological Prospecting	181	122	67.4	456810	338682	74.1
水利、环境和公共设施管理业	Water Conservancy, Environment & Public Facility Management	2108	1620	76.9	5472488	4183832	76.5
水利管理业	Water Conservancy	597	452	75.7	1036619	826186	79.7
公共设施管理业	Public Facility Management	1405	1088	77.4	4164172	3158066	75.8
居民服务和其他服务业	Resident & Other Services	116	96	82.8	272371	237380	87.2
教育事业	Education	637	468	73.5	1185659	943420	79.6
卫生、社会保障和社会福利业	Public Health, Social Security & Social Welfare	248	200	80.6	510357	473699	92.8
#卫生事业	Public Health	215	174	80.9	453007	429763	94.9
文化、体育和娱乐业	Culture, Sports & Entertainment	170	142	83.5	413326	321624	77.8
公共管理和社会组织	Public Administration & Social Organizations	319	221	69.3	593537	472611	79.6
国际组织	International Organizations						

10－16 国有单位分行业投资项目和新增固定资产（2016年）
Investment Projects & Newly Increased Fixed Assets of States-owned Units (2016)

项 目	Item	施工项目（个）Project under Construc-tion (unit)	全部建成投产项目（个）Projects Fully Completed Put into Operation (unit)	项目建成投产率（%）Rate of Investment of Projects Completed (%)	投资总额（万元）Total Investment (10 000 yuan)	新增固定资产（万元）Newly Increased Fixed Assets (10 000 yuan)	固定资产交付使用率（%）Rate of Fixed Assets Put into Use (%)
总 计	**Total**	**15717**	**10832**	**68.9**	**50970596**	**28860824**	**56.6**
按三次产业分	**By Industry**						
第一产业	Primary Industry	860	672	78.1	2064905	1655117	80.2
第二产业	Secondary Industry	1725	1154	66.9	5758775	3496187	60.7
第三产业	Tertiary Industry	13132	9006	68.6	43146916	23709520	55
按国民经济行业分	**By Sector**						
农、林、牧、渔业	Farming,Forestry,Animal Husbandry & Fishery	860	672	78.1	2064905	1655117	80.2
#农业	Farming	225	176	78.2	590208	502814	85.2
林业	Forestry	308	239	77.6	569337	481407	84.6
工业	Industry	1445	947	65.5	5195456	3038039	58.5
采矿业	Mining	28	20	71.4	84974	61111	71.9
制造业	Manufacturing	378	268	70.9	1701952	1002430	58.9
电力燃气及水的生产供应业	Power, Gas & Water Production & Supply	1039	659	63.4	3408530	1974498	57.9
建筑业	Construction	280	207	73.9	563319	458148	81.3
交通运输、仓储及邮政业	Transportation,Storage, Postal & Telecommunication Services	2786	2076	74.5	12812955	5393441	42.1
交通运输业	Transportation	2715	2026	74.6	12592205	5254485	41.7
仓储业	Storage	59	40	67.8	210163	129876	61.8
邮政业	Postal	12	10	83.3	10587	9080	85.8
信息传输、计算机服务和软件业	Information Transmission, Computer Service & Software Industries	168	125	74.4	710698	321130	45.2

注：本表仅含基建、更改、其他三部分。
Note: The investment in fixed assets in this table just contains 3 parts: investment in basic construction, innovation & others.

10—16 续表 continued

项 目	Item	施工项目(个) Project under Construc-tion (unit)	全部建成投产项目(个) Projects Fully Completed Put into Operation (unit)	项目建成投产率(%) Rate of Investment of Projects Completed (%)	投资总额(万元) Total Investment (10 000 yuan)	新增固定资产(万元) Newly Increased Fixed Assets (10 000 yuan)	固定资产交付使用率(%) Rate of Fixed Assets Put into Use (%)
批发和零售业	Wholesale & Retail Trade	138	107	77.5	510657	595104	116.5
批发业	Wholesale	60	45	75	300329	384451	128
零售业	Retail Trade	78	62	79.5	210328	210653	100.2
住宿和餐饮业	Hotel & Catering Trade	23	14	60.9	148928	79593	53.4
#餐饮业	Catering Trade	8	4	50	43871	15773	36
金融业	Finance	19	15	78.9	58161	53645	92.2
房地产业	Real Estate	756	449	59.4	2792220	1501834	53.8
租赁和商务服务业	Leasing & Business Service	281	144	51.2	1671994	606181	36.3
科学研究、技术服务地质勘查业	Scientific Research, Technology Service & Geological Prospecting	135	87	64.4	301543	214128	71
水利、环境和公共设施管理业	Water Conservancy, Environment & Public Facility Management	5121	3514	68.6	15453358	9226593	59.7
水利管理业	Water Conservancy	1279	969	75.8	2442283	1934540	79.2
公共设施管理业	Public Facility Management	3637	2399	66	12503204	6900567	55.2
居民服务和其他服务业	Resident & Other Services	42	23	54.8	141254	84082	59.5
教育事业	Education	1600	1120	70	3766563	2561642	68
卫生、社会保障和社会福利业	Public Health, Social Security & Social Welfare	627	415	66.2	1768224	1201265	67.9
#卫生事业	Public Health	507	330	65.1	1556876	1063270	68.3
文化、体育和娱乐业	Culture, Sports & Entertainment	298	202	67.8	922768	416829	45.2
公共管理和社会组织	Public Administration & Social Organizations	1138	715	62.8	2087593	1454053	69.7
国际组织	International Organizations						

10－17 集体分行业投资项目和新增固定资产（2016年）
Investment Projects by Sector & Newly Increased Fixed Assets of Urban Collective Owned Units (2016)

指 标	Item	施工项目（个）Project under Construc-tion (unit)	全部建成投产项目（个）Projects Fully Completed Put into Operation (unit)	项目建成投产率（%）Rate of Investment of Projects Completed (%)	投资总额（万元）Total Investment (10 000 yuan)	新增固定资产（万元）Newly Increased Fixed Assets (10 000 yuan)	固定资产交付使用率（%）Rate of Fixed Assets Put into Use (%)
总 计	**Total**	**1725**	**1353**	**78.4**	**5164962**	**4127257**	**79.9**
按三次产业分	**By Industry**						
第一产业	Primary Industry	122	112	91.8	332907	288976	86.8
第二产业	Secondary Industry	589	429	72.8	2018694	1464902	72.6
第三产业	Tertiary Industry	1014	812	80.1	2813361	2373379	84.4
按国民经济行业分	**By Sector**						
农、林、牧、渔业	Farming,Forestry,Animal Husbandry & Fishery	122	112	91.8	332907	288976	86.8
#农业	Farming	40	38	95	91286	83540	91.5
林业	Forestry	12	9	75	28844	27053	93.8
工业	Industry	572	412	72	1967035	1413243	71.8
采矿业	Mining	40	31	77.5	121973	79547	65.2
制造业	Manufacturing	423	309	73	1515621	1113201	73.4
电力燃气及水的生产供应业	Power, Gas & Water Production & Supply	109	72	66.1	329441	220495	66.9
建筑业	Construction	17	17	100	51659	51659	100
交通运输、仓储及邮政业	Transportation,Storage, Postal & Telecommunication Services	203	179	88.2	394687	338704	85.8
交通运输业	Transportation	195	174	89.2	357757	321135	89.8
仓储业	Storage	7	4	57.1	35130	15769	44.9
邮政业	Postal	1	1	100	1800	1800	100
信息传输、计算机服务和软件业	Information Transmission, Computer Service & Software Industries	97	86	88.7	439907	359441	81.7

注：本表仅含基建、更改、其他三部分。
Note: The investment in fixed assets in this table just contains 3 parts: investment in basic construction, innovation & others.

10－17 续表 continued

指 标	Item	施工项目（个）Project under Construc-tion (unit)	全部建成投产项目（个）Projects Fully Completed Put into Operation (unit)	项目建成投产率（%）Rate of Investment of Projects Completed (%)	投资总额（万元）Total Investment (10 000 yuan)	新增固定资产（万元）Newly Increased Fixed Assets (10 000 yuan)	固定资产交付使用率（%）Rate of Fixed Assets Put into Use (%)
批发和零售业	Wholesale & Retail Trade	127	106	83.5	353703	286481	81
批发业	Wholesale	37	29	78.4	87915	69031	78.5
零售业	Retail Trade	90	77	85.6	265788	217450	81.8
住宿和餐饮业	Hotel & Catering Trade	24	19	79.2	97273	66020	67.9
#餐饮业	Catering Trade	6	4	66.7	11471	10197	88.9
金融业	Finance	25	22	88	90293	80524	89.2
房地产业	Real Estate	149	92	61.7	557601	414891	74.4
租赁和商务服务业	Leasing & Business Service	34	25	73.5	102848	82203	79.9
科学研究、技术服务地质勘查业	Scientific Research, Technology Service & Geological Prospecting	20	10	50	48527	37777	77.8
水利、环境和公共设施管理业	Water Conservancy, Environment & Public Facility Management	195	160	82.1	478684	515240	107.6
水利管理业	Water Conservancy	31	26	83.9	93317	39369	42.2
公共设施管理业	Public Facility Management	153	125	81.7	358031	451396	126.1
居民服务和其他服务业	Resident & Other Services	8	7	87.5	30573	27864	91.1
教育事业	Education	24	16	66.7	69754	27455	39.4
卫生、社会保障和社会福利业	Public Health, Social Security & Social Welfare	10	10	100	27469	30859	112.3
#卫生事业	Public Health	9	9	100	26269	29659	112.9
文化、体育和娱乐业	Culture, Sports & Entertainment	37	32	86.5	40491	41309	102
公共管理和社会组织	Public Administration & Social Organizations	61	48	78.7	81551	64611	79.2
国际组织	International Organizations						

10－18 私营个体固定资产投资和新增固定资产（2016年）

Investment in Fixed Assets & Newly Increased Fixed Assets of Urban Private & Individual Units（2016）

指 标	Item	施工项目（个）Project under Construc-tion (unit)	投产项目（个）Projects Fully Completed Put into Operation (unit)	项目建成投产率（%）Rate of Investment of Projects Completed (%)	投资完成额（万元）Investment Made (10 000 yuan)	新增固定资产（万元）Newly Increased Fixed Assets (10 000 yuan)	固定资产交付使用率（%）Rate of Fixed Assets Put into Use (%)
总 计	**Total**	**769**	**628**	**81.7**	**1542191**	**1266818**	**82.1**
按三次产业分	**By Industry**						
第一产业	Primary Industry	124	104	83.9	196020	167917	85.7
第二产业	Secondary Industry	431	350	81.2	944100	768095	81.4
第三产业	Tertiary Industry	214	174	81.3	402071	330806	82.3
按国民经济行业分	**By Sector**						
农、林、牧、渔业	Farming,Forestry,Animal Husbandry & Fishery	124	104	83.9	196020	167917	85.7
#农业	Farming	40	33	82.5	64323	56378	87.6
林业	Forestry	11	6	54.5	23437	11865	50.6
工业	Industry	429	349	81.4	940349	766170	81.5
采矿业	Mining	45	42	93.3	105445	108984	103.4
制造业	Manufacturing	374	298	79.7	816535	641207	78.5
电力燃气及水的生产供应业	Power, Gas & Water Production & Supply	10	9	90	18369	15979	87
建筑业	Construction	2	1	50	3751	1925	51.3
交通运输、仓储及邮政业	Transportation,Storage, Postal & Telecommunication Services	5	3	60	8212	6095	74.2
交通运输业	Transportation	5	3	60	6330	4213	66.6
仓储业	Storage						
邮政业	Postal				1882	1882	100
信息传输、计算机服务和软件业	Information Transmission, Computer Service & Software Industries	1	1	100	2000	2000	100

注：本表仅含基建、更改、其他三部分。
Note: The investment in fixed assets in this table just contains 3 parts: investment in basic construction, innovation & others.

10－18 续表 continued

指 标	Item	施工项目（个）Project under Construc-tion (unit)	投产项目（个）Projects Fully Completed Put into Operation (unit)	项目建成投产率（%）Rate of Investment of Projects Completed (%)	投资完成额（万元）Investment Made (10 000 yuan)	新增固定资产（万元）Newly Increased Fixed Assets (10 000 yuan)	固定资产交付使用率（%）Rate of Fixed Assets Put into Use (%)
批发和零售业	Wholesale & Retail Trade	44	32	72.7	100048	71031	71.0
批发业	Wholesale	6	5	83.3	18399	15244	82.9
零售业	Retail Trade	38	27	71.1	81649	55787	68.3
住宿和餐饮业	Hotel & Catering Trade	58	48	82.8	125453	106336	84.8
#餐饮业	Catering Trade	26	20	76.9	61297	47955	78.2
金融业	Finance						
房地产业	Real Estate	44	36	81.8	43911	45501	103.6
租赁和商务服务业	Leasing & Business Service	4	4	100	11158	7091	63.6
科学研究、技术服务地质勘查业	Scientific Research, Technology Service & Geological Prospecting	1	1	100	2220	2220	100
水利、环境和公共设施管理业	Water Conservancy, Environment & Public Facility Management	3	3	100	8330	8980	107.8
水利管理业	Water Conservancy						
公共设施管理业	Public Facility Management	3	3	100	8330	8980	107.8
居民服务和其他服务业	Resident & Other Services	19	15	78.9	28849	25856	89.6
教育事业	Education	12	11	91.7	14878	13828	92.9
卫生、社会保障和社会福利业	Public Health, Social Security & Social Welfare	5	4	80	12610	11624	92.2
#卫生事业	Public Health	5	4	80	12610	11624	92.2
文化、体育和娱乐业	Culture, Sports & Entertainment	17	16	94.1	32022	30244	94.4
公共管理和社会组织	Public Administration & Social Organizations	1		0	12380	0	0
国际组织	International Organizations						

10－19 主要年份房地产开发主要指标

指 标	Item	1995	2000
一、企业（单位）个数（个）	**Number of Enterprises (unit)**	**626**	**528**
内资企业	Domestic Funds	473	407
#国有	State-owned	251	164
集体	Collective-owned	152	78
港澳台商投资企业	Funded by Enterprises form Hongkong, Macao & Taiwan	64	92
外商投资企业	Foreign Funded	86	29
二、土地开发及购置（万平方米）	**Land Development & Purchase (10 000 sq.m)**		
完成开发土地面积	Land Space Developed	1274.35	176.47
购置土地面积	Land Space Purchased	682.18	195.3
三、完成投资（万元）	**Investment Completed (10 000 yuan)**	**515050**	**386747**
#住宅	Residential Building	260541	207861
#经济适用房	Economical Houses	65078	32545
四、资金来源小计（万元）	**Sources of Funds (10 000 yuan)**	**566735**	**502039**
#国内贷款	Domestic Loans	168318	92998
利用外资	Foreign Investment	53886	12916
自筹资金	Fundraising	137817	131654
五、房屋建筑面积及价值	**Floor Space & Value of Buildings**		
施工面积（万平方米）	Floor Space under Construction (10 000 sq.m)	867.27	766.19
#住宅	Residential Building	625.77	595.25
#经济适用房	Economical Houses	133.40	112.59
竣工面积（万平方米）	Floor Space Completed (10 000 sq.m)	276.09	226.74
#住宅	Residential Building	231.99	191.17
#经济适用房	Economical Houses	59.90	50.39
竣工价值（万元）	Value of Floor Space Completed (10 000 yuan)	188746	164650
#住宅	Residential Building	148492	131042
#经济适用房	Economical Houses	37461	31137
六、商品房屋销售	**Sales of Commercial Buildings**		
销售面积（万平方米）	Floor Space of Sales (10 000 sq.m)	156.84	191.36
#住宅	Residential Building	133.98	177.80
#经济适用房	Economical Houses	38.58	43.32
销售额（万元）	Total Sales of Commercial Buildings (10 000 yuan)	158387	277384
#住宅	Residential Building	133779	245721
#经济适用房	Economical Houses	27149	39800
七、商品房待售面积（万平方米）	**Space of Commercial Buildings for sale (10 000 sq.m)**	**109.98**	**119.29**
#住宅	Residential Building	85.83	74.15
#经济适用房	Economical Houses	17.60	6.09
八、新增固定资产（万元）	**Newly Increased Fixed Assets (10 000 yuan)**	**226874**	**183837**
九、实收资本合计（万元）	**Total Capital Hold (10 000 yuan)**	**502690**	**543513**
十、经营收入总计（万元）	**Total Revenue (10 000 yuan)**	**205908**	**338043**
#土地转让收入	Land Transferred	38567	44056

Major Indicators of Real Estate Development in Main Years

2005	2010	2011	2012	2013	2014	2015	2016
1730	**3212**	**3154**	**2934**	**2685**	**2491**	**2423**	**2470**
1542	3035	2993	2793	2558	2379	2329	2377
205	159	141	141	104	94	52	35
74	42	32	26	22	126	11	10
112	99	93	85	75	66	57	58
76	78	68	56	52	46	37	35
674.48	363.01						
1218.06	1193.71	978.86	541.71	4319584	610.01	415.94	639.10
2867915	**12062211**	**15174656**	**15549388**	**16146322**	**18384942**	**19090933**	**23979862**
1907662	8788924	10789954	10696420	11666137	12926348	14077508	17252858
74493	218072						
3395656	**15383429**	**17835008**	**20073616**	**21552380**	**24107471**	**23392870**	**31597167**
555493	2473098	2557343	2638371	3243473	3400275	3320395	4683828
59114	85861	70124	3294	6150	2056	15667	
1128707	5417241	7117514	7884479	8156908	9016015	8237208	11150353
4082.76	12048.73	14264.02	15018.46	16040.17	17472.15	18608.36	21134.65
3164.96	9767.64	11407.86	11846.86	12419.68	13065.65	13750.52	15339.29
94.73	402.64						
1330.74	1564.31	2303.35	2333.58	1712.68	1865.98	1675.18	1735.05
1090.30	1342.87	1936.94	1956.57	1385.37	1441.84	1310.52	1373.27
14.58	46.30						
1167764	2306901	3931192	4903501	3908901	4560135	4704296	4337348
913452	1922323	3262656	4077306	3101989	3388647	3589766	3350444
9191	73396						
1438.40	2793.92	2964.15	2759.26	2995.58	3156.55	3523.41	4215.39
1314.37	2607.15	2749.33	2546.96	2765.15	2869.32	3181.51	3864.01
42.48	92.36						
2896410	9951860	11182159	11598322	13757948	15320544	17477650	22074664
2398083	8817021	9771009	9958158	11667241	12745691	14594268	19482272
61184	166859						
269.86	**192.49**	**540.60**	**926.02**	**1225.46**	**1507.45**	**1677.60**	**1772.74**
145.09	181.02	377.18	643.07	857.94	1024.32	1124.51	1187.21
	0.40						
1635726	**3164161**	**5410764**	**6923890**	**5584193**	**5888753**	**5858064**	**507952**
2099130	**4812635**	**5554412**	**7352140**	**6662477**		**10763586.1**	**10421964.8**
192426	**643311**	**711708**	**7919996**	**9067538**		**11496584.3**	**13950467**
79030	45917	52231	163012	142461		80760	221189

主要统计指标解释

全社会固定资产投资　是以货币形式表现的在一定时期内全社会建造和购置固定资产活动的工作量以及与此有关的费用的总称，它是反映固定资产投资规模、结构和发展速度的综合性指标，又是观察工程进度和考核投资效果的重要依据。全社会固定资产投资按登记注册类型可分为国有、集体、个体、联营、股份制、外商、港澳台商、其他等。按照管理渠道可分为：基本建设、更新改造、房地产开发和其他固定资产投资四个部分。

基本建设投资　基本建设指企业、事业、行政单位以扩大生产能力或工程效益为主要目的的新建、扩建工程及有关工作。其范围为总投资500万元以上（含500万元）的基本建设项目。

更新改造投资　更新改造指企业、事业单位对原有设施进行技术改造（包括固定资产更新）以及相应配套的辅助性生产、生活福利设施等工程和有关工作。其范围为总投资500万元以上的更新改造单位（或项目）。

其他固定资产投资　指全社会固定资产投资中未列入基本建设、更新改造和房地产开发投资的建造和购置固定资产的活动。

固定资产投资的资金来源　根据固定资产投资的资金来源不同，分为国家预算内资金、国内贷款、利用外资、自筹资金和其他资金来源。

（1）国家预算内资金：指中央财政和地方财政中由国家统筹安排的基本建设拨款和更新改造拨款，以及中央财政安排的专项拨款中用于基本建设的资金和基本建设拨款改贷款的资金等。

（2）国内贷款：指报告期内企、事业单位向银行及非银行金融机构借入的用于固定资产投资的各种国内借款。

（3）利用外资：指报告期内收到的用于固定资产投资的国外资金，包括统借统还、自借自还的国外贷款，中外合资项目中的外资，以及对外发行债券和股票等。国家统借统还的外资指由我国政府出面同外国政府、团体或金融组织签订贷款协议、并负责偿还本息的国外贷款。

（4）自筹资金：指建设单位报告期内收到的，用于进行固定资产投资的上级主管部门、地方和企、事业单位自筹资金。

（5）其他资金来源：指报告期内收到的除以上各种拨款、借款、自筹资金以外其他用于固定资产投资的资金。

固定资产投资按国民经济行业分　建设项目归哪个行业，按其建成投产后的主要产品或主要用途及社会经济活动性质来确定。基本建设按建设项目划分国民经济行业，更新改造、国有单位其他固定资产投资根据整个企业、事业单位所属的行业来划分。一般情况下，一个建设项目或一个企业、事业单位只能属于一种国民经济行业。为了更准确地反映国民经济各行业之间的比例关系，联合企业（总厂）所属分厂属于不同行业的，原则上按分厂划分行业。

固定资产投资按建设性质分　建设项目的性质一般分为新建、扩建、改建、迁建、恢复。基本建设按建设项目划分建设性质，更新改造、国有单位其他固定资产投资等按整个企业、事业单位的建设情况确定建设性质，房地产开发单位、农村投资等投资不划分建设性质。

（1）新建：一般是指从无到有、“平地起家”新开始建设的单位。有的单位原有的基础很小，经过建设后其新增加的固定资产价值超过原有固定资产价值（原值）三倍以上的也算新建。

（2）扩建：一般是指为扩大原有产品的生产能力，在厂内或其他地点增建主要生产车间（或主要工程）、独立的生产线或分厂的企业，事业单位和行政单位在原单位增建业务用房（如学校增建教学用房、医院增建门诊部或病床用房、行政机关增建办公楼等）也作为扩建。

（3）改建：一般是指现有企业、事业单位为了技术进步，提高产品质量，增加花色品种，促进产品升级换代，降低消耗和成本，加强资源综合利用和三废治理、劳保安全等，采用新技术、新工艺、新设备、新材料等对现有设施、工艺条件进行技术改造或更新（包括相应配套的辅助性生产、生活福利设施）。有的企业为充分发挥现有生产能力，进行填平补齐而增建不增加本单位主要产品生产能力的车间等，也属于改建。

大中小型基本建设项目划分　是根据基本建设项目的建设总规模（设计生产能力或工程效益）或计划总投资，按照

《基本建设项目大中小型划分标准》划分的建设项目类型。建设项目总规模或计划总投资划分标准原则上应按照上级批准的设计任务书或初步设计所确定的总规模或总投资为准；没有正式批准设计任务书或初步设计的，按国家或省、自治区、直辖市基本建设投资计划中所列的总规模或总投资划分；上述两条均不具备的，按本年计划施工工程的建设总规模或总投资划分。

施工项目 指报告期内曾进行建筑或安装工程施工活动的建设项目，凡是报告期内施过工的建设项目，不论施工时间长短，均作为施工项目统计。施工项目个数可以反映一定时期固定资产投资的实际规模，与同期建成投产的建设项目个数相比，可以从建设速度的角度反映固定资产投资的效果。根据建设项目施工活动的不同性质，施工项目又分为本年正式施工项目，本年收尾项目和以前年度全部停缓建项目。

全部建成投产项目 工业项目是指设计文件规定形成生产能力的主体工程及其相应配套的辅助设施全部建成，经负荷试运转，证明具备生产设计规定合格产品的条件，并经过验收鉴定合格或达到竣工验收标准，与生产性工程配套的生活福利设施可以满足近期正常生产的需要，正式移交生产的建设项目。非工业项目是指设计文件规定的主体工程和相应的配套工程全部建成，能够发挥设计规定的全部效益，经验收鉴定合格或达到竣工验收标准，正式移交使用的建设项目。

新增生产能力 指通过固定资产投资活动而增加的设计能力或工程效益，它是用实物形态表示的固定资产投资的成果的指标，也是考核投资经济效果的重要依据之一。

房屋建筑面积 指从房屋外墙线算起的各层平面面积的总和，包括可供使用的有效面积和房屋结构（如柱、墙）占用的面积。多层建筑按各层（包括地下室）面积总和计算。

住宅建筑面积 指施工和竣工房屋建筑面积中供居住用的施工和竣工房屋建筑面积。

施工面积 指报告期内施工的全部房屋建筑面积。包括本期新开工的面积、上期跨入本期继续施工的房屋面积、上期停建在本期恢复施工的房屋面积、本期竣工及本期施工后又停缓建的房屋面积。

竣工面积 指在报告期内房屋建筑按照设计要求已全部完工，达到住人和使用条件，经验收鉴定合格（或达到竣工验收标准），正式移交使用单位的各栋房屋建筑面积的总和。

房屋建筑面积竣工率 指一定时期内房屋竣工面积占同期房屋施工面积的比率。它是从房屋建筑施工速度的角度反映投资效果和建筑业经济效益的指标。

新增固定资产 指报告期内已经完成建造和购置过程，并已交付生产或使用单位的固定资产价值。该指标是表示固定资产投资成果的价值指标，也是反映建设进度，计算固定资产投资效果的指标。

建设项目投产率 指一定时期内全部建成投入生产项目个数与同期正式施工项目个数的比率。它是从项目建设速度的角度反映投资效果的指标。

固定资产交付使用率 指一定时期新增固定资产与同期完成投资额的比率。它是反映各个时期固定资产动用速度，衡量建设过程中投资效果的一个综合性指标。

房地产开发投资 指各种登记注册类型的房地产开发公司、商品房建设公司及其他房地产开发法人单位和附属于其他法人单位实际从事房地产开发或经营的活动单位统一开发的包括统代建、拆迁还建的住宅、厂房、仓库、饭店、宾馆、度假村、写字楼、办公楼等房屋建筑物和配套的服务设施，土地开发工程（如道路、给水、供电、供热、通讯、平整场地等基础设施工程）的投资，不包括单纯的土地交易活动。

商品房建设投资额 是指房地产开发企业（单位）开发建设的供出售、出租用的商品住宅、厂房、仓库、饭店、度假村、写字楼、办公楼、拆迁、回迁还建用房等房屋工程及其配套的服务设施所完成的投资额。

住宅 是指专供居住的房屋，包括别墅、公寓、职工家属宿舍和集体宿舍、职工单身宿舍和学生宿舍等。但不包括住宅楼中作为人防用、不住人的地下室等。

商业营业用房 是指商业、粮食、供销、饮食服务业等部门对外营业的用房，如度假村、饭店、商店、门市部、粮店、书店、供销店、饮食店、菜店、加油站、日杂等房屋。

完成开发土地面积 是指报告期内对土地进行开发并已完成七通一平等前期开发工程，具备进行房屋建筑物施工或出让条件的土地面积。

购置土地面积 是指报告期内通过各种方式获得土地使用权的土地面积。

商品房销售面积 指报告期内出售商品房屋合同总面积（即双方签署的正式买卖合同中所确定的建筑面积），由现房销售建筑面积和期房销售建筑面积两部分组成。

商品房销售额 指报告期内出售商品房屋的合同总价款（即双方签署的正式买卖合同中所确定的合同总价）。该指标与商品房销售面积同口径，由现房销售额和期房销售额两部分组成。

商品房待售面积 指报告期末已竣工的可供销售或出租的商品房屋建筑面积中，尚未销售或出租的商品房屋面积，包括以前年度竣工和本期竣工的房屋面积，但不包括报告期已竣工的拆迁还建、统建代建、公共配套建筑、房地产公司自用及周转房等不可销售或出租的房屋面积。

实收资本 是指企业实际收到的所有投资人投入的资本，包括以实物形式、货币形式、发明创造或技术成果等无形资产投入企业的资本。

Explanatory Notes on Main Statistical Indicators

Total Investment in Fixed Assets refers to the volume of activities in construction and purchases of fixed assets in monetary terms. It is a comprehensive indicator, which shows the size, composition and pace of the investment in fixed assets, providing basis for observing the progress of construction projects and evaluating results of investment. Total investment in fixed assets includes, by registration type of ownership, the investment by the state-owned units, collective units, individuals, joint ownership units, share-holding units, as well as investment by businessmen from foreign countries and from Hong Kong, Macao and Taiwan, and by other units. According to Chinese current management systems, the investment in fixed assets is classified into the following four parts: investment in capital construction, investment in innovation, investment in real estates development and other investment in fixed assets.

Investment in Capital Construction refers to the new construction projects or extension projects and the related work of the enterprises, institutions or administrative units mainly for the purpose of expanding production capacity or improving project efficiency covering only projects each with a total investment of 5,000,000 RMB and over.

Investment in Innovation Innovation refers to technological innovation (including the renewal of fixed assets) of the original facilities by the enterprises and institutions as well as the corresponding accessory facilities projects for production or for living and welfare purpose and the related work covering only projects each with a total investment of 5,000,000 RMB and over.

Other Investment in Fixed Assets refers to the construction and purchases of fixed assets not listed in the investment capital construction, investment in innovation and investment in real estate development.

Sources of Funds for Investment in Fixed Assets According to various sources of funds of investment in fixed assets, it is divided into state budgetary appropriation, domestic loans, foreign investment, self-raised funds, and other sources of funds.

(1) State budgetary appropriation refers to appropriation in the budget of the central and local governments earmarked for capital construction and for innovation projects, and the special appropriation from the budget of the central government for capital construction and for the transfer fund to banks to be issued as loans for capital construction projects.

(2) Domestic loans refer to various funds borrowed by enterprises and institutions from banks and non-bank financial institutions during the reference period for the purpose of investment in fixed assets.

(3) Foreign investment refers to foreign funds received during the reference period for the purpose of investment in fixed assets, including foreign funds borrowed and managed by the government, by individual units, foreign fund in joint venture program, and issue of bonds and stocks at the international financial markets. The foreign funds borrowed and managed by the government refer to foreign loans borrowed by the government from foreign governments, organizations, or financial institutions under official agreements signed by both parties, under which government is responsible for the repayment of both the principal and interests of the foreign loans.

(4) Self-raised funds refer to funds received by construction enterprises from their higher responsible authorities, local governments, or raised by enterprises or institutions themselves for the purpose of investment in fixed assets during the reference period.

(5) Other srefer to funds received during the reference period, which are not included in the above-mentioned sources.

Investment in Fixed Assets by Sector The classification of construction projects by sector is determined by the major products or the purpose of the projects when they are put into production or use, and by the nature of their social economic activities. The investment in capital construction is classified by construction projects, while investment in innovation, other investment by state-owned units are classified according to the sector which the whole enterprises or institution belongs to. In general, one project or one enterprise or institution can only belong to one sector. In order to reflect more accurately the proportions among various sectors, the branch factories of integrated complex are classified into different sectors according to their economic activities.

Investment in Fixed Assets by Type of Construction The construction projects in general can be classified by the type of construction into new construction, expansion, reconstruction and moving away. In capital construction, the type of construction is determined by the condition of the project. In investment, in innovation, in other investment by state-owned units and investment by collective-owned units, the type of construction is determined by the condition of the whole enterprise or institution. Investment by type of construction is not applied to investment by real-estate development units, investment in rural areas.

(1) New construction in general refers to newly constructed units. In the case in which the value of the original fixed assets is quite small, and the value of newly added fixed assets exceeds the original ones by three times, the expansion construction is considered as new construction.

(2) Expansion refers to construction of new major production workshop or independent production line within a factory or in other locations, or construction of a branch factory so as to increase the production capacity of the original products. Newly constructed business houses in institutions and administrative organizations (such as the newly constructed teaching buildings in schools, clinics or bed building in hospitals, and office buildings in administrative agencies, etc.) are also classified as expansion.

(3) Reconstruction refers to technical conditions undertaken by enterprises and institutions for the purposes of technological advancement, improvement in product quality, enlarging variety of products, promoting new generation of products, reducing production consumption and cost, promoting comprehensive utilization of resources, strengthening treatment of waste gas, waste water and solid wastes, and safety in production, etc. through application of new technologies and techniques, use of new equipment and new materials(including accessory facilities for production or for living and welfare purposes). Construction of new workshops for improving existing production capacity rather than increasing production capacity is also considered as reconstruction.

Capital Construction Projects by Size is the types of construction projects based on the total scale (designed producing capacity or project efficiency) or total investment set, according to Standards for the Classification of Construction Projects into Large, Medium-sized and Small Ones. The classification of size of construction projects or total plan investment should be determined according to the total scale or total investment set in the approved construction plan by higher responsible authorities or in the tentative design, otherwise according to the total scale or total investment set in the current capital construction plan of the state, provinces, autonomous regions, and municipalities directly under central government.

Projects Under Construction refer to projects having construction and installation activities undertaken in the reference period, irrespective of the length of construction. The number of projects under construction can reflect the actual size of investment in fixed assets during a certain period, and when compared with the number of projects completed and put into use, it can reflect the efficiency of investment in fixed assets from the perspective of the speed of construction. Depending on the nature of construction activities, projects under construction can also be classified into projects under construction in current year, winding-up projects in current year and stopped or suspended projects in previous years.

Projects Completed and Put into Use Industrial projects refer to the major projects and accessory facilities completed which result in forming production capacity and have been checked and accepted while the living and welfare facilities have been completed and can ensure normal production and formally put into production. Non-industrial projects refer to the major projects and accessory facilities completed which posses the designed capacity and have been checked, accepted and formally put into production.

Newly Increased Production Capacity refers to the increase of designed capacity and project efficiency through investment in fixed assets, which reflects the accomplishment of investment in fixed assets in kind and is one of the important indicators of observing efficiency the economic efficiency of investment.

Floor Space of Buildings Under Construction and Completed refers to total floor space in each story of buildings calculated from the outside line of building walls, including both usable space and the space occupied by constructions like pillars or walls. The floor space of multi-story buildings includes the total floor space of each story (including basement).

Floor Space of Residential Buildings refers to the floor space of the residential buildings under construction and completed among the total space of buildings under construction and completed.

Floor Space under Construction refers to total floor space of all buildings under construction during the reference period, including floor space of newly started buildings during the reference period, floor space of construction extended from the previous period to the current period, floor space of construction suspended during the previous period and resumed in the current period, floor space of construction completed in the current period, and floor space of construction started and the suspended in the current period.

Floor Space of Buildings Completed refers to the total floor space of buildings completed in the reference period, which have come up to the designed standards and have been put into use.

Completed Rate of Floor Space of Buildings refers to the ratio of the floor space of buildings completed in certain period of time to the floor space of buildings under construction in the same period that reflects the investment result and economic efficiency of the construction industry from the angle of the speed of project construction.

Newly Increased Fixed Assets refers to the value of investment in fixed assets which completed the construction and purchases and put into production or use. It is a value indicator of achievements of investment in fixed assets, reflecting the progress of construction and calculating the efficiency of investment in fixed assets.

Rate of Construction Projects Completed and Put into Use refers to the ratio of the number of construction projects completed and put into use in certain period of time to the number of projects under construction in the same period. This reflects the investment efficiency from the angle of the speed of projects construction.

Rate of Projects of Fixed Assets Completed and Put into Operation refers to the ratio of the newly increase fixed assets to the total investment made in the same period. This is a comprehensive indicator, reflecting the speed of the employment of fixed assets and the investment efficiency.

Real Estate Development and Investment It includes the investment by the real estate development companies of various registration types, commercial buildings construction companies and other real estate development units of various types of ownership in the construction of house buildings, such as residential buildings, factory buildings, warehouses, hotels, guesthouses, holiday villages, office buildings, and the complementary service facilities and land development projects, such as roads, water supply, power supply, heating, telecommunications, land leveling and other projects of infrastructure. It excludes the activities in simple land transactions.

Investment in Commercial Buildings refers to the investment in residential buildings, workshops, warehouses, hotels, official buildings, houses completed pulled down and returned, unified construction buildings and related service establishment for sale or rent by real estate development enterprises.

Residential Buildings refers to houses simply for resident, including villas, apartments, dormitory for staff and workers and students. It excludes the basements without people living in residential buildings.

Commercial Buildings refer to buildings for external business belongs to commercial, grain, supply-sales and catering departments and so on. Such as buildings of holiday villages, hotels, shops, grain shops, bookstores, supply-sales stores, catering restaurants, vegetable stores, gas stations and daily facilities stores.

Developed Land Area Completed refers to the land area of land development and prophase development projects completed, which can carry out construction or remise.

Purchased Land Area in Current Year refers to the land area accessible by various means in reporting period.

Area of Commercialized Housing Sold refers to total contracted area of commercialized housing (i.e. area of floor space as designated in the formal contracts signed by both sides)during the reference time. It constitutes floor space of completed housing and floor space of future housing.

Value of Commercialized Housing Sold refers to the total contracted value (i.e. value of sales/purchase for selling/purchase of commercialized housing as designated in the contract signed by both sides) during the reference time. This indicator has the same coverage as the area of commercialized housing sold, which constitutes as the area of commercialize housing sold, which constitutes floor space of completed housing and floor space of future housing.

Space of Commercial Houses for Sale refers to the space of commercial houses which are completed, for sale or rent but not yet in report period. It includes space of houses completed in former years and this period, but excludes space of houses completed during report period but unable to be sell or rent, such as houses completed pulled down and returned, unified construction buildings, public complementary buildings, houses for real estate companies owner-occupied and houses for turnover.

Actually Got Capital refers to capital that enterprises actually got from all the investors, including capital in kind, in form of money, as intangible assets participating enterprises such as inventions or technological achievements.

第十一篇

城市概况

GENERAL SURVEY OF CITIES

（编辑：任亚平）

11－1　广西各市市辖区社会经济主要指标（2016）

指　标	Item	南宁市 Nanning	柳州市 Liuzhou	桂林市 Guilin
年末户籍人口（万人）	Total Household Population at the Year-end (10 000 persons)	370.08	121.47	129.86
年平均人口（万人）	Annual Average Population (10 000 persons)	334.27	120.48	128.96
常住人口（万人）	Permanent Population (10 000 persons)	426.81	161.49	155.28
年出生人口（人）	Annual Birth Population (person)	34246	16424	18693
年死亡人口（人）	Annual Mortality Population (person)	4927	6631	5292
年末总户数（万户）	Total Households at the Year-end (10 000 households)	115.76	39.41	40.20
从业人员期末人数（城镇，人）	Total Employment at the Year-end (Urban, person)	860571	477305	252509
第一产业（农、林、牧、渔业）	Primary Industry (Farming, Forestry, Animal Husbandry & Fishery)	7174	1986	858
第二产业	Secondary Industry	380688	293873	110262
采矿业	Mining	127	334	953
制造业	Manufacturing	109422	134174	54890
电力、燃气及水的生产和供应业	Electricity, Gas & Water Production & Supply	49800	4099	3232
建筑业	Construction	221339	155266	51187
第三产业	Tertiary Industry	472709	181446	141389
交通运输、仓储及邮政业	Transportation, Storage & Postal	43923	15353	6798
信息传输、计算机服务和软件业	Information Transmission, Computer Service & Software Industries	14655	2712	3810
批发和零售业	Wholesale & Retail Trade	45803	17316	10779
住宿、餐饮业	Hotel & Catering Trade	18534	3521	6567
金融业	Finance	44199	8494	14047
房地产业	Real Estate	28363	11736	7555
租赁和商业服务业	Leasing & Commercial Services	25046	21090	12558
科学研究、技术服务和地质勘查业	Scientific Research, Technology Services & Geolo-gical Prospecting	34081	10332	6488
水利、环境和公共设施管理业	Water Conservancy, Environment & Public Facility Management	18118	11574	6167
居民服务和其他服务业	Resident & Other Services	1926	1154	1077
教育	Education	80721	32628	27925
卫生、社会保障和社会福利业	Public Health, Social Security & Social Welfare	46489	22395	15282
文化、体育和娱乐业	Culture, Sports & Entertainment	12616	2009	3505
公共管理和社会组织	Public Administration & Social Organizations	58235	21132	18831
城镇私营和个体从业人员（人）	Private & Self-employed Individuals (person)	628026	515640	113504
城镇登记失业人数（人）	Registered Unemployment in Urban Areas (person)	21294	20074	15530
行政区域土地面积（平方公里）	Gross Area (sq.km)	9947	1017	2805
#建成区面积	Developed Area	310	188	102
城市现状建设用地面积	Area of City Construction	305	188	101

注：1. 本表数据均为市辖区数，下同。
　　2. 人口指标数据为公安户籍年报数。

Note: 1. All the data in this table refers to municipal districts of the cities, and so as the continued tables.
　　2. The data on population is from the annual reports of the household registration.

Main Social & Economic Indicators of Municipal Districts of Cities (2016)

梧州市 Wuzhou	北海市 Beihai	防城港市 Fangcheng-gang	钦州市 Qinzhou	贵港市 Guigang	玉林市 Yulin	百色市 Baise	贺州市 Hezhou	河池市 Hechi	来宾市 Laibin	崇左市 Chongzuo
79.38	66.11	57.65	149.74	200.79	110.42	36.25	119.48	34.41	112.60	37.25
78.99	65.49	57.2	148.74	199.62	109.66	36.06	118.77	34.27	95.85	37.03
80.85	71.81	56.01	127.07	158.06	111.78	39.71	105.21	34.54	96.25	33.94
11610	10457	10389	25822	31924	18448	5266	21104	5142	18919	5967
3742	1879	1743	5707	6430	5594	1898	6024	1807	3900	1412
24.55	18.67	14.55	33.77	60.53	30.54	9.81	32.20	11.05	30.99	10.98
102888	108008	69496	132527	89279	111073	70569	57726	49739	67154	38528
15	4064	6778	1433	354	931	543	693	0	6214	765
45045	45971	24430	69336	23036	33146	23429	10598	15554	21840	10357
0	533	104	899	0	5	7024	28	4620	0	4010
38561	35705	4579	18682	12881	19190	7025	7679	3846	11688	4414
2680	1738	688	2929	6070	3168	2812	2559	2168	2252	700
3804	7995	19059	46826	4085	10783	6568	332	4920	7900	1233
57828	57973	38288	61758	65889	76996	46597	46435	34185	39100	27406
3774	3783	6423	3740	4046	5436	6775	1523	3868	1227	1340
1253	1831	1135	1374	1291	3324	1493	1115	2593	1072	1346
3310	3582	947	4075	4338	5698	4016	1548	2301	1416	1890
835	2518	911	918	778	1145	576	177	492	209	414
4285	6068	1798	1881	6278	5652	2526	4534	2136	2398	3763
1965	2617	1311	1900	901	3121	1032	394	1029	1408	612
1078	1141	1218	1263	666	3296	845	1675	735	2037	1875
2403	2138	715	1210	1357	2327	2177	1272	1030	1156	413
2001	2902	1836	2111	290	2985	2286	1245	672	381	149
0	255	57	62	452	203	121	66	95	43	20
11924	11104	6817	16359	18800	17822	8224	13126	5024	10625	5680
10636	6035	4285	10162	8920	11884	5553	5784	4888	5660	2583
1209	1012	326	522	345	974	610	610	661	405	302
13155	12987	10509	16181	17427	13129	10363	13366	8661	11063	7019
66593	218324	66375	40316	194152	133245	38439	88315	37304	139172	39863
6956	5085	1991	3917	1255	2842	658	4740	1647	3208	1506
1793	957	2836	4839	3548	1251	3718	5517	2346	4363	2918
57	76	41	95	73	70	49	66	24	43	30
56	76	38	90	70	69	46	63	24	43	19

11－1　续表 1

指　标	Item	南宁市 Nanning	柳州市 Liuzhou	桂林市 Guilin
居住用地面积	Area of Living Space	90	49	30
公共设施用地面积	Area of Public Facilities	9	4	6
工业用地面积	Area of Industry	33	44	18
地区生产总值（当年价，万元）	Gross Domestic Product (current prices,10 000 yuan)	27815094	17983490	8472393
第一产业增加值	Primary Industry	1280005	158945	513243
第二产业增加值	Secondary Industry	10618950	10833155	3651182
第三产业增加值	Tertiary Industry	15916139	6991390	4307968
地区生产总值（2015年价格，万元）	Gross Domestic Product (Prices in the year of 2015,10 000 yuan)	27219665	18121627	8479467
人均地区生产总值（元）	Per Capita Gross Domestic Product (yuan)	70320	112005	54910
地区生产总值增长率（%）	Growth Rate of Gross Domestic Product (%)	7.3	7.0	8.4
公共财政收入（万元）	Local Government Revenue (10 000 yuan)	2705885	1302431	882199
#税收收入	Various Taxes	2070437	951031	433159
#企业所得税	Enterprise Income Taxes	329523	98120	68187
个人所得税	Individual Income Taxes	92708	27955	20310
公共财政支出（万元）	Local Government Revenue (10 000 yuan)	3795113	1925533	1554936
#一般性公共服务支出	Expenditure for General Public Service	321437	157123	192588
科学技术支出	Expenditure for Science & Technology	41123	32331	19737
教育支出	Expenditure for Education	540465	354460	255207
文化体育与传媒支出	Expenditure for Culture, Sport & Media	59930	40642	36687
医疗卫生支出	Expenditure for Health Care	303253	191840	142791
节能环保支出	Expenditure for Energy Conservation & Environment Protection	186619	35926	19516
城乡社区事务支出	Expenditure for Community Affair in Urban & Rural Area	626702	323891	277645
交通运输支出	Expenditure for Transpotation	126901	31707	23077
社会保障和就业支出	Expenditure for Social Security & Employment	354054	130802	149548
住房保障支出	Housing security expenditure	120918	116910	66710
年末金融机构人民币存款余额（万元）	Year-end Deposit Balance of Financial Institutions in RMB (10 000 yuan)	82220220	26418577	18598553
#住户存款	Household Savings Deposits	23865365	8557134	8312260
年末金融机构人民币各项贷款余额（万元）	Year-end Loans Balance of Financial Institutions in RMB (10 000 yuan)	90462353	18028692	11039120
规模以上工业法人企业：	Indutrial Corporations above Designated Size			
工业企业数（个）	Number Industrial Enterprises (unit)	687	622	204

continued

梧州市 Wuzhou	北海市 Beihai	防城港市 Fangcheng-gang	钦州市 Qinzhou	贵港市 Guigang	玉林市 Yulin	百色市 Baise	贺州市 Hezhou	河池市 Hechi	来宾市 Laibin	崇左市 Chongzuo
19	27	7	23	23	26	15	20	7	11	6
3	3	1	13	3	2	2	6	3	6	2
9	5	9	22	16	2	7	9	5	6	2
5617612	7742714	5112922	5111313	3975420	4389410	2257111	2998636	1172935	2604242	1596760
170868	885793	452204	1135606	692694	413302	278070	507627	127967	616850	264443
3236113	4546756	3095582	1813275	1421726	1632113	1008614	1331822	324726	882108	708134
2210631	2310165	1565136	2162432	1861000	2343995	970427	1159187	720242	1105284	624183
5745379	7444966	5169291	4955238	3887991	4330906	2249497	2930254	1208665	2575356	1517239
69810	108517	91827	40428	25299	39475	56991	28575	34077	27170	47269
6.4	7.4	9.3	11.4	8.4	9.4	9.5	10.0	6.0	4.5	8.3
606830	435235	364974	381595	260269	476540	180165	227747	94018	182983	84360
277309	324194	221790	235297	183013	282503	106561	129165	51174	123372	51037
28726	34201	20520	13400	18900	19831	9000	9695	6650	5228	8767
6260	8157	4851	5009	7023	8629	5291	3534	3162	1824	1724
1089869	1041808	797332	1116921	935214	968932	621536	875403	417843	327935	500312
87266	91969	71879	85818	87155	116991	54780	96648	47465	36811	53813
5111	23162	3475	13980	2137	9676	2314	2546	2655	1533	1228
151282	171477	85459	244786	229069	179961	137737	165794	74546	63842	68745
16590	17090	7390	11305	13501	18584	7867	15262	8524	8323	5923
79672	81572	61071	96337	116964	107378	60414	100599	43430	15257	38644
13372	11397	10714	7158	9533	11011	21149	17115	42414	5226	6029
295771	210835	200704	129322	98591	128275	44750	67113	16474	29612	85203
49336	38394	23066	48363	23093	54823	20610	39377	10437	4960	22470
95081	37149	84611	124530	57010	83552	55097	57439	25630	5884	48537
66451	41000	23304	100138	44002	28411	31847	47287	21827	33359	25217
4821197	5975895	3754038	5549894	5126807	6228437	3234643	3752874	2327416	3054426	1816846
2363532	3355607	1830392	2919860	3447801	3782813	1515550	1972632	1243063	1405758	734756
3404232	4197697	3980282	4279025	3707717	4239979	2154622	2330169	1430082	2476508	1050413
174	135	99	140	228	86	49	115	30	74	28

11－1　续表 2

指　标	Item	南宁市 Nanning	柳州市 Liuzhou	桂林市 Guilin
内资企业	Domestic Investment	621	592	186
国有企业	State-owned Enterprises	19	8	9
私营企业	Private Enterprises	375	343	70
港、澳、台商投资企业	Enterprises with Funds from Hong Kong, Macao & Taiwan	35	12	4
外商投资企业	Foreign Funded Enterprises	31	18	14
工业总产值（当年价，万元）	Industrial Gross Output Value (current prices, 10 000 yuan)	30377230	43530909	10410787
内资企业	Domestic Investment	23848291	30950473	8981349
国有企业	State-owned Enterprises	1355727	1211733	820263
私营企业	Private Enterprises	12921294	10163359	2314068
港、澳、台商投资企业	Enterprises with Funds from Hong Kong, Macao & Taiwan	5219963	1716088	93912
外商投资企业	Foreign Funded Enterprises	1308976	10864348	1335526
从业人员年平均人数（万人）	Annual Average Population of Employees (10 000 persons)	17.79	22.36	7.03
流动资产合计（万元）	Annual Average Balance of Value of Circulating Funds (10 000 yuan)	8847034	17900912	3707291
固定资产合计（万元）	Annual Average Balance of Net Value of Fixed Assets (10 000 yuan)	6099908	8432727	2681472
主营业务收入（万元）	Income of Major Business (10 000 yuan)	28470243	41271861	8782149
主营业务成本（万元）	Cost of Major Business (10 000 yuan)	22518502	36128290	6823940
主营业务税金及附加（万元）	Tax & Extra Charges on Income of Major Business	614112	1100896	67258
本年应交增值税（万元）	Value Added Taxes Receivable in This Year (10 000 yuan)	679424	975521	206866
利润总额（万元）	Total After-tax Profits (10 000 yuan)	1923529	1281588	847995
年末邮政局（所）数	Number of Post Offices in the Year-end （unit)	113	28	54
全社会用电量（万千瓦时）	Electricity Consumption (10 000 kwh)	1488748	1290795	415300
#工业用电	Electricity Consumption by Industry	509382	968400	136500
城乡居民生活用电	Consumption of Electricity for Urber&Rural Resident Living	405036	152748	138000
社会消费品零售总额（万元）	Total Retail Sales of Consumer Goods (10 000 yuan)	17221754	8516603	5160254
限额以上批发零售贸易业商品销售总额（万元）	Total Sales of Enterprises above Designated Size in Wholesale & Retail Trades (10 000 yuan)	31359147	10052278	3300702
限额以上批发零售企业数（法人数）（个）	Number of Enterprises above Designated Size in Wholesale & Retail Trades (unit)	795	402	157
#零售业	Retail Trade	435	176	104

continued

梧州市 Wuzhou	北海市 Beihai	防城港市 Fangcheng-gang	钦州市 Qinzhou	贵港市 Guigang	玉林市 Yulin	百色市 Baise	贺州市 Hezhou	河池市 Hechi	来宾市 Laibin	崇左市 Chongzuo
141	107	82	123	212	77	45	106	29	68	22
2	2	2	6	2	3	3	1	2	2	2
64	55	47	60	136	42	12	73	8	30	11
24	19	6	10	12	5	4	8	0	4	2
9	9	11	7	4	4	0	1	1	2	4
13479025	19880527	12089088	9401915	3790058	3599503	2552528	3152659	556273	2365481	1877433
11854999	15083201	7472452	7980065	2969925	1827038	2426987	3084767	546797	2277082	1114768
287063	266518	205658	76116	277146	291768	254421	150707	15347	308387	198968
3410879	3686004	4563332	2464211	1532654	438125	437432	1788710	100953	454065	421955
1064491	4272957	186880	214244	782900	66177	125541	52998	0	12498	130710
559535	524369	4429756	1207606	37233	1706288	0	14894	9476	75901	631955
6.10	5.67	2.28	3.69	4.00	2.90	1.83	2.20	1.26	1.95	1.16
2168686	3857517	3567720	2996441	2178243	1823995	1072084	1101542	885066	1264192	803878
2584174	3006818	2678075	4665550	1477713	892514	998050	720541	633714	1716960	1081415
12131171	19036624	9573045	8825865	3361633	3350901	1842440	2824839	575534	2080351	1465464
9888539	15821975	8836072	7537391	3101231	2815939	1675983	2471006	398260	1868265	1080683
70834	882722	30732	569572	12071	18464	12014	10808	5234	7543	13375
474297	731937	136668	418137	79823	97736	47055	66966	23084	104124	29790
1052780	1983963	237298	418251	94049	199443	24520	151221	36507	13555	286879
20	16	20	36	32	19	16	28	20	30	11
297665	481786	541459	570929	428038	250761	319324	607576	23829	560705	42677
211352	308650	436886	295327	277397	110151	250363	514289	10610	482852	15751
36850	82617	41469	47177	85963	74379	38051	55285	6563	41532	16235
2040009	1452017	668896	1994345	2498220	3064775	770131	869536	670628	701810	273296
1142869	1561882	942528	1975553	1347392	2314685	1313890	628606	836906	501425	475643
114	128	50	105	78	133	48	46	35	35	23
72	90	35	56	58	79	39	30	26	22	18

11－1　续表 3

指　标	Item	南宁市 Nanning	柳州市 Liuzhou	桂林市 Guilin
外商直接投资合同项目（个）	Newly Signed Projects (contracts) of Foreign Direct Investment in This Year (unit)	47	12	14
当年实际使用外资金额（万美元）	Amount of Foreign Capital Actually Utilized (USD 10 000)	15618	2406	12339
固定资产投资总额（不含农户）（万元）	Total Investment in Fixed Assets (excluding rural indivduals, 10 000 yuan)	31387879	15187573	8016278
#房地产开发投资额	Investment in Real Estate Development	8111863	2859865	2221270
#住宅	Residential Buildings	5624912	2090044	1727255
全年新增固定资产（万元）	Newly Increased Fixed Assets (10 000 yuan)	13312062	7731453	2611404
商品房屋销售面积（万平方米）	Floor Space of Selling Commercial Houses (10 000 sq.m)	1220.26	280.55	299.89
#住宅	Residential Building	1045.67	260.80	288.18
#别墅、高档公寓	Villa,High-grade Apartment	18.65	2.41	1.23
商品房屋销售额（万元）	Total Sales of Commercial Buildings (10 000 yuan)	8785227	2228473	1633109
#住宅	Residential Building	7439576	2021507	1537762
#别墅、高档公寓	Villa,High-grade Apartment	156947	51016	15005
商品房屋待售面积（万平方米）	Space of Commercial Buildings for Sale (10 000 sq.m)	270.50	51.57	58.39
学校数（所）	Number of Schools (unit)			
普通高等学校	Institutions of Regular Higher Education	32	6	10
中等职业教育学校	Secondary Schools for Vocational Education	65	20	15
普通中学学校	Regular Secondary Schools	213	75	38
小学学校	Primary Schools	539	134	85
专任教师数（人）	Number of Full-time Teachers (person)			
普通高等学校	Institutions of Regular Higher Education	18808	3596	8105
中等职业教育学校	Secondary Schools for Vocational Education	8797	2445	869
普通中学学校	Regular Secondary Schools	15056	6450	3568
小学学校	Primary Schools	19917	6002	4121
在校学生数（人）	Student Enrollment (person)			
普通高等学校	Institutions of Regular Higher Education	400531	76065	229590

continued

梧州市 Wuzhou	北海市 Beihai	防城港市 Fangcheng-gang	钦州市 Qinzhou	贵港市 Guigang	玉林市 Yulin	百色市 Baise	贺州市 Hezhou	河池市 Hechi	来宾市 Laibin	崇左市 Chongzuo
6	8	0	0	8	5	8	1	0	1	5
340	21000	8981	0	2000	1104	270	899	19	2382	1784
5626567	7958152	4308605	1055353	4344319	4786362	1585544	3929719	908196	1727344	1355869
333552	1641772	738950	542476	533341	816653	346579	209297	198954	168669	129384
266730	1242408	523321	401050	368477	624040	224907	163979	164005	103900	91112
3468560	7183744	4238478	85116	2448654	2874506	837294	2073668	402521	1015167	786500
64.57	182.82	162.26	120.02	133.87	224.70	66.40	60.58	43.91	98.88	32.79
59.79	176.71	140.19	112.74	121.37	217.78	59.54	55.40	43.20	92.24	30.32
0.01	2.48	1.23	5.43	12.15	9.07	0	0	0.42	0	2.21
275031	948599	705308	474866	639990	991684	296268	180272	166650	271340	127081
246346	909599	567948	419447	554171	938255	244325	166641	162822	223409	107852
400	24435	7562	31010	75800	91150	0	0	6718	0	14951
124.19	231.39	55.72	128.42	21.90	76.99	47.88	25.45	5.20	54.00	8.63
2	4	1	3	0	1	3	1	1	2	3
13	5	1	5	8	12	7	3	5	6	6
34	53	27	53	83	56	21	45	15	41	15
142	107	197	370	351	241	81	300	43	113	65
731	1497	185	1094	0	898	1603	672	190	518	947
730	674	55	593	681	705	348	577	440	377	206
2847	3307	1799	4781	9116	4861	1609	2770	1421	1284	1294
3395	3639	2557	6629	8575	4808	1801	4780	1613	4833	1648
19081	32541	3620	26112	0	18020	33532	13746	5908	11914	20051

11－1 续表 4

指 标	Item	南宁市 Nanning	柳州市 Liuzhou	桂林市 Guilin
中等职业教育学校（人）	Secondary Schools for Vocational Education (person)	282189	63036	19068
普通中学学校（万人）	Regular Secondary Schools (10 000 persons)	22.69	8.86	5.00
小学（万人）	Primary Schools (10 000 persons)	36.79	12.07	8.00
科技活动人员（人）	Number of Persons Engaged in Scientific & Technological Activities (person)	7041	19361	6074
R&D人员数（人）	Number of Persons Engaged in R & D Activities (person)	5352	11829	4146
体育场馆数（个）	Gymnasiums (unit)	42	53	18
剧场、影剧院数（个）	Cinemas & Theatres (unit)	23	16	12
公共图书馆图书总藏量（千册、件）	Total Collection of Public Libraries (1000 copies)	5800	1203	3045
订销报刊杂志累计份数（千份）	Total Copies or Newspapers & Magazines Subscribed & Sold (1000 copies)	49630	17045	18347
广播节目综合人口覆盖率（%）	Listener Rating (%)	100	100	100
电视节目综合人口覆盖率（%）	Viewer Rating (%)	100	100	100
有线电视入户率（%）	Rate of Household wit Access to Cabel-TV (%)	100	59	100
医院、卫生院数（个）	Number of Hospitals (unit)	131	58	46
医院、卫生院床位数（张）	Total Number of Beds in Hospitals (bed)	29212	12684	7579
医生数（执业医师+执业助理医师，人）	Number of Doctors (Certified physicians & certified assistant physicians, person)	17073	6656	5235
注册护士（人）	Registered Nurses (person)	21223	9140	6845
在岗职工平均人数（万人）	Average Number of Working Staff & Workers (10 000 persons)	78.32	44.00	22.00
在岗职工工资总额（万元）	Total Wages of Working Staff & Workers (10 000 yuan)	5472283	2616022	1371171
工资性收入	Wages Income	19784	21723	16436
经营净收入	Net Income from Business	3889	2896	4300
财产性收入	Property Income	4231	1232	2482
转移性收入	Transfer Income	2885	8961	7805
城镇居民人均可支配收入（元）	Per Capita Annual Disposable Income of Household (yuan)	30789	34811	31022
城镇居民人均现金消费支出（元）	Per Capita Annual Consumption Expenditures of House-hold (yuan)	14977	23001	18523
#食品烟酒	Food, Cigarettes & Wine	5401	9298	7346
衣着	Clothing	721	1736	1074
居住	Residence	3467	2324	3537
生活用品及服务	Household Facilities & Services	883	1575	983
交通和通信	Traffic & Communications	1976	3272	1908
教育文化和娱乐	Education, Culture & Recreation	1550	2863	1964
医疗保健	Medical Services	746	1311	1400
其他用品及服务	Others	233	622	311
每百户居民家庭拥有量	Per 100 Households:			
家用汽车（辆）	Automobile (unit)	31	35	22
消毒碗柜（个）	Disinfection Cupboard (unit)	57	52	44
洗碗机（个）	Washing Machine (unit)	3	5	1
固定电话（部）	Fix Telephone (unit)	26	24	22
移动电话（部）	Mobil Telephone (unit)	250	242	216
其中：接入互联网	Access the Internet	116	121	115
计算机（台）	Computers (unit)	71	99	70
其中：接入互联网	Access the Internet	60	79	54
电冰箱（柜）（台）	Fridge (set)	97	97	94
彩色电视机（台）	Color TV (set)	115	103	112
中高档乐器（台）	Middle & Top Grade Musical Instrument (unit)	2	5	3
照相机（部）	Camera (unit)	32	27	25
摄像机（部）	Pickup Camera (unit)	6	9	2

continued

梧州市 Wuzhou	北海市 Beihai	防城港市 Fangcheng-gang	钦州市 Qinzhou	贵港市 Guigang	玉林市 Yulin	百色市 Baise	贺州市 Hezhou	河池市 Hechi	来宾市 Laibin	崇左市 Chongzuo
26403	22654	4513	11631	12153	24752	17700	17589	11913	13030	6401
4.49	4.95	3.27	10.31	14.43	7.99	3.45	4.52	2.14	6.42	1.89
6.88	7.89	5.28	13.72	16.61	11.33	3.22	10.29	2.96	8.32	2.91
1756	520	1164	885	535	789	538	508	340	724	645
945	189	1038	607	412	205	204	204	283	348	530
4	2	1	11	4	2	2	10	3	7	3
2	7	8	4	3	7	2	2	2	2	2
595	43	239	3112	544	738	297	424	253	390	161
6960	10503	10082	1038	11588	9308	4670	5819	4023	4846	3585
99	100	97	96	99	96	100	97	98	97	96
99	100	99	98	99	99	100	99	97	98	97
89	76	37	37	62	78	20	28	59	16	40
30	25	20	41	47	36	20	33	18	32	17
5972	3261	2694	11260	6073	8206	4345	3863	3420	4141	1326
3025	1467	1206	3208	2715	3109	1406	1933	1370	1690	364
4467	2072	1409	5210	3583	12044	2371	2373	1994	2061	558
9.62	9.24	5.34	11.73	7.88	10.67	6.68	5.16	4.26	5.72	3.42
514844	517592	308759	652677	463494	656026	364815	323035	269431	338017	207412
16709	17084	15259	15372	18670	18938	18356	16962	16306	19160	15261
2379	5128	10659	5810	4504	4984	3935	2265	1658	6520	9422
1853	1620	1501	2487	1153	2434	1713	2361	1365	1158	1170
6544	5528	3977	5875	3411	5972	5422	5531	10660	2653	2531
27486	29360	31397	29544	27738	32329	29426	27119	29989	29492	28384
18961	18596	20530	17246	13926	17333	19718	15677	22643	18783	16594
7777	8376	7811	6114	5522	6390	5737	6046	6667	6480	6617
1014	867	1135	713	1155	1182	1397	994	1109	1701	934
3138	2308	4727	4431	1308	1951	2824	1559	3860	1971	2376
1276	1024	1258	840	1025	1369	1235	964	2332	923	1258
1593	3273	2745	2531	1637	2396	3568	3038	2475	3204	2368
2056	1578	1245	1338	1721	2452	2737	1866	3901	2696	1910
1709	760	819	1041	1135	1155	1601	987	1930	1418	696
398	410	790	238	422	438	618	222	369	390	435
10	24	54	41	33	33	69	43	32	24	42
49	54	92	65	68	75	62	50	32	63	57
1	1	1	1	0	11	0	0	0	0	0
18	20	28	53	50	42	30	24	3	16	46
242	252	348	308	271	286	281	363	285	271	310
89	125	211	209	116	122	196	182	271	101	262
69	62	80	95	59	90	128	78	89	61	109
48	46	60	70	46	73	123	63	56	54	73
91	86	105	102	97	108	110	104	104	88	98
107	105	114	135	125	136	109	138	105	119	117
3	1	4	1	0	10	6	1	0	3	0
17	8	20	17	14	33	51	13	16	8	15
3	1	5	1	2	10	6	1	0	0	1

11—1 续表 5

指 标	Item	南宁市 Nanning	柳州市 Liuzhou	桂林市 Guilin
洗衣机（台）	Washing Machine (unit)	92	97	89
城镇人均住房建筑面积（平方米）	Per Capital Living Floor Space of Urban Residents (sq.m)	35.6	32.0	38.0
居民消费价格指数（上年为100）（%）	Consumer Price Index (Preceding year =100)	101.4	0	102.3
城镇职工基本养老保险参保人数（人）	Number of Urban Staff & Workers Joined Basic Pension Insurance (person)	807332	726779	483505
城乡居民社会养老保险参保人数（人）	Number of Persons Joined the Urban Basic Health Care Program (person)	781395	57499	279224
城镇职工基本医疗保险参保人数（人）	Number of Workers Joined the Urban Basic Health Care Program (person)	772891	662053	345702
城镇居民基本医疗保险参保人数（人）	Number of Persons Joined the Urban Basic Health Care Program (person)	1592148	510150	355898
失业保险参保人数（人）	Number of Persons Joined Unemployment Insurance (person)	447069	309220	198686
工伤保险参保人数（人）	Number of Persons Joined Industrial Injury Insurance (person)	503059	401500	252309
生育保险参保人数（人）	Number of Persons Joined Bearing Insurance (person)	483221	318980	210785
社会福利院数（个）	Number of Social Welfare Homes (unit)	327	32	41
社会福利院床位数（张）	Number of Beds in Social Welfare Homes (bed)	11446	6350	5214
社区服务设施数（个）	Number of Community Service Facilities (unit)	210	204	348
城市社区综合服务设施覆盖率（%）	Coverage of Comprehension Service Facilities of Urban Communities(%)	100.0	95.0	96.7
城镇居民最低生活保障人数（人）	Number of Urban Residents under Lowest Cost-of-living Level (person)	5265	9855	12258
交通事故死亡人数（人）	Death of Traffic Accidents (person)	165	64	53
交通事故损失额（万元）	Losses of Traffic Accidents (10 000 yuan)	397	6	97
火灾事故死亡人数（人）	Death of Fire Accidents (person)	16	2	2
火灾事故损失额（万元）	Losses of Fire Accidents (10 000 yuan)	1261	327	491
刑事案件立案数（件）	Number of Criminal Cases Registered (case)	63932	2601	14530
罪犯人数（人）	Number of Criminals (person)	4932	3211	2025
#青少年人数（年龄14-25周岁）	Youth(14-25 years old)	1062	543	98
城市维护建设资金支出（万元）	Expenditure for City Maintenance & Construction (10 000 yuan)	2889253	1150277	566078
年末实有城市道路面积（万平方米）	Area of City Road in the Year-end (10 000 sq.m)	4633	2121	1344
排水管道长度（公里）	Length of Sewer Pipelines (km)	1647	1436	824
供水综合生产能力（包括自备水源，万立方米/日）	Comprehensive Productive Capacity of Water Supply (including those owned by individual enterprises & institutions, 10 000 cu.m/day)	165	150	47
城市供水总量（万吨）	Volume of Water Supply (10 000 tons)	55445	42019	14025
售水量（万吨）	Volume of Sold Water (10 000 tons)	45544	38191	11723
#居民家庭用水量	For Residential Household Use	28605	9855	7207
用水人口（万人）	Number of Residents with Access to Tap Water (10 000 persons)	302.47	164.00	92.00
用水普及率（%）	Percentage of Population with Access Tap Water (%)	96.1	98.0	97.0
供气总量（人工、天然气）（万立方米）	Total Volume of Gas Supply Including Manufactured & Natural Gas (10 000 cu.m)	22048	10178	5641
#家庭用量	Residential Use	8068	6525	2540
用气人口（人）	Number of Residents with Access to Gas (person)	1825100	966151	481200
液化石油气供气总量（吨）	Total Volume of Liquid Petrol Gas Supply (ton)	61410	43137	19941
#家庭用量	Residential Use	48714	21263	19080
用液化气人口（人）	Population with Access to Liquid Petrol Gas Supply(person)	1305100	617986	473000
年末实有公共汽（电）车营运车辆数（辆）	Year-end Total Operating Public Buses & Trolleys (unit)	3327	1308	761
全年公共汽（电）车客运总量（万人次）	Annual Passenger Traffic Volume of Public Buses & Trolleys (10 000 person-times)	46526	21207	21500
年末实有出租汽车数（辆）	Year-end Total Number of Taxi (unit)	6850	2182	2143
绿地面积（公顷）	Area of Green Space (hectare)	39718	7962	3914
#公园绿地面积	Area of Green Space of Parks	3799	2238	1136
建成区绿化覆盖面积（公顷）	Area of Forestation of Developed Area (hectare)	13076	8283	4141

continued

梧州市 Wuzhou	北海市 Beihai	防城港市 Fangcheng-gang	钦州市 Qinzhou	贵港市 Guigang	玉林市 Yulin	百色市 Baise	贺州市 Hezhou	河池市 Hechi	来宾市 Laibin	崇左市 Chongzuo
91	86	98	101	85	105	104	94	107	91	100
34.0	45.2	50.0	51.7	41.2	45.3	38.0	55.3	29.7	47.6	43.4
0	101.1	101.1	101.6	101.2	0	101.1	101.4	101.0	102.0	0
256474	140200	90496	106500	106041	174263	30401	94910	23211	97648	58325
176637	121300	130692	112479	595116	262710	113329	355618	107019	301034	133116
188552	147500	79273	500427	112300	148740	27387	95955	23570	118807	43226
197867	172400	116904	280711	225129	107393	40481	74251	52681	82381	55373
79930	81100	49487	47121	46716	64284	11106	45147	10708	36043	21848
93535	93000	62685	83120	85500	101043	14508	60157	18710	26023	31847
93520	85100	42768	70052	65550	93436	13210	55910	17490	50881	30777
31	3	21	3	34	4	1	1	1	25	21
2464	455	553	611	1393	638	84	192	40	810	425
76	24	37	465	26	61	19	16	9	44	12
116.9	42.1	100	93.4	89.7	100	83.3	78.1	27.3	100	60.0
3567	3625	1953	10522	2060	2865	1075	8091	754	6767	1036
35	20	24	23	77	47	41	59	61	26	9
8	6	30	28	41	48	31	40	118	15	5
2	1	0	3	5	4	2	1	0	1	0
395	272	292	489	501	171	632	160	75	267	0
4166	1615	2706	4478	1279	4312	416	1249	253	395	895
736	1715	574	1147	1314	1100	434	1298	260	456	401
41	194	205	312	282	278	81	284	37	122	16
298279	101507	102967	12481	118564	158283	56240	132690	18484	38967	52800
1081	925	742	1277	907	1089	515	444	272	648	391
439	866	562	910	427	789	389	267	309	1742	266
45	36	18	31	35	19	15	8	15	20	12
7032	6974	4390	5784	10003	6424	3481	2546	2432	2648	2346
6320	6535	3465	4980	9430	5664	3041	2136	1930	2327	2090
3138	3466	1490	3181	2759	3776	2072	1470	1643	2005	1287
59.48	43.7	20.12	36.28	41.35	70.46	26.50	23.79	23.00	30.10	23.76
96.2	97.8	100	100	98.3	100	100	99.0	99.0	99.9	91.1
2472	3810	629	1303	1193	2868	266	229	12	628	48
757	2450	288	610	653	1419	77	11	12	285	48
166700	215000	98800	145100	142200	250000	23000	6000	8352	50500	25000
5268	20001	9825	11380	14749	24001	5994	2292	5018	4354	5670
5253	20000	9640	11015	14744	22600	5976	2288	4400	4230	5654
415800	231000	98200	205200	291000	446800	129000	212000	180100	238800	202800
379	386	301	307	197	202	215	206	147	487	85
5248	3051	1502	2103	1863	3758	2255	1277	2782	3533	322
806	555	333	650	365	699	505	300	300	726	109
3233	2599	1263	11095	1574	2680	1979	1146	809	1342	1626
689	489	322	462	522	721	316	205	213	311	410
2341	3073	1382	3488	1619	2580	1970	1180	833	1429	1659

主要统计指标解释

建成区面积　指市政区范围内经过征用的土地和实际建设发展起来的非农业生产生活建设地段，包括市区集中连片的部分以及分散在近郊区与城市有着密切联系，具有基本完善的市政公用设施的城市建设用地（如机场、污水处理厂、通讯电台）。

居住用地面积　指在城市中包括住宅及相当于居住小区及以下的公共服务设施、道路和绿地等设施的建设用地。

公共设施用地　城市中为社会服务的行政、经济、文化、教育、卫生、体育、科研及设计等机构或设施的建设用地。

工业用地　城市中工矿企业的生产车间、库房、堆场、建筑物等的建设用地。

社区服务设施数　指报告期末城镇（街道办事处、居委会）设立以非盈利为目的，为本社区居民服务，特别是为老年人、残疾人、儿童服务的社区服务中心、活动站、服务站、养老院、老年公寓、残疾人工疗站、家务服务站、婚姻介绍所等福利性设施以及职工社会保险管理服务的机构数。几种不同类型的社区服务单位，共用一个场所的，只能统计为一个社区服务设施。条件是（1）独立核算单位；（2）有固定的从业人员；（3）有一定的服务项目；（4）有一定的场所。

城镇居民最低生活保障人数　指在报告期末，家庭平均收入在当地规定的最低生活保障线以下的城镇居民数，包括“三无对象”，失业人员和在职、下岗，退休人员等。

年末实有城市道路面积　是路面经过铺筑的路面宽度在3.5米以上（含3.5米）的道路。包括高级、次高级道路和普通道路，不包括街道内部路面宽度不足3.5米的胡同、里弄。

道路面积只包括路面面积和与道路相通的广场、桥梁、停车场面积。不包括街心花坛、侧石、人行道和路肩的面积。

排水管道长度　排水道是指汇集和排放污水、废水和雨水的管渠及其附属设施所组成的系统。包括干管、支管以及通往处理厂的管道，无论修建在街道上或其它任何地方，只要是起排水作用的管道，都应作排水管道统计。排水管道按其排水性质分为污水管、雨水管、合流管三种。

供水综合生产能力　是指城建部门系统自来水公司所属自来水厂及各单位自备水源取水、净化、送水、出厂输水干管等环节的综合生产能力，以四个环节的薄弱环节为主，超负荷运行增加的能力不应计算。

供水总量　是指自来水厂供出厂外的全部水量，包括有效供水量及损失水量。

用水人口　指供应生活用水的年末实际人口。包括非农业人口和农业人口。

供气总量（人工、天然气）　是指城市煤气企业向城市生产用户、家庭用户和其他用户供应的全部煤气量，包括外购及损失量。

用气人口　指报告期末家庭用户的用气人口。

年末实有公共汽（电）车运营车辆数　是指城市公共交通企业可参加营运的全部车辆数。包括技术完好的、在修的、待修的、长期停驶的，以及拟报废尚未经上级主管部门批准报废的运营车辆数。不包括公交企业的油罐车、货车和其他专用车等非运营车，也不包括借入、租入的客运车辆。

全年公共汽（电）车客运总量　指运送乘客的总人数。包括普通票乘客人次，月票乘客人次和包车乘客人次。

年末实有出租汽车数　指经有关部门批准的专门从事出租业务的一切营业车辆。包括轿车、面包车、大客车。

绿地面积　指报告期末用作园林和绿化的各种绿地面积。包括公园绿地、生产绿地、防护绿地、附属绿地和其他绿地的面积。

公园绿地面积　指城市中向公众开放的、以游憩为主要功能，有一定的游憩设施和服务设施，同时有健全生态、美化景观、防灾减灾等综合作用的绿化用地。包括综合公园、社区公园、专类公园、带状公园和街旁绿地。其中综合公园、专类公园和带状公园面积之和为公园面积。

建成区绿化覆盖面积　指城市建成区内各单位管理的一切用于绿化的乔灌木和多年生草本植物的垂直投影面积。包括园林绿地以外的道路绿化覆盖面积（即道路的隔车带、中心绿岛和林荫道及行道树的覆盖面积）和单株树木的覆盖面积。

Explanatory Notes on Main Statistical Indicators

Developed Area refers to lands expropriated in urban administrative areas and sectors actually constructed and developed for non-agricultural production and living, it includes continuous parts in downtown area and lands for city construction that spread around outskirts and have close relation with city and have general perfect public administrative facilities(such as aerodrome, waste water treatment works and communication stations).

Area of Land for Residence refers to lands for construction in cities, including residential buildings and buildings up to residential quarters and accessorial public service facilities, roads, green land and so on.

Land for Public Facilities refers to lands for construction of institutions or facilities of administration, economy, culture, education, health care, sports, scientific research, designing services and so on serving the society in cities.

Land for Industry refers to lands for construction of productive workshops, storages, yards and buildings of industry and mining enterprises in cities.

Number of Service Facilities in Community refers to number of nonprofit institutions, set up by the urban sub-district offices or Neighbourhood Committees by the end of the reporting period, providing services for the residence in community especially the elderly, disabled persons and children, such as the Welfare facilities : community service center, activity stations, service stations, homes for the elderly, apartment for the elderly, working and treatment station for disabled persons, housework service stations, dating agencies and the service institutions for the social security of staff and workers in report period. Various community service units counted as one community service facilities if they share the same ground. The conditions are: (1) separated accounting units; (2) permanent employees; (3) certain service items; (4) certain grounds.

Number of Residents with Lowest Cost-of-living Protected refers to number of residents draw the lowest security cost in cities developing the system of lowest cost-of-living of residents, including persons without fixed habitation and work and effective identity, unemployed persons, in-service and lay-off staff, retired persons and so on.

Year-end Area of Roads Paved refers to the area of roads (except earth roads) whose paved road surface width are 3.5 meters and above. It includes high-class, less high-class and ordinary roads, and excludes earth roads and bystreets whose inner road surface is less than 3.5 meters. Area of roads just includes the area of road surface and area of plazas, bridges and parking lots communicating with road, excluding flower beds in street center, curb stones, pavements and road shoulders.

Total Length of Sewer Pipelines Sewer pipelines refer to system made up by pipelines and their appurtenant works for collecting and discharging polluted water, waste water and rain water, including artery pipelines, branch pipelines and lines leading to treatment works. All of the pipelines operating for drainage should be counted as sewer pipeline system, wherever they are built. According to nature of drainage, pipelines can be divided into sewer pipe, rain pipe and combined pipe.

Comprehensive Productive Capacity of Water Supply refers to the comprehensive productive capacity of catching water, cleaning, transportation and supply of water sources owned by various units and tap water works belong to tap water companies of city construction department system, and it gives priority to the weakest link of these four links. The increased capacity from overwork should not be figured in.

Volume of Water Supply refers to the total volume of water supply by the tap water works, including the effective water supply and loss.

Population with Access to Tap Water refers to the year-end actual population with access to tap water for residential use, including non-agricultural population and agricultural population.

Total Supply of Gas (Manufactured Gas & Natural Gas) refers to the total volume of gas supply to urban production users, residential users and other users by urban gas enterprises

Population with Access to Gas refers to the population with access to gas in the report period.

Year-end Total Operating Public Buses & Trolleys refers to total number of vehicles of city public traffic enterprises able to operate. It includes vehicles in good condition, in mending, waiting for mending, stopping operating and planning to reject but not yet approved by superior departments. It excludes the non-operating vehicles such as tank trucks, trucks and other special vehicles belonging to public traffic enterprises, and also excludes passenger vehicles borrowed or rented in.

Year-end Total Operating Public Buses & Trolleys refers to total number of passengers. It includes person-times of passengers with common tickets, person-times of passengers with commutation tickets and person-times of passengers chartering buses or trolleys.

Year-end Total Number of Taxi refers to the total number of operating vehicles approved by relevant departments exclusively for renting business. It includes number of cars, vans and buses.

Area of Green Areas refers to the area of all kinds of green land used as gardens and green areas by the end of reporting period, including the area of park green land, production green land, protection green land, accessorial green land and other kinds of green land.

Park Green Area refers to green areas open to the public for amusement and rest with the facilities of amusement, rest and services. Its function includes perfecting ecology, beautifying landscape, and preventing and reducing disaster. Park green areas include comprehensive park, community park, theme park, linear park and roadside green space. Total areas of comprehensive park, topic park and belt-shaped is the area of park

Coverage Area of Plantation in Developed Areas refers to the area of vertical projections of trees, shrubs and perennial herb for plantation managed by various units in developed areas. It includes plantation covered area of roads outside gardens and green areas (separation zones beside roads, central green islands and coverage area of boulevards and sideway trees) and coverage area of single trees.

第十二篇

对外经济贸易

FOREIGN ECONOMY & TRADES

（编辑：袁夏莹）

12－1 外贸进出口总额（1978－2016年）
Total Import & Export Value of Foreign Trade（1978－2016）

年 份 Year	按人民币计算（万元） Calculated by RMB (10 000 yuan)				按美元计算（万美元） Calculated by USD (USD 10 000)			
	进出口总额 Total Import & Export Value	出口总额 Total Export Value	进口总额 Total Import Value	差额顺差+、逆差- Balance +,-	进出口总额 Total Import & Export Value	出口总额 Total Export Value	进口总额 Total Import Value	差额顺差+、逆差- Balance +,-
1978	45783	42305	3478	38827	26931	24885	2046	22839
1980	57112	55234	1878	53356	37823	36579	1244	35335
1985	153619	109260	44359	64901	52310	37205	15105	22100
1990	429517	348906	80611	268295	89797	72944	16853	56091
1991	544732	443062	101670	341392	102351	83248	19103	64145
1992	903567	611189	292378	318811	163850	110831	53019	57812
1993	1197113	763413	433700	329713	207760	132491	75269	57222
1994	2119857	1380777	739080	641697	245983	160222	85761	74461
1995	2689369	1880944	808425	1072519	321111	224585	96526	128059
1996	2349656	1590216	759440	830776	283132	191620	91512	100108
1997	2543484	1975177	568307	1406870	306821	238266	68555	169711
1998	2469994	2001785	468209	1533576	298377	241817	56560	185257
1999	1451332	1032287	419045	613242	175322	124701	50621	74080
2000	1686986	1236078	450908	785170	203789	149319	54470	94849
2001	1487461	1022629	464832	557797	179715	123554	56161	67393
2002	2011854	1248137	763717	484420	243032	150775	92257	58518
2003	2642161	1630853	1011308	619545	319173	197007	122166	74841
2004	3550058	1983071	1566987	416084	428847	239554	189293	50261
2005	4182696	2322127	1860569	461558	518289	287741	230548	57193
2006	5257761	2835001	2422761	412240	667398	359863	307535	52328
2007	6915250	3811510	3103740	707770	927686	511317	416369	94948
2008	9041850	5019577	4022274	997303	1324179	735117	589062	146055
2009	9699570	5715622	3983955	1731667	1420599	837110	583490	253620
2010	11808365	6408922	5399443	1009480	1770609	960988	809621	151367
2011	14818350	7912949	6905395	1007554	2333084	1245859	1087224	158635
2012	18525688	9722669	8803012	919657	2947369	1546841	1400527	146314
2013	20020330	11398148	8622181	2775967	3283690	1869499	1414191	455308
2014	24911476	14947146	9964330	4982816	4055305	2433004	1622301	810703
2015	31903077	17398601	14504476	2894125	5126215	2802570	2323645	478925
2016	31704215	15238340	16465875	-1227535	4789694	2302934	2486760	-183826

注：1. 外贸进出口数字自1999年起（含1999年）采用海关统计数据。
2. 外贸进出口数据自2015年起（含2015年）包含边民互市贸易数据。
3. 按当年12月汇率计算。

Note: 1.The imports & exports figure of the foreign trade have adopted customs statistics data since 1999 (including 1999).
2.The total import and export value has included the border trade since 2015(including 2015).
3.The change rate of RMB yuan to US dollar is calculated as the change rate of December of current year.

12—2　主要年份外贸进出口总额（按贸易方式分）

Total Import & Export Value of Foreign Trade in Main Years (by Type of Trade)

单位：万美元　　(USD 10 000)

项　目	Item	1995	2000	2005	2010	2011	2012	2013	2014	2015	2016 (万元)
合　计	**Total**	**321111**	**203789**	**518289**	**1770609**	**2333084**	**2947369**	**3283690**	**4055305**	**5126215**	**31704215**
一般贸易	Original Trade	261645	149839	358142	1068883	1276476	1446971	1491083	1466222	1426519	8284297
国家间、国际组织无偿援助和赠送的物资	Donation between Countries & from International Organizations		2	2	24	30	85	31	27		83
华侨、港澳台同胞、外籍华人捐赠物资	Donation from Overseas Chinese Compatriots in Hong Kong, Macao & Foreign Chinese		3		11	12			18		
补偿贸易	Compensation Trade	3706									
来料加工装配贸易	Processing & Assembly Trade with Customers Materials	25112	16317	31841	23579	85166	94951	123424	325780	327683	1889135
进料加工贸易	Processing Trade with Imported Materials		21221	44497	151060	221317	409329	389449	512598	729633	4640842
寄售、代销贸易	Consign & Commission Trade		8	20							
边境小额贸易	Frontier Small Value Trade	24652	15013	70140	424094	625024	834777	1150876	1472781	1700124	7868045
来料加工装配进口的设备	Import Equipments for Processing & Assembly Trade with Customers Materials		7	311		177	57	37		22	
对外承包工程出口货物	Export Commodities for Contracted Projects with Foreign Countries & Regions		18	40	4675	5210	13957	2465	3688	7392	41508
租赁贸易	Leasing Trade			2		2					1
外商投资企业作为投资进口的设备物资	Import Equipments & Materials as Investment of Foreign Investment Enterprises		1134	9842	8697	26526	16949	2401	2539	433	3556
易货贸易	Barter Trade	5996	5								
免税外汇商品	Tax Free Foreign Exchange Commodities		6								
保税监管场所进出境货物	Import & Export Commodities in Bonded Supervision Areas		156	3349	55857	85757		68479	57449	127079	591498
海关特殊监管区域物流货物	Logistics Goods in Customs Special Supervision Areas								213313	241867	1686912
海关特殊监管区域进口设备	Imported Equipment in Customs Special Supervision Areas								410	263	2269
其它	Others		60	103	33729	7387	130293	55445	480	565200	6696069

注：2016年起，外贸进出口数据以人民币计价。
Note: The data of import and export value of foreign trade was calculated by RMB since 2016.

12—3 主要年份外贸出口总额（按贸易方式分）

Total Export Value of Foreign Trade in Main Years（by Type of Trade）

单位：万美元 (USD 10 000)

项 目	Item	1995	2000	2005	2010	2011	2012	2013	2014	2015	2016 (万元)
合 计	**Total**	**224585**	**149319**	**287741**	**960988**	**1245859**	**1546861**	**1869499**	**2433004**	**2802570**	**15238340**
一般贸易	Original Trade	188402	118392	205852	462011	531479	501079	500380	498178	504131	3079074
国家间、国际组织无偿援助和赠送的物资	Donation Between Countries & from International Organizations			2	20	30	85	31	27		83
华侨、港澳台同胞、外籍华人捐赠物资	Donation from Overseas Chinese Compatriots in Hong Kong, Macao & Foreign Chinese								18		
补偿贸易	Compensation Trade	3429									
来料加工装配贸易	Processing & Assembly Trade with Customers Materials	16037	7976	16583	11645	32220	39932	50131	148259	156800	847703
进料加工贸易	Processing Trade with Imported Materials		14509	27498	109523	148935	248860	241636	299980	412947	2556821
寄售、代销贸易	Consign & Commission Trade		8	20							
边境小额贸易	Frontier Small Value Trade	11369	8351	37729	331945	508593	724780	1047220	1400883	1628344	7525758
对外承包工程出口货物	Export Commodities for Contracted Projects with Foreign Countries & Regions		18	40	4675	5210	13957	2465	3688	7392	41508
租赁贸易	Leasing Trade			2		2					1
易货贸易	Barter Trade	5348	2								
保税监管场所进出境货物	Import & Export Commodities in Bonded Supervision Areas		59		12220	14982		22903	13714	38436	84085
海关特殊监管区域物流货物	Logistics Goods in Customs Special Supervision Areas								68203	39853	348169
其它	Others		4	28949	26046	4408	18168	4733	54	14667	755138

注：2016年起，外贸进出口数据以人民币计价。

Note: The data of import and export value of foreign trade was calculated by RMB since 2016.

12—4　主要年份外贸进口总额（按贸易方式分）

单位：万美元

项　目	Item	1995	2000
合　计	**Total**	**96526**	**54470**
一般贸易	Original Trade	73243	31447
国家间、国际组织无偿援助和赠送的物资	Donation between Countries & from Interna-tional Organizations		2
华侨、港澳台同胞、外籍华人捐赠物资	Donation from Overseas Chinese Compatriots in Hong Kong, Macao & Foreign Chinese		3
补偿贸易	Compensation Trade	277	
来料加工装配贸易	Processing & Assembly Trade with Customers Materials	9075	8341
进料加工贸易	Processing Trade with Imported Materials		6712
寄售、代销贸易	Consign & Commission Trade		
边境小额贸易	Frontier Small Value Trade	13283	6662
来料加工装配进口的设备	Import Equipments for Processing & Assembly Trade with Customers Materials		7
租赁贸易	Leasing Trade		
外商投资企业作为投资进口的设备物资	Import Equipments & Materials as Invest-ment of Foreign Investment Enterprises		1134
易货贸易	Barter Trade	648	3
保税监管场所进出境货物	Import & Export Commodities in Bonded Supervision Areas		97
海关特殊监管区域物流货物	Logistics Goods in Customs Special Supervision Areas		
海关特殊监管区域进口设备	Imported Equipment in Customs Special Supervision Areas		
其它	Others		62

注：2016年起，外贸进出口数据以人民币计价。
Note: The data of import and export value of foreign trade was calculated by RMB since 2016.

Total Import Value of Foreign Trade in Main Years (by Type of Trade)

(USD 10 000)

2005	2010	2011	2012	2013	2014	2015	2016（万元）
230548	**809621**	**1087224**	**1400527**	**1414191**	**1622301**	**2323645**	**16465875**
152290	606872	744998	945891	990703	968043	922387	5205224
	3						
	11						
15258	11934	52946	55019	73293	177521	170884	1041432
16999	41537	72382	160469	147813	212618	316686	2084021
32411	92149	116431	109997	103656	71898	71780	342287
311	471	177		37		22	
9842	8697	26526	16949	2401	2539	433	3556
3349	43638	70775		45577	43735	88643	507413
					145110	202014	1338743
					410	263	2269
88	4309	2989	112202	50711	427	550533	5940931

12—5　主要年份外贸进出口总额（按企业性质分）

单位：万美元

项　目	Item	2008 出口 Export	2008 进口 Import	2009 出口 Export	2009 进口 Import	2010 出口 Export	2010 进口 Import
总　计	**Total**	**735117**	**589062**	**837110**	**583490**	**960988**	**809621**
国有企业	State-owned Enterprises	186634	137598	101583	155850	126064	271035
外商投资企业	Foreign Funded Enterprises	161965	292438	127766	239424	203246	288202
#合作企业	Sino-foreign Cooperation	1987	124	2678	88	2910	72
合资企业	Sino-foreign Joint Venture	78104	85225	41970	51889	65776	86702
独资企业	Whouy Foreign-owned	81874	207089	83118	187447	134560	201429
民营企业	Civilian-owned Enterprises	386519	159026	607760	188037	631677	250187
#集体企业	Collective-owned Enterprises	27228	4245	15810	5175	17171	4812
私营企业	Private Enterprises	358753	154618	591803	182857	614196	245375
个体工商户	Individual-owned Business			146	5	311	0

注：2016年起，外贸进出口数据以人民币计价。
Note: The data of import and export value of foreign trade was calculated by RMB since 2016.

Total Import & Export Value in Main Years（by Nature of Enterprises）

(USD 10 000)

2011		2012		2013		2014		2015		2016（万元）	
出口 Export	进口 Import	出口 Export	进口 Import	出口 Export	进口 Import	出口 Export	进口 Import	出口 Export	进口 Import	出口 Export	进口 Import
1245859	**1087224**	**1546841**	**1400527**	**1869499**	**1414191**	**2433004**	**1622301**	**2802570**	**2323645**	**15238340**	**16465875**
195818	296411	239671	410500	238576	464816	309461	540816	297882	562402	1645782	3486276
264702	429415	354236	608451	366759	580622	437073	623157	442944	591354	2836282	3587751
3193	220	2036	344	2559	1222	2533	544	1864	822	12434	4272
89585	156520	156513	282467	173573	301040	217059	364417	240394	343146	1518568	2272419
171923	272676	195687	325640	190628	278359	217481	258196	200686	247386	1305281	1311059
785340	361012	952935	381569	1264164	368753	1686470	458286	2047115	619658	10001358	3464390
17685	6588	13316	11643	10759	6944	12437	1260	12761	803	60764	1054
767196	354425	939203	369927	1253101	361788	1673675	457021	2033879	618846	9937953	3463142
460	0	415	0	304	21	358	4	475	10	2640	194

12－6　广西同主要国家（地区）进出口商品总值（2016年）
Total Import & Export Value by Country & Region（2016）

单位：万元　　(RMB 10 000)

进口原产国（地）Imported from Countries (Regions) of Origin	出口最终目的（地）Exported to Final Destination	进出口 Import & Export	出口 Export	进口 Import	2016年比2015年增减% 2016 as % of 2015		
					进出口 Import & Export	出口 Export	进口 Import
总　值	**Total**	**31704215**	**15238340**	**16465875**	**-0.5**	**-12.4**	**13.9**
亚洲	**Asia**	**23935265**	**12677403**	**11257862**	**-1.4**	**-16.3**	**23.2**
中国香港	Hong Kong, China	1959768	1945929	13839	-26.0	-14.4	-96.3
印度	India	128764	109391	19374	13.2	19.6	-12.9
印度尼西亚	Indonesia	302534	108376	194158	-4.7	18.8	-14.2
日本	Japan	457148	230039	227109	11.4	-1.4	28.3
马来西亚	Malaysia	312767	115249	197518	-24.9	33.7	-40.2
菲律宾	the Philippines	210579	96379	114199	-41.1	-27.6	-49.1
新加坡	Singapore	322112	245047	77065	-36.6	-44.0	9.8
韩国	Republic of Korea	257124	124680	132444	13.8	11.7	15.9
泰国	Thailand	1212949	145854	1067096	22.4	-7.1	28.0
越南	Viet Nam	15892364	9161600	6730764	3.5	-17.5	58.4
台湾省	Taiwan Province	920547	103057	817490	9.2	13.7	8.7
非洲	**Africa**	**550707**	**208391**	**342316**	**-4.9**	**-7.9**	**-2.9**
加蓬	Gabon	10532	894	9638	-46.2	-48.5	-46.0
南非	South Africa	283586	15419	268167	36.7	4.9	39.2
欧洲	**Europe**	**1208115**	**660909**	**547206**	**-5.2**	**3.0**	**-13.6**
比利时	Belgium	48688	37631	11057	15.7	9.3	44.4
英国	United Kingdom	106288	87400	18888	3.4	3.6	2.3
德国	Germany	199690	115742	83948	-29.4	2.9	-50.7
法国	France	54766	40986	13780	-7.7	6.7	-34.1
意大利	Italy	62703	41914	20789	-20.7	-17.1	-27.1
荷兰	Netherlands	150681	126497	24183	17.2	18.9	8.9
西班牙	Spain	144876	42161	102715	31.6	-1.8	52.9
芬兰	Finland	29261	2900	26361	-20.2	31.1	-23.5
瑞典	Sweden	26575	16234	10341	-16.4	-7.9	-27.0
俄罗斯联邦	Russia	140790	30304	110486	47.0	6.2	64.3
拉丁美洲	**Latin America**	**2549454**	**300868**	**2248586**	**-6.1**	**42.1**	**-10.2**
北美洲	**North America**	**2404848**	**1151329**	**1253519**	**12.0**	**17.1**	**7.8**
加拿大	Canada	551509	48590	502919	8.9	-19.7	12.7
美国	United States	1853338	1102739	750600	13.0	19.5	4.7
大洋洲	**Oceanic**	**1055807**	**239440**	**816367**	**23.4**	**26.2**	**22.6**
澳大利亚	Australia	1009829	224669	785161	23.5	28.5	22.1
东南亚国家联盟	**Association of Southeast Asia**	**18354355**	**9919316**	**8435039**	**1.6**	**-17.8**	**40.4**
欧洲联盟	**European Union**	**955946**	**603948**	**351999**	**-5.4**	**6.2**	**-20.3**
亚太经济合作组织	**Asia Pacific Economic Cooperation**	**27098760**	**13805962**	**13292798**	**0.9**	**-13.8**	**22.4**

注：东南亚国家联盟包括：文莱、印度尼西亚、马来西亚、菲律宾、新加坡、泰国、越南、缅甸、柬埔寨、老挝。
欧洲联盟包括：比利时、丹麦、英国、德国、法国、爱尔兰、意大利、卢森堡、荷兰、希腊、葡萄牙、西班牙、奥地利、芬兰、瑞典、塞浦路斯、匈牙利、马耳他、波兰、爱沙尼亚、拉托维亚、立陶宛、斯洛文尼亚、捷克、斯洛伐克、罗马尼亚、保加利亚、克罗地亚。
亚太经济合作组织包括：文莱、香港、印度尼西亚、日本、马来西亚、菲律宾、新加坡、韩国、泰国、中华人民共和国、台湾省、智利、墨西哥、加拿大、美国、澳大利亚、新西兰、巴布亚新几内亚、越南、俄罗斯、秘鲁。

Note: Association of Southeast Asia includes: Brunei, Indonesia, Malaysia, the Philippines, Singapore, Thailand, Viet Nam, Myanmar.
European Union includes: Belgium, Denmark, United Kingdom, Germany, France, Ireland, Italy, Luxembourg, Holland, Greece,Portugal, Spain, Austria, Finland, Sweden, Cyprus, Hungary, Malta, Poland, Estonia, Lithuania , Latvia, Slovenia ,Czech , Slovakia , Romania , Bulgaria , Croatia.
Asia Pacific Economic Cooperation includes: Brunei, Hong Kong, Indonesia, Japan, Malaysia, the Philippines, Singapore, Republic of Korea, Thailand, People's Republic of China, Taiwan Province, Chile, Mexico, Canada, United States, Australia, New Zealand,Papua New Guinea, Viet Nam, Russia, Peru.

12－7 广西与东盟进出口商品总值（2016年）
Total Import & Export Value from Guangxi to ASEAN（2016）

单位：亿美元 (USD 100 000 000)

主要贸易方式	Main Form of Trade	2014			2015			2016（亿元）		
		进出口 Import & Export	出口 Export	进口 Import	进出口 Import & Export	出口 Export	进口 Import	进出口 Import & Export	出口 Export	进口 Import
合计	**Total (100 million USD)**	**198.86**	**170.73**	**28.13**	**290.13**	**194.55**	**95.58**	**1835.44**	**991.93**	**843.50**
边境小额贸易	Frontier Small Value Trade	147.28	140.09	7.19	170.01	162.83	7.18	786.80	752.57	34.23
一般贸易	Original Trade	29.54	13.98	15.56	28.37	15.82	12.55	152.13	89.99	62.14
进料加工贸易	Processing Trade with Imported Materials									
来料加工装配贸易	Processing & Assembly Trade with Customers Materials	10.78	10.58	0.20						
海关特殊监管区域物流货物	Logistics Goods in Customs Special Supervision Areas	5.70	2.98	2.72	17.02	1.75	15.27	144.30	19.29	125.02
主要贸易国别	**Main Countries of Trade**									
#合计	Total	198.86	170.73	28.13	290.13	194.55	95.58	1835.44	991.93	843.50
越南	Vietnam	163.38	152.99	10.39	246.40	179.20	67.20	1589.24	916.16	673.08
泰国	Thailand	5.79	1.53	4.25	15.93	2.53	13.40	121.29	14.59	106.71
新加坡	Singapore	8.61	7.04	1.57	8.23	7.09	1.14	32.21	24.50	7.71
马来西亚	Malaysia	5.20	2.09	3.11	6.72	1.39	5.33	31.28	11.52	19.75
印度尼西亚	Indonesia	10.30	5.44	4.86	5.15	1.48	3.68	30.25	10.84	19.42
菲律宾	the Philippines	4.12	1.07	3.04	5.79	2.15	3.65	21.06	9.64	11.42
柬埔寨	Cambodia	0.44	0.13	0.30	0.44	0.22	0.22	5.20	1.52	3.68
老挝	Laos	0.64	0.07	0.58	0.14	0.13	0.01	2.63	0.97	1.66
缅甸	Myanmar	0.37	0.36	0.01	1.32	0.35	0.96	2.22	2.14	0.08
文莱	Brunei	0.03	0.01	0.02	0.01	0.01	0	0.06	0.06	0

注：2016年起，外贸进出口数据以人民币计价。
Note: The data of import and export value of foreign trade was calculated by RMB since 2016.

12－8 各市进出口商品总值
Total Import & Export Value by City

单位：万美元 (USD 10 000)

地 区	Region	2014			2015			2016（万元）		
		进出口 Import & Export	出口 Export	进口 Import	进出口 Import & Export	出口 Export	进口 Import	进出口 Import & Export	出口 Export	进口 Import
全 区	**Guangxi**	**4055305**	**2433004**	**1622301**	**5126215**	**2802570**	**2323645**	**31704215**	**15238340**	**16465875**
南宁市	Nanning City	481410	261702	219708	586917	326149	260769	4162345	2111346	2051000
柳州市	Liuzhou City	226825	80197	146628	222657	77924	144733	1353756	459085	894671
桂林市	Guilin City	94327	77225	17101	92341	81002	11338	590191	519219	70973
梧州市	Wuzhou City	124948	50777	74171	91442	46063	45379	405743	260004	145739
北海市	Beihai City	350016	175176	174840	379048	189211	189837	2047464	1102726	944738
防城港市	Fangchenggang City	546866	150522	396344	860140	231166	628974	5789124	1117924	4671200
钦州市	Qinzhou City	533447	201112	332334	582738	247574	335164	2921011	1061736	1859275
贵港市	Guigang City	30603	18703	11900	32258	18977	13281	187879	104073	83806
玉林市	Yulin City	48681	32224	16458	45092	32872	12219	266793	221461	45332
百色市	Baise City	72850	53059	19792	164091	113945	50145	1380719	985118	395601
贺州市	Hezhou City	17306	7351	9955	10325	7290	3035	51915	38479	13436
河池市	Hechi City	47929	2291	45639	39168	3185	35984	181096	24373	156723
来宾市	Laibin City	10688	4699	5989	6722	4003	2719	58873	40601	18272
崇左市	Chongzuo City	1469407	1317965	151442	2013277	1423209	590068	12307305	7192195	5115111

注：2016年起，外贸进出口数据以人民币计价。
Note: The data of import and export value of foreign trade was calculated by RMB since 2016.

12—9 主要出口商品数量及金额（2016年）

Volume & Value of Major Export Commodities（2016）

单位：万元 (RMB 10 000)

商品名称	Item	数量 Volume	金额 Value
活猪（种猪除外）（万头）	Live Hogs (except for the boar) (10 000 heads)	283	5393
活家禽（万只）	Live Poultry (10 000 heads)	57	984
猪肉（吨）	Pork (ton)	37	148
水海产品及其制品（吨）	Aquatic & Seawater Products (ton)	68678	252073
粮食（吨）	Grain (ton)	98254	96764
谷物及谷物粉（吨）	Cereals & Cereals Flour (ton)	884	1870
蔬菜（吨）	Vegetables (ton)	413475	363836
鲜、干水果及坚果（吨）	Fresh, Dried Fruits & Nuts (ton)	351125	245203
食用油籽（吨）	Edible Oil Seeds (ton)	521	602
茶叶（吨）	Tea (ton)	1404	8603
蘑菇罐头（吨）	Canned Mushroom (ton)		
肥料（吨）	Fertilizer (ton)	135021	25488
中药材及中式成药（吨）	Medicinal Materials (ton)	5004	22847
生丝（吨）	Raw Silk (ton)	1090	33398
黏土及其他耐火矿物（吨）	Clay & Other Refractory Minerals (ton)	194441	1327
天然硫酸钡（重晶石）（吨）	Nature barium sulfate (Barite) (ton)	279738	16519
滑石（吨）	Talcum (ton)	279038	55173
氧化锌及过氧化锌（吨）	Zinc Oxide & Zinc Peroxide (ton)	398	220
锌钡白（立德粉）（吨）	Lithopone (ton)	1186	294
医药品（吨）	Medicinal & Pharmaceutical Products (ton)	2703	69361
烟花、爆竹（吨）	Fireworks & Firecrackers (ton)	20816	32357
松香及树脂酸（吨）	Resin & Resin Acids (ton)	3909	4668
家用或装饰用木制品（吨）	Wooden Products for household Use or Decoration (ton)	4139	7165
纸及纸板（未切成形的）（吨）	Paper & Paperboard in Rolls (ton)	118498	82882
纺织纱线、织物及制品	Spin Yarn, Fabric & the Products	—	1909151
水泥及水泥熟料（吨）	Cement (ton)	2098	128
平板玻璃（万平方米）	Plain Glass (10 000 sq.m)	0	1
家用陶瓷器皿（吨）	Porcelain & Pottery Wares for Family Use (ton)	122270	336949
珍珠.钻石.宝石及半宝石	Pearls , Precious or Semi-Stones	—	4981
钢材（吨）	Rolled Steel (ton)	482702	156246
未锻轧的铜及铜材（吨）	Unwrought Copper & Related Products (ton)	5104	20729

12—9 续表 continued

单位：万元 (RMB 10 000)

商品名称	Item	数量 Volume	金额 Value
未锻轧的铝及铝材（吨）	Unwrought Aluminum & Related Products (ton)	58075	99623
液化石油气及其他烃类气（吨）	Liquified Petroleum Gas & Other Hydrocarbon Gases		
磷酸及多磷酸（吨）	Phosphoric Acid & Polyphosphoric Acid		
未锻轧的锰（吨）	Unwrought Manganese (ton)	25571	27742
手用或机用工具（吨）	Hand Tools & Tools for Machines (ton)	17264	110990
电扇（万台）	Fans (10 000 units)	3993	54060
金属加工机床（台）	Machine Tools (unit)	34619	41634
自动数据处理设备及其部件（万台）	Automatic Data Processing Machines & Compo-nents (10 000 sets)	2785	552119
轴承（万套）	Bearings (10 000 units)	1745	16708
原电池（万个）	Primary Cells & Batteries (10 000 units)	33179	30698
蓄电池（万个）	Electric Accumulators (10 000 units)	2410	67684
扬声器（万个）	Loudspeakers (10 000 units)	3046	77916
电容器 （吨）	Electrical Capacitors (ton)	342	14577
电线和电缆 （吨）	Electric Wires & Cables (ton)	29893	113107
汽车（包括整套散件）（辆）	Motor Vehicles & Chassis (unit)	25124	244728
汽车零件	Parts of Motor Vehicles		
摩托车（辆）	Motorcycle (unit)	232754	48798
船舶（艘）	Ships (unit)	8	305
家具及其零件	Furniture & Accessory	—	64074
灯具、照明装置及类似品	Lights, Lighting Apparatus & Similar Articles	—	227848
箱包及类似容器	Boxes, Bags & Similar Container	—	87978
服装及衣着附件	Garments & Clothing Accessories	—	1218396
鞋类（吨）	Footwear (ton)	—	433075
塑料制品（吨）	Plastic Articles (ton)	39215	181195
贵金属或包贵金属的首饰	Precious Metal or Jewelry of Rolled Precious Metal	—	489
圣诞用品（吨）	Articles for Christmas (ton)	3580	26035
竹编结品（吨）	Bamboo Products (ton)	1462	5440
藤编结品（吨）	Rattan Products (ton)	3354	6987
草编结品（吨）	Straw Mats & Straw Products (ton)	2115	6575
手表（万只）	Wrist Watches (10 000 units)	625	51813
机电产品（包括本目录已具体列名的机电产品）	Mechanical & Electrical Products (including those have been show in this content)	—	6126798
高新技术产品（包括本目录已具体列名的机电产品）	High & New-tech Products (including those have been show in this content)	—	2374451

12—10 主要进口商品数量及金额（2016年）
Volume & Value of Major Import Commodities（2016）

单位：万美元 (USD 10 000)

商品名称	Item	数量 Volume	金额 Value
鲜、干水果及坚果（吨）	Fresh & Dry Fruit,Nuts (ton)	763474	275114
大豆（万吨）	Soybean (10 000 tons)	624	1683970
食用植物油 （万吨）	Edible Vegetable Oil (10 000 tons)	2	9564
天然橡胶（包括胶乳,吨）	Natural Rubber (including Latex, ton)	10093	7747
合成橡胶（包括胶乳,吨）	Synthetic Rubber (including Latex, ton)	13246	12568
原木（吨）	Logs (ton)	84820	8413
锯材 （吨）	Wood Sawn (ton)	35079	11488
纸浆 （吨）	Paper Pulp (ton)	381165	129564
纺织用合成纤维 （吨）	Synthetic Fibers Suitable for Spinning (ton)	561	996
铁矿砂及其精矿 （万吨）	Iron Ore (10 000 tons)	1622	627751
锰矿砂及其精矿 （万吨）	Manganese Ores (10 000 tons)	226	175137
煤及褐煤（万吨）	Coal (10 000 tons)	1007	564588
成品油（万吨）	Petroleum Products Refined (10 000 tons)	4	13799
医药品 （吨）	Pharmaceutical Products (ton)	18	2499
初级形状的塑料 （吨）	Primary Plastic (ton)	28129	31544
牛皮革及马皮革 （吨）	Cattle Hide & Horsehide (ton)	49458	54778
棉纱线（吨）	Cotton Yarn (ton)	2998	4719
合成纤维纱线 （吨）	Synthetic Fibers, Continuous Filament & Yarn (ton)	101	520
合成纤维长丝机织物 （万米）	Synthetic Fibers, Continuous Filament Woven Fabrics (10 000 m)	401	4380
针织或钩编织物	Garments， knitted or Crocheted	—	7918
原油（吨）	Crude Oil (ton)	4645421	912956
钢材 （吨）	Rolled Steel (ton)	12549	8225
未锻轧的铜及铜材 （吨）	Unwrought Copper & Related Products (ton)	75	469
未锻轧的铝及铝材（吨）	Unwrought Aluminum & Related Products (ton)	148	487
液泵及液体提升机 （台）	Liquid Pump & Machine with Liquid Exaltation (unit)	20013	2802
活塞式内燃机的零件 （吨）	Accessories of Gas Engine with Liquid Exaltation (ton)	52	620
空气调节器 （台）	Air Conditioners (set)	1	1
机械提升搬运装卸设备及零件	Portage ,Load & Unload Equipments & Accessories with Machine Exaltation	—	5469
建筑及采矿用机械及零件	Building , Mining Machinery & Accessory	—	5565
食品.饮料工业用加工机械及零件	Food & Drink Processing Machinery & Accessory	—	783
制造纸及纸制品用机械及零件	Papermaking & Paper Products Machinery & accessory	—	6341
印刷、装订机械及零件	Printing & Binding Machinery & Accessory	—	81893
纺织机械及零件	Spinning Machinery & Accessory	—	3656
金属加工机床 （台）	Machine Tools (unit)	117	36580
橡胶或塑料加工机械及零件	Rubber or Plastic Processing Machinery & Accessory	—	8153
阀门（万套）	Valves (10 000 sets)	8	6312
自动数据处理设备及其部件（万台）	Automatic Data Processing Machines & Components (10 000 sets)	2990	990461
电话机（万台）	Telephone sets (10 000 set)	131	12527
通断及保护电路装置及零件	Electrical Apparatus for Switching or Protecting Electrical Circuit	—	75474
电线和电缆 （吨）	Electric Wires & Cables (ton)	3070	91991
汽车（包括整套散件） （辆）	Motor Vehicles (including Complete set of spare parts)(unit)	865	21987
汽车零配件	Parts of Motor Vehicles		
机电产品（包括本目录具体列名的机电产品）	Mechanical & Electrical Products (including those have been show in this content)	—	3349290
高新技术产品（包括本目录已具体列名的机电产品）	High & New-tech Products (including those have been show in this content)	—	2494820

12－11　外商直接投资额（1979－2016年）
Foreign Direct Investment（1979－2016）

单位：万美元　　　　　　　　　　(USD 10 000)

年　份 Year	外商直接投资 Foreign Direct Investments	年　份 Year	外商直接投资 Foreign Direct Investments
1979-1983	1226	2001	38415
1985	1251	2002	41726
1990	3025	2003	45619
		2004	29579
1991	3871	2005	37866
1992	18026		
1993	87203	2006	44740
1994	81506	2007	68396
1995	66952	2008	97119
		2009	103533
1996	66618	2010	91200
1997	87986		
1998	88613	2011	101381
1999	63730	2012	74853
2000	52466	2013	70008
		2014	100119
		2015	172208
		2016	88845

12－12　主要年份实际利用外资情况
Basic Statistics of Foreign Capital Actually Utilized in Main Years

单位：万美元　　　　　　　　　　(USD 10 000)

项　目	Item	1995	2000	2006	2010	2011	2012	2013	2014	2015	2016
外商直接投资	**Foreign Direct Investment**	**66952**	**52466**	**44740**	**91200**	**101381**	**74853**	**70008**	**100119**	**172208**	**88845**
按投资方式分	By Investment Manner										
独资经营	Sole Investment	15163	18476	25150	65377	78103	43660	34258	65088	107135	39594
合资经营	Joint-venture	41367	16413	18120	25770	22698	21298	33469	35031	64573	49251
合作经营	Cooperative	10422	15477	1470	53		6	0	0	500	0
股份制	Share Holding							2281	0	0	0
按国民经济行业分	By National Economic Sector										
1.农林牧渔业	Farming, Forestry, Animal Husbandry & Fishery	2917	2092	2594	10090	6206	2509	625	310	10020	9139
2.工业	Industry	33316	22697	34408	46989	64424	30519	51533	46778	63835	44065
3.建筑业	Construction	3517	6157	221	2	30	0	0	0	20	0
4.交通运输、仓储和邮政业	Transport, Storage & Post	4587	2147	995	3003	18154	6121	5830	2263	45137	10586
5.批发和零售贸易、住宿和餐饮业	Wholesale, Retail Trade, Hotel & Catering Services	1369	492	1458	14268	8260	4716	4016	2701	4717	5537
6.房地产业	Real Estate	19997	11607	3806	11925	3233	15024	3794	40673	36219	11791
7.其他行业	Other Sectors	1249	7274	1258	4923	1074	15964	4210	7394	12260	7727
按国别、地区分	By Countries, Region										
#中国香港	Hong Kong, China	37226	20204	15559	52114	54275	42352	37047	54020	54414	36358
中国澳门	Macao, China	2420	1321	402	2579	2910	445	669	972	385	194
日本	Japan	3175	524	1019	1347	1480	6	13	21	320	88
新加坡	Singapore	4039	1407	1817	6010	3094	2964	0	1105	44931	18251
中国台湾	Taiwan, China	4295	4750	880	990	972	363	186	791	834	210
泰国	Thailand	4464	609	12	590		0	790	663	1056	0
美国	United States	2004	1282	935	135	11	3024	18	719	412	56
英属维尔京群岛	British Virgin Islands		6815	11704	11708	6044	5546	9659	8589	7416	3545

注：1995年“房地产业”数据包含“租赁和商务服务业”。
Note: The data on "Real Estate" in 1995 includes "Leasing & Business Service".

12－13 主要年份分市新签外商直接投资项目和金额

Items & Value of Utilization of Foreign Direct Investment Through Newly Signed Agreement by City in Main Years

城 市	City	1995	2000	2005	2010	2011	2012	2013	2014	2015	2016
新签项目个数（个）	**Number of Items Newly Signed (unit)**	**571**	**246**	**351**	**190**	**169**	**109**	**109**	**138**	**142**	**139**
南宁市	Nanning	88	31	89	73	57	37	49	59	69	49
柳州市	Liuzhou	36	8	20	10	8	5	11	6	4	16
桂林市	Guilin	116	45	49	18	13	11	9	18	15	11
梧州市	Wuzhou	85	41	53	19	14	5	5	6	6	10
北海市	Beihai	56	17	32	21	9	6	6	9	11	8
防城港市	Fangchenggang	24	23	11	8	3	4	1	2	4	2
钦州市	Qinzhou	20	8	24	11	23	13	11	10	12	9
贵港市	Guigang		9	7	6	11	5	3	6	1	8
玉林市	Yulin	62	43	23	14	11	5	6	7	4	8
百色市	Baise	2	3	8	1	4	3	1	1	1	8
贺州市	Hezhou	30	7	19	3	3	6	2	5	4	2
河池市	Hechi	9	5	4	1	0	0	1	2	1	2
来宾市	Laibin	18	5	4	1	6	5	3	2	4	1
崇左市	Chongzuo	4	1	8	4	7	4	1	5	6	5
新签项目合同外资额（万美元）	**Foreign Capital to Be Utilized through the Newly Signed Agreements & Contracts (USD 10 000)**	**104177**	**71549**	**110182**	**209523**	**103165**	**91192**	**215771**	**191691**	**335668**	**231861**
南宁市	Nanning	23557	10637	31704	70743	38396	23916	23053	77629	97978	24838
柳州市	Liuzhou	8275	3380	3909	6124	11396	3659	3388	10357	31925	34688
桂林市	Guilin	10772	6550	15437	1543	61	3244	17335	38399	89319	61401
梧州市	Wuzhou	5837	3151	12609	9325	4487	6541	1240	599	1300	16859
北海市	Beihai	10155	821	9596	30177	8214	3217	93666	2502	3715	36100
防城港市	Fangchenggang	3746	34536	14158	5296	1392	2794	6953	1239	22916	2325
钦州市	Qinzhou	12048	3057	7127	20188	13752	24278	28415	34886	55127	10367
贵港市	Guigang		521	255	6246	9019	2320	14020	10917	676	15376
玉林市	Yulin	16465	2210	2834	11445	5899	2238	2457	5542	1940	4017
百色市	Baise	429	412	1502	354	3856	4560	45	-1881	1593	7330
贺州市	Hezhou	2303	559	1331	26348	1612	6976	4368	3878	11623	725
河池市	Hechi	2605	4345	1826	265	-1682	-471	12807	2487	8434	13338
来宾市	Laibin	947	530	637	3435	5702	2890	3687	2414	4033	1147
崇左市	Chongzuo	903	840	7257	18034	1061	5030	4337	2723	5089	3350

12－14 主要年份对外承包工程
Overseas Contracted Projects in Main Years

项 目	Item	1995	2000	2005	2010	2011	2012	2013	2014	2015	2016
合同项目（个）	**Contracted Projects (unit)**	**19**	**14**	**12**	**39**	**13**	**23**	**28**	**81**	**59**	**61**
#巴基斯坦	Pakistan	3									
越南	Vietnam	11	8	1							
泰国	Thailand			2							
安哥拉	Angola			2							
纳米比亚	Namibia			4							
冈比亚	The Gambia			3							
印度尼西亚	Indonesia										
合同金额（万美元）	**Contracted Value (USD 10 000)**	**7634**	**2994**	**1233**	**61019**	**55061**	**29703**	**32008**	**86373**	**65563**	**79521**
#巴基斯坦	Pakistan	930									
越南	Vietnam	5137	699	346							
泰国	Thailand			66							
安哥拉	Angola			206							
纳米比亚	Namibia			224							
冈比亚	The Gambia			391							
印度尼西亚	Indonesia										
当年完成营业额（万美元）	**Volume of Business Fulfilled in the Year (USD 10 000)**	**8292**	**5042**	**2421**	**56429**	**65296**	**74972**	**83002**	**87736**	**93986**	**84764**
#境内国际招标工程	Domestic International Bidding Process Projects										

主要统计指标解释

进出口总额 海关进出口总额指实际进出我国国境的货物总金额，它可用以观察一个国家在对外贸易方面的总规模。进出口总额统计范围包括：对外贸易实际进出口货物，来料加工装配进出口货物，国家间、联合国及国际组织无偿援助物资和赠送品，华侨、港澳台同胞和外籍华人捐赠品，租赁期满归承租人所有的租赁货物，进料加工进出口货物，边境地方贸易及边境地区小额贸易进出口货物，中外合资、合作、外商独资企业进出口货物和公用物品，到、离岸价格在规定限额以上的进出口货样和广告品（无商业价值、无使用价值和免费提供出口的除外），从保税仓库提取在中国境内销售的进口货物，以及其他进出口货物。我国规定出口货物按离岸价格统计，进口货物按到岸价格统计。

外商直接投资 指外方投资者在我国境内通过设立外商投资企业、合作企业与中方投资者共同进行石油、天然气和煤层气等资源的合作勘探开发以及设立外国公司分支机构等方式进行投资。外方投资者可以用现金、实物、无形资产、股权等投资。

对外承包工程 根据《对外承包工程管理条例》，对外承包工程是指中国的企业或者其他单位承包境外建设工程项目的活动。

对外承包工程项目分为十一大类：房屋建筑项目、工业建设项目、制造加工设施建设项目、水利建设项目、废水（物）处理项目、交通运输建设项目、危险品处理项目、电力工程建设项目、石油化工项目、通讯工程项目、其他。

Explanatory Notes on Main Statistical Indicators

Total Import & Export Value refers to the value of commodities imported into and exported from the boundary of China, it can be used to observe the total scale in foreign trade of a country. It includes: the actual imports and exports through foreign trade, imported and exported goods under the processing and assembling trades and materials, supplies and gifts as aid given gratis between governments and by the United Nations and other international organizations, the donated products of overseas Chinese, compatriot from Hong Kong, Macao and Taiwan and Chinese of foreign nationality, lease goods belonging to lessee after expiring leasing period, the imports and exports of processing with imported materials, the local trade in the border and cargoes imported and exported of small trade of border area the imported and exported commodities and articles for public use of the Sino-foreign joint ventures, cooperative enterprises and ventures exclusively with foreign own investment, imported and exported sample of regulation and advertising product that are in the stipulated above-norm of the CIF and FOB (excluding which have no commercial value, using value and which export for free), the imports that are picked up from the bonded warehouse and sale in china, and other imports and exports. In our country, exports are calculated according to FOB, and imports are calculated according to CIF.

Foreign Direct Investment refers to the investment made in Chinese area by foreign investors in establishing foreign-funded enterprises, cooperative enterprise, cooperoting with Chinese investors on the exploration and development of oil, natural gas and coalbed methane resources, and investment in the form of branches of foreign companies, etc. Foreign investors can invest in cash, real assets, intangible assets and equities.

Overseas Contracted Projects according to *The Regulation on the Administration of oversea Constracted Projects*, overseas constracted projects refers to the activities of Chinese enterprises or other entities contracting overseas construction projects.

The foreign contracting project is divided into eleven categories: Housing construction projects, industrial construction projects, manufacturing and processing facilities constraction projects, water conservanoy projects, waste water(material) treatment projects, transportation construction projects, dangerous goods treatment projects electrial engineering construction projects, petrochemical projects, ummunication engineering projects, etc.

第十三篇

农业

AGRICULTURE

（编辑：磨正中　杨海玲）

13－1　主要年份农村基本情况

指　标	Item	1995	2000
乡镇个数（个）	Number of Township & Town Governments (unit)	1362	1360
#镇个数	Number of Town Governments	618	745
村委会个数（个）	Number of Villagers' Committees (unit)	14803	14849
通汽车村数	Villages with Bus Services	12072	14182
通电话村数	Villages with Telephone Communication	4842	11812
自来水受益村数	Villages with Tap Water	5617	7832
乡（镇）村户数、人口	Number of Rural(Town Governments) Households & Population		
乡（镇）村户数（万户）	Number of Rural(Town Governments) Households (10 000 households)	827.88	913.95
乡（镇）村人口（万人）	Rural Population (10 000 persons)	3881.89	4026.44
乡（镇）村从业人员（万人）	Number of Rural(Town Governments) Laborers (10 000 persons)	1964.60	2145.35
按性别分	By sex		
男	Male	1030.85	1129.86
女	Female	933.75	1015.49
按产业分	By industry		
第一产业	Primary Industry	1562.88	1556.84
第二产业	Secondary Industry	125.97	148.57
第三产业	Tertiary Industry	275.75	439.94
农业机械总动力（亿瓦特）	Total Agricultural Machinery Power (100 million watts)	107.54	146.79
农用排灌动力机械（亿瓦特）	Motor Machinery for Agricultural Drainage & Irrigation (100 million watts)	10.12	16.05
农用水泵（台）	Pumps (unit)	130684	228198
农用载重汽车（台）	Trucks for Agricultural use (unit)	24423	27501
渔业机动船（艘）	Motorized Fishing Boats (unit)	11123	13294
（亿瓦特）	(100 million watts)	3.48	4.46

注：1995年乡（镇）村从业人员为"乡（镇）村实有劳动力"。
Note: "Number of rural (town governments) laborers" in 1995 refers to "Number of Rural (Town Governments) Actual Laborers".

Basic Statistics of Rural Area in Main Years

2005	2010	2011	2012	2013	2014	2015	2016
1130	1126	1126	1126	1126	1127	1129	1128
698	702	702	715	720	752	773	789
14453	14354	14355	14355	14337	14046	14278	14278
14017	14197	14207	14246	14233			
13669	14178	14213	14250	14244			
8440	9527	9827	10113	10140	10935	10993	11354
986.10	1029.14	1039.24	1060.83	1065.00	1092.10	1112.03	1109.88
4146.19	4203.98	4221.18	4243.35	4254.00	4351.47	4403.58	4428.34
2275.39	2387.20	2406.67	2427.11	2436.00	2469.46	2489.85	2488.47
1202.11	1262.17	1276.01	1288.22	1293.00	1311.94	1323.32	1321.18
1073.28	1125.03	1130.66	1138.89	1143.00	1157.52	1166.53	1167.29
1503.06	1556.90	1546.23	1564.20	1465.00	1619.00	1651.00	1644.00
182.84	469.46						
589.49	360.84						
190.97	276.77	299.09	319.16	338.43	352.92	376.75	375.50
23.94	31.64	37.66					
550225	834025	837376	845219	833951	867084	890894	913233
33141	30137	30208					
13971	18713	19564	23332	26919	23415		24519
4.87	6.99	7.09					

13－2　农林牧渔业总产值（1978－2016年）
Gross Output Value of Farming, Forestry, Animal Husbandry & Fishery（1978－2016）

（当年价格）（At current prices）　　单位：亿元（100 million yuan）

年　份	Year	农林牧渔业总产值 Total	农业产值 Farming	林业产值 Forestry	牧业产值 Animal Husbandry	渔业产值 Fishery	农林牧渔服务业产值 Output Value of Service Industry for Farming, Forestry, Animal Husbandry & Fishery
一、总产值	Gross Output Value						
1978		46.17	36.99	2.28	6.37	0.53	
1980		63.31	44.41	4.39	13.64	0.87	
1985		108.02	66.34	8.09	30.43	3.16	
1990		252.22	149.69	18.05	75.50	8.98	
1991		278.15	164.73	20.87	81.99	10.56	
1992		333.12	188.65	26.77	100.71	16.99	
1993		378.62	214.24	27.47	114.15	22.76	
1994		516.46	283.71	31.78	164.02	36.95	
1995		698.28	384.17	32.56	225.57	55.98	
1996		821.55	450.52	38.14	263.80	69.09	
1997		882.60	482.48	38.64	280.67	80.81	
1998		865.90	476.24	37.75	263.96	87.95	
1999		844.78	454.85	37.48	261.87	90.58	
2000		828.97	418.83	38.76	275.33	96.05	
2001		872.90	439.93	39.44	292.34	101.19	
2002		916.50	465.47	39.81	306.50	104.72	
2003		1030.89	500.82	53.80	342.83	115.53	17.91
2004		1294.53	623.09	58.07	460.68	133.78	18.91
2005		1448.37	711.89	61.68	511.60	143.61	19.59
2006		1622.22	807.90	79.75	540.17	135.40	59.00
2007		2026.22	970.55	99.78	710.17	178.32	67.40
2008		2389.79	1106.74	124.26	871.66	206.98	80.15
2009		2380.51	1134.98	132.27	812.46	216.95	83.85
2010		2720.99	1339.58	173.47	870.73	247.16	90.05
2011		3323.37	1602.48	217.41	1096.58	303.11	103.79
2012		3490.72	1724.00	245.26	1072.77	331.74	116.95
2013		3755.19	1868.30	287.64	1101.23	366.65	131.37
2014		3947.73	1993.98	303.17	1087.25	413.12	150.21
2015		4197.12	2146.37	313.90	1140.30	429.82	166.73
2016		4591.37	2347.90	323.53	1266.37	464.25	189.31

13－2 续表 continued

（当年价格） (At current prices) 单位：亿元（100 million yuan）

年 份 Year	农林牧渔业总产值 Total	农业产值 Farming	林业产值 Forestry	牧业产值 Animal Husbandry	渔业产值 Fishery	农林牧渔服务业产值 Output Value of Service Industry for Farming, Forestry, Animal Husbandry & Fishery
二、构成（以总产值合计为100） Composition(Gross Output Value=100)						
1978	100.0	80.1	4.9	13.8	1.2	
1980	100.0	70.1	6.9	21.6	1.4	
1985	100.0	61.4	7.5	28.2	2.9	
1990	100.0	59.3	7.2	29.9	3.6	
1991	100.0	59.2	7.5	29.5	3.8	
1992	100.0	56.6	8.1	30.2	5.1	
1993	100.0	56.6	7.3	30.1	6.0	
1994	100.0	54.9	6.1	31.8	7.2	
1995	100.0	55.0	4.7	32.3	8.0	
1996	100.0	54.8	4.7	32.1	8.4	
1997	100.0	54.7	4.4	31.8	9.1	
1998	100.0	55.0	4.4	30.5	10.1	
1999	100.0	53.9	4.4	31.0	10.7	
2000	100.0	50.6	4.6	33.2	11.6	
2001	100.0	50.4	4.5	33.5	11.6	
2002	100.0	50.8	4.4	33.4	11.4	
2003	100.0	48.6	5.2	33.3	11.2	1.7
2004	100.0	48.1	4.5	35.6	10.3	1.5
2005	100.0	49.1	4.3	35.3	9.9	1.4
2006	100.0	49.8	4.9	33.3	8.4	3.6
2007	100.0	47.9	4.9	35.1	8.8	3.3
2008	100.0	46.3	5.2	36.5	8.7	3.3
2009	100.0	47.7	5.6	34.1	9.1	3.5
2010	100.0	49.2	6.4	32.0	9.1	3.3
2011	100.0	48.2	6.6	33.0	9.1	3.1
2012	100.0	49.4	7.0	30.7	9.5	3.4
2013	100.0	49.7	7.7	29.3	9.8	3.5
2014	100.0	50.5	7.7	27.5	10.5	3.8
2015	100.0	51.1	7.5	27.2	10.2	4.0
2016	100.0	51.1	7.1	27.6	10.1	4.1

注：1. 按照国家统计口径，2003年起农林牧渔业总产值包括农业、林业、牧业、渔业以及农林牧渔服务业产值。
　　2. 本表2006和2007年数据为第二次全国农业普查衔接数。

Note: 1. according to the statistic standard of our country, the gross output value of farming, forestry, animal husbandry & fishery has included the output value of the service industry of farming, forestry, animal husbandry & fishery since 2003.
　　2. Data of 2006 and 2007 in this table is in accordance with the second national agriculture census.

13－3 农林牧渔业总产值指数（1978－2016年）
Indices of Gross Output Value of Farming, Forestry, Animal Husbandry & Fishery（1978－2016）

（按可比价格计算，以上年为100） (at comparable prices , preceding year =100) 单位：%（%）

年 份 Year	农林牧渔业总产值 Total	农业产值 Farming	林业产值 Forestry	牧业产值 Animal Husbandry	渔业产值 Fishery	农林牧渔服务业产值 Output Value of Service Industry for Farming, Forestry, Animal Husbandry & Fishery
1978	101.8	101.9	100.8	105.0	72.8	
1979	104.8	106.1	109.7	96.9	85.2	
1980	104.2	105.2	98.9	99.0	112.8	
1981	106.0	104.1	122.7	111.7	106.4	
1982	116.2	115.4	104.6	123.5	126.3	
1983	100.7	100.6	92.5	102.7	112.0	
1984	99.7	97.0	113.7	105.6	104.2	
1985	102.1	99.6	110.5	107.2	112.5	
1986	103.4	103.1	104.2	103.3	114.5	
1987	104.9	106.6	93.1	102.7	112.5	
1988	98.1	96.7	102.7	100.4	107.0	
1989	110.3	111.4	94.5	111.8	109.4	
1990	108.0	105.4	125.1	111.3	113.9	
1991	108.1	105.3	113.0	112.9	112.2	
1992	114.9	115.3	106.7	116.1	122.9	
1993	104.7	101.3	104.2	108.9	126.6	
1994	107.3	102.4	108.0	111.5	136.0	
1995	114.9	114.0	96.2	117.2	135.9	
1996	105.0	99.6	100.3	112.5	120.4	
1997	109.9	110.7	97.4	107.7	120.4	
1998	105.2	106.5	95.5	102.9	110.1	
1999	107.9	111.4	99.8	103.6	106.2	
2000	100.2	94.7	101.9	109.4	105.3	
2001	104.9	104.9	103.5	106.0	103.4	
2002	107.8	111.2	100.7	105.2	102.7	
2003	104.3	100.0	114.8	109.2	106.9	104.0
2004	106.3	105.8	103.4	109.0	104.8	101.6
2005	107.4	105.8	107.0	110.6	105.0	101.1
2006	107.2	105.9	121.4	107.7	105.5	104.9
2007	105.8	108.1	110.3	102.0	105.2	104.7
2008	105.4	103.6	121.4	105.9	102.4	109.7
2009	105.4	105.3	102.1	105.6	106.2	106.3
2010	104.7	103.0	115.8	105.1	105.8	104.3
2011	104.8	105.8	110.9	101.4	105.9	108.7
2012	105.7	106.0	109.2	104.5	105.4	109.2
2013	104.4	104.7	108.2	102.3	105.4	108.9
2014	103.7	105.2	102.8	100.4	104.3	110.8
2015	103.7	105.1	106.3	99.7	104.0	107.8
2016	103.3	104.7	105.9	98.3	104.3	111.3

13－4 主要年份主要农作物播种面积

Sown Area of Major Farm Crops in Main Years

单位：千公顷 (1 000 hectares)

指 标	Item	1995	2000	2005	2010	2011	2012	2013	2014	2015	2016
农作物总播种面积	Total Sown Area	5745.7	6258.6	6343.9	5896.9	5996.5	6089.5	6137.3	6186.1	6134.7	6145.3
粮食作物	Grain Crops	3662.7	3653.8	3350.9	3061.1	3072.8	3069.1	3076.0	3067.7	3059.3	3023.6
占总播种面积比重（%）	Percentage to Total Area (%)	63.7	58.4	52.8	51.9	51.2	50.4	50.1	49.6	49.9	49.2
#稻 谷	Rice	2433.0	2301.6	2099.6	2094.4	2078.5	2057.6	2046.6	2026.2	1983.9	1959.8
#早 稻	Early Rice	1150.8	1078.0	970.1	964.8	941.3	929.8	927.9	917.6	888.2	883.7
晚 稻	Late Rice	1137.7	1068.7	982.3	979.7	986.3	979.2	967.4	959.7	947.9	930.2
玉 米	Corn	550.1	608.7	607.6	538.6	565.9	580.5	587.6	584.0	622.6	609.3
大 豆	Soybean	252.5	281.4	250.4	108.8	111.9	94.4	97.0	99.6	96.0	97.3
薯 类	Tubers	312.6	341.1	294.2	244.5	238.3	255.9	265.1	273.8	274.1	274.6
花 生	Peanuts	208.4	240.6	243.7	170.3	179.5	188.1	194.9	204.3	214.3	221.3
油菜籽	Rape Seeds	61.5	89.2	60.6	15.6	15.5	17.1	18.8	24.2	24.8	26.7
芝 麻	Sesame	9.4	7.3	4.9	5.2	5.0	5.0	5.1	5.2	5.3	5.4
黄红麻	Jute & Ambary Hemp	6.7	5.8	4.8	4.6	4.2	4.1	4.0	3.7	3.3	3.4
苎 麻	Ramie	1.2	0.9	0.4	0.5	0.5	0.5	0.5	0.5	0.6	0.6
甘 蔗	Sugarcane	454.3	508.7	747.6	1069.3	1091.6	1128.0	1125.1	1081.5	973.7	951.0
烤 烟	Flue-Cured Tobacco	10.1	11.4	13.9	12.0	12.7	14.8	18.1	17.7	12.9	12.4
木 薯	Cassava	272.9	264.3	269.5	233.0	237.5	231.2	228.0	224.1	213.3	206.9
蔬 菜（含菜瓜）	Vegetables (inluding vegetable melons)	555.8	899.5	1094.4	1007.6	1040.7	1075.4	1104.6	1162.5	1221.0	1269.7

注：农作物播种面积、经济和其他农作物、蔬菜中均不包含食用菌面积。

Note: The indicators of "Planting Area of Farm Crops", "Economic Crops" and "Vegetables" do not includ the area of mushrooms.

13－5 主要年份主要农作物产品产量

单位：万吨

指 标	Item	1995	2000
粮食作物	Grain Crops	1553.31	1667.24
#稻 谷	Rice	1307.66	1360.77
#早 稻	Early Rice	699.25	706.82
晚 稻	Late Rice	536.72	570.25
玉 米	Corn	155.47	188.44
大 豆	Soybean	28.97	36.43
薯 类	Tubers	49.68	67.61
油 料	Oil-bearing Crops	45.35	58.61
#花 生	Peanuts	39.17	49.55
油菜籽	Rapeseeds	5.34	8.16
芝 麻	Sesame	0.52	0.57
黄红麻	Jute & Ambary Hemp	1.29	1.15
苎 麻	Ramie	0.18	0.17
甘 蔗	Sugarcane	2555.73	2937.89
烤 烟	Flue-Cured Tobacco	1.24	1.69
蔬 菜（含菌类）	Vegetables (including ungus)		1620.75
木 薯	Cassava	124.51	132.56
茶 叶	Tea	1.94	1.79
水 果（含园林和瓜果类）	Fruits (including grove & melon fruits)	266.60	526.69
# 园林水果	Grove Fruits	266.60	360.14
#蕉 类	Banana	96.35	127.32
沙田柚	Shatian Pomeloe	8.77	18.36
柑桔橙	Citrus & Orange	72.58	87.99
菠 萝	Pineapple	12.22	8.00
龙 眼	Longyan	11.86	15.67
荔 枝	Litchi	14.85	14.55
芒 果	Mango	4.38	10.96

注：1. 2000年以后的水果产量包括园林水果和果用瓜。
2. 2009年起薯类包括马铃薯。

Note: 1. The output of fruits since 2000 has included grove fruits & fruited melon.
2. The "Tubers" includes potatoes since 2009.

Output of Major Farm Crops in Main Years

(10 000 tons)

2005	2010	2011	2012	2013	2014	2015	2016
1516.29	1412.32	1429.93	1484.90	1521.80	1534.41	1524.75	1521.30
1188.09	1121.25	1084.10	1141.00	1156.20	1166.12	1137.83	1137.25
573.03	531.50	530.41	544.90	555.20	543.30	528.80	529.69
533.55	509.40	471.93	509.70	508.04	525.31	513.10	511.04
207.26	208.70	244.72	250.60	265.95	266.40	280.70	278.60
36.87	16.69	20.11	15.30	13.51	13.65	14.20	14.94
70.63	56.18	67.84	64.80	73.00	74.15	78.40	76.05
63.18	45.81	50.14	53.94	57.21	61.30	64.68	68.95
55.13	43.50	47.46	51.09	54.10	57.57	60.70	64.86
6.33	1.47	1.61	1.71	1.90	2.50	2.62	2.79
0.46	0.59	0.61	0.64	0.67	0.72	0.74	0.76
0.96	1.08	1.08	0.95	0.58	0.98	0.87	0.91
0.11	0.14	0.15	0.15	0.17	0.18	0.20	0.21
5154.69	7119.62	7269.96	7829.71	8104.26	7952.57	7504.92	7461.32
1.97	2.03	2.20	2.70	3.11	2.74	2.14	2.09
2130.60	2129.44	2246.40	2356.72	2435.62	2610.08	2786.37	2928.81
173.61	173.21	180.33	181.31	182.75	182.82	175.94	172.12
2.62	3.92	4.44	4.94	5.39	5.88	6.36	6.81
766.84	1094.41	1222.98	1325.03	1433.42	1560.60	1720.02	1882.50
571.58	841.77	943.81	1030.95	1122.63	1233.30	1369.76	1525.20
136.44	207.95	229.08	256.60	275.21	300.33	307.23	342.57
29.38	41.33	43.57	47.28	50.25	58.80	60.18	61.91
155.08	268.29	307.70	332.72	368.39	412.80	459.07	515.46
6.54	2.76	2.93	3.05	3.27	3.43	3.43	3.42
38.17	40.55	47.36	50.41	51.57	55.81	57.36	59.67
33.48	46.58	53.19	53.06	54.63	61.85	63.77	66.75
18.59	15.62	18.34	21.76	34.04	40.84	48.98	58.44

13－6　主要年份主要农作物单位面积产量
Output of Major Farm Crops Per Hectare in Main Years

单位：公斤/公顷　　(kg/hectare)

指　标	Item	2005	2009	2010	2011	2012	2013	2014	2015	2016
粮食作物	Grain Crops	4525	4770	4614	4653	4838	4947	5002	4984	5031
#稻　谷	Rice	5659	5392	5354	5216	5545	5649	5755	5735	5803
#早　稻	Early Rice	5907	5596	5509	5636	5860	5983	5921	5954	5994
晚　稻	Late Rice	5432	5125	5200	4785	5205	5251	5473	5413	5494
玉　米	Corn	3411	4212	3875	4325	4317	4526	4562	4509	4572
大　豆	Soybean	1472	1652	1534	1799	1621	1393	1371	1479	1531
薯　类	Tubers	2401	2723	2298	2847	2532	2754	2709	2860	2771
花　生	Peanuts	2262	2477	2554	2644	2716	2776	2818	2832	2931
烤　烟	Flue-Cured Tobacco	1414	1914	1694	1734	1825	1720	1548	1658	1683
甘　蔗	Sugarcane	68950	70836	66583	66599	69411	72032	73530	77073	78455

13－7　主要年份农业生产条件基本情况
Basic Statistics on Agricultural Production Conditions in Main Years

指　标	Item	2005	2009	2010	2011	2012	2013	2014	2015	2016
机耕面积（千公顷）	Tractor Ploughed Area (1 000 hectares)	1032.8	2593.4	3163.7	3662.9	3868.8	3865.5	4305.5	4628.5	4683.3
农村用电量（亿千瓦小时）	Electricity Consumed in Rural Areas (100 million kwh)	34.31	48.48	50.22	56.18	63.31	68.38	76.21	83.91	95.37
化肥施用量（折纯量）(万吨)	Consumption of Chemical Fertilizers (10 000 tons)	201.25	229.32	237.16	242.71	249.04	255.70	258.67	259.86	262.14
氮　肥	Nitrogenous Fertilizer	63.27	68.38	69.94	70.82	72.45	74.17	74.65	74.23	74.89
磷　肥	Phosphate Fertilizer	25.23	27.98	28.85	29.57	30.46	30.91	31.25	31.06	31.13
钾　肥	Potash Fertilizer	47.95	51.49	53.23	54.82	56.04	57.28	57.39	58.34	58.96
复合肥	Compound Fertilizer	64.81	81.47	85.15	87.50	90.09	93.34	95.38	96.23	97.16
农田有效灌溉面积（千公顷）	Irrigated Area (1 000 hectares)	1519.8	1522.3	1523.0	1529.2	1541.3	1553.6	1600.0	1693.1	1721.8
水　库（座）	Number of Reservoirs (set)	4380	4369	4366	4348	4347	4544	4545	4545	4540
#大型水库	Large Reservoirs	33	37	37	37	37	57	57	57	57
中型水库	Medium-sizes Reservoirs	183	185	186	186	186	228	228	229	230
水库库容量（亿立方米）	Capacity of Reservoirs (100 million cu.m)	252.14	328.68	321.85	321.79	321.81	679.00	679.00	658.00	679.52
#大型水库	Large Reservoirs	154.30	230.44	223.38	223.37	223.37	563.00	563.00	547.00	563.99
中型水库	Medium-sizes Reservoirs	53.02	53.66	53.94	53.93	53.93	67.00	67.00	64.00	67.08
节水灌溉面积（千公顷）	Water-saving Irrigated Area (1 000 hectares)	622.1	685.9	702.2	727.2	780.8	800.5	879.6	951.4	1030.8
#喷滴灌面积	Sprinkling & Drip Irrigation	4.8	5.2	5.5	6.9	26.0	38.5	56.0	67.0	101.5
除涝面积（千公顷）	Flooded or Waterlogged Area (1 000 hectares)	204.2	208.8	209.6	211.4	214.0	230.9	231.4	241.3	237.4
水土流失治理面积（千公顷）	Area of Soil Erosion under Control (1 000 hectares)	1487.6	1843.7	1870.3	1952.1	2019.5	1735.7	1791.8	2017.3	2284.9
堤防总长度（公里）	Total Length of Dikes (km)	2759	2805	2867	2948	3108	4492	4649	4885	5043
堤防保护耕地面积（千公顷）	Area of Land Protected by Dikes (1 000 hectares)	311.3	269.5	266.8	273.8	297.3	148.2	248.8	283.8	276.9

13－8 主要年份农作物播种面积构成
Sowing Areas Structure of Farm Crops in Main Years

（以总播种面积为100） (Total Planting Structure=100) 单位：(%)

指 标	Item	1995	2000	2005	2010	2011	2012	2013	2014	2015	2016
农作物播种面积	Planting Structure of Farm Crops	100.0	100.0	100.0	100.0	100.0	100.0	100.0	100.0	100.0	100.0
一、粮食作物	Grain Crops	63.8	58.4	52.8	51.8	51.2	50.4	50.1	49.6	49.9	49.2
#稻 谷	Rice	42.3	36.8	33.1	35.3	34.7	33.8	33.3	32.8	32.3	31.9
#早 稻	Early Rice	20.0	17.2	15.3	16.2	15.7	15.3	15.1	14.8	14.5	14.4
晚 稻	Late Rice	19.8	17.1	15.5	16.5	16.4	16.1	15.8	15.5	15.5	15.1
小 麦	Wheat	0.4	0.3	0.2	0.1	0.0	0.0	0.0	0.0	0.1	0.1
玉 米	Corn	9.6	9.7	9.6	9.0	9.4	9.5	9.6	9.4	10.1	9.9
大 豆	Soybean	4.4	4.5	3.9	1.9	1.9	2.5	1.6	1.6	1.6	1.6
薯 类	Tubers	5.4	5.5	4.6	4.4	4.0	4.5	4.3	4.4	4.5	4.5
二、经济作物及其他	Economic Crops	36.2	41.6	47.2	48.2	48.8	49.6	49.9	50.4	50.1	50.8
#油料合计	Total of Oil-bearing Crops	4.9	5.5	5.0	3.3	3.4	3.5	3.6	3.8	4.0	4.2
#花 生	Peanuts	3.6	3.8	3.8	2.9	3.0	3.1	3.2	3.3	3.5	3.6
油菜籽	Rapeseeds	1.1	1.4	1.0	0.3	0.3	0.3	0.3	0.4	0.4	0.4
芝 麻	Sesame	0.2	0.1	0.1	0.0	0.1	0.1	0.1	0.1	0.1	0.1
麻 类	Fiber Crops	0.1	0.1	0.1	0.1	0.1	0.1	0.1	0.1	0.1	0.1
#黄红麻	Jute & Ambary Hemp	0.1	0.1	0.1	0.1	0.1	0.1	0.1	0.1	0.1	0.1
甘 蔗	Sugarcane & Fruit Canes	7.9	8.1	11.8	18.2	18.2	18.5	18.3	17.5	15.9	15.5
#糖 蔗	Sugarcane	7.7	7.8	11.4	17.8	17.8	18.1	17.9	17.0	15.4	15.0
烟 叶	Tobacco	0.2	0.4	0.3	0.3	0.3	0.3	0.4	0.3	0.3	0.3
#烤 烟	Flue-Cured Tobacco	0.2	0.2	0.2	0.2	0.2	0.2	0.3	0.3	0.2	0.2
木 薯	Cassava	4.8	4.2	4.2	4.0	4.0	3.8	3.7	3.6	3.5	3.4
蔬 菜（含菜用瓜）	Vegetables (including vegetable melons)	9.7	14.4	17.3	17.1	17.4	17.7	17.8	18.8	19.9	20.7
绿 肥	Green Manure	3.7	2.5	1.5	0.9	0.9	0.9	0.9	1.0	1.1	1.1

注：农作物播种面积、经济和其他农作物、蔬菜中均不包含食用菌面积。

Note: The indicators of “Planting Area of Farm Crops”, “Economic Crops” and “Vegetables” do not includ the area of mushrooms.

13－9 主要年份林业生产情况

指 标	Item	1995	2000
造林面积（年末成活率达85（%）以上，千公顷）	Afforested Area (Survival Rate above 85 (%) at Year-end, 1 000 hectares)	130.2	57.0
#飞机播种	Sown by Airplane		
用材林	Timber Forest	63.8	30.5
经济林	Economic Forest	64.2	19.5
防护林	Shelter-forest	1.7	6.0
当年迹地更新面积（千公顷）	Slash Reforestation Areas of the Current Year (1 000 hectares)	69.6	100.7
育苗面积（千公顷）	Grow Seedlings Area (1 000 hectares)	2.1	1.4
当年四旁零星植树（按实际成活计，万株）	Oddly (all around) Tree Planting of the Current Year (by actual survival rate，10 000 roots)	3519.00	3355.00
当年幼林抚育作业面积（千公顷次）	Operative Areas of Young Growth Fostering of the Current Year (1 000 hectares times)	623.3	390.5
成林抚育实际面积（千公顷）	Actual Areas of Mature Timber Fostering (1 000 hectares)	310.2	280.3
现有封山育林面积（千公顷）	Close Hillsides to Facilitate Afforesation Areas (1 000 hectares)	4339.2	4251.2
林木种籽采集量（吨）	Forestry Seed Collection (ton)	100	154
林产品产量（吨）	Output of Forestry Products (ton)		
油茶籽	Tea-oil Seeds	86098	118620
油桐籽	Tung-oil Seeds	50854	63002
松 脂	Pine Resin	247202	216015
八 角	Anise	18382	30966
桂 皮	Cassia Bark	16716	16605
板 栗	Chestnuts	11162	22008
核 桃	Walnuts	478	262
白 果	Ginkgo	2217	3629
茴 油	Fennel Oil	1186	1601
桂 油	Laurel Oil	642	779
竹笋干	Bamboo Shoots	7453	16208
橡 胶	Rubber	2672	1403
木材采伐量（万立方米）	Felling Amount of Timber (10 000 cu.m)	372.90	270.27
毛竹采伐量（万根）	Mao Bamboo (10 000 pieces)	2679.71	4655.48

注：2000年以前的木材和毛竹采伐量为村及村以下数量，2005年以后为全社会数量。

Note: Felling amount of timber & mao bamboo before 2000 only contains the amount of village & below. The amount after 2005 contains all amounts in every aspect.

Basic Statistics on Forestry in Main Years

2005	2010	2011	2012	2013	2014	2015	2016
124.0	143.3	147.8	148.9	161.4	163.6	159.4	120.1
89.4	108	113.2	99.75	93.05	91.25	76.58	50.98
8.2	9.3	12.2	20.79	35.51	31.33	29.9	32.7
26.3	25.6	22.2	27.0	24.3	30.27	23.3	17.7
53.6	119.9	135.3	151.78	153.33	130.71	141.9	125.6
1.9	1.8	1.8	3.9	17.7	8.29	16.3	22.3
3092.00	5052.00	5408.00	5671.40	5989.42	6158.37	7099.37	8187.00
513.2	657.9	625.9	603.6	581.1	667.0	746.0	491.2
211.3	503.9	590.3	865.1	879.2	1156.1	1488.8	1180.1
3179.0	2151.0	2010.7	1858.1	1926.3	1931.8	1887.4	1704.4
101	154	91	69	355	316	142	354
117363	143749	151002	163924	167688	177650	192762	200383
60372	72536	75525	77524	79935	82611	83546	83272
301943	495750	532903	557141	590021	616586	651234	669185
76462	99626	104821	114118	119632	129101	135105	140264
20305	28655	29940	31830	34896	34323	36707	37278
45951	73059	73100	82276	91897	92278	100744	105853
339	929	982	1140	1219	1210	1455	2239
5409	7878	8140	8471	8615	8796	9001	9196
2236	2973	3297	3397	3729	3961	4152	4474
701	1036	1133	1192	1292	1216	1330	1371
18770	24477	26003	28014	29980	32961	34046	32893
678	378	213	225	999	172	117	160
762.55	1743.02	2065.25	2239.06	2288.03	2409.17	2980.00	3410.00
5743.21	8712.93	9521.68	10207.25	10694.52	12373.63	17030.02	13949.89

13－10　主要年份畜牧水产主要产品生产情况

指　标	Item	1995	2000
一、畜禽产品产量	**Output of Animal Products**		
肉猪出栏头数（万头）	Number of Slaughtered Fattened Hogs (10 000 heads)	1905.84	2756.91
肉类总产量（万吨）	Output of Meat (10 000 tons)	195.61	287.26
#猪　肉	Pork	153.63	217.87
牛　肉	Beef	6.54	9.79
羊　肉	Mutton	0.77	2.47
禽　肉	Poultry	34.52	55.85
牛　奶（吨）	Milk (ton)	9006	16816
蜂　蜜（吨）	Honey (ton)	4016	5563
蚕　茧（吨）	Silkworm Cocoons (ton)	21248	29542
禽　蛋（吨）	Eggs (ton)		144514
二、水产品产量（吨）	**Aquatic Products(ton)**	**1032871**	**2398592**
#海水产品产量	Seawater Aquatic Products	645706	1594505
按生产性质分	By Production Character		
天然生产	Naturally Grow	498192	888417
人工养殖	Artificially Cultured	147514	706088
淡水产品产量	Freshwater Aquiculture	387165	804087
按生产性质分	By Production Character		
天然生产	Naturally Grow	45818	91538
人工养殖	Artificially Cultured	341347	712549

注：1996年以前水产品产量按旧标准统计，即贝类5斤折1斤计量。1997年起按新标准统计，即海蜇按三矾后的成品、海藻按干品计量，其余所有的水产品均按捕捞起水时的鲜活实际重量计量。

Note: Output of aquatic products before 1996 was calculated according to old standard, namely 5kg of shellfish were equivalent to 1kg to count. According to new standard statistics from 1997,the jellyfish was measured according to finished product after three vitriol, marine alga was measured according to the dry product , and other aquatic products are all measured according to thelifelike actual weight while being caught from water.

Basic Statistics on Main Products of Animal Husbandry & Fishery in Main Years

2005	2010	2011	2012	2013	2014	2015	2016
3852.82	3230.00	3195.12	3342.09	3456.72	3518.01	3416.79	3280.12
418.60	387.77	391.09	410.99	420.02	420.03	417.27	411.16
300.02	241.50	239.79	252.50	261.34	266.29	258.81	249.75
16.95	13.70	14.27	13.86	14.33	14.38	14.38	14.71
3.70	3.30	3.21	3.20	3.24	3.24	3.24	3.26
95.11	124.93	128.84	136.00	135.32	128.24	132.52	134.99
53540	82000	88831	93600	95600	96500	100600	96600
7775	9286	9752	11639	12417	13093	13585	14229
148460	264716	296263	315703	323448	339622	360657	377990
146271	200000	210000	218200	227100	221600	228800	230900
2841935	**2750934**	**2888198**	**3034656**	**3190604**	**3321169**	**3456249**	**3613687**
1739581	1540362	1589085	1643851	1707060	1741574	1794194	1869545
845786	662954	665281	668274	651434	650599	652028	664471
893795	877408	923804	975577	1055626	1090975	1142166	1205074
1102354	1210572	1299113	1390805	1483544	1579595	1662055	1744142
113148	116871	123259	129259	132687	134602	140014	149816
989206	1093701	1175854	1261546	1350857	1444993	1522041	1594326

13－11 各市农林牧渔业总产值及构成（2016年）

Gross Output Value & Its Composition of Farming, Forestry, Animal Husbandry & Fishery by City（2016）

（按当年价格计算） (at current prices)

各市名称	City	农林牧渔业总产值 Total	农业 Farming	林业 Forestry	牧业 Animal Husbandry	渔业 Fishery	农林牧渔服务业产值 Output Value of Service Industry for Farming, Forestry, Animal Husbandry & Fishery
一、总产值（亿元）	**Gross Output Value (100millon yuan)**						
南 宁 市	Nanning	414.71	253.01	21.62	103.19	18.11	18.78
柳 州 市	Liuzhou	184.87	119.59	15.92	36.73	6.13	6.50
桂 林 市	Guilin	367.61	257.69	25.27	69.05	9.26	6.34
梧 州 市	Wuzhou	137.02	76.02	22.76	25.95	6.58	5.71
北 海 市	Beihai	177.02	36.85	2.42	15.75	119.75	2.26
防城港市	Fangchenggang	83.45	25.19	9.74	7.00	40.68	0.85
钦 州 市	Qinzhou	222.78	113.05	15.89	40.10	51.06	2.68
贵 港 市	Guigang	196.31	93.43	12.05	56.11	28.43	6.30
玉 林 市	Yulin	288.87	140.08	19.33	102.54	16.25	10.67
百 色 市	Baise	184.58	110.97	21.02	38.55	11.72	2.32
贺 州 市	Hezhou	114.47	69.92	12.65	23.66	5.53	2.72
河 池 市	Hechi	153.83	74.31	19.51	51.84	5.17	3.01
来 宾 市	Laibin	151.60	92.29	13.14	38.19	4.99	2.99
崇 左 市	Chongzuo	171.08	125.02	18.79	16.42	7.44	3.42
二、构成（%）	**Composition (%)**						
南 宁 市	Nanning	100.0	61.0	5.2	24.9	4.4	4.5
柳 州 市	Liuzhou	100.0	64.7	8.6	19.9	3.3	3.5
桂 林 市	Guilin	100.0	70.1	6.9	18.8	2.5	1.7
梧 州 市	Wuzhou	100.0	55.5	16.6	18.9	4.8	4.2
北 海 市	Beihai	100.0	20.8	1.4	8.9	67.7	1.3
防城港市	Fangchenggang	100.0	30.2	11.7	8.4	48.8	1.0
钦 州 市	Qinzhou	100.0	50.7	7.1	18.0	22.9	1.2
贵 港 市	Guigang	100.0	47.6	6.1	28.6	14.5	3.2
玉 林 市	Yulin	100.0	48.5	6.7	35.5	5.6	3.7
百 色 市	Baise	100.0	60.1	11.4	20.9	6.4	1.3
贺 州 市	Hezhou	100.0	61.1	11.1	20.7	4.8	2.4
河 池 市	Hechi	100.0	48.3	12.7	33.7	3.4	2.0
来 宾 市	Laibin	100.0	60.9	8.7	25.2	3.3	2.0
崇 左 市	Chongzuo	100.0	73.1	11.0	9.6	4.4	2.0

13－12 各市农作物播种面积构成（2016年）

Sowing Areas Structure of Farm Crops by City（2016）

（以总播种面积为100）（Total Planting Area=100） 单位：%（%）

各市名称	City	农作物播种面积 Planting Area of Farm Crops	一、粮食作物 Grain Crops	#稻谷 Rice	玉米 Corn	二、经济和其他农作物 Economic Crops	#油料 Oil-bearing Crops	甘蔗 Sugarcane	木薯 Cassava	蔬菜（含菜用瓜）Vegetables(including vegetable melons)
南宁市	Nanning	100.0	44.8	29.5	11.0	55.2	5.4	14.4	3.3	23.8
柳州市	Liuzhou	100.0	41.5	33.0	4.3	58.5	4.0	22.2	0.5	25.3
桂林市	Guilin	100.0	52.9	36.8	5.9	47.1	3.5	0.7	1.0	26.6
梧州市	Wuzhou	100.0	53.4	40.6	3.7	46.6	5.1	0.8	7.8	27.8
北海市	Beihai	100.0	42.8	26.5	5.7	57.2	9.2	16.8	7.7	20.5
防城港市	Fangchenggang	100.0	40.0	25.4	6.9	60.0	2.7	35.5	1.8	18.5
钦州市	Qinzhou	100.0	55.0	41.5	4.7	45.0	2.6	14.2	6.7	16.7
贵港市	Guigang	100.0	61.1	47.7	6.4	38.9	6.9	6.5	6.3	15.2
玉林市	Yulin	100.0	63.6	51.7	4.4	36.4	3.6	3.3	4.5	22.2
百色市	Baise	100.0	57.6	20.0	27.3	42.4	2.6	10.7	0.6	21.6
贺州市	Hezhou	100.0	53.7	40.0	5.7	46.3	6.1	1.1	3.2	25.9
河池市	Hechi	100.0	57.4	21.0	23.8	42.6	2.9	12.2	3.2	18.2
来宾市	Laibin	100.0	40.5	27.3	6.8	59.5	3.8	34.2	1.8	13.7
崇左市	Chongzuo	100.0	23.9	13.1	7.2	76.1	2.4	54.3	2.8	9.5

注：农作物播种面积、经济和其他农作物、蔬菜中均不包含食用菌面积。

Note: The indicators of "Planting Area of Farm Crops", "Economic Crops" and "Vegetables" do not includ the area of mushrooms.

13－13 各市主要农产品人均占有量（2016年）
Ownership of Per Capital Major Agricultural Products by City (2016)

单位：公斤 (kg)

各市名称	City	粮食产量 Grain	油料产量 Oil-bearing Crops	甘蔗产量 Sugarcane	蔬菜产量（含菌类） Vegetable	园林水果产量 Fruits	肉类产量 Meat	水产品产量 Aquatic Products
全　区	Total	315.82	14.27	1548.96	608.01	316.63	85.31	75.02
南宁市	Nanning	317.99	22.12	1588.04	768.91	332.86	92.60	37.18
柳州市	Liuzhou	217.75	9.13	1689.89	571.12	222.45	57.02	20.23
桂林市	Guilin	410.60	14.73	83.88	863.59	954.61	107.77	25.06
梧州市	Wuzhou	272.88	14.40	55.24	713.52	198.10	67.47	32.53
北海市	Beihai	235.78	30.40	1450.72	513.57	69.66	77.47	676.58
防城港市	Fangchenggang	219.59	7.39	3196.22	320.29	89.01	51.02	553.32
钦州市	Qinzhou	349.66	8.84	1245.92	438.71	590.64	95.47	176.24
贵港市	Guigang	359.20	25.38	559.53	377.16	66.21	86.75	54.82
玉林市	Yulin	322.61	9.54	297.65	551.94	174.95	134.04	28.59
百色市	Baise	328.00	4.53	834.97	648.61	271.02	73.16	44.28
贺州市	Hezhou	357.75	16.63	86.73	845.90	381.56	80.71	39.11
河池市	Hechi	299.65	4.40	987.79	426.21	113.50	64.62	22.89
来宾市	Laibin	372.17	18.09	5445.36	579.98	251.75	69.76	31.94
崇左市	Chongzuo	254.63	12.06	11730.03	497.75	286.81	60.23	36.34

注：本表按常住人口计算。
Note: Data in the table are calculated by average of permanent population.

主要统计指标解释

农林牧渔业总产值 农林牧渔业总产值是以货币表现的农林牧渔业的全部产品总量和农林牧渔服务业产值（即对农林牧渔业生产活动进行的各种支持性服务活动的价值）之和。它反映一定时期内农林牧渔业生产总规模和总成果，是观察农林牧渔业生产水平和发展速度，研究农林牧渔业内部比例关系、农林牧渔业与工业、农林牧渔业与国家建设、人民生活比例关系的重要指标，同时也是计算农林牧渔业劳动生产率和农林牧渔业增加值的基础资料。

农林牧渔业增加值 指农、林、牧、渔及农林牧渔服务业生产货物或提供服务活动而增加的价值，为农林牧渔业现价总产值扣除农林牧渔业现价中间投入后的余额。

农业机械总动力 指全部农业机械动力的额定功率之和。农业机械是指用于农业生产及其产品初加工等相关农事活动的机械和设备。总动力按法定计算单位千瓦计算。（注：1马力=735.5瓦特=0.735千瓦）

有效灌溉面积 指具有一定的水源，地块比较平整，灌溉工程或设备已经配套，在一般年景下能够进行正常灌溉的耕地面积。在一般的情况下，有效灌溉面积应等于灌溉工程或设备已经配套，能够进行正常灌溉的水田和水浇地面积之和。

农用化肥施用量 指在本年度内实际用于农业生产的化肥数量。包括：氮肥、磷肥、钾肥和复合肥。施用量分为按实物量及折纯量两种方法计算。按折纯量计算化肥数量，即把氮肥、磷肥、钾肥分别按含氮、含五氧化二磷、含氧化钾百分之一百折算。复合肥：是指多营养成分或元素组成的肥料，如磷铵等。其折纯量按所含的主要成分来折算。

农作物总播种面积 是指应该在本日历年度内收获农产品的各种农作物播种面积之和。其计算公式为：

农作物播种面积=上年秋冬播作物面积+本年春播作物面积+本年夏播作物面积=本年春收作物播种面积+本年夏收作物播种面积+本年秋收作物播种面积

粮食产量 指全社会产量。包括国有经济经营、集体统一经营和农民家庭经营的粮食产量，还包括工矿企业家庭办的农场和其他生产单位的产量。

粮食：按三大类进行统计，一是谷物，包括稻谷、小麦、玉米、高粱、谷子及其他杂粮，谷物产量一律按脱粒后的原粮（晒干）计算（玉米按脱粒后的干粒计算）；二是豆类，包括大豆、绿豆、红小豆等，按去荚后的干豆计算；三是薯类（包括红薯、马铃薯，不包括芋头、木薯），1963年以前按4公斤鲜薯折1公斤粮食计算，从1964年以后改为按5公斤鲜薯折1公斤粮食计算；按国家制度，2015年开始，薯类按鲜薯重量计算，但在粮食合计中仍按5公斤鲜薯折1公斤粮食计算。2009年以前广西的马铃薯统计在蔬菜中，2009年以后统计在粮食的薯类中；2014年以前的甜玉米按粮食统计，自2014年年报始，甜玉米不在粮食统计中，纳入蔬菜统计。

林产品产量 指从人工栽培的竹木上，不经砍伐竹木的根本而取得的各种林产品产量。包括生漆、棕片、五倍子、松脂、笋干、油茶籽、油桐籽、乌桕子、核桃、板栗等各种林木籽实以及修剪竹木所获得的枝叶（包括荆条、柳条、蒲葵叶5等。不包括桑叶、茶叶和水果。也不包括野生的林产品）。如果某些林产品人工栽培的和野生的混在一起，不易划分，应根据它的主要来源决定其应计入林产品产量还是其他农业的采集野生植物产量，不要两方面都算，以免重复。

水果产量 指农业生产经营者日历年度内生产的乔木类和藤本类水果、多年草本水果及果用瓜。包括园林水果和非园林水果（瓜果类），不包括采集的野生水果。按鲜果产量计算。经脱水、晾干等处理的干果，如干枣、葡萄干、柿饼、桔饼等一律折合成鲜果计算。

园林水果：指农业生产经营者日历年度内在专业性果园、林地及零星种植果树（藤）上生产的水果。包括苹果、梨、柑桔类、热带及亚热带水果和其它园林水果如桃、葡萄、红枣等，不包括采集的野生水果。按实收的鲜果计算产量。经脱水、晾干等处理的干果，如干枣、葡萄干、柿饼、桔饼等一律折合成鲜果计算。

肉类总产量 指调查期内各种牲畜及家禽、兔等动物肉产量总计。猪、牛、羊、马、驴、骡、骆驼肉产量按去掉头蹄下水后带骨肉的胴体重量计算，兔禽肉产量按屠宰后去毛和内脏后的重量计算。猪牛羊禽四个品种肉产量由主要畜禽监测抽样调查获得，马、驴、骡、骆驼、兔肉产量由全面统计获得，其它特种养殖肉产量可用住户调查资料推算获得。

水产品产量 指渔业（捕捞和养殖）生产活动的最终有效成果，包括全部海水和淡水鱼类、甲壳类（虾、蟹）、贝类、头足类、藻类和其它类渔业产品的最终产量。不包括渔业生产过程中的中间成果，如鱼苗、鱼种、亲鱼、转塘鱼、存塘鱼和自用作饵料的产品等。水产品在上岸前已经腐烂变质，不能供人食用或加工成其它制品的，不统计在水产品产量中。

Explanatory Notes on Main Statistical Indicators

Gross Output Value of Farming, Forestry, Animal Husbandry and Fishery refers to the total amount of farming, forestry, animal husbandry, fishery products and the output value of services (refer to the supporting activities for farming, forestry, animal husbandry and fishery) that behave with the currency. It reflects the total achievement or total scale of agricultural production in form of magnitude of value during a certain period. It is an important synthesis index to observe the agricultural production level and development speed, and study proportionate relationship inside agriculture, proportionate relationship between agriculture and industry, agriculture and national construction, and proportionate relationship of people's livelihood. And it is also the basic data for calculating the agricultural productivity of labour and agricultural added value.

The Added Value of Farming, Forestry, Animal Husbandry and Fishery refers to the added value of products of farming, forestry, animal husbandry, fishery and relative services, or the added value of providing services. It is calculated by subtracting the intermediate inputs from the gross output value of farming, forestry, animal husbandry and fishery which calculated by the current prices.

Total Power of Farm Machinery refers to the summary of power rating of total power of agricultural machinery. Agricultural machinery refers to the machines and equipment for relative agricultural activities, which including agricultural producing and primary processing for relative products. The total power of farm machinery is calculated by the statutory unit of measurement: KW (note: 1 horsepower=735.5W=0.735KW).

Effective Irrigated Area refers to the cultivated areas whose irrigated project or equipments is in suit, have water source, have been ploughed, and could normally irrigated in usual years. Under normal circumstances, the effective irrigated area should include the total area of paddy fields and irrigated lands which are fitted irrigating projects or equipments and can be irrigated normally.

Consumption of Chemical Fertilizers refers to the chemical fertilizers actually used in agricultural production during the year, including nitrogenous fertilizer, phosphate fertilizer, potash fertilizer and compound fertilizer. Consumption of chemical fertilizers is calculated by 2 methods: practical amount and pure amount. Calculating by pure amount is separately converting the nitrogenous fertilizer, phosphate fertilizer and potash fertilizer into 100% according to their content of nitrogen, phosphorus pent oxide, potassium oxide. Compound fertilizer refers to fertilizer composed by various of nutritional components or elements, such as ammonium phosphate etc. Pure quantity is calculated by the percentage of its content of major component.

Total Sown Area of Farm Crops refers to the total sown area of farm crops which supposed to be harvested as products in the calendar year. Its calculation formula is:

Total Sown Area of Farm Crops = Autumn & Winter Sown Area of Last Year + Spring Sown Area of Current Year + Summer Sown Area of Current Year = Spring Harvesting Area of Current Year + Summer Harvesting Area of Current Year + Autumn Harvesting Area of Current Year

The Output of Grain refers to the output of the whole society. It includes the grain output from state-owned economy, collective-owned economy and farmer family management, and also includes the output from farms run by industrial & mining enterprises and families and other production units.

The statistics of grains is divided into 3 broad categories. 1. Cereals, including rice, wheat, corn, sorghum, millet and other coarse cereals, the output of cereals is calculated by the threshed and dried grains. 2. Beans, including soybeans, mung beans and red beans etc. Its output is calculated by the dried one without pods. 3. Tubers, including sweet potatoes and potatoes, excluding taros and cassavas, is converted into that of grain at the ratio 4:1, i.e. 4kg of fresh tubers was equivalent to 1 kg of grain up to 1963, since 1964, the ratio for conversion has been 5:1. According to national system, the tubers are calculated by the fresh weight since 2015, and 5 kg of fresh tubers is still calculated as 1 kg of grain. Potatoes and taros in Guangxi are calculated as vegetable before 2009, and since

2009 they are calculated as tubers of grains. The sweet corn was calculated as grain before 2014, and it' s calculated as vegetables instead of grain since 2014.

The Output of Forestry refers to the output of various forestry products which are gained from artificial planted bamboos and trees without felling them down. It includes raw lacquer, palm sheets, Chinese gallnuts, pine resin, bamboo shoots, tea-oil seeds, bancoul nuts, Chinese tallow tree seeds, walnuts, chestnuts and various seeds of trees and branches and leaves trimmed from bamboos and trees (including twigs of the chaste trees, twigs of the willow trees, leaves of palms etc. It excludes leaves of mulberry, leaves of tea trees and fruits; it also excludes the products from wild forests). If it is difficult to discriminate certain kinds of mixed forestry products from artificial ones to wild ones, it should be accounted into the output of forestry or the output of wild plants of other agriculture according to its major resource, and it shouldn' t be calculated in both sides so as to avoiding repetition.

Output of Fruits refers to the output of fruits of trees, vines, perennial herbs and fruited melons produced by agricultural operators in the calendar year. It includes grove fruits and non-grove fruits (melons), but excludes collected wild fruits. The output of fruits is calculated with fresh weight. The dried fruits which have been dehydrated or dried out, such as dried dates, raisins, dried persimmon, tangerine cake, etc. should be converted into the fresh fruit and calculated in unison.

The grove fruits: refers to the fruits produced in professional groves, forestlands and sporadically planted trees (vines) by agricultural operators in the calendar year. It includes apples, pears, oranges, tropical and subtropical fruits and other grove fruit such as peaches, grapes and dates, excludes collected wild fruits. The output of fruits is calculated with fresh weight of fruits actually harvested. The dried fruits which have been dehydrated or dried out, such as dried dates, raisins, dried persimmon, tangerine cake, etc. should be converted into the fresh fruit and calculated in unison.

Total Output of Meat refers to total output of animal meat of various livestock, poultry and rabbits. The output of meat of pigs, cattle, sheep, horses, donkeys, mules and camels is calculated with the weight of carcasses gotten rid of heads, hooves and entrails, and the output of meat of rabbits and poultry is calculated with the weight of carcasses slaughtered and gotten rid of feather and entrails. The output of meat of pigs, cattle, sheep and poultry is gained from the sample monitor investigation of major livestock and poultry, the output of meat of horses, donkeys, mules, camels and rabbits is gained from the full investigation, and the output of meat of other culture of special species could be calculated by the data of household investigation.

Output of Aquatic Products refers to the final effective products of fishery (fishing and cultivating) producing activities, including the final volume of products of all the marine fishes, freshwater fishes, crustaceans(shrimps, crabs), shellfishes, cephalopods, algae and other fishery products, excluding the intermediate products in the fishery producing activities, such as fries, fingerlings, parent fishes, pond fishes, storage pond fishes and products for self-use of fodder. The aquatic products, which have rotten before shoring and cannot be eaten or processing to other products, should not be calculated as the output, too.

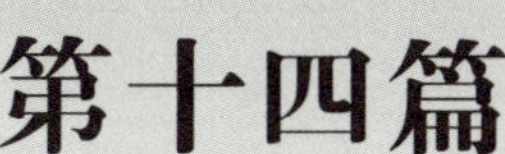

第十四篇

工业

INDUSTRY

（编辑：白　平　罗　璇）

14－1 全部工业总产值及指数
All Included Gross Industrial Output Value & Its Related Index

年 份 Year	全部工业总产值 Total	按登记注册类型分类 Grouped by Status of Registration			按轻、重工业 Grouped by Light & Heavy Industry	
		国有 State-owned	集体 Collective-owned	其他 Others	轻工业 Light Industry	重工业 Heavy Industry
总产值（当年价，万元） Gross Output Value (At Current Prices, 10 000 yuan)						
1978	699727	551690	116121	31916	382292	317435
1980	786344	612702	136125	37517	468411	317933
1985	1393949	1084159	228070	81720	753461	640488
1990	3534331	2550882	586910	396539	1953243	1581088
1991	4214681	3000710	696019	517952	2270524	1944157
1992	5828107	3824655	955270	1048182	3041305	2786803
1993	9029300	5013602	1548821	2466877	4223400	4805900
1994	13216300	5921631	2246881	5047788	6492200	6724100
1995	14631700	5825904	2569475	6236321	6955900	7675800
1996	15984500	5798228	3014812	7171460	7951900	8032600
1997	16710300	5693497	3347962	7668841	8464900	8245400
1998	17276800	4980222	3601904	8694674	9103500	8173300
1999	16673250	4368813	3342196	8962241	8130100	8543200
2000	18002396	4105570	2769606	11127220	8620042	9382354
2001	19031372	3574148	2331629	13125595	9123525	9907847
2002	20365560	3489093	1942627	14933840	9760647	10604913
2003	23542453	3854711	1451699	18236043	10815312	12727141
2004	31530448	4426117	984325	26120006	13073722	18456726
2005	36840688	5534547	960144	30345997	14610518	22230170
2006	46864680	6201561	1080907	39582212	18008453	28856227
2007	61028644	7610728	1260445	52157471	22075424	38953220
2008	78019656	9005999	1319937	67693720	27725212	50294444
2009	86999513	9441093	1488212	76070208	30711524	56287989
2010	116717894	12812025	1594193	102311676	38578284	78139610
2011	150918805	18963165	1664560	130291080	49645017	101273788
2012	172046215	20500188	1859502	149686525	53959108	118087107
2013	194345536	11110367	2009015	181226155	58375567	135969969
2014	217303080	10714696	2231910	204356474	63437841	153865239
2015	233755728	9295881	2411963	222047883	67113433	166642295
2016	253714401	9994747	2491435	241228218	72733380	180981020

注：1. 本表从1995年起工业总产值按新规定计算,国有指纯国有企业。
2. 工业总产值指数按可比价格计算。
3. 本篇2004年数据为第一次经济普查数据。
4. 为了与第二次经济普查数据衔接，2005－2009年数据进行了相应调整。
5. 2013年数据为三经普汇总数据及保密单位数据，与国家工业司汇总数一致。

Note: 1. Gross Industrial Output Value have been calculated in accordance with the new standards since 1995, State-owned refers to pure State-owned Enterprises.
2. Related Index of Gross Industrial Output Value are calculated in accordance with Constant Prices.
3. The data of 2004 in this chapter are the figures of economic census.
4. The data from 2005 to 2009 has been adjusted for lingking up with the 2nd Economic Census.
5. The data in 2013 is the summary of the 3rd Economic Census and data of security units, and its statistical range is the same as Industrial Division of National Bureau of Statistic.

14－1 续表 continued

年 份 Year	全部工业总产值 Total	按登记注册类型分类 Grouped by Status of Registration			按轻、重工业 Grouped by Light & Heavy Industry	
		国有 State-owned	集体 Collective-owned	其他 Others	轻工业 Light Industry	重工业 Heavy Industry
指 数（上年=100） Index (preceding year=100)						
1978	109.7	109.7	109.2	117.1	107.6	112.3
1980	107.1	106.5	111.7	101.8	114.5	97.9
1985	120.8	121.1	112.2	148.3	116.7	128.0
1990	108.3	106.7	106.9	120.6	110.0	105.8
1991	115.3	111.9	119.1	190.8	117.1	113.2
1992	135.4	125.5	132.7	195.8	135.7	134.9
1993	135.2	109.1	146.7	220.3	125.7	146.3
1994	130.8	104.3	140.2	193.6	131.0	131.5
1995	115.1	105.2	113.5	110.7	103.2	121.9
1996	110.8	100.7	116.3	128.8	115.2	106.6
1997	107.2	100.5	113.7	99.8	109.7	98.2
1998	106.5	97.7	106.2	107.0	110.7	108.6
1999	106.5	97.8	85.4	118.0	100.2	102.6
2000	107.4	88.8	83.0	125.8	89.2	116.3
2001	108.0	89.5	85.6	120.0	104.5	110.6
2002	111.0	97.6	89.3	118.0	113.2	108.9
2003	115.4	100.4	75.3	127.4	117.2	116.2
2004	123.1	104.6	67.1	131.5	109.3	134.8
2005	113.2	119.2	93.5	112.9	108.1	116.8
2006	118.6	102.2	110.7	121.8	111.8	123.1
2007	125.2	117.4	112.4	126.8	126.0	124.7
2008	117.8	108.6	96.9	120.0	121.1	115.9
2009	118.1	112.2	119.5	118.2	109.5	122.8
2010	120.3	121.2	96.5	120.3	109.7	126.1
2011	118.4	136.5	96.2	116.6	111.7	121.8
2012	116.1	110.5	113.8	117.0	109.5	119.4
2013	116.5	54.1	114.6	125.3	121.5	114.4
2014	112.9	98.6	111.8	113.0	109.2	114.5
2015	109.4	86.8	111.8	110.6	109.5	109.4
2016	108.7	110.1	103.6	108.6	107.4	109.2

14－2　主要年份工业企业主要指标

指　标	Item	企业单位数（个）Number of Enterprises (unit)			
		2005	2010	2015	2016
总　计	**Total**	**3687**	**6583**	**5518**	**5464**
内资企业	**Civil Funded Enterprises**	**3297**	**6039**	**5057**	**5038**
国有经济	State-owned	791	384	151	120
中央企业	Central Enterprises	49	45	19	12
地方企业	Local Enterprises	742	339	132	108
集体经济	Collective-owned	256	256	98	85
股份合作企业	Cooperative Enterprises	71	50	16	12
联营企业	Joint Ownership Enterprises	11	9	3	2
有限责任公司	Limited Liability Corporations	707	1128	1544	1576
股份有限公司	Share Holding Enterprises	167	212	210	209
私营企业	Private Enterprises	1277	3931	2995	3013
其他企业	Other Enterprises			40	21
港澳台商投资企业	**Enterprises with Funds from Hong Kong ,Macao & Taiwan**	**207**	**293**	**272**	**261**
外商投资企业	**Foreign Funded Enterprises**	**183**	**251**	**189**	**165**
在总计中：	Of the Total:				
国有控股企业	State Holding Enterprises	1005	632	570	572
在总计中：	Of the Total:				
轻工业	Light Industry	1487	2442	2061	2002
重工业	Heavy Industry	2200	4141	3457	3462
在总计中：	Of the Total:				
大型企业	Large-scale Industrial Enterprises	25	48	195	193
中型企业	Medium-scale Industrial Enterprises	419	798	1270	1277
小型企业	Small-scale Industrial Enterprises	3243	5737	3820	3836
微型企业	Micro-enterprises			233	158

注：本表的统计范围1995年为全部乡及乡以上独立核算工业企业，2000年为全部国有和年产品销售收入500万元及以上非国有工业法人企业，2005－2010年为年主营业务收入500万元及以上工业法人企业，2011－2015年为年主营业务收入2000万元及以上工业法人企业。

Note: The statistic in the table of 1995 covered all of the township industrial enterprises and above, and data of 2000 refer to all state-owned industrial enterprises and the non-state-owned industrial enterprises with an annual sales income of over 5 million yuan, anddata of from 2005 to 2010 refer to industrial enterprises with annual business income of the main products over 5 million yuan, since 2011-2015,the data refer to industrial enterprises with annual income of the major business over 20 million yuan.

Major Indicators of Industrial Enterprises in Main Years

工业总产值（当年价，万元） Gross Industrial Output Value (At Current Prices, 10 000 yuan)				全部从业人员年平均人数（人） Average Employed Persons (person)				流动资产合计（万元） Annual Average Balance of Circulating Funds (10 000 yuan)			
2005	2010	2015	2016	2005	2010	2015	2016	2005	2010	2015	2016
25473188	**96441278**	**225824149**	**244669073**	**912102**	**1505050**	**1677994**	**1647744**	**11249972**	**37005538**	**69815219**	**74493625**
19731000	**76682817**	**185675146**	**201246309**	**773606**	**1263500**	**1398837**	**1390291**	**8772365**	**27707681**	**55272118**	**58937049**
5534547	12812025	9295881	3259974	216272	150499	75162	42760	2708710	5079458	3796361	1090104
1700251	3791390	1220521	923372	29004	28358	14730	10658	750011	1738270	777201	485852
3834296	9020635	8075359	2336602	187268	122141	60432	32102	1958700	3341188	3019160	604252
670825	1176462	2248560	2282335	43455	37757	22233	19845	252430	372093	339404	349731
263114	1086610	459641	364742	12029	15680	3020	2813	108695	314936	66341	59621
52265	140088	41547	9937	2260	2031	466	249	15396	50299	15742	7550
6321223	24121675	72932443	88242793	216067	359050	498153	526281	2925655	9029878	24256669	28959109
2779448	6887043	18968399	18581465	94413	118552	117878	110618	1445803	4319642	8145931	8100477
4069061	29503296	80503596	87712151	186661	567856	670339	681149	1298079	8280640	18440760	20246324
		1225081	792911			11586	6576			210910	124133
1357798	**5699403**	**15483948**	**17784814**	**62082**	**116632**	**157183**	**153633**	**682671**	**2206277**	**4101874**	**5077301**
4384390	**14059058**	**24665055**	**25637950**	**76414**	**124918**	**121974**	**103820**	**1794936**	**7091581**	**10441228**	**10479275**
12268731	36284650	62421736	64397358	372398	389784	363822	351215	5958746	15727556	25559237	26405844
7903693	26615080	62433801	67162858	377389	575986	649037	616048	3349354	10784576	21275188	22422536
17569495	69826198	163390348	177506216	534713	929064	1028957	1031696	7900617	26220962	48540031	52071089
7730400	26248738	76696050	80607283	127227	265881	507829	498969	3239585	10757623	26536901	27408993
8537754	33917379	74550198	84163190	303237	535571	697617	695199	4488641	16173669	23140180	26212867
9205034	36275161	73059378	78322687	481638	703598	465241	450325	3521746	10074246	19071854	20069811
		1518522	1575914			7307	3251			1066285	801955

14—2 续表 1

单位：万元

指 标	Item	固定资产原价 Value of Fixed Assets			
		2005	2010	2015	2016
总 计	**Total**	**19080017**	**51408004**	**85756838**	**96645319**
内资企业	**Civil Funded Enterprises**	**16242526**	**43959624**	**71315154**	**80884848**
国有经济	State-owned	5773509	14181424	6445139	1703788
中央企业	Central Enterprises	2078259	7681474	1020072	337096
地方企业	Local Enterprises	3695250	6499950	5425067	1366692
集体经济	Collective-owned	301532	273513	331460	318288
股份合作企业	Cooperative Enterprises	110521	1208176	119242	113263
联营企业	Joint Ownership Enterprises	30597	72634	8324	8324
有限责任公司	Limited Liability Corporations	6780493	16763603	36711024	49466623
股份有限公司	Share Holding Enterprises	2132785	3817158	11459115	11683939
私营企业	Private Enterprises	1100109	7507511	16015653	17410092
其他企业	Other Enterprises			225197	180531
港澳台商投资企业	**Enterprises with Funds from Hong Kong ,Macao & Taiwan**	**856712**	**2900474**	**4973724**	**5444121**
外商投资企业	**Foreign Funded Enterprises**	**1980780**	**4547905**	**9467960**	**10316351**
在总计中：	Of the Total:				
国有控股企业	State Holding Enterprises	13036444	30226479	44688748	51175461
在总计中：	Of the Total:				
轻工业	Light Industry	4986527	10690677	18795295	21409054
重工业	Heavy Industry	14093490	40717327	66961543	75236265
在总计中：	Of the Total:				
大型企业	Large-scale Industrial Enterprises	5845482	15607285	32644929	38589134
中型企业	Medium-scale Industrial Enterprises	7607598	18652915	30747711	33585398
小型企业	Small-scale Industrial Enterprises	5626937	17147803	21138789	24020972
微型企业	Micro-enterprises			1225409	449814

continued

(10 000 yuan)

固定资产净值 Value of Fixed Assets				实收资本 Total Capital Hold			
2005	2010	2015	2016	2005	2010	2015	2016
13126063	**36664670**	**53624955**	**60376526**	**6803910**	**15851949**	**29152575**	**342264640**
11232879	**31496168**	**44549710**	**50035559**	**5360150**	**12713358**	**23720785**	**20048810**
3783996	10582569	3939303	824612	1685247	3401392	1112934	500061
1304105	5929332	632408	144648	639194	2145031	271691	203698
2479891	4653237	3306895	679964	1046053	1256361	841243	296363
179329	154987	206397	168369	97648	98432	75438	76030
83803	949377	77899	80922	42653	299630	24758	24660
22562	53412	5983	5863	11962	17779	1264	1264
4930027	11473828	22397979	30612461	2276024	4683364	14746006	11371437
1387345	2539310	7379805	7397970	653284	1360922	3205533	3340309
834968	5643092	10376653	10804068	584074	2763000	4514786	4709610
		165691	141295			40065	25439
614773	**2195275**	**3195725**	**3550681**	**561962**	**1274570**	**1943446**	**2127758**
1278412	**2973228**	**5879520**	**6790287**	**881799**	**1864021**	**3488344**	**320088073**
8879648	20912831	27364877	31722203	4049793	7906893	10541734	11374134
3389276	7190196	11598046	13304601	2061449	4653204	7509785	324020205
9736788	29474474	42026909	47071925	4742461	11198744	21642790	18244435
4023210	10340445	19449107	23657701	1446009	3008126	7463418	7710317
5025459	13339348	19828994	21194668	2846052	7270892	13732971	326211220
4077394	12984876	13647355	15278026	2511849	5572931	7606503	8184577
		699498	246131			349683	158527

14－2 续表 2

单位：万元

指 标	Item	负债合计 Total Liabilities 2005	2010	2015	2016
总 计	**Total**	**18534169**	**54132948**	**94028112**	**98253975**
内资企业	**Civil Funded Enterprises**	**15496001**	**44287260**	**76601490**	**80220697**
国有经济	State-owned	4829643	12182305	6219571	1171779
中央企业	Central Enterprises	1552760	6050848	950589	416566
地方企业	Local Enterprises	3276884	6131457	5268982	755213
集体经济	Collective-owned	439258	398331	230894	228271
股份合作企业	Cooperative Enterprises	148790	784013	90743	116728
联营企业	Joint Ownership Enterprises	26166	64081	9004	4710
有限责任公司	Limited Liability Corporations	6285633	16144204	38223442	46083317
股份有限公司	Share Holding Enterprises	2070123	5084569	11114025	10933988
私营企业	Private Enterprises	1673542	9452050	20474977	21589620
其他企业	Other Enterprises			238833	92284
港澳台商投资企业	**Enterprises with Funds from Hong Kong ,Macao & Taiwan**	**927998**	**2774814**	**4899449**	**5774601**
外商投资企业	**Foreign Funded Enterprises**	**2110169**	**7070873**	**12527174**	**12258677**
在总计中:	Of the Total:				
国有控股企业	State Holding Enterprises	11301229	29019882	43679344	45346448
在总计中:	Of the Total:				
轻工业	Light Industry	4832793	11830719	22920311	23953391
重工业	Heavy Industry	13701377	42302229	71107801	74300584
在总计中:	Of the Total:				
大型企业	Large-scale Industrial Enterprises	5106233	17013726	36771160	38350155
中型企业	Medium-scale Industrial Enterprises	7264774	20990158	31265998	33427714
小型企业	Small-scale Industrial Enterprises	6163162	16129064	23963631	25314591
微型企业	Micro-enterprises			2027324	1161516

注：主营业务收入（产品销售收入）栏2000年为产品销售收入，2005－2015年为主营业务收入。

Note: In the table, data of Business Income of the Main Products（Sales Revenue） of 2000 is figure of Sales Revenue, and that from 2005 to 2015 are Business Income of the Main Products.

continued

(10 000 yuan)

主营业务收入（产品销售收入） Business Income of the Main Products (Sales Revenue)				利润总额 Total Profits				利税总额 Total Profits & Taxes			
2005	2010	2015	2016	2005	2010	2015	2016	2005	2010	2015	2016
24667860	**92358467**	**204425005**	**222313006**	**1349867**	**7715895**	**12790565**	**13933525**	**2935645**	**13244225**	**23262797**	**24343391**
19225332	**73048098**	**166875608**	**181525912**	**1018503**	**5753715**	**9854346**	**10752016**	**2342055**	**10349481**	**19006572**	**19679052**
5543125	12307051	8647019	3134853	357318	482639	-49094	114599	933325	1277748	200387	217119
1688826	3407872	1118161	874912	230049	227554	12800	23283	574811	650525	40732	44431
3854299	8899179	7528858	2259941	127269	255086	-61894	91316	358514	627223	159656	172688
661895	1178772	2172943	2187615	10762	58512	176504	178983	45548	105170	302979	317381
251807	983230	441146	327425	7400	139148	57940	-13268	13960	277254	66515	-10309
49302	119806	42129	11589	8113	22429	5484	1218	12788	32533	5921	1375
6239953	23025787	64524536	79464402	302542	1900513	3923457	4359862	653024	3679576	7769785	8506616
2734124	7091970	16610899	16452045	232651	802764	933516	1252798	437409	1198027	3653926	3731987
3704471	27384971	73246126	79191123	99990	2247046	4719419	4812109	244949	3634787	6891799	6854364
		1190809	756860			87120	45715			115259	60520
1288361	**5349221**	**14020883**	**16412457**	**79737**	**616372**	**1229916**	**1350164**	**144139**	**898128**	**1526825**	**1724761**
4154166	**13961148**	**23528515**	**24374637**	**251627**	**1345808**	**1706303**	**1831345**	**449451**	**1996617**	**2729400**	**2939579**
12429732	36027399	56807658	59178553	677038	2275089	2324215	2821087	1685077	4894700	8366228	8746227
7485388	24893120	55354189	59489753	504939	2683730	4052161	3908317	1152841	4412933	7407617	7058373
17182472	67465346	149070816	162823252	844928	5032165	8738405	10025208	1782804	8831293	15855180	17285019
7593827	26390575	71744161	76925036	476527	1816122	4161190	4856097	1152721	3607502	8152440	9078757
8565199	32014676	66019977	74386230	604357	2957365	4760550	5295515	1116429	4979234	9080055	9536507
8508834	33953216	65035250	69579292	268983	2942408	3927666	3801631	666494	4657489	6030920	5724187
		1625616	1422448			-58841	-19718			-618	3940

14—3 工业企业分行业主要指标（2016年）

单位：万元

行 业	Sector	企业单位数（个） Number of Enterprises (unit)	工业总产值（当年价格） Gross Industrial Output Value (At Current Prices)	全部从业人员年平均人数（人） Average Employed Persons (person)
工业企业	**Industrial Enterprises**	**5464**	**244669073**	**1647744**
煤炭的开采和洗选业	Coal Mining & Dressing	15	580804	12484
石油和天然气开采业	Oil & Gas Mining	1	98075	123
黑色金属矿采选业	Ferrous Metals Mining & Dressing	42	2069934	10242
有色金属矿采选业	Nonferrous Metals Mining & Dressing	66	2672891	21041
非金属矿采选业	Nonmetal Minerals Mining & Dressing	132	2818462	19851
开采辅助活动	Mining Assist Activities	1	45329	90
其他采矿业	Other Minerals Mining	2	21892	159
农副食品加工业	Farm & Sideline Products Processing	518	25355330	130812
#制糖业	Carbohydrate Processing	87	6797913	54195
食品制造业	Food Production	135	4516621	34671
#罐头制造业	Canned Food Manufacturing	14	371681	6379
酒、饮料和精制茶制造业	Wine, Drink & Refined Tea Manufacturing	145	5913733	46476
#酒的制造	Beverage Manufacturing	36	2301489	12691
烟草制品业	Tobacco Processing	2	2031431	3461
#卷烟制造	Cigarettes Manufacturing	1	2027418	3039
纺织业	Textile Industry	142	2793790	43335
纺织服装、服饰业	Textiles, Clothing & Dresses Manufacturing	55	1571609	20928
皮革、毛皮、羽毛及其制品和制鞋业	Leather, Fur, Feather & Related Products & Shoes Manufacturing	67	1302305	31743
木材加工及木、竹、藤、棕、草制品业	Timber Processing, Bamboo, Cane, Palm Fiber & Straw Products	592	12323705	135384
家具制造业	Furniture Manufacturing	53	1276135	11069
造纸及纸制品业	Papermaking & Paper Products	162	3882673	38302
#造纸	Papermaking	89	2035990	21713
印刷和记录媒介复制业	Printing & Record Duplicating	68	1229575	10874
#印刷业	Printing	68	1229575	10874

注：工业企业分行业主要指标统计范围为年主营业务收入2000万元及以上工业法人企业。

Note: The statistic coverage of major indicators of industrial enterprises by industrial sectors is enterprises with business income ofthe main products of over 20 million yuan. the main products of over 5 million yuan.

Major Indicators of Industrial Enterprises by Industrial Sector（2016）

(10 000 yuan)

固定资产原价 Original Value of Fixed Assets	固定资产净值 Net Value of Fixed Assets	资产总计 Total Capital	流动资产合计 Annual Average Balance of Circulating Funds	所有者权益合计 Owner's Equity	利润总额 Total Profits	利税总额 Total Profits & Taxes	应交增值税 Value Added Tax Payable	主营业务收入 Business Income of the Main Products
96645319	**60376526**	**160234605**	**74493625**	**61853444**	**13933525**	**24343391**	**6414767**	**222313006**
235629	114244	876291	306028	290529	-10528	15430	16871	557554
211779	82233	368805	38731	322097	41040	46255		179883
426839	283025	1013192	493915	496944	158262	185707	14765	1959383
982822	583515	2623135	1261757	999330	224466	389859	121479	2480716
660078	418214	1285360	611917	490649	207621	328106	89087	2572379
2429	388	3958	3570	3632	7308	8179	246	44896
4141	2524	8936	6171	8596	1127	2094	505	22841
6331675	3403482	15171763	9650787	5446554	1303535	1863245	495184	21567902
3631891	1734878	6714943	4147684	2210325	734549	977714	213135	5209135
1317708	848999	2643646	1346164	1378294	316552	470664	130697	4216886
115400	79181	186896	89639	118356	48665	59416	9297	355204
1898143	1128822	2952274	1314835	1582171	523268	768909	122915	4857288
918534	546732	1476581	701951	688126	128033	281609	54999	1582681
665921	295952	1975437	1332929	1396228	135114	1387019	197493	2018278
650317	289894	1923329	1289433	1347691	134539	1386196	197347	2014220
543011	327986	1471724	909940	457258	77131	133005	48632	2555362
177216	89741	512821	359808	316320	126037	181072	44406	1469933
235789	154898	528745	275231	283561	56875	98589	32617	1223690
1902108	1232410	4405638	2366381	2178224	600108	920597	268106	11252263
107175	66772	495706	323658	185777	63591	91557	23308	1169748
3752424	3037421	6368760	2282973	1908938	86845	220674	123628	3468002
3016021	2502359	4890578	1681881	1570822	23592	118158	90619	1846953
491980	255074	570948	238528	306493	99300	129979	26433	1174608
491980	255074	570948	238528	306493	99300	129979	26433	1174608

14—3 续表

单位：万元

行 业	Sector	企业单位数（个）Number of Enterprises (unit)	工业总产值（当年价格）Gross Industrial Output Value (At Current Prices)	全部从业人员年平均人数（人）Average Employed Persons (person)
文教、工美、体育和娱乐用品制造业	Culture, Education, Handcraft, Art, Sport & Entertainment Goods Manufacturing	84	1359415	37052
石油加工、炼焦及核燃料加工业	Oil Processing, Coking & Nuclear Fuel Processing	24	6476572	4851
化学原料及化学制品制造业	Raw Chemical Materials & Chemical Products	431	12745657	87723
医药制造业	Medical & Pharmaceutical Products	149	4753016	42256
化学纤维制造业	Chemical Fibre Products	2	10254	136
橡胶和塑料制品业	Rubber & Plastic Products	149	3688186	28232
非金属矿物制品业	Nonmetal Mineral Products	732	18768653	198727
#水泥制造	Cement Products	101	4354752	29920
黑色金属冶炼及压延加工业	Smelting & Pressing of Ferrous Metals	208	26666577	85877
有色金属冶炼及压延加工业	Smelting & Pressing of Nonferrous Metals	109	14532170	46520
金属制品业	Metal Products	127	4621305	33930
通用设备制造业	General Equipment Manufacturing	104	3614700	29807
专用设备制造业	For Special Purposes Equipment Manufacturing	144	5437945	39446
汽车制造业	Automobile Manufacturing	339	26887812	143227
#汽车整车制造	Vehicle manufacturing	8	12849470	34965
铁路、船舶、航空航天和其他运输设备制造业	Railway, Ship, Aerospace & Other Transportation Equipment Manufacturing	44	1984360	25957
电气机械及器材制造业	Electric Equipment & Machinery	138	10133730	41437
计算机、通信和其他电子设备制造业	Computer, Communication & Other Electronic Equipment Manufacturing	128	15797878	90295
仪器仪表制造业	Instruments Manufacturing	24	654975	5421
其他制造业	Other Manufacturing	16	308473	3692
废弃资源综合利用业	Waste Resources Comprehensive Utilization	33	3129788	5222
金属制品、机械和设备修理业	Metal Product, Machinery & Equipment Repair Services	4	39440	437
电力、热力的生产和供应业	Production & Supply of Electric Power ,Steam & Hot Water	220	11716550	114486
#电力生产	Electric Power Production	123	3270437	27801
#火力发电	Thermal Power	19	1261960	7188
水力发电	Hydropower	92	1587736	19063
燃气生产和供应业	Production & Supply of Gas	15	509977	2660
水的生产和供应业	Production & Supply of Water	42	327345	9308

continued

(10 000 yuan)

固定资产原价 Original Value of Fixed Assets	固定资产净值 Net Value of Fixed Assets	资产总计 Total Capital	流动资产合计 Annual Average Balance of Circulating Funds	所有者权益合计 Owner's Equity	利润总额 Total Profits	利税总额 Total Profits & Taxes	应交增值税 Value Added Tax Payable	主营业务收入 Business Income of the Main Products
199103	124333	408338	209652	229816	53164	82554	26075	1226684
3254591	2087907	4023442	1588550	2440015	351580	2327939	575705	6139104
4891945	3013276	7663502	3365708	3495162	736269	1127811	285564	11359781
1832216	919058	3076622	1500722	1749492	461986	663850	170497	4087477
2129	1471	2584	1013	616	693	1071	329	10082
669725	426338	1472921	829965	652188	138940	206123	54575	3279686
7113498	4397189	10708386	4816961	5701907	1499771	2163027	558431	16832106
3495911	2268397	4216308	1361817	2462076	493986	690619	174196	3365522
6833192	4349304	12205617	6130117	3651480	1140132	1838464	617476	25137352
7217925	4400466	11368241	4670199	2303570	229196	548488	280986	11392943
762414	472375	2258865	951904	952805	293098	419477	107756	4149269
1231439	654399	3310730	2295419	1480970	190336	284565	81540	3278881
1255926	764170	4918211	2999774	2333028	220914	342181	90848	5137218
6235407	3951453	16883037	10726343	4412375	1151554	2272866	602988	25291788
2780220	1684099	7690868	5145592	1555734	681316	1528518	375038	13140133
499925	305867	1225785	689637	638274	153807	204262	40194	1950414
1791415	1155692	3730909	2075657	1779390	708911	847022	115545	9281765
1460832	988358	4283110	3009090	1624886	1637398	1786234	129206	15023013
139643	71935	315093	122083	180915	31999	42418	8730	568815
101115	55972	122861	54484	66393	30224	40851	9100	304177
68676	50991	575750	480921	73683	117172	289106	157640	2945833
7317	4863	13389	8137	9531	3304	4746	1288	38420
29625767	18852595	26272037	4310403	9063165	635823	1451273	721277	11318888
17601915	12304195	15168647	2203576	4965044	501358	813836	275000	3105791
5475263	3804774	4801259	633946	1130809	-92196	-18313	63865	1186491
8887483	5368938	9179821	1414097	3633353	541594	760969	193795	1527838
340729	262219	539508	161172	223985	72263	80592	6264	443430
1163524	740598	1578532	372395	738203	57341	77535	16385	324271

14—4　国有控股工业企业主要指标（2016年）

单位：万元

行　业	Sector	企业单位数（个）Number of Enterprises (unit)	工业总产值（当年价格）Gross Industrial Output Value (At Current Prices)	全部从业人员年平均人数（人）Average Employed Persons (person)
国有控股工业企业	**State-holding Industrial Enterprises**	**572**	**64397358**	**351215**
在总计中:	**Of the Total:**			
轻工业	Light Industry	153	9710192	59759
重工业	Heavy Industry	419	54687167	291456
在总计中:	**Of the Total:**			
大型企业	Large-scale Industrial Enterprises	44	37199810	178987
中型企业	Medium-scale Industrial Enterprises	228	21053332	130982
小型企业	Small-scale Industrial Enterprises	285	5996526	40897
微型企业	Micro-enterprises	15	147690	349
煤炭的开采和洗选业	Coal Mining & Dressing	7	465948	10109
石油和天然气开采业	Oil & Gas Mining	1	98075	123
黑色金属矿采选业	Ferrous Metals Mining & Dressing	2	65119	594
有色金属矿采选业	Nonferrous Metals Mining & Dressing	19	547659	11873
非金属矿采选业	Nonmetal Minerals Mining & Dressing	6	345675	2825
农副食品加工业	Farm & Sideline Products Processing	48	5118574	26018
#制糖业	Carbohydrate Processing	27	2261357	20506
食品制造业	Food Production	7	243419	2054
酒、饮料和精制茶制造业	Wine, Drink & Refined Tea Manufacturing	9	469496	1939
#酒的制造	Beverage Manufacturing	3	431405	1570
烟草制品业	Tobacco Processing	2	2031431	3461
#卷烟制造	Cigarettes Manufacturing	1	2027418	3039
纺织业	Textile Industry	9	132065	2847
纺织服装、服饰业	Textiles, Clothing & Dresses Manufacturing	3	14182	223
木材加工及木、竹、藤、棕、草制品业	Timber Processing, Bamboo, Cane, Palm Fiber & Straw Products	14	581806	4039
造纸及纸制品业	Papermaking & Paper Products	6	117087	2433
#造纸	Papermaking	2	50574	794

Major Indicators of State-owned & State-holding Industrial Enterprises (2016)

(10 000 yuan)

固定资产原价 Original Value of Fixed Assets	固定资产净值 Net Value of Fixed Assets	资产总计 Total Capital	流动资产合计 Annual Average Balance of Circulating Funds	所有者权益合计 Owner' s Equity	利润总额 Total Profits	利税总额 Total Profits & Taxes	应交增值税 Value Added Tax Payable	主营业务收入 Business Income of the Main Products
51175461	**31722203**	**69588094**	**26405844**	**24226523**	**2821087**	**8746227**	**2760757**	**59178553**
4691328	2722989	9526262	4789590	4285820	496685	1986100	400342	7987931
46484133	28999214	60061832	21616254	19940703	2324402	6760128	2360415	51190621
25209731	15433344	35341545	15333970	10356010	1254332	4410344	1505345	35755324
14979610	9325638	22601749	8569135	9651786	927701	3387925	995925	17761908
10721074	6817237	11306191	2406486	4199536	665976	969134	255093	5515156
265046	145983	338609	96253	19191	-26922	-21175	4394	146165
164531	76953	586060	213557	242920	-202	23814	15416	463179
211779	82233	368805	38731	322097	41040	46255		179883
8850	4799	49185	14390	20655	1748	4996	2382	62539
552694	328868	1664597	784010	506725	2500	60888	41018	532711
192568	82689	157558	50275	80462	74025	99689	19613	326195
1734468	949151	3980262	2205458	1245262	145777	279387	121204	3821902
1262057	606741	2267095	1126618	895675	106046	192331	76785	1494852
166272	119931	211152	81464	108441	32999	37826	4313	206369
147757	88581	162557	56614	107029	18582	35691	6078	440029
140953	83909	140902	46060	96693	18530	35265	5801	401186
665921	295952	1975437	1332929	1396228	135114	1387019	197493	2018278
650317	289894	1923329	1289433	1347691	134539	1386196	197347	2014220
109720	78936	197943	105136	39640	1720	7056	4755	124078
9836	5474	17453	11979	10080	245	1776	1367	13594
234052	150145	372003	166148	109196	16424	25395	6568	379931
102461	65074	156828	51326	3110	-705	2588	2842	113698
58933	43541	90982	15026	-27803	-4889	-4706	183	45870

14－4 续表

单位：万元

行 业	Sector	企业单位数（个）Number of Enterprises (unit)	工业总产值（当年价格）Gross Industrial Output Value (At Current Prices)	全部从业人员年平均人数（人）Average Employed Persons (person)
印刷和记录媒介复制业	Printing & Record Duplicating	16	314557	2981
文教、工美、体育和娱乐用品制造业	Culture, Education, Handcraft, Art, Sport & Entertainment Goods Manufacturing	4	18311	378
石油加工、炼焦及核燃料加工业	Oil Processing, Coking & Nuclear Fuel Processing	6	5803260	2968
化学原料及化学制品制造业	Raw Chemical Materials & Chemical Products	31	1374852	14755
医药制造业	Medical & Pharmaceutical Products	9	540357	3308
橡胶和塑料制品业	Rubber & Plastic Products	6	217356	2873
非金属矿物制品业	Nonmetal Mineral Products	45	1890496	15087
#水泥制造	Cement Products	17	1191120	8187
黑色金属冶炼及压延加工业	Smelting & Pressing of Ferrous Metals	12	8838711	22148
有色金属冶炼及压延加工业	Smelting & Pressing of Nonferrous Metals	24	4935142	15848
金属制品业	Metal Products	9	770487	3777
通用设备制造业	General Equipment Manufacturing	16	363479	5371
专用设备制造业	For Special Purposes Equipment Manufacturing	15	1427030	13333
汽车制造业	Automobile Manufacturing	18	14966722	48947
铁路、船舶、航空航天和其他运输设备制造业	Railway, Ship, Aerospace & Other Transportation Equipment Manufacturing	7	516517	5240
电气机械及器材制造业	Electric Equipment & Machinery	4	378990	1946
计算机、通信和其他电子设备制造业	Computer, Communication & Other Electronic Equipment Manufacturing	8	481662	4329
金属制品、机械和设备修理业	Metal Product, Machinery & Equipment Repair Services	1	3983	226
电力、热力的生产和供应业	Production & Supply of Electric Power ,Steam & Hot Water	172	10999712	110111
#电力生产	Electric Power Production	80	2629209	23722
#火力发电	Thermal Power	15	913168	6243
水力发电	Hydropower	58	1374609	16278
燃气生产和供应业	Production & Supply of Gas	2	31579	627
水的生产和供应业	Production & Supply of Water	34	293623	8424

continued

(10 000 yuan)

固定资产原价 Original Value of Fixed Assets	固定资产净值 Net Value of Fixed Assets	资产总计 Total Capital	流动资产合计 Annual Average Balance of Circulating Funds	所有者权益合计 Owner' s Equity	利润总额 Total Profits	利税总额 Total Profits & Taxes	应交增值税 Value Added Tax Payable	主营业务收入 Business Income of the Main Products
188294	102366	212655	105000	97064	41709	54398	11406	307323
10204	6176	17397	9801	7602	-328	1491	1630	15249
3099635	1972265	3565087	1364628	2279634	318258	2267362	559224	5581405
1512537	832938	1767641	593679	632798	21207	58367	29617	1357699
130089	83442	435213	204361	308825	69433	98837	25511	200115
188501	132809	312422	138008	119596	-13714	-7090	5208	207717
1310405	820692	1843308	750326	1047488	248849	330836	74151	1614712
1164197	735034	1368823	429470	843437	214123	277980	58384	1006611
4262071	2546339	6215592	2778262	1496925	157349	486124	305088	8081085
2935471	2092946	4897460	1738233	823644	20430	166157	125988	3286440
136375	98683	958340	266273	273141	63785	86342	21952	589349
199253	121802	651628	450770	209625	15286	25221	8282	325971
439810	259000	2980544	1830747	1360029	7265	42715	23649	1492208
3150520	1917373	9021665	5982018	1849949	726542	1623607	418567	15100325
175807	86322	651820	364241	276807	10005	17118	5769	537280
103524	83975	245621	130921	66312	1023	4732	3283	322911
107121	61402	348654	250316	168589	35752	43454	6798	421929
2077	867	6528	5271	5712	52	759	630	3983
27763873	17438919	24004303	3975298	8291242	568202	1353349	695096	10711787
15799056	10932228	12967817	1891064	4228663	447181	736064	255079	2566342
4101215	2702857	3386168	465632	626414	-107470	-47932	51335	890136
8535973	5165689	8541649	1294561	3454403	530468	736754	182440	1347024
81569	52299	93171	11973	56913	9691	10801	756	45744
1077417	682806	1459207	343703	662783	51025	69269	15103	292939

14－5 国有工业企业主要指标（2016年）

单位：万元

行 业	Sector	企业单位数（个）Number of Enterprises (unit)	工业总产值（当年价格）Gross Industrial Output Value (At Current Prices)	全部从业人员年平均人数（人）Average Employed Persons (person)
国有工业企业	**State-holding Industrial Enterprises**	**120**	**3259974**	**42760**
在总计中:	**Of the Total:**			
轻工业	Light Industry	42	508223	7525
重工业	Heavy Industry	78	2751751	35235
在总计中:	**Of the Total:**			
大型企业	Large-scale Industrial Enterprises	3	355175	5317
中型企业	Medium-scale Industrial Enterprises	53	2013211	28095
小型企业	Small-scale Industrial Enterprises	62	881684	9348
微型企业	Micro-enterprises	2	9905	
煤炭的开采和洗选业	Coal Mining & Dressing	1	2422	
黑色金属矿采选业	Ferrous Metals Mining & Dressing			
有色金属矿采选业	Nonferrous Metals Mining & Dressing	2	36500	872
非金属矿采选业	Nonmetal Minerals Mining & Dressing	1	25196	26
农副食品加工业	Farm & Sideline Products Processing	9	303385	1756
#制糖业	Carbohydrate Processing	1	5787	247
食品制造业	Food Production	2	57846	468
酒、饮料和精制茶制造业	Wine, Drink & Refined Tea Manufacturing			
烟草制品业	Tobacco Processing			
纺织业	Textile Industry			
纺织服装、服饰业	Textile, Clothing & Dresses Manufacturing			
皮革、毛皮、羽毛及其制品和制鞋业	Leather, Fur, Feather & Related Products & Shoes Manufacturing			
木材加工及木、竹、藤、棕、草制品业	Timber Processing, Bamboo, Cane, Palm Fiber & Straw Products	2	109433	1147

Major Indicators of State-owned Industrial Enterprises（2016）

(10 000 yuan)

固定资产原价 Original Value of Fixed Assets	固定资产净值 Net Value of Fixed Assets	资产总计 Total Capital	流动资产合计 Annual Average Balance of Circulating Funds	所有者权益合计 Owner's Equity	利润总额 Total Profits	利税总额 Total Profits & Taxes	应交增值税 Value Added Tax Payable	主营业务收入 Business Income of the Main Products
1703788	**824612**	**2432145**	**1090104**	**1239814**	**114599**	**217119**	**87568**	**3134853**
342817	196536	577027	244535	272637	30288	42680	10192	489548
1360971	628075	1855118	845569	967178	84311	174439	77376	2645305
107128	41661	362058	270108	122017	9504	18368	7548	326206
1168376	553961	1487350	593401	812406	65681	135989	60161	1989640
412554	222037	538384	203440	299827	42816	65374	19191	809311
15729	6952	44352	23156	5564	-3402	-2612	668	9695
		20087	6859		-2003	-1629	306	2659
6933	2627	12499	8327	10494	1434	2773	1116	35357
264	42	125	70	12	-16	83	80	18211
12572	6489	46030	24047	18156	13050	17355	3375	291538
79	43	9482	9445	-1865	-1124	-840	263	5742
16841	11247	22618	11372	17680	5063	6325	1127	56883
31715	20086	54561	18527	43899	9748	14849	3401	95151

14—5 续表

单位：万元

行 业	Sector	企业单位数（个）Number of Enterprises (unit)	工业总产值（当年价格）Gross Industrial Output Value (At Current Prices)	全部从业人员年平均人数（人）Average Employed Persons (person)
印刷和记录媒介复制业	Printing & Record Duplicating	8	42249	993
文教、工美、体育和娱乐用品制造业	Culture, Education, Handcraft, Art, Sport & Entertainment Goods Manufacturing	1	6316	44
石油加工、炼焦及核燃料加工业	Oil Processing, Coking & Nuclear Fuel Processing			
化学原料及化学制品制造业	Raw Chemical Materials & Chemical Products	5	143838	875
医药制造业	Medical & Pharmaceutical Products	3	9888	582
橡胶和塑料制品业	Rubber & Plastic Products	1	16103	488
非金属矿物制品业	Nonmetal Mineral Products	5	78230	2430
#水泥制造	Cement Products	1	8372	110
黑色金属冶炼及压延加工业	Smelting & Pressing of Ferrous Metals			
有色金属冶炼及压延加工业	Smelting & Pressing of Nonferrous Metals			
金属制品业	Metal Products	2	46001	371
通用设备制造业	General Equipment Manufacturing	4	75357	1047
专用设备制造业	For Special Purposes Equipment Manufacturing	2	99034	1284
汽车制造业	Automobile Manufacturing	1	139663	1288
铁路、船舶、航空航天和其他运输设备制造业	Railway, Ship, Aerospace & Other Transportation Equipment Manufacturing	2	397728	3576
电气机械及器材制造业	Electric Equipment & Machinery			
计算机、通信和其他电子设备制造业	Computer, Communication & Other Electronic Equipment Manufacturing	1	57939	1310
金属制品、机械和设备修理业	Metal Product, Machinery & Equipment Repair Services			
电力、热力的生产和供应业	Production & Supply of Electric Power, Steam & Hot Water	50	1529808	20828
#电力生产	Electric Power Production	9	98809	2709
#火力发电	Thermal Power			
水力发电	Hydropower	9	98809	2709
水的生产和供应业	Production & Supply of Water	18	83039	3375

continued

(10 000 yuan)

固定资产原价 Original Value of Fixed Assets	固定资产净值 Net Value of Fixed Assets	资产总计 Total Capital	流动资产合计 Annual Average Balance of Circulating Funds	所有者权益合计 Owner's Equity	利润总额 Total Profits	利税总额 Total Profits & Taxes	应交增值税 Value Added Tax Payable	主营业务收入 Business Income of the Main Products
25138	14617	31792	15814	16409	2614	4713	1860	42436
1516	1209	2553	1147	1928	37	53	1	4064
20593	12129	55944	41092	17372	108	1271	1028	119132
13193	6967	40201	32531	6758	558	1434	793	10107
16163	13502	39451	21059	16400	2004	2385	326	13104
23695	14441	46929	17710	18264	2100	6084	3554	70138
3916	2485	3922	488	1856	63	172	96	8372
19622	4717	13099	8382	7251	5038	6423	1220	45979
46915	23575	109749	71779	42200	5804	9222	2703	67276
42517	15896	112506	79618	45167	6969	8710	1489	92381
32028	12818	75305	54330	21303	4104	4124	19	138173
110740	47494	377834	166642	213406	6659	14144	6479	350703
28232	10611	108435	88904	48172	1850	3208	1051	57226
984929	452510	843857	265663	496864	40713	103148	54744	1544567
485429	217130	315718	37072	149910	18587	24518	5320	98591
485429	217130	315718	37072	149910	18587	24518	5320	98591
270184	153637	418571	156234	198080	8765	12445	2897	79765

14－6 非公经济工业企业主要指标（2016年）

单位：万元

行 业	Sector	企业单位数（个）Number of Enterprises (unit)	工业总产值（当年价格）Gross Industrial Output Value (At Current Prices)	全部从业人员年平均人数（人）Average Employed Persons (person)
非公经济工业企业	**Non-public Industrial Enterprises**	**4745**	**173668409**	**1251278**
在总计中：	**Of the Total:**			
轻工业	Light Industry	1781	55190260	533981
重工业	Heavy Industry	2964	118478148	717297
在总计中：	**Of the Total:**			
大型企业	Large-scale Industrial Enterprises	139	40167651	303641
中型企业	Medium-scale Industrial Enterprises	1014	61387489	547778
小型企业	Small-scale Industrial Enterprises	3453	70714753	397277
微型企业	Micro-enterprises	139	1398516	2582
煤炭的开采和洗选业	Coal Mining & Dressing	8	114856	2375
黑色金属矿采选业	Ferrous Metals Mining & Dressing	37	1929959	9373
有色金属矿采选业	Nonferrous Metals Mining & Dressing	47	2125232	9168
非金属矿采选业	Nonmetal Minerals Mining & Dressing	121	2340180	16395
开采辅助活动	Mining Assist Activities	1	45329	90
其他采矿业	Other Minerals Mining	2	21892	159
农副食品加工业	Farm & Sideline Products Processing	456	19587726	100342
#制糖业	Carbohydrate Processing	57	4384303	31226
食品制造业	Food Production	123	4241775	31943
#罐头制造业	Canned Food Manufacturing	14	371681	6379
酒、饮料和精制茶制造业	Wine, Drink & Refined Tea Manufacturing	133	4781873	39895
#酒的制造	Beverage Manufacturing	31	1216993	6575
纺织业	Textile Industry	131	2641733	39890
纺织服装、服饰业	Textiles, Clothing & Dresses Manufacturing	52	1557427	20705
皮革、毛皮、羽毛及其制品和制鞋业	Leather, Fur, Feather & Related Products & Shoes Manufacturing	67	1302305	31743
木材加工及木、竹、藤、棕、草制品业	Timber Processing, Bamboo, Cane, Palm Fiber & Straw Products	576	11732778	131033
家具制造业	Furniture Manufacturing	53	1276135	11069
造纸及纸制品业	Papermaking & Paper Products	151	3712826	34919
#造纸	Papermaking	83	1937396	20071

Major Indicators of Non-public Industrial Enterprises（2016）

（10 000 yuan）

固定资产原价 Original Value of Fixed Assets	固定资产净值 Net Value of Fixed Assets	资产总计 Total Capital	流动资产合计 Annual Average Balance of Circulating Funds	所有者权益合计 Owner's Equity	利润总额 Total Profits	利税总额 Total Profits & Taxes	应交增值税 Value Added Tax Payable	主营业务收入 Business Income of the Main Products
43847123	**27691418**	**87590014**	**46457607**	**36220783**	**10657948**	**14862513**	**3470557**	**157489333**
16069875	10244308	32103932	17066420	13872446	3290720	4807765	1229642	49720147
27777248	17447110	55486082	29391187	22348337	7367228	10054748	2240915	107769186
12443484	7652140	21741034	11372336	9049222	3337412	4235007	780095	38415857
18231480	11654154	33607090	17206620	13611815	4265118	5992368	1424698	55226588
13010615	8287913	31243001	17190221	13487024	3050779	4613518	1253632	62596787
161544	97212	998888	688430	72721	4639	21620	12132	1250101
71098	37291	290231	92470	47609	-10327	-8385	1455	94375
416034	277567	930207	447545	466393	149726	173523	12021	1829465
430129	254646	958538	477747	492605	221966	328971	80460	1948005
459777	332383	1092996	542735	387549	129173	214529	65841	2113727
2429	388	3958	3570	3632	7308	8179	246	44896
4141	2524	8936	6171	8596	1127	2094	505	22841
4459999	2414713	10866385	7228202	4060386	1147851	1568515	369387	17212367
2258985	1103283	4339533	2954371	1247889	627535	780028	132422	3621956
1145251	725303	2410398	1249130	1258345	277373	424734	124680	3980159
115400	79181	186896	89639	118356	48665	59416	9297	355204
1381552	832194	2455821	1173652	1291852	460408	628959	89091	4048853
410706	256286	1012754	580438	414246	66647	143840	21755	818054
429781	246673	1254518	788888	414510	75616	125976	43721	2418688
167380	84267	495368	347829	306241	125791	179296	43040	1456339
235789	154898	528745	275231	283561	56875	98589	32617	1223690
1666212	1080985	4026337	2197610	2066586	583300	894726	261456	10864577
107175	66772	495706	323658	185777	63591	91557	23308	1169748
3601420	2932823	6143773	2202375	1913424	82381	212448	120370	3305320
2912414	2421564	4738996	1645092	1606006	23347	117285	90041	1755029

14—6　续表

单位：万元

行　业	Sector	企业单位数（个）Number of Enterprises (unit)	工业总产值（当年价格）Gross Industrial Output Value (At Current Prices)	全部从业人员年平均人数（人）Average Employed Persons (person)
印刷和记录媒介复制业	Printing & Record Duplicating	51	911385	7829
文教、工美、体育和娱乐用品制造业	Culture, Education, Handcraft, Art, Sport & Entertainment Goods Manufacturing	80	1341103	36674
石油加工、炼焦及核燃料加工业	Oil Processing, Coking & Nuclear Fuel Processing	18	673312	1883
化学原料及化学制品制造业	Raw Chemical Materials & Chemical Products	356	10413078	64000
医药制造业	Medical & Pharmaceutical Products	138	4152429	37887
化学纤维制造业	Chemical Fibre Products	2	10254	136
橡胶和塑料制品业	Rubber & Plastic Products	137	3212800	23819
非金属矿物制品业	Nonmetal Mineral Products	674	15749572	177555
#水泥制造	Cement Products	81	3141677	21245
黑色金属冶炼及压延加工业	Smelting & Pressing of Ferrous Metals	193	17811553	63326
有色金属冶炼及压延加工业	Smelting & Pressing of Nonferrous Metals	85	9597028	30672
金属制品业	Metal Products	115	3816949	29256
通用设备制造业	General Equipment Manufacturing	84	3212780	23729
专用设备制造业	For Special Purposes Equipment Manufacturing	128	3899718	24518
汽车制造业	Automobile Manufacturing	310	11485081	90367
铁路、船舶、航空航天和其他运输设备制造业	Railway, Ship, Aerospace & Other Transportation Equipment Manufacturing	33	1419424	19503
电气机械及器材制造业	Electric Equipment & Machinery	128	7963550	34940
计算机、通信和其他电子设备制造业	Computer, Communication & Other Electronic Equipment Manufacturing	119	15313517	85414
仪器仪表制造业	Instruments Manufacturing	23	652964	4932
其他制造业	Other Manufacturing	16	308473	3692
废弃资源综合利用业	Waste Resources Comprehensive Utilization	31	3102663	4940
金属制品、机械和设备修理业	Metal Product, Machinery & Equipment Repair Services	3	35457	211
电力、热力的生产和供应业	Production & Supply of Electric Power ,Steam & Hot Water	43	663368	4042
#电力生产	Electric Power Production	40	630302	3864
#火力发电	Thermal Power	4	348792	945
水力发电	Hydropower	31	202202	2570
燃气生产和供应业	Production & Supply of Gas	13	478398	2033
水的生产和供应业	Production & Supply of Water	7	31526	821

continued

(10 000 yuan)

固定资产原价 Original Value of Fixed Assets	固定资产净值 Net Value of Fixed Assets	资产总计 Total Capital	流动资产合计 Annual Average Balance of Circulating Funds	所有者权益合计 Owner' s Equity	利润总额 Total Profits	利税总额 Total Profits & Taxes	应交增值税 Value Added Tax Payable	主营业务收入 Business Income of the Main Products
301510	151823	350346	127757	202843	57382	75335	14994	864231
188899	118158	390941	199851	222214	53492	81063	24445	1211435
154956	115642	458355	223922	160380	33322	60576	16481	557699
3285763	2124117	5708220	2663478	2773824	677257	955594	220256	9169055
1692168	832854	2546541	1216797	1375991	368471	530673	135886	3814095
2129	1471	2584	1013	616	693	1071	329	10082
465916	284773	1098510	659791	514404	144234	200912	46000	2978943
5500244	3386444	8444202	3938623	4355433	1114941	1629646	427580	14098066
2252961	1456039	2738035	917552	1578663	278021	410713	115737	2341182
2566362	1800305	5968361	3337189	2135139	980553	1349237	311618	17040628
4282455	2307520	6470781	2931967	1479926	208766	382331	154999	8106503
613312	365516	1259386	664940	644213	226074	328209	84331	3527566
1019585	526526	2617622	1811626	1255958	170737	253054	71529	2919801
806652	502626	1867036	1106005	938063	212344	295077	64628	3546258
3002320	1989613	7616342	4560596	2492355	417872	637127	180553	9791134
318238	217127	554924	310143	353325	141290	181049	31308	1365751
1298077	796445	2663015	1496345	1368311	570225	680332	90214	7345004
1353166	926506	3933533	2758371	1456393	1601649	1742783	122409	14598429
133495	70345	303741	112448	171277	31733	41595	8407	566583
101115	55972	122861	54484	66393	30224	40851	9100	304177
58638	43313	500943	432210	79869	107667	277331	155529	2918707
5241	3996	6862	2865	3819	3252	3986	658	34437
1774127	1359625	2177998	312713	741134	64814	93126	24436	560768
1736298	1330649	2126828	293120	710711	52655	75930	19693	529547
1374048	1101917	1415091	168314	504394	15274	29619	12530	296355
284949	161930	564169	100144	153279	9605	22374	11128	170912
259160	209920	446337	149200	167073	62572	69791	5508	397687
85431	57354	118658	28463	74766	6225	8054	1168	29244

14－7 私营工业企业主要指标（2016年）

单位：万元

行 业	Sector	企业单位数（个）Number of Enterprises (unit)	工业总产值（当年价格）Gross Industrial Output Value (At Current Prices)	全部从业人员年平均人数（人）Average Employed Persons (person)
私营工业企业	**Collective-owned Industrial Enterprises**	**3013**	**87712151**	**681149**
在总计中:	**Of the Total:**			
轻工业	Light Industry	1067	26130275	264050
重工业	Heavy Industry	1946	61581876	417099
在总计中:	**Of the Total:**			
大型企业	Large-scale Industrial Enterprises	63	11420637	121512
中型企业	Medium-scale Industrial Enterprises	559	31754625	297984
小型企业	Small-scale Industrial Enterprises	2300	43954628	260049
微型企业	Micro-enterprises	91	582260	1604
煤炭开采和洗选业	Coal Mining & Dressing	5	36972	991
黑色金属矿采选业	Ferrous Metals Mining & Dressing	27	1110918	4299
有色金属矿采选业	Nonferrous Metals Mining & Dressing	32	1605447	6019
非金属矿采选业	Nonmetal Minerals Mining & Dressing	85	1211098	11384
开采辅助活动	Mining Assist Activities	1	45329	90
其他采矿业	Other Minerals Mining	2	21892	159
农副食品加工业	Farm & Sideline Products Processing	272	8040328	47873
#制糖业	Carbohydrate Processing	13	608618	6580
食品制造业	Food Production	75	1855609	12558
#罐头制造业	Canned Food Manufacturing	8	128358	1572
酒、饮料和精制茶制造业	Wine, Drink & Refined Tea Manufacturing	82	2493209	22334
#酒的制造业	Beverage Manufacturing	18	872723	3991
纺织业	Textile Industry	79	1469765	21073
纺织服装、服饰业	Textiles, Clothing & Dresses Manufacturing	37	1039472	12643
皮革、毛皮、羽毛及其制品和制鞋业	Leather, Fur, Feather & Related Products & Shoes Manufacturing	31	385947	7702
木材加工及木、竹、藤、棕、草制品业	Timber Processing, Bamboo, Cane, Palm Fiber & Straw Products	428	8402018	95946
家具制造业	Furniture Manufacturing	41	688826	7190
造纸及纸制品业	Papermaking & Paper Products	94	2084167	17966
#造纸业	Papermaking	54	781418	8905

Major Indicators of Private Dwned Industrial Enterprises (2016)

(10 000 yuan)

固定资产原价 Original Value of Fixed Assets	固定资产净值 Net Value of Fixed Assets	资产总计 Total Capital	流动资产合计 Annual Average Balance of Circulating Funds	所有者权益合计 Owner's Equity	利润总额 Total Profits	利税总额 Total Profits & Taxes	应交增值税 Value Added Tax Payable	主营业务收入 Business Income of the Main Products
17410092	**10804068**	**36844439**	**20246324**	**15190943**	**4812109**	**6854364**	**1653134**	**79191123**
5050984	2923148	11606736	6637427	4972029	1318142	1991366	528640	23579162
12359109	7880920	25237703	13608898	10218914	3493967	4862998	1124493	55611961
3406924	2105655	5155003	2486881	2129654	786045	1004863	194971	10984412
7352539	4510579	14588910	7892826	5651308	2050368	2886580	662071	28417713
6618088	4171524	16677779	9604436	7366568	1964072	2942623	789481	39295668
32542	16310	422748	262181	43414	11623	20297	6612	493329
21489	16335	55491	22029	21682	-2860	-1392	1225	30612
161583	123108	348503	134858	178270	69243	95137	17933	1012418
269768	189982	586832	287100	385177	174228	228883	33585	1528099
243946	190969	628758	336358	204903	60790	98708	27081	1066689
2429	388	3958	3570	3632	7308	8179	246	44896
4141	2524	8936	6171	8596	1127	2094	505	22841
1163299	676620	3646257	2415964	1475983	326689	485722	134553	7138821
272345	124925	978376	821681	246762	72780	97679	18594	512904
446512	245107	668937	355868	276341	107941	177548	61629	1681955
18254	12264	30674	14304	16216	9649	14342	3943	116789
395442	270191	1276797	720266	590661	136912	233164	43375	1982574
157380	104808	697291	474258	252996	37996	82412	11019	507047
276369	145963	673599	423510	202351	36555	64207	23159	1345857
107929	59217	365942	269769	231982	94478	128050	27499	973586
63461	42581	159686	96712	79276	11412	24486	11127	372567
1055760	734772	2745389	1555499	1312921	381970	597727	180847	7823137
59581	36351	395952	270103	133770	36053	53992	15268	643071
573801	363437	1327774	626515	340022	86403	130786	37599	1864669
339018	231828	612792	281788	165685	17893	35909	15649	729157

14—7 续表

单位：万元

行 业	Sector	企业单位数（个）Number of Enterprises (unit)	工业总产值（当年价格）Gross Industrial Output Value (At Current Prices)	全部从业人员年平均人数（人）Average Employed Persons (person)
印刷和记录媒介复制业	Printing & Record Duplicating	40	680053	5472
文教、工美、体育和娱乐用品制造业	Culture, Education, Handcraft, Art, Sport & Entertainment Goods Manufacturing	42	811606	20040
石油加工、炼焦及核燃料加工业	Oil Processing, Coking & Nuclear Fuel Processing	8	207012	1042
化学原料及化学制品制造业	Raw Chemical Materials & Chemical Products	224	6109048	39659
医药制造业	Medical & Pharmaceutical Products	62	1794772	16624
化学纤维制造业	Chemical Fibre Products	2	10254	136
橡胶和塑料制品业	Rubber & Plastic Products	96	1958813	13606
非金属矿物制品业	Nonmetal Mineral Products	440	8707875	114125
#水泥制造	Cement Products	44	946703	8368
黑色金属冶炼及压延加工业	Smelting & Pressing of Ferrous Metals	115	7706598	26330
有色金属冶炼及压延加工业	Smelting & Pressing of Nonferrous Metals	50	3905456	13964
金属制品业	Metal Products	79	2929415	19722
通用设备制造业	General Equipment Manufacturing	54	1507893	10540
专用设备制造业	For Special Purposes Equipment Manufacturing	85	2078823	14152
汽车制造业	Automobile Manufacturing	213	6141616	54483
铁路、船舶、航空航天和其他运输设备制造业	Railway, Ship, Aerospace & Other Transportation Equipment Manufacturing	24	1175710	16035
电气机械及器材制造业	Electric Equipment & Machinery	82	4710129	18359
计算机、通信和其他电子设备制造业	Computer, Communication & Other Electronic Equipment Manufacturing	51	4256663	20878
仪器仪表制造业	Instruments Manufacturing	13	293689	2384
其他制造业	Other Manufacturing	6	156922	1070
废弃资源综合利用业	Waste Resources Comprehensive Utilization	18	1894961	2779
金属制品、机械和设备修理业	Metal Product, Machinery & Equipment Repair Services	2	29997	201
电力、热力的生产和供应业	Production & Supply of Electric Power, Steam & Hot Water	13	114976	1171
#电力生产	Electric Power Production	13	114976	1171
#火力发电	Thermal Power	1	19651	99
水力发电	Hydropower	12	95325	1072
燃气生产和供应业	Production & Supply of Gas	1	28844	28
水的生产和供应业	Production & Supply of Water	2	10029	122

continued

(10 000 yuan)

固定资产原价 Original Value of Fixed Assets	固定资产净值 Net Value of Fixed Assets	资产总计 Total Capital	流动资产合计 Annual Average Balance of Circulating Funds	所有者权益合计 Owner's Equity	利润总额 Total Profits	利税总额 Total Profits & Taxes	应交增值税 Value Added Tax Payable	主营业务收入 Business Income of the Main Products
250740	114489	268514	99786	163186	47262	62004	12458	662307
127266	74910	244012	120405	134568	32642	49217	14561	742776
47663	33894	114322	78717	32605	3857	7032	2835	104978
1427667	817723	2474579	1174468	1250420	423951	590940	135262	5572227
713836	322510	836209	370958	461324	164825	219584	45140	1706183
2129	1471	2584	1013	616	693	1071	329	10082
282247	176135	689538	413503	330178	88897	129473	32968	1773568
2565466	1556298	4086673	2029187	1787321	550812	814589	214307	8227995
564174	315432	677769	292587	190884	48248	82558	26058	861681
1372474	1044935	3073270	1536265	1302247	273262	377148	87666	7296247
1276121	609200	2196659	1261295	455251	120996	171170	40531	2707857
413452	234596	914527	486620	441379	196456	276342	66117	2722512
174197	115051	533209	343631	219258	60937	85280	20442	1328418
444093	294539	941733	501296	459899	130806	175799	36081	1882728
1550242	1064622	3911737	2330465	930663	155501	255820	83844	5021672
235075	160698	395922	217047	249439	116240	146757	24637	1125572
936393	570190	1740936	858841	916597	237255	305273	58164	4375228
482476	338706	904537	520560	389885	562841	618933	49852	4054657
58208	33419	77281	39075	43604	18021	23751	4879	284996
59288	38237	60274	21767	35703	13237	16926	3264	154973
19568	16076	299149	267547	58830	75280	186190	101297	1781150
5220	3979	5389	1410	3432	3126	3741	555	29667
105916	76660	145732	28606	52767	2423	4417	1735	73310
105916	76660	145732	28606	52767	2423	4417	1735	73310
39904	36261	42157	5896	16632	142	297	98	9012
66011	40399	103576	22711	36135	2282	4120	1637	64298
4506	3361	16026	11486	8498	2255	2472	197	10198
10344	4823	18821	8087	17709	2284	3148	385	10029

14－8 大中型工业企业分行业主要指标（2016年）

单位：万元

行 业	Sector	企业单位数（个）Number of Enterprises (unit)	工业总产值（当年价格）Gross Industrial Output Value (At Current Prices)	全部从业人员年平均人数（人）Average Employed Persons (person)
大中型工业企业	**Large & Medium Industrial Enterprises**	**1470**	**164770473**	**1194168**
在总计中:	**Of the Total:**			
轻工业	Light Industry	654	41718789	454638
重工业	Heavy Industry	816	123051684	739530
在总计中:	**Of the Total:**			
大型企业	Large-scale Industrial Enterprises	193	80607283	498969
中型企业	Medium-scale Industrial Enterprises	1277	84163190	695199
煤炭的开采和洗选业	Coal Mining & Dressing	8	500930	11577
黑色金属矿采选业	Ferrous Metals Mining & Dressing	7	961673	7231
有色金属矿采选业	Nonferrous Metals Mining & Dressing	20	1744346	16667
非金属矿采选业	Nonmetal Minerals Mining & Dressing	11	775914	8662
农副食品加工业	Farm & Sideline Products Processing	158	15472156	94591
#制糖业	Carbohydrate Processing	79	6722730	52436
食品制造业	Food Production	28	2638294	21239
#罐头制造业	Canned Food Manufacturing	6	220109	5050
酒、饮料和精制茶制造业	Wine, Drink & Refined Tea Manufacturing	36	3625138	33656
#酒的制造	Beverage Manufacturing	6	1563112	8161
烟草制品业	Tobacco Processing	2	2031431	3461
#卷烟制造	Cigarettes Manufacturing	1	2027418	3039
纺织业	Textile Industry	50	1691102	29499
纺织服装、服饰业	Textiles, Clothing & Dresses Manufacturing	34	1351005	17026
皮革、毛皮、羽毛及其制品和制鞋业	Leather, Fur, Feather & Related Products & Shoes Manufacturing	31	936740	29421
木材加工及木、竹、藤、棕、草制品业	Timber Processing, Bamboo, Cane, Palm Fiber & Straw Products	117	5192642	74754
家具制造业	Furniture Manufacturing	16	791662	7954
造纸及纸制品业	Papermaking & Paper Products	34	1969031	22327
#造纸	Papermaking	18	1168572	12968

注：工业企业分行业主要指标统计范围为年主营业务收入2000万元及以上工业法人企业。

Note: The statistic coverage of major indicators of industrial enterprises by industrial sectors is enterprises with business income of the main products of over 20 million yuan.

Major Indicators of Large-scale & Medium-scale Industrial Enter-prises (2016)

(10 000 yuan)

固定资产原价 Original Value of Fixed Assets	固定资产净值 Net Value of Fixed Assets	资产总计 Total Capital	流动资产合计 Annual Average Balance of Circulating Funds	所有者权益合计 Owner' s Equity	利润总额 Total Profits	利税总额 Total Profits & Taxes	应交增值税 Value Added Tax Payable	主营业务收入 Business Income of the Main Products
72174533	**44852369**	**115573400**	**53621860**	**43783753**	**10151612**	**18615264**	**4856530**	**151311266**
15875790	9700350	30501680	16042436	13192312	2851789	5406177	1250483	36688126
56298743	35152019	85071720	37579423	30591441	7299823	13209088	3606047	114623141
38589134	23657701	58594155	27408993	20243999	4856097	9078757	2399649	76925036
33585398	21194668	56979245	26212867	23539755	5295515	9536507	2456881	74386230
206344	90636	744994	251664	270050	-6875	17805	15862	482939
342248	231940	653518	309524	327459	95674	104042	2462	969994
685611	391004	1894597	882070	781651	184426	288323	73084	1726410
275490	148320	307623	96437	197182	126875	178074	41742	773023
5180107	2663859	11319313	7132710	4016663	1033557	1420193	344989	12787040
3547908	1701521	6394787	3875292	2232610	740231	980029	210194	5138651
791162	501886	1708364	857388	951328	220510	332169	97574	2537637
93896	63242	146594	69381	91318	26119	31012	4387	213761
1221312	633675	1458091	672436	841990	386986	541708	78899	2955980
615964	323853	790666	386140	414831	88857	198499	40733	969647
665921	295952	1975437	1332929	1396228	135114	1387019	197493	2018278
650317	289894	1923329	1289433	1347691	134539	1386196	197347	2014220
287971	200822	943073	571847	260597	56872	94158	32770	1518646
144436	70548	419019	295037	259300	112966	158735	36927	1249492
211570	138118	396493	179123	236785	50199	81912	23919	881222
820112	520361	1699253	903425	884413	354531	523331	141818	4905549
66560	37169	260044	176864	88534	40270	59559	16449	736331
3286123	2726969	5184871	1784578	1523761	2803	104315	97197	1741111
2738862	2324153	4109489	1358727	1362692	-3839	75521	77720	1055270

14－8　续表

单位：万元

行　业	Sector	企业单位数（个）Number of Enterprises (unit)	工业总产值（当年价格）Gross Industrial Output Value (At Current Prices)	全部从业人员年平均人数（人）Average Employed Persons (person)
印刷和记录媒介复制业	Printing & Record Duplicating	9	385758	3780
文教、工美、体育和娱乐用品制造业	Culture, Education, Handcraft, Art, Sport & Entertainment Goods Manufacturing	48	878632	32031
石油加工、炼焦及核燃料加工业	Oil Processing, Coking & Nuclear Fuel Processing	3	5715558	2399
化学原料及化学制品制造业	Raw Chemical Materials & Chemical Products	92	5270014	57390
医药制造业	Medical & Pharmaceutical Products	42	2702635	28026
橡胶和塑料制品业	Rubber & Plastic Products	25	1170184	13008
非金属矿物制品业	Nonmetal Mineral Products	198	11490926	144802
#水泥制造	Cement Products	35	3395055	23144
黑色金属冶炼及压延加工业	Smelting & Pressing of Ferrous Metals	51	22453859	71173
有色金属冶炼及压延加工业	Smelting & Pressing of Nonferrous Metals	42	12361184	40316
金属制品业	Metal Products	25	2661729	21408
通用设备制造业	General Equipment Manufacturing	15	1842810	18535
专用设备制造业	For Special Purposes Equipment Manufacturing	34	2854861	25943
汽车制造业	Automobile Manufacturing	96	22716375	111217
铁路、船舶、航空航天和其他运输设备制造业	Railway, Ship, Aerospace & Other Transportation Equipment Manufacturing	25	1791422	24112
电气机械及器材制造业	Electric Equipment & Machinery	43	7405625	29095
计算机、通信和其他电子设备制造业	Computer, Communication & Other Electronic Equipment Manufacturing	60	13185138	81679
仪器仪表制造业	Instruments Manufacturing	8	245653	3411
其他制造业	Other Manufacturing	3	95406	1790
废弃资源综合利用业	Waste Resources Comprehensive Utilization	2	78358	1138
电力、热力的生产和供应业	Production & Supply of Electric Power, Steam & Hot Water	86	9502086	98830
#电力生产	Electric Power Production	20	1594925	16733
#火力发电	Thermal Power	10	977137	5515
水力发电	Hydropower	9	333191	10241
燃气生产和供应业	Production & Supply of Gas	2	81674	1297
水的生产和供应业	Production & Supply of Water	9	198526	4723

continued

(10 000 yuan)

固定资产原价 Original Value of Fixed Assets	固定资产净值 Net Value of Fixed Assets	资产总计 Total Capital	流动资产合计 Annual Average Balance of Circulating Funds	所有者权益合计 Owner's Equity	利润总额 Total Profits	利税总额 Total Profits & Taxes	应交增值税 Value Added Tax Payable	主营业务收入 Business Income of the Main Products
129266	61768	211444	100511	112347	44486	57489	11840	362431
153748	96375	233566	114783	146263	39663	58377	16795	806412
2924137	1907331	3364735	1259402	2228242	327512	2272825	556515	5500081
2994185	1705037	3779642	1579703	1748536	369584	598699	164587	5115468
1308874	667943	2025775	927406	1286121	358050	488125	113635	2226572
292035	200199	551346	306799	219581	65786	88913	19458	931895
5219028	3252722	6915162	2683088	4075857	1142163	1612284	403016	10355229
3012784	1941995	3576721	1138857	2242220	452790	621828	149896	2491145
6243788	4004819	10650892	5135761	3101760	1011681	1657746	573439	21423864
6793505	4116375	10239346	4013810	2000909	216873	512338	262654	9578193
337837	243268	1368982	467768	555234	228378	322355	81355	2400141
917580	487655	2382051	1654602	1130200	126579	192172	57493	1700480
847225	528158	3762394	2312565	1786122	97921	165108	50785	2850061
5411423	3432115	14625732	9289791	3603785	1019779	2074737	545416	21715348
426735	253112	1080556	618393	552094	144871	191226	37879	1768216
1357949	920505	2744892	1449677	1245912	575943	672910	81012	6784037
1220419	814588	3480468	2480649	1195084	1364213	1485553	105005	12650495
59088	31180	211285	76293	120916	7844	11602	3051	189267
24853	9082	36868	21911	15166	11456	16171	3971	94537
22986	12550	22104	6524	8571	7013	12881	4842	77980
20266152	12765276	17451283	3329105	5954936	112086	727511	546998	9196276
8771471	6575822	7012647	1370514	2193038	3808	143719	125687	1515814
4338232	2922975	3651345	454742	819384	-97242	-17047	71766	900416
1538968	829312	2907974	840152	1364519	91906	128497	32470	330837
182008	144508	273600	69170	133184	38908	42885	2950	97237
856745	546547	1196589	278120	526994	46916	62017	12652	203400

14—9 工业企业主要经济效益指标（2016年）

行 业	Sector	企业亏损面 (%) Composition of Loss-making Enterprises (%)	产值利税率 (%) Ratio of Profits to Output Value (%)
总 计	**Total**	**15.2**	**9.9**
在总计中:	**Of the Total:**		
国有企业	State-owned	14.2	6.7
中央企业	Central Enterprises	0.0	4.8
地方企业	Local Enterprises	15.7	7.4
集体企业	Collective-owned	11.8	13.9
其他经济	Others	15.2	10.0
#外商及港澳台商投资企业	Foreign Funded Enterprises & Enterprises with Funds from Hong Kong ,Macao & Taiwan	18.8	10.7
在总计中:	**Of the Total:**		
轻工业	Light Industry	14.5	10.5
重工业	Heavy Industry	15.5	9.7
在总计中:	**Of the Total:**		
大型企业	Large-scale Industrial Enterprises	5.2	11.3
中型企业	Medium-scale Industrial Enterprises	11.7	11.3
小型企业	Small-scale Industrial Enterprises	16.2	7.3
微型企业	Micro-enterprises	29.7	0.3
煤炭的开采和洗选业	Coal Mining & Dressing	66.7	2.7
石油和天然气开采业	Oil & Gas Mining	0.0	47.2
黑色金属矿采选业	Ferrous Metals Mining & Dressing	14.3	9.0
有色金属矿采选业	Nonferrous Metals Mining & Dressing	27.3	14.6
非金属矿采选业	Nonmetal Minerals Mining & Dressing	16.7	11.6
开采辅助活动	Mining Assist Activities	0.0	18.0
其他采矿业	Other Minerals Mining	0.0	9.6
农副食品加工业	Farm & Sideline Products Processing	16.0	7.3
#制糖	Carbohydrate Processing	33.3	14.4
食品制造业	Food Production	9.6	10.4
#罐头食品制造	Canned Food Manufacturing	0.0	16.0
酒、饮料和精制茶制造业	Wine, Drink & Refined Tea Manufacturing	15.2	13.0
#酒的制造	Liquor & Beverage Manufacturing	22.2	12.2
烟草制品业	Tobacco Processing	0.0	68.3
#卷烟制造	Cigarettes Manufacturing	0.0	68.4
纺织业	Textile Industry	26.8	4.8

Major Economic Efficiency Indicators of Industrial Enterprises（2016）

主营业务收入利税率（%） Ratio of Per-tax Profits to Core Business Sales (%)	百元固定资产原价实现利税（元） Per-tax Profits per 100 yuan of Original Value of Fixed Assets (yuan)	百元主营业务收入实现利润（元） Per-tax Profits Per 100 yuan of Core Business Sales (yuan)	成本费用利润率（%） Ratio of Profits to Industrial (%)
11.0	**25.2**	**6.3**	**6.75**
6.9	12.7	3.7	3.74
5.1	13.2	2.7	2.63
7.6	12.6	4.0	4.19
14.5	99.7	8.2	9.12
11.0	25.2	6.3	6.77
11.4	29.6	7.8	8.41
11.9	33.0	6.6	7.16
10.6	23.0	6.2	6.6
11.8	23.5	6.3	6.75
12.8	28.4	7.1	7.78
8.2	23.8	5.5	5.86
0.3	0.9	-1.4	-1.3
2.8	6.5	-1.9	-1.85
25.7	21.8	22.8	30.71
9.5	43.5	8.1	8.8
15.7	39.7	9.0	10.0
12.8	49.7	8.1	8.9
18.2	336.8	16.3	19.8
9.2	50.6	4.9	5.2
8.6	29.4	6.0	6.4
18.8	26.9	14.1	15.9
11.2	35.7	7.5	8.1
16.7	51.5	13.7	15.9
15.8	40.5	10.8	12.3
17.8	30.7	8.1	8.9
68.7	208.3	6.7	15.1
68.8	213.2	6.7	15.1
5.2	24.5	3.0	3.1

14—9 续表

行 业	Sector	企业亏损面(%) Composition of Loss-making Enterprises (%)	产值利税率(%) Ratio of Profits to Output Value (%)
纺织服装、服饰业	Manufaeture of Textile, wearing Apparel and Accessories	3.6	11.5
皮革、毛皮、羽毛及其制品和制鞋业	Leather, Fur, Feather & Related Products & Shoes Manufacturing	23.9	7.6
木材加工及木、竹、藤、棕、草制品业	Timber Processing, Bamboo, Cane, Palm Fiber & Straw Products	9.5	7.5
家具制造业	Furniture Manufacturing	7.5	7.2
造纸及纸制品业	Papermaking & Paper Products	29.0	5.7
#造纸	Papermaking	34.8	5.8
印刷和记录媒介复制业	Printing & Record Duplicating	7.4	10.6
#印刷	Printing	7.4	10.6
文教、工美、体育和娱乐用品制造业	Culture, Education, Handcraft, Art, Sport & Entertainment Goods Manufacturing	6.0	6.1
石油加工、炼焦及核燃料加工业	Oil Processing, Coking & Nuclear Fuel Processing	29.2	35.9
化学原料及化学制品制造业	Raw Chemical Materials & Chemical Products	16.2	8.8
医药制造业	Medicine Products	15.4	14.0
化学纤维制造业	Chemical Fiber Products		10.4
橡胶和塑料制品业	Rubber & Plastic Products	11.4	5.6
非金属矿物制品业	Nonmetal Mineral Products	13.1	11.5
#水泥制造	Cement Products	14.9	15.9
黑色金属冶炼及压延加工业	Smelting & Pressing of Ferrous Metais	18.3	6.9
有色金属冶炼及压延加工业	Smelting & Pressing of Nonferrous Metals	36.7	3.8
金属制品业	Metal Products	14.2	9.1
通用设备制造业	General Equipment Manufacturing	15.4	7.9
专用设备制造业	For Special Purposes Equipment Manufacturing	7.6	6.3
汽车制造业	Automobile Manufacturing	19.8	8.5
#汽车整车制造	Vehicle manufacturing	25.0	11.9
铁路、船舶、航空航天和其他运输设备制造业	Railway, Ship, Aerospace & Other Transportation Equipment Manufacturing	4.5	10.3
电气机械及器材制造业	Electric Equipment & Machinery	7.2	8.4
计算机、通信和其他电子设备制造业	Computer, Communication & Other Electronic Equipment Manufacturing	9.4	11.3
仪器仪表制造业	Instruments Manufacturing	8.3	6.5
其他制造业	Other Manufacturing	6.3	13.2
废弃资源综合利用业	Waste Resources Comprehensive Utilization	15.2	9.2
金属制品、机械和设备修理业	Metal Product, Machinery & Equipment Repair Services		12.0
电力、热力的生产和供应业	Production & Supply of Electric Power & Heating Power	16.8	12.4
#电力生产	Electric Power Production	22.0	24.9
#火力发电	Thermal Power	57.9	-1.5
水力发电	Hydropower	16.3	47.9
燃气生产和供应业	Production & Supply of Gas	20.0	15.8
水的生产和供应业	Production & Supply of Water	14.3	23.7

continued

主营业务收入利税率（%）Ratio of Per-tax Profits to Core Business Sales (%)	百元固定资产原价实现利税（元）Per-tax Profits per 100 yuan of Original Value of Fixed Assets (yuan)	百元主营业务收入实现利润（元）Per-tax Profits Per 100 yuan of Core Business Sales (yuan)	成本费用利润率（%）Ratio of Profits to Industrial (%)
12.3	102.2	8.6	9.5
8.1	41.8	4.6	5.0
8.2	48.4	5.3	5.8
7.8	85.4	5.4	5.9
6.4	5.9	2.5	2.5
6.4	3.9	1.3	1.2
11.1	26.4	8.5	9.3
11.1	26.4	8.5	9.3
6.7	41.5	4.3	4.6
37.9	71.5	5.7	7.7
9.9	23.1	6.5	7.0
16.2	36.2	11.3	12.8
10.6	50.3	6.9	7.4
6.3	30.8	4.2	4.7
12.9	30.4	8.9	9.8
20.5	19.8	14.7	17.1
7.3	26.9	4.5	4.7
4.8	7.6	2.0	2.0
10.1	55.0	7.1	7.6
8.7	23.1	5.8	5.9
6.7	27.2	4.3	4.5
9.0	36.5	4.6	4.8
11.6	55.0	5.2	5.5
10.5	40.9	7.9	8.5
9.1	47.3	7.6	8.5
11.9	122.3	10.9	12.2
7.5	30.4	5.6	6.0
13.4	40.4	9.9	11.1
9.8	421.0	4.0	4.2
12.4	64.9	8.6	9.3
12.8	4.9	5.6	5.9
26.2	4.6	16.1	18.6
-1.5	-0.3	-7.8	-7.0
49.8	8.6	35.4	52.6
18.2	23.7	16.3	17.8
23.9	6.7	17.7	20.1

14－10 国有控股工业企业主要经济效益指标（2016年）

行 业	Sector	企业亏损面(%) Composition of Loss-making Enterprises (%)	产值利税率(%) Ratio of Profits to Output Value (%)
总 计	**Total**	**24.0**	**13.6**
在总计中:	**Of the Total:**		
轻工业	Light Industry	24.8	20.5
重工业	Heavy Industry	23.6	12.4
在总计中:	**Of the Total:**		
大型企业	Large-scale Industrial Enterprises	18.2	11.9
中型企业	Medium-scale Industrial Enterprises	23.2	16.1
小型企业	Small-scale Industrial Enterprises	23.9	16.2
微型企业	Micro-enterprises	53.3	-14.3
煤炭的开采和洗选业	Coal Mining & Dressing	57.1	5.1
石油和天然气开采业	Oil & Gas Mining		47.2
黑色金属矿采选业	Ferrous Metals Mining & Dressing	50.0	7.7
有色金属矿采选业	Nonferrous Metals Mining & Dressing	26.3	11.1
非金属矿采选业	Nonmetal Minerals Mining & Dressing	33.3	28.8
农副食品加工业	Farm & Sideline Products Processing	31.3	5.5
#制糖	Carbohydrate Processing	37.0	8.5
食品制造业	Food Production		15.5
酒、饮料和精制茶制造业	Wine, Drink & Refined Tea Manufacturing	33.3	7.6
#酒的制造	Liquor & Beverage Manufacturing	33.3	8.2
烟草制品业	Tobacco Processing		68.3
#卷烟制造	Cigarettes Manufacturing		68.4
纺织业	Textile Industry	44.4	5.3
纺织服装、服饰业	Textiles, Clothing & Dresses Manufacturing		12.5
木材加工及木、竹、藤、棕、草制品业	Timber Processing, Bamboo, Cane, Palm Fiber & Straw Products	71.4	4.4
造纸及纸制品业	Papermaking & Paper Products	33.3	2.2
#造纸	Papermaking	50.0	-9.3

Major Economic Efficiency Indicators of State-owned & State Holding Industrial Enterprises（2016）

主营业务收入利税率（%） Ratio of Per-tax Profits to Core Business Sales (%)	百元固定资产原价实现利税（元） Per-tax Profits per 100 yuan of Original Value of Fixed Assets (yuan)	百元主营业务收入实现利润（元） Per-tax Profits Per 100 yuan of Core Business Sales (yuan)	成本费用利润率（%） Ratio of Profits to Industrial (%)
14.8	**17.1**	**4.8**	**5.1**
24.9	42.3	6.2	7.4
13.2	14.5	4.5	4.8
12.3	17.5	3.5	3.7
19.1	22.6	5.2	5.8
17.6	9.0	12.1	13.7
-14.5	-8.0	-18.4	-17.0
5.1	14.5	0.0	0.0
25.7	21.8	22.8	30.7
8.0	56.5	2.8	2.9
11.4	11.0	0.5	0.5
30.6	51.8	22.7	30.1
7.3	16.1	3.8	3.9
12.9	15.2	7.1	7.4
18.3	22.7	16.0	19.0
8.1	24.2	4.2	4.0
8.8	25.0	4.6	4.4
68.7	208.3	6.7	15.1
68.8	213.2	6.7	15.1
5.7	6.4	1.4	1.4
13.1	18.1	1.8	1.9
6.7	10.9	4.3	4.5
2.3	2.5	-0.6	-0.6
-10.3	-8.0	-10.7	-8.5

14—10 续表

行 业	Sector	企业亏损面 (%) Composition of Loss-making Enterprises (%)	产值利税率 (%) Ratio of Profits to Output Value (%)
印刷和记录媒介复制业	Printing & Record Duplicating	25.0	17.3
文教、工美、体育和娱乐用品制造业	Culture, Education, Handcraft, Art, Sport & Entertainment Goods Manufacturing	25.0	8.1
石油加工、炼焦及核燃料加工业	Oil Processing, Coking & Nuclear Fuel Processing	33.3	39.1
化学原料及化学制品制造业	Raw Chemical Materials & Chemical Products	41.9	4.2
医药制造业	Medical & Pharmaceutical Products	11.1	18.3
橡胶和塑料制品业	Rubber & Plastic Products	33.3	-3.3
非金属矿物制品业	Nonmetal Mineral Products	2.2	17.5
#水泥制造	Cement Products	5.9	23.3
黑色金属冶炼及压延加工业	Smelting & Pressing of Ferrous Metals	16.7	5.5
有色金属冶炼及压延加工业	Smelting & Pressing of Nonferrous Metals	54.2	3.4
金属制品业	Metal Products	22.2	11.2
通用设备制造业	General Equipment Manufacturing	18.8	6.9
专用设备制造业	For Special Purposes Equipment Manufacturing	26.7	3.0
汽车制造业	Automobile Manufacturing	16.7	10.8
铁路、船舶、航空航天和其他运输设备制造业	Railway, Ship, Aerospace & Other Transportation Equipment Manufacturing		3.3
电气机械及器材制造业	Electric Equipment & Machinery	50.0	1.2
计算机、通信和其他电子设备制造业	Computer, Communication & Other Electronic Equipment Manufacturing	12.5	9.0
金属制品、机械和设备修理业	Metal Product, Machinery & Equipment Repair Services		19.1
电力、热力的生产和供应业	Production & Supply of Electric Power, Steam & Hot Water	17.4	12.3
#电力生产	Electric Power Production	26.3	28.0
#火力发电	Thermal Power	66.7	-5.2
水力发电	Hydropower	19.0	53.6
燃气生产和供应业	Production & Supply of Gas	50.0	34.2
水的生产和供应业	Production & Supply of Water	17.6	23.6

continued

主营业务收入利税率（%） Ratio of Per-tax Profits to Core Business Sales (%)	百元固定资产原价实现利税（元） Per-tax Profits per 100 yuan of Original Value of Fixed Assets (yuan)	百元主营业务收入实现利润（元） Per-tax Profits Per 100 yuan of Core Business Sales (yuan)	成本费用利润率（%） Ratio of Profits to Industrial (%)
17.7	28.9	13.6	15.5
9.8	14.6	-2.2	-2.4
40.6	73.1	5.7	7.9
4.3	3.9	1.6	1.6
49.4	76.0	34.7	55.9
-3.4	-3.8	-6.6	-6.9
20.5	25.2	15.4	18.1
27.6	23.9	21.3	26.3
6.0	11.4	1.9	1.9
5.1	5.7	0.6	0.6
14.7	63.3	10.8	11.6
7.7	12.7	4.7	4.8
2.9	9.7	0.5	0.5
10.8	51.5	4.8	5.1
3.2	9.7	1.9	1.8
1.5	4.6	0.3	0.3
10.3	40.6	8.5	9.2
19.1	36.6	1.3	1.3
12.6	4.9	5.3	5.6
28.7	4.7	17.4	20.3
-5.4	-1.2	-12.1	-10.4
54.7	8.6	39.4	61.5
23.6	13.2	21.2	25.8
23.6	6.4	17.4	19.6

14－11　大中型工业企业主要经济效益指标（2016年）

行　业	Sector	企业亏损面(%) Composition of Loss-making Enterprises (%)	产值利税率(%) Ratio of Profits to Output Value (%)
大中型工业企业	**Large & Medium Industrial Enterprises**	**10.9**	**11.3**
在总计中:	**Of the Total:**		
轻工业	Light Industry	11.3	13.0
重工业	Heavy Industry	10.5	10.7
在总计中:	**Of the Total:**		
大型企业	Large-scale Industrial Enterprises	5.2	11.3
中型企业	Medium-scale Industrial Enterprises	11.7	11.3
煤炭的开采和洗选业	Coal Mining & Dressing	62.5	3.6
黑色金属矿采选业	Ferrous Metals Mining & Dressing	14.3	10.8
有色金属矿采选业	Nonferrous Metals Mining & Dressing	15.0	16.5
非金属矿采选业	Nonmetal Minerals Mining & Dressing		23.0
农副食品加工业	Farm & Sideline Products Processing	19.0	9.2
#制糖业	Carbohydrate Processing	31.6	14.6
食品制造业	Food Production		12.6
#罐头制造业	Canned Food Manufacturing		14.1
酒、饮料和精制茶制造业	Wine, Drink & Refined Tea Manufacturing	5.6	14.9
#酒的制造	Beverage Manufacturing		12.7
烟草制品业	Tobacco Processing		68.3
#卷烟制造	Cigarettes Manufacturing		68.4
纺织业	Textile Industry	18.0	5.6
纺织服装、服饰业	Textiles, Clothing & Dresses Manufacturing	2.9	11.7
皮革、毛皮、羽毛及其制品和制鞋业	Leather, Fur, Feather & Related Products & Shoes Manufacturing	6.5	8.7
木材加工及木、竹、藤、棕、草制品业	Timber Processing, Bamboo, Cane, Palm Fiber & Straw Products	5.1	10.1
家具制造业	Furniture Manufacturing	6.3	7.5
造纸及纸制品业	Papermaking & Paper Products	38.2	5.3
#造纸	Papermaking	50.0	6.5
印刷和记录媒介复制业	Printing & Record Duplicating		14.9

Major Economic Efficiency Indicators of Large & Medium Industrial Enterprises（2016）

主营业务收入利税率（%）Ratio of Per-tax Profits to Core Business Sales (%)	百元固定资产原价实现利税（元）Per-tax Profits per 100 yuan of Original Value of Fixed Assets (yuan)	百元主营业务收入实现利润（元）Per-tax Profits Per 100 yuan of Core Business Sales (yuan)	成本费用利润率（%）Ratio of Profits to Industrial (%)
12.3	**25.8**	**6.7**	**7.3**
14.7	34.1	7.8	8.6
11.5	23.5	6.4	6.8
11.8	23.5	6.3	6.8
12.8	28.4	7.1	7.8
3.7	8.6	-1.4	-1.4
10.7	30.4	9.9	10.8
16.7	42.1	10.7	12.0
23.0	64.6	16.4	19.9
11.1	27.4	8.1	8.7
19.1	27.6	14.4	16.4
13.1	42.0	8.7	9.5
14.5	33.0	12.2	13.9
18.3	44.4	13.1	15.3
20.5	32.2	9.2	10.1
68.7	208.3	6.7	15.1
68.8	213.2	6.7	15.1
6.2	32.7	3.7	3.8
12.7	109.9	9.0	10.1
9.3	38.7	5.7	6.1
10.7	63.8	7.2	7.9
8.1	89.5	5.5	5.8
6.0	3.2	0.2	0.2
7.2	2.8	-0.4	-0.3
15.9	44.5	12.3	13.7

14－11　续表

行　业	Sector	企业亏损面 (%) Composition of Loss-making Enterprises (%)	产值利税率 (%) Ratio of Profits to Output Value (%)
文教、工美、体育和娱乐用品制造业	Culture, Education, Handcraft, Art, Sport & Entertainment Goods Manufacturing	6.3	6.6
石油加工、炼焦及核燃料加工业	Oil Processing, Coking & Nuclear Fuel Processing		39.8
化学原料及化学制品制造业	Raw Chemical Materials & Chemical Products	12.0	11.4
医药制造业	Medical & Pharmaceutical Products	4.8	18.1
橡胶和塑料制品业	Rubber & Plastic Products	16.0	7.6
非金属矿物制品业	Nonmetal Mineral Products	4.5	14.0
#水泥制造	Cement Products	5.7	18.3
黑色金属冶炼及压延加工业	Smelting & Pressing of Ferrous Metals	5.9	7.4
有色金属冶炼及压延加工业	Smelting & Pressing of Nonferrous Metals	31.0	4.1
金属制品业	Metal Products	4.0	12.1
通用设备制造业	General Equipment Manufacturing	6.7	10.4
专用设备制造业	For Special Purposes Equipment Manufacturing	11.8	5.8
汽车制造业	Automobile Manufacturing	13.5	9.1
铁路、船舶、航空航天和其他运输设备制造业	Railway, Ship, Aerospace & Other Transportation Equipment Manufacturing	4.0	10.7
电气机械及器材制造业	Electric Equipment & Machinery	4.7	9.1
计算机、通信和其他电子设备制造业	Computer, Communication & Other Electronic Equipment Manufacturing	5.0	11.3
仪器仪表制造业	Instruments Manufacturing	25.0	4.7
其他制造业	Other Manufacturing		16.9
废弃资源综合利用业	Waste Resources Comprehensive Utilization		16.4
电力、热力的生产和供应业	Production & Supply of Electric Power ,Steam & Hot Water	15.1	7.7
#电力生产	Electric Power Production	50.0	9.0
#火力发电	Thermal Power	80.0	-1.7
水力发电	Hydropower	22.2	38.6
燃气生产和供应业	Production & Supply of Gas		52.5
水的生产和供应业	Production & Supply of Water	22.2	31.2

continued

主营业务收入利税率（%） Ratio of Per-tax Profits to Core Business Sales (%)	百元固定资产原价实现利税（元） Per-tax Profits per 100 yuan of Original Value of Fixed Assets (yuan)	百元主营业务收入实现利润（元） Per-tax Profits Per 100 yuan of Core Business Sales (yuan)	成本费用利润率（%） Ratio of Profits to Industrial (%)
7.2	38.0	4.9	5.2
41.3	77.7	6.0	8.3
11.7	20.0	7.2	7.8
21.9	37.3	16.1	19.4
9.5	30.4	7.1	8.0
15.6	30.9	11.0	12.5
25.0	20.6	18.2	22.0
7.7	26.6	4.7	4.8
5.3	7.5	2.3	2.3
13.4	95.4	9.5	10.5
11.3	20.9	7.4	7.4
5.8	19.5	3.4	3.5
9.6	38.3	4.7	4.9
10.8	44.8	8.2	8.9
9.9	49.6	8.5	9.4
11.7	121.7	10.8	12.0
6.1	19.6	4.1	4.3
17.1	65.1	12.1	13.9
16.5	56.0	9.0	10.0
7.9	3.6	1.2	1.2
9.5	1.6	0.3	0.2
-1.9	-0.4	-10.8	-9.4
38.8	8.3	27.8	34.4
44.1	23.6	40.0	43.2
30.5	7.2	23.1	28.0

14—12　主要年份主要工业产品产量

产品名称	Item	1995	2000
锰矿石（万吨）	Manganese Ore (10 000 tons)	265.40	118.65
铁矿石（万吨）	Iron Ore (10 000 tons)	272.32	68.61
粗钢（万吨）	Steel (10 000 tons)	88.78	104.73
生铁（万吨）	Pig Iron (10 000 tons)	96.76	125.32
钢材（万吨）	Rolled Steel (10 000 tons)	80.50	102.63
铁合金（万吨）	Ferroalloys (10 000 tons)	31.14	41.58
十种有色金属（吨）	10 Nonferrous Metal (ton)	272700	605902
#铝	Aluminum	64960	185867
锌	Zinc	129076	235535
锡	Tin	23457	45874
氧化铝（万吨）	Oxide of Aluminum (10 000 tons)		40.81
发电量（亿千瓦小时）	Electricity (100 million kwh)	217.29	289.09
#水电	Hydropower	136.54	168.87
原煤（万吨）	Coal (10 000 tons)	1391.42	706.67
硫酸（万吨）	Sulfuric Acid (10 000 tons)	57.43	86.04
烧碱（吨）	Caustic Soda (ton)	101700	140719
农用化肥（折100%，万吨）	Chemical Fertilizers (10 000 tons)	43.12	53.30
水泥（万吨）	Cement (10 000 tons)	1980.47	2198.35

Output of Major Industrial Products in Main Years

2005	2010	2011	2012	2013	2014	2015	2016
75.18	564.39	353.41	494.77	605.79	741.45	821.99	977.48
62.16	353.06	423.25	484.03	908.40	871.15	799.28	495.82
496.29	1204.57	1212.11	1341.65	2223.65	2085.62	2146.05	2109.57
485.39	1113.46	959.98	1302.70	1571.63	1235.20	1222.00	1216.59
519.88	1560.34	1766.40	2149.54	2791.68	3263.68	3545.75	3645.08
126.28	269.44	315.87	388.57	668.84	488.39	542.39	521.08
666284	1405548	1339961	1112295	1238592	1375375	1576687	1804491
246263	667180	631218	656208	658842	515272	575629	783554
170110	500762	471706	318971	410139	524798	501797	462049
35338	29306	27393	15903	12846	14103	11664	11028
92.46	528.84	529.21	672.24	727.99	796.80	846.01	906
446.04	1032.15	1039.01	1186.12	1249.53	1310.03	1299.90	1346.5
195.82	475.26	415.48	536.46	479.39	629.36	749.30	654.4
700.34	757.57	784.52	753.61	640.34	615.43	425.50	432.50
171.77	264.27	269.49	284.29	281.75	330.60	368.32	367.37
240172	430064	488177	449042	434025	416681	437556	462022
84.02	86.90	95.67	124.41	105.71	111.49	116.91	95.56
3306.13	7516.51	8746.48	6986.88	11202.83	10744.58	11144.43	12056.42

14－12　续表

产品名称	Item	1995	2000
汽车（辆）	Motor Vehicles (set)	73824	131238
#客车	Buses		59137
小型拖拉机（台）	Mini-tractors (set)	100900	90966
纱（万吨）	Yarn (10 000 tons)	7.70	9.22
布（万米）	Cloth (10 000 m)	16800	8714
机制纸及纸板（万吨）	Machine-made Paper & Paperboard (10 000 tons)	95.02	82.55
成品糖（万吨）	Machine-made Sugar (10 000 tons)	178.12	325.76
发酵酒精（万吨）	Liquor (10 000 tons)	13.93	21.46
化学原料药（吨）	Chemical Medicine (ton)	2804	2482
中成药（吨）	Traditional Chinese Medicine (ton)	57071	49719
表（万只）	Watches (10 000 units)	86.90	1016.88
原盐（万吨）	Salt (10 000 tons)	9.69	15.62
卷烟（万箱）	Cigarettes (10 000 cases)	98.35	72.33
罐头（吨）	Canned Food (ton)	234700	135747
饮料酒（千升）	Alcoholic Beverages (kilo-liter)	314889	546848
原油加工量（万吨）	Volume of Crude Oil Proccessing (10 000 tons)		
发动机（万千瓦）	Engine (10 000 kw)		

注：本表统计范围为全部工业产品产量。
Note: The statistical range of this table is the total output of industrial enterprises.

continued

2005	2010	2011	2012	2013	2014	2015	2016
377184	1366096	1423467	1673293	1869086	2092254	2294032	2454531
288683	1076891	1116201	1245007	828835	617016	5340	6286
117804	282254	386795	442446	457024	431257	163181	150438
11.87	11.01	12.45	11.78	11.77	10.81	9.76	10.08
5472	4633	5970	5550	5067	4480	4506	4478.11
125.37	225.11	276.52	336.37	413.90	338.67	284.05	289.03
504.34	705.46	742.28	861.47	1010.89	1077.16	925.74	914.69
22.45	55.76	56.18	55.95	65.59	86.17	69.56	59.74
5449	5920	7334	6034	6915	7090	7197	7237
74712	213336	189188	232036	324318	293524	344856	437517.78
95.34	102.15	98.41	97.06	99.02	88.68	76.34	32.21
10.72	8.80	6.54	7.14	11.08	8.94	7.90	7.08
106.90	143.30	148.30	150.70	153.70	156.80	156.84	147.73
171994	478805	487164	516198	559740	483416	565830	541756.34
832112	1878833	2104674	2322123	2437584	2426751	2391867	2186628.18
	418.93	1108.01	1550.66	1296.13	1390.47	1428.80	1339.94
	15377.04	15505.84	14045.63	16730.11	16973.37	18551.83	19657.61

14—13 广西分市规模以上工业企业主要经济指标（2016年）

单位：万元

分市名称	Sector	企业单位数（个）Number of Enterprises (unit)	工业总产值（当年价格）Gross Industrial Output Value (At Current Prices)	全部从业人员年平均人数（人）Average Employed Persons (person)	固定资产原价 Original Value of Fixed Assets	固定资产净值 Net Value of Fixed Assets
广西	Guangxi	5464	244669073	1647744	96645319	60376526
南宁市	Nanning	910	35219998	235184	14423216	7916974
柳州市	Liuzhou	792	47053953	265376	15005660	9180060
桂林市	Guilin	640	25165521	191827	7921453	4655711
梧州市	Wuzhou	380	23053436	173299	5731732	3818004
北海市	Beihai	210	21474664	70443	5140391	3406488
防城港市	Fangchenggang	150	14761840	32528	7237593	6131275
钦州市	Qinzhou	316	15113300	99936	7131755	4879963
贵港市	Guigang	456	9759385	119086	3788692	2211981
玉林市	Yulin	560	16584253	191907	3927747	2344288
百色市	Baise	329	14748167	79963	9215958	5643131
贺州市	Hezhou	183	4766351	32373	2160262	1469440
河池市	Hechi	173	3445400	46049	6454473	3704860
来宾市	Laibin	220	5262911	41254	4219308	2534221
崇左市	Chongzuo	159	7410449	38341	3459800	2104554

Major Indicators Economic of Industrial Enterprises above Designated Size by City (2016)

(10 000 yuan)

资产总计 Total Capital	流动资产合计 Annual Average Balance of Circulating Funds	所有者权益合计 Owner's Equity	利润总额 Total Profits	利税总额 Total Profits & Taxes	应交增值税 Value Added Tax Payable	主营业务收入 Business Income of the Main Products
160234605	74493625	61853444	13933525	24343391	6414767	222313006
22837058	10596141	9718552	2253421	3691055	792584	33142068
32773543	18870677	9772068	1345477	3516733	1047918	44325512
13821894	6120065	6736857	1696041	2485073	633145	23046414
8622208	3427762	4435093	2166273	3095160	792241	21518299
9055604	4425696	3735562	2044371	3711434	771407	20387168
8776480	3998430	2754384	350630	575314	181375	11353861
9767185	3787784	4158622	669426	1864895	557473	14212954
7870214	3655686	3837391	644886	905921	195309	9017373
8280233	4633635	3717552	911414	1358094	361855	14747031
13988043	5176666	3995934	200219	511607	260827	11353787
4445132	1797575	1877909	267357	409280	118727	4360210
7518129	2618863	1830414	449514	668425	184044	3064595
5774942	2136882	1104403	44572	234104	162397	4744813
5390925	2752380	2109720	1041030	1244103	163246	6132772

主要统计指标解释

工业 指从事自然物质资源采掘和对工业品原料及农产品原料进行加工和再加工的物质生产部门。具体包括：（1）对自然资源的开采，如采矿、晒盐等，但不包括禽兽捕猎和水产捕捞；（2）对农副产品的加工、再加工，如粮油加工、食品加工、缫丝、纺织、制革等；（3）对采掘品的加工、再加工，如炼铁、炼钢、化工生产、石油加工、机器制造、木材加工等，以及电力、自来水、煤气的生产和供应等；（4）对工业品的修理、翻新，如机器设备的修理、交通运输工具（如汽车）的修理等。

独立核算法人工业企业 指从事工业生产经营活动的单位。独立核算法人工业企业应同时具备以下条件：①依法成立，有自己的名称、组织机构和场所，能够承担民事责任；②独立拥有和使用资产，承担负债，有权与其他单位签订合同；③独立核算盈亏，并能够编制资产负债表。

集体企业 指企业资产归集体所有，并按《中华人民共和国企业法人登记管理条例》规定登记注册的经济组织。是社会主义公有制经济的组成部分。包括城乡所有使用集体投资举办的企业，以及部分个人通过集资自愿放弃所有权并依据工商行政管理机关认定为集体所有制的企业。

国有控股：包括：（1）在企业的全部实收资本中，国有经济成分的出资人拥有的实收资本（股本）所占企业全部实收资本（股本）的比例大于50%的国有绝对控股。（2）在企业的全部实收资本中，国有经济成分的出资人拥有的实收资本（股本）所占比例虽未大于50%，但相对大于其他任何一方经济成分的出资人所占比例的国有相对控股；或者虽不大于其他经济成分，但根据协议规定拥有企业实际控制权的国有协议控股。（3）投资双方各占50%，且未明确由谁绝对控股的企业，若其中一方为国有经济成分的，一律按国有控股处理。

股份制经济 是指以合作制为基础，由企业职工共同出资入股，吸收一定比例的社会资产投资组建，实行自主经营，自负盈亏，按劳分配与按股分红相结合的一种集体经济组织。

联营企业 是指两个及两个以上相同或不同所有制性质的企业法人或事业单位法人，按自愿、平等、互利的原则，共同投资组成的经济组织。包括国有联营、集体联营、国有与集体联营、其他联营等。

有限责任公司 是指根据《中华人民共和国公司登记管理条例》规定登记注册，由两个以上，五十个以下的股东共同出资，每个股东以其所认缴的出资额对公司承担有限责任，公司以其全部资产对其债务承担责任的经济组织。包括国有独资公司以及其他有限责任公司。

股份有限公司 是指根据《中华人民共和国公司登记管理条例》规定登记注册，其全部注册资本由等额股份构成并通过发行股票筹集资本，股东以其认购的股份对公司承担有限责任，公司以其全部资产对其债务承担责任的经济组织。

私营企业 是指由自然人投资设立或由自然人控股，以雇佣劳动为基础的营利性经济组织。包括按照《公司法》、《合伙企业法》、《私营企业暂行条例》以及《个人独资企业法》规定登记注册的私营独资企业、私营合伙企业、私营有限责任公司、私营股份有限公司和个人独资企业。

轻工业 指主要提供生活消费品和制作手工工具的工业。按其所使用的原料不同，可分为两大类：（1）以农产品为原料的轻工业，是指直接或间接以农产品为基本原料的轻工业。主要包括食品制造、饮料制造、烟草加工、纺织、缝纫、皮革和毛皮制作、造纸以及印刷等工业；（2）以非农产品为原料的轻工业，是指以工业品为原料的轻工业。主要包括文教体育用品、化学药品制造、合成纤维制造、日用化学制品、日用玻璃制品、日用金属制品、手工工具制造、医疗器械制造、文化和办公用机械制造等工业。

重工业 指为国民经济各部门提供物质技术基础的主要生产资料的工业。按其生产性质和产品用途，可以分为下列三类：（1）采掘（伐）工业，是指对自然资源的开采，包括石油开采、煤炭开采、金属矿开采、非金属矿开采和木材采伐等工业；（2）原材料工业，指向国民经济各部门提供基本材料、动力和燃料的工业。包括金属冶炼及加工、炼焦及焦炭化学、化工原料、水泥、人造板以及电力、石油和煤炭加工等工业；（3）加工工业，是指对工业原材料进行再加工制造的工业。包括装备国民经济各部门的机械设备制造工业、金属结构、水泥制品等工业，以及为农业提供的生产资料如化肥、农药等工业。

根据上述划分原则，修理业中以重工业产品为修理作业对象的划为重工业，反之划为轻工业。

工业总产值 是以货币表现的工业企业在一定时期内生产的已出售或可供出售工业产品总量，它反映一定时期内工业生产的总规模和总水平。包括在本企业内不再进行加工，经检验、包装入库（规定不需包装的产品除外）的成品价值，对外加工费收入，自制半成品、在产品期末期初差额价值。工业总产值采用“工厂法”计算，即以工业企业作为一个整体，按企业工业生产活动的最终成果来计算，企业内部不允许重复计算，不能把企业内部各个车间（分厂）生产的成果相加。但在企业之间、行业之间、地区之间存在着重复计算。

轻重工业总产值的划分也是按“工厂法”计算的，即一个工业企业在正常情况下生产的主要产品的性质属于轻工业，则该企业的全部总产值作为轻工业总产值；一个工业企业生产的主要产品的性质属于重工业，则该企业的全部总产值作为重工业总产值。

固定资产原价 指企业在建造、购置、安装、改建、扩建、技术改造某项固定资产时所支出的全部货币总额。它一般包括买价、包装费、运杂费和安装费等。

固定资产净值 指固定资产原价减去历年已提折旧额后的净额。

主营业务收入 指企业在报告期内生产的成品、自制半成品和工业性劳务取得的收入。

Explanatory Notes on Main Statistical Indicators

Industry refers to the material production sector which is engaged in excavation of natural material resources, processing and reprocessing of industrial and agricultural raw materidls, including: (1) exploitation of natural resources, such as mining, solar salt, but not including hunting and fishing ; (2) processing and reprocessing of farm and sideline products, such as rice husking, wine making, oil pressing, cotton ginning, silk reeling, spinning and weaving, and leather making; (3) manufacture of industrial products, such as steel making, iron smelting, chemicals manufacturing, petroleum processing , machine building, timber processing; water and gas production and electricity generation and supply; (4) repairing of industrial products such as the repairing of machinery and means of transport (such as cars) .

Corporate Industrial Enterprises with Independent Accounting System refer to enterprises engaging in industrial production activities, which meet the following requirements: 1. They are established legally, having their own names, organizations, location, able to take civil liability; 2. They possess and use their assets independently, assume liabilities, and are entitled to sign contracts with other units; 3.They are financially independent, and compile their own balance sheets.

Collective-owned Enterprises refer to industrial enterprises where the means of production are owned collectively, including urban and rural enterprises invested by collectives and some enterprises which were formerly owned privately but have been registered in industrial and commercial administration agency as collective units through raising fund from the public.

State-holding Enterprises includes: (1) absolutely state-holding enterprises whose state paid-up capital(stock) shares are more than 50%. (2) relatively state-holding enterprises that state shares are less than 50%,but relatively more than other economic units , or no more than other economic units, but according to agreement, the state have actuary controlling ability to the enterprises. (3) enterprises that one of the two 50-50 investors is state-owned, without conforming which investor is absolute holding.

Share-holding Enterprises refer to economic units set up on cooperative basis, with funding party from members of the enterprises and partly from outside investment, where the operation and management is decided by the members who also participate in the production, and the distribution of income is based both on work (labor input) and on shares (capital input).

Joint-operation Enterprises refer to economic units that are established by joint investment by two or more corporate enterprise or institution of the same or different types of ownership on voluntary, equal and mutual-beneficial basis. They include state-owned joint-operation enterprises, collective joint-operation enterprises, state-collective joint-operation enterprises, other joint-operation etc.

Share-holding Liability Corporations refers to economic units registered in accordance with the Regulation of the People's Republic of China on the registration of corporation enterprises, assets are collected by above 2 investors, bellow 50 investors, each investor bears limited liability to the corporation depending on the holding of shares, and the corporation bears liability to its debt to the maximum of its total assets. They include state-owned enterprises and other share-holding liability corporations.

Share-holding Corporations Lid. refer to economic units registered in accordance with the Regulation of the People's Republic of China on the Management of Registration of Corporation Enterprises, with total registered capital divided into equal shares and raised through issuing stocks. Each investor bears limited liability to the corporation depending on the holding of shares, and the corporation bears to its debt to the maximum of its total assets.

Private Enterprises refer to economic units invested or controlled (by holding the majority of the shares) by natural persons who hire labors for profit-making activities. Included in this category are private limited liability corporations, private share-holding corporations ltd., private partnership and private sole investment enterprises registered in accordance with the Corporation law, Partnership law, Tentative Regulation on Private Enterprises and Individual Proprietorship Enterprise Law.

Light Industry refers to the industry that produces consumer goods and hand tools. It consists of two categories, depending on the materials used: (1) Industries using farm products as raw materials. These are branches of light industry which directly or indirectly use farm products as basic raw materials, including the manufacture of food and beverages, tobacco processing, textile, clothing, fur and leather manufacturing, paper making, printing, etc. (2) Industries using non farm products as raw materials. These are branches of light industry which use manufactured goods as raw materials, including the manufacture of cultural, educational articles and sports goods, chemicals, synthetic fiber, chemical products for daily use, glass products for daily use, metal products for daily use, hand tools, medical apparatus and instruments, and the manufacture of cultural and clerical machinery.

Heavy Industry refers to the industry whose produces capital goods, and provides various sectors of the national economy with necessary material and technical basis. It consists of the following three branches according to the purpose of production or the use of products: (1) Mining, quarrying and logging industry refers to the industry that extracts natural resources, including extraction of petroleum, coal, metal and non metal ores and logging. (2) Raw materials industry refers to the industry that provides various sectors of the national economy with raw materials, fuels and power. It includes smelting and processing of metals, coking and coke chemistry, chemical materials and building materials such as cement, plywood, and power, petroleum refining and coal dressing. (3) Manufacturing industry refers to the industry that processes raw materials. It includes machine manufacturing industry which equips sectors of the national economy, industries of metal structure and cement products, industries producing means of agricultural production, such as chemical fertilizers and pesticides.

According to the above principle of classification, the repairing trades that are engaged primarily in repairing products of heavy industry are classified into heavy industry while these engaged in repairing products of light industry are classified into light industry.

Gross Industrial Output Value is the total volume of industrial products sold or available for sale in value terms that reflects the total achievements and overall scale of industrial production during a given period. It includes the value of the finished products, which are not to be further processed in the enterprises and have been inspected, packed and put in storage, the value of industrial services rendered to other units, and the changes in the value of the semi- finished products and products in process between the beginning and closing of the period. The gross industrial output value is calculated with "factory method". No double calculations are to be made within the same enterprise. However, double counting does occur among different enterprises.

Output value of light and heavy industries is also classified with the "factory" method. Under normal conditions, if the major products of an industrial enterprise belong to light industry products, the gross output value of that enterprise is classified wholly into light industry; the same principle applies to heavy industry.

Original Value of Fixed Assets refers to the original value of all fixed assets owned by industrial enterprises, calculated at the cost paid at the time of purchase, installation, reconstruction, expansion, and technical innovation and transformation of the said assets, which includes expenses on purchase, package, transportation, and installation, etc. Net value of fixed assets is obtained by deducting depreciation over years from the original value of fixed assets.

Net Value of Fixed Assets is obtained by deducting depreciation over years from the original value of fixed assets.

Business Income of Main Products refers to the revenue form the sales of finished and semi-finished products and from rendering of industrial services by industrial services by industrial enterprises during the reference period.

第十五篇

建筑业

CONSTRUCTION

（编辑：陈李全）

15—1 主要年份三级及三级以上建筑业企业主要指标
Major Indicators of the Third & Higher Grade Construction Enterprises in Main Years

指 标	Item	2000	2005	2010	2012	2013	2014	2015	2016
企业个数（个）	**Number (unit)**	**1078**	**1047**	**1160**	**1258**	**1245**	**1163**	**1152**	**1203**
#国有及国有控股企业	State-owned & State-holding Enterprises	260	216	169	159	152	142	137	135
城镇集体企业	Urban Collective-owned Enterprises	623	314	229	225	197	182	167	157
1. 内资企业	1. Domestic Enterprises	1067	1042	1153	1252	1241	1161	1149	1201
2. 港澳台商投资企业	2.Enterprises Funded by Enterprises from Hong Kong, Macao & Taiwan	4	4	5	5	4	2	3	2
3. 外商投资企业	3. Foreign Funded Enterprises	7	1	2	1	0	0	0	0
总产值（万元）	**Gross Output Value (10 000 yuan)**	**1509158**	**4252101**	**12223126**	**18670580**	**22898810**	**26089057**	**29534213**	**34343330**
#国有及国有控股企业	State-owned & State-holding Enterprises	888224	2483506	6457240	9222792	11096091	12162752	13350594	15169598
城镇集体企业	Urban Collective-owned Enterprises	466152	638898	1170174	1526447	1526888	1717443	1923372	2039066
1. 内资企业	1. Domestic Enterprises	1502681	4228461	12007742	18270157	22893008	26086491	29525023	34340608
2. 港澳台商投资企业	2.Enterprises Funded by Enterprises from Hong Kong , Macao & Taiwan	670	1742	8837	11344	5802	2566	9190	2723
3. 外商投资企业	3. Foreign Funded Enterprises	5807	21898	206548	389079	0	0	0	0
年末从业人员（万人）	**Number of Employed Persons (10 000 persons)**	**33.3**	**43.0**	**59.06**	**67.03**	**76.50**	**77.92**	**85.67**	**113.29**
#国有及国有控股企业	State-owned &State-holding Enterprises	16.1	20.4	26.4	26.76	30.73	31.90	35.02	43.02
城镇集体企业	Urban Collective-owned Enterprises	13.5	10.5	7.39	7.8	6.88	6.87	6.83	7.75
1. 内资企业	1. Domestic Enterprises	15.5	42.8	58.01	63.78	76.46	77.91	85.65	113.27
2. 港澳台商投资企业	2.Enterprises Funded by Enterprises from Hong Kong, Macao & Taiwan	…	0.03	0.01	0.04	0.04	0.01	0.02	0.02
3. 外商投资企业	3. Foreign Funded Enterprises	0.1	0.1	1.03	3.21	0.00	0.00	0.00	0.00
房屋建筑施工面积（万平方米）	**Floor Space of Buildings under Construction(10 000 sq.m)**	**2327.5**	**5518.1**	**10742.3**	**15076.6**	**18316.1**	**21168.1**	**23432.0**	**26463.5**
房屋建筑竣工面积（万平方米）	**Completed Residential Areas of Buildings(10 000 sq.m)**	**1188.7**	**2209.7**	**4093.82**	**5028.7**	**5787.6**	**6733.0**	**7720.7**	**7933.7**

15－2 主要年份国有及国有控股建筑企业主要指标
Major Indicators of State-owned &State-holding Construction Enterprises in Main Years

指 标	Item	2000	2005	2010	2012	2013	2014	2015	2016
企业个数（个）	Number of Enterprises (unit)	260	216	169	159	152	142	137	135
计算建筑业劳动生产率的平均人数（万人）	Average Number of Staff & Workers to Calculate Labor	15.6	19.7	25.1	25.2	28.8	35.4	38.7	40.6
建筑业总产值（万元）	Gross Output Value of Construction (10 000 yuan)	888224	2483506	6457240	9222792	11096091	12162752	13350594	15169598
竣工产值（万元）	Output Value of Construction Completed (10 000 yuan)	824396	1600790	3109693	4731476	5952729	4528612	6927922	6657249
房屋建筑施工面积（万平方米）	Floor Space of Buildings under Construction (10 000 sq.m)	1050.1	2380.9	4640.4	6851.4	8708.4	10645.8	11767.8	12794.3
#本年新开工	Newly Started Buildings in the Year	416.6	1069	1658.8	2811.9	2467.1	3268.0	2388.7	2531.9
房屋建筑竣工面积（万平方米）	Floor Space of Buildings Completed (10 000 sq.m)	464.9	808.1	1260.6	1508.7	1605.3	1752.2	2157.4	2426.7
#住 宅	Residential Building	281.6	529.6	844.2	946.6	1117.3	1132.7	1284.8	1543.7
年末自有机械设备总台数（台）	Number of Machinery & Equipment Owned at Year-end (set)	42514	46905	36782	37814	37728		37146	31656
年末自有机械设备净值（万元）	Net Value of Machinery & Equipment Owned at Year-end (10 000 yuan)	125314	174423	183742	180498	162130		185266	160287
年末自有机械设备总功率（万千瓦）	Total Power of Machinery & Equipment Owned at Year-end (10 000 kw)	98.2	104.6	107.4	95.1	110.1		114.3	88.9
年末固定资产原值（万元）	Original Value of Fixed Assets (10 000 yuan)	751637	758096	782614	825364	847846	989844	1033633	1362935
年末固定资产净值（万元）	Net Value of Fixed Assets (10 000 yuan)	597232	505996	477123	444553	438954	558453	577324	852362
本年固定资产折旧（万元）	Depreciation of Fixed Assets (10 000 yuan)	20662	32117	53040	48009	49627	68112	64642	62764
利润总额（万元）	Total Profits (10 000 yuan)	440	15102	51373	48651	77453	104659	127681	200782
利税总额（万元）	Total Pre-tax Profits (10 000 yuan)	30485	95195	251929	309995	393578	446876	511979	366429
按建筑业总产值计算的劳动生产率（元/人）	Overall Labor Productivity in Terms of Gross Output Value (yuan/person)	56937	125917	257132	366174	385924	343180	344720	373289
按竣工面积计算的劳动生产率（平方米/人）	Overall Labor Productivity in Terms of Floor Space of Buildings Completed (sq.m/person)	29.8	41	50.2	59.9	55.8	49.4	55.7	59.7
产值利润率（%）	Ratio of Profit to Gross Output Value (%)	0.1	0.6	0.8	0.5	0.7	0.9	1.0	1.3
产值利税率（%）	Ratio of Pre-tax Profit to Gross Output Value (%)	3.4	3.8	3.9	3.4	3.5	3.7	3.8	2.4
房屋建筑面积竣工率（%）	Rate of Floor Space of Buildings Completed (%)	44.3	33.9	27.2	22	18.4	16.5	18.3	19.0
技术装备率（元/人）	Value of Machines per Laborer (yuan/person)	7784	8843	6960	6745	5280		5292	3726
动力装备率（千瓦/人）	Power of Machines per Laborer (kw/person)	6	5	4	4	4		3	2

15－3　主要年份地方国有建筑企业主要指标

Major Indicators of Local State-owned Construction Enterprises in Main Years

指　标	Item	2000	2005	2010	2012	2013	2014	2015	2016
企业个数（个）	Number of Enterprises (unit)	238	200	156	130	118	103	96	128
计算建筑业劳动生产率的平均人数（万人）	Average Number of Staff & Workers to Calculate Labor Productivity (10 000 persons)	13.3	16.7	20.3	20.5	24.6	29.7	28.1	28.8
建筑业总产值（万元）	Gross Output Value of Construction (10 000 yuan)	691699	1949218	4878699	7588766	8778188	8368281	9059867	9941288
竣工产值（万元）	Output Value of Construction Completed (10 000 yuan)	601947	1213806	2560959	3731162	4065692	3683812	5425079	4602114
房屋建筑施工面积（万平方米）	Floor Space of Buildings under Construction (10 000 sq.m)	1004.7	2203.8	4415.9	6697.2	8391.6	8351.8	9265.2	10034.2
#本年新开工	Newly Started Buildings in the Year	400.3	961.1	1490.9	2740.4	2326.7	2701.8	2015.0	1785.3
房屋建筑竣工面积（万平方米）	Floor Space of Buildings Completed (10 000 sq.m)	444.3	702.3	1238.1	1470.7	1543.3	1372.6	1669.5	1935.1
#住　宅	Residential Building	273.2	446.7	838.5	932.5	1076.5	928.0	965.8	1262.4
年末自有机械设备总台数（台）	Number of Machinery & Equipment Owned at Year-end (set)	34428	34397	23962	22671	20031		19042	16406
年末自有机械设备净值（万元）	Net Value of Machinery & Equipment Owned at Year-end (10 000 yuan)	93670	107045	86709	114266	89364		114434	107069
年末自有机械设备总功率（万千瓦）	Total Power of Machinery & Equipment Owned at Year-end (10 000 kw)	74.9	63.2	57.6	60.8	42.3		59.5	56.6
年末固定资产原值（万元）	Original Value of Fixed Assets (10 000 yuan)	647397	427785	423670	504654	492979	488579	488910	781761
年末固定资产净值（万元）	Net Value of Fixed Assets (10 000 yuan)	532899	299639	298090	318369	308085	328598	321051	551868
本年固定资产折旧（万元）	Depreciation of Fixed Assets (10 000 yuan)	14028	3118	15029	25814	22496	21244	25981	23454
利润总额（万元）	Total Profits (10 000 yuan)	3789	7854	33002	45516	79950	74325	85246	184145
利税总额（万元）	Total Pre-tax Profits (10 000 yuan)	25426	61464	186674	259196	330131	320206	344675	320443
按建筑业总产值计算的劳动生产率（元/人）	Overall Labor Productivity in Terms of Gross Output Value (yuan/person)	52007	116991	239954	370041	356200	343180	322102	345646
按竣工面积计算的劳动生产率（平方米/人）	Overall Labor Productivity in Terms of Floor Space of Buildings Completed (sq.m /person)	33	42.2	60.9	71.7	62.6	49.4	59.4	67.3
产值利润率（%）	Ratio of Profit to Gross Output Value (%)	0.5	0.4	0.7	0.5	0.9	0.9	0.9	1.9
产值利税率（%）	Ratio of Pre-tax Profit to Gross Output Value (%)	3.7	3.2	3.8	3.0	3.8	3.7	3.8	3.2
房屋建筑面积竣工率（%）	Rate of Floor Space of Buildings Completed (%)	44.2	31.9	28	22	18	16.4	18.0	19.3
技术装备率　（元/人）	Value of Machines per Laborer (yuan/person)	6788	6425	3900	5048	3386		4472	3646
动力装备率　（千瓦/人）	Power of Machines per Laborer (kw/person)	5	4	3	3	2		2	2

15—4　建筑企业生产情况（2016年）
Major Production Indicators of Construction Enterprises （2016）

指　标	Item	总　计 Total	#国有经济 State-owned Economic	中央企业 Central	地方企业 Local	#城镇集体经济 Urban Collective-owned Economic
企业个数（个）	Number of Enterprises (unit)	1203	106	13	93	157
#亏损企业个数	Number of Loss-making Enterprises	202	23	3	20	23
建筑业总产值(万元)	Gross Output Value of Construction(10 000 yuan)	34343330	12422832	2481544	9941288	2039066
建筑工程	Construction Projects	29548057	10879257	1966662	8912595	1868068
安装工程	Installation Projects	2937578	1073409	468372	605037	97150
其他	Others	1857695	470166	46510	423655	73847
竣工产值（万元）	Output Value of Construction Completed (10 000 yuan)	18297769	5668558	1066444	4602114	1229525
房屋建筑施工面积（万平方米）	Floor Space of Buildings under Construction (10 000 sq.m)	26463.48	10296.41	262.24	10034.17	1621.79
#本年新开工	Newly Started Buildings in the Year	8092.06	1814.68	29.36	1785.32	905.64
#投标承包	Number of Bidding Projects	0	0	0	0	0
房屋建筑竣工面积（万平方米）	Floor Space of Buildings Completed (10 000 sq.m)	7933.69	1982.51	47.38	1935.13	810.20
#住宅面积	Residential Buildings	4807.47	1285.03	22.59	1262.45	438.32
年末自有机械设备总台数（台）	Number of Machinery & Equipment Owned at Year-end (set)	147397	30239	18049	16406	18049
年末自有机械设备总功率（万千瓦）	Total Power of Machinery & Equipment Owned at Year-end (10 000 kw)	291.70	85.35	30.65	56.55	30.65
年末自有机械设备净值（万元）	Net Value of Machinery & Equipment Owned at Year-end (10 000 yuan)	603562.3	150820.9	43752.4	107068.5	63578.9
计算建筑业劳动生产率的平均人数(万人)	Average Number of Staff & Workers to Calculate Labor Productivity (10 000 persons)	119.38	33.64	4.88	28.76	8.25

15－5 按主要行业分组的建筑企业生产情况（2016年）

Major Production Indicators of Construction Enterprises by Sector（2016）

指 标	Item	总 计 Total	房屋建筑业 Housing Industry	土木工程建筑业 Civil Engineering	建筑安装业 Construction & Installation	建筑装饰和其他 Architectural Ornament & Others
企业个数（个）	Number of Enterprises (unit)	1203	728	222	119	134
#亏损企业个数	Number of Loss-making Enterprises	202	121	32	24	25
建筑业总产值(万元)	Gross Output Value of Construction (10 000 yuan)	34343330	27071773	6106945	857919	306694
建筑工程	Construction Projects	29548057	24154396	4845891	329229	218541
安装工程	Installation Projects	2937578	1515784	907261	493891	20642
其他	Others	1857695	1401593	353792	34799	67512
竣工产值（万元）	Output Value of Construction Completed (10 000 yuan)	18297769	15099070	2590868	395858	211973
房屋建筑施工面积（万平方米）	Floor Space of Buildings under Construction (10 000 sq.m)	26463.48	25457.43	892.05	107.84	6.16
#本年新开工	Newly Started Buildings in the Year	8092.06	7856.42	181.11	50.61	3.92
#投标承包	Number of Bidding Projects	0	0	0	0	0
房屋建筑竣工面积（万平方米）	Floor Space of Buildings Completed (10 000 sq.m)	7933.69	7720.57	176.30	28.61	8.22
#住宅面积	Residential Buildings	4807.47	4644.04	133.39	27.46	2.59
年末自有机械设备总台数（台）	Number of Machinery & Equipment Owned at Year-end (set)	147397	112442	25782	3360	5813
年末自有机械设备总功率（万千瓦）	Total Power of Machinery & Equipment Owned at Year-end (10 000 kw)	291.70	201.47	76.40	4.91	8.93
年末自有机械设备净值（万元）	Net Value of Machinery & Equipment Owned at Year-end (10 000 yuan)	603562.3	442229.5	139189.7	13407.5	8735.6
计算建筑业劳动生产率的平均人数(万人)	Average Number of Staff & Workers to Calculate Labor Productivity (10 000 persons)	119.38	96.86	18.94	2.50	1.09

15－6　建筑企业主要财务状况（2016年）

Major Financial Indicators of Construction Enterprises（2016）

单位：万元　　(10 000 yuan)

指　标	Item	总　计 Total	#国有经济 State-owned Economic	中央企业 Central	地方企业 Local	#城镇集体经济 Urban Collective-owned Economic
实收资本合计	Total Capital Hold	4166145	1079793	210234	869559	194053
流动资产合计	Total Circulating Funds	15570626	5966614	2006051	3960563	579406
固定资产合计	Total Fixed Assets	2049767	834283	215592	618691	127344
固定资产原价	Original Value of Fixed Assets	2662088	1196895	415134	781761	133486
累计折旧	Add Up Depreciation	1000377	439236	209344	229893	39972
#本年折旧	Depreciation of the Year	147011	53568	30114	23454	5509
资产总计	Total Assets	19216209	7279523	2329924	4949599	772764
流动负债合计	Total Liquid Liabilities	11230409	4873785	1890472	2983313	389404
非流动负债合计	Total Non-liquid Liabilities	1064661	730357	143052	587305	10953
所有者权益合计	Total Creditors Equity	6617500	1633469	296400	1337069	323168
主营业务收入	Income from Major Business	28986652	11253441	2357490	8895951	1555966
主营业务成本	Cost of Major Business	25954335	10264291	2206554	8057737	1408488
主营业务税金及附加	Taxes & Extra Charges of Major Business	595823	147966	17447	130519	59012
其他业务利润	Other Profits	26826	10834	2682	8153	1031
管理费用	Management Expenses	804903	230592	74583	156010	43974
财务费用	Property Expenses	210190	120301	29907	90395	2998
利润总额	Total Profits	681397	163261	-20884	184145	44401
利税总额	Total Pre-tax Profits	1310503	317959	-2483	320443	108679

15—7 按主要行业分组的建筑企业财务状况（2016年）
Major Financial Indicators of Construction Enterprises by Sector（2016）

单位：万元 (10 000 yuan)

指 标	Item	总 计 Total	房屋建筑业 Housing Industry	土木工程建筑业 Civil Engineering	建筑安装业 Construction & Installation	建筑装饰和其他建筑业 Architectual Ornament & Others
实收资本合计	Total Capital Hold	4166145	2750604	1120372	189707	105462
流动资产合计	Total Circulating Funds	15570626	10030562	4412977	822020	305068
固定资产合计	Total Fixed Assets	2049767	1366821	586872	59855	36218
固定资产原价	Original Value of Fixed Assets	2662088	1467072	1049418	97148	48450
累计折旧	Add Up Depreciation	1000377	423467	503102	47481	26327
#本年折旧	Depreciation of the Year	147011	74594	64341	5352	2723
资产总计	Total Assets	19216209	12358267	5533967	959340	364635
流动负债合计	Total Liquid Liabilities	11230409	7053134	3373280	627588	176407
非流动负债合计	Total Non-liquid Liabilities	1064661	441070	577108	26272	20211
所有者权益合计	Total Creditors Equity	6617500	4608320	1550674	299870	158636
主营业务收入	Income from Major Business	28986652	21811916	5949179	876870	348687
主营业务成本	Cost of Major Business	25954335	19925107	4966012	772041	291176
主营业务税金及附加	Taxes & Extra Charges of Major Business	595823	487202	90010	13171	5440
其他业务利润	Other Profits	26826	13852	8615	4148	210
管理费用	Management Expenses	804903	506927	218437	55946	23594
财务费用	Property Expenses	210190	126975	73137	9386	692
利润总额	Total Profits	681397	437583	199107	20317	24391
利税总额	Total Pre-tax Profits	1310503	951751	293495	34682	30575

15－8 各种分组的建筑企业主要经济效益指标（2016年）
Major Economic Efficiency Indicators of Construction Enterprises by Various Groups (2016)

指 标	Item	劳动生产率 Labor Productivity			房屋建筑面积竣工率（%） Rate of Floor Space of Buildings Completed (%)
		按总产值计算（元/人） Calculated by Gross Output Value (yuan/person)	按竣工产值计算（元/人） Calculated by Completed Output Value (yuan/person)	按房屋竣工面积计算（平方米/人） Calculated by Floor Space of Building Completed (sq.m/person)	
总 计	**Total**	**287684.86**	**153275.50**	**66.46**	**30.0**
按经济类型分	By Economic units				
#国有经济	State-owned Economic	369288.60	168506.97	58.93	19.3
中央企业	Central Enterprises	508679.90	218605.18	9.71	18.1
地方企业	Local Enterprises	345645.66	160009.53	67.28	19.3
集体经济	Collective-owned Economic	247219.39	149069.52	98.23	50.0
按企业资质等级分	By the Classes of Enterprises				
〇、一级	Zero, One Classes	294039.19	142003.06	59.79	23.6
二、三级	Two, Three Classes	275220.62	175386.81	79.53	50.1
按行业分	By Sector				
房屋建筑业	Building Construction	279505.37	155891.94	79.71	30.3
土木工程建筑业	Civil Engineering	322507.87	136823.78	9.31	19.8
建筑安装业	Construction	343579.78	158533.60	11.46	26.5
建筑装饰和其他建筑业	Installation	281500.05	194559.89	7.54	133.3

15－8 续表 continued

指 标	Item	资产利润率(%) Ratio of Profit to Funds (%)	资产利税率(%) Ratio of Per-tax Profit to Funds (%)	产值利润率(%) Ratio of Profit to Gross Output Value (%)	产值利税率(%) Ratio of Pre-tax Profit to Gross Output Value (%)
总 计	**Total**	**3.5**	**6.8**	**2.0**	**3.8**
按经济类型分	By Economic units				
#国有经济	State-owned	2.2	4.4	1.3	2.6
中央企业	Central Enterprises	-0.9	-0.1	-0.8	-0.1
地方企业	Local Enterprises	3.7	6.5	1.9	3.2
集体经济	Collective-owned Economic	5.7	14.1	2.2	5.3
按企业资质等级分	By the Classes of Enterprises				
O、一级	Zero, One Classes	2.4	5.4	1.2	2.6
二、三级	Two, Three Classes	5.2	8.9	3.7	6.4
按行业分	By Sector				
房屋建筑业	Building Construction	3.5	7.7	1.6	3.5
土木工程建筑业	Civil Engineering	3.6	5.3	3.3	4.8
建筑安装业	Construction	2.1	3.6	2.4	4.0
建筑装饰和其他建筑业	Installation	6.7	8.4	8.0	10.0

主要统计指标解释

建筑业统计单位 指从事房屋、构筑物建造和设备安装活动的法人企业。

建筑业总产值 建筑业总产值是以货币表现的建筑业企业在一定时期内生产的建筑业产品和提供的服务的总和。建筑业总产值包括:

(1) 建筑工程产值: 指列入建筑工程预算内的各种工程价值。

(2) 安装工程产值: 指设备安装工程价值, 不包括被安装设备本身价值。

(3) 其他产值: 建筑业总产值中除建筑工程、安装工程以外的产值。包括房屋构筑物修理产值、非标准设备制造产值、总包企业向分包企业收取的管理费以及不能明确划分的施工活动所完成的产值。

竣工产值 指以货币表现的建筑业生产所形成的成品的价值。竣工产值一般是以单位工程为对象, 当该工程按照设计所规定工程内容全部完成, 达到了设计规定的交工条件, 经有关部门检查验收鉴定合格的单位工程价值。竣工产值包括报告期内竣工单位工程从开工到竣工的全部自行完成的价值。如果一个单位工程跨两个年度施工, 其竣工价值应当包括上年度完成的价值。竣工产值不包括附属辅助企业或内部核算的其他单位为外单位生产和服务的价值。

房屋建筑施工面积 是指报告期内施工的全部房屋建筑面积, 它包括本期新开工的面积、上期跨入本期继续施工的房屋面积、上期停缓建在本期恢复施工的房屋面积、本期竣工的房屋面积以及本期施工后又停缓建的房屋面积。

房屋竣工面积 是指在报告期内房屋建筑按照设计要求已全部完工, 达到了使用条件, 经检查验收鉴定合格的房屋建筑面积。计算房屋竣工面积, 必须严格执行房屋竣工验收标准。

自有机械设备年末总功率 是指本企业 (或单位) 自有施工机械、生产设备、运输设备以及其他设备等列为固定资产的生产性机械设备年末总功率, 按设定能力或查定能力计算。包括机械本身的动力和为该机械服务的单独动力设备, 如电动机等。计量单位用千瓦, 动力换算可按1马力=0.735千瓦折合成千瓦数。电焊机、变压器、锅炉不计算动力。

自有机械设备净值 是指本企业 (或单位) 自有机械设备经过使用、磨损后实际存在的价值, 即原值减去折旧后的净额。

房屋建筑面积竣工率 是指报告期内房屋建筑竣工面积占同期房屋建筑施工面积的比重。

技术装备率 指在报告期末自有机械设备净值与期末从业人数的比重。

动力装备率 指在报告期末自有机械设备总功率与期末从业人数的比重。

产值利润率 指在报告期内每百元产值所实现的利润。它的计算方法是:利润总额除以建筑业总产值。

产值利税率 指在报告期内每百元产值所实现的利税。它的计算方法是:利税总额除以建筑业总产值。

Explanatory Notes on Main Statistical Indicators

Statistical Unit in Construction refers to corporate enterprise engaged in the construction of buildings and structures and in the installation of equipment

Gross Output Value of Construction (Output Value of Projects Under Construction) refers to total of construction products, expressed, in money terms, completed by construction and installation enterprises during a given period of time. It includes:

(1) Output value of construction projects, that is the value of projects covered by the project budgets;

(2) Output value of installation projects, that is the value of the installation equipment,(excluding the value of the equipment to be installed);

(3) Output value of others, that is the output value of construction industry excluding of construction projects and installation projects. It includes: output value of repairs of buildings or structures; output value of non-standard equipment manufacturing; overhead expenses received by contracted enterprises the sub-contracted enterprises and the completed output value of construction activities that have no clear definition.

Output Value Completed refers to the value of the finished products make from construction producing that displays with the currency. It is the value of unit projects completed, which has come up to the designed standards and has been checked and accepted as qualified project by related departments. Output value completed includes the value of unit project completed that is all finished by itself from going into operation to completing during the report period. If the project of a unit is stepped for two years, its completed value should include the value that is finished in prior year. Output value completed does not include the value of attaching auxiliary enterprises or other checked-inside units that produce and serve for the other unit.

Floor Space of Buildings Under Construction refers to floor space of buildings under construction during the reference period including newly started buildings buildings started earlier and continued during the reference period and buildings suspended earlier restarted during the reference period, buildings completed during the reference period, and building under construction and then suspended during the reference period.

Floor Space of Buildings Completed refers to the floor space of buildings that are completed in reference period in accordance with the requirements of the design, up to the standard for putting into use, and have been checked and accepted by concerned departments as qualified ones.

Total Power of Machinery and Equipment Owned by the End of Year refers to the total power of machinery and equipment owned by the enterprises, and listed as the fixed assets of the enterprises by the end of the year' including machinery and equipment for construction, production and transportation. The power of the machinery is calculated on basis of the designed or verified capacity covering the power of the machinery / equipment and the separate power equipment serving the machinery / equipment (such as electric motors) but excluding welders, transformers and boilers. The unit used for the calculation of power is kilowatt, with horsepower converted to kilowatt by 1 horsepower = 0.735 kilowatt. Arc welding generator, voltage transformer and boiler don' t calculate power.

Net Value of Machinery and Equipment Owned refers to the actual value of machinery and equipment owned by the enterprises after being used and broken, is obtained by deducting net value after depreciation from original value.

Rate of Floor Space of Buildings Completed refers to the ration of the floor space of buildings completed in certain period of time to the floor space of buildings under Construction in the same period.

Value of Machines per Laborer refers to the proportion of net value of machinery and equipment owned with persons employed of construction at year-end during the reference period.

Power of Machines per Laborer refers to the proportion of total power of machinery and equipment owned with persons employed of construction at year-end during the reference period.

Ratio of Profit to Gross Output Value refers to the profits that per 100 yuan make. It can be calculated as: total profits /gross output value of construction.

Ratio of Pre-tax Profit to Gross Output Value that is ratio of pre-tax profit to gross output value. Refers to the profits that per 100 yuan make. It can be calculated as: total Pre-tax profits /gross output value of construction.

第十六篇

批发和零售业

WHOLESALE & RETAIL TRADES

（编辑：蒙庆彬）

16—1 限额以上批发和零售业企业基本情况（2016年）
Basic Conditions of Enterprises above Designated Size in Wholesale & Retail (2016)

项 目	Item	法人企业（个）Corporation Enterprises (unit)	年末从业人员（人）Year-end Persons Employed (person)
总 计	**Total**	**3178**	**188602**
一、批发业	**Ⅰ.Wholesale**	**1212**	**68435**
1.按登记注册类型分组	**1.Grouped by Status of Registration**		
内资企业	Domestic Funded Enterprises	1203	68101
国有企业	State-owned Industry	53	9827
集体企业	Collective-owned Industry	21	1104
股份合作企业	Cooperative Enterprises	2	43
联营企业	Joint Ownership Enterprises		
国有联营企业	State Joint Ownership Enterprises		
集体联营企业	Collective Joint Ownership Enterprises		
国有与集体联营企业	Joint State-Collective Ownership Enterprises		
其他联营企业	Other Joint Ownership Enterprises		
有限责任公司	Limited Liability Corporations	349	24255
国有独资企业	Sole State-funded Corporations	45	7268
其他有限责任公司	Other Limited Liability Corporations	304	16987
股份有限公司	Share Holding Enterprises	43	8749
私营企业	Private Enterprises	727	23402
私营独资企业	Private-funded Enterprises	6	215
私营合伙企业	Private Partnership Enterprises	1	23
私营有限责任公司	Private Limited Liability Corporations	698	22428
私营股份有限公司	Private Share Holding Enterprises	22	736
其他企业	Others	8	721
港、澳、台商投资企业	Enterprises with Funds from Hong Kong, Macao & Taiwan	5	202
合资经营企业	Joint Venture Enterprises	2	68
合作经营企业	Cooperative Enterprises		
独资经营企业	Enterprises with Sole Investment	3	134
投资股份有限公司	Share-holding Corporations Ltd. with Investment		
其他港澳台投资企业	Others		
外商投资企业	Foreign-investment Enterprise	4	132
中外合资经营企业	Joint Venture Enterprises	2	98
中外合作经营企业	Cooperative Enterprises		
外资企业	Enterprises with Sole Foreign Investment	2	34
外商投资股份有限公司	Share-holding Corporations Ltd. with Foreign Investment		
其他外商投资企业	Others		
2.按国民经济行业分组	**2.Grouped by National Economic Sector**		
农、林、牧产品批发业	Wholesale of the Agricultural & Animal Products	75	2667
食品、饮料及烟草制品批发业	Wholesale of Food , Beverage & Tobacco Products	161	18279
#米、面制品及食用油批发业	Wholesale of Rice, Flour Products & Edible Oil	32	3154

16－1 续表1 continued

项 目	Item	法人企业（个） Corporation Enterprises (unit)	年末从业人员（人） Year-end Persons Employed (person)
烟草制品批发业	Wholesale of Tobacco Products	14	7240
纺织、服装及日用品批发业	Wholesale of Textile, Garments & Daily Necessities	107	6350
#服装批发业	Wholesale of Garments	16	775
文化、体育用品及器材批发业	Wholesale of Culture, Sports Goods & Apparatus	23	786
医药及医疗器材批发业	Wholesale of Medicine & Medical Apparatus	115	9406
矿产品、建材及化工产品批发业	Wholesale of Mineral Products, Building Materials & Chemical Products	509	22277
#煤炭及制品批发业	Wholesale of Coal & Related Products	60	1071
石油及制品批发业	Wholesale of Petroleum & Related Products	72	12436
金属及金属矿批发业	Wholesale of Metal & Metallic Ore	177	2765
建材批发业	Wholesale of Building Materials	71	1338
化肥批发业	Wholesale of Chemical Fertilizer	61	2556
机械设备、五金交电及电子产品批发业	Wholesale of Mechanical Equipment, Hardware & Electrical Equipment & Electronic Product	189	8088
#汽车批发业	Wholesale of Motor Vehicles	33	1050
计算机、软件及辅助设备批发业	Wholesale of Computer, Software & Auxiliary Equipment	21	724
贸易经纪与代理	Trade Manager & Acting as Agent	5	48
其他批发业	Others	28	534
二、零售业	**Ⅱ.Retail**	**1966**	**120167**
1.按登记注册类型分组	**1.Grouped by Status of Registration**		
内资企业	Domestic Funded Enterprises	1915	109673
国有企业	State-owned Industry	31	2005
集体企业	Collective-owned Industry	32	1394
股份合作企业	Cooperative Enterprises	1	30
联营企业	Joint Ownership Enterprises		
国有联营企业	State Joint Ownership Enterprises		
集体联营企业	Collective Joint Ownership Enterprises		
国有与集体联营企业	Joint State-Collective Ownership Enterprises		
其他联营企业	Other Joint Ownership Enterprises		
有限责任公司	Limited Liability Corporations	615	44958
国有独资企业	Sole State-funded Corporations	63	2833
其他有限责任公司	Other Limited Liability Corporations	552	42125
股份有限公司	Share Holding Enterprises	60	10865
私营企业	Private Enterprises	1171	50340
私营独资企业	Private-funded Enterprises	70	1441
私营合伙企业	Private Partnership Enterprises	12	415
私营有限责任公司	Private Limited Liability Corporations	1047	46705
私营股份有限公司	Private Share Holding Enterprises	42	1779
其他企业	Others	5	81

16－1 续表2 continued

项 目	Item	法人企业（个）Corporation Enterprises (unit)	年末从业人员（人）Persons Employed (person)
港、澳、台商投资企业	Enterprises with Funds from Hong Kong, Macao & Taiwan	42	8680
合资经营企业	Joint Venture Enterprises	12	3377
合作经营企业	Cooperative Enterprises	1	179
独资经营企业	Enterprises with Sole Investment	25	4479
投资股份有限公司	Share-holding Corporations Ltd. with Investment	2	141
其他港澳台投资企业	Others	2	504
外商投资企业	Foreign-investment Enterprise	9	1814
中外合资经营企业	Joint Venture Enterprises	1	222
中外合作经营企业	Cooperative Enterprises	1	10
外资企业	Enterprises with Sole Foreign Investment	5	1349
外商投资股份有限公司	Share-holding Corporations Ltd. with Foreign Investment	1	214
其他外商投资企业	Others	1	19
2.国民经济行业分组	**2.Grouped by National Economic Sector**		
综合零售业	Comprehensive Retail	315	44081
#百货零售业	Retail of Consumer Goods	124	17392
超级市场零售业	Retail of Supermarket	171	25666
食品、饮料及烟草制品专门零售业	Special Retail of Food , Beverage & Tobacco Products	98	3238
纺织、服装及日用品专门零售业	Special Retail of Textile , Garments & Daily Necessities	47	1876
#服装零售业	Retail of Garments	15	517
文化、体育用品及器材专门零售业	Special Retail of Culture , Sports Goods & Apparatus	114	4651
#体育用品及器材零售业	Retail of Sports Goods	3	885
图书、报刊零售业	Retail of Books	74	2768
医药及医疗器材专门零售业	Special Retail of Medicine & Medical Apparatus	113	15932
#药品零售业	Retail of Medicines	104	15676
汽车、摩托车、燃料及零配件专门零售业	Special Retail of Motor Vehicles, Motorcycles & Parts	819	34089
#汽车零售业	Retail of Motor Vehicles	638	30055
机动车燃料零售业	Fuel Retail of Motor Vehicle	90	2273
家用电器及电子产品专门零售业	Special Retail of Household Appliances & Electronic Products	326	11434
#日用家电设备零售业	Retail of Home Electionic & Electrical Appliances	128	5530
#计算机、软件及辅助设备零售业	Retail of Computer , Software & Auxiliary Equipment	97	1904
通讯设备零售业	Retail of Communication Apparatus	33	1871
五金、家具及室内装修材料专门零售业	Special Retail of Hardware, Furniture & Indoor Renovation Material	54	1087
货摊、无店铺及其他零售业	Retail without Shop & Others	80	3779

16—2 主要年份限额以上批发和零售业企业商品购进、销售和库存总额

Total Purchases, Sales & Stock of Enterprises above Designated in Wholesale & Retail Sale Trade in Main Years

单位：万元 (10 000 yuan)

项 目	Item	2000	2005	2010	2012	2013	2014	2015	2016
一、法人企业数（个）	**Number of Corporation Enterprises (unit)**	**681**	**902**	**1465**	**2176**	**2375**	**2705**	**2920**	**3178**
二、年末从业人员（人）	**Number of Persons Employed (person)**	**100057**	**119358**	**122788**	**159978**	**170027**	**175267**	**180103**	**188602**
三、商品购进总额	**Ⅰ.Total Purchases**	**3890602**	**11143383**	**24393191**	**41578059**	**45048592**	**46415288**	**48709342**	**56399803**
#进 口	Imports	66953	136366	399495	789367	714536	1018980	949068	993713
四、商品销售总额	**Ⅱ.Total Sales**	**4181138**	**11682006**	**25892641**	**42275981**	**48675175**	**51919397**	**57516783**	**64032093**
1.批 发	1.Wholesale	3071302	8699573	18000452	30424752	34300190	35702255	39614680	44244014
#出 口	Exports	371065	331529	465449	582354	470110	1076534	1802295	2340145
2.零 售	2.Retail	1109836	2982433	7892189	11851228	14374985	16217142	17902103	19788078
五、年末库存总额	**Ⅲ.Total Inventory at Year-end**	**394164**	**694048**	**1887898**	**3770048**	**3794962**	**4148921**	**3792495**	**4708162**

16—3 限额以上批发和零售业企业商品购进、销售、库存总额（2016年）
Total Purchases, Sales & Stock of Enterprises above Designated in Wholesale & Retail Sale Trade by Sector (2016)

单位：万元 (10 000 yuan)

项 目	Item	购进总额 Total Purchases	#进口 Imports	销售总额 Total Sales 合计 Total	批发 Wholesale	#出口 Exports	零售 Retail Sale	年末库存总额 Total Inventory at Year-end
总 计	**Total**	**56399803**	**993713**	**64032093**	**44244014**	**2340145**	**19788078**	**4708162**
一、批发业	**Ⅰ. Wholesale**	**41436585**	**589728**	**46704778**	**41704755**	**2330073**	**5000023**	**2584031**
1.按登记注册类型分组	**1. Grouped by Status of Registration**							
内资企业	Domestic Funded Enterprises	41279393	581214	46494204	41513870	2329336	4980334	2571201
国有企业	State-owned Industry	3457692	1471	4908310	4875868	147093	32442	376830
集体企业	Collective-owned Industry	1028290	0	1075168	1051132	0	24036	17333
股份合作企业	Cooperative Enterprises	4537	0	4696	3231	0	1465	117
联营企业	Joint Ownership Enterprises							
国有联营企业	State Joint Ownership Enterprises							
集体联营企业	Collective Joint Ownership Enterprises							
国有与集体联营企业	Joint State-Collective Ownership Enterprises							
其他联营企业	Other Joint Ownership Enterprises							
有限责任公司	Limited Liability Corporations	25874266	301920	28065325	24919960	676042	3145365	1437924
国有独资企业	Sole State-funded Corporations	4853705	54201	5680863	3430714	961	2250149	160380
其他有限责任公司	Other Limited Liability Corporations	21020561	247719	22384462	21489246	675081	895216	1277544
股份有限公司	Share Holding Enterprises	1960957	4336	2407345	1224331	32632	1183014	97624
私营企业	Private Enterprises	8931283	272689	10008221	9414210	1473568	594012	641213
私营独资企业	Private-funded Enterprises	44860	0	39089	38062	0	1027	9087

16－3 续表1 continue

单位：万元 (10 000 yuan)

项 目	Item	购进总额 Total Purchases	#进口 Imports	销售总额 Total Sales 合计 Total	批发 Whole-sale	#出口 Exports	零售 Retail Sale	年末库存总额 Total Inventory at Year-end
私营合伙企业	Private Partnership Enterprises	3405	0	3335	1701	0	1634	350
私营有限责任公司	Private Limited Liability Corporations	8698184	272160	9732080	9180827	1468708	551253	619892
私营股份有限公司	Private Share Holding Enterprises	184834	529	233718	193620	4861	40098	11885
其他企业	Others	22368	798	25140	25140	0	0	160
港、澳、台商投资企业	Enterprises with Funds from Hong Kong, Macao & Taiwan	24210	2517	39283	38549	0	733	3447
合资经营企业	Joint Venture Enterprises	11356	0	11586	11056	0	530	2653
合作经营企业	Cooperative Enterprises							
独资经营企业	Enterprises with Sole Investment	12854	2517	27696	27493	0	203	794
投资股份有限公司	Share-holding Corporations Ltd. with Investment							
其他港澳台投资企业	Others							
外商投资企业	Foreign-investment Enterprise	132982	5998	171291	152335	737	18956	9383
中外合资经营企业	Joint Venture Enterprises	125475	0	134735	119732	0	15003	7739
中外合作经营企业	Cooperative Enterprises							
外资企业	Enterprises with Sole Foreign Investment	7506	5998	36557	32604	737	3953	1644
外商投资股份有限公司	Share-holding Corporations Ltd. with Foreign Investment							
其他外商投资企业	Others							
2.按国民经济行业分组	**2.Grouped by National Economic Sector**							
农、林、牧产品批发业	Wholesale of the Agricultural & Animal Products	751909	4902	808840	767613	10275	41226	160398

16—3 续表2 continued

单位：万元 (10 000 yuan)

项 目	Item	购进总额 Total Purchases	#进口 Imports	销售总额 Total Sales 合计 Total	批发 Wholesale	#出口 Exports	零售 Retail Sale	年末库存总额 Total Inventory at Year-end
食品、饮料及烟草制品批发业	Wholesale of Food , Beverage & Tobacco Products	7727895	42070	9329620	9129659	248572	199961	584724
#米、面制品及食用油批发业	Wholesale of Rice, Flour Products & Edible Oil	965234	42	1027943	1010079	2406	17864	96063
烟草制品批发业	Wholesale of Tobacco Products	2737158	211	4057463	4055334	0	2129	256682
纺织、服装及日用品批发业	Wholesale of Textile, Garments & Daily Necessities	1884650	3307	2154995	2065600	425085	89395	179690
#服装批发业	Wholesale of Garments	137469	2517	153568	139719	76844	13849	14732
文化、体育用品及器材批发业	Wholesale of Culture , Sports Goods & Apparatus	448955	0	481278	464609	12476	16669	35947
医药及医疗器材批发业	Wholesale of Medicine & Medical Apparatus	1874756	7178	2145863	1892980	149755	252883	142534
矿产品、建材及化工产品批发业	Wholesale of Mineral Products , Building Materials & Chemical Products	25871849	508815	28568178	24414408	217599	4153771	1267082
#煤炭及制品批发业	Wholesale of Coal & Related Products	1708252	60655	2175089	1951841	0	223248	138482
石油及制品批发业	Wholesale of Petroleum & Related Products	6652105	134595	8308158	4430662	0	3877496	231029
金属及金属矿批发业	Wholesale of Metal & Metallic Ore	14917871	293133	15315207	15297803	44138	17404	753972
建材批发业	Wholesale of Building Materials	1337679	16476	1390666	1381455	131679	9211	46936
化肥批发业	Wholesale of Chemical Fertilizer	439039	1294	518505	499533	10995	18972	46537
机械设备、五金交电及电子产品批发业	Wholesale of Mechanical Equipment, Hardware & Electrical Equipment & Electronic Product	2327574	21737	2656967	2429156	1007975	227811	199525

16—3 续表3 continued

单位：万元 (10 000 yuan)

项 目	Item	购进总额 Total Purchases	#进口 Imports	销售总额 Total Sales 合计 Total	批发 Wholesale	#出口 Exports	零售 Retail Sale	年末库存总额 Total Inventory at Year-end
#汽车批发业	Wholesale of Motor Vehicles	310008	0	371001	312046	2119	58955	28873
计算机、软件及辅助设备批发业	Wholesale of Computer, Soft-ware & Auxiliary Equipment	141638	0	194181	127756	0	66425	13870
贸易经纪与代理	Trade Manager & Acting as Agent	28620	884	29723	29723	13997	0	1034
其他批发业	Others	520378	836	529314	511006	244338	18308	13099
二、零售业	**Ⅱ. Retail**	**14963218**	**403984**	**17327315**	**2539260**	**10072**	**14788055**	**2124131**
1.按登记注册类型分组	**1. Grouped by Status of Registration**							
内资企业	Domestic Funded Enterprises	13696968	230920	15830258	2421323	3059	13408936	2031513
国有企业	State-owned Industry	136892	0	156391	22511	0	133880	10377
集体企业	Collective-owned Industry	278634	0	296410	113706	0	182704	15091
股份合作企业	Cooperative Enterprises	1227	0	1721	0	0	1721	3
联营企业	Joint Ownership Enterprises							
国有联营企业	State Joint Ownership Enterprises							
集体联营企业	Collective Joint Ownership Enterprises							
国有与集体联营企业	Joint State-Collective Ownership Enterprises							
其他联营企业	Other Joint Ownership Enterprises							
有限责任公司	Limited Liability Corporations	6782937	131980	8030464	837387	193	7193078	1183169
国有独资企业	Sole State-funded Corporations	250318	0	273715	8056	0	265658	40046

16－3　续表4　continued

单位：万元　(10 000 yuan)

项　目	Item	购进总额 Total Purchases	#进口 Imports	销售总额 Total Sales 合计 Total	批发 Wholesale	#出口 Exports	零售 Retail Sale	年末库存总额 Total Inventory at Year-end
其他有限责任公司	Other Limited Liability Corporations	6532619	131980	7756749	829330	193	6927419	1143124
股份有限公司	Share Holding Enterprises	1725536	5396	1979690	907524	0	1072166	176678
私营企业	Private Enterprises	4769372	93544	5362307	540195	2866	4822112	645409
私营独资企业	Private-funded Enterprises	80461	84	91069	4289	0	86780	15135
私营合伙企业	Private Partnership Enterprises	14532	0	16553	1403	0	15151	1021
私营有限责任公司	Private Limited Liability Corporations	4521791	84854	5077596	527309	2866	4550287	604866
私营股份有限公司	Private Share Holding Enterprises	152588	8607	177088	7194	0	169895	24387
其他企业	Others	2370	0	3275	0	0	3275	787
港、澳、台商投资企业	Enterprises with Funds from Hong Kong, Macao & Taiwan	1108021	146462	1318991	75955	5742	1243036	72365
合资经营企业	Joint Venture Enterprises	314820	27973	382859	9025	0	373835	23947
合作经营企业	Cooperative Enterprises	8914	0	8376	0	0	8376	1843
独资经营企业	Enterprises with Sole Investment	659897	85301	803192	66930	5742	736262	37825
投资股份有限公司	Share-holding Corporations Ltd. with Investment	20698	0	19530	0	0	19530	1807
其他港澳台投资企业	Others	103694	33188	105033	0	0	105033	6943
外商投资企业	Foreign-investment Enterprise	158229	26602	178066	41983	1271	136083	20253
中外合资经营企业	Joint Venture Enterprises	21076	0	22578	0	0	22578	2179
中外合作经营企业	Cooperative Enterprises	4726	0	4363	0	0	4363	875
外资企业	Enterprises with Sole Foreign Investment	115164	26602	128216	41983	1271	86234	16272
外商投资股份有限公司	Share-holding Corporations Ltd. with Foreign Investment	8988	0	13821	0	0	13821	855
其他外商投资企业	Others	8275	0	9088	0	0	9088	73
2.按国民经济行业分组	**2.Grouped by National Economic Sector**							
综合零售业	Comprehensive Retail	2634092	3346	3659893	154851	0	3505042	267160

16－3 续表5 continued

单位：万元 (10 000 yuan)

项 目	Item	购进总额 Total Purchases	#进口 Imports	销售总额 Total Sales 合计 Total	批发 Wholesale	#出口 Exports	零售 Retail Sale	年末库存总额 Total Inventory at Year-end
#百货零售业	Retail of Consumer Goods	1456464	2178	2143082	100952	0	2042130	112172
超级市场零售业	Retail of Supermarket	1061232	468	1388596	4423	0	1384173	141816
食品、饮料及烟草制品专门零售业	Special Retail of Food , Beverage & Tobacco Products	196982	7392	234435	81384	0	153051	39685
纺织、服装及日用品专门零售业	Special Retail of Textile , Garments & Daily Necessities	135068	0	182961	20809	0	162152	29283
# 服装零售业	Retail of Garments	49227	0	69055	10628	0	58426	14747
文化、体育用品及器材专门零售业	Special Retail of Culture, Sports Goods & Apparatus	271653	0	313011	28570	0	284441	38548
#体育用品及器材零售业	Retail of Sports Goods	26375	0	41329	5998	0	35331	390
图书、报刊零售业	Retail of Books	195451	0	208591	10593	0	197999	20587
医药及医疗器材专门零售业	Special Retail of Medicine & Medical Apparatus	2369253	922	2580026	1310324	0	1269702	208775
#药品零售业	Retail of Medicines	2333460	0	2531328	1288214	0	1243113	206456
汽车、摩托车、燃料及零配件专门零售业	Special Retail of Motor Vehicles, Motorcycles & Parts	7519836	364354	8221219	363235	1037	7857984	868370
#汽车零售业	Retail of Motor Vehicles	6884416	360525	7497112	300826	333	7196286	798544
机动车燃料零售业	Fuel Retail of Motor Vehicle	448092	3829	506322	52484	0	453838	37413
家用电器及电子产品专门零售业	Special Retail of Household Appliances & Electronic Products	1542243	26602	1771897	493160	7013	1278737	650072
#日用家电设备零售业	Retail of Home Electionic & Electrical Appliances	1055383	0	1190713	337430	0	853283	592515
计算机、软件及辅助设备零售业	Retail of Computer , Software & Auxiliary Equipment	122211	0	145491	37825	0	107666	14081
通讯设备零售业	Retail of Communication Apparatus	176356	26602	204952	85444	1271	119507	19169
五金、家具及室内装修材料专门零 售业	Special Retail of Hardware, Furniture & Indoor Renovation Material	122473	79	136992	31613	1830	105379	14162
货摊、无店铺及其他零售业	Retail without Shop & Others	171619	1290	226882	55314	193	171568	8077

16—4 限额以上批发和零售业企业主要财务指标（2016年）

单位：万元

项 目	Item	流动资产小计 Circulating Funds	#存货 Deposit Products	固定资产原价 Original Value of Fixed Assets	累计折旧 Add Up Depreciation	#本年折旧 Depreciation of the Year	资产合计 Total Assets	负债合计 Total Liabilities
总 计	**Total**	**22754708**	**3959182**	**3374240**	**1214127**	**226881**	**30806587**	**21768690**
一、批发业	**Ⅰ. Wholesale**	**15645902**	**2543282**	**2044103**	**720816**	**135715**	**21535529**	**15342556**
1.按登记注册类型分组	**1. Grouped by Status of Registration**							
内资企业	Domestic Funded Enterprises	15478795	2528727	2033711	716851	135336	21214633	15139452
国有企业	State-owned Industry	1190112	391670	421801	188020	21382	1886936	755971
集体企业	Collective-owned Industry	72679	18473	11890	2983	269	92561	76758
股份合作企业	Cooperative Enterprises	662	7	221	84	11	1030	915
联营企业	Joint Ownership Enterprises							
国有联营企业	State Joint Ownership Enterprises							
集体联营企业	Collective Joint Ownership Enterprises							
国有与集体联营企业	Joint State-Collective Ownership Enterprises							
其他联营企业	Other Joint Ownership Enterprises							
有限责任公司	Limited Liability Corporations	8139673	1236038	1098538	327956	82681	11170791	8400049
国有独资企业	Sole State-funded Corporations	1781192	169421	542149	189515	22912	2621498	1955185
其他有限责任公司	Other Limited Liability Corporations	6358481	1066617	556389	138441	59769	8549293	6444863
股份有限公司	Share Holding Enterprises	1154052	174351	234089	102834	14483	2332404	1202323
私营企业	Private Enterprises	4919343	707767	264679	94198	16388	5724718	4700887
私营独资企业	Private-funded Enterprises	25469	2402	3524	1771	14	30355	18611
私营合伙企业	Private Partnership Enterprises	3074	998	225	143	6	3156	2730
私营有限责任公司	Private Limited Liability Corporations	4822347	691600	253430	89254	15867	5603165	4628044
私营股份有限公司	Private Share Holding Enterprises	68453	12766	7500	3030	502	88042	51502
其他企业	Others	2274	421	2493	777	122	6193	2549
港、澳、台商投资企业	Enterprises with Funds from Hong Kong, Macao & Taiwan	29852	5885	6680	2244	163	80649	42456
合资经营企业	Joint Venture Enterprises	19649	2323	3197	1284	106	67420	36095
合作经营企业	Cooperative Enterprises							
独资经营企业	Enterprises with Sole Investment	10203	3562	3483	960	56	13230	6361
投资股份有限公司	Share-holding Corporations Ltd. with Investment							
其他港澳台投资企业	Others							

Main Financial Indicators of Enterprises above Designated in Wholesale & Retail Sale Trade (2016)

(10 000 yuan)

所有者权益合计 Total Creditors Equity	#实收资本 Capital Hold	#国家资本 State Capital	主营业务收入 Business Income of the Main Products	主营业务成本 Core Business Cost	主营业务税金及附加 Core Business Tax&Extra Charges	销售费用 Operating Cost	管理费用 Manage-ment Expenses	财务费用 Financial Expenses	#利息支出 Interest Expenditure	营业利润 Business Profits	利润总额 Gross Profits
9037897	**9553304**	**2533934**	**56372812**	**52223507**	**558377**	**1636737**	**943544**	**323647**	**257838**	**834028**	**928435**
6192973	**7924622**	**2296998**	**40865500**	**38183805**	**514626**	**804292**	**535720**	**251130**	**208912**	**571020**	**604189**
6075181	7849454	2296998	40690395	38021221	514322	798302	531635	247597	205729	574806	607968
1130965	169154	160394	4163007	3112807	472646	114817	181331	-8185	8553	302479	328191
15803	6566	0	933287	910319	393	12468	5414	408	198	4561	4423
115	245	78	4471	4196	8	207	174	3	2	3	3
2770743	5882563	1370607	24554188	23683323	22169	347411	181288	173752	139209	137391	140694
666313	333196	316483	4919890	4575795	6957	139568	63749	42212	34013	88964	91676
2104430	5549367	1054125	19634298	19107528	15212	207844	117539	131540	105196	48427	49018
1130081	989926	765389	1882530	1680109	2174	110807	32038	14626	5426	37690	35183
1023831	798628	530	9128134	8608593	16880	211573	131009	66949	52301	91275	98701
11745	1393	0	38605	32297	248	463	534	26	0	4037	4051
426	500	0	2850	2595	2	81	111	0	0	61	61
975120	774279	530	8895480	8403164	16441	205537	127054	65956	51938	76336	82595
36540	22456	0	191199	170538	189	5493	3310	967	363	10841	11994
3644	2371	0	24777	21874	52	1019	380	45	40	1408	774
38194	45422	0	33884	28742	173	5297	1314	227	40	-1380	-1436
31324	35584	0	10021	10279	2	766	773	30	39	-1339	-1438
6869	9838	0	23864	18464	171	4531	542	197	1	-40	2

16－4　续表 1

单位：万元

项　目	Item	流动资产小计 Circulating Funds	#存货 Deposit Products	固定资产原价 Original Value of Fixed Assets	累计折旧 Add Up Depreciation	#本年折旧 Depreciation of the Year	资产合计 Total Assets	负债合计 Total Liabilities
外商投资企业	Foreign-investment Enterprise	137256	8670	3713	1720	216	240247	160649
中外合资经营企业	Joint Venture Enterprises	130382	6891	3463	1602	201	233034	155141
中外合作经营企业	Cooperative Enterprises							
外资企业	Enterprises with Sole Foreign Investment	6874	1779	250	119	16	7213	5507
外商投资股份有限公司	Share-holding Corporations Ltd. with Foreign Investment							
其他外商投资企业	Others							
2.按国民经济行业分组	**2.Grouped by National Economic Sector**							
农、林、牧产品批发业	Wholesale of the Agricultural & Animal Products	564281	203177	77766	26064	2784	798347	637247
食品、饮料及烟草制品批发业	Wholesale of Food, Beverage & Tobacco Products	3619408	608991	420984	189890	22926	4675520	3270146
#米、面制品及食用油批发业	Wholesale of Rice, Flour Products & Edible Oil	462419	100381	25437	9545	1216	654910	429153
烟草制品批发业	Wholesale of Tobacco Products	790354	271586	314505	138555	17695	1051703	307106
纺织、服装及日用品批发业	Wholesale of Textile , Garments & Daily Necessities	615411	177995	43652	12334	2370	734708	567625
#服装批发业	Wholesale of Garments	42385	17301	2546	1717	84	43839	39635
文化、体育用品及器材批发业	Wholesale of Culture , Sports Goods & Apparatus	400249	53769	24720	8474	1158	654837	416252
医药及医疗器材批发业	Wholesale of Medicine & Medical Apparatus	876749	135533	88014	26423	7424	1028724	831365
矿产品、建材及化工产品批发业	Wholesale of Mineral Products, Building Materials & Chemical Products	8060540	1127664	1315513	424528	95583	11683387	8189206
#煤炭及制品批发业	Wholesale of Coal & Related Products	1535929	120228	24151	11307	1829	2095621	1365549
石油及制品批发业	Wholesale of Petroleum & Related Products	1655125	288457	826241	306343	37294	3409660	1874310
金属及金属矿批发业	Wholesale of Metal & Metallic Ore	3099186	575239	381412	75968	50927	4104889	3273164
建材批发业	Wholesale of Building Materials	617587	54293	7225	3764	397	738868	545158
化肥批发业	Wholesale of Chemical Fertilizer	291668	43724	28906	8001	788	389409	333106
机械设备、五金交电及电子产品批发业	Wholesale of Mechanical Equipment, Hardware & Electrical Equipment & Electronic Product	1410703	220059	67612	31625	3062	1850233	1339588
#汽车批发业	Wholesale of Motor Vehicles	200685	28188	8522	4109	513	230162	198469
计算机、软件及辅助设备批发业	Wholesale of Computer , Software & Auxiliary Equipment	35671	12199	1176	768	117	39632	21485
贸易经纪与代理	Trade Manager & Acting as Agent	3189	982	136	68	13	3388	3103
其他批发业	Others	95373	15113	5709	1409	396	106385	88025

continued

（10 000 yuan）

所有者权益合计 Total Creditors Equity	#实收资本 Capital Hold	#国家资本 State Capital	主营业务收入 Business Income of the Main Products	主营业务成本 Core Business Cost	主营业务税金及附加 Core Business Tax&Extra Charges	销售费用 Operating cost	管理费用 Management Expenses	财务费用 Financial Expenses	#利息支出 Interest Expenditure	营业利润 Business Profits	利润总额 Gross Profits
79598	29747	0	141221	133842	131	693	2772	3306	3143	-2407	-2343
77893	26647	0	115536	112280	79	693	1837	2953	3143	-2359	-2346
1706	3100	0	25685	21562	53	0	935	353	0	-48	2
161100	98500	65023	800873	756776	2696	17049	14165	14469	8849	-1564	15395
1405375	377154	193283	8097710	6899077	480382	168279	206041	51493	45579	297392	318433
225757	112726	18658	910118	883000	1002	19884	9437	5314	4542	-2429	2872
744597	25471	23828	3496830	2498874	471376	83443	166516	-16166	30	297615	304869
167083	74819	2700	1709434	1602927	2987	56705	27106	8680	6562	10617	11142
4204	11997	0	151860	137573	273	8821	1868	260	126	-1359	-362
238585	148115	2359	423929	377779	168	27039	10223	3041	4062	8142	6752
197358	144346	2693	1821638	1661174	4390	65131	55917	10807	5682	23092	21969
3494181	2871559	1943281	24987993	24028469	18869	387966	183750	155500	129851	190898	186522
730072	387039	117167	1934972	1863809	1849	22978	14490	17096	18826	13100	-6701
1535350	1140500	1037057	7006678	6451960	9737	247727	85995	20009	9799	143311	144325
831725	978292	588196	13498208	13323864	4404	54924	55017	75667	64199	-9947	532
193711	182351	115641	1202644	1165851	926	14876	7370	5615	6105	7173	9170
56303	56982	14547	499043	454807	737	19731	7617	2264	1747	14964	14881
510645	4192169	86630	2490759	2344100	4735	75745	35521	6929	8040	37711	37868
31693	4022729	171	327207	312964	346	10558	3527	658	633	3116	3259
18147	16004	0	167853	159470	216	4731	3033	309	236	708	821
286	1700	1000	27103	25798	8	381	229	2	0	686	1465
18360	16262	29	506062	487707	392	5997	2767	209	286	4046	4643

16—4　续表2

单位：万元

项　目	Item	流动资产小计 Circulating Funds	#存货 Deposit Products	固定资产原价 Original Value of Fixed Assets	累计折旧 Add Up Depreci-ation	#本年折旧 Depreciat-ion of the Year	资产合计 Total Assets	负债合计 Total Liabilities
二、零售业	**Ⅱ.Retail**	**7108806**	**1415900**	**1330136**	**493311**	**91166**	**9271058**	**6426134**
1.按登记注册类型分组	**1.Grouped by Status of Registra-tion**							
内资企业	Domestic Funded Enterprises	6530083	1331839	1123700	418734	73095	8477549	5999965
国有企业	State-owned Industry	61717	11624	24128	12539	852	93182	68891
集体企业	Collective-owned Industry	25390	7800	11949	3721	437	42988	34126
股份合作企业	Cooperative Enterprises	354	3	37	30	1	361	178
联营企业	Joint Ownership Enterprises							
国有联营企业	State Joint Ownership Enterprises							
集体联营企业	Collective Joint Ownership Enterprises							
国有与集体联营企业	Joint State-Collective Ownership Enterprises							
其他联营企业	Other Joint Ownership Enterprises							
有限责任公司	Limited Liability Corporations	3384992	614136	422740	181162	33162	4351003	3151676
国有独资企业	Sole State-funded Corporations	122724	29084	39287	20411	2450	465228	237881
其他有限责任公司	Other Limited Liability Corporations	3262268	585053	383454	160751	30712	3885775	2913795
股份有限公司	Share Holding Enterprises	871409	138678	357495	109841	14516	1339739	661273
私营企业	Private Enterprises	2184776	558710	306425	111048	24045	2647869	2083174
私营独资企业	Private-funded Enterprises	30164	10013	6549	1811	310	39692	27981
私营合伙企业	Private Partnership Enterprises	4177	1119	1864	904	180	6225	3394
私营有限责任公司	Private Limited Liability Corporations	2095287	528632	286166	104083	22219	2521280	2009187
私营股份有限公司	Private Share Holding Enterprises	55148	18946	11847	4250	1336	80672	42612
其他企业	Others	1445	889	926	394	83	2407	647
港、澳、台商投资企业	Enterprises with Funds from Hong Kong, Macao & Taiwan	472296	64263	188506	68073	16487	661975	354423
合资经营企业	Joint Venture Enterprises	103801	21754	50268	20921	3096	168562	100945
合作经营企业	Cooperative Enterprises	13491	3966	224	195	14	14654	13326
独资经营企业	Enterprises with Sole Investment	340550	30112	120758	42075	11404	448089	218840
投资股份有限公司	Share-holding Corporations Ltd. with Investment	4317	2494	2646	497	497	6496	5558
其他港澳台投资企业	Others	10137	5938	14610	4384	1476	24174	15754

continued

(10 000 yuan)

所有者权益合计 Total Creditors Equity	#实收资本 Capital Hold	#国家资本 State Capital	主营业务收入 Business Income of the Main Products	主营业务成本 Core Business Cost	主营业务税金及附加 Core Business Tax&Extra Charges	销售费用 Operat-ing Cost	管理费用 Manage-ment Expenses	财务费用 Financial Expenses	#利息支出 Interest Expen-diture	营业利润 Business Profits	利润总额 Gross Profits
2844924	**1628682**	**236936**	**15507311**	**14039702**	**43751**	**832445**	**407824**	**72517**	**48926**	**263008**	**324246**
2477584	1506789	234344	14209266	12924078	39779	712840	374229	70003	46887	222287	281173
24291	11723	9989	122863	102829	992	13684	4563	360	610	2874	4798
8861	6137	0	260261	235951	1565	7578	6477	1705	925	5546	4820
184	50	0	1471	1159	6	108	106	1	0	91	91
1199327	844161	202946	7174884	6528171	18210	381255	147147	35150	25535	138897	191004
227347	128246	114795	265633	217713	2494	23661	15166	6941	7196	24385	26814
971980	715915	88151	6909251	6310458	15716	357594	131981	28209	18339	114513	164190
678465	139847	20360	1722118	1555358	7014	70607	67071	4802	3017	46958	49058
564696	503201	1050	4924393	4497679	11970	239358	148761	27985	16800	27955	31414
11711	4937	0	87918	76830	564	4748	3563	609	423	1717	1611
2831	2576	0	15168	12711	48	779	1046	44	0	584	619
512093	467533	1050	4658565	4260272	10893	227689	136592	26588	16005	22332	26498
38060	28155	0	162743	147867	465	6141	7561	744	372	3323	2686
1760	1671	0	3275	2931	22	250	104	1	0	-33	-13
307552	103570	2591	1147863	990024	3392	100201	30417	2342	2005	36474	39303
67617	44290	2591	330696	292662	1124	26036	9385	1442	1021	7045	9124
1328	410	0	9217	7913	7	587	165	229	0	317	317
229249	47572	0	684512	577672	2117	64552	19122	-317	227	26962	27584
939	2000	0	19280	17775	12	743	683	78	13	-10	-2
8419	9298	0	104158	94004	132	8284	1063	911	745	2160	2280

16—4 续表3

单位：万元

项 目	Item	流动资产小计 Circulating Funds	#存货 Deposit Products	固定资产原价 Original Value of Fixed Assets	累计折旧 Add Up Depreci-ation	#本年折旧 Depreciat-ion of the Year	资产合计 Total Assets	负债合计 Total Liabilities
外商投资企业	Enterprises With Foreign Investment	106428	19797	17931	6505	1584	131535	71746
中外合资经营企业	Joint Venture Enterprises	2148	1895	1744	1211	137	8484	3502
中外合作经营企业	Cooperative Enterprises	11054	240	218	203	2	11070	10181
外资企业	Enterprises with Sole Foreign Investment	82524	16697	14950	4358	1369	100771	49611
外商投资股份有限公司	Share-holding Corporations Ltd. with Foreign Investment	3468	893	975	729	71	3803	2013
其他外商投资企业	Others	7234	73	45	5	5	7407	6439
2.按国民经济行业 分组	**2.Grouped by National Economic Sector**							
综合零售业	Comprehensive Retail	1129274	232827	605358	240098	40042	2085025	1411073
#百货零售业	Retail of Consumer Goods	600287	95892	441150	158469	21911	1355502	933013
超级市场零售业	Retail of Supermarket	503071	131000	154290	78628	17847	690357	450864
食品、饮料及烟草制品专门零售业	Special Retail of Food , Beverage & Tobacco Products	136169	41655	22106	6854	2005	175439	99180
纺织、服装及日用品专门零售业	Special Retail of Textile , Garments & Daily Necessities	421240	27804	12193	3515	787	562202	363797
#服装零售业	Retail of Garments	32945	12739	5802	1525	285	41576	44721
文化、体育用品及器材专门零售业	Special Retail of Culture , Sports Goods & Apparatus	161138	30849	64033	30330	3390	259567	109921
#体育用品及器材零售业	Retail of Sports Goods	1792	482	2050	1010	396	3322	1132
图书、报刊零售业	Retail of Books	114259	15030	57118	26856	2735	204211	67317
医药及医疗器材专门零售业	Special Retail of Medicine & Medical Apparatus	1410201	209789	121309	31259	6809	1579071	974248
#药品零售业	Retail of Medicines	1384437	207568	117652	29042	5246	1551490	961164
汽车、摩托车、燃料及零配件专门零售业	Special Retail of Motor Vehicles, Motorcycles & Parts	2524832	635675	409707	145715	33490	3153226	2298408
#汽车零售业	Retail of Motor Vehicles	2315643	582373	375127	132415	31174	2865668	2121581
机动车燃料零售业	Fuel Retail of Motor Vehicle	118832	18619	25973	9204	1842	185154	93423
家用电器及电子产品专门零售业	Special Retail of Household App-liances & Electronic Products	1193375	212663	37795	13463	1982	1263272	1072329
#日用家电设备零售业	Retail of Home Electionic & Electrical Appliances	898622	150749	23172	7999	1010	940185	872184
计算机、软件及辅助设备零售业	Retail of Computer , Software & Auxiliary Equipment	61346	14059	4373	2118	293	66490	38081
通讯设备零售业	Retail of Communication Apparatus	135830	18709	1529	898	83	143209	74553
五金、家具及室内装修材料专门零售业	Special Retail of Hardware, Furni-ture & Indoor Renovation Material	49664	13765	6757	2684	437	56370	33331
货摊、无店铺及其他零售业	Retail without Shop & Others	82914	10872	50880	19393	2225	136886	63848

continued

（10 000 yuan）

所有者权益合计 Total Creditors Equity	#实收资本 Capital Hold	#国家资本 State Capital	主营业务收入 Business Income of the Main Products	主营业务成本 Core Business Cost	主营业务税金及附加 Core Business Tax&Extra Charges	销售费用 Operating Cost	管理费用 Manage-ment Expenses	财务费用 Financial Expenses	#利息支出 Interest Expen-diture	营业利润 Business Profits	利润总额 Gross Profits
59789	18323	0	150182	125600	580	19404	3178	172	34	4247	3771
4982	0	0	19637	15845	77	2200	223	41	0	1646	1535
889	796	0	935	801	8	475	101	22	0	-472	141
51159	15559	0	113956	94961	404	14093	2628	109	34	2562	1538
1790	1000	0	9087	7900	76	2393	225	-5	0	303	366
968	968	0	6566	6093	15	244	1	4	0	209	191
673952	333851	14564	3050639	2605306	17955	341434	125793	22575	16077	56330	61213
422489	188073	12921	1715710	1465491	12668	168633	78744	15725	12497	31285	32360
239494	137831	1643	1236431	1055819	4575	166650	43774	6113	3074	23073	27276
76259	60719	1963	211593	188117	594	12538	9733	1851	1480	-953	2151
198406	201263	896	177474	140143	977	22855	6260	5513	5670	-383	-87
-3145	3349	0	67388	50849	428	14477	2198	228	136	-759	-783
149646	124770	100235	296395	230971	1091	30896	23775	207	572	16663	18134
2190	904	0	34866	26203	155	5875	1797	5	0	831	759
136894	112060	100235	203585	153465	557	22918	17975	-250	181	15888	17060
604824	173818	50597	2222564	2001059	4416	97418	57988	3922	5089	62890	65049
590326	161118	50597	2182302	1973525	4132	88356	55776	3742	4997	61897	64056
854818	559409	60321	7570693	7080540	14046	225414	131726	30934	15533	103123	145325
744086	483857	15095	6926337	6505526	12122	197074	117031	28251	14145	78707	124831
91731	62448	45046	444715	391769	1118	20722	9991	685	487	22247	17204
190944	116228	351	1625327	1501384	3050	74778	37610	6171	3691	9139	14939
68001	43383	346	1105246	1034958	1674	46019	17385	3764	2313	5788	9973
28409	25002	5	134181	117559	412	5156	8688	180	96	1329	2031
68656	28527	0	178108	162008	454	11024	5053	926	391	658	328
23039	15454	55	135373	123262	601	4659	3152	755	212	3141	3346
73038	43170	7954	217254	168921	1021	22454	11787	590	603	13059	14176

16—5　按登记注册类型分连锁批发和零售企业基本情况（2016年）
Basic Conditions of Chain-retail Enterprises by Categories of Registration (2016)

项　目	Item	总店数（个）Number of Head Offices	门店总数（个）Number of Stores (unit)	年末从业人数（人）Engaged Persons (10 000 persons)	年末零售营业面积（平方米）Operating Area (10 000 sq.m)	商品销售总额（万元）Total Sales of Commodities (10 000 yuan)	商品购进总额（万元）Total Purchases Value (10 000 yuan)	统一配送商品购进额（万元）Centralized Purchases &Delivery (10 000 yuan)
总　计	**Total**	**68**	**4426**	**38715**	**4290094**	**7900143**	**7163502**	**7089133**
内资企业	Domestic Funded Enterprises	66	4100	36664	4242018	7831514	7112460	7038091
国有企业	State-owned Industry							
集体企业	Collective-owned Industry							
股份合作企业	Cooperative Enterprises							
联营企业	Joint Ownership Enterprises							
国有联营企业	State Joint Ownership Enterprises							
集体联营企业	Collective Joint Ownership Enterprises							
国有与集体联营企业	Joint State-Collective Ownership Enterprises							
其他联营企业	Other Joint Ownership Enterprises							
有限责任公司	Limited Liability Corporations	32	2494	17780	2140817	5644547	5299093	5283564
国有独资公司	Sole State-funded Corpora-tions	13	1113	7065	1747715	4701128	4518897	4518897
其他有限责任公司	Other Limited Liability Corporations	19	1381	10715	393102	943419	780196	764666
股份有限公司	Share Holding Enterprises	17	715	13752	1960763	1972070	1651309	1592469
私营企业	Private Enterprises	17	891	5132	140438	214897	162059	162059
私营独资企业	Private-funded Enterprises							
私营合伙企业	Private Partnership Enter-prises							
私营有限责任公司	Private Limited Liability Corporations	16	881	5017	135571	145727	130773	130773
私营股份有限公司	Private Share Holding Enterprises	1	10	115	4867	69171	31286	31286
其他企业	Others							
港、澳、台商投资企业	Enterprises with Funds from Hong Kong, Macao & Taiwan	2	326	2051	48076	68629	51042	51042
合资经营企业（港或澳、台资）	Joint Venture Enterprises	1	143	1394	33026	52252	35021	35021
合作经营企业（港或澳、台资）	Cooperative Enterprises							
港、澳、台商独资经营企业	Enterprises with Sole Investment	1	183	657	15050	16377	16021	16021
港、澳、台商投资股份有限公司	Share-holding Corporations Ltd. with Investment							
其他港澳台商投资	Others							
外商投资企业	Enterprises With Foreign Investment							
中外合资经营企业	Joint Venture Enterprises							
中外合作经营企业	Cooperative Enterprises							
外资企业	Enterprises with Sole Foreign Investment							
外商投资股份有限公司	Share-holding Corporations Ltd. with Foreign Investment							
其他外商投资	Others							

16—6 亿元以上商品交易市场基本情况（2016年）

Basic Conditions of Commodity Exchange Markets of Transaction Value over 100 Million Yuan（2016）

项目	Item	市场数量（个）Number of Markets (unit)	摊位数（个）Number of Booths (unit)	营业面积（平方米）Operating Area (sq.m)	成交额（万元）Turnover (10 000 yuan)
总计	**Total**	**95**	**88771**	**4145585**	**9546780**
1.综合市场	**Integrated Markets**	**26**	**39511**	**797370**	**1734961**
工业消费品综合市场	Industrial Consumable Comprehensive Markets	2	6621	212000	190291
农产品综合市场	Farm Produce Comprehensive Markets	16	22531	384138	1138577
其他综合市场	Other Comprehensive Markets	8	10359	201232	406093
2.专业市场	**Special Markets**	**69**	**49260**	**3348215**	**7811819**
生产资料市场	Production Markets	17	6448	1015400	2399370
#农用生产资料市场	Agricultural Production Markets	3	980	71569	261876
木材市场	Wood Markets	2	303	165000	47076
建材市场	Building Material Markets	7	2286	245200	360046
金属材料市场	Metal Material Markets	3	1529	393631	1465000
机械设备市场	Mechanical Equipment Markets	1	500	30000	70000
其他生产资料市场	Others	1	850	110000	195372
农产品市场	Farm Produce Markets	19	15076	871577	2934387
#肉禽蛋市场	Meat,Poultry & Eggs Markets	8	7569	112624	469213
水产品市场	Aquatic Products Markets	1	371	13000	35800
蔬菜市场	Vegetables Markets	4	2279	351620	766626
干鲜果品市场	Dried & FreshMelons & Fruits Markets	3	1449	159957	604351
其他农产品市场	Others	2	3314	224376	1047947
食品、饮料及烟酒市场	Food, Beverages, Tobacco & Liquor Markets	7	3811	71903	222766
#食品饮料市场	Food & Beverages Markets	1	1900	30020	48500
茶叶市场	Tea Markets	2	240	12500	91442
其他食品饮料及烟酒市场	Others	4	1671	29383	82824
纺织、服装、鞋帽市场	Textiles, Clothing, Shoes & Hats Markets	12	15419	505557	675803
#服装市场	Clothing Markets	7	11088	385837	539255
其他纺织服装鞋帽市场	Others	5	4331	119720	136548
电器、通讯器材、电子设备市场	Electrical Appliances,Communication Appliances & Electronical Appliances Markets	1	700	20678	90000
#计算机及辅助设备市场	Computer & Accessory Equipment Markets	1	700	20678	90000
医药、医疗用品及器材市场	Medicine,Medical Materials & Medical Instruments Markets	1	1116	23000	802000
#中药材市场	Traditional Chinese Medicinal Materials Markets	1	1116	23000	802000
家具、五金及装饰材料市场	Furniture, Hardware & Decoration Materials Markets	7	5197	689800	522634
#家具市场	Furniture Markets	2	1476	109640	192076
装饰材料市场	Decoration Materials Markets	2	960	175500	52586
五金材料市场	Hardware Materials Markets	1	400	50000	50000
其他装修市场	Others	1	550	150000	180000
汽车、摩托车及零配件市场	Cars,Motorcycles & Spare Parts Markets	5	1493	150300	164859
#汽车市场	Cars Markets	4	1158	140500	147359
摩托车市场	Motorcycles Markets	1	335	9800	17500

16－7　社会消费品零售总额及指数
Total Retail Sales of Consumer Goods & Relate

年　份 Year	绝对数（万元） Absolute Number (10 000 yuan)	指数（上年=100） Relate Indices (Preceding year =100)
1978	335918	
1980	457228	117.9
1985	886005	129.1
1990	1754369	103.2
1991	2002276	114.1
1992	2436189	121.7
1993	3149992	129.3
1994	3991040	126.7
1995	4981172	124.8
1996	5718385	114.8
1997	6301661	110.2
1998	6868810	109.0
1999	7404577	107.8
2000	8041371	108.6
2001	8757053	108.9
2002	9597730	109.6
2003	10768653	112.2
2004	12222421	113.5
2005	14055459	115.0
2006	16203133	115.3
2007	19327097	119.3
2008	23957870	124.0
2009	27907047	116.5
2010	33120000	118.7
2011	39082000	118.0
2012	45166000	115.6
2013	51331000	113.6
2014	57728317	112.5
2015	63480633	110.0
2016	70273061	110.7

注：本表数据1993－2008年已按经济普查资料口径调整。

Note: The data in this table from 1993 to 2008 was adjusted by the economic census.

16－8 各市社会消费品零售总额

Total Retail Sales of Consumer Goods by City

单位：亿元 （100 million yuan）

地 区	Region	2008	2009	2010	2011	2012	2013	2014	2015	2016
全 区	**Total**	**2395.79**	**2790.70**	**3312.00**	**3908.20**	**4516.60**	**5133.10**	**5772.83**	**6348.06**	**7027.31**
南宁市	Nanning	647.46	757.01	905.93	1073.15	1255.59	1442.84	1616.90	1786.68	1980.36
柳州市	Liuzhou	344.33	400.98	480.00	568.80	661.84	758.42	858.20	944.11	1045.13
桂林市	Guilin	284.77	330.92	391.53	462.36	536.35	604.03	682.87	751.96	836.45
梧州市	Wuzhou	146.54	171.09	191.77	224.08	257.21	292.34	328.30	364.93	395.95
北海市	Beihai	82.08	95.40	108.00	127.29	146.51	167.03	185.81	202.99	225.34
防城港市	Fangchenggang	39.09	45.33	51.84	61.16	71.30	81.43	91.67	101.03	111.89
钦州市	Qinzhou	124.01	145.09	172.19	204.27	237.56	268.82	303.25	333.50	373.63
贵港市	Guigang	155.86	181.08	209.54	245.97	284.05	321.72	359.56	389.06	431.89
玉林市	Yulin	224.88	262.92	307.24	362.81	422.83	482.91	545.71	600.34	660.43
百色市	Baise	83.56	97.10	113.85	134.34	156.67	178.60	201.06	221.18	246.84
贺州市	Hezhou	59.81	68.94	78.68	92.36	106.39	119.00	133.63	146.94	160.98
河池市	Hechi	99.98	115.07	131.73	154.79	176.98	198.97	223.79	243.38	267.96
来宾市	Laibin	57.57	66.84	79.46	94.42	109.53	120.87	134.17	145.11	159.11
崇左市	Chongzuo	45.99	53.45	61.08	72.40	84.37	96.38	108.44	119.39	131.34

注：本表数据2008年为第二次经济普查后修订数据。
Note: The data in this table in 2008 is adjusted by the 2nd Economic Census.

16—9 主要年份个体工商业发展情况

指 标	Item	1995	2000
一、户数（户）	**Number of Households (household)**	**923679**	**967512**
按城乡分	by Urban & Rural		
城 镇	Urban	362450	451020
农 村	Rural	561229	516492
按行业分	by Sector		
农林牧渔业	Farming, Forestry, Animal Husbandry & Fishery	2432	12888
制造业	Manufacturing	76662	85900
建筑业	Construction	762	1164
批发和零售业	Wholesale & Retail Trade	546260	529569
交通运输、仓储和邮政业	Transport, Storage & Postal Service	82886	85435
住宿和餐饮业	Hotels & Catering Services		
租赁和商务服务业	Leasing & Business Services		
居民服务、修理和其他服务业	Residents Services, Repairing & Other Services		
文化、体育和娱乐业	Culture, Sports & Entertainment		
二、从业人员（人）	**Number of Employed Persons (person)**	**1307050**	**1394187**
按城乡分	by Urban & Rural		
城 镇	Urban	529941	678565
农 村	Rural	777109	715622
按行业分	by Sector		
农林牧渔业	Farming, Forestry, Animal Husbandry & Fishery	3515	23066
制造业	Manufacturing	139534	146868
建筑业	Construction	1759	3627
批发和零售业	Wholesale & Retail Trade	732757	726665
交通运输、仓储和邮政业	Transport, Storage & Postal Service	104559	117835
住宿和餐饮业	Hotels & Catering Services		
租赁和商务服务业	Leasing & Business Services		
居民服务、修理和其他服务业	Residents Services, Repairing & Other Services		
文化、体育和娱乐业	Culture, Sports & Entertainment		

注：1.本表数据来自自治区工商行政管理局。

2.1995、2000年无住宿和餐饮业、租赁和商务服务业、居民服务修理和其他服务业、文化体育和娱乐业数据。

Note:1. The data in the table comes from Guangxi Administration for industry and commerce.

2. There is no data on "Hotels & Catering Services", "Leasing & Business Services", "Residents Services, Repairing & Other Services" and "Culture, Sports & Entertainment" in 1995 and 2000.

Development of Individual Industrial &Commercial Enterprises in Main Years

2005	2010	2011	2012	2013	2014	2015	2016
1015941	**1158725**	**1141622**	**1173252**	**1243444**	**1375799**	**1493192**	**1543576**
558987	772103	837283	768197	929419	1038234	1129739	1179604
456954	386622	304339	405055	314025	337565	363453	363972
15414	15600	16671	17132	18108	17994	20449	27443
71105	71804	64128	60681	60415	62311	64192	65529
1234	2183	2213	2246	2683	3382	4102	4736
619773	750112	757149	716542	833537	933560	1013120	1035289
112534	110416	95636	149214	93631	96772	79091	57931
85031	86229	85323	90840	102371	114636	144685	165933
8658	11765	12555	12954	13982	15662	17234	19811
78261	88774	87770	89294	96424	109136	124889	138180
6847	6887	6522	6653	6496	6795	6607	6797
1635767	**2231412**	**2172283**	**2296637**	**2492428**	**2811454**	**3079374**	**3432599**
897945	1410110	1566973	1391497	1677987	1906493	2124167	2524130
737822	821302	605310	905140	814441	904961	955207	908469
30040	33017	36215	41514	48835	54852	62497	86658
152766	227193	223490	204294	215910	227211	228584	241250
2710	5702	5484	5781	6940	8599	10873	13232
945430	1325885	1280985	1196093	1444283	1659230	1810012	2024016
138763	154101	139274	339393	153356	157604	118939	87815
174077	226910	222327	224595	304023	346542	434021	497267
13662	20667	23383	25721	28659	32645	36985	45350
126714	166122	169895	174652	223546	255618	298550	353378
13456	23133	23900	25128	25543	27723	28320	31135

主要统计指标解释

商品购进额　指从本企业以外的单位和个人购进（包括从国外直接进口）作为转卖或加工后转卖的商品金额（含增值税）。本指标反映批发和零售业从国内外市场上购进商品的总价。商品购进包括：（1）从工农业生产者、批发和零售业企业、住宿和餐饮业企业、出版社或报社的出版发行部门和其他服务业企业购进的商品；（2）从机关团体、事业单位购进的商品；（3）从海关、市场管理部门购进的缉私和没收的商品；（4）从居民收购的废旧商品等。不包括：（1）企业为本单位自身经营用，不是作为转卖而购进的商品，如材料物资、包装物、低值易耗品、办公用品等；（2）未通过买卖行为而收入的商品，如接受其他部门移交的商品、借入的商品、收入代其他单位保管的商品、其他单位赠送的样品、加工回收的成品等；（3）经本单位介绍，由买卖双方直接结算，本单位只收取手续费的业务；（4）销售退回和买方拒付货款的商品；（5）商品溢余。

商品销售额　指对本单位以外的单位和个人出售的商品金额（包括售给本单位消费用的商品，含增值税），本指标反映批发和零售业在国内市场上销售商品以及出口商品的总价。商品销售包括：（1）售给城乡居民和社会集团消费用的商品；（2）售给农业、工业、建筑业、服务业等国民经济各行业用于生产、经营用的商品，包括售予批发和零售业作为转卖或加工后转卖的商品；（3）对国（境）外直接出口的商品。不包括：（1）未通过买卖行为付出的商品，如随机构变动移交给其他企业单位的商品、借出的商品、归还受其他单位委托代保管的商品、付出的加工原料和赠送给其他单位的样品等；（2）经本单位介绍，由买卖双方直接结算，本单位只收取手续费的业务；（3）购货退回的商品；（4）商品损耗和损失；（5）出售本单位自用的废旧物资。

批发额　指售给国民经济各行业用于生产、经营用的商品金额。

零售额　指售给城乡居民用于生活消费和社会集团用于公共消费的商品金额。

商品库存额　对于批发和零售业法人单位和个体经营户，是指报告期末取得所有权的全部商品金额（含增值税）；对于批发和零售业产业活动单位，是指报告期末实际在库且归属法人具有所有权的全部商品金额（含增值税）。这个指标反映批发和零售业的商品库存情况，以及对市场商品供应的保证程度。库存商品包括：（1）存放在本单位（如门市部、批发站、采购站、经营处）的仓库、货场、货柜和货架中的商品；（2）挑选、整理、包装中的商品；（3）已记入购进而尚未运到本单位的商品，即发货单或银行承兑凭证已到而货未到的商品；（4）寄放他处的商品，如因购货方拒绝付款而暂时存在购货方的商品；（5）委托其他单位代销（未作销售或调出）尚未售出的商品；（6）代其他单位购进尚未交付的商品。不包括：（1）所有权不属于本单位的商品，如商品已作销售但买方尚未取走的商品，代替他人保管、运输、加工的商品，代其他单位销售（未做购进或调入）而未售出的商品；（2）委托外单位加工的商品（包括本单位所属加工厂和其他生产单位加工生产尚未收回成品的商品）；（3）外贸企业代理其他单位从国外进口，尚未付给订货单位的商品；（4）代国家储备部门保管的商品。

亿元以上商品交易市场　指年成交额在亿元及以上的商品交易市场。商品交易市场是指经有关部门和组织批准设立，有固定场所、设施，有经营管理部门和监管人员，若干市场经营者入内，常年或实际开业三个月以上，集中、公开、独立地进行生活消费品、生产资料等现货商品交易以及提供相关服务的交易场所，包括各类消费品市场、生产资料市场等。

连锁总店（总部）　负责连锁企业资源（商号、商誉、经营模式、服务标准、管理模式等等）的开发、配置、控制或使用等功能的企业核心管理机构。连锁经营是指经营同类商品或服务，使用统一商号的若干店铺，在同一总店（总部）的管理下，采取统一采购或特许经营等方式，实现规模效益的组织形式，包括直营连锁、特许连锁和自愿连锁三种形式。

直营连锁是指连锁店铺由连锁公司全资或控股开设，在总部的直接控制下，开展统一经营的连锁经营形式；特许连锁是指拥有注册商标、企业标志、专利、专有技术等经营资源的企业（特许人），以合同形式将其拥有的经营资源许可其他经营者（被特许人）使用，被特许人按合同约定在统一的经营模式下开展经营，并向特许人支付特许经营费用的连锁经营形式；自愿连锁是指若干个店铺或企业自愿组合起来，在不改变各自资产所有权关系的情况下，以同一个品牌形象面对消费者，以共同进货为纽带开展的连锁经营形式。

社会消费品零售总额　指企业（单位、个体户）通过交易直接售给个人、社会集团非生产、非经营用的实物商品金额，以及提供餐饮服务所取得的收入金额。个人包括城乡居民和入境人员，社会集团包括机关、社会团体、部队、学校、企事业单位、居委会或村委会等。

Explanatory Notes on Main Statistical Indicators

Total Purchases of Commodities refer to the total value of purchases of commodities by enterprises (establishments) from other establishments or individuals (including direct import from abroad) for the purpose of re-selling, either with or without further processing of the commodities purchased. This indicator is used to show the total value of purchases of commodities by wholesale and retail establishments from domestic and overseas markets. The purchases include: (1) agricultural and industrial products purchased from producers; (2) books, magazines and newspapers purchased from distribution departments of the publishers; (3) commodities purchased from wholesale and retail establishments of different status of registration; (4) commodities purchased from other units, such as surplus materials purchased from government agencies, enterprises or institutions, commodities purchased from hotels and catering services establishments, confiscated goods purchased from customs authorities or market management agencies, second-hand goods and wastes purchased from residents; and (5) commodities directly imported from abroad. Excluded are commodities purchased by enterprises (establishments) for use in their own business operation, commodities obtained without buying or selling procedures, rejected commodities, etc.

Total Sales of Commodities refer to value of commodities sold by the establishments to other establishments and individuals (including direct export to abroad and value-added taxes). This indicator is used to show the total value of sales of commodities at domestic markets and export. The sales include: (1) commodities sold to urban and rural residents and social institutions for their consumption; (2) commodities sold to establishments in industry, agriculture, construction, post and telecommunications, wholesale and retail trades, hotels and catering services for their production and operation; (3) commodities for direct export to abroad. Excluded are: (1) commodities transferred without buying or selling procedures, such as hand-over commodities to other enterprises with institution changing, lent commodities, returned commodities that had been administered by other enterprises, processing raw materials sent out and samples present to other enterprises etc. (2)commission income from brokerage in transactions for which settlement is directly handled by buyers and sellers, (3)rejected commodities in the purchase, (4) loss in commodities, (5) self-using junk materials sold by enterprises etc.

Sales of Wholesale Trades refers to the amount of money of commodities sold to various national economic industries for producing and operating.

Sales of Retail Trades refers to the amount of money of commodities sold to urban and rural residents for household consumption and to social institutions for public consumption.

Total Stock of Commodities refers to wholesale and retail units and individual enterprises, it refers to total commodities possessed at the end of report periods(including value-added taxes); to wholesale and retail corporation units, it refers to total commodities actually in stock and possessed at the end of report periods(including value-added taxes). This indicator reflects the commodity stock level of various wholesale and retail enterprises and the potential for market supply. It includes: (1) commodities located in storage, garages, counters, and shelves of operating units (such as sale stores, wholesale centers, and operating offices) of wholesale and retail enterprises; (2) commodities in the process of being selected, sorted, and packed; (3) commodities not arrived but recorded as purchase in the account, i.e. commodities not arrived but payment receipts for the commodities from the sellers or the banks arrived; (4) commodities deposited in other places rather than places mentioned above, for instance: commodities in the hold of purchasers temporarily due to the refusal of payment and commodities not taken back after going through the formalities; (5) commodities entrusted to other units to sell but not sold yet; (6) commodities purchased for other units but not delivered yet. Commodities not included as: (1) stock are those not owned by the enterprises (units), (2)commodities on commission for processing but not yet delivered, (3)imported commodities of agency of foreign trade enterprise but not yet delivered to ordering units ,(4) finally those put in stock on behalf of the state material reserves units.

Volume of Transaction at Large Commodity Markets with Transaction Value over 100 Million Yuan refers to the markets with an annual transaction of over 100 million yuan markets approved by the industrial and commercial administration departments, which specialize in wholesale and retail trades of commodities with an annual transaction of over 100 million yuan. The sum of sales of all sellers in the market makes up the transaction value of the market.

Head Chain Store(Head Office) refers to the core managing institution in charge of development, allocation, controlling or using chain enterprise' s resources (such as firms, business credits, operating modes, servicing standards and managing modes etc.).Chain operation refers to the type of organization of several stores selling the same commodities or providing the same services use a uniform firm, and they under the management of the same head store(head office), realizing scaled efficient by modes of uniform purchases or licensed operating. The modes of chain operation include Regular Chain, Licensed Chain and Voluntary Chain.

Regular Chain refers to chain that are invested or controlled by the headquarters. They operate under direct and unified management from the headquarters. Licensed chain refers to chain that enterprises(licensing units)owning operating resources like registered trade marks, enterprise' s symbols, patents and special techniques license their resources to other operators(licensed units) in type of contracts. Licensed units operate in uniform operation mode according to contracts, and pay the licensed fees to licensing units. Voluntary Chain refers to chain that various stores or enterprises combine together voluntarily, and face the consumers with the same brand image while the own ship of assets did not changed.

Total Retail Sales of Consumer Goods refer to the summary of retail sales of commodities sold directly by wholesale and retail trades, catering services and other service industries to urban and rural households for household consumption and to social institutions for public consumption. The Retail Sales of Consumer Goods to households refer to sales of commodities sold to urban and rural households for household consumption. The Retail Sales of Consumer Goods to social institutions refer to sales of commodities sold to departments, social institutions, armies, schools, enterprises and public institutions, neighborhood committees or village committees for non-production, non-operation and public consumption purposes, paid with government expenses. Total Retail Sales of Consumer Goods includes: sales of commodities and building materials sold to urban and rural households for household and building houses, sales of Consumer Goods sold to foreigners, overseas Chinese and Chinese compatriots from Hong Kong, Macao and Taiwan visiting China, and sales of commodities sold to social institutions for non-production, non-operation and public consumption purposes. It excludes: sales of commodities between urban households, sales of commodities sold by urban households through trust shops and sales of commodities sold to agriculture, industry, and construction and so on for production.

第十七篇

住宿餐饮业和旅游

HOTELS, CATERING SERVICES & TOURISM

（编辑：蒙庆彬　钟业宁）

17—1 限额以上住宿和餐饮业企业基本情况（2016年）

Basic Conditions of Accommodation above Star-rated & Catering Service above Designated Size（2016）

项 目	Item	法人企业（个）Corporation Enterprises (unit)	年末从业人员（人）Year-end Persons Employed (person)
总 计	**Total**	**841**	**74288**
一、住宿业	**Ⅰ.Accommodation**	**521**	**45965**
1.按登记注册类型分组	**1. Grouped by Status of Registration**		
内资企业	Domestic Funded Enterprises	502	41179
国有企业	State-owned Industry	49	5352
集体企业	Collective-owned Industry	5	315
股份合作企业	Cooperative Enterprises	2	182
联营企业	Joint Ownership Enterprises		
国有联营企业	State Joint Ownership Enterprises		
集体联营企业	Collective Joint Ownership Enterprises		
国有与集体联营企业	Joint State-Collective Ownership Enterprises		
其他联营企业	Other Joint Ownership Enterprises		
有限责任公司	Limited Liability Corporations	147	13798
国有独资企业	Sole State-funded Corporations	4	423
其他有限责任公司	Other Limited Liability Corporations	143	13375
股份有限公司	Share Holding Enterprises	26	3248
私营企业	Private Enterprises	259	17456
私营独资企业	Private-funded Enterprises	33	1509
私营合伙企业	Private Partnership Enterprises	15	643
私营有限责任公司	Private Limited Liability Corporations	195	14205
私营股份有限公司	Private Share Holding Enterprises	16	1099
其他企业	Others	14	828
港、澳、台商投资企业	Enterprises with Funds from Hong Kong, Macao & Taiwan	17	4719
合资经营企业	Joint Venture Enterprises	3	690
合作经营企业	Cooperative Enterprises	1	484
独资经营企业	Enterprises with Sole Investment	13	3545
投资股份有限公司	Share-holding Corporations Ltd. with Investment		
其他港澳台投资企业	Others		
外商投资企业	Foreign-investment Enterprise	2	67
中外合资经营企业	Joint Venture Enterprises	1	67
中外合作经营企业	Cooperative Enterprises		
外资企业	Enterprises with Sole Foreign Investment	1	0
外商投资股份有限公司	Share-holding Corporations Ltd. with Foreign Investment		
其他外商投资企业	Others		
2.按国民经济行业分组	**2.Grouped By Sector**		
旅游饭店	Tourist Hotel	355	36182
一般旅馆	General Hotel	154	9021
其他住宿服务	Other Accommodation Service	12	762

17—1 续表 continued

项 目	Item	法人企业(个) Corporation Enterprises (unit)	年末从业人员(人) Year-end Persons Employed (person)
二、餐饮业	**Ⅱ.Catering Trades**	**320**	**28323**
1.按登记注册类型分组	**1. Grouped by Status of Registration**		
内资企业	Domestic Funded Enterprises	314	23590
国有企业	State-owned Industry	9	513
集体企业	Collective-owned Industry	3	137
股份合作企业	Cooperative Enterprises	1	38
联营企业	Joint Ownership Enterprises		
国有联营企业	State Joint Ownership Enterprises		
集体联营企业	Collective Joint Ownership Enterprises		
国有与集体联营企业	Joint State-Collective Ownership Enterprises		
其他联营企业	Other Joint Ownership Enterprises		
有限责任公司	Limited Liability Corporations	81	8291
国有独资企业	Sole State-funded Corporations		
其他有限责任公司	Other Limited Liability Corporations	81	8291
股份有限公司	Share Holding Enterprises	14	1025
私营企业	Private Enterprises	193	12895
私营独资企业	Private-funded Enterprises	44	1860
私营合伙企业	Private Partnership Enterprises	8	346
私营有限责任公司	Private Limited Liability Corporations	132	10092
私营股份有限公司	Private Share Holding Enterprises	9	597
其他企业	Others	13	691
港、澳、台商投资企业	Enterprises with Funds from Hong Kong, Macao & Taiwan	5	407
合资经营企业	Joint Venture Enterprises	2	241
合作经营企业	Cooperative Enterprises		
独资经营企业	Enterprises with Sole Investment	3	166
投资股份有限公司	Share-holding Corporations Ltd. with Investment		
其他港澳台投资企业	Others		
外商投资企业	Foreign-investment Enterprise	1	4326
中外合资经营企业	Joint Venture Enterprises		
中外合作经营企业	Cooperative Enterprises		
外资企业	Enterprises with Sole Foreign Investment	1	4326
外商投资股份有限公司	Share-holding Corporations Ltd. with Foreign Investment		
其他外商投资企业	Others		
2.按国民经济行业分组	**2.Grouped By Sector**		
正餐服务业	Dinner	296	19793
快餐服务业	Snack	17	8229
饮料及冷饮服务业	Beverage & Cold Drink	5	240
其他餐饮服务业	Others	2	61

17—2 限额以上住宿和餐饮业企业经营情况（2016年）

Business of Enterprises above Designated Size of Hotels & Catering Services（2016）

单位：万元 (10 000 yuan)

项 目	Item	营业额 Business Revenue	客房收入 From Hotels	餐费收入 From Catering
总 计	**Total**	**1083573.1**	**423266.8**	**563569.8**
一、住宿业	**Ⅰ.Accommodation**	**694083.5**	**394245.4**	**222823.1**
1.按登记注册类型分组	**1. Grouped by Status of Registration**			
内资企业	Domestic Funded Enterprises	604469.3	348308.0	184608.8
国有企业	State-owned Industry	71474.4	26264.4	26171.3
集体企业	Collective-owned Industry	5477.3	2559.9	1562.6
股份合作企业	Cooperative Enterprises	1580.1	894.1	624.6
联营企业	Joint Ownership Enterprises			
国有联营企业	State Joint Ownership Enterprises			
集体联营企业	Collective Joint Ownership Enterprises			
国有与集体联营企业	Joint State-Collective Ownership Enterprises			
其他联营企业	Other Joint Ownership Enterprises			
有限责任公司	Limited Liability Corporations	211702.3	128533.0	56352.8
国有独资企业	Sole State-funded Corporations	4566.6	1914.5	2382.9
其他有限责任公司	Other Limited Liability Corporations	207135.7	126618.5	53969.9
股份有限公司	Share Holding Enterprises	43009.0	21566.4	16459.5
私营企业	Private Enterprises	262141.5	163740.2	80429.0
私营独资企业	Private-funded Enterprises	21056.9	12372.6	7942.5
私营合伙企业	Private Partnership Enterprises	8577.6	5653.8	2816.7
私营有限责任公司	Private Limited Liability Corporations	213715.1	134963.6	63049.0
私营股份有限公司	Private Share Holding Enterprises	18791.9	10750.2	6620.8
其他企业	Others	9084.7	4750.0	3009.0
港、澳、台商投资企业	Enterprises with Funds from Hong Kong, Macao & Taiwan	86260.5	42606.3	38214.3
合资经营企业	Joint Venture Enterprises	8741.8	5033.4	3459.3
合作经营企业	Cooperative Enterprises	3895.1	1852.2	1543.9
独资经营企业	Enterprises with Sole Investment	73623.6	35720.7	33211.1
投资股份有限公司	Share-holding Corporations Ltd. with Investment			
其他港澳台投资企业	Others			
外商投资企业	Foreign-investment Enterprise	3353.7	3331.1	0
中外合资经营企业	Joint Venture Enterprises	3353.7	3331.1	0
中外合作经营企业	Cooperative Enterprises			
外资企业	Enterprises with Sole Foreign Investment			
外商投资股份有限公司	Share-holding Corporations Ltd. with Foreign Investment			
其他外商投资企业	Others			
2.按国民经济行业分组	**2.Grouped By Sector**			
旅游饭店	Tourist Hotel	545209.3	290066.5	191511.2
一般旅馆	General Hotel	134323.2	99088.8	28973.7
其他住宿服务	Other Accommodation Service	14551.0	5090.1	2338.2

17—2 续表 continued

单位：万元 (10 000 yuan)

项 目	Item	营业额 Business Revenue	客房收入 From Hotels	餐费收入 From Catering
二、餐饮业	Ⅱ.Catering Trades	**389489.6**	**29021.4**	**340746.7**
1.按登记注册类型分组	**1. Grouped by Status of Registration**			
内资企业	Domestic Funded Enterprises	318787.9	29021.4	270146.0
国有企业	State-owned Industry	7217.1	1836.7	4573.6
集体企业	Collective-owned Industry	1252.7	0	1252.7
股份合作企业	Cooperative Enterprises	340.6	0	340.6
联营企业	Joint Ownership Enterprises			
国有联营企业	State Joint Ownership Enterprises			
集体联营企业	Collective Joint Ownership Enterprises			
国有与集体联营企业	Joint State-Collective Ownership Enterprises			
其他联营企业	Other Joint Ownership Enterprises			
有限责任公司	Limited Liability Corporations	131434.0	7082.9	111331.0
国有独资企业	Sole State-funded Corporations			
其他有限责任公司	Other Limited Liability Corporations	131434.0	7082.9	111331.0
股份有限公司	Share Holding Enterprises	11383.2	2721.6	8247.4
私营企业	Private Enterprises	160518.8	17225.8	137913.9
私营独资企业	Private-funded Enterprises	19254.7	3382.7	15441.1
私营合伙企业	Private Partnership Enterprises	2850.2	419.5	2366.3
私营有限责任公司	Private Limited Liability Corporations	132858.7	12771.5	115328.6
私营股份有限公司	Private Share Holding Enterprises	5555.2	652.1	4777.9
其他企业	Others	6641.5	154.4	6486.8
港、澳、台商投资企业	Enterprises with Funds from Hong Kong, Macao & Taiwan	9519.3	0	9418.3
合资经营企业	Joint Venture Enterprises	2557.0	0	2557.0
合作经营企业	Cooperative Enterprises			
独资经营企业	Enterprises with Sole Investment	6962.3	0	6861.3
投资股份有限公司	Share-holding Corporations Ltd. with Investment			
其他港澳台投资企业	Others			
外商投资企业	Foreign-investment Enterprise	61182.4	0	61182.4
中外合资经营企业	Joint Venture Enterprises			
中外合作经营企业	Cooperative Enterprises			
外资企业	Enterprises with Sole Foreign Investment	61182.4	0	61182.4
外商投资股份有限公司	Share-holding Corporations Ltd. with Foreign Investment			
其他外商投资企业	Others			
2.按国民经济行业分组	**2.Grouped By Sector**			
正餐服务业	Dinner	257878.4	29021.4	211826.7
快餐服务业	Snack	127455.0	0	127216.2
饮料及冷饮服务业	Beverage & Cold Drink	3721.2	0	1268.8
其他餐饮服务业	Others	435.0	0	435.0

17—3　限额以上住宿和餐饮业企业主要财务指标（2016年）

单位：万元

项　目	Item	流动资产小计 Circulating Funds	#存货 Deposit Products	固定资产原价 Original Value of Fixed Assets	累计折旧 Add Up Depreciation	#本年折旧 Depreciation of the Year	资产合计 Total Assets	负债合计 Total Liabilities
总　计	**Total**	**969994**	**78327**	**1784906**	**745846**	**92228**	**2633142**	**2059842**
一、住宿业	**Ⅰ.Accommodation**	**762802**	**64708**	**1570404**	**670981**	**80535**	**2163754**	**1689021**
1.按登记注册类型分组	**1. Grouped by Status of Registration**							
内资企业	Domestic Funded Enterprises	600524	22164	1099770	458320	61655	1660250	1229044
国有企业	State-owned Industry	45674	2032	206217	114010	9624	213781	134902
集体企业	Collective-owned Industry	2373	31	10692	7707	1401	7306	5515
股份合作企业	Cooperative Enterprises	1540	246	6039	3229	292	6226	2093
联营企业	Joint Ownership Enterprises							
国有联营企业	State Joint Ownership Enterprises							
集体联营企业	Collective Joint Ownership Enterprises							
国有与集体联营企业	Joint State-Collective Ownership Enterprises							
其他联营企业	Other Joint Ownership Enterprises							
有限责任公司	Limited Liability Corporations	205593	9726	411996	152863	26808	614612	427325
国有独资企业	Sole State-funded Corporations	2872	140	25687	9049	1266	24615	13755
其他有限责任公司	Other Limited Liability Corporations	202721	9586	386309	143814	25541	589998	413570
股份有限公司	Share Holding Enterprises	22609	1055	103422	35684	3440	123083	82746
私营企业	Private Enterprises	316700	8922	343355	134391	19378	680597	573263
私营独资企业	Private-funded Enterprises	17101	835	45775	22002	1621	51014	24441
私营合伙企业	Private Partnership Enterprises	4055	77	12985	4598	678	15165	8914
私营有限责任公司	Private Limited Liability Corporations	267346	7779	264281	98835	16158	564824	488652
私营股份有限公司	Private Share Holding Enterprises	28198	232	20314	8956	921	49594	51256
其他企业	Others	6036	153	18050	10436	712	14643	3201
港、澳、台商投资企业	Enterprises with Funds from Hong Kong, Macao & Taiwan	161955	42526	470410	212507	18822	502552	459201
合资经营企业	Joint Venture Enterprises	21148	157	50211	28920	686	85838	96981
合作经营企业	Cooperative Enterprises	3696	116	20117	14172	755	9801	8293
独资经营企业	Enterprises with Sole Investment	137111	42253	400082	169414	17382	406913	353927
投资股份有限公司	Share-holding Corporations Ltd. with Investment							
其他港澳台投资企业	Others							
外商投资企业	Foreign-investment Enterprise	323	19	224	154	58	952	775
中外合资经营企业	Joint Venture Enterprises	323	19	224	154	58	952	775
中外合作经营企业	Cooperative Enterprises							
外资企业	Enterprises with Sole Foreign Investment							
外商投资股份有限公司	Share-holding Corporations Ltd. with Foreign Investment							
其他外商投资企业	Others							
2.按国民经济行业分组	**2.Grouped By Sector**							
旅游饭店	Tourist Hotel	606206	60677	1418299	626672	71487	1804678	1393728
一般旅馆	General Hotel	149064	3838	147299	41493	8751	338897	281458
其他住宿服务	Other Accommodation Service	7531	193	4805	2816	297	20179	13835

Main Financial Indicators of Enterprises above Designated in Wholesale & Retail Sale Trade（2016）

(10 000 yuan)

所有者权益合计 Total Creditors Equity	#实收资本 Capital Hold	#国家资本 State Capital	主营业务收入 Business Income of the Main Products	主营业务成本 Core Business Cost	主营业务税金及附加 Core Business Tax&Extra Charges	销售费用 Operating Cost	管理费用 Management Expenses	财务费用 Financial Expenses	#利息支出 Interest Expen-diture	营业利润 Business Profits	利润总额 Gross Profits
573299	**841016**	**124630**	**1037338**	**428904**	**29153**	**340940**	**235484**	**48375**	**33146**	**-28958**	**-20965**
474734	**718444**	**121768**	**666156**	**237833**	**18833**	**232629**	**188002**	**39526**	**26397**	**-37228**	**-27857**
431205	477671	118480	578347	217157	16570	203568	145901	29176	20571	-21356	-13045
78880	66817	54453	66130	25082	1400	27289	20515	2399	2216	-5656	-5334
1791	2451	0	5501	1955	166	1991	1255	37	50	68	159
4134	108	0	1628	942	50	185	455	21	0	3	7
187287	208041	52347	203511	73059	6495	70833	51631	10911	8313	-6332	3871
10859	12797	12797	4399	1358	90	2905	1281	59	53	-1201	-1201
176428	195243	39550	199111	71701	6405	67927	50350	10852	8260	-5131	5072
40338	38209	1059	40271	17719	1299	11262	11452	1639	1447	-2416	-1722
107334	149302	0	252572	92762	6848	90620	59382	14121	8531	-7194	-10181
26573	21631	0	20702	10799	850	3515	3628	883	692	1138	809
6251	4830	0	8230	2833	164	2138	1894	638	637	627	509
76173	114351	0	205060	72373	5417	79827	49563	11432	6135	-10021	-11984
-1662	8491	0	18580	6758	417	5140	4297	1168	1069	1063	484
11442	12744	10621	8735	5639	312	1388	1209	49	13	172	154
43351	240751	3288	85037	20213	2101	27650	41666	10330	5826	-16274	-15164
-11144	40984	3288	7599	1285	146	3467	3856	408	226	-1319	-1350
1508	13909	0	3651	831	87	1420	1837	270	256	-794	-790
52986	185858	0	73788	18097	1868	22762	35973	9652	5345	-14161	-13024
177	22	0	2772	463	162	1411	436	20	0	402	352
177	22	0	2772	463	162	1411	436	20	0	402	352
410950	655213	117265	522417	187877	15078	181176	157786	34127	22836	-41867	-32234
57440	60797	4227	129638	47510	3363	47678	27140	5239	3418	108	-105
6343	2435	276	14102	2447	392	3774	3077	160	143	4532	4481

17－3 续表

单位：万元

项 目	Item	流动资产小计 Circulating Funds	#存货 Deposit Products	固定资产原价 Original Value of Fixed Assets	累计折旧 Add Up Depreciation	#本年折旧 Depreciation of the Year	资产合计 Total Assets	负债合计 Total Liabilities
二、餐饮业	**Ⅱ.Catering Trades**	**207192**	**13619**	**214502**	**74865**	**11693**	**469388**	**370822**
1.按登记注册类型分组	**1.Grouped by Status of Registration**							
内资企业	Domestic Funded Enterprises	198052	13020	203911	69301	11294	442742	359893
国有企业	State-owned Industry	2065	113	8510	4551	1135	6325	5617
集体企业	Collective-owned Industry	160	26	92	33	11	310	201
股份合作企业	Cooperative Enterprises	240	0	845	390	38	2853	937
联营企业	Joint Ownership Enterprises							
国有联营企业	State Joint Ownership Enterprises							
集体联营企业	Collective Joint Ownership Enterprises							
国有与集体联营企业	Joint State-Collective Ownership Enterprises							
其他联营企业	Other Joint Ownership Enterprises							
有限责任公司	Limited Liability Corporations	51016	4039	69410	19622	3677	145534	135635
国有独资企业	Sole State-funded Corporations							
其他有限责任公司	Other Limited Liability Corporations	51016	4039	69410	19622	3677	145534	135635
股份有限公司	Share Holding Enterprises	6208	407	24976	9023	711	23683	21994
私营企业	Private Enterprises	134693	8169	95628	33745	5397	257421	192778
私营独资企业	Private-funded Enterprises	8274	1968	17299	5269	701	25310	10885
私营合伙企业	Private Partnership Enterprises	2356	46	1695	334	18	3771	3082
私营有限责任公司	Private Limited Liability Corporations	112846	5859	73859	26361	4518	212575	166708
私营股份有限公司	Private Share Holding Enterprises	11218	296	2776	1781	159	15766	12103
其他企业	Others	3670	267	4449	1939	325	6616	2732
港、澳、台商投资企业	Enterprises with Funds from Hong Kong, Macao & Taiwan	5825	118	2513	1888	248	6773	3239
合资经营企业	Joint Venture Enterprises	604	0	305	241	28	669	687
合作经营企业	Cooperative Enterprises							
独资经营企业	Enterprises with Sole Investment	5221	118	2208	1647	220	6105	2551
投资股份有限公司	Share-holding Corporations Ltd. with Investment							
其他港澳台投资企业	Others							
外商投资企业	Foreign-investment Enterprise	3315	481	8079	3676	152	19873	7691
中外合资经营企业	Joint Venture Enterprises							
中外合作经营企业	Cooperative Enterprises							
外资企业	Enterprises with Sole Foreign Investment	3315	481	8079	3676	152	19873	7691
外商投资股份有限公司	Share-holding Corporations Ltd. with Foreign Investment							
其他外商投资企业	Others							
2.按国民经济行业分组	**2.Grouped By Sector**							
正餐服务业	Dinner	181441	11806	181563	58064	10174	397781	328671
快餐服务业	Snack	23372	1693	25885	13757	1157	54553	29196
饮料及冷饮服务业	Beverage & Cold Drink	2174	120	6991	2986	360	16844	12734
其他餐饮服务业	Others	205	0	63	58	2	210	221

continued

(10 000 yuan)

所有者权益合计 Total Creditors Equity	#实收资本 Capital Hold	#国家资本 State Capital	主营业务收入 Business Income of the Main Products	主营业务成本 Core Business Cost	主营业务税金及附加 Core Business Tax&Extra Charges	销售费用 Operating Cost	管理费用 Manage-ment Expenses	财务费用 Financial Expenses	#利息支出 Interest Expen-diture	营业利润 Business Profits	利润总额 Gross Profits
98566	**122572**	**2862**	**371181**	**191071**	**10320**	**108311**	**47482**	**8849**	**6750**	**8270**	**6893**
82849	117308	2862	303294	160447	8904	88888	42129	8964	6745	-3231	-5105
708	3955	2355	7168	3458	156	2382	1311	41	30	-174	-122
109	74	0	1253	496	7	419	134	1	0	182	79
1916	498	0	321	171	2	87	60	0	0	1	1
9899	26087	340	119313	59544	3087	41792	14735	2828	2137	-384	48
9899	26087	340	119313	59544	3087	41792	14735	2828	2137	-384	48
1689	3971	160	11991	6897	325	3062	2322	383	222	-1084	-950
64644	80958	7	156572	86120	5109	39946	22859	5633	4303	-2464	-4723
14425	12034	7	20301	11633	869	3346	2730	298	66	1395	1026
689	461	0	2650	1449	138	374	400	53	34	327	168
45867	59887	0	128173	69990	3964	34327	18757	5155	4090	-3565	-5410
3663	8577	0	5448	3047	137	1899	973	127	112	-622	-507
3884	1765	0	6677	3761	219	1200	709	77	54	691	562
3535	3029	0	9275	3621	205	4441	449	18	5	548	553
-19	130	0	2497	1201	58	1158	62	8	0	11	11
3553	2899	0	6778	2420	147	3284	387	10	5	538	542
12182	2235	0	58611	27003	1211	14983	4904	-133	0	10952	11444
12182	2235	0	58611	27003	1211	14983	4904	-133	0	10952	11444
69110	111546	2862	251665	136599	7844	68097	37778	8212	6085	-6343	-7988
25357	9083	0	117363	53417	2431	39062	8958	148	19	13689	14304
4110	1843	0	1778	786	36	1086	710	490	646	931	583
-11	100	0	375	269	9	67	36	0	0	-7	-7

17－4　主要年份限额以上住宿和餐饮业企业经营情况
Business Circumstance of Enterprises above Designated Size in Hotel & Catering in Major Years

单位：万元　　　　　　　　　　　　　　　　　　　　　　　　　　　　　(10 000 yuan)

项　目	Item	2000	2005	2010	2011	2012	2013	2014	2015	2016
一、法人企业数（个）	Number of Corporation Enterprises(unit)	85	393	581	662	734	802	818	828	841
二、年末从业人员（人）	Number of Persons Employed(person)	21621	59652	70818	52483	83526	81461	77844	75538	74288
三、营业额（万元）	Business Revenue(10 000 yuan)	70028	352590	675506	848208	965256	926203	932172	1003531	1083573
四、客房间数（间）	Number of Guest Rooms(room)			63915	69897	96443	81777	87037	115733	204719
五、床位数（个）	Number of Beds(bed)		80315	112690	121624	161065	139771	147920	189627	323589
六、餐位数（位）	Number of Catering Seatings(seat)		213534	292875	315285	367388	365375	389320	399120	416588
七、年末餐饮营业面积（平方米）	Area of Catering Business(sq.m)		680358	812365	1421726	1783501	1736158	1863541	1916088	1976210

注：1. 2005年住宿业为星级以上住宿企业，未设置“客房间数”指标。
　　2. 2000年统计范围为限额以上餐饮业，未包括住宿业；未设置四至七项指标。

Note: 1. The data on hotel in 2005 refers to the hotels above star-rate, and the indicator of “Number of Guest Rooms” has not been set.
　　2. The statistical range in 2000 is the catering enterprises above designated size, exculding hotel enterprises, and the relative indicators have not been set.

17－5　旅游机构数（2016年）
Number of Tourism Institutions (2016)

单位：家　　　　　　　　　　　　　　　　　　　　　　　　　　　　　(unit)

城　市	City	旅游管理部门 Tourist Management Department	旅行社 Travel Agencies	星级饭店 Star-rated Hotels	五星 5 Star	四星 4 Star	三星 3 Star	二星 2 Star
总　计	**Total**	**162**	**722**	**473**	**12**	**88**	**276**	**97**
南宁市	Nanning	19	118	48	2	12	26	8
柳州市	Liuzhou	15	53	48	2	10	27	9
桂林市	Guilin	18	243	67	5	14	37	11
梧州市	Wuzhou	8	24	34		1	17	16
北海市	Beihai	6	53	30	1	5	18	6
防城港市	Fangchenggang	5	27	31		6	25	
钦州市	Qinzhou	7	40	18	1		17	
贵港市	Guigang	6	19	15		5	6	4
玉林市	Yulin	9	29	21		5	8	8
百色市	Baise	13	21	31		6	23	2
贺州市	Hezhou	6	16	20		3	14	3
河池市	Hechi	26	39	51		9	29	13
来宾市	Laibin	8	11	17	1	3	11	2
崇左市	Chongzuo	16	29	42		9	18	15

17－6 主要年份旅游人数及消费

Number of Oversea Visitor Arrivals & Tourism Consumption in Main Years

指 标	Item	1995	2000	2005	2010	2011	2012	2013	2014	2015	2016
接待入境旅游者人数(人次)	**Number of Oversea Visitor Arrivals (person-time)**	**418499**	**1240265**	**1461605**	**2502363**	**3027923**	**3502732**	**3915435**	**4211845**	**4500562**	**4825160**
港澳和台湾同胞	Compatriots from Hong Kong , Macao & Taiwan	107672	730706	585557	1088493	1313095	1575725	1792289	1995074	2108234	2305390
外国人	Foreigners	307428	506288	873103	1413870	1714828	1927007	2123146	2216771	2392328	2519770
#越南	Vietnam	1110	66327	140396	292332	379477	486694	450799	427548	453556	482492
韩国	South Korea		86769	57304	94461	151180	190446	221023	278608	369949	403583
马来西亚	Malaysia	15546	11672	145537	190128	242512	242491	281445	279697	281679	287182
新加坡	Singapore	7164	6174	15545	53995	84635	100808	129784	131404	151725	154324
美国	United States	34878	58517	78709	101540	112932	111172	109754	119674	125262	134230
印度尼西亚	Indonesia	15057	14351	19065	67624	77048	96765	134099	117725	121311	129923
泰国	Thailand	5166	8256	48322	30552	51601	81646	106747	86644	105457	96006
法国	France	23241	40519	43425	85921	91429	79163	77597	67293	63252	67551
英国	United Kingdom	12374	15795	24757	53996	56718	49105	52467	56935	62462	69710
加拿大	Canada	5497	6376	15969	38181	49991	71526	71338	63390	57282	63026
德国	Germany	22987	27802	32045	51535	55797	55234	55984	50064	51057	53482
日本	Japan	72706	86469	91117	84576	65615	59235	31241	38638	48944	59578
澳大利亚	Australia	5587	7782	20036	45321	46496	45516	42880	46792	42282	51748
菲律宾	The Philippines				6778	8341	8063	13367	18158	37297	39395
印度	India				4428	6347	8670	19667	20539	28069	32371
意大利	Italy	10075	8732	15079	17164	19374	19940	20117	23507	23387	28810
新西兰	New Zealand	1178	1440	3168	8626	8456	8403	11515	14214	13519	15114
国内游客人数(万人次)	**Number of Domestic Visitors (10 000 person-times)**	**1450**	**3951**	**6493**	**14074**	**17257**	**20778**	**24264**	**28565**	**33661**	**40419**
国际旅游外汇消费(亿美元)	**Foreign Exchange from International Tourism (100 million dollars)**	**1.21**	**3.07**	**3.59**	**8.07**	**10.52**	**12.79**	**15.47**	**17.28**	**19.17**	**21.64**
国内旅游消费(亿元)	**Domestic Tourist Expenditure (100 million yuan)**	**17.4**	**146.8**	**277.8**	**898.1**	**1209.5**	**1578.9**	**1961.3**	**2495.0**	**3136.4**	**4047.7**
旅游总消费(亿元)	**Total Tourist Consumption (100 million yuan)**	**28.3**	**168.6**	**303.7**	**952.9**	**1277.8**	**1659.7**	**2057.1**	**2601.2**	**3254.2**	**4191.4**
星级饭店数（个）	**Number of Star-rated Hotels(unit)**	**41**	**162**	**350**	**423**	**443**	**456**	**477**	**466**	**466**	**472**

注：2000年及以前的星级饭店总数为涉外饭店数。

Note: The number of star-rated hotels before 2000 refers to the number of hotels for foreign tourists.

17—7 主要年份各市接待入境旅游者人数

单位：人次

指 标	City	2000		2005		2010		2011	
		合计 Total	外国人 Foreigners	合计 Total	外国人 Foreigners	合计 Total	外国人 Foreigners	合计 Total	外国人 Foreigners
南宁市	Nanning	45586	23746	83317	65338	167527	123267	236144	161735
柳州市	Liuzhou	20268	4148	33778	24072	81100	59153	105958	73209
桂林市	Guilin	950172	403872	1000912	585391	1486202	897491	1643935	1037220
梧州市	Wuzhou	49858	3110	37612	17959	90017	8736	130119	14588
北海市	Beihai	38087	4523	30228	18657	73008	37249	83073	41703
防城港市	Fangchenggang					70122	66388	103275	99002
钦州市	Qinzhou					24367	2950	35630	5220
贵港市	Guigang					40485	9992	55847	12724
玉林市	Yulin					33128	10209	43006	9855
百色市	Baise					26741	7466	40106	14483
贺州市	Hezhou					164018	41557	227152	57336
河池市	Hechi					30155	9935	41385	13179
来宾市	Laibin					8163	3703	12030	4904
崇左市	Chongzuo					207330	135774	270263	169670

Number of Oversea Visitor Arrivals & International Tourism Receipts by City in Main Years

(person-time)

2012		2013		2014		2015		2016	
合计 Total	外国人 Foreigners	合计 Total	外国人 Foreigners	合计 Total	外国人 Foreigners	合计 Total	外国人 Foreigners	合计 Total	外国人 Foreigners
300674	209892	351068	233107	432967	309542	510850	396336	555424	422601
137760	87005	167394	100150	174132	114121	181221	126170	188769	134079
1824141	1092967	1936542	1170849	2047792	1171655	2163406	1216381	2333247	1287124
152816	12087	182851	14655	190255	15263	196278	16172	202724	17985
98759	53205	115820	61427	120938	63113	129053	65264	135536	66498
127497	122183	146715	140034	153803	144795	160987	150294	168593	156605
41631	6220	46112	6829	50312	7227	53573	7300	61916	8350
68086	12025	79323	12734	82853	11847	86921	11897	90678	11216
57942	15832	81054	20745	95939	17969	105432	19511	122301	26173
51516	26950	63698	34334	70106	35489	73928	37585	78164	39002
267251	69630	309624	66541	330696	63829	351569	64722	376544	52380
53546	15543	70037	21146	91705	32793	100570	35080	106764	34262
14500	6002	16848	7364	18561	6545	19629	6437	21586	6373
306613	197466	348349	233234	351771	222583	367145	239179	382914	257122

17－8　主要年份各市国际旅游消费
International Tourism Expenditure by City in Main Years

单位：万元　　(10 000 yuan)

城　市	City	2000	2005	2010	2011	2012	2013	2014	2015	2016
南宁市	Nanning	5736	20320	37858	53449	67629	85067	100629	125962	154268
柳州市	Liuzhou	1031	9560	18241	23476	30073	36428	40488	44579	52866
桂林市	Guilin	188712	191951	341244	401305	463936	538503	582964	638154	784966
梧州市	Wuzhou	3004	3195	15589	22907	26725	34971	40236	43284	50068
北海市	Beihai	8367	5326	14768	16728	21662	26677	29164	31259	36992
防城港市	Fangchenggang			11731	17546	22595	27139	30148	32476	38570
钦州市	Qinzhou			5589	7334	8418	9332	10822	11929	16221
贵港市	Guigang			8129	11376	13766	16389	18813	20157	23744
玉林市	Yulin			9947	11327	14555	20280	25936	28799	38049
百色市	Baise			7298	9920	12221	14552	16522	18031	21978
贺州市	Hezhou			28408	41088	48201	58482	66281	73613	89936
河池市	Hechi			7744	10122	12644	15913	21843	25541	30666
来宾市	Laibin			2368	3134	3800	4342	4998	5545	6653
崇左市	Chongzuo			39591	53743	61664	70118	72879	78582	92097

17－9 主要年份各市接待入境旅游者平均每人消费额

Per Capita Expenditure of Oversea Visitor Arrivals by City in Main Years

单位：元 (yuan)

城 市	City	2000	2005	2010	2011	2012	2013	2014	2015	2016
南宁市	Nanning	1258	2439	2260	2263	2249	2423	2324	2466	2777
柳州市	Liuzhou	509	2830	2249	2216	2183	2176	2326	2460	2801
桂林市	Guilin	1986	1918	2296	2441	2543	2781	2847	2950	3364
梧州市	Wuzhou	603	849	1732	1760	1749	1913	2115	2205	2470
北海市	Beihai	2197	1762	2023	2014	2193	2303	2411	2422	2729
防城港市	Fangchenggang			1673	1699	1772	1850	1960	2017	2288
钦州市	Qinzhou			2294	2058	2022	2024	2151	2227	2620
贵港市	Guigang			2008	2037	2022	2066	2271	2319	2618
玉林市	Yulin			3003	2634	2512	2502	2703	2732	3111
百色市	Baise			2729	2473	2372	2285	2357	2439	2812
贺州市	Hezhou			1732	1809	1804	1889	2004	2094	2388
河池市	Hechi			2568	2446	2361	2272	2382	2540	2872
来宾市	Laibin			2901	2605	2621	2577	2693	2825	3082
崇左市	Chongzuo			1910	1989	2011	2013	2072	2140	2405

17－10 各市接待国内游客人数
Number of Domestic Visitors by City

单位：万人次 (10 000 persons-times)

城 市	City	2010	2011	2012	2013	2014	2015	2016
南宁市	Nanning	3542.70	4374.74	5122.07	5840.26	6905.19	8159.14	9499.62
柳州市	Liuzhou	1300.25	1519.63	1904.10	2266.32	2605.43	2901.14	3297.26
桂林市	Guilin	2097.71	2623.78	3110.25	3390.52	3737.84	4253.61	5152.55
梧州市	Wuzhou	655.91	840.33	975.98	1131.39	1279.13	1527.79	1727.66
北海市	Beihai	938.43	1100.79	1311.20	1521.16	1770.67	2143.69	2473.24
防城港市	Fangchenggang	550.08	675.59	806.53	965.11	1168.40	1345.77	1568.79
钦州市	Qinzhou	469.33	570.42	692.74	774.25	868.31	1077.07	1801.21
贵港市	Guigang	623.02	744.62	918.75	1095.16	1266.25	1435.85	1666.60
玉林市	Yulin	712.55	837.47	1023.28	1355.97	1653.75	2027.02	2787.85
百色市	Baise	952.24	1119.78	1356.29	1680.45	1997.80	2321.92	2716.69
贺州市	Hezhou	487.43	640.12	785.12	999.13	1257.17	1526.53	1775.52
河池市	Hechi	728.01	849.13	1063.11	1281.76	1530.09	1841.95	2154.20
来宾市	Laibin	353.36	581.56	753.35	855.99	1197.65	1539.39	1806.63
崇左市	Chongzuo	662.48	779.44	954.81	1106.45	1327.35	1560.50	1991.54

17—11 各市国内旅游消费
Tourist Consumption of Domestic Visitors by City

单位：亿元 (100 million yuan)

城市	City	2010	2011	2012	2013	2014	2015	2016
南宁市	Nanning	234.78	307.05	397.13	469.64	598.73	729.93	903.24
柳州市	Liuzhou	88.59	117.38	150.66	182.27	229.09	281.02	351.48
桂林市	Guilin	134.17	178.21	230.48	294.63	373.77	453.51	558.81
梧州市	Wuzhou	50.02	64.53	81.26	100.11	123.22	153.78	192.68
北海市	Beihai	67.17	86.07	110.17	137.28	173.11	219.74	284.34
防城港市	Fangchenggang	27.89	38.73	50.36	61.79	76.73	97.40	125.37
钦州市	Qinzhou	27.04	40.03	51.02	60.99	75.67	101.12	172.02
贵港市	Guigang	34.53	48.59	65.66	85.88	107.53	135.62	176.79
玉林市	Yulin	49.55	66.95	88.21	115.83	147.53	196.44	277.74
百色市	Baise	56.64	73.23	95.08	121.84	156.01	200.02	259.59
贺州市	Hezhou	34.87	50.62	67.77	96.05	124.96	162.44	208.38
河池市	Hechi	43.32	58.41	88.97	111.81	144.39	179.60	230.51
来宾市	Laibin	15.86	32.88	41.52	50.15	70.59	101.18	133.12
崇左市	Chongzuo	33.66	46.79	60.64	73.05	93.66	124.59	173.58

17—12 各市旅游总消费
Total Tourist Consumption by City

单位：亿元 (100 million yuan)

城 市	City	2010	2011	2012	2013	2014	2015	2016
南宁市	Nanning	238.57	312.40	403.89	478.15	608.79	742.53	918.67
柳州市	Liuzhou	90.42	119.73	153.67	185.92	233.14	285.48	356.77
桂林市	Guilin	168.30	218.34	276.87	348.48	432.07	517.33	637.30
梧州市	Wuzhou	51.58	66.82	83.93	103.61	127.24	158.11	197.69
北海市	Beihai	68.64	87.74	112.34	139.94	176.03	222.86	288.04
防城港市	Fangchenggang	29.07	40.48	52.62	64.51	79.75	100.64	129.23
钦州市	Qinzhou	27.60	40.76	51.86	61.92	76.75	102.31	173.64
贵港市	Guigang	35.34	49.73	67.03	87.52	109.41	137.64	179.16
玉林市	Yulin	50.54	68.08	89.67	117.86	150.12	199.32	281.55
百色市	Baise	57.37	74.23	96.31	123.30	157.66	201.82	261.79
贺州市	Hezhou	37.71	54.73	72.59	101.89	131.59	169.80	217.37
河池市	Hechi	44.10	59.42	90.23	113.40	146.57	182.16	233.58
来宾市	Laibin	16.10	33.19	41.90	50.59	71.09	101.74	133.79
崇左市	Chongzuo	37.62	52.16	66.81	80.06	100.95	132.45	182.79

17—13 广西国家A级旅游景区一览表（2016年）
Schedule of National A-Grade Scenic Spots in Guangxi（2016）

类　别 Classification	风景名胜区名称	Name	所在地	Location
AAAAA	桂林漓江景区	Lijiang River Scenic Spot	桂林市	Guilin City
	桂林乐满地休闲世界	Lemandi World for Leisure of Guilin		
	桂林独秀峰—王城景区	Guilin Duxiu Peak & Imperial City Scenic Zone		
	南宁青秀山风景旅游区	Qingxiu Mountain Scenic Spot of Nanning	南宁市	Nanning City
AAAA	南宁嘉和城景区	Jiahe Town Scenic Spot of Nanning	南宁市	Nanning City
	南宁九曲湾温泉景区	Jiuquwan Hotspring Scenic Spot of Nanning		
	广西八桂田园	Bagui Fields and Gardens of Guangxi		
	南宁市动物园	Nanning Zoo		
	广西药用植物园	Guangxi Medicinal Botanical Garden		
	南宁大明山风景旅游区	Damingshan Mountain Scenic Spot of Nanning		
	广西科技馆	Guangxi Science & Technology Museum		
	广西民族博物馆	Guangxi Ethnographical Museum		
	南宁市乡村大世界景区	World of Countryside of Nanning		
	南宁市武鸣县伊岭岩景区	Yilingyan Rock Scenic Spot of Wuming in Nanning		
	南宁市良凤江森林景区	Liangfengjiang Forest Tourist Area of Nanning		
	广西规划馆景区	Guangxi Capital Exhibition		
	南宁市民歌湖景区	Minge Lake of Nanning		
	隆安县龙虎山旅游景区	Longhu Hill Scenic Spot of Long' an County		
	南宁市凤岭儿童公园	Fengling Children' s Park of Nanning		
	南宁马山金伦洞景区	Jinlun Cave Scenic Spot of Mashan County in Nanning		
	上林县金莲湖景区	Jinlian Lake Scenic Spot of Shanglin County		
	南宁市人民公园	People' s Park in Nanning City		
	南宁花花大世界景区	Huahua Flower World in Nanning City		
	南宁昆仑关旅游风景区	Kunlun Pass Scenic Spot of Nanning		
	南宁上林县大龙湖景区	Dalong Cave Scenic Spot of Shanglin County in Nanning		
	柳州龙潭景区	Longtan Scenic Spot of Liuzhou	柳州市	Liuzhou City
	柳侯公园	Liuhou Park		
	柳州立鱼峰风景区	Liyu Hill Scenic Spot of Liuzhou		
	三江程阳侗族八寨景区	Dong Bazhai Scenic Spot of Sanjiang Chengyang		
	柳州博物馆	Liuzhou Museum		
	广西鹿寨香桥岩风景区	Xiangqiao Rock Scenic Spot of Luzhai County in Guangxi		
	柳州市融水县贝江景区	Beijiang River Scenic Spot of Rongshui County in Liuzhou		
	柳州市三江县丹洲景区	Danzhou Scenic Spot of Sanjiang County in Liuzhou		
	柳州文庙景区	Confucian Temple Scenic Spot of Liuzhou		
	柳州城市规划展览馆	Liuzhou Urban Planning Exhibition Hall		
	柳州市马鹿山奇石博览园景区	Malu Hill Stones Exposition Garden of Liuzhou		
	柳州市三江县大侗寨景区	Dadongzhai Scenic Spot in Sanjiang County of Liuzhou		
	柳州市工业博物馆景区	Industrial Museum Scenic Spot of Liuzhou		
	柳州市百里柳江旅游景区	Liujiang River Scenic Spot of Liuzhou		
	柳州园博园景区	Liuzhou Garden Expro Scenic Spot		

17－13 续表1 continued

类 别 Classification	风景名胜区名称	Name	所在地	Location
AAAA	柳州市融安石门仙湖旅游景区	Liuzhou Rong'an Xianhu Shimen Tourist Attractions	柳州市	Liuzhou City
	柳州柳城县知青城景区	Zhiqing Town Scenic Spot of Liucheng County in Liuzhou		
	柳州市都乐岩景区	Dule Cave Scenic Spot in Liuzhou		
	柳州市融水元宝山龙女沟景区	Longnv Ravine Scenic Spot of Yuanbao Mountain of Rongshui County in Liuzhou		
	柳江县凤凰河生态旅游度假区	Fenghuang River Original Scenic Spot of Liujiang County		
	柳州市动物园	The Liuzhou City Zoo		
	柳州融水·民族体育公园	Folk Sports Park of Rongshui County in Liuzhou		
	七星景区	Qixing Scenic Spot	桂林市	Guilin City
	芦笛景区	Ludi Scenic Spot		
	桂林世外桃源旅游区	Shiwaitaoyuan Scenic Spot of Guilin		
	象山景区（象山公园、滨江公园）	Xiangshan Hill Scenic Spot (Xiangshan Park, Binjiang Park)		
	桂林冠岩景区	Guanyan Rock Scenic Spot of Guilin		
	桂林愚自乐园艺术园	Art Garden in Yuzi Fairyland of Guilin		
	桂林两江四湖景区	Two Rivers & Four Lakes Scenic Spot of Guilin		
	桂林银子岩旅游度假区	Yinzi Rock Scenic Spot of Guilin		
	桂林古东瀑布景区	Gudong Waterfall Scenic Spot of Guilin		
	兴安灵渠景区	Lingqu Scenic Spot of Xing'an County		
	桂林丰鱼岩旅游度假区	Fengyu Rock Scenic Spot of Guilin		
	桂林龙胜温泉旅游度假区	Longsheng Hotspring Scenic Spot of Guilin		
	桂林穿山景区	Chuanshan Scenic Spot of Guilin		
	桂林尧山景区	Yaoshan Hill Scenic Spot of Guilin		
	荔浦荔江湾景区	Lijiang Bay Scenic Spot of Lipu		
	桂林义江缘景区	Yijiangyuan Scenic Spot of Guilin		
	桂林叠彩伏波景区	Diecai & Fubo Hill Scenic Spot of Guilin		
	阳朔图腾古道—聚龙潭景区	Totem Ancient Road & Julong Lake Scenic Spot of Yangshuo County		
	永福金钟山旅游度假区	Jinzhongshan Hill Scenic Spot of Yongfu County		
	龙胜龙脊梯田景区	Longji Rice Terrace Scenic Spot of Longsheng County		
	桂林市南溪山景区	Nanxishan Hill Scenic Spot of Guilin		
	桂林市神龙水世界景区	Shenlong Water World Scenic Spot of Guilin		
	桂林经典刘三姐大观园景区	Scenery Park of Liusanjie in Guilin		
	桂林阳朔县蝴蝶泉旅游景区	Butterfly Spring Scenic Spot in Yangshuo County of Guilin		
	桂林西山景区	Guilin Xishan Scenic Spot		
	桂林市逍遥湖景区	Xiaoyao Lake Scenic Spot in Guilin		
	桂林罗山湖玛雅水上乐园景区	Maya Water World of Luoshan Lake in Liuzhou		
	桂林市猫儿山景区	Mao' er Moutain Scenic Spot of Guilin City		
	梧州骑楼城—龙母庙景区	City of Arcade-Longmu Temple Scenic Spot of Wuzhou	梧州市	Wuzhou City
	藤县石表山休闲旅游景区	Shibiao Hill Scenic Spot of Tengxian		
	蒙山县永安王城景区	Yongan Ancient City Scenic Spot of Mengshan County		
	梧州苍海旅游区	Canghai Scenic Spot of Wuzhou		

17－13　续表2　continued

类　别 Classification	风景名胜区名称	Name	所在地	Location
AAAA	北海银滩旅游区	Yintan Coast Scenic Spot of Beihai	北海市	Beihai City
	北海海底世界	Submarine World of Beihai		
	北海海洋之窗	Oceanorama of Beihai		
	北海涠洲岛国家地质公园鳄鱼山景区	E'yushan Hill Scenic Spot of Weizhoudao Island National Geopark		
	北海市嘉和一冠山海景区	Jiahe-Guanshanhai Scenic Spot in Beihai		
	北海老城历史文化旅游区	Oldtown Historical & Cultural Tourism Area in Beihai		
	北海市金海湾红树林生态旅游区	Jinhaiwan Mangrove Forest Scenic Spot in Beihai		
	北海市园博园景区	Beihai Garden Expo Scenic Spot		
	北海汉闾文化园	Hanlv Cultural World in Beihai		
	上思十万大山国家森林公园景区	Shiwandashan Mountain National Forest Park of Shangsi County	防城港市	Fangcheng-gang City
	防城港东兴市京岛风景名胜区	Jingdao Island Scenic Spot of Dongxing City in Fangchenggang		
	东兴市屏峰雨林景区	Pingfeng Rainforest Scenic Spot of Dongxing City		
	防城港市江山半岛白浪滩旅游景区	Bailangtan Beach in Jiangshan Peninsula of Fangchenggang		
	防城港市西湾旅游区	Western Bay Tourism Area in Fangchenggang		
	上思县十万大山百鸟乐园景区	Shiwandashan Mountain Paradise of Birds of Shangsi County		
	钦州三娘湾旅游区	Sanniang Bay Scenic Spot of Qinzhou	钦州市	Qinzhou City
	钦州刘冯故居景区	Former Residence of Liuyongfu & Fengzicai Scenic Spot of Qinzhou		
	钦州八寨沟旅游景区	Bazhai Ravine Scenic Spot of Qinzhou		
	钦州市浦北县五皇山景区	Wuhuang Hill Scenic Spot of Pubei County in Qinzhou		
	桂平西山风景名胜区	Xishan Hill Scenic Spot of Guiping	贵港市	Guigang City
	贵港市龙潭国家森林公园景区	Longtan National Forest Park of Guiping		
	兴业鹿峰山风景区	Lufeng Mountain Scenic Spot of Xingye	玉林市	Yulin City
	陆川谢鲁温泉休闲景区	Xielu Hotspring Scenic Spot of Luchuan		
	广西五彩田园现代特色农业示范区	Wucaitianyuan Modern Featured Agricultrue Demonstration Distrct		
	广西玉林市大容山国家森林公园	DaRong Mountain National Forest Park in Yulin City		
	玉林云天文化城	Yuntian Folk Cultural World in Yulin City		
	玉林容州古城	Rongzhou Ancient City Scenic Spot of Yulin City		
	玉林容县都峤山风景区	Duqiao Mountain Scenic Spot of Rong County		
	靖西通灵大峡谷景区	Tongling Canyon Scenic Spot of Jingxi	百色市	Baise City
	百色乐业大石围天坑群景区	Leye Dashiwei Sky Hole Cluster Scenic Spot of Baise		
	百色起义纪念馆	Memorial of Baise Uprising		
	靖西古龙山峡谷群生态旅游景区	Gulong Mountain Canyon Cluster Natural Scenic Spot of Jingxi		
	百色大王岭景区	Dawang Hill Scenic Spot of Baise		
	凌云茶山金字塔景区	Pyramid of Tea Hill Scenic Spot of Lingyun County		
	百色市德保县吉星岩景区	Jixing Rock Scenic Spot in Debao County of Baise		
	百色市德保县红叶森林旅游景区	Red Leaves Forest Scenic Spot in Debao County of Baise		
	百色市平果黎明通天河旅游景区	Baise Pingguo Liming Tongtian River Scenic Area		
	百色市田阳聚之乐休闲农业景区	Baise Tianyang Poly Music Leisure Agriculture Area		
	百色田州古城	Tianzhou Ancient Town of Baise		

17－13 续表3 continued

类 别 Classification	风景名胜区名称	Name	所在地	Location
AAAA	贺州姑婆山旅游区	Gupo Mountain Scenic Spot in Hezhou City	贺州市	Hezhou City
	昭平黄姚古镇风景名胜区	Huangyao Town Scenic Spot of Zhaoping		
	贺州市十八水原生态园景区	Shibashui Original Scenic Spot in Hezhou City		
	贺州市玉石林景区	Jade Stone Forest Scenic Spot of Hezhou City		
	巴马盘阳河景区	Panyang River Scenic Spot of Bama County	河池市	Hechi City
	巴马水晶宫景区	Crystal Palace Scenic Spot of Bama County		
	广西凤山国家地质公园景区	Fengshan National Geopark in Guangxi		
	河池市东兰红色旅游区	Red Tourism Area in Donglan County of Hechi		
	河池市宜州刘三姐故里旅游区	Liusanjie's Homeland Scenic Spot in Yizhou City of Hechi		
	河池天峨县龙滩大峡谷景区	Longtan Grand Canyon Scenic Spot of Tian'e County in Hechi		
	宜州市会仙山景区	Huixian Mountain Scenic Spot of Yizhou City		
	南丹县歌娅思谷·中国白裤瑶生态民俗风情园景区	Geyasigu Baiku Yao Original Folkcustom Scenic Spot of Nandan County		
	广西大化七百弄国家地质公园景区	Qibainong National Geopark in Dahua County		
	广西丹泉洞天酒文化旅游景区	Danquan Dongtian Liquor Cultrue Scenic Spot of Guangxi		
	河池宜州拉浪生态休闲区	Lalang Woodland Scenic Spot of Yizhou City		
	河池宜州怀远古镇景区	Huaiyuan Town Scenic Spot of Yizhou City		
	金秀莲花山旅游景区	Lianhua Mountain Scenic Spot of Jinxiu County	来宾市	Laibin City
	来宾市象州古象旅游区	Guxiang Scenic Spot of Xiangzhou County in Laibin		
	来宾市金秀圣堂湖景区	Shengtang Lake Scenic Spot of Jinxiu County in Laibin		
	金秀县圣堂山景区	Shengtang Moutain Scenic Spot of Jinxiu County		
	金秀县山水瑶城景区	Shanshuiyaocheng Scenic Spot of Jinxiu County		
	忻城县薰衣草庄园景区	Lavender Villa Scenic Spot of Xincheng County		
	来宾金秀银杉森林公园	Silver Fir Park Scenic Spot of Jinxiu County in Laibin		
	大新德天跨国瀑布景区	Detian International Waterfall Scenic Spot of Daxin	崇左市	Chongzuo City
	凭祥市友谊关景区	Youyiguan Scenic Spot of Pingxiang City		
	凭祥红木文博城景区	Rosewood Exposition of Pingxiang City		
	龙州县龙州起义纪念园景区	Memorial of Longzhou Uprising of Longzhou County		
	大新县明仕景区	Mingshi Scenic Spot of Daxin County		
	崇左市宁明县花山景区	Huashan Scenic Spot of Ningming County		
	崇左石景林·园博园	Shijinglin Garden Expo Park in Chongzuo		
	崇左大新德天·老木棉景区	Detian Laomumian Garden of Daxin County		
AAA	南宁金花茶公园	Golden Camellia Park of Nanning	南宁市	Nanning City
	横县西津湖景区	Xijin Lake Scenic Spot in Hengxian		
	横县九龙瀑布群景区	Jiulong Waterfall Scenic Spot of Hengxian		
	宾阳蔡氏书香古宅群景区	Caishi Oldhouse Scenic Spot of Binyang		
	南宁市大王滩风景区	Dawang Beach Scenic Spot of Nanning		
	南宁市凤凰谷景区	Fenghuang Valley Scenic Spot of Nanning		
	南宁海底世界景区	Sea World Scenic Spot of Nanning		
	南宁金湖地王云顶观光旅游景区	Top Tour of Diwang Building of Nanning		
	宾阳县白鹤观旅游度假区	Baihe Taoist Temple Scenic Spot in Binyang County		

17－13 续表4 continued

类 别 Classification	风景名胜区名称	Name	所在地	Location
AAA	南宁市华南城景区	Huanancheng Scenic Spot of Nanning	南宁市	Nanning City
	上林县鼓鸣寨养生旅游度假区	Guming Village Healthy Tourism Resort of Shanglin County		
	上林县禾田农耕文化园	Hetian Farming Culture Garden of Shanglin County		
	上林县霞客桃园壮乡旅游度假区	Xiaketaoyuan Zhuang Minority Village for Tourism of Shanglin County		
	南宁市江南区扬美古镇景区	Yangmei Ancient Town of Jiangnan District in Nanning City		
	横县中华茉莉园景区	Chinese Jasmine Garden of Hengxian County		
	青秀区花雨湖生态休闲旅游区	Huayu Lake Natural Scenic Spot of Qingxiu District		
	上林县云里湖景区	Yunli Lake Scenic Spot of Shanglin County		
	上林县万古茶园景区	Wangu Tea Garden Scenic Spot of Shanglin County		
	横县莲塘圣茶谷景区	Shengcha Tea Garden of Liantang in Hengxian County		
	马山县水锦・顺庄旅游景区	Shuijin Shunzhuang Scenic Spot of Mashan County		
	兴宁区狮山公园	Shishan Park of Xingning District		
	柳州花果山生态景区	Huaguo Mountain Natural Scenic Spot of Liuzhou	柳州市	Liuzhou City
	三江石门冲景区	Shimenchong Scenic Spot of Sanjiang County		
	柳州市君武森林公园景区	Junwu Forest Park of Liuzhou City		
	鹿寨月岛湖景区	Yuedao Lake Scenic Spot of Luzhai County		
	融水雨卜苗寨景区	Yubu Miaotse Scenic Spot of Rongshui County		
	融水老子山景区	Laozi Hill Scenic Spot of Rongshui County		
	融水县田头苗寨景区	Tiantou Miaotse Scenic Spot of Rongshui County		
	柳城县红马山景区	Hongma Hill Scenic Spot in Liucheng County		
	柳州市万聚休闲农庄	Leisure Farm Wanju of Liuzhou City		
	三江县冠洞景区	Guandong Cave Scenic Spot in Sanjiang County		
	柳州柳城古砦仫佬族乡民俗风情旅游区	Guzhai Mulam Folklore Scenic Spot of Liucheng County in Liuzhou		
	柳州三江甜水寨旅游度假景区	Tianshuizhai Scenic Spot of Sanjiang County in Liuzhou		
	融水县龙宝大峡谷景区	Longbao Canyon Scenic Spot of Rongshui County		
	融水县石上人家景区	Village-on-rock Scenic Spot of Rongshui County		
	三江县产口景区	Chankou Scenic Spot of Sanjiang County		
	三江县侗族博物馆	Museum of Dong Minority of Sanjiang County		
	鹿寨县中渡古镇景区	Zhongdu Ancient Town of Luzhai County		
	融安县沙子石岩生态旅游景区	Shazishi Cave Original Scenic Spot of Rong'an County		
	柳江县百朋镇下伦荷花景区	Xialun Lotus Garden of Baipeng Town of Liujiang County		
	融水田塘瑶寨景区	Tiantang Yao Minority Scenic Spot of Rongshui County		
	鹿寨拉沟乡五家景区	Wujia Scenic Spot of Lagou in Luzhai County		
	桂林阳朔文化古迹山水园	Park of Cultural & Historic Site & Landscape of Yangshuo in Guilin	桂林市	Guilin City
	桂林资江景区	Zijiang River Scenic Spot of Guilin		
	临桂十二滩漂流景区	Twelve Beach Drift Scenic Spot of lingui		
	阳朔鉴山寺景区	Jianshan Temple Scenic Spot of Yangshuo		
	阳朔九马画山景区	Nine horses Paint Mountain Scenic Spot of Yangshuo		
	荔浦天河瀑布景区	Tianhe Waterfall Scenic Spot of Lipu County		

17－13 续表5 continued

类 别 Classification	风景名胜区名称	Name	所在地	Location
AAA	灵川龙门瀑布景区	Longmen Waterfall County Scenic Spot of Lingchuan County	桂林市	Guilin City
	平乐仙家温泉景区	Xianjia Hotspring Scenic Spot of Pingle County		
	资源县八角寨景区	Bajiaozhai Scenic Spot in Ziyuan County		
	恭城县红岩景区	Hongyan Scenic Spot in Gongcheng County		
	恭城县三庙一馆景区	Three Temples & Guild Hall Scenic Spot in Gongcheng County		
	桂林市金银寨—蛇王李景区	Guilin Gold and Silver Village-Snake King Li Scenic Spot		
	灵川县江头景区	Jiang Tou Lingchuan County Area		
	桂林兴安县红军长征突破湘江战役纪念公园	Memorial Park for the Battle of the Red Army Breaking Through the Xiangjiang River of Xing’an County in Guilin		
	桂林旅苑景区	Lvyuan Scenic Spot of Guilin		
	桂林芦笛岩鸡血玉文化艺术中心景区	Jixue Jade Culture & Art Centro of Ludi Cave in Guilin		
	桂林全州县湘山寺景区	Xiangshan Temple Scenic Spot of Quanzhou County in Guilin		
	龙胜县白面瑶寨景区	Baimian Yao Minority Scenic Spot of Longsheng County		
	龙胜艺江南中国红玉文化园景区	Yijiangnan Chinese Red Jade Cultural Garde of Longsheng County		
	龙胜县龙脊特色旅游小镇景区	Longji Featured Tourism Town of Longsheng County		
	龙胜县金车生态民族村景区	Jinche Original Minority Village of Longsheng County		
	桂林崇华中医街	Chonghua Chinese Medicine Street in Guilin		
	全州县炎井温泉	Yanjing Hotspring Scenic Spot of Quanzhou County		
	藤县黎寨蝴蝶谷景区	Lizhai Butterfly Valley of Tengxian County	梧州市	Wuzhou City
	梧州市珠山景区	Zhushan Hill Scenic Spot of Wuzhou		
	梧州市中山公园	Zhongshan Park of Wuzhou		
	蒙山县梁羽生公园	Liangyusheng Park in Mengshan County		
	梧州岑溪市天龙顶山地公园景区	Tianlongding Hill Scenic Spot of Cenxi City in Wuzhou		
	梧州白云山公园	Baiyun Hill Park of Wuzhou		
	夏宜醉美瑶乡	Zuimei Yao Minority Village of Xiayi in Wuzhou		
	西炮台公园	Xipaotai Park of Wuzhou City		
	北海大江埠民俗风情村	Dajiangbu Folk Custom Village in BeiHai	北海市	Beihai City
	北海涠洲岛圣堂景区	Shengtang Scenic Spot of Beihai		
	广西北海贝雕博物馆	Museum of Shell Carving in Beihai City		
	广西北海南珠博物馆	Museum of Nanzhu Pearl in Beihai City		
	广西北海槐园景区	Huaiyuan Garden Scenic Spot in Beihai City		
	合浦县东坡亭景区	Dongpo Pavilion Scenic Spot of Hepu County		
	合浦县古海角景区	Guhaijiao Scenic Spot of Hepu County		
	合浦县观音山生态旅游区	Guanyin Mountain Eco-tourism Area of Hepu County		
	东兴陈公馆景区	Chen Mansion Scenic Spot of Dongxing	防城港市	Fangcheng-gang City
	防城港市北仑河源头景区	The Headstream of Beilun River Scenic Spot in Fangchenggang		
	东兴市意景园旅游景区	Yijingyuan Garden Scenic Spot in Dongxing City		
	东兴市百业东兴・红木社区旅游购物景区	Baiyedongxing Rosewood Tourism & Shopping Area of Dongxing City		
	东兴市北仑河口景区	Beilun River Scenic Spot in Dongxing City		

17－13 续表6 continued

类 别 Classification	风景名胜区名称	Name	所在地	Location
AAA	灵山六峰山景区	Liufeng Hill Scenic Spot of Lingshan	钦州市	Qinzhou City
	钦州龙门群岛海上生态公园	Longmen Archipelago Natural Ocean Park of Qinzhou		
	钦州市浦北县文昌景区	Wenchang Scenic Spot of Pubei County in Qinzhou		
	钦州市浦北县大朗书院景区	Dalang Ancient College of Pubei County in Qinzhou		
	钦州坭兴陶艺术馆景区	Nixing Pottery Art Gallery Scenic Spot of Qinzhou		
	钦州火龙果农业文化休闲园景区	Huolongguo Farming Culture Scenic Spot in Qinzhou City		
	钦州市登峰陶艺馆景区	Dengfeng Pottery Art Gallery in Qinzhou City		
	钦州保税港区国际商品直销中心旅游景区	International Merchandise Outlet of Bonded Port Area in Qinzhou City		
	钦州市白石湖景区	Baishi Lake Scenic Spot in Qinzhou City		
	钦州市钦北区碗窑梨花谷景区	Wanyao Pear Valley Scenic Spot of Qinbei District in Qinzhou City		
	浦北县公猪脊景区	Gongzhuji Scenic Spot of Pubei County		
	灵山县大芦古村文化生态旅游区	Dalu Ancient Village Culture Original Scenic Spot of Lingshan County		
	钦州市林湖森林公园	Linhu Forest Park of Qinzhou City		
	钦州长融水世界旅游景区	Changrong Water Park of Qinzhou City		
	钦州市欢乐农庄	Paradise Country of Qinzhou City		
	钦州学院滨海校区	Binhai Campus of Qinzhou University		
	桂平市大藤峡景区	Dateng Canyon Scenic Spot of Guiping City	贵港市	Gugang City
	贵港市平天山国家森林公园	Pingtian Moutain National Forest Park in Guigang City		
	平南县龚州公园	Gongzhou Park of Pingnan County		
	桂平市北回归线标志公园	Park of the Sign of the Tropic of Cancer of Guiping City		
	桂平市太平天国金田起义遗址景区	The Site of the Jintian Uprising of the Taiping Heavenly Kingdom of Guiping City		
	桂平市中山公园	Zhongshan Park of Guiping City		
	北流勾漏洞景区	Goulou Hole Scenic Spot of Beiliu	玉林市	Yulin City
	陆川龙珠湖风景名胜区	Longzhu Lake Scenic Spot of Luchuan County		
	玉林市龟山公园景区	Guishan Hill Scenic Spot of Yulin		
	玉林市容县天堂湖温泉度假山庄景区	Tiantanghu Hotspring Holiday Village of Rongxian County in Yulin		
	玉林市狮子山公园景区	Shizi Hill Park of Yulin		
	容县抗日烈士纪念馆	Memorial Hall for Anti-Japanese Martyrs of Rongxian County		
	北流市扶新佰仁生态旅游风景区	Fuxinbairen Original Scenic Spot of Beiliu City		
	玉林市六万大山森林公园	Liuwandashan Moutain Forest Park in Yulin City		
	北流市铜石岭国际旅游度假区	Tongshiling Mountain International Scenic Spot of Beiliu City		
	容县兰花生态园	Orchid Eco-park of Rongxian County		
	黄绍竑故居	Huang Shaohong's Former Residence		
	南方黑芝麻博物馆	Museum of Nanfang Black Sesame		
	容县沙田柚王国	Plantation of Shatian Pomelo in Rongxian County		
	都峤山森林公园	Duqiao Moutain Forest Park		
	绿碧山风景区	Lvbi Moutain Scenic Spot		

17—13　续表7　continued

类　别 Classification	风景名胜区名称	Name	所在地	Location
AAA	田东十里莲塘景区	Shili Lotus Scenic Spot of Tiandong	百色市	Baise City
	凌云县泗城文庙景区	Sicheng Literature Temple of Lingyun County		
	田东县右江工农民主政府旧址景区	The Site of Youjiang Former Workers & Peasants Democratic Government of Tiandong County		
	凌云县纳灵河谷景区	Naling Valley of Lingyun County		
	百色乐业罗妹莲花洞景区	Luomei Lotus Cave Scenic Spot in Leye County of Baise		
	靖西市龙潭湿地公园景区	Longtan Lake Wetland Park of Jingxi City		
	靖西鹅泉旅游景区	E'quan Spring Scenic Spot of Jingxi City		
	百色乐业布柳河仙人桥景区	Xianren Bridge over the Buliu River of Leye County in Baise		
	田阳县敢壮山布洛陀遗址景区	The Site of Buluotuo on Ganzhuang Mountain of Tianyang County		
	靖西市渠洋湖景区	Quyang River Scenic Spot of Jingxi City		
	贺州紫云景区	Ziyun Scenic Spot of Hezhou	贺州市	Hezhou City
	贺州市贺州博学园景区	Boxue Park Scenic Spot of Hezhou		
	昭平县桂江生态旅游景区	Guijiang River Original Scenic Spot of Zhaoping County		
	贺州八步区西溪森林温泉度假村	Xixi Stream Forest & Hotspring Holiday Village of Babu District in Hezhou City		
	昭平县故乡茶博园景区	Homeland Tea Expo Garden of Zhaoping County		
	昭平县黄姚世外田园景区	Paradise Garden of Huangyao Town of Zhaoping County		
	贺州市博物馆	Museum of Hezhou City		
	客家围屋	Scenic Spot of Hakka Buildings		
	黄姚花海景区	Flower Garden of Huangyao Town		
	南山茶海景区	Tea Garden of Nanshan		
	南丹温泉公园	Hotspring Park of Nandan	河池市	Hechi City
	河池市天峨县龙滩水电站景区	Longtan Hydroelectric Station of Tian’e County in Hechi		
	南丹白裤瑶生态博物馆	Eco-museum of Baiku Yao in Nandan County		
	金城江小三峡旅游景区	Xiaosanxia Scenic Spot in Jinchengjiang		
	河池市金城江公园	Jinchengjiang Park in Hechi City		
	南丹县铜江公园景区	Tongjiang River Scenic Spot in Nandan County		
	河池市环江县牛角寨瀑布群景区	Niujiaozhai Waterfalls Scenic Spot of Huanjiang County in Hechi		
	河池市巴马长寿岛景区	Changshou Island Scenic Spot of Bama County in Hechi		
	河池市巴马仁寿源景区	Renshouyuan Scenic Spot of Bama County in Hechi		
	河池宜州市古龙河漂流景区	Gulong River Rafting Scenic Spot of Yizhou City in Hechi		
	宜州市西竺寺景区	Xizhu Temple Scenic Spot of Yizhou City		
	罗城县成龙湖公园景区	Chenglong Lake Park of Luocheng County		
	天峨县大山原始森林景区	Dashan Primeval Forest Scenic Spot of Tian’e County		
	巴马县西山红色旅游区	Western Hill Red Tourism Scenic Spot of Bama Coutny		
	宜州嘉联丝绸工业园	Jialian Silk Industry Park of Yizhou City		
	巴马活泉水文化景区	Huoquan Spring Cultural Scenic Spot of Bama Coutny		

17—13 续表8 continued

类 别 Classification	风景名胜区名称	Name	所在地	Location
AAA	武宣百崖大峡谷景区	Baiya Canyon Scenic Spot of Wuxuan	来宾市	Laibin City
	忻城莫土司衙署景区	Ancient Government Office of Mo Tusi of Xincheng County		
	忻城县盘鹤岭森林公园	Panhe Mountain Forest Park of Xincheng County		
	金秀县青山瀑布景区	Qingshan Waterfall Scenic Spot of Jinxiu County		
	金秀县古沙沟景区	Gusha Gully Scenic Spot of Jinxiu County		
	来宾市桂中水城盘古公园	Pangu Park of Waters in Mid-Guangxi in Laibin City		
	忻城县神秘湖景区	Mysterious Lake Scenic Spot of Xincheng County		
	合山市国家矿山公园	National Mine Park of Heshan City		
	合山28号铁轨·十里花廊景区	The No.28 Railroad Scenic Spot of Heshan City		
	扶绥县逐羊景区	Zhuyang Scenic Spot in Fusui County	崇左市	Chongzuo City
	凭祥市金鸡山景区	Jinji Hill Scenic Spot of Pingxiang City		
	凭祥市大连城景区	Daliancheng Defense Scenic Spot of Pingxiang City		
	凭祥市兰花谷景区	Park of Orchids Valley of Pingxiang City		
	凭祥市平岗岭地下长城景区	Pinggangling Greatwall Underground Scenic Spot of Pingxiang City		
	凭祥市浦寨文化旅游不夜城景区	The Never-Sleep-City Cultural Scenic Spot of Puzhai Town of Pingxiang City		
	凭祥市世界珍稀林木生态园景区	The World' s Rare Trees Original Scenic Spot of Pingxiang City		
	大新县龙宫仙境景区	Longgongxianjing Scenic Spot of Daxin County		
	龙州县小连城景区	Xiaoliancheng Scenic Spot of Longzhou County		
	龙州县左江景区	Zuojiang River Scenic Spot of Longzhou County		
	江洲区雨花石景区	Yuhuashi Scenic Spot of Jiangzhou District in Chongzuo		
	大新县小灵珑景区	Xiaolinglong Scenic Spot of Daxin County		
	大新县凤凰岭景区	Fenghuang Valley Scenic Spot of Daxin County		
	大新县黑水河景区	Heishui River Scenic Spot of Daxin County		
	江州区如意岛景区	Ruyi Island Scenic Spot of Jiangzhou District in Chongzuo		
	扶绥甜蜜之光旅游景区	Tianmizhiguang Agricultural Park of Fusui County		
	扶绥县炎鑫景区	Yanxin Scenic Spot of Fusui County		
	龙州县胡志明展馆景区	Ho Chi Minh Memorial Site of Longzhou County		
	广西派阳山森林公园	Paiyang Mountain Forest Park of Guangxi		
	狮子头森林公园	Shizitou Forest Park		
AA	防城港火山岛景区	Volcano Island Scenic Spot of Fangchenggang	防城港市	Fangcheng-gang City
	钦州市北部湾坭兴玉陶景区	The Nixing Potery Scenic Spot of Beibu Gulf in Qinzhou	钦州市	Qinzhou City
	钦州市灵山县锦泉生态旅游度假村	Jinquan Original Holiday Village of Lingshan County in Qinzhou City		
	玉林市欢天喜地园艺乐园	Huantianxidi Gardening Paradise in Yulin	玉林市	Yulin City
	罗城县武阳江景区	WuYang River Scenic Spot of Luocheng County	河池市	Hechi City
	罗城青明山庄园景区	Qingming Villa Scenic Spot of Luocheng County		
	大化莲花山景区	Lianhua Mountain Scenic Spot of Dahua County		
	河池市都安县石头开花景区	Jianjiang River Scenic Spot of Luocheng County in Hechi		
	河池市罗城县剑江景区	Jianjiang River Scenic Spot of Luocheng County in Hechi		
	都安县八仙乐园景区	Baxian Fairyland Scenic Spot of Du' an County		
	象州县凉泉景区	Liangquan Scenic Spot of Xiangzhou County	来宾市	Laibin City
	合山奇石馆景区	Strange Stones Gallery of Heshan City		
	来宾市金海公园	Jinhai Park in Laibin		
	桂中第一支部	The 1st Party Branch of Mid Guangxi		
	广西武宣县文庙景区	The Confucian Temple of Wuxuan County in Guangxi		

主要统计指标解释

营业额 指住宿和餐饮业单位在经营活动中因提供服务或销售商品等取得的全部收入（含增值税），收入主要来源于提供客房、餐费服务、商品销售和其他服务，如商务服务。不包括多产业法人企业附营的其他行业产业活动单位的餐费收入、商品销售收入等各项收入。

客房收入 指住宿和餐饮业单位在经营活动中因提供住宿服务取得的收入（含增值税）。不包括多产业法人企业附营的其他行业产业活动单位的客房收入。

餐费收入 指本单位为顾客提供就餐服务取得的收入（含增值税）。包括：经烹饪、调制加工后出售的各种食品，如主食、炒菜、凉拌菜等的收入。不包括多产业法人企业附营的其他行业产业活动单位的餐费收入。

商品销售额 指对本单位以外的单位和个人出售的商品金额（包括售给本单位消费用的商品，含增值税）。在住宿和餐饮业中，本指标反映住宿和餐饮业单位出售商品的销售总额（含增值税），不包括法人企业附营的其他行业产业活动单位的商品销售额。

其他收入 指提供客房、餐饮服务、商品销售以外的其他服务获得的收入（含增值税），如商务服务、健身娱乐等。

游客 指任何为休闲、娱乐、观光、度假、探亲访友、就医疗养、购物、参加会议或从事经济、文化、体育、宗教活动，离开常住国（或常住地）到其他国家（或地区），其连续停留时间不超过12个月，并且在其他国家（或其他地区）的主要目的不是通过所从事的活动获取报酬的人。游客不包括因工作或学习在两地有规律往返的人，按出游地分国际游客（即海外游客）和国内游客，按出游时间分为过夜游客和一日游游客。

入境游客 指报告期内来中国（大陆）观光、度假、探亲访友、就医疗养、购物、参加会议或从事经济、文化、体育、宗教活动的外国人、港澳台同胞等游客（即入境旅游人数）。统计时，入境游客按每入境一次统计1人次。入境游客包括入境过夜游客和入境一日游游客。

国内游客 指报告期内在中国（大陆）观光游览、度假、探亲访友、就医疗养、购物、参加会议或从事经济、文化、体育、宗教活动的中国（大陆）居民，其出游的目的不是通过所从事的活动谋取报酬。统计时，国内游客按每出游一次统计1人次。国内游客包括国内过夜旅游者和国内一日游游客。

旅游消费 游客（入境游客和国内游客）在旅游过程中（由游客或游客的代表为游客）支付的一切支出就是国内（省、市、区）的旅游消费。旅游支出应包括过夜游客和一日游游客在整个游程中行、游、住、食、购、娱，以及为亲友、家人购买纪念品、礼品等方面的旅游支出，不包括为商业的购物、购买房、地、车船等资本性或交易性的投资、馈赠亲友的现金及给公共机构的捐赠。旅游消费包括国际旅游（外汇）消费和国内旅游消费。

国际旅游（外汇）消费 入境游客在中国（大陆）境内旅行、游览过程中用于交通、参观游览、住宿、餐饮、购物、娱乐等全部花费。

国内旅游消费 指国内游客在国内旅行、游览过程中用于交通、参观游览、住宿、餐饮、购物、娱乐等全部花费。

Explanatory Notes on Main Statistical Indicators

Business Revenue refers to the total incomes of hotels and catering units from services providing or goods selling in operating activities, including : incomes from hotels, incomes from catering services, incomes from sales of goods (including value-added tax) and other incomes. Business revenue excludes the incomes of the sideline industries units from catering services and goods selling.

Incomes from Hotels refers to the incomes of hotels and catering units gained for providing hotel services in operating activities. It excludes the incomes of the sideline industries units from hotel services.

Incomes from Catering Services refers to the incomes of hotels and catering units gained for providing catering services in operating activities, including: various foods being sold after cooking and concocting, such as income from staple food, stir-fry food and salad etc. It excludes the incomes of the sideline industries units from catering services.

Sales of Goods refers to sales of goods sold to other units or individuals(including the goods sold to the unit inside, and including value-added tax).This indicator reflects the total sales(including value-added tax) of goods of hotels and catering units. It excludes the incomes of the sideline industries units from goods soling.

Other Incomes refer to the other incomes in the turnover beside the incomes from hotels, catering services and sales of goods(including value-added tax).

Tourists refers to the persons leaving their resident countries (or resident districts) for other countries (or districts) for the purposes of leisure, entertainment, sight-seeing, vacation, visiting relatives or friends, medical treatment, shopping, attending conference, or to engage in economic, cultural, sports and religious activities, continuously staying for less than 12 months, and not having the main purpose of being paid by their activities. Tourists excludes the persons regularly traveling round for studying or working, and is divided into overnight tourists and one-day tourists by the length of their visiting periods.

Number of Visitor Arrivals refers to the number of tourists of foreigners, Chinese compatriots from Hong Kong, Macao and Taiwan who come to China (mainland) within the reference period for sight-seeing, vacation, visiting relatives, medical treatment, shopping, attending conference, or to engage in economic, cultural, sports and religious activities. In compiling statistics, each time of visitor arrival is counted as one person-time. The number of visitor arrivals includes the number of overnight visitor arrivals and one-day visitor arrivals.

Number of Domestic Tourists refers to the number of Chinese (mainland) residents who travel within China (mainland) for sight-seeing, vacation, visiting relatives, medical treatment, shopping, attending conference, or to engage in economic, cultural, sports and religious activities. In compiling statistics, each time of traveling is counted as one person-time.

Number of Chinese Residents Going Abroad refers to the number of Chinese (mainland) residents going to other countries, Hong Kong Special Administrative region, Macao Special Administrative region and Taiwan for on official or private purposes, for sight-seeing, vacation, visiting relatives, medical treatment, shopping, attending conference, or to engage in economic, cultural, sports and religious activities. In compiling statistics, each time of leaving is counted as one person-time.

Tourism Consumption refers to the total expenditure paid by tourists or delegates of tourists (visitor arrivals or domestic tourists) during their journeys. It should include the tourist (overnight or one-day) expenditure for transportation, visiting, accommodation, catering, shopping, entertainment, purchasing gifts and souvenirs for families and friends during the whole journey, and exclude shopping for business purposes, capital or trading investment for buying real estates, lands, motor vehicles and ships, cash given to relatives and friends, and donations for public institutions. Tourist income includes foreign exchange earnings from international tourism and income from domestic tourism.

International Tourist Expenditure refers to the total expenditure of foreigners, overseas Chinese, Chinese compatriots from Hong Kong, Macao and Taiwan during their stay in the mainland of China on transportation, sighting, accommodation, food, shopping and entertainment.

Domestic Tourist Expenditure refers to expenditure of domestic tourists on transportation, sighting, accommodation, food, shopping and entertainment while they travel.

第十八篇

交通、运输和邮电通信业

TRANSPORTATION, POSTAL & TELECOMMUNICATION SERVICES

（编辑：邓海梅）

18－1 主要年份民用车辆保有量
Possession of Civil Vehicles in Main Years

指 标	Item	1995	2000	2005	2010	2011	2012	2013	2014	2015	2016
一、汽车（万辆）	Civil Motor Vehicles (10 000 units)	24.90	29.13	63.54	155.73	191.45	231.03	279.81	322.36	366.52	427.34
#私人	Private	6.51	13.27	33.49	111.71	143.83	180.76	226.29	269.83	316.66	378.12
1. 载客汽车（万辆）	Number of Buses and Cars (100 000 units)	10.72	15.23	38.00	113.13	142.58	175.77	217.94	258.96	302.56	360.24
#私人	Private	1.89	6.03	21.07	88.01	115.40	146.94	187.31	229.08	274.28	332.77
载客量（万客位）	Passenger Vehicles Seats (10 000 sets)	111.16	192.57		793.31	966.43	1163.91	1404.28	1623.22	1861.34	2186.99
大型（万辆）	Large (10 000 units)	1.30	1.70	2.45	3.22	3.42	3.53	3.53	3.37	3.33	3.44
#私人	Private	0.31	0.53	0.19	0.12	0.12	0.13	0.10	0.04	0.02	0.02
载客量（万客位）	Passenger Vehicles Seats (10 000sets)	48.02	68.60		125.95	136.15	143.47	147.12	145.45	144.86	152.07
2. 载货汽车（万辆）	Ordinary Trucks (10 000 units)	13.07	13.16	19.48	36.82	42.90	49.20	55.74	57.73	58.71	62.13
#私人	Private	4.59	7.15	8.45	20.00	24.57	29.91	34.93	37.05	38.99	42.11
载重量（万吨位）	General Trucks (10 000 tons)	48.76	58.20		127.93	146.80	166.10	188.46	185.37	182.40	191.20
大（重）型（万辆）	Large (10 000 units)	8.93	7.38	9.36	8.97	10.44	11.79	13.45	13.55	13.51	14.43
#私人	Private	3.24	3.98	3.55	3.14	3.85	4.73	5.43	5.12	5.10	5.51
载重量（万吨位）	General Trucks (10 000 tons)	44.33	39.70		83.01	97.64	112.32	130.57	129.84	128.93	136.14
3. 其他汽车（万辆）	Other Special Motor Vehicles (10 000 units)	1.11	0.75	6.05	5.78	5.98	6.06	6.13	5.67	5.24	4.98
#私人	Private	0.04	0.09	3.97	3.69	3.85	3.91	4.05	3.70	3.40	3.24
二、拖拉机（万辆）	Wheel Tractor (10 000 units)	23.52	29.17	49.07	37.95	38.51	41.45	42.67	48.72	47.82	47.85
#私人	Private	22.61	28.37	49.79	37.95	38.51	41.45	42.67	48.72	47.82	47.85
手扶拖拉车（万辆）	Walking Tractor (10 000 units)	19.16	21.21		21.68	21.94	23.60				
#私人	Private	18.60	20.90		21.68	21.94	23.60				
三、摩托车（万辆）	Motorcycles (10 000 units)	45.69	160.15	433.80	638.52	672.40	693.17	700.64	692.80	671.96	561.20
#私人	Private	37.55	145.57	425.97	633.02	668.47	689.78	697.54	689.69	668.75	558.40
普通（万辆）	Motor Bikes (10 000 units)	37.45	145.50	414.12	633.40	667.52	688.42	695.64	688.33	667.73	558.73
#私人	Private	33.34	137.09	407.31	627.93	663.61	685.05	692.55	685.22	664.53	555.94
四、挂车（万辆）	Trailers (10 000 units)	0.91	0.45	0.89	1.46	1.74	2.03	2.39	2.73	2.92	3.36
#私人	Private	0.39	0.22	0.28	0.38	0.49	0.61	0.74	0.86	0.96	1.16
五、其他类型车（万辆）	Other Motor Vehicles (10 000 units)	1.09	3.40		0.02	0.01	0.01	0.01	0.01	0.01	0.01
#私人	Private	0.86	1.93		…	…	…	…	…	…	…

说明：根据2006年口径，2005年民用汽车拥有量及其中私人民用汽车拥有量数据已做调整，不再包含农机部门的三轮汽车和低速汽车。

Note: The number of Civil Motor Vehicles and Private Civil Motor Vehicles in 2005 have been adjusted according to the new standard in 2006, and exclude the motor pedicabs and low-speed motor vehicles belong to the Agricultual Machinery Department.

18—2 主要年份民用运输船舶拥有量
Possession of Civil Transport Vessels in Main Years

指 标	Item	1995	2000	2005	2010	2011	2012	2013	2014	2015	2016
一、机动船（艘）	**Ⅰ.Motor Vessels (unit)**	**12360**	**8472**	**8307**	**8800**	**8668**	**8873**	**8658**	**9074**	**9000**	**8756**
#私人	Private	6457	3978	3450	3493	3040	3023	2590	3033	2877	2706
载客量（客位）	Passenger Vehicles Seats (set)	93152	83676	89716	112138	103264	111394	103685	114367	119982	117832
净载重量（吨位）	Net Haulage Capacity (ton)	917539	849281	2036048	5140009	6209481	6811525	7426921	7727187	8197392	8902086
总功率（千瓦）	Total Power (kw)	491044	411586	674658	1485400	1730830	1831268	1970310	2013192	2084065	2138175
1. 客船（艘）	1.Passenger Vessels (unit)	1379	1872	2269	2725	2476	2611	2357	2525	2462	2297
#私人	Private	998	1456	1684	2168	1856	2010	1658	1966	1934	1814
载客量（客位）	Passenger Vehicles Seats (set)	59758	74087	88283	110731	101857	109987	101826	112508	118307	116157
2. 客货船（艘）	2.Passenger and Cargo Vessels (unit)	1150	166	5	5	5	5	6	6	4	4
#私人	Private	1084	143	1							
载客量（客位）	Passenger Vehicles Seats (set)	33394	9589	1433	1407	1407	1407	1859	1859	1675	1675
净载重量（吨位）	Net Haulage Capacity (ton)	11912	2420		2555	2553	2555	5099	5101	4041	4041
3. 货船（艘）	3.Cargo Boat (unit)	9638	6403	6030	6060	6184	6254	6293	6541	6532	6453
#私人	Private	4367	2379	1765	1325	1184	1013	932	1067	943	892
净载重量（吨位）	Net Haulage Capacity (ton)	905627	846861	2034599	5131300	6206911	6808970	7421822	7722086	8193351	8898045
4. 拖船（艘）	4.Drawing (unit)	193	31	3	3	3	3	2	2	2	2
二、驳船（艘）	**Ⅱ.Barges (unit)**	**597**	**110**	**10**	**7**	**7**	**7**	**4**	**4**	**4**	**4**
净载重量（吨位）	Net Haulage Capacity (ton)	106289	32725	6740	6138	6138	6138	3250	3250	3250	3250

18—3 主要年份内河、沿海规模以上港口基本情况
Basic Statistics of Major Ports of Inland & Coast in Main Years

指 标	Item	码头长度（米） Length of Quay Lines (m)									
		1995	2000	2005	2010	2011	2012	2013	2014	2015	2016
内 河	**Navigable Inland Waterways**				**17386**	**17616**	**20649**	**21358**	**23126**	**23451**	**24490**
南宁港	Nanning Port	1115	2197	1643	3417	3319	4155	5044	5796	5796	5796
柳州港	Liuzhou Port	350	1150	1056	751	981	1556	1556	1556	1556	1724
梧州港	Wuzhou Port	1559	6376	4234	3970	4068	4586	4406	5120	5250	5250
贵港港	Guigang Port	890	5150	5951	7083	7083	7311	7311	7613	7745	8529
来宾港	Laibin Port				2165	2165	3041	3041	3041	3104	3191
广西北部湾港	**Ports of Beibu Gulf in Guangxi**				**24868**	**27703**	**31191**	**31496**	**34097**	**35937**	**37197**
其中：北海港域	Beihai Port	1210	1900	2504	5142	5142	6040	6040	6040	6739	7672
防城港域	Fangchenggang Port	2371	3211	4080	12194	12194	13945	14223	14897	15260	15587
钦州港域	Qinzhou Port	360	1730	3696	7532	10367	11206	11233	13160	13938	13938

18－4 主要年份运输线路里程
Length of Transportation Routes in Main Years

单位：公里 (km)

指 标	Item	1995	2000	2005	2010	2011	2012	2013	2014	2015	2016
一、铁路营业里程	Extension Length of Central Railways	2236	2725	2733	3174	3163	3164	3982	4711	5086	5141
#时速200公里及以上里程	Extension Length of High-speed Rail	—	—	—	—	—	—	787	1494	1717	1751
#复线里程	Length of Double track Lines				455	456	456	1377	2163	2400	2434
电气化里程	Length of Electric Lines				779	779	779	1622	2377	3066	3289
二、铁路正线延展里程	Extensive Length of Railway Lines	2621	3349	3462	3675	3648	3647	5367	5884	7501	7596
三、公路里程	Length of Highways	40904	52910	62003	101782	104889	107906	111384	114900	117993	120547
#高速公路里程	Length of Expressway		812	1411	2574	2754	2883	3305	3722	4288	4603
四、内河航道里程	Length of Navigable Inland Waterways	4521	5618	6157	6157	6157	6157	6153	6200	6200	6200

注：1.2006年度国家交通部将村道纳入公路里程统计范围。
2.根据2016年口径调整了历年高铁里程。

Note: 1. The village road has been brought into the statistical range of length of Highuays by National Department of Transportation since 2006.
2.We recalculate the length of expressway accordinp to the new standard in 2016.

18－5 主要年份规模以上港口货物吞吐量
Cargo Handled at Major Ports in Main Years

单位：万吨 (10 000 tons)

港口名称	Name of Ports	1995	2000	2005	2010	2011	2012	2013	2014	2015	2016
规模以上港口货物吞吐量合计	**Total Volume of Cargo Handled in Ports above Designated Size**	**1717**	**2879**	**6877**	**18575**	**23335**	**26873**	**29276**	**31025**	**31421**	**32041**
#内河港口	**Ports of Navigable Inland Waterways**	**998**	**1112**	**3208**	**6652**	**8004**	**9435**	**10603**	**10836**	**10939**	**11649**
南宁港	Nanning Port	82	58	73	485	777	1070	1292	1150	1004	1312
柳州港	Liuzhou Port	74	36	56	189	124	197	239	252	234	129
梧州港	Wuzhou Port	160	85	403	1601	2071	2608	3015	3142	3202	3385
贵港港	Guigang Port	362	468	1507	3807	4108	4512	4900	5242	5334	5763
来宾港	Laibin Port				569	924	1048	1157	1050	1166	1061
广西北部湾港	**Ports of Beibu Gulf in Guangxi**	**719**	**1768**	**3669**	**11923**	**15331**	**17438**	**18673**	**20189**	**20482**	**20392**
北海港域	Beihai Port	201	265	437	1251	1591	1757	2078	2276	2468	2750
防城港域	Fangchenggang Port	464	919	2006	7650	9024	10058	10501	11501	11504	10688
钦州港域	Qinzhou Port	9	140	511	3022	4716	5622	6035	6412	6510	6954

18－6　全社会客运量及旅客周转量（1978－2016年）
Total Passenger Traffic & Turnover of Passenger Traffic（1978－2016）

年　份 Year	客运量（万人） Passenger Traffic (10 000 persons)	铁路 Railways	公路 Highways	水运 Waterways	民航 Civil Aviation
1978	6398	1368	4628	383	10
1980	9369	1869	7054	429	17
1985	20018	2456	16993	526	43
1990	26272	2391	22826	984	69
1991	24685	2346	21175	1089	75
1992	27262	2703	23189	1273	95
1993	39398	2980	33968	2344	106
1994	34274	3030	29954	1177	113
1995	34317	2819	30024	1192	283
1996	36066	2385	32582	805	294
1997	38343	2495	34752	802	294
1998	39670	2576	36006	786	302
1999	41009	2496	37412	779	322
2000	42952	2508	39321	766	357
2001	44451	2270	41020	755	373
2002	45868	2148	42459	850	410
2003	43595	1936	40524	785	350
2004	48870	1938	45578	861	439
2005	52197	2037	48740	883	536
2006	56635	2347	52609	1023	656
2007	61716	2578	57213	1119	806
2008	64745	2937	60645	340	823
2009	69740	2956	65045	302	1077
2010	76967	3163	72208	395	1201
2011	84431	3383	79300	417	1331
2012	91656	3310	86449	470	1427
2013	50846	3275	45606	394	1571
2014	49926	4770	42841	512	1803
2015	50986	7046	41522	533	1885
2016	50765	8388	39750	561	2066

注：1. 2013年公路水路数为交通运输部《公路运输量统计试行方案（2014）》和《水路运输量统计试行方案（2014）》确认数。
2. 2015年公路水路数为交通运输部开展的小样本调查推算数，2014年数已按2015年1－12月累计增速作了相应调整。
3. 铁路数据口径调整：客运量2015年起由售票人数改为乘车人数，上年同期数相应调整。
4. 2013年按旧口径快报数为：总计97780，铁路3275，公路92378，水运556，民航1571。

Note: 1. The data on highways and waterways in 2013 is confirmed by Pilot Scheme of Highways Ttaffic Statistic (2014) and Pilot Scheme of Highways Ttaffic Statistic (2014) from Ministry of Transport.
2. The data of highways and waterways in 2015 comes from a small sample survey conducted by the Ministry of Transport, the data in 2014 has already adjusted by the cumulative growth in 2015.
3. The adjustment of statistical range about railways are: The data of "Passenger Traffic" refers to the number of passengers instead of tickets, data in the same period of last year as well.
4. The corresponding data in old statistical range is: Total 97780, Raiways 3275, Highways 92378, Waterways 556, Civil Aviation 1571.

18－6 续表 continued

年 份 Year	旅客周转量（亿人公里） Turnover of Passenger Traffic (100 million passenger-km)	铁路 Railways	公路 Highways	水运 Waterways	民航 Civil Aviation
1978	41.20	21.64	16.89	2.67	
1980	60.25	31.11	25.05	4.09	
1985	127.77	55.72	66.50	5.55	
1990	174.79	66.79	101.21	6.76	
1991	183.70	71.33	105.18	7.19	
1992	223.94	83.19	133.39	7.31	
1993	283.77	112.00	164.04	7.72	
1994	289.39	118.59	165.32	5.48	
1995	298.41	112.14	180.78	5.49	
1996	323.69	93.79	225.97	3.93	
1997	378.18	94.40	280.32	3.46	
1998	386.97	91.77	292.63	2.57	
1999	440.19	105.36	332.30	2.52	
2000	464.96	114.48	347.94	2.54	
2001	490.92	116.23	372.07	2.63	
2002	502.42	117.02	382.70	2.70	
2003	475.09	105.46	367.35	2.27	
2004	529.43	116.18	410.64	2.61	
2005	573.08	131.73	438.77	2.58	
2006	625.34	150.90	471.43	3.01	
2007	714.27	174.05	536.93	3.29	
2008	753.27	188.10	563.52	1.65	
2009	787.42	167.44	618.28	1.70	
2010	879.23	182.13	695.32	1.78	
2011	973.01	194.48	776.51	2.01	
2012	1047.98	187.72	857.98	2.28	
2013	611.32	193.67	415.73	1.92	
2014	670.05	236.96	430.60	2.48	
2015	731.75	318.22	410.82	2.71	
2016	743.83	351.08	390.05	2.70	

注：2013年按旧口径快报数为：总计1126.83，铁路193.67，公路930.63，水运2.53。

Note: The corresponding data in old statistical range is: Total 1126.83, Raiways 193.67, Highways 930.63, Waterways 2.53.

18－7 全社会货运量及货物周转量（1978－2016年）
Total Freight Traffic & Turnover of Freight Traffic（1978－2016）

年 份 Year	货运量（万吨） Freight Traffic (10 000 tons)	铁路 Railways	公路 Highways	水运 Waterways	民航 Civil Aviation
1978	5885	2118	2697	1070	
1980	4496	1833	1772	891	0.10
1985	12909	2224	9898	787	0.58
1990	19888	3798	14711	1338	0.50
1991	22469	3920	17146	1403	0.70
1992	23457	4167	17567	1666	0.90
1993	35509	4434	27723	3352	1.00
1994	28132	4920	20391	2820	1.00
1995	28622	5072	20686	2862	1.60
1996	29441	5166	22386	1887	1.70
1997	31473	5315	24349	1808	1.00
1998	32671	5364	25482	1823	1.80
1999	30862	5293	23720	1846	3.20
2000	31270	5843	23514	1910	3.38
2001	33267	6316	23747	2024	3.76
2002	33392	6636	24325	2423	7.64
2003	33457	6516	24164	2774	3.80
2004	37118	7860	25822	3432	4.20
2005	41025	8517	27861	4642	4.80
2006	45454	9374	30525	5549	5.60
2007	50152	10503	32920	6722	6.90
2008	84950	9861	64884	10198	6.80
2009	95076	9564	75766	9738	8.03
2010	113445	7052	93552	12832	9.49
2011	136143	6770	113549	15813	11.00
2012	161368	6846	135112	19398	12.24
2013	151155	6916	124677	19549	12.94
2014	137794	6687	108270	22824	13.30
2015	149727	5779	119194	24741	13.36
2016	160774	5898	128247	26615	14.11

注：1. 2013年公路水路数为交通运输部《公路运输量统计试行方案（2014）》和《水路运输量统计试行方案（2014）》确认数。
2. 2015年公路水路数为交通运输部开展的小样本调查推算数，2014年数已按2015年1－12月累计增速作了相应调整。
3.铁路数据口径调整：货运量2012年起增加了行包运量，但2012年度数据仍为原口径数据。
4. 2013年按旧口径的快报数为：总计179795，铁路6916，公路151841，水运21025，民航12.9。

Note: 1.The data on highways and wateways in 2013 is confirmed by Pilot Scheme of Highways Ttaffic Statistic (2014) and Pilot Scheme of Highways Ttaffic Statistic (2014) from Ministry of Transport.
2.The data of highways and waterways in 2015 comes from a small sample survey conducted by the Ministry of Transport, the data in 2014 has already adjusted by the cumulative growth in 2015.
3.The adjustment of statistical range about railways are: The data of "Freight Traffic" include the data of baggage and parcel volume since 2012, but annual data in 2012 remains the same.
4.The corresponding data in old statistical range is: Total 179795, Raiways 6916, Highways 151841, Waterways 21025, Civil Aviation 12.9.

18－7 续表 continued

年 份 Year	货物周转量（亿吨公里） Turnover of Freight Traffic (100 million ton-km)	铁路 Railways	公路 Highways	水运 Waterways	民航 Civil Aviation
1978	183.78	153.93	7.54	22.31	
1980	160.46	132.52	5.77	22.17	
1985	276.26	200.52	47.30	28.44	
1990	428.02	268.17	116.95	42.82	
1991	429.61	286.31	91.62	51.68	
1992	487.27	310.98	102.72	64.42	
1993	511.96	335.21	103.23	73.51	
1994	588.98	348.14	140.36	100.48	
1995	592.93	351.61	143.39	97.93	
1996	606.12	346.30	170.58	89.23	
1997	642.30	366.73	183.48	92.08	
1998	695.35	413.46	190.48	91.41	
1999	698.20	414.60	202.10	81.50	
2000	770.61	485.14	209.44	76.03	
2001	799.42	504.15	212.10	83.16	
2002	860.74	540.92	218.51	101.31	
2003	942.55	606.39	217.10	119.06	
2004	1095.66	713.35	235.62	146.69	
2005	1208.91	777.73	258.43	172.75	
2006	1338.95	846.02	286.85	206.08	
2007	1516.55	928.94	302.23	285.34	
2008	2210.23	912.86	799.96	497.41	
2009	2365.62	825.25	934.70	605.67	
2010	2926.77	891.33	1173.45	861.99	
2011	3478.23	895.38	1494.04	1088.81	
2012	4110.64	860.01	1878.29	1372.34	
2013	3856.37	809.43	1857.18	1189.76	
2014	3869.91	770.85	1902.70	1196.36	
2015	4061.82	674.53	2122.60	1264.69	
2016	4260.41	679.03	2248.46	1332.92	

注：1. 2015年公路水路数为交通运输部小样本调查推算数。

2. 2013年按旧口径的快报数为：总计4320.13，铁路809.43，公路2140.30，水运1370.36。

Note: 1.The data on highways and wateways in 2013 is confirmed by Pilot Scheme of Highways Ttaffic Statistic (2014) and Pilot Scheme of Highways Ttaffic Statistic (2014) from Ministry of Transport.

2. The corresponding data in old statistical range is: Total 4320.13, Raiways 809.43, Highways 2140.30, Waterways 1370.36.

18－8 公路线路长度（按等级分类，1978－2016年）

Total Length of Highways（Grouped by Class,1978－2016）

单位：公里 (km)

年 份 Year	公路里程总 计 Total Length of Highways	等级公路合 计 Expressway & Class I to IV Highway	高速 Expressway	一级 Class Ⅰ	二级 Class Ⅱ	三级 Class Ⅲ	四级 Class Ⅳ	等外 Below Class Ⅳ	公路等级里程占总里程（%） Proportion of Expressway & Class I to IV Highway in Total Length of Highways(%)
1978	29773							14996	
1979	30692	13771			83	1341	12347	16921	44.87
1980	31624	14703			83	1348	13272	16921	46.49
1981	31823	14902			83	1373	13446	16921	46.83
1982	32156	15264			83	1465	13716	16892	47.47
1983	32529	15740			84	1531	14125	16789	48.39
1984	32757	16061			84	1531	14446	16696	49.03
1985	32972	16329			104	1633	14592	16643	49.52
1986	33222	16703			105	1670	14928	16519	50.28
1987	33928	17604			139	1763	15702	16324	51.89
1988	35400	19193			202	1803	17188	16207	54.22
1989	35945	19829			214	1875	17740	16116	55.16
1990	36214	20098		8	358	2031	17701	16116	55.50
1991	36660	20711		11	428	1919	18353	15949	56.49
1992	37291	21488		11	682	1917	18878	15803	57.62
1993	38495	22754		11	1035	1910	19798	15741	59.11
1994	39550	23890		48	1074	2017	20751	15660	60.40
1995	40904	25509		66	1330	2163	21950	15395	62.36
1996	42696	27375		66	1448	2222	23639	15321	64.12
1997	45378	30283	193	189	1670	2208	26023	15095	66.73
1998	51073	43319	439	389	2107	16741	23643	7754	84.82
1999	51378	43671	575	389	2319	16721	23667	7707	85.00
2000	52910	45430	812	442	2628	16620	24928	7480	85.86
2001	54752	40192	822	449	4316	5213	29392	14560	73.40
2002	56297	42155	822	449	4773	5348	30763	14142	74.86
2003	58451	45284	1011	482	5351	5611	32829	13167	77.47
2004	59704	47304	1157	514	5783	5337	34314	12400	79.23
2005	62003	51046	1411	546	6299	5813	36977	10957	82.33
2006	90318	52101	1545	705	6847	5589	37415	38216	57.69
2007	94202	62861	1879	733	7325	5625	47296	31340	66.73
2008	99273	73051	2181	818	8114	6311	55624	26221	73.58
2009	100491	77154	2395	827	8559	6889	58484	23337	76.78
2010	101782	81239	2574	876	8646	7942	61200	20543	79.82
2011	104889	87296	2754	944	9132	8261	66205	17592	83.23
2012	107906	91583	2883	984	9720	8320	69676	16322	84.87
2013	111384	96343	3305	1008	10392	8258	73380	15041	86.50
2014	114900	100647	3722	1026	10618	8334	76947	14252	87.60
2015	117993	105019	4288	1079	11147	8269	80236	12974	89.00
2016	120547	108947	4603	1372	11934	8016	83021	11600	90.38

注：1. 从2001年起以第二次全国公路普查数据为调整基数。

2. 2006年度国家交通部将村道纳入公路里程统计范围，与往年数据不可比。

Note: 1. The data in the table have been readjusted basing on the data of the Second National Highway Census since 2001.

2. Since 2006, the Ministry of Transportation has broght the country roads under the statistical range of highway length, thus the data in 2006 is incomparable with the former years.

18－9 主要年份邮电通信水平

Level of Postal & Telecommunications Services in Main Years

指 标	Item	1995	2000	2005	2010	2011	2012	2013	2014	2015	2016
平均每人每年发函件数（件）	Per Capita Annul Average Number of Letters (piece)	4.6	3.6	2.4	1.4	1.4	1.3	1.1	1.1	0.8	0.6
平均每人订有报刊数（件）	Annul Average Number of Newspapers & Magazines Per Capita Subscribed (piece)	13.1	9.5	4.0	6.2	7.4	7.8	8.0	8.1	8.2	7.9
平均每万人拥有电话机数（部）	Average Number of Telephone Subscribers per 10 000 Persons Owned (set)	233.6	1102.3	3852.6	6176.6	6879.7	7469.5	8152.0	8558.3	8571.7	8522.3
设有邮电局、所乡（镇）比重（%）	Proportion of townships with Post & Telecommunication Office (%)	85.4	90.3	91.3	95.5	95.7	96.0	100.0	100.0	100.0	100.0
通电话的乡（镇）比重（%）	Proportion of townships with Telephone Communication (%)	96.8	100.0	100.0	100.0	100.0	100.0	100.0	100.0	100.0	100.0
按固定班期投递邮件的乡（镇）比重（%）	Proportion of townships with Delivery by Regularly Time (%)	98.2	99.9	98.7	100.0	100.0	100.0	100.0	100.0	100.0	100.0
通电话的行政村比重（%）	Proportion of Administrative Village with Telephone (%)		91.5	99.1	100.0	100.0	100.0	100.0	100.0	100.0	100.0

注：1. 1995年以来的“平均每万人拥有电话机数”含移动电话用户。

2. 平均每人每年发函件数、平均每人每年订报刊数、平均每万人拥有电话机数等指标根据2004年和2005年实际情况做相应修改。

Note: 1. “Number of Telephone Subscribers per 10 000 persons owned” have included mobile telephones subscribers since 1995.

2. The data on “Per Capita Annul Average Number of Letters”, “Annul Average Number of Newspapers & Magazines per Capita Subscribed” & “Average Number of Telephone Subscribers per 10 000 persons owned” was adjusted by practical situation in 2004 & 2005.

18－10　主要年份邮政和电信主要指标
Major Indicators of Postal & Telecommunications Services in Main Years

指　标	Item	2000	2005	2010	2012	2013	2014	2015	2016
邮政行业各类营业网点	Number of Post & Telecommunication Offices (unit)	1674	1613	1518	1469	1445	3419	4849	6166
邮路及快递网路总长度（单程，万公里）	Total Length of Postal Route & Express Network(one way, 10 000 km)	17.70	17.86	19.44	20.03	19.86	63.31	54.55	64.24
邮政行业汽车（辆）	Postal Vehicles(unit)	1084	1318	1554	1659	1606	3908	4315	5436
长途业务电路总数（万路）	Total Lines of Long Distance Business (line)	8.40	57.90	64.20	131.17	155.66	231.17	309.16	510.27
邮电业务总量（亿元）	Business Volume of Post & Telecommuni-cation Services (100 million yuan)	96.36	322.87	807.81	366.44	392.82	503.24	651.74	452.66
#电信业务总量	Telecommunication Services	92.05	311.15	779.23	342.30	363.25	467.01	608.10	388.96
邮政业务总量	Post	4.31	11.72	28.58	24.14	29.57	36.23	43.64	63.70
快递业务量（万件）	Express (10 000 pcs)			2277.90	4395.10	6745.14	9055.41	12540.94	22835.40
函件（亿件）	Number of Letters (100 million pcs)	1.67	1.20	0.72	0.61	0.54	0.50	0.36	0.28
报刊期发数（万份）	Newspapers & Magazines Circulation (10 000 copies)	667.40	340.10	360.22	387.26	379.43	407.00	396.70	331.96
订销报纸累计数（万份）	Total Number of Newspaper Subscribed & Sold (10 000 copies)	40934.00	22387.00	27900.00	32799.62	34067.77	34913.00	36059.93	35236.58
订销杂志累计数（万份）	Total Number of Magazines Subscribed & Sold (10 000 copies)	3324.00	2490.00	3825.00	3727.35	3657.83	3663.00	3295.02	2781.21
固定电话年末户数（万户）	Number of Subscribers of Fixed-line Telephone(10 000 subscribers)	319.10	869.40	708.90	599.30	546.30	499.85	439.67	348.94
#公用电话（万户）	Public Telephone (10 000 subscribers)	9.92	61.80	57.40	46.60	42.60	42.06	18.77	9.65
#城市电话	Urban	233.48	557.70	430.30	376.50	354.70	336.91	312.01	244.36
农村电话	Rural	85.64	311.70	278.60	222.80	191.60	162.94	127.65	104.58
移动电话用户合计（万户）	Number of Mobile Telephone Subscribers(10 000 subscribers)	166.86	1021.00	2214.50	2884.10	3285.60	3553.78	3594.96	3774.15
#3G移动电话用户数（万户）	3G Mobile Telephone Subscribers			98.00	560.70	1067.40	1359.02	666.72	442.90
#4G移动电话用户数（万户）	4G Mobile Telephone Subscribers							1297.60	2325.27
互联网用户数（万户）	Number of Subscribers of Internet (10 000 subscribers)	23.80	186.00	1579.60	2721.80	2762.30	3186.51	3521.63	3961.35
#互联网宽带接入用户数	Broadband Internet Access	23.20	80.00	330.10	507.10	559.60	592.43	715.78	789.95
移动互联网用户数	Mobile Internet			1240.30	2205.80	2202.70	2586.52	2798.31	3163.95
固定互联网宽带接入时长（亿分钟）	Access Time of Tixed Broadband(100million minutes)							23416.29	28191.5
移动互联网接入流量（万GB）	Accessflow of Mobile Internet (10 000 GB)							10156.87	21703.0

注：1. 邮电业务总量2000年及以前按1990年不变价格计算，以后按2000年不变价格计算。订销杂志累计数根据2005年实际情况做相应修改。
2. 2014年起，邮政快递网点、邮路总长度、邮政汽车三个指标包含快递服务企业数据，之前仅含邮政公司数。
3. 2016年起电信业务总量按2015年不变价格计算，其余年份不改变。
4. 2016年原口径（2010年变价）：电信业务总量936.87亿元、邮电业务总量1000.57亿元。

Note: 1.The business volume of post & telecommunication services of 2000 and before were calculated at 1990' s constant prices; and these since 2000 were calculated at 2000' s constant prices. The Total Number of Magazines Subscribed & Sold was adjusted by the practical situation in 2005.
2.Data of "Number of Post & Telecommunication Offices", "Total Length of Postal Route & Express Network" and "Postal Vehicles" include data of express services since 2014, before then was data of China Post only.
3.Data of "Business Volume of Post & Telecommunication Services" were calculated at 2015' s constant prices since 2016, data before then remains the same.
4.Data using old statistical range for 2016 at 2010' s constant prices are:Telecommunication Services 936.87 (100 million yuan), Business Volume of Post & Telecommunication Services 1000.57 (100 million yuan).

主要统计指标解释

铁路营业里程 又称营业长度（包括正式营业和临时营业里程），指办理客货运输业务的铁路正线总长度。凡是全线或部分建成双线及以上的线路，以第一线的实际长度计算；复线、站线、段管线、岔线和特殊用途线以及不计算运费的联络线都不计算营业里程。

公路里程 指在一定时期内实际达到《公路工程技术标准JTG B01-2003》规定的技术等级的公路，并经公路主管部门正式验收交付使用的公路里程数。包括大、中城市的郊区公路，以及公路通过小城镇（指县城、集镇）街道的公路里程和公路桥梁长度、隧道长度、渡口的宽度以及分期修建的公路已验收交付使用的里程，不包括大中城市的街道、厂矿、林区生产用道和农业生产用道的里程。两条或多条公路共同经由同一路段，只计算一次，不得重复计算里程长度。按公路技术等级分为等级公路和等外公路，其中等级公路分为高速公路、一级公路、二级公路、三级公路和四级公路。

内河航道通航里程 指在一定时期内，能通航运输船舶及排筏的天然河流、湖泊水库、运河及通航渠道的长度。包括全年季节性通航累计三个月以上的航道，不包括仅供零散流放竹、木排的河道。两省以河为界的航道里程，双方均按一半计算，以免重复。该指标可以反映内河水运网的规模、水平和发展情况。

铁路旅客运量 指一定时期内使用铁路客车运送的旅客人数。铁路旅客运量的计算方法：不论票价多少或行程长短，均按单程计算为一人次；不足购票年龄免购客票的儿童，不计算运量；月、季票按每月往返各21人次计算。

铁路旅客周转量 指一定时期内使用铁路客车运送的旅客人数与运输距离的乘积之和。计算公式为：

旅客周转量（人公里）=∑（实际运送的每一乘客×该旅客出发站与到达站间距离）

=实际运送的旅客人数×旅客平均运程

铁路货物运量 指使用铁路货车实际运送的货物重量。

铁路货物周转量 指一定时期内使用铁路货车完成的货物运量与运送距离的乘积之和。计算公式为：

货物周转量（吨公里）=∑（每批货物重量×该批货物的运送距离）

=实际运送货物吨数×货物平均运程

公路客运量 指公路运输企业及由其组织的其它单位在一定时期内实际运送的旅客人数。公路客运量的计算方法：不论乘车路程远近和票价的多少，以客票为依据，“人”为计量单位；不足购票年龄的免票儿童不计算客运量。

公路旅客周转量 指一定时期内由各种公路运输工具实际运送的旅客人数与相应的运送距离的乘积之和。计算公式为：

旅客周转量（人公里）=∑（实际运送的每一旅客×该旅客出发站与到达站间距离）

公路货运量 指一定时期内由各种公路运输工具实际运送到目的地并卸完的货物数量。反映公路货运量的指标有发送货物吨数、到达货物吨数和运送货物吨数。

公路货物周转量 指一定时期内由各种公路运输工具实际完成的货物运量与相应的运送距离的乘积之和。计算公式为：

货物周转量（吨公里）=∑（每批货物重量×该批货物的运送距离）

水路客运量 指水运企业及由其组织的其他单位在一定时期内实际运送的旅客人数。

水路旅客周转量 指水运企业和由其组织的其他单位在一定时期内实际运送的旅客人数与相应的运送距离的乘积之和。

水路货运量 指在一定时期内由各种水运工具实际运送的货物数量，包括内河、江海、远洋货运量。

水路货物周转量 指一定时期内由各种水路运输工具实际完成的货物运量与相应的运送距离的乘积之和。

港口货物吞吐量 指经由水路进、出港区范围，并经过装卸的货物数量。按货物流向分为进港吞吐量和出港吞吐量，按货物的贸易性质分为内贸和外贸吞吐量。按货物的类别分，可根据现行的交通行业标准《运输货物分类和代码》分类。

民用航空客运量 指公共航空运输飞行所载运的旅客人数。成人和儿童各按一人计算，婴儿不计人数。每一特定航班

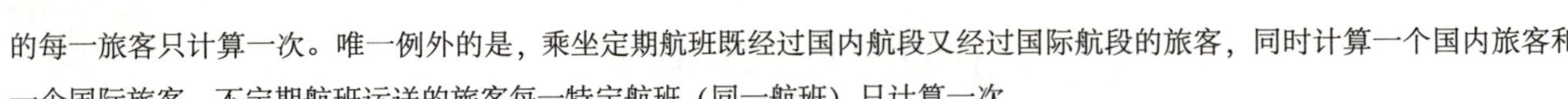

的每一旅客只计算一次。唯一例外的是，乘坐定期航班既经过国内航段又经过国际航段的旅客，同时计算一个国内旅客和一个国际旅客。不定期航班运送的旅客每一特定航班（同一航班）只计算一次。

民用航空货邮运量　指公共航空运输飞行所载运的货物、邮件重量，货物包括外交信袋和快件。原始数据以吨位计算单位，保留一位小数。每一特定航班（同一航班）的货邮只计算一次，不能按航段重复计算。但对于既经过国内航段、又经过国际航段运输的货邮，则同时统计为国内货邮和国际货邮。不定期航班运输的货物每一特定航班（同一航班）只计算一次。

电信业务总量　指以货币形式表现的电信企业为社会提供各类电信服务的总数量。计算方法为各类电信业务的实物量分别乘以相应的不变单价，求出各类电信业务的货币量后加总求得。该指标反映了一定时期电信通信业务发展的总成果，是观察电信通信业务发展变化总趋势的综合性指标。

邮政行业业务总量　指以货币形式表现的邮政企业为社会提供各类邮政通信服务或其他服务的总数量。计算方法为各类邮政通信服务业务的实物量分别乘以相应的不变单价，求出各类业务的货币量后加总求得。该指标反映了一定时期邮政通信业务发展的总成果，是观察邮政通信业务发展变化总趋势的综合性指标。

Explanatory Notes on Main Statistical Indicators

Length of Railways in Operation refers to the total length of the trunk line for passenger and freight transportation (including both full operation and temporary operation). The calculation is based on the actual length of the first line if this line has a full or partial double (or more). Not included are double tracks, station sidings, tracks under the charge of stations, branch lines, special-purpose lines and non-payable connecting lines. The length of railways in operation is an important indicator to show the development of the infrastructure of railway transport. It is also essential data to calculate volume of passenger freight transport, traffic density and utilization efficiency of locomotives and carriages.

Length of Highways refers to the length of highways which are built in conformity with the grades specified by the highway engineering standard [Highways WTBZ-Technical Standard JTG B01-2003] formulated by the Ministry of Transport, and have been formally checked and accepted by the departments of highways and put into use. The length of highways includes that of the suburb highways at large and medium-sized cities, highways passing through streets at small cities and towns, and also the length of bridges, tunnels, ferry piers, and the checked and accepted length of the installment highways being put to use. It does not include the length of streets in big and medium-sized cities and highways built for the production purpose at factories, mines, forest areas and agricultural areas. If two or more highways go the same section of the way, the length of the section is only calculated for once and no duplication is allowed. According to the technical grade, they are divided into grade highways and off-grade highways, and grade highways include express highways, Class I, Class II, Class III and Class IV. The length of highways is an indicator to show the development of the scale of highway construction and to provide essential information to calculate the transport network density.

Length of Navigable Inland Waterways is an indicator reflecting the size and development of inland water network. It refers to the length of the natural rivers, lakes, reservoirs, canals, and ditches open to navigation during a given period, which enables transportation by ships and rafts. It includes the channels open to navigation for over an accumulated period of 3 months in a year, yet this does not include the river courses which are only used to float odd logs and bamboo rafts. For fear of repeating calculation, the length of waterways of boundary rivers between two provinces is reckon in a half for each province. This indicator can reflect the scale, level and development situation of the inland waterway network.

Railway Passenger Traffic refers to the volume of passenger transported with railway within a specific period of time. It is calculated by the principle that one person can be counted only once in one trip and takes no account of the ticket price and traveling distance. The free tickets for under-aged children are not calculated in. Monthly tickets and season tickets are calculated as 21 person-times per 1 month.

Turnover of Railway Passenger Traffic refers to the summary of products of the number of passengers transported with railway trains and the distance of transportation within a specific period of time. It is calculated as:

Turnover of Passenger Traffic(person-km)

= ∑(each passenger actually transported × distance between this passenger’s starting and arriving station)

= number of passengers actually transported × average distance of passengers transported

Railway Freight Traffic refers to the weight of goods actually transported with railway goods trains.

Turnover of Railway Freight Traffic refers to the summary of products of the volume of goods transported with railway goods trains and the distance of transportation within a specific period of time. The calculating formula is:

Turnover of Freight Traffic(ton-km)

= ∑(weight of each batch of goods × distance of this batch of goods transported)

= tonnage of goods actually transported × average distance of goods transported

Highway Passenger Traffic refers to volume of passenger transported with highway transportation enterprises and other units being organized by highway transportation enterprises within a specific period of time. It is calculated by the principle that one person can be counted as “1 person” and takes no account of the traveling distance and ticket price, according to the ticket. The free tickets for under-aged children are not calculated in.

Turnover of Highway Passenger Traffic refers to the summary of products of the number of passengers actually transported with kinds of highway conveyances and the distance of transportation within a specific period of time. It is calculated as:

Turnover of Passenger Traffic(person-km)

=∑(each passenger actually transported ×distance between this passenger's starting and arriving station)

Highway Freight Traffic refers to the volume of goods actually transported to destinations and completely discharged with kinds of highway conveyances within a specific period of time. To reflecting Highway Freight Traffic, there are indicators such as the tonnage of goods sending off, the tonnage of goods receiving and the tonnage of goods transporting.

Turnover of Highway Freight Traffic refers to the summary of products of the volume of goods actually transported with kinds of highway conveyances and the distance of transportation within a specific period of time. The calculating formula is:

Turnover of Freight Traffic(ton-km)

=∑(weight of each batch of goods × distance of this batch of goods transported)

Waterway Passenger Traffic refers to the volume of passenger transported with waterway transportation enterprises and other units being organized by highway transportation enterprises within a specific period of time.

Turnover of Waterway Passenger Traffic refers to the summary of products of the number of passengers actually transported with waterway transportation enterprises and other units being organized by waterway transportation enterprises the distance of transportation within a specific period of time.

Waterway Freight Traffic refers to the volume of goods actually transported with kinds of waterway conveyances within a specific period of time. It includes the freight traffic of inland rivers, seas and oceans.

Turnover of Waterway Freight Traffic refers to the summary of products of the volume of goods actually

Volume of Freight Handled in Coastal Ports refers to the volume of cargo passing in and out of the harbor area of the major coastal ports and having been loaded and unloaded. The volume of freight handled may be classified by direction of flow as freight for import and freight for export, or by nature of cargo as freight for domestic trade and freight for foreign trade. The volume of freight handled maybe classified by the classification of cargo, or the current transport standard of The Classification and Code of Cargo Type.

Civil Aviation Passenger Traffic refers to the volume of passenger transported with public air transportation. An adult or child is counted as 1 person, and babies are not calculated in. One passenger in a certain flight is just counted once. The exception is that one passenger taking a fix-date flight both including domestic part and international part is calculated as 1 domestic passenger and 1 international passenger contemporarily.

Civil Aviation Freight Traffic of Goods and Posts refers to the weight of goods and posts transported with public air transportation. The data well be calculated by the unit of tons. The goods and posts of one certain flight can be just counted once. The exception is that the goods and posts taking a fix-date flight both including domestic part and international part are calculated as 1 domestic goods and posts and 1 international goods and posts contemporarily.

Business Volume of Telecommunications refers to the total amount of telecommunication services, expressed in value terms, provided by the telecommunications departments for society. It can be classified as: long distance telephones, rent circuitries, mobile phones, packet switching digital communication and lease and maintenance etc. This indicator reflects the overall results of development of telecommunication services in a certain period, and it is an important indicator for researching construction and development of business volume of telecommunications. The calculating formula is:

Business Volume of Telecommunications

= ∑ (various Business Volume of Telecommunications × fixed unit prices) + lease and maintenance and other business incomes

Business Volume of Post refers to the total amount of postal services, expressed in value terms, provided by the departments for society. It can be classified as: letters, parcels, drafts, circulating presses, postal expresses, EMS, postal savings, stamp collecting etc. This indicator reflects the overall results of development of postal services in a certain period, and it is an important indicator for researching construction and development of business volume of post. The calculating formula is:

Business Volume of Post

= ∑ (various Business Volume of Post × fixed unit prices) + lease and maintenance and other business incomes

第十九篇

教育、科技和文化

EDUCATION, SCIENCE, TECHNOLOGY & CULTURE

（编辑：陈立峰　付晓霞）

19—1 主要年份各类学校基本情况
Basic Statistics of Schools by Type in Main Years

项 目	Item	1995	2000	2005	2010	2012	2013	2014	2015	2016
培养研究生单位（所）	Institutions of Postgraduate Education(unit)	9	9	9	11	12	12	13	13	13
毕业生人数（人）	Graduates (person)	228	444	1652	5396	7225	7518	8007	8444	8840
招生人数（人）	New Student Enrollment (person)	318	912	4561	7720	8429	9417	9238	9619	10025
在校学生数（人）	Student Enrollment (person)	747	2057	10711	20823	23545	24905	25888	26731	27713
普通高等学校（所）	Regular Institutions of Higher Education (unit)	27	30	51	70	70	70	70	70	73
毕业生人数（万人）	Graduates (10 000 persons)	1.78	2.02	6.49	13.81	16.22	16.50	17.41	18.27	18.94
招生人数（万人）	New Student Enrollment (10 000 persons)	2.04	4.72	11.67	18.38	19.73	20.07	22.77	24.14	25.95
在校学生数（万人）	Student Enrollment (10 000 persons)	6.00	11.79	33.83	56.75	62.92	64.42	70.19	75.12	81.03
专任教师（人）	Number of Full-time Teachers (person)	7542	9326	19610	31650	35027	37437	37680	38625	41502
普通中等专业学校（所）	Regular Specialized Secondary Schools (unit)	123	127	93	357	319	309	295	280	276
毕业生人数（万人）	Graduates (10 000 persons)	3.83	4.17	4.96	16.36	21.49	26.75	23.05	23.19	22.44
招生人数（万人）	New Student Enrollment (10 000 persons)	4.07	4.10	5.96	38.09	31.28	30.36	27.12	25.69	25.63
在校学生数（万人）	Student Enrollment (10 000 persons)	11.67	15.87	17.04	80.95	86.24	82.22	78.27	73.64	69.86
专任教师（人）	Number of Full-time Teachers (person)	7797	8800	7040	20469	20755	20459	20417	20151	20733
技工学校（所）	Skilled Workers' Schools (unit)	120	82	55	54	49	48	47	48	43
毕业生人数（万人）	Graduates (10 000 persons)	2.05	1.60	1.80	3.41	4.54	3.21	3.01	2.56	2.51
招生人数（万人）	New Student Enrollment (10 000 persons)	3.07	1.80	3.13	5.14	4.30	4.32	5.2	5.56	5.55
在校学生数（万人）	Student Enrollment (10 000 persons)	6.39	4.14	7.97	10.82	10.22	10.39	11.4	10.97	11.16
专任教师（人）	Number of Full-time Teachers (person)	3780	3405	3879	3622	4457	6305	4662	4694	4623
普通中学（所）	Regular Secondary Schools (unit)	3077	3019	2887	2437	2310	2289	2288	2284	2262
毕业生人数（万人）	Graduates (10 000 persons)	48.73	74.07	93.89	86.56	88.13	88.21	87.19	88.48	91.81
招生人数（万人）	New Student Enrollment (10 000 persons)	76.73	109.84	107.06	97.22	96.15	98.63	96.89	97.95	103.58
在校学生数（万人）	Student Enrollment (10 000 persons)	194.05	285.63	303.87	275.79	276.20	276.96	278.9	282.88	290.64
专任教师（人）	Number of Full-time Teachers (person)	97749	126660	152381	160840	162035	169750	166162	169741	176797
普通高中（所）	Senior Secondary Schools (unit)	437	464	529	463	450	453	445	445	450
毕业生人数（万人）	Graduates (10 000 persons)	6.60	8.20	19.35	23.90	23.75	24.19	25.33	25.73	26.85
招生人数（万人）	New Student Enrollment (10 000 persons)	7.84	15.34	25.69	27.07	29.28	29.77	30.46	31.04	33.85
在校学生数（万人）	Student Enrollment (10 000 persons)	20.93	36.93	69.96	75.40	79.58	81.89	83.82	86.57	91.89
专任教师（人）	Number of Full-time Teachers (person)	14344	18913	35249	42120	44557	58412	48357	50733	53370
普通初中（所）	Junior Secondary Schools (unit)	2640	2555	2358	1974	1860	1836	1843	1839	1812
毕业生人数（万人）	Graduates (10 000 persons)	42.13	65.87	74.54	62.66	64.38	64.02	61.86	62.75	64.96
招生人数（万人）	New Student Enrollment (10 000 persons)	68.89	94.50	81.37	70.15	66.87	68.86	66.43	66.91	69.73
在校学生数（万人）	Student Enrollment (10 000 persons)	173.12	248.70	233.91	200.39	196.62	195.08	195.08	196.31	198.75
专任教师（人）	Number of Full-time Teachers (person)	83405	107747	117132	118720	117478	111338	117805	119008	123427
普通小学（所）	Regular Primary Schools (unit)	16005	16109	15500	13942	13535	13499	12946	11849	10173
毕业生人数（万人）	Graduates (10 000 persons)	81.05	103.70	84.42	71.82	68.64	70.06	67.54	67.36	69.85
招生人数（万人）	New Student Enrollment (10 000 persons)	107.48	76.76	73.46	74.11	74.21	75.29	74.97	77.08	81.29
在校学生数（万人）	Student Enrollment (10 000 persons)	639.92	536.79	452.79	430.06	426.48	426.26	431.81	440.10	451.37
专任教师（人）	Number of Full-time Teachers (person)	194780	198977	204788	220183	217151	209529	210666	221962	224260
幼儿园（所）	Kindergartens (unit)	2555	3846	3152	5349	7554	8886	9734	10397	11013
在园儿童（万人）	Student Enrollment (10 000 persons)	100.07	72.84	88.78	118.53	165.93	181.71	197.33	206.90	209.64
专任教师（人）	Number of Full-time Teachers (person)	22956	22942	22395	31109	44857	52110	61256	68407	74163

注：2005年以后的普通中等专业学校统计范围为中等职业教育（学校）。

Note: The statistical range of “Regular Specialized Secondary Schools” refers to vocational schools for secondary edcation.

19—2 普通高等学校本科学生数（2016年）

Student Statistics in Institutions of Higher Education by Field of Study (2016)

单位：人 (person)

项　目	Item	毕业生数 Graduates	招生数 New Student Enrollment	在校学生数 Student Enrollment	预计毕业生数 Number of Expecting Graduates
总　计	**Total**	**82517**	**120952**	**422949**	**95768**
哲　学	Philosophy	40	104	376	80
经济学	Economics	5036	5749	21684	5146
法　学	Law	2327	3467	11740	2562
教育学	Education	4105	6354	21236	4758
文　学	Literature	9600	13442	44497	10137
历史学	History	334	357	1383	346
理　学	Science	5578	6764	25208	6220
工　学	Engineering	21840	34252	117479	27165
农　学	Agriculture	903	770	2941	946
医　学	Medicine	6704	9979	42659	8320
管理学	Administration	16347	23996	81342	19262

19—3 普通高等学校专科学生数（2016年）

Student Statistics in Institutions of Higher Education by Field of Study (2016)

单位：人 (person)

项　目	Item	毕业生数 Graduates	招生数 New Student Enrollment	在校学生数 Student Enrollment	预计毕业生数 Number of Expecting Graduates
总　计	**Total**	**106924**	**138585**	**387333**	**126945**
农林牧渔大类	Farming, Forestry, Animal Husbandry & Fishery	1896	2179	5902	1750
交通运输大类	Transportation	5254	7594	19230	5679
生化与药品大类	Biochemistry & Medicine				
资源开发与测绘大类	Resource Developing, Survey & Draw				
材料与能源大类	Material & Energy	1830	2075	5906	1910
土建大类	Construction	15831	16626	53860	19588
水利大类	Water Conservancy	466	517	1319	374
制造大类	Manufacture	10409	14203	41146	13440
电子信息大类	Electronic Information	7641	12388	31671	9517
环保、气象与安全大类	Environmental Protection, Meteorology & Weather Safty				
轻纺食品大类	Textile & Food Industry				
财经大类	Finance & Economy	26595	32228	95414	32623
医药卫生大类	Medical & Health Care	9284	12311	34501	11210
旅游大类	Tourism	3602	4953	13486	4022
公共事业大类	Public Affairs	770	1131	3223	1022
文化教育大类	Culture & Education				
艺术设计传媒大类	Art Design & Media				
公安大类	Public Security	2203	2057	6732	3344
法律大类	Law				

19—4　中等职业专业学校分科学生数（2016年）
Number of Students by Field of Study in Secondary Vocational Schools （2016）

单位：人　(person)

项　目	Item	毕业生数 Graduates	招生数 New Student Enrollment	初中毕业 Graduates from Junior Secondary Schools	在校学生数 Student Enrollment	预计毕业生数 Number of Expecting Graduates
合　计	**Total**	**224466**	**256261**	**194279**	**698572**	**222967**
农林牧渔类	Farming, Forestry, Animal Husbandry & Fishery	21037	13345	8940	46083	21073
资源环境类	Resouwes & Environment	67	93	93	199	68
能源与新能源类	Energy & New Energy	149	258	214	823	326
土木水利类	Construction & Water Conservancy	5530	6307	4908	20190	5348
加工制造类	Processing & Manufacturing	40013	39946	27132	117044	39758
石油化工类	Petrochemical Engineering	186	186	147	290	33
轻纺食品类	Textile & Food	1237	790	688	3115	1139
交通运输类	Transportation	37755	41933	30957	114086	35402
信息技术类	Information Technique	40216	41575	29242	113472	38605
医药卫生类	Medical & Health Care	17559	21663	17764	59167	17396
休闲保健类	Leisure & Health Keeping	655	1669	920	4690	1481
财经商贸类	Finance & Business	26037	33596	25927	87688	26728
旅游服务类	Tourism Services	10570	17892	14551	43332	11385
文化艺术类	Culture & Art	9477	10185	7520	27669	9017
体育与健身	Sports & Body Building	315	986	902	2039	385
教育类	Education	10010	21988	21453	49445	12502
司法服务类	Jurisdiction Services	588	766	562	1623	361
公共管理与服务类	Public Administration & Services	2646	2369	1728	5658	1334
其他	Others	379	714	631	1959	626

19—5 主要年份教师负担学生数

Student-teacher Ratio of School by Field in Main Years

单位：人 (person)

指 标	Item	1995	2000	2005	2010	2012	2013	2014	2015	2016
普通高等学校	Regular Institutions of Higher Education									
教师人数	Number of Teachers	7542	9326	19610	32616	35027	37437	37680	38625	41502
平均每个教师负担学生数	Student-teacher Ratio	8.0	12.6	17.2	17.9	17.8	18.1	18.6	18.1	19.5
中等学校	Secondary Schools									
教师人数	Number of Teachers	116084	145397	171287	184931	187247	196514	186579	194586	237213
平均每个教师负担学生数	Student-teacher Ratio	19.2	20.6	20.2	19.9	19.9	18.8	19.14	18.9	15.2
小学	Primary Schools									
教师人数	Number of Teachers	194780	198977	204788	220183	217151	209529	210666	221962	224260
平均每个教师负担学生数	Student-teacher Ratio	32.9	27.0	22.1	19.5	19.6	19.7	20.5	19.8	20.1

注：中等学校包括初中、普通高中、普通中专、职业高中、技工学校。

Note: Secondary school includes junior secondary schools, senior secondary schools, specialized secondary schools, vocational secondary schools and skilled workers' schools.

19—6 主要年份各级各类教育平均每万人在校学生数

Number of Students Enrollment by Level & Type per 10 000 Persons in Main Years

单位：人 (person)

指 标	Item	1995	2000	2005	2010	2012	2013	2014	2015	2016
1. 高等学校	Institutions of Higher Education	25.0	46.0	99.3	156.9	181.9	192.4	198.2	215.9	225.9
普通高校	Regular Institutions of Higher Education	13.0	25.0	69.2	123.3	139.4	136.5	147.6	156.6	173.2
成人高校	Adult Education Schools	12.0	21.0	27.9	33.6	42.5	48.1	50.6	53.7	52.7
2. 高中阶段	Step of Senior Schools	135.0	158.0	232.0	363.0	377.7	370.0	364.9	358.2	357.3
#中职学校	Vocational Secondary Schools			75.7	199.4	208.4	196.3	188.6	177.7	167.4
普通高中	Regular Senior Secondary Schools	47.0	78.0	143.1	163.8	169.3	173.5	176.3	180.5	189.9
3. 初中阶段	Step of Junior Schools	387.0	535.0	479.3	435.3	419.9	413.4	410.4	409.3	410.8
#普通初中	Regular Junior Secondary Schools	385.0	528.0	478.5	435.3	419.9	413.4	410.4	409.3	410.8
4. 小学	Primary Schools	1424.0	1139.0	926.1	934.3	910.9	903.3	908.3	917.6	933.0
5. 幼儿园	Kindergartens	189.0	155.0	181.6	257.5	354.4	385.1	415.1	431.4	433.3

19—7 主要年份各级成人教育在校学生数

Student Enrollment in Various Adult Education in Main Years

单位：人 (person)

项 目	Item	1995	2000	2005	2010	2012	2013	2014	2015	2016
总 计	**Total**	**378923**	**364884**	**213392**	**173921**			**253141**	**270202**	**268958**
成人高等学校	Adult Education Schools	52200	100992	136579	19639	199093	227016	20343	20360	22609
广播电视大学	Ratio & TV Universities	12142	13784		673	973	982	1052	1141	1092
职工（农民）高等学校	Schools of Higher Education for Staff, Workers(Peasants)	5518	3180		543	505	546	452	262	153
管理干部学院	Colleges for Management Cadres	4142	10502		11540	2192	2086	10738	11001	11311
教育学院	Pedagogical Colleges	10995	6421		6883	1943	3109	8101	7956	10053
普通高等学校举办	Run by Institutions of Higher Schools	19403	67105	115699	146456	193480	220293	232798	249842	246349

19—8 主要年份义务教育普及程度

Level of Compulsory Education Popularization in Main Years

单位：% (%)

指 标	Item	1995	2000	2005	2010	2012	2013	2014	2015	2016
小学学龄儿童入学率	Percentage of School-age Children Enrolled	98.2	98.7	99.1	99.4	99.8	99.6	99.6	99.4	99.6
男童	Male Students	98.8	98.7	99.1	99.4	99.8	99.6	99.6	99.4	99.6
女童	Female Students	97.5	98.6	99.0	99.3	99.8	99.6	99.6	99.4	99.6
初中毛入学率	Crude Percentage of Children Enrolled in Junior Schools	66.3	91.7	101.9	106.7	108.9	108.8	108.9	109.2	109.97
男生	Male Students	69.3	92.4	102.2	106.8	109.3	108.9	109.1	109.5	110.4
女生	Female Students	62.8	90.9	101.6	106.5	108.5	108.7	108.7	108.9	109.6
小学生辍学率	Drop-out Rate of Primary Students	3.0	0.8	1.5	2.1	1.5	1.3	0.5	0.4	0.1
男生	Male Students	2.9	0.9	1.6	2.3	1.7	1.5	0.5	0.4	0.1
女生	Female Students	3.2	0.8	1.3	1.9	1.3	1.1	0.4	0.3	0.03
普通初中辍学率	Drop-out Rate of Regular Junior Students	7.4	5.0	5.6	6.6	3.4	3.3	2.5	1.9	1.4
男生	Male Students	8.4	5.5	6.7	8.0	4.2	4.1	3.0	2.5	1.7
女生	Female Students	6.2	4.3	4.3	5.0	2.6	2.5	2.0	1.2	1.1
小学毕业生升学率	Percentage of Graduates of Primary Schools Entering Junior Secondary Schools	85.9	92.6	96.5	97.7	97.4	98.3	98.4	99.3	99.8
男生	Male Students	89.1	93.9	96.9	96.9	95.4	97.3	97.6	98.7	99.4
女生	Female Students	81.9	91.1	96.0	98.6	99.4	99.4	99.2	100.0	100.3
初中毕业生升学率	Percentage of Graduates of Junior Secondary Schools Entering Senior Secondary Schools		39.8	58.4	79.6	77.7	80.1	85.7	83.6	90.3
小学生五年保留率	Percentage of 5-year Primary Schools Maintained	73.5	91.6	96.7	88.4	88.1	89.0	91.1	91.0	96.8
男生	Male Students	73.3	91.9	96.6	87.7	87.5	88.1	90.6	90.4	96.6
女生	Female Students	73.7	91.1	96.7	89.0	88.7	89.7	91.8	91.6	97.0
普通初中生三年保留率	Percentage of 3-year Junior Secondary Schools Maintained	83.5	82.0	83.6	82.0	90.9	90.9	94.2	94.7	96.3
男生	Male Students	79.4	79.8	80.5	78.0	89.5	88.6	93.1	93.6	95.1
女生	Female Students	89.5	84.8	87.2	86.4	92.3	92.9	95.5	95.9	97.8

19—9 主要年份科技活动基本情况
Basic Statistics for Scientific & Technical Activities in Main Years

指 标	Item	2000	2005	2010	2011	2012	2013	2014	2015	2016
科技机构数（个）	**Number of Scientific & Technological Research Institutions (unit)**	**732**	**639**	**714**	**723**	**816**	**825**	**847**	**842**	**825**
#科技部门属科研机构	Institutions of Research & Technological Development	234	209	138	124	123	120	121	124	118
大中型工业企业属技术开发机构	Technological Development Institutions in Large & Medium Industrial Enterprises	181	122	211	203	234	284	267	234	189
全日制高等院校属科研机构	Institutions of Research in Full-time Universities & Colleges	131	74	159	168	192	186	233	285	314
科技活动人员数（万人）	**Number of Persons Engaged in Scientific & Techno-logical Activities (10 000 persons)**	**4.86**	**5.67**	**8.91**	**10.29**	**10.77**	**10.87**	**10.72**	**11.37**	**12.08**
#R&D活动人员折合全时人员（人年）	Number of Full-time Personnel Converted from the Persons Engaged in Scientific & Techno-logical Activities (person-year)	13015	17996	33982	40129	41268	40664	41208	38535	39903
研究与发展经费内部支出（万元）	**Inner Expenditure of Funds for Research & Develop-ment (10 000 yuan)**	**83597**	**146745**	**628695**	**810204**	**971539**	**1076790**	**1119033**	**1059124**	**1177487**
（一）按活动类型分	By Type of Activities									
#基础研究支出	Expenditure for Basic Research	5443	9488	36005	46121	61845	54832	78630	108296	120475
应用研究支出	Expenditure for Application Research	14786	39076	95585	121831	118297	122770	129914	131781	148577
试验发展支出	Expenditure for Experimental Development	63367	93048	497105	642251	791396	899187	910488	819047	908435
（二）按支出用途分	By Use of Expenditure									
#日常性支出	# Ordinary Expenditure	53976	141611	526983	667289	820223	864559	946395	912865	1030691
#人员劳务费	#Fees for Personel Labor Service	39621	39202	150318	194040	228590	283417	313399	326517	345391
（三）按资金来源分	By Resource of Funds									
#政府资金	Funds from Government	19198	32549	152128	171985	212500	210060	234760	249685	272643
企业资金	Funds from Enterprises	56972	105062	451914	601013	703549	804800	826558	759182	851352
境外资金	Funds from Foreign Countries	149	270	866	217	265	237	615	335	743

19—10　大中型工业企业科技活动基本情况（2016年）

单位：万元

指　标	Item	R&D人员折合全时当量（人年）Number of Full-time Personnel Converted from the Persons Engaged in R&D Activities (person-year)	其中：研究人员 Researchers	基础研究 Basic Research	应用研究 Application Research	试验发展 Testing Development	R&D经费内部支出 Inner Expenditure of R&D Funds	1.日常性支出 Recurrent Expenditure
总　计	**Total**	**15950**	**5856**	**20**	**244**	**15685**	**708120.4**	**647809.6**
一、按登记注册类型分组	**I. Grouped by Type of Registration**							
内资企业	**Domestically-funded Enterprises**	**8670**	**3381**	**20**	**214**	**8435**	**407166.5**	**362485.3**
国有企业	State-owned Enterprises	371	117		4	367	6809.4	5898.6
集体企业	Collective-owned Enterprises	7	0			7	443.2	391.9
股份合作企业	Cooperative Stock Enterprises							
有限责任公司	Limited Liability Corporations	3843	1584	20	145	3678	187514.7	167227.5
股份有限公司	Share Holding Enterprises	2849	1147		41	2809	83177.3	74816.5
私营企业	Private Enterprises	1600	533		25	1574	129221.9	114150.8
港、澳、台商投资企业	**Enterprises with Funds from Hong Kong, Macao or Taiwan**	**1367**	**491**			**1367**	**50249.9**	**44507.5**
合资经营企业（港或澳、台资）	Joint Equity (Funds from Hong Kong, Macao or Taiwan)	1117	423			1117	44099.2	38551.4
港、澳、台商独资经营企业	Enterprises Wholly Owned by Hong Kong, Macao or Taiwan	235	62			235	5850.7	5656.1
外商投资企业	**Foreign Funded Enterprises**	**5913**	**1985**		**30**	**5883**	**250704.0**	**240816.8**
中外合资经营企业	Sino-foreign Joint Equity	5664	1923		15	5649	247932.2	238216.0
外资企业	Wholly Foreign-owned Enterprises	228	52		15	213	2565.7	2404.2
外商投资股份有限公司	Foreign-funded Share Holding Enterprises	21	9			21	206.1	196.6
二、按工业行业大类分组	**II. Grouped by Major Defect of Industrial Branch**							
采矿业	**Mining**	**279**	**53**		**15**	**264**	**7503.2**	**5955.2**
煤炭开采和洗选业	Coal Mining & Dressing	2	1			2	2468.0	1738.8
有色金属矿采选业	Nonferrous Metals Mining & Processing	55	3			55	2702.8	2045.5
制造业	**Manufacturing**	**15539**	**5737**	**20**	**229**	**15289**	**697737.2**	**641364.8**
农副食品加工业	Farm & Sideline Products Processing	693	208		2	690	23646.3	19867.7

Basic Statistics for Scientific & Technical Activities Organized by Large &Medium Industrial Enterprises（2016)

(10 000 yuan)

人员劳务费 Remunera-tion	内部经费支出中: In Recurrent Expenditure 基础研究 Basic Research	应用研究 Application Research	试验发展 Testing Develop-ment	2. 资产性支出 Capital Expenditure	1. 土建工程 Projects of Construc-tion	2. 仪器设备 Instruments & Equipment	内部经费支出中: In Inner Expenditure 政府资金 Government Funds	企业资金 Funds from Enterprises	境外资金 Foreign Funds	其他资金 Others	R&D经费外部支出 Exterior Expend-iture
211021.3	**275.5**	**15932.3**	**691912.6**	**60310.8**	**1641.6**	**58669.2**	**25848.2**	**679671.2**	**204.2**	**2396.8**	**41854.3**
109372.6	**275.5**	**14620.8**	**392270.2**	**44681.2**	**1372.0**	**43309.2**	**21033.8**	**383729.1**	**6.8**	**2396.8**	**27656.4**
2297.9		102.9	6706.5	910.8	5.8	905.0	1000.6	5808.8			81.0
72.4			443.2	51.3		51.3		443.2			
56997.4	275.5	11256.8	175982.4	20287.2	407.1	19880.1	8680.7	177426.9	6.8	1400.3	20252.9
29130.8		858.8	82318.5	8360.8	810.4	7550.4	8160.4	74741.1		275.8	6434.7
20874.1		2402.3	126819.6	15071.1	148.7	14922.4	3192.1	125309.1		720.7	887.8
14525.0			**50249.9**	**5742.4**	**76.3**	**5666.1**	**668.8**	**49383.7**	**197.4**		**63.5**
12222.8			44099.2	5547.8	76.1	5471.7	596.8	43305.0	197.4		63.5
2287.6			5850.7	194.6	0.2	194.4	72.0	5778.7			
87123.7		**1311.5**	**249392.5**	**9887.2**	**193.3**	**9693.9**	**4145.6**	**246558.4**			**14134.4**
86645.8		1278.0	246654.2	9716.2	174.6	9541.6	3438.5	244493.7			13911.4
405.4		33.5	2532.2	161.5	18.6	142.9	501.0	2064.7			198.0
72.5			206.1	9.5	0.1	9.4	206.1				25.0
1455.4		**33.5**	**7469.7**	**1548.0**	**22.7**	**1525.3**	**2623.4**	**4879.8**			**1136.1**
279.8			2468.0	729.2		729.2	1.8	2466.2			
842.9			2702.8	657.3	4.1	653.2	2120.6	582.2			938.1
209177.9	**275.5**	**15898.8**	**681562.9**	**56372.4**	**1511.9**	**54860.5**	**23219.7**	**671916.5**	**204.2**	**2396.8**	**40258.6**
4270.7		41.6	23604.7	3778.6	52.7	3725.9	1677.6	21540.7		428.0	170.2

19—10　续表

单位：万元

指　标	Item	R&D人员折合全时当量（人年）Number of Full-time Personnel Converted from the Persons Engaged in R&D Activities (person-year)	其中：研究人员 Researchers	基础研究 Basic Research	应用研究 Application Research	试验发展 Testing Develop-ment	R&D经费内部支出 Inner Expenditure of R&D Funds	1. 日常性支出 Recurrent Expenditure
食品制造业	Food Production	163	60		1	163	7735.4	7670.3
酒、饮料和精制茶制造业	Beverage Production	270	97		5	265	6914.0	5959.5
烟草制品业	Tobacco Processing	155	75			155	13832.2	13455.4
纺织业	Textile Industry	229	49			229	3568.3	3036.0
木材加工和木、竹、藤、棕、草制品业	Processing of Timbers, Manufacture of Wood, Bamboo,Rattan,Palm,and Straw Products	74	29			74	2142.4	2099.8
造纸和纸制品业	Papermaking & Paper Products	8	4			8	183.8	176.9
印刷业和记录媒介复制业	Printing & Record Duplicating	100	15			100	3152.2	3152.2
化学原料和化学制品制造业	Raw Chemical Materials & Chemical Products	950	321		38	912	31130.3	25297.4
医药制造业	Medical & Pharmaceutical Products	684	319		10	674	27606.6	24476.8
橡胶和塑料制品业	Rubber Products	156	48			156	2750.6	2618.2
非金属矿物制品业	Nonmetal Mineral Products	291	104	20	13	258	10221.2	9361.2
黑色金属冶炼和压延加工业	Smelting & Pressing of Ferrous Metals	275	136		1	274	68025.7	65077.8
有色金属冶炼和压延加工业	Smelting & Pressing of Nonferrous Metals	556	169		3	553	36067.9	33436.5
通用设备制造业	General Equipment Manufacturing	82	39			82	3092.3	2051.1
专用设备制造业	For Special Purposes Equipment Manufacturing	1327	576		23	1304	52902.9	46678.5
汽车制造业	Automobile Manufacturing	8114	3021		10	8104	347548.8	326723.1
铁路、船舶、航空航天和其他交通运输设备制造业	Railway,Ships, Aerospace & other Transport Equipment Manufacturing	25	10			25	472.4	382.1
电气机械和器材制造业	Electric Equipment & Machinery	600	196			600	22450.7	16955.0
计算机、通信和其他电子设备制造业	Communicaition Equipment,Computer & other Electronic Equipment Manufacturing	593	213		124	469	26292.4	25797.2
仪器仪表制造业	Instruments, Meters Cultural & Office Machinery	70	10			70	1251.4	907.2
电力、热力、燃气及水生产和供应业	Production & Supply of Electric Power, Gas & Water	133	66			133	2880.0	489.6
电力、热力生产和供应业	Production & Supply of Electric Power & Steam	133	66			133	2880.0	489.6

continued

(10 000 yuan)

	内部经费支出中: In Recurrent Expenditure						内部经费支出中: In Inner Expenditure				
人员劳务费 Remunera-tion	基础研究 Basic Research	应用研究 Application Research	试验发展 Testing Develop-ment	2. 资产性支出 Capital Expenditure	1. 土建工程 Projects of Construc-tion	2. 仪器设备 Instruments & Equipment	政府资金 Government Funds	企业资金 Funds from Enterprises	境外资金 Foreign Funds	其他资金 Others	R&D经费外部支出 Exterior Expend-iture
1347.1		11.1	7724.3	65.1		65.1	168.9	7566.5			1.3
2265.5		39.9	6874.1	954.5	587.4	367.1	40.3	6873.7			64.0
3286.8			13832.2	376.8		376.8		13832.2			2304.5
995.1			3568.3	532.3	47.4	484.9	92.0	3466.7		9.6	36.7
527.6			2142.4	42.6	0.8	41.8	67.0	2075.4			
111.3			183.8	6.9	0.3	6.6		172.3		11.5	20.0
663.5			3152.2					3152.2			
7128.2		2180.3	28950.0	5832.9	108.5	5724.4	2053.8	28338.2		738.3	260.3
5070.2		515.3	27091.3	3129.8	89.1	3040.7	1791.2	25815.4			5072.9
1196.0			2750.6	132.4		132.4	483.2	2267.4			
3029.1	275.5	652.8	9292.9	860.0	3.7	856.3	1223.9	8997.3			51.8
8897.7		11.9	68013.8	2947.9		2947.9	75.0	67950.7			114.2
8371.4		1534.7	34533.2	2631.4	100.7	2530.7	1605.5	33253.0		1209.4	569.7
1256.8			3092.3	1041.2	0.1	1041.1	367.6	2724.7			37.3
19691.0		471.8	52431.1	6224.4	223.8	6000.6	4318.3	48584.6			730.0
122846.7		344.7	347204.1	20825.7	155.9	20669.8	5283.2	342061.4	204.2		30191.4
84.5			472.4	90.3	2.4	87.9	20.4	452.0			
5489.0			22450.7	5495.7	27.6	5468.1	1016.1	21434.6			626.6
11099.1		10094.7	16197.7	495.2	100.6	394.6	646.2	25646.2			7.7
472.6			1251.4	344.2		344.2	453.0	798.4			
388.0			2880.0	2390.4	107.0	2283.4	5.1	2874.9			459.6
388.0			2880.0	2390.4	107.0	2283.4	5.1	2874.9			459.6

19－11 主要年份工业企业科技活动情况

Statistics for Technical Activities of Large & Medium Industrial Enterprises in Main Years

指 标	Item	2000	2007	2010	2012	2013	2014	2015	2016
大中型工业企业（个）	**Number of Enterprises (unit)**								
#有研发机构的单位数	Units Engaged in Scientific & Technological Activities	293	191	232	168	186	173	139	121
#有R&D活动的单位数	Units Engaged in New Products Developing Activities		138	167	232	225	233	214	219
科技活动人员（万人）	**Personnel Engaged in Scientific & Technological Activities (10 000 persons)**	**2.15**	**2.68**	**3.78**	**5.22**	**5.37**	**5.48**	**4.83**	**4.98**
研究与发展经费内部支出（万元）	**Inner Expenditure of Funds for Research & Development (10 000 yuan)**			**438669**	**702225**	**817063**	**848808**	**769190**	**827248**
（一）按活动类型分	By Type of Activities								
#基础研究支出	Expenditure for Basic Research	171	3748	167	443	602	370	386	276
应用研究支出	Expenditure for Application Research	5601	26154	9083	13799	6525	23160	22162	17978
试验发展支出	Expenditure for Experimental Development	50462	117480	429420	687984	809937	825278	746643	808994
（二）按支出用途分	By Use of Expenditure								
#日常性支出	Ordinary Expenditure	42987	147382	378741	605937	660528	740385	684371	750524
#人员劳务费	Fees for Personel Labor Service	16912	31817	91657	150140	202106	230884	242333	236884
（三）按资金来源分	By Resource of Funds								
#政府资金	Funds from Government	2930	5704	22168	33403	36970	38907	32000	33126
企业资金	Funds from Enterprises	48390	140294	413173	666371	777281	796270	732074	788248
境外资金	Funds from Foreign Countries	132	68	161	65	66	369	75	204
新产品开发经费支出（万元）	**Expenditure for New Product Development (10 000 yuan)**	**50304**	**174798**	**460413**	**771269**	**849395**	**850464**	**903957**	**905498**
科技活动产出情况	**Output from Scientific & Technological Activities**								
专利申请数（项）	Patent Applications Examined(item)	162	627	1591	3025	4468	4840	4613	5555
#发明专利	Patent for Invention	20	190	488	1333	2234	2423	2005	2660
拥有有效发明专利数（项）	Number of Patent for Invention Owned(item)	78	233	950	1499	1889	2670	3731	6010
技术改造和技术获取情况	**Technological Transformation & Technical Acquisition**								
技术改造经费支出（万元）	Expenditure for Technological Transformation (10 000 yuan)	126898	713690	1374075	1540035	1223981	850900	915924	795169
引进境外技术经费支出（万元）	Expenditure for Technological Recommendation from Foreign Countries (10 000 yuan)	27910	8180	8137	2619	3599	12392	5697	4210
引进技术的消化吸收经费支出（万元）	Expenditure for Technological Digesting & Absorbing (10 000 yuan)	754	3411	5988	6087	3605	6329	2621	1952
购买境内技术经费支出（万元）	Expenditure for Buying Domestic Technological (10 000 yuan)	6657	3779	12092	11598	12881	16032	11610	6951

19－12 主要年份县及县以上政府部门所属研究与开发机构基本情况

Basic Statistics on Governmental Department Research & Development Institutions at & above County Level in Main Years

项 目	Item	1995	2000	2005	2010	2012	2013	2014	2015	2016
机构数（个）	Number of Institutions (unit)	230	224	210	207	202	200	199	195	166
从事科技活动人员（人）	Number of Persons Engaged in Scientific & Technological Activities (person)	9227	7954	7574	8757	9152	9586	10025	10034	7418
#科学家、工程师	Scientists & Engineers	5048	4787	4461						
#大学本科及以上学历	University Degree or above				5400	6138	6719	7068	7449	5505
经费筹集总额（万元）	Funds for Scientific & Technological Activities (10 000 yuan)	44526	54820	72749	187190	254351	286173	284221	278240	456973
#政府拨款	Funds from Government	16910	31272	60359	136474	196158	230582	232426	224073	240075
经费使用总额（万元）	Expenditure of Funds for Scientific & Technological Activities (10 000 yuan)	39087	53090	73823	170741	248668	271088	293345	274085	242160
#固定资产购建支出	Purchases of Fixed Assets	8910	7818	12445	28939	51612	58966	80274	52689	51678

注：1. 2009年，指标“科学家工程师”取消，改为“大学本科及以上学历”（县属机构使用“大专以上学历”）。2011年，均使用“大学本科及以上学历”。

2. 2016年度数据口径已剔除转制院所数据（因科技厅报表改版，转制院所报表已为企业报表，不属于政府部门属机构，科技部不作汇总）。

Note: 1.The indicator of “Scientists & Engineers” has been canceled since 2009, and it was replaced by “University Degree or above” (it is changed as “Junior College Degree or above” in county level institutions) Both in dicators were replaced by “University Degree of above” since 2011.

2.The statistical range of 2016 excluding data from reformed institutions (due to the revision of reports inside the Science & Techuology Department, reports of reformed institutions become part of enterprises’ report instead of government’s report, the science & Technology Department has no response for the summary).

19－13 县及县以上政府部门所属研究与开发机构情况（2016年）
Basic Statistics on Governmental Department Research & Development Institutions at & above County Level (2016)

项 目	Item	机构数（个）Number of Institutions (unit)	从事科技活动人员合计（人）Personnel in Scientific & Technological Activities (person)	#大学本科及以上学历 University Degree or above	经费筹集总额（万元）Funds for Scientific & Technological Activities (10 000 yuan)	#政府拨款 Funds from Government	经费使用总额（万元）Total Expenditure (10 000 yuan)
总 计	**Total**	**166**	**7418**	**5505**	**456972.5**	**240075.1**	**242160.3**
一、按单位类型分	**By Unit Type**						
科学研究与技术开发机构	Institutions of Research & Technological Development	147	6969	5152	445694.1	230872.4	233482.9
科技情报与文献机构	Scientific & Technological Information & Literature Institutions	19	449	353	11278.4	9202.7	8677.4
二、按隶属关系分	**By Relationship**						
中央属	Central	1	219	197	23060.9	17675.5	16612.3
自治区属	Autonomous	49	5050	4028	375943.1	180822.5	192392.3
地（市）属	Prefectural	67	1798	1202	52466.4	36453.7	29746
县属	County	49	351	78	5502.1	5123.4	3409.7
三、按学科领域分	**By Programmes**						
自然科学	Natural Sciences	5	735	530	42384	32466.9	32516.1
农业科学	Agricultural Sciences	49	2785	2000	121498	102917	86631.6
医药科学	Medical Sciences	11	1691	1330	228396.5	58897.2	77401.5
工程与技术科学	Engineering & Technology	23	1031	893	37910.6	21874.5	25590.6
人文与社会科学	Humanities & Social Sciences	29	825	674	21281.3	18796.1	16610.8

注：科技部汇总表上没有将县属机构按科学领域分组，所以这里的“按科学领域分”只包含了市级以上政府部门属机构数据。

Note: Since the summary table given by the science & Technology Department didn't have data of county's institutions by programmes, so the related data of this table only include the institutions in cities.

19－14 县及县以上政府部门所属研究与开发机构课题情况（2016年）
Projects of Governmental Department Research & Development Institutions at & above County Level (2016)

项 目	Item	课题数（项） Projects (unit)	投入人员（人年） Personnel Engaged in Projects (person-year)	#研究人员 Researchers	投入经费（万元） Funds of Projects (10 000 yuan)
总 计	**Total**	**2524**	**4210**		**66098.0**
按单位类型分	**By Unit Type**				
科学研究与技术开发机构	Institutions of Research & Technological Development	2450	4020		64654.9
科技情报与文献机构	Scientific & Technological Information & Literature Institutions	74	190		1443.1
按活动类型分	**By Activity Type**				
基础研究	Basic Research	551	821		9982.3
应用研究	Application Research	580	1173		23249.6
实验发展	Testing Development	690	1130		18018.4
研究与实验发展成果应用	Application of R&D Achievement	398	612		8755.7
科技服务	Technological Services	283	474		6092.0

注：1.投入的人员和经费为直接投入数据，不包括间接投入数据。
2.课题数的汇总缺县属机构按活动类型分的数据。
3.“研究人员”缺所有汇总数据。

Note: 1. The data on Personnel engaged and Funds of Projects is direct input, excluding indirect input.
2. The summary data of projects by activity type in the county agency are missing.
3. All the summary data of “Reseachers” are missing.

19－15 县及县以上政府部门所属研究与开发机构成果情况（1990－2016年）
Achievement of Governmental Department Research & Development Institutions at & above County Level（1990－2016）

年 份 Year	科学著作（种） Scientific & Technological Works (10 000 words)	科学论文（篇） Scientific & Technological Works (unit)
1990	887	579
1991	1520	675
1992	881	945
1993	1027	1072
1994	841	1135
1995	583	1274
1996	35	1403
1997	23	1691
1998	50	1505
1999	79	1525
2000	84	1839
2001	62	1456
2002	58	1400
2003	51	1673
2004	34	1756
2005	50	1918
2006	62	2274
2007	58	2331
2008	62	2550
2009	63	2736
2010	72	3104
2011	39	3178
2012	48	3342
2013	87	3328
2014	102	3868
2015	96	3731
2016	108	3024

注：1999年以后科学著作计量单位为：种；1990年科学著作、科学论文不包含科技情报与文献机构数。

Note: Since 1999, the term of scientific & technological works is *Kind*; In the year of 1990, scientific & technological works & papers exclude ones from scientific & technological information & literature institutions.

19－16 文化及相关产业机构和从业人员（2016年）
Institutions, Staff & Workers of Cultural & Relevant Industries（2016）

项 目	Item	总计 Total		文化部门 Cultural Department		其他部门 Other Departments	
				合计 Total			
		机构数（个） Number of Institutions (unit)	从业人员数（人） Number of Staff & Workers (person)	机构数（个） Number of Institutions (unit)	从业人员数（人） Number of Staff & Workers (person)	机构数（个） Number of Institutions (unit)	从业人员数（人） Number of Staff & Workers (person)
总 计	**Total**	**8571**	**60590**	**1977**	**17923**	**6594**	**42667**
艺术业	Art	139	5908	42	2132	97	3776
图书馆业	Library	114	1589	114	1589		
群众文化服务业	Service for Mass Culture	1292	5538	1292	5538		
艺术教育业	Art Education	2	183	2	183		
文化市场经营机构（不含非公有制艺术表演团体）	Units in Operation in Culture Market(excluding non-public-owned art peformance groups)	6493	38855			6493	38855
文艺科研	Culture & Art Researching	10	178	10	178		
文物业	Cultural Relics	208	2575	204	2539	4	36
其他文化产业	Other Industries	313	5764	313	5764		

注：统计范围为文化系统,以下各表相同。
Note: The statistical range is the cultural system, and the same as the continued tables.

19－17　文化及相关产业增加值（2016年）
Added Value of Culture & Relevant Industries（2016）

单位：千元　　　　(1 000 yuan)

项　目	Item	总产出 Total Output	中间消耗 Consum-ption Therein	增加值 Added Value	劳动者报酬 Remuneration for Labors	生产税净额 Net Value of Production Tax	固定资产折旧 Depreciation of Fixed Assets	营业盈余 Surplus of Operation
总　计	**Total**	**7117664**	**3117308**	**4000356**	**2651455**	**306592**	**239873**	**802436**
艺术业	Art	772439	98747	673692	295592	52787	90955	234358
#艺术表演团体	Art Performance Groups	571542	17940	553602	242874	33971	89065	187692
艺术表演场馆	Art Performance Places	195682	80022	115660	48334	18789	1871	46666
图书馆	Library	247227	56325	190902	159851	454	29950	647
群众文化	Mass Culture	514862	148956	365906	333499	405	31984	18
艺术教育	Art Education	30051	7538	22513	19369	15	3129	
文化市场经营机构	Operating Units of Culture Marlcet	3631921	1438141	2193780	1007862	243137		942781
动漫企业	Comic & Animation	35812	9342	26470	14213	916	1928	9413
文艺科研	Culture & Art Research	46889	11101	35788	35476		310	2
文物业	Relic Industry	428721	199776	228945	171522	7471	43078	6874
其他文化及相关产业	Other Culture & Relative Industries	1409742	1147382	262360	614071	1407	38539	-391657

19－18　文化部门主要文化产业单位基本情况
Basic Situation of Major Units of Culture Industries in Culture Department

项　目	Item	1995	2000	2005	2010	2012	2013	2014	2015	2016
艺术表演团体	**Art Performance Groups**									
机构数（个）	Number of Institutions (unit)	117	118	118	141	68	59	67	92	100
从业人员（人）	Employees (person)	4408	4518	4352	4946	2744	3777	3042	4613	4716
国内演出场次（千场次）	Times of Domestic Performance (1 000 performances)	10.87	13.40	12.34	14.93	11.07	15.41	9.20	13.17	11.98
国内演出观众人次（千人次）	Person-times of Audiences of Domestic Performance (1 000 person-times)	9867	16184	13182	15076	7579	8818	6639		8484
本年收入合计（万元）	Total Income in This Year (10 000 yuan)	3806	6503	12018	23855	17507	35747	32238	65365	15470
#财政补助收入	Income from Financial Allowance	2589	4913	9022	17951	12709	22824	21449	24937	12726
演出收入	Income from Performance	507	717	1550	3679	4631	9109	5497	34801	30885
本年支出合计（万元）	Total Expenditure in This Year (10 000 yuan)	3670	6492	11761	23871	15820	35657	29397	54129	14710

注：本表中艺术表演团体基本情况数据自2010年开始，将在广西文化市场管理机构登记办证的艺术表演单位纳入统计范畴。

Note: The data on the basic situation of art performance groups has brought the art performance units of culture market in Guangxi into the statistical rarge since 2010.

19－18 续表1 continued

项 目	Item	1995	2000	2005	2010	2012	2013	2014	2015	2016
公共图书馆	**Public Library**									
机构数（个）	Number of Institutions (unit)	99	94	95	108	112	112	112	112	114
从业人员（人）	Employees (person)	1335	1540	1459	1509	1467	1519	1508	1509	1589
总藏量（千册/件）	Total Collection of Books (1 000 copies/ collects)	12430	13122	14908	18809	21267	21098	24815	26063	27195
总流通人次（千人次）	Total Circulation Person-times (1 000 person-times)	8090	9268	12257	13428	13664	14705	19979.57	20652.07	20669.9
书刊外借册次（千册次）	Copy-time of Lending Books (1 000 copy-times)	5281	6878	7614	7328	8058	8539	7542.15	11550.31	11417.81
本年收入合计（万元）	Total Income in This Year (10 000 yuan)	1821	3361	6305	13320	25084	29032	25969	35997	33215
#财政补助收入	Income from Financial Allowance	1563	2851	5469	12191	22675	23491	23347	32734	29939
本年支出合计（万元）	Total Expenditure in This Year (10 000 yuan)	1769	3077	6288	13369	18759	25286	26425	35915	32947
#图书购置费	Expenditure for Book Purchasing	291	520	674	1676	2484	2845	2281		3757
本年新购图书（千册）	New Books Purchased in This Year(1 000 copies)	157	201	260	563	913	968	1426	1492	1316
群众文化	**Mass Culture**									
群艺馆机构数（个）	Number of Institutions of Mass Culture (unit)	14	15	15	15	15	15	15	15	15
从业人员（人）	Employees (person)	319	337	335	345	487	557	512	519	543
举办展览个数（个）	Number of Exhibitions Held (unit)	57	53	84	70	80	128	113	151	114
组织文艺活动次数（次）	Times of Culture & Art Actions Organized (time)	119	276	289	1264	1186	1142	1126	1288	1075
本年收入合计（万元）	Total Income in This Year (10 000 yuan)	611	849	1454	4055	8269	11144	1123640	129517	136940
#财政补助收入	Income from Financial Allowance	332	567	1249	3372	6394	10075	10025	11299	12216
本年支出合计（万元）	Total Expenditure in This Year (10 000 yuan)	652	877	1515	4006	7366	11484	11323	11817	12303

19－18 续表 2 continued

项 目	Item	1995	2000	2005	2010	2012	2013	2014	2015	2016
文化馆机构数（个）	Number of Insitutions of Cultural Centers (unit)	98	99	100	107	108	108	108	108	109
从业人员（人）	Employees (person)	1280	1273	1195	1145	1605	1629	1630	1595	1596
举办展览个数（个）	Number of Exhibitions Held (unit)	316	730	340	354	564	623	629	608	618
组织文艺活动次数（次）	Times of Culture & Art Actions Organizated (time)	1288	2166	2249	4740	6215	5950	6364	6600	7351
本年收入合计（万元）	Total Income in This Year (10 000 yuan)	1248	1509	2607	6743	13130	16063	16460	18663	20238
#财政补助收入	Income from Financial Allowance	897	1234	2258	6443	12091	13869	15090	16706	18268
本年支出合计（万元）	Total Expenditure in This Year (10 000 yuan)	1218	1485	2537	6672	12557	15284	16195	17639	19492
文化站机构数（个）	Number of Insitutions of Cultural Stations (unit)	1412	1294	1139	1162	1167	1167	1167	1168	1168
从业人员（人）	Employees (person)	1835	1777	2273	2585	2735	2832	2967	3168	3399
博物馆	**Museum**									
机构数（个）	Number of Institutions (unit)	37	39	49	64	79	104	106	124	125
从业人员（人）	Employees (person)	566	667	753	1096	1529	1696	1703	1996	2013
文物藏品（件、套）	Collection of Relics (unit, set)	180956	170336	239327	279452	362854	397058	411224	422677	342356
#一级品	1st Class	296	293	279	312	316	316	316	360	320
举办展览（个）	Number of Exhibitions Held (unit)	102	102	126	194	250	171	207	445	277
参观人次（千人次）	Number of Visitors (1 000 person-times)	1443	1802	1442	7441	11250	12532	15078	16555	19516
#未成年人参加人次	Juveniles				2067	2762	3382	3843	5115	5638
#外宾人次	Foreign Visitors	41	34	37		156				
本年收入合计（万元）	Total Income in This Year (10 000 yuan)	906	1792	4905	17239	32873	39463	40183	40712	44058
#财政补助收入	Income from Financial Allowance	611	976	2430	14244	27635	23213	29615	29745	40251
门票收入	Income from Ticket	51	122	229	39	165	75			
本年支出合计（万元）	Total Expenditure in This Year (10 000 yuan)	899	1852	4326	14344	30701	27714	32573	38965	36106

注：1.公共图书馆中自2013年起“图书购置费”为“新增藏量购置费”，“本年新购图书”为“本年新增藏量”。
2.博物馆中自2013年起“举办展览”为“临时展览”。

Note: 1. The indicator of “Expenditure for Book Burchasing” of Public Library since 2013 is changed to “Expenditure for New Added Collection” “New Books Purchased in This Year” is changed to “New Added Collection in This Year”.
2. The indicator of “Number of Exhibitions Held” of Museum since 2013 is changed to “Temporary Exhibitions Held”.

19－19 主要年份广播事业发展情况

Basic Statistics on Broadcasting in Main Years

项 目	Item	1995	2000	2005	2010	2012	2013	2014	2015	2016
基本情况	**Basic Statistics**									
中短波转播发射台（座）	Medium-and-short-wave Broadcasting Transmision Stations & Relaying Stations (set)	24	25	21	20	20	20	20	20	20
调频转播发射台（座）	Frequency Modulation Broadcasting Transmision Stations & Relaying Stations (set)	32	100	89	150	155	261	392	604	712
节目（套）	Programmes (unit)	31	34	60	63	63	65	70	72	74
全年公共广播节目播出时间（小时）	Daily Broadcasting Hours (hour)	117560	158714	257463	276733	313741	324793	358518	376961	401239
广播综合人口覆盖率（%）	Listener Rating (%)	66.3	85.2	88.7	95	96.1	96.2	96.6	96.7	96.9
制作广播节目（小时）	Broadcasting Programmes Producing (hour)	47053	90269	165012	176577	188949	188549	221858	220838	232673
新闻资讯节目	News & Information Programmes	6801	11186	23447	36670	37629	36504	42427	41919	44128
专题服务节目	Subject Service Programmes	11999	23109	46634	43832	41324	35929	39176	34445	39469
综艺益智	Comprehensive Entertainment Programmes	17362	27912	60556	62601	71827	67584	74870	61424	68564
广播剧节目	Radio Play Programmes			769	409	645	484	1131	1035	939
广告节目	Advertisement Programmes		2323	15326	13071	13779	15800	18140	17851	18923
其他节目	Other Programmes	10891	25739	18280	19994	23745	32246	46111	64163	60651

19—20 各市公共图书馆基本情况（2016年）

地 区	Region	机构数（个）Number of Institutions (unit)	从业人员（人）Employed Persons (person)	总藏量（千册）Library Holdings (1 000 copies)	当年购买的报刊种类（种）Newspapers & Periodicals Purchased in the Year (kind)	总流通人次（千人次）Total Circulation of Persons(1 000 person-times)
广西壮族自治区	**Guangxi**	**114**	**1589**	**27195.47**	**45902**	**20669.91**
自治区本级	**Autonomous Region Level**	**3**	**328**	**6766.68**	**9079**	**4745.59**
南宁市	Nanning	14	186	3426.94	4833	3477.38
柳州市	Liuzhou	11	162	1970.64	3348	1642.64
桂林市	Guilin	13	100	1530.80	2329	732.03
梧州市	Wuzhou	5	75	1090.99	1928	4626.87
北海市	Beihai	3	73	648.09	1461	508.96
防城港市	Fangchenggang	4	46	312.80	784	129.74
钦州市	Qinzhou	5	58	3121.72	1217	313.63
贵港市	Guigang	6	44	1139.79	7048	532.41
玉林市	Yulin	8	109	1734.99	1962	1406.43
百色市	Baise	13	147	1888.94	2735	679.91
贺州市	Hezhou	4	58	714.44	1569	358.35
河池市	Hechi	11	83	1233.28	3882	437.10
来宾市	Laibin	7	63	830.58	1959	686.30
崇左市	Chongzuo	7	57	784.79	1768	392.59

Basic Situation of Public Libraries by City（2016）

为读者举办各种活动Activities Held for Readers				本年支出合计（万元）Total Cost of the Year (10 000 yuan)	资产合计（万元）Total Capitals (10 000 yuan)	实际使用公用房屋建筑面积（平方米）Area of Public Building Actual Used (sq.m)
组织各类讲座次数（次）Number of Lectures Held (time)	参加人次（千人次）Number of Persons Attending (1 000 person-times)	举办展览（次）Number of Exhibitions Held(time)	参观人次（千人次）Number of Persons Visiting (1 000 person-times)			
1748	**334.80**	**792**	**1842.2**	**32946.5**	**100118.1**	**390.71**
176	**29.24**	**66**	**982.80**	**12828.3**	**45264.8**	**109.96**
356	82.05	136	188.02	3411.8	11288.4	35.75
106	7.56	57	40.26	2597.1	10163.2	28.97
195	39.28	91	73.29	1414.6	1896.6	17.16
147	33.23	19	6.64	1096.6	1931.9	8.11
91	34.64	80	138.52	1287.1	2734.4	23.16
64	21.32	10	34.05	678.9	1990.7	14.06
81	5.33	5	1.91	685.3	1775.3	6.99
68	14.44	35	54.41	1272.9	2031.3	18.88
102	11.83	56	75.40	1841.6	6307.1	26.47
130	15.66	47	64.51	2065.3	5424.4	28.00
34	4.89	32	35.60	771.8	1781.3	7.13
86	13.42	66	66.18	1175.9	3313.3	31.82
59	6.51	42	38.32	958.1	2246.8	21.57
53	15.36	50	42.30	861.2	1968.6	12.68

19－21　主要年份电视事业发展情况
Basic Statistics on Television Stations in Main Years

项　目	Item	1995	2000	2005	2010	2012	2013	2014	2015	2016
基本情况	**Basic Statistics**									
电视转播台（座）	Television Relaying Stations (set)	1009	237	65	128	129	128	128	128	128
节目（套）	Programmes (unit)	20	23	39	41	41	41	41	42	41
全年公共电视节目播出时间（小时）	Television Broadcasting Hours of Whole Year (hour)	42572	74166	276597	481171	529407	543051	548710	576257	595786
电视综合人口覆盖率（%）	Viewer Rating (%)	79.5	90.0	93.5	97.0	97.7	98.0	98.2	98.3	98.4
制作电视节目	Programmes Producing	5732	15200	60033	80594	88403	106334	104166	97532	82568
新闻资讯节目（小时）	News & Information Programmes (hour)	1591	2793	17833	25367	27042	34943	34540	33830	32398
专题服务节目（小时）	Subject Service Programmes (hour)	1387	3357	12123	15071	23711	24981	27125	25481	21663
综艺益智节目（小时）	Comprehensive Entertainment	768	2999	7793	9101	8527	12014	12855	9041	5826
影视剧节目（小时）	Programmes (hour)			692	416	306	117	91	104	509
广告节目（小时）	TV Play Programmes (hour)		4011	15168	21730	21566	22156	20584	20665	15557
其他节目（小时）	Advertisement Programmes (hour)	1986	2040	6424	8909	7250	12120	8968	8411	6615
电视剧（部/集）	Other Programmes (hour)	3/21	11/80	9/448	10/341	9/404	2/52	108	60	156
动画电视（小时）	TV Plays (collection/episode)				3	1	71	4	45	277

19－22　主要年份图书、报纸及杂志出版情况
Basic Statistics of Books, Newspaper & Magazines in Main Years

项　目	Item	1995	2000	2005	2010	2012	2013	2014	2015	2016
图　书	**Books**									
种　数（种）	Number of Publications (kind)	2694	2739	3500	7344	8667	8795	13146	7537	7419
印　数（万册）	Printed Copies (10 000 copies)	25397	23691	18818	24810	28796	34376	39773	29978	29193
印　张（千印张）	Printed Sheets (1 000 sheets)	1031173	1153943	1331175	1545018	1927385	2400209	2854019	2165681	2075167
报　纸	**Newspapers**									
种　数（种）	Number of Publications (kind)	66	60	50	55	55	54	54	54	53
印　数（万份）	Printed Copies (10 000 copies)	47475	56008	58222	69560	69546	71812	72972	68974	64275
印　张（千印张）	Printed Sheets (1 000 sheets)	451524	834192	1668812	2855711	2565130	2516898	2326772	2082133	1738851
期　刊	**Magazines**									
种　数（种）	Number of Publications (kind)	159	191	180	183	184	179	182	180	181
印　数（万册）	Printed Copies (10 000 copies)	4630	5242	5571	4268	4516	4870	4808	4754	4236
印　张（千印张）	Printed Sheets (1 000 sheets)	129001	149238	277555	176235	179985	201151	196245	193264	180387

主要统计指标解释

普通高等学校 指按国家规定的设置标准和审批程序批准建立的，通过全国普通高等教育统一招生考试，招收高中毕业生为主要培养对象，实施高等学历教育的全日制大学、独立设置的学院和高等专科学校、高等职业学校和其他机构。

大学、独立设置的学院主要实施本科及本科层次以上教育。高等专科学校、高等职业学校实施专科层次教育。其他机构是承担国家普通招生计划任务不计校数的机构。包括普通高等学校分校和批准筹建的普通高等学校等（注：高等学校在校学生数均不包括在校研究生）。

成人高等学校 指按国家规定的设置标准和审批程序批准举办的，通过全国成人高等教育统一招生考试，招收具有高中毕业或同等学历的人员为主要培养对象，利用函授、业余、脱产的多种形式对其实施高等学历教育的学校。包括职工高等学校、农民高等学校、管理干部学院、教育学院、独立函授学院、广播电视大学、其他机构。

中等职业教育 调整后的中等职业学校是指将普通中等专业学校（中等技术学校、中等师范学校）、成人中等专业学校、职业高中学校、其他机构等各种实施中等职业教育的办学类型，通过合并、共建、联办、划转等形式调整为统一的办学类型。

艺术表演团体 指由文化部门主办或实行行业管理（经文化市场行政部门审批或已申报登记并领取相关许可证），专门从事表演艺术等活动的各类专业艺术表演团体，含民间职业剧团。不包括群众业余文艺表演团体。

艺术表演场馆 指由文化部门主办或实行行业管理（经文化市场行政部门审批或已申报登记并领取相关许可证），有观众席、舞台、灯光设备，公共售票、专供文艺团体演出的文化活动场所。

广播节目综合人口覆盖率 是指根据国家广电总局制定的《广播电视人口覆盖率统计技术标准和方法》，在对象区内采用无线、有线、卫星等技术手段能够收听到包括中央、省、地市、县广播节目其中任意一套的人口数与全国总人口的比。

电视节目综合人口覆盖率 是指根据国家广电总局制定的《广播电视人口覆盖率统计技术标准和方法》，在对象区内采用无线、有线、卫星等技术手段能够收看到包括中央、省、地市、县级电视节目中任意一套的人口数与全国总人口的比。

科技活动 指在自然科学、农业科学、医药科学、工程与技术科学、人文与社会科学领域（简称科学技术领域）中，与科技知识的产生、发展、传播和应用密切相关的有组织的活动。可分为科学研究与试验发展（R&D）、科学研究与试验发展成果应用及相关的科技服务三类活动。

科学研究与试验发展（R&D） 指在科学技术领域，为增加知识总量、以及运用这些知识去创造新的应用而进行的系统的创造性的活动，包括基础研究、应用研究、试验发展三类活动。

基础研究 指为获得关于现象和可观察事实的基本原理的新知识（揭示客观事物的本质、运动规律，获得新发现、新学说）而进行的实验性或理论性研究，它不以任何专门或特定的应用或使用为目的。其成果以科学论文和科学著作为主要形式。

应用研究 指为获得新知识而进行的创造性研究，主要针对某一特定的目的或目标。应用研究是为了确定基础研究成果可能的用途，或是为达到预定的目标探索应采取的新方法（原理性）或新途径。其成果形式以科学论文、专著、原理理性模型或发明专利为主。

试验发展 指利用从基础研究、应用研究和实际经验所获得的现有知识，为产生新的产品、材料和装置，建立新的工艺、系统和服务，以及对已产生和建立的上述各项作实质性的改进而进行的系统性工作。其成果形式主要是专利、专有技术，具有新产品基本特征的产品原型或具有新装置基本特征的原始样机等。在社会科学领域，试验发展是指把通过基础研究、应用研究获得的知识转变成可以实施的计划（包括为进行检验和评估实施示范项目）的过程。人文科学领域没有对应的试验发展活动。

R&D人员 指单位内部从事基础研究，应用研究和试验发展三类活动的人员。包括直接参加上述三类项目活动的人员

以及这三类项目的管理人员和直接服务人员。为研发活动提供直接服务的人员包括直接为研发活动提供资料文献、材料供应、设备维护等服务的人员。

政府资金　指从各级政府部门获得的计划用于科技活动的经费，包括科学事业费、科技三项费、科研基建费、科学基金、教育等部门事业费中计划用于科技活动的经费以及政府部门预算外资金中计划用于科技活动的经费等。

Explanatory Notes on Main Statistical Indicators

Regular Institutions of Higher Learning refer to educational establishments set up according to the govern-ment evaluation and approval procedures, enrolling graduates from senior secondary schools and providing higher education courses and training for senior professionals. They include full-time universities, colleges, high professional schools and short-term profes-sional universities.

Institutions of Higher Learning for Adults refer to educational establishments, set up in line with relevant rules approved by the government, enrolling staff and workers with senior secondary school or equivalent education, and providing higher education courses in many forms of full-time, part-time, spare-time, or correspondence for adults. Professionals thus trained receive a qualification equivalent to graduates studying regular courses at regular universities, colleges and professional colleges. Institutions of higher learning for adults include Radio and TV universities, schools of high education for staff and workers and peasants, college for management cadres, pedagogical colleges, independent correspondence colleges.

Art Troupe refers to the troupe which is engaged in drama, opera, music, dance, acrobatics or other art performance, opens independent accounts with banks and has self-supporting accounting system; excluding the troupes which are engaged partly in industrial or agricultural activities, partly in art performance and the professional troupes organized by the people.

Scientific and Technological Activities (S&T Activities) refer to organized activities which are closely related with the creation, development, dissemination, and application of the scientific and technical knowledge in the fields of natu-ral sciences, agricultural science, medical science, engineering and technological science, humanities and social sciences(referred to as scientific and technological fields). S&T activities can be classified into 3 categories: research and development (R&D) activities, application of R&D results, and related S&T services.

Research and Development (R&D) refers to systematic and creative activities in the field of science and tech-nology aiming at increasing the knowledge and using the knowledge for new application. R&D includes 3 categories of activities: basic research, applied research and experiments and development.

Basic Research refers to empirical or theoretical research aiming at obtaining new knowledge on the fundamental prin-ciples of phenomena of observable facts to reveal the nature and law of movement of objects and to acquire new discoveries or new theories. Basic research takes no specific or designated application as the aim of the research are mainly released or disseminated in the form of scientific papers or monographs.

Applied Research refers to creative research aiming at obtaining new knowledge on a specific objective or target. Pur-pose of the applied research is to identity the possible use of results from basic research, or to explore new (fundamental) methods of new approaches. Results of applied research are expressed in the form of scientific papers, monographs, fundamental models or in-vention patents.

Experiments and Development refer to systematic activities aiming at using the knowledge form basic and applied researches or form practical experience to develop new products, materials and equipment, to establish new production process, systems and services, or to make substantial improvement on the existing products, process or services. Results of experiment and development activities are embodied in patents, exclusive technology, and monotype of new products or equipment. In social sci-ences, experiment and development activities refer to the process of converting the knowledge from basic or applied researches into feasible programs (including conduct of demonstration projects for assessment and evaluation). There is on experiment and devel-opment activities in the science of humanities.

R&D Personnel refer to persons engaged in research, management and supporting activities of R&D, including persons in the project teams, persons engaged in the management of S&T activities of enterprises and supporting staff providing direct ser-vice to the research projects.

Government Funds refer to funds obtained from government agencies at all levels to be used for S&T activities, including fund for scientific undertakings, 3 kinds of fund for S&T activities, fund for capital construction for scientific researches, science fund, funds from education expenditures by education departments for S&T activities, and extra-budget fund from government agencies for S&T activities.

第二十篇

体育、卫生与社会福利

SPORT, PUBLIC HEALTH & SOCIAL WELFARE

（编辑：陈立峰）

20－1　主要年份体育事业发展情况

Statistics on Sports in Main Years

项　目	Item	2000	2005	2010	2011	2012	2013	2014	2015	2016
体育系统从业人员（人）	Number of Staff & Workers in Sports System (person)	3335	3917	5183	5231	5319	3670	3971	4457	4440
#优秀运动队	Splendid Sports Team		1110	1535	1761	1776	119	881	956	1056
体育运动学校	Physical Education & Sports Schools	180		199	168	176	523	499	512	535
业余体校	Spare Time Sports Schools	1028	1119	1886	1626	1786	716	743	.793	790
训练基地	Training Bases	184	129	127	62	97	856	295	300	285
体育场馆	Sports Places	272	213	248	126	209	308	271	272	256
举办综合运动会次数（次）	Number of Comprehensive Athletic Meetings Held (time)		0	4	1	0	0	0	1	1
举办单项比赛次数（次）	Number of Single Game Items Held (time)		23	34	14	26	25	27	30	28
举办全民健身活动次数（次）	Number of Exercises Held for All the People (time)		2675	3265	3726	2851			511	2685
#1 000人以上的活动	Above 1 000 Persons		448	973	748	568			511	664
举办全民健身活动人数（万人）	Number of Persons Taking Part in Exercises Held for All the People (10 000 persons)		331	454	856	1731			130	218
等级运动员发展人数（人）	Number of Athletes in Grades (person)	2552	707	1711	690	927	635	743	607	882
#国际级健将	International Masters of Sports		4	7	3	0	0	0	0	0
运动健将	Masters of Sports	27	36	45	29	21	24	1	7	1
一级运动员	First Grade Sportsmen	41	75	184	165	177	133	223	31	336
二级运动员	Second Grade Sportsmen	354	592	1475	493	729	478	523	370	545
等级裁判员发展人数（人）	Number of Referees in Grades (person)	2154	865	1894	2685	5411	2652	2755	2170	1357
#国家级裁判	National Referees	10	11	1	7	12	5	0	10	0
一级裁判员	First Grade Referees		78	113	161	290	185	271	233	33
二级裁判员	Second Grade Referees		776	1780	2190	1944	2458	2484	1934	1324

20－2　运动队体育比赛成绩（2016年）

Scores of Sports Groups in Sport Matches　(2016)

单位：个　　　　(unit)

项　目	Item	名次 Position								破记录情况 Situation of Record Breaking
		1	2	3	4	5	6	7	8	
世界三大赛	The Three Worldwide Big Matches	6	7	2	2	2	0	4	1	2
一般国际比赛	Common Worldwide Matches	10	11	6	8	8	1	1	3	0
亚洲大赛	Big Matches of Asia	3	0	2	0	3	0	0	0	0
全国大赛	National Big Matches	55	57	57	65	80	45	38	29	3
全国青少年比赛	National Matches of Youth	85	92	73	80	85	56	31	26	0
一般国内大赛	Common National Matches	10	3	4	6	8	5	4	3	1
合　计	**Total**	**169**	**170**	**144**	**161**	**186**	**107**	**78**	**62**	**6**

20－3　主要年份卫生事业基本情况
Basic Situation of Public Health in Main Years

项　目	Item	1995	2000	2005	2010	2012	2013	2014	2015	2016
一、各类卫生机构、卫生技术人员	Health Care Institutions & Medical Technical Personnel by Type									
卫生机构数（个）	Number of Health Care Institutions (unit)	5571	13707	9432	10341	10829	11195	11469	11770	11991
#医院、卫生院	Hospitals	1709	1868	1753	1728	1749	1755	1756	1794	1810
社区卫生服务中心（站）	Community Sanitation Service Center			156	285	266	261	269	277	279
疗养院	Sanatoriums	11	8	8	5	5	5	5	5	5
门诊部、诊所、医务室	Clinics	3333	11361	7050	7891	8388	8725	9041	9255	9403
疾病预防控制中心(防疫站)	Sanitation & Antiepidemic Agencies	132	136	106	105	109	109	113	115	115
卫生监督所（局）	Sanitation Supervision Agencies			63	109	105	110	112	112	111
专科疾病防治院（所、站）	Specialized Prevention Hospitals (Stations)	66	66	62	43	41	40	41	41	37
妇幼保健院（所、站）	Maternity & Child Care Hospitals (Stations)	81	103	103	103	103	104	104	104	103
医学学科研究机构	Research Institutions of Medical Science	26	22	15	14	13	13	14	13	14
其他卫生机构	Others	126	147	41	28	50	39	14	15	15
病床总数（张）	Total Number of Beds (bed)	83963	85422	93767	143695	168691	187216	201600	214485	224710
#医院、卫生院病床数	Hospitals	78788	82975	87061	133887	156681	174001	187702	199712	209021
每千人中医院、卫生院病床数（张）	Number of Hospital Beds per 1 000 Persons (bed)	1.73	1.74	1.77	2.60	2.99	3.69	4.16	4.06	4.32
卫生技术人员（人）	Medical Technical Personnel (person)	116547	127036	129210	185715	220762	233777	258618	274663	289865
#执业医师、执业助理医师	Practitioner Doctors & Practitioner Assistant Doctors	41305	45981	54652	67314	78043	77825	86525	91580	96678
注册护士	Registered Nurses	35636	40331	44604	69906	85515	93887	103955	113202	122595
每千人中有卫生技术人员数（人）	Number of Medical Technical Personnel per 1 000 Persons (person)	2.56	2.67	2.63	3.60	4.21	4.87	5.44	5.73	5.99
疾病预防控制中心（防疫站）（个）	Center for Disease Control and Prevention (Epidemic Prevention Stations) (unit)	132	136	106	105	109	109	113	115	115
卫生技术人员（人）	Medical Technical Personnel (person)	5152	5340	4839	4852	5254	5354	5435	5735	6004
妇幼保健院（所、站）（个）	Women and Children Care Agencies (unit)	81	103	103	103	103	104	104	104	103
卫生技术人员（人）	Medical Technical Personnel (person)	2190	5879	7193	12763	15448	16997	18357	19380	20790
乡镇卫生院（个）	Rural Hospitals (unit)	1273	1134	1295	1278	1280	1279	1270	1267	1267
床位数（张）	Number of Beds (bed)	18470	12720	20963	44974	49331	55526	58319	59406	60541
卫生技术人员（人）	Medical Technical Personnel (person)	23829	20134	28258	43687	49628	53395	56298	58007	59957
乡村医生和卫生员人数（人）	Doctors or Health Workers in Rural Areas (person)	44617	47099	36236	36386	37435	33353	36725	36101	34981
二、医院病床使用情况	Utilization of Hospital Beds									
病床周转次数（次）	Turnover of Beds (time)	19	19	25	42	37	38	38	37	36
病床工作日数（日）	Days Per Bed in Use (day)	264	219	256	300	350	357	347	328	321
病床使用率（%）	Utilization Rate of Beds (%)	73	60	70	82	96	98	95	90	88
出院者平均住院日数（日）	Average Hospitalization Period (day)	14	11	10	7	9	9	9	9	9
参合率（%）	Participation Rate of NCMS(%)				93.1	97.9	98.9	99.0	99.2	99.3

注：1. 本表的卫生机构数不含村卫生室和计生机构。

2. 1995年、2000年的执业医师、执业助理医师为中医师、西医师、中西医结合医师，注册护士为护师、护士。

Note: 1. The indicator "Number of Health Care Institutions" in this table excludes village clinics and institutions of family planning.

2. The practitioner doctors and practitioner assistant doctors in 1995, 2000 refer to doctors of Chinese medicine, doctors of Western medicine, senior doctors who integrate traditional Chinese therapeutics with Western therapeutics in practice, registered nurses refer to primary nurses and nurses.

20—4 医疗机构诊疗人次和入院人数（2016年）
Number of Hospital Patients & Admissions (2016)

医院类别	Hospital Type	诊疗人次数（万人次）Total Number of Patients Treated (10 000 person-times)	#门、急诊 Out-patients & Emergency Patients	入院人数（万人）Hospital Admissions (10 000 persons)	每百名门急诊的入院人数（人）Hospital Admissions Per 100 Patient-times (person)
总　计	**Total**				
医院	Hospital	9289.0	9018.0	530.3	6.0
疗养院	Sanatoriums				
社区卫生服务中心	Community Sanitation Service Center				
卫生院	Rural Hospitals	5143.0	5019.0	252.5	5.0
门诊部	Out-patients Department				
妇幼保健院（所、站）	Hospitals for Maternity & Child Care	1817.0	1771.0	73.2	4.0
专科疾病防治院（所、站）	Specialized Stations	101.0	101.0	0.4	0.0

20—5 收养性社会福利单位基本情况（2016年）
Basic Statistics of Adopting Social Welfare Units (2016)

项　目	Item	机构（个）Number of Institutions (unit)	职工人数（人）Number of Staff & Workers (person)	床位（张）Number of Beds (bed)	年在院总人天数（人天）Number of Persons in Social Welfare Home (person-day)
总　计	**Total**	**617**	**10282**	**52439**	**7486262**
荣誉军人康复医院	Recuperative Hospital for Soldiers with Honour	1	45	230	70014
光荣院	Homes for Disabled Veterans	62	247	2187	230985
复退军人精神病院	Mental Hospitals for Demobilized Soldiers & Veterans	4	846	1580	501498
社会福利院	Social Welfare Homes	91	2116	9769	1556932
儿童福利机构	Social Welfare Homes for Children	17	712	2220	306033
社会福利医院	Social Welfare Homes for Mental Patients	4	906	2024	585042
城镇收养性老年福利机构	Adopting Welfare Units for the Elderly in Urban Areas	167	3857	23902	3464223
农村收养性老年福利机构	Adopting Welfare Units for the Elderly in Rural Areas	123	389	4380	737535
其他收养性福利单位	Others	148	1164	6147	34000

注：收养性社会福利单位不包括五保村。

Note: The adopting social welfare units excludes the five guarantees villages.

20－6 主要年份优抚和社会福利单位机构和人员
Institutions & Persons Engaged for Martyrs & Social Welfare in Main Years

项 目	Item	1995	2000	2005	2010	2012	2013	2014	2015	2016
机 构（个）	**Institutions(unit)**									
一、收养性社会福利单位	Adopting Social Welfare Units	423	634	5992	1446	1471	1496	492		
＃优抚类收养性单位	Adopting Units for Martyrs	20	22	44	70	77				
福利类收养性单位	Adopting Units for Welfare	403	612	5948	1376	1394				
二、优抚安置单位	Administration Units for Martyrs			62	80	68			72	68
#军休所	Homes for Retired & Resigned Soldiers	10	18	32	37	36	36	36	35	35
军供站	Institutions for Army Facilities Supply	11	12	12	12	12	13	13	13	13
烈士纪念建筑物管理单位	Administrative Agencies of Martyr Memorial Buildings			18	31	20	21	23	24	20
三、社会福利企业单位	Number of Total Social Welfare Enterprises	482	325	276	199	137	143	124	112	
#国有社会福利企业	Run by Government			42						
集体社会福利企业	Run by Communities			174						
民办社会福利企业	Run by the Local People			60						
四、救助类单位	Units for Relief	17	17	20	37	46	55	81	93	68
#救助管理站	Stations for Relief Management	15	15	17	30	39	48	58	66	68
流浪儿童救助保护中心	Helping & Protecting Centers for Waifs			3	7	7	7	23	27	26
五、殡仪服务单位	Funeral Institutions	24	44	56	71	71	56	107	108	97
六、福利彩票发行单位	Welfare Lottery-ticked Issuance Units			91	53	36	33	32	30	28
七、慈善团体	Charities			15						
八、社区服务中心	Community Service Centers		70	93	104	91	86	80	88	180
#提供住宿	Providing with Lodging			2						
不提供住宿	Providing without Lodging			91						
职工人数（人）	**Number of Staff & Workers (person)**									
一、收养性社会福利单位	Adopting Social Welfare Units	2135	3134	9136	7846	7864	8724	5900		
＃优抚类收养性单位	Adopting Units for Martyrs	409	446	673	792	923				
福利类收养性单位	Adopting Units for Welfare	1704	2688	8463	7054	6941				
二、优抚安置单位	Administration Units for Martyrs			770						
#军休所	Homes for Retired & Resigned Soldiers	93	141	224	242	246	246	36	35	225
军供站	Institutions for Army Facilities Supply	388	395	391	381	293	301	13	13	232
烈士纪念建筑物管理单位	Administrative Agencies of Martyr Memorial Buildings			155	185	218	243	307		247
三、社会福利企业单位	Number of Total Staff & Workers Engaged in Social Welfare Enterprises	12398	9981	9389	11292	9095	8815	8139	7619	
#国有社会福利企业	Run by Government			1546						
集体社会福利企业	Run by Communities			6184						
民办社会福利企业	Run by the Local People			2105						
四、救助类单位	Units for Relief	715	645	297	348	441	474	556	553	486
#救助管理站	Stations for Relief Management	245	255	276	306	369	406	433	439	486
流浪儿童救助保护中心	Helping & Protecting Centers for Waifs			21	42	72	68	123	114	158
五、殡仪服务单位	Funeral Institutions	613	784	1261	1581	1513	1435	1942	2075	2032
六、福利彩票发行单位	Welfare Lottery-ticked Issuance Units			482	323	494	589	669	740	747
七、慈善团体	Charities			50						
八、社区服务中心	Community Service Centers		413	901	1576	728	654	304		863
#提供住宿	Providing with Lodging			5						
不提供住宿	Providing without Lodging			896						

注：收养性社会福利单位数、收养人数不包括五保村机构数、床位数和收养人数。优抚、福利类收养性单位和优抚安置单位的调查口径自2013年起已取消。

Note: The number of adopting social welfare units and the number of adopting persons excludes the number of five guarantees villages,beds and adopting persons. The adjusted statistical range of adopting units for martyrs and welfare and administration units for martyrs has been canceled since 2013.

20－7 主要年份社会救济对象享受救济情况

Basic Statistics of Persons Receiving Subsidies or Relief Funds in Main Years

项 目	Item	2000	2005	2010	2012	2013	2014	2015	2016
一、城镇居民最低生活保障人数（人）	Population Receiving Lowest Cost-of-living in Urban Area (person)	108173	568957	601935	515317	494366	448016	385308	226134
城镇居民最低生活保障家庭数（户）	Number of Families Receiving Lowest Cost-of-living in Urban Area (household)		273349	306368	267113	252800	228360	198698	121741
城镇临时救济人次数（人次）	Population Receiving Temporary Almsgiving in Urban Area (person-time)	31226	67043	4732	16135	7164	5088	7402	
二、农村居民最低生活保障人数（人）	Population Receiving Lowest Cost-of-living in Rural Area (person)	204293	42745	3156789	3328459	3458922	3289710	2921414	2905689
农村居民最低生活保障家庭数（户）	Number of Families Receiving Lowest Cost-of-living in Rural Area(household)		26019	1296975	1335727	1334863	1294495	1179258	1019010
三、农村传统定期定量救济人数（人）	Population Receiving Traditional Relief in Rural Area (person)	50292	470169	6308	109216	111153	117691	118118	112853
农村临时救济人次数（人次）	Population Receiving Temporary Almsgiving (person-time)	1298570	2058208	6308	292689	251163	76608		
四、农村五保户供养人数（人）	Population Enjoying the Five Guarantees (person)			327349	305395	294670	289490	280486	269643
农村五保户供养户数（户）	Households Enjoying the Five Guarantees (household)			320567	300476				
五、医疗救助（人）	Medical Assistance (person)								
民政部门资助参保人数	Number of Persons Aided by Civil Affairs Departments					250598	211705	148784	
民政部门资助参合人数	Number of Persons Joined CMS and being Aided by Civil Affairs Departments					2439585	2326681	1860604	
民政部门直接救助人次数	Number of Person-times Directly Aided by Civil Affairs Departments					413584	373903	931603	595218
#住院救助人次数	Number of Person-times of Hospital Assistance					295485	337638	908789	258213
门诊救助人次数	Number of Person-times of Outpatients Assistance					118099	36265	22814	337005

注：医疗救助情况，民政部从2013年开始使用新口径，数据与2012年以前不可比。

Note: The new statistical range of Medical Assitatnce is used by Ministry of Civil Affairs since 2013，and it is not comparable with the data before 2012.

20－8 主要年份殡葬管理情况

Condition of Burial Administration in Main Years

项 目	Item	2008	2009	2012	2013	2014	2015	2016
一、单位数（个）	Number of Units(unit)	69	68	71	75	107	108	97
二、年末职工人数（人）	Number of Staff & Workers in Year-end (person)	1568	1501	1513	1435	1942	2075	2032
三、业务活动	Operation							
（一）火化炉数（台）	Number of Cremators(unit)	71	76	88	88	91	99	104
（二）全年处理遗体数（具）	Annual Number of Remains Dealed(body)	58627	59506	70044	71536	77139	78448	82200
（三）穴位数（个）	Number of Graves(unit)	155059	169135	138549	121945	255235	348434	378223
#本年销售穴位数	# Annual Number of Sold Graves	21798	19182	8884	9948	9372	14058	15469
（四）安葬数（具）	Number of Remains Buried(body)	107176	127623	88555	94365	122806	212613	229221
#本年安葬数	# Annual Number of Buried Remains	8809	11746	5935	6291	7482	13649	15876

20－9 广西残疾人工作主要情况

The Major Situation of the Disabled Work in Guangxi Autonomous Region

指 标	Item	2000	2005	2010	2012	2013	2014	2015	2016
一、康复	**Rehabilitation**								
白内障复明手术（例）	Give-back-sight Surgeries for Glaucoma Patients (case)	16185	22528	26065	25975	23172	23289	25637	1407
低视力配用助视器（人）	Weak Eyesight Furnished with Visual Aids (person)	331	442	451	4358	7697	6008	4097	3061
年收训聋儿（人）	Annual Deaf Children Received & Trained (person)	432	544	670	495	545	560	503	
监护精神病人数（人）	Mental Patients Receiving Guardianship (person)	21958	51218	80457	94374	96110	99999	96439	
麻风畸残矫治手术（例）	Remedial Surgeries for Leprosy Malformation & Disable Patients (case)		123			0	0	0	
用品用具供应件数（件）	Number of Facilities Provided (unit)	41951	33712	18556	16471	29332	20458	17154	
普及型假肢装配总例数（例）	Total Cases of Furnishing Universal Artificial Limbs (case)		450	1023	2329	1224	941	596	
肢体残疾康复训练数（人）	Rehabilitation of Persons with Physical Disability (person)		749	3964	5837	7845	7007	8162	
二、教育	**Education**								
未入学学龄残疾儿童少年（人）	Disabled Children & Youth in School Age yet not Schooled (person)			9089	5750	4804	4910	4550	
特残教育普通高中学校在校生（人）	Sfudents Enrollment Receiving Special Cripple Education in Ordinary Senior Schools (person)			81	225	261	273	49	53
残疾人中等职业学校在校生（人）	Disabled Students Enrollment in Vacational Secondary Schools (person)			81	192	169	177	219	219
高等教育院校录取人数（人）	Enrolled at Schools of Higher Education (person)	32	99	153	189	201	279	275	279
三、就业	**Employment**								
城镇残疾人本年度安排就业（万人）	Arranging Employment for the Disabled in Urban Area in This Year (10 000 persons)	1.00	0.80	0.52	0.57	0.53	0.59	0.57	
城镇残疾人本年度新登记失业人数（万人）	Registered Application for Job of the Disabled in Urban Area in This Year (10 000 persons)			0.17	0.03	0.04	0.06	0.06	
四、社会保障	**Social Security**								
城镇参加社会保险人数（万人）	Population of Taking out Social Insurance in Urban Area (10 000 persons)		1.40	4.06	40.19	31.42			
城镇纳入最低生活保障范围（万人）	Population Taken in the Range of Minimum Living Guarantee System in Urban Area(10 000 persons)		4.10	7.95	7.66	7.04	6.79	6.70	
城镇集中供养人数（万人）	Population Receiving the Collective Supporting & Temporary Relief in Urban Area (10 000 persons)			0.27	0.31	0.20	0.22	0.72	
城镇其他救助救济人数（万人）	Population of Receiving Terminal Allowance in Urban Area (10 000 persons)			3.77	0.71	0.75	0.77	1.25	
农村纳入最低生活保障范围（万人）	Population Taken in the Range of Minimum Living Guarantee System in Rural Area(10 000 persons)		2.37	36.77	45.08	40.60	39.90	40.98	
农村五保供养人数（万人）	Population Receiving the Supporting for households with Livelihood Guaranteed in 5 Aspects & Temporary Relief in Urban Area (10 000 persons)			4.28	6.88	4.17	4.42	4.38	
农村其他救助救济人数（万人）	Population of Receiving Terminal Allowance in Rural Area (10 000 persons)			12.17	4.07	5.57	5.75	13.54	
五、扶贫	**Supporting the Poor**								
本年扶持贫困残疾人（万人）	Supporting the Poor Disabled in This Year (10 000 persons)	5.50	2.17	2.61	3.78	4.84	5.98	5.48	
本年脱贫（万人）	Population of Actually Solved Warmly Dressing & Fill (10 000 persons)	10.20	1.17	1.62	8.66	3.55	3.83	3.47	
本年返贫（万人）	Population Returning to Poor in This Year (10 000 persons)	2.20	0.80	0.40	0.60	0.59	0.65	0.54	0.15
六、维权	**Upholding Rights**								
侵害残疾人合法权益大案要案查处（件）	Handling Heavy Cases of Invading the Disabler' s Lawful Rights (case)		1	0	0	0	0	0	8
残疾人法律援助（服务）中心办理案件（件）	Handled Cases of the Disabler' s Legal aid (service) Center (case)			495	629	606	438	380	
七、残联组织建设	**Construction of the Disabler' s Association**								
省市县乡镇街道残联实有人员（人）	Actual Personnel of the Disabler' s Association in Province, Cities, Counties, Townships, Towns & Streets(person)	2373	1957	2723	3277	3028	3167	3267	3365

主要统计指标解释

等级运动员人数 指经考核正式批准授予等级运动员称号的人数。运动员等级分为国际级运动健将、运动健将、一级运动员、二级运动员、三级运动员、少年级运动员。

等级裁判员人数 指经考核正式批准授予等级裁判员称号的人数。裁判员等级分为国际裁判、国家级裁判、一级裁判、二级裁判、三级裁判。

卫生机构 是指从卫生行政部门取得《医疗机构执业许可证》，或从民政、工商行政、机构编制管理部门取得法人单位登记证书，为社会提供医疗保健、疾病控制、卫生监督服务或从事医学科研和教育等工作的单位。

卫生技术人员 包括执业助理医师、注册护士、药剂人员、检验和影像人员等卫生专业人员。不包括从事管理工作的卫生技术人员。

执业医师 指具有《医师执业证》及其“级别”为“执业医师”且实际从事医疗、预防保健工作的人员，不包括实际从事管理工作的执业医师。执业医师类别分为临床、中医、口腔和公共卫生。

执业助理医师 指具有《医师执业证》及其“级别”为“执业助理医师”且实际从事医疗、预防保健工作的人员，不包括实际从事管理工作的执业助理医师。执业助理医师类别分为临床、中医、口腔和公共卫生。

注册护士 指具有注册护士证书且实际从事护理工作的人员，不包括从事管理工作的护士。

收养性社会福利单位数 是指提供食宿的、不以盈利为目的的革命伤残军人休养院、复退军人慢性病疗养院、复退军人精神病院、光荣院、社会福利院、儿童福利院、老年收养性机构（敬老院、养老院、老年公寓）等收养性的社会福利事业单位的总称。这些单位，分事业单位、企业和民办非企业3类。

收养性社会福利单位床位数 指提供食宿的、不以盈利为目的的革命伤残军人休养院、复退军人慢性病疗养院、复退军人精神病院、光荣院、社会福利院、儿童福利院、精神病福利院、老年收养性机构等收养性单位报告期末床位的实际收养能力。

农村定期定量救济 指由民政部门发给农村收入水平很低、生活确有困难的五保户、贫困户的生活救济。

年收训聋儿 指本年度（上年9月1日至本年8月31日）康复机构收训聋儿数量。包括机构内康复和社区家庭指导聋儿数。

未入学学龄残疾儿童少年 指截止到本年度12月31日，《义务教育法》规定的入学年龄段（6—14周岁或7—15周岁）内的，因各种未能入学的各类残疾儿童少年人数。

特殊教育普通高中 指截止到本年度12月31日，按国家规定的设置标准和审批程序批准成立的，专门招收盲、聋初中毕业生实施普通高级中等教育的全日制学校（部、班）。

Explanatory Notes on Main Statistical Indicators

Number of Athletes in Grades refers to the number of athletes who have been given titles through examination. The titles of athletes include international masters of sports, masters of sports, first grade, second grade and third grade sportsmen and young athletes.

Number of Referees in Grades refers to the number of referees who have been given titles after examination. They are classified as international masters of referees, masters of referees and referees of the first, second and third grades.

Stadiums refer to stadiums for track and field events with six lane 400-meter tracks around soccer fields, permanent track marks and permanent bleachers. Stadiums are classified according to seating capacity. They include: Class A stadiums seating 25000 people each, Class B stadiums seating 15000 to 25000 people each, Class C stadium seating 5000 to 15000 people each, and Class D stadiums seating fewer than 5000 people.

Gymnasiums refer to indoor sports grounds with permanent seats in which basketball, volleyball, badminton, table tennis and gymnastics can be held. Gymnasiums are classified according to seating capacity. They include Class A gymnasiums seating over 6000 people, Class B gymnasiums seating 4000 to 6000 people, Class C gymnasiums seating 2000 to 4000 people, and Class D gymnasiums seating fewer than 2000 people.

Hospitals refer to medical institutions with permanent hospital beds, which are able to take in patients and provide them with medical and nursing services. Hospitals are classified into three categories: hospitals at or above the country level, hospitals of rural townships, and other hospitals. According to their ownership, hospitals can be classified into three categories: hospitals under the public health departments, hospitals under industrial and other departments and collective-owned hospitals. Hospitals at or above county level are divided into comprehensive and specialized hospitals.

Medical Technical Personnel refers to all medical staff and workers employed by medical institutions, including doctors of Chinese and Western medicine, senior doctors who integrate traditional Chinese therapeutics with Western therapeutics in practice, senior nurse, pharmacists of Chinese and Western medicine, laboratory specialists, other specialists, paramedics of Chinese and Western medicine, nurses, midwives, druggists in Chinese and Western medicine, laboratory technicians, other technicians, other practitioners of Chinese medicine, nursing attendants, pharmacological workers of Chinese and Western medicine, laboratory workers, and other primary medical personnel.

Actual Expenditure of Funds refers to the total actual expenditure of administrative units in this year, including wages, allow-ance wages, other wages, welfare funds for staff and workers, social security funds, grants, funds for official duties, expenditure for equipment purchasing, expenditure for repairing, funds for business and expenditure for other use (the 11 kinds of expenditure above are of the same to items of expenditure detail account).

Off-budget Expenditure refers to actual expenditure of accounting administrative units for off-budget expenditure. This indicator is filled by list according to total number of "off-budget expenditure" of accounting items.

Specific Fund Expenditure refers to total actual expenditure of administrative units for specific funds. Specific funds refer to specially own and owner-occupied funds, which are reserved or set by administrative units according to governmental rules, such as fund for rewards, fund of institutions and fund for appraised fixed assets.

Special Fund Expenditure refers to actual expenditure of specific fund appropriated. Specific fund refers to fund appointed use, for specific purposes and independently accounted, such as expenditure for equipment purchasing, expenditure for large scale repairing and expenditure for special survey.

Expenditure for Business refers to actual total expenditure for business and other items of units in this year, including wages, allowance wages, other wages, welfare funds for staff and workers, social security funds, funds for official duties, expenditure for equipment purchasing, expenditure for repairing, funds for business and expenditure for other use (the 10 kinds of expenditure above are of the same to items of detail account of expenditure for business).

Specific Fund Expenditure refers to total actual expenditure from specific funds of units in this year.

Special Fund Expenditure refers to total actual expenditure from special funds of units in this year.

第二十一篇

区域经济

ECONOMIC ZONES

（编辑：黄浩州）

21－1　各个经济区域主要经济指标

指　标	Item	2014			
		北部湾经济区（4市）The Beibu Gulf Economic Zone (4 cities)	北部湾经济区（6市）The Beibu Gulf Economic Zone (6 cities)	桂西资源富集区 The Resource-rich Area of Western Guangxi	珠江—西江经济带广西七市 The Zhujiang River-Xijiang River Economic Belt (7 cities)
土地面积（平方公里）	Local Land Area (sq.km)	43221	73377	87009	130785
年末常住人口（万人）	Population at the Year-end (10 000 persons)	1260.61	2030.60	906.00	2580.37
城镇化率（%）	Urbanization Rate (%)	51.96	48.52	33.56	48.64
地区生产总值（亿元）	Gross Domestic Product (100 million yuan)	5448.72	7439.95	2168.84	9343.02
第一产业	Primary Industry	768.70	1164.76	443.22	1233.24
第二产业	Secondary Industry	2385.35	3254.45	972.73	4351.33
#工业	Industry	1880.28	2592.44	802.61	3804.76
第三产业	Tertiary Industry	2294.67	3020.74	752.89	3578.44
地区生产总值指数（上年=100）	Indices of Gross Domestic Product (preceding year = 100)	109.5	109.2	108.3	107.7
第一产业	Primary Industry	103.5	103.5	103.9	103.4
第二产业	Secondary Industry	112.8	112.3	111.0	108.6
#工业	Industry	113.2	112.3	110.4	108.6
第三产业	Tertiary Industry	107.6	107.5	107.1	108.1
固定资产投资（亿元）	Investment in Fixed Assets (100 million yuan)	4810.12	6482.47	1787.09	7950.42
公共财政预算收入（亿元）	Public Budget Income (100 million yuan)	415.19	552.45	149.24	692.17
公共财政预算支出（亿元）	Public Budget Expenditure (100 million yuan)	808.97	1192.49	638.88	1600.72
社会消费品零售总额(亿元)	Total Retail Sales of Consumer Goods (100 million yuan)	2197.63	2851.78	533.28	3606.63
进出口（亿美元）	Total Exports & Imports (100 million USD)	191.17	342.98	159.02	241.67
#出口	Exports	78.85	213.87	137.33	178.71

说明：1. 北部湾经济区（4市）指南宁、北海、防城港、钦州4市合计，北部湾经济区（6市）指南宁、北海、防城港、钦州、玉林、崇左6市合计，桂西资源富集区指百色、河池、崇左3市合计，珠江—西江经济带广西七市指南宁、柳州、梧州、贵港、百色、来宾、崇左7市合计。

2. 2016年起，外贸进出口数据以人民币计价。

Main Economic Indicators of Each Economic Zone

2015				2016			
北部湾经济区(4市) The Beibu Gulf Economic Zone (4 cities)	北部湾经济区(6市) The Beibu Gulf Economic Zone (6 cities)	桂西资源富集区 The Resource-rich Area of Western Guangxi	珠江—西江经济带广西七市 The Zhujiang River-Xijiang River Economic Belt (7 cities)	北部湾经济区(4市) The Beibu Gulf Economic Zone (4 cities)	北部湾经济区(6市) The Beibu Gulf Economic Zone (6 cities)	桂西资源富集区 The Resource-rich Area of Western Guangxi	珠江—西江经济带广西七市 The Zhujiang River-Xijiang River Economic Belt (7 cities)
43221	73377	87009	130785	43221	73377	87009	130785
1273.95	2050.12	912.80	2603.51	1287.79	2070.31	918.84	2626.12
52.89	49.45	34.97	49.66	53.80	50.32	35.98	50.74
5867.15	7995.88	2281.27	9873.72	6488.07	8808.10	2537.69	10784.30
810.31	1224.51	465.25	1295.86	873.39	1319.21	500.91	1395.22
2530.03	3440.47	986.30	4622.06	2810.80	3786.52	1105.25	4986.48
1990.31	2726.33	807.13	3852.38	2231.66	3009.90	912.96	4168.83
2526.83	3330.92	829.72	3955.80	2803.88	3702.36	931.54	4402.60
109.1	109.0	107.0	107.7	107.8	107.8	107.5	107.3
103.9	103.2	103.4	103.7	103.5	103.2	103.5	103.4
110.8	110.7	106.6	107.4	108.1	108.3	107.4	106.8
111.2	110.7	106.3	107.2	108.1	108.0	107.2	106.8
108.7	109.0	110.0	109.4	108.8	109.0	110.0	109.1
5623.51	7647.19	2109.31	9315.31	6386.86	8685.37	2296.83	10437.26
447.06	594.33	154.55	732.05	468.02	613.58	153.60	765.75
990.42	1461.28	755.21	1873.95	1058.70	1579.12	833.79	2070.61
2424.19	3143.92	583.95	3970.46	2691.21	3482.99	646.15	4390.62
240.88	446.72	221.65	311.74	1491.99	1518.67	1386.91	1985.66
99.41	245.02	154.03	201.03	539.37	561.52	820.17	1115.24

Note: 1. The Beibu Gulf Economic Zone (4 cities) includes 4 cities of Nanning, Beihai, Fangchenggang and Qinzhou, the Beibu Gulf Economic Zone (6 cities) includes 6 cities of Nanning, Beihai, Fangchenggang, Qinzhou, Yulin and Chongzuo, the Resource-rich Area of Western Guangxi includes 3 citise of Baise, Hechi and Chongzuo, and the Zhujiang River-Xijiang River Economic Belt (7 cities) includes 7 cities of Nanning, Liuzhou, Wuzhou, Guigang, Baise, Laibin and Chongzuo.

2. The data of import and export value of foreign trade was calculated by RMB since 2016.

21－2 各个经济区域主要经济指标占全区比重

指 标	Item	2014			
		北部湾经济区（4市） The Beibu Gulf Economic Zone (4 cities)	北部湾经济区（6市） The Beibu Gulf Economic Zone (6 cities)	桂西资源富集区 The Resource-rich Area of Western Guangxi	珠江—西江经济带广西七市 The Zhujiang River-Xijiang River Economic Belt (7 cities)
土地面积	Local Land Area	18.19	30.88	36.62	55.04
年末常住人口	Population at the Year-end	26.52	42.71	19.06	54.28
地区生产总值	Gross Domestic Product	34.61	47.26	13.78	59.35
第一产业	Primary Industry	31.85	48.26	18.36	51.10
第二产业	Secondary Industry	32.33	44.11	13.18	58.98
#工业	Industry	30.73	42.37	13.12	62.19
第三产业	Tertiary Industry	38.56	50.76	12.65	60.13
固定资产投资	Investment in Fixed Assets	36.20	48.79	13.45	59.83
公共财政预算收入	Public Budget Income	29.19	38.84	10.49	48.67
公共财政预算支出	Public Budget Expenditure	23.25	34.27	18.36	46.00
社会消费品零售总额	Total Retail Sales of Consumer Goods	38.07	49.40	9.24	62.48
进出口	Total Exports & Imports	47.14	84.58	39.21	59.59
#出口	Exports	32.41	87.90	56.44	73.45

注：2016年起，外贸进出口数据以人民币计价。
Note: The data of import and export value of foreign trade was calculated by RMB since 2016.

Percentage of Main Regional Economic Indicators to Guangxi

2015				2016			
北部湾经济区(4市) The Beibu Gulf Economic Zone (4 cities)	北部湾经济区(6市) The Beibu Gulf Economic Zone (6 cities)	桂西资源富集区 The Resource-rich Area of Western Guangxi	珠江—西江经济带广西七市 The Zhujiang River-Xijiang River Economic Belt (7 cities)	北部湾经济区(4市) The Beibu Gulf Economic Zone (4 cities)	北部湾经济区(6市) The Beibu Gulf Economic Zone (6 cities)	桂西资源富集区 The Resource-rich Area of Western Guangxi	珠江—西江经济带广西七市 The Zhujiang River-Xijiang River Economic Belt (7 cities)
18.19	30.88	36.62	55.04	18.19	30.88	36.62	55.04
26.56	42.75	19.03	54.29	26.62	42.79	18.99	54.28
34.78	47.40	13.52	58.53	35.35	47.99	13.83	58.76
31.59	47.73	18.14	50.51	31.49	47.55	18.05	50.28
32.58	44.30	12.70	59.51	33.61	45.27	13.21	59.62
31.06	42.54	12.59	60.11	32.34	43.62	13.23	60.42
38.65	50.95	12.69	60.50	38.86	51.32	12.91	61.02
35.92	48.85	13.47	59.50	36.18	49.20	13.01	59.12
29.51	39.23	10.20	48.32	30.07	39.43	9.87	49.20
24.36	35.94	18.58	46.09	23.84	35.55	18.77	46.62
38.19	49.53	9.20	62.55	38.30	49.56	9.19	62.48
46.99	87.14	43.24	60.81	47.06	86.72	43.75	62.63
35.47	87.43	54.96	71.73	35.40	84.05	53.82	73.19

21－3　北部湾经济区主要经济指标（4市，2006－2016年）
Main Economic Indicators of the Beibu Gulf Economic Zone (4 cities, 2006－2016)

年　份 Year	地区生产总值 (亿元) Gross Domestic Product (100 million yuan)	第一产业 Primary Industry	第二产业 Secondary Industry	第三产业 Tertiary Industry	#工业 Industry
2006	1418.09	314.25	484.67	619.16	381.40
2007	1764.60	371.74	615.46	777.40	496.05
2008	2156.01	417.90	778.79	959.32	630.11
2009	2492.99	443.36	912.17	1137.46	724.33
2010	3042.75	511.24	1198.05	1333.45	954.80
2011	3770.17	635.08	1545.18	1589.92	1228.75
2012	4268.59	678.30	1787.21	1803.08	1408.75
2013	4817.43	742.96	2097.47	1977.00	1660.52
2014	5448.72	768.70	2385.35	2294.67	1880.28
2015	5867.15	810.31	2530.03	2526.83	1990.31
2016	6488.07	873.39	2810.80	2803.88	2231.66

21－3　续表 1　continued

年　份 Year	地区生产总值指数（上年＝100） Index of Gross Domestic Product (preceding year=100)	第一产业 Primary Industry	第二产业 Secondary Industry	第三产业 Tertiary Industry	#工业 Industry
2006	116.0	106.7	126.0	113.9	129.9
2007	117.7	106.7	123.2	118.8	126.3
2008	115.6	104.5	117.8	118.8	119.1
2009	116.0	105.5	120.3	116.7	117.8
2010	115.6	105.1	122.1	114.0	121.3
2011	115.4	105.2	123.6	112.0	124.6
2012	113.5	105.4	120.3	109.5	120.8
2013	110.5	104.7	115.0	107.7	114.8
2014	109.5	103.5	112.8	107.6	113.2
2015	109.1	103.9	110.8	108.7	111.2
2016	107.8	103.5	108.1	108.8	108.1

21－3 续表 2 continued

年 份 Year	全社会固定资产投资 (亿元) Investment in Fixed Assets (100 million yuan)	公共财政预算收入 (亿元) Public Budget Income (100 million yuan)	公共财政预算支出 (亿元) Public Budget Expenditure (100 million yuan)	社会消费品零售总额 (亿元) Total Retail Sales of Consumer Goods (100 million yuan)	进出口 (亿美元) Total Exports & Imports (100 million USD)	#出口 Exports
2006	722.25	86.34	156.96	595.69		
2007	965.03	109.96	203.54	706.14	40.84	18.29
2008	1292.30	137.20	272.35	871.01	60.55	28.45
2009	1994.51	177.16	361.15	1042.84	66.39	34.76
2010	2796.72	228.65	454.88	1237.96	76.94	35.38
2011	3671.74	277.22	544.25	1465.88	113.11	46.13
2012	4513.52	339.98	672.64	1710.96	148.90	55.31
2013	4246.04	384.02	738.99	1968.12	149.50	58.50
2014	4810.12	415.19	813.54	2197.63	191.17	78.85
2015	5623.51	447.06	990.42	2424.19	240.88	99.41
2016	6386.86	468.02	1058.70	2691.21	1491.99	539.37

说明：1. 北部湾经济区（4市）指南宁、北海、防城港、钦州4市合计。

2. 全社会固定资产投资包含固定资产投资和农户投资两部分，本表数据自2014年起为固定资产投资数据。

3. 2016年起，外贸进出口数据以人民币计价。

Note: 1. The Beibu Gulf Economic Zone (4 cities) includes 4 cities of Nanning, Beihai, Fangchenggang and Qinzhou.

2. The "Total Investment in Fixed Assets" includes 2 parts: investment in fixed assets and investment from rural households, and the data in this table refers to the investment in fixed assets since 2014.

3. The data of import and export value of foreign trade was calculated by RMB since 2016.

21—4　北部湾经济区主要经济指标（6市，2006—2016年）
Main Economic Indicators of the Beibu Gulf Economic Zone (6 cities, 2006—2016)

年　份 Year	地区生产总值 （亿元） Gross Domestic Product (100 million yuan)	第一产业 Primary Industry	第二产业 Secondary Industry	第三产业 Tertiary Industry	#工业 Industry
2006	2025.71	488.59	702.43	834.68	571.96
2007	2500.52	574.88	885.16	1040.48	733.14
2008	3031.82	648.84	1110.78	1272.20	920.92
2009	3480.84	682.36	1296.72	1501.76	1056.28
2010	4275.37	797.82	1720.55	1756.99	1406.46
2011	5281.97	993.87	2201.18	2086.92	1793.96
2012	5901.17	1050.45	2486.50	2364.23	1997.19
2013	6600.52	1136.22	2872.33	2591.97	2305.20
2014	7439.95	1164.76	3254.45	3020.74	2592.44
2015	7995.88	1224.51	3440.47	3330.92	2726.33
2016	8808.10	1319.21	3786.52	3702.36	3009.90

21—4　续表 1　continued

年　份 Year	地区生产总值指数（上年=100） Index of Gross Domestic Product (preceding year=100)	第一产业 Primary Industry	第二产业 Secondary Industry	第三产业 Tertiary Industry	#工业 Industry
2006	115.6	107.2	124.6	113.9	127.5
2007	117.1	106.4	122.8	118.5	125.1
2008	114.7	104.9	117.2	117.5	118.2
2009	115.4	105.6	119.5	116.4	117.2
2010	115.4	105.5	122.0	113.8	121.0
2011	114.1	105.4	120.8	111.5	121.1
2012	112.8	105.6	118.9	109.4	118.9
2013	110.4	104.5	114.8	107.7	114.5
2014	109.2	103.5	112.3	107.5	112.3
2015	109.0	103.2	110.7	109.0	110.7
2016	107.8	103.2	108.3	109.0	108.0

21—4 续表 2 continued

年 份 Year	全社会固定资产投资(亿元) Investment in Fixed Assets (100 million yuan)	公共财政预算收入(亿元) Public Budget Income (100 million yuan)	公共财政预算支出(亿元) Public Budget Expenditure (100 million yuan)	社会消费品零售总额(亿元) Total Retail Sales of Consumer Goods (100 million yuan)	进出口(亿美元) Total Exports & Imports (100 million USD)	#出口 Exports
2006	948.46	112.60	225.08	781.15	35.91	18.66
2007	1262.91	143.14	297.74	927.57	53.86	29.07
2008	1708.15	179.55	396.80	1163.51	81.03	45.07
2009	2651.40	228.40	527.42	1359.20	98.60	62.69
2010	3721.12	291.79	658.80	1606.28	118.73	72.62
2011	4879.07	356.33	804.52	1901.09	170.21	96.37
2012	6049.93	445.04	981.52	2218.15	226.12	126.95
2013	5692.24	506.98	1081.28	2547.67	256.44	158.98
2014	6482.47	552.45	1192.49	2851.78	342.98	213.87
2015	7647.19	594.33	1461.28	3143.92	446.72	245.02
2016	8685.37	613.58	1579.12	3482.99	1518.67	561.52

说明：1. 北部湾经济区（6市）指南宁、北海、防城港、钦州、玉林、崇左6市合计。
2. 全社会固定资产投资包含固定资产投资和农户投资两部分，本表数据自2014年起为固定资产投资数据。
3. 2016年起，外贸进出口数据以人民币计价。

Note: 1. The Beibu Gulf Economic Zone (6 cities) includes 6 cities of Nanning, Beihai, Fangchenggang, Qinzhou, Yulin and Chongzuo.
2. The "Total Investment in Fixed Assets" includes 2 parts: investment in fixed assets and investment from rural households, and the data in this table refers to the investment in fixed assets since 2014.
3. The data of import and export value of foreign trade was calculated by RMB since 2016.

21－5　桂西资源富集区主要经济指标（2006－2016年）
Main Economic Indicators of the Resource-rich Area of Western Guangxi (2006－2016)

年　份 Year	地区生产总值（亿元） Gross Domestic Product (100 million yuan)	第一产业 Primary Industry	第二产业 Secondary Industry	第三产业 Tertiary Industry	#工业 Industry
2006	734.79	200.91	305.00	228.89	252.69
2007	902.79	227.97	397.20	277.63	339.30
2008	1054.10	249.30	481.09	323.70	416.40
2009	1139.99	259.91	499.04	381.04	418.82
2010	1435.10	317.93	679.37	437.79	581.10
2011	1667.90	390.45	772.83	504.62	661.29
2012	1778.46	406.43	805.51	566.51	678.94
2013	1917.12	432.27	870.62	614.23	727.51
2014	2168.84	443.22	972.73	752.89	802.61
2015	2281.27	465.25	986.30	829.72	807.13
2016	2537.69	505.91	1105.25	931.54	912.96

21－5　续表 1　continued

年　份 Year	地区生产总值指数（上年＝100） Index of Gross Domestic Product (preceding year=100)	第一产业 Primary Industry	第二产业 Secondary Industry	第三产业 Tertiary Industry	#工业 Industry
2006	115.1	106.7	123.6	113.1	124.1
2007	115.6	103.6	122.7	116.8	125.5
2008	112.8	106.0	118.6	110.5	122.7
2009	112.0	104.5	113.3	115.8	110.5
2010	113.7	105.9	118.8	111.8	118.0
2011	107.0	104.8	107.4	107.9	107.9
2012	106.8	105.9	106.6	107.8	105.6
2013	108.3	104.6	111.1	106.6	110.7
2014	108.3	103.9	111.0	107.1	110.4
2015	107.0	103.4	106.6	110.0	106.3
2016	107.5	103.5	107.4	110.0	107.2

21－5 续表 2 continued

年 份 Year	全社会固定资产投资 (亿元) Investment in Fixed Assets (100 million yuan)	公共财政预算收入 (亿元) Public Budget Income (100 million yuan)	公共财政预算支出 (亿元) Public Budget Expenditure (100 million yuan)	社会消费品零售总额 (亿元) Total Retail Sales of Consumer Goods (100 million yuan)	进出口 (亿美元) Total Exports & Imports (100 million USD)	#出口 Exports
2006	509.25	41.88	123.74	156.07	11.61	7.40
2007	627.55	53.54	173.66	183.48	16.33	11.06
2008	665.11	64.14	232.01	229.53	24.09	18.10
2009	1020.23	70.38	274.92	265.62	37.26	30.06
2010	1310.50	83.01	342.11	306.66	47.77	37.45
2011	1616.39	93.25	409.29	361.53	62.91	50.46
2012	1810.06	118.24	520.32	418.03	81.68	71.80
2013	1676.96	140.16	564.31	473.95	113.56	101.83
2014	1787.09	149.24	638.88	533.28	159.02	137.33
2015	2109.31	154.55	755.21	583.95	221.65	154.03
2016	2296.83	153.60	833.79	646.15	1386.91	820.17

说明：1. 桂西资源富集区指百色、河池、崇左3市合计。

2. 全社会固定资产投资包含固定资产投资和农户投资两部分，本表数据自2014年起为固定资产投资数据。

3. 2016年起，外贸进出口数据以人民币计价。

Note: 1. The Resource-rich Area of Western Guangxi includes 3 citise of Baise, Hechi and Chongzuo.

2. The "Total Investment in Fixed Assets" includes 2 parts: investment in fixed assets and investment from rural households, and the data in this table refers to the investment in fixed assets since 2014.

3. The data of import and export value of foreign trade was calculated by RMB since 2016.

21－6 珠江－西江经济带广西七市主要经济指标（2006－2016年）

Main Economic Indicators of the Zhujiang River-Xijiang River Economic Belt (7 cities, 2006－2016)

年 份 Year	地区生产总值 （亿元） Gross Domestic Product (100 million yuan)	第一产业 Primary Industry	第二产业 Secondary Industry	第三产业 Tertiary Industry	#工业 Industry
2006	2720.33	535.40	1138.77	1046.16	968.32
2007	3315.59	622.86	1449.82	1242.91	1252.45
2008	3960.79	696.91	1781.41	1482.47	1538.98
2009	4522.50	727.35	2055.33	1739.83	1750.10
2010	5611.10	859.82	2736.76	2014.52	2353.01
2011	6806.61	1067.24	3356.56	2382.82	2870.66
2012	7635.59	1130.95	3773.94	2730.70	3205.87
2013	8451.39	1218.24	4244.34	2988.81	3599.10
2014	9343.02	1233.24	4531.33	3578.44	3804.76
2015	9873.72	1295.86	4622.06	3955.08	3852.38
2016	10784.30	1395.22	4986.48	4402.60	4168.83

21－6 续表 1 continued

年 份 Year	地区生产总值 指数（上年＝100） Index of Gross Domestic Product (preceding year=100)	第一产业 Primary Industry	第二产业 Secondary Industry	第三产业 Tertiary Industry	#工业 Industry
2006	115.5	107.1	122.5	113.0	124.5
2007	116.3	105.6	122.5	115.1	124.3
2008	113.1	104.7	116.3	113.4	117.4
2009	115.3	105.2	119.0	115.2	117.2
2010	115.2	105.4	120.5	112.5	120.1
2011	111.3	105.5	114.0	110.2	113.5
2012	111.7	106.0	114.4	110.2	114.1
2013	109.6	104.9	112.2	107.7	112.0
2014	107.7	103.4	108.6	108.1	108.6
2015	107.7	103.7	107.4	109.4	107.2
2016	107.3	103.4	106.8	109.1	106.8

21－6 续表2 continued

年 份 Year	全社会固定资产投资(亿元) Investment in Fixed Assets (100 million yuan)	公共财政预算收入(亿元) Public Budget Income (100 million yuan)	公共财政预算支出(亿元) Public Budget Expenditure (100 million yuan)	社会消费品零售总额(亿元) Total Retail Sales of Consumer Goods (100 million yuan)	进出口(亿美元) Total Exports & Imports (100 million USD)	#出口 Exports
2006	1315.03	153.48	322.85	997.25	35.05	21.09
2007	1672.24	187.56	420.75	1181.37	48.59	31.90
2008	2121.82	239.94	558.21	1481.31	71.81	48.60
2009	3293.76	294.72	709.68	1727.55	86.77	62.54
2010	4597.06	369.56	911.03	2041.63	101.42	65.03
2011	5983.92	437.36	1076.92	2413.16	119.98	82.26
2012	7772.67	571.95	1348.79	2809.26	164.87	111.36
2013	7169.31	647.89	1463.46	3219.13	202.86	140.40
2014	7950.42	692.17	1600.72	3606.63	241.67	178.71
2015	9315.31	732.05	1873.95	3970.46	311.74	201.03
2016	10437.26	765.75	2070.61	4390.62	1985.66	1115.24

说明：1. 珠江—西江经济带广西七市指南宁、柳州、梧州、贵港、百色、来宾、崇左7市合计。

2. 全社会固定资产投资包含固定资产投资和农户投资两部分，本表数据自2014年起为固定资产投资数据。

3. 2016年起，外贸进出口数据以人民币计价。

Note: 1. The Zhujiang River-Xijiang River Economic Belt (7 cities) includes 7 cities of Nanning, Liuzhou, Wuzhou, Guigang, Baise, Laibin and Chongzuo.

2. The "Total Investment in Fixed Assets" includes 2 parts: investment in fixed assets and investment from rural households, and the data in this table refers to the investment in fixed assets since 2014.

3. The data of import and export value of foreign trade was calculated by RMB since 2016.

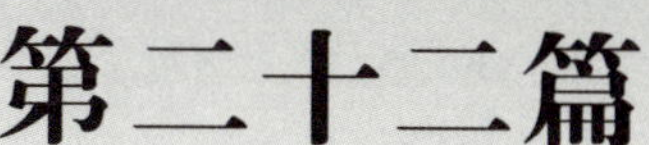
第二十二篇

各市基本情况

BASIC STATISTICS OF CITIES

（编辑：黄浩洲）

22—1 各市社会经济主要指标（2016年）

指 标	Item	南宁市 Nanning	柳州市 Liuzhou	桂林市 Guilin
行政区域土地面积（平方公里）	Administrative Region Land Area (sq.km)	22112	18597	27667
地区生产总值（当年价，亿元）	Gross Domestic Product (At current prices, 100 million yuan)	3703.33	2476.94	2054.82
第一产业	Primary Industry	395.93	179.46	361.27
第二产业	Secondary Industry	1426.50	1361.81	916.74
#工业	Industry	1063.14	1232.52	750.07
第三产业	Tertiary Industry	1880.90	935.67	776.81
人均地区生产总值（元）	Per Capita GDP (yuan)	52723	62855	41216
地区生产总值指数（%,上年=100）	Indices of Gross Domestic Product (%, preceding year=100)	107.0	107.3	106.9
第一产业	Primary Industry	103.2	103.1	104.5
第二产业	Secondary Industry	105.8	105.7	106.4
#工业	Industry	105.6	105.9	106.3
第三产业	Tertiary Industry	108.8	110.5	108.7
人均地区生产总值指数（%,上年=100）	Indices of Per Capita GDP (%, preceding year=100)	105.8	106.3	105.9
户籍年末总人口（万人）	Total Population at Year-end (10 000 persons)	751.74	385.67	533.96
男性	Male	393.00	199.60	277.05
女性	Female	358.74	186.07	256.92
出生人口（万人）	Birth (10 000 person)	12.13	5.66	8.02
死亡人口（万人）	Death (10 000 person)	3.40	2.14	2.79
年末总户数（万户）	Total Households at Year-end (10 000 households)	224.96	113.33	163.57
就业人员（万人）	Employed Persons (10 000 persons)			
城镇登记失业率（%）	Urban Registered Unemployment Rate (%)	2.62	3.92	3.57
城镇非私营就业人员（万人）	Number of Employed Persons in Urban Units (10 000 persons)	97.45	58.47	42.71
#国有单位	State-owned Units	38.68	19.83	20.58
城镇集体单位	Urban Collective-owned Units	1.06	1.15	1.38
城镇私营单位就业人数（万人）	Number of Employed Persons in Urban Private Enterprises (10 000 persons)	116.42		
城镇单位就业人员（含劳务派遣）平均工资（元）	Average Wages of Employed Persons in Urban Units (yuan)	66225	58800	56285
国有单位	State-owned Units	72858	67442	63185
城镇集体单位	Urban Collective-owned Units	50349	46535	47736
固定资产投资（亿元，不含农户）	Investment in Fixed Assets (excluding rural registents)	3824.73	2338.61	2131.62
#房地产开发	Investment in Real Estate Development	854.00	344.79	280.72
商品房销售额（亿元）	Sales of Commercial Houses (100 million yuan)	914.24	275.36	215.16
#住宅	Residential Buildings	778.35	251.34	200.67

注：本表统计范围为全市数。
Note: The statistic indicators in this table refer to the whole city (including the counties belonging to the city).

Main Social & Economic Indicators by City（2016）

梧州市 Wuzhou	北海市 Beihai	防城港市 Fangcheng-gang	钦州市 Qinzhou	贵港市 Guigang	玉林市 Yulin	百色市 Baise	贺州市 Hezhou	河池市 Hechi	来宾市 Laibin	崇左市 Chongzuo
12572	3988	6238	10895	10602	12838	36202	11753	33476	13411	17332
1175.65	1006.65	676.04	1102.05	958.76	1553.83	1114.31	518.19	657.18	589.11	766.20
131.31	174.76	82.60	220.10	190.01	278.16	182.25	111.44	150.99	148.60	167.66
679.35	516.14	386.26	481.91	393.20	665.03	594.73	211.55	199.82	220.20	310.69
627.01	464.42	340.88	363.22	319.38	521.11	508.74	144.67	147.09	160.92	257.13
364.99	315.75	207.18	400.05	375.55	610.64	337.33	195.20	306.36	220.31	287.85
39072	61600	73188	34160	22230	27110	30881	25498	18842	26885	37161
107.6	108.6	109.1	109.0	107.9	108.0	108.8	108.1	104.9	103.9	108.2
103.3	104.1	104.0	103.5	103.8	102.1	103.9	104.1	103.2	103.0	103.4
108.6	109.6	111.5	111.3	110.0	109.6	109.5	110.0	101.2	101.5	107.9
109.2	109.9	112.1	109.9	108.4	108.2	109.2	110.6	101.4	102.0	107.0
107.2	109.7	106.5	109.7	107.9	109.0	110.2	108.3	108.5	107.1	111.5
106.8	107.3	107.8	107.9	107.0	107.1	108.0	107.4	104.2	103.0	107.4
347.47	174.34	97.20	409.13	554.89	717.32	417.17	242.52	428.59	268.56	250.54
184.63	91.54	52.61	223.49	294.74	384.56	217.13	127.85	223.11	141.08	132.25
162.84	82.80	44.59	185.64	260.15	332.77	200.04	114.67	205.48	127.48	118.29
6.33	2.62	1.79	7.03	9.14	12.36	6.98	4.16	7.45	4.24	3.56
1.87	0.54	0.34	1.40	4.68	3.94	2.52	1.19	2.53	1.30	1.23
99.60	44.51	25.20	98.77	157.94	206.77	111.52	64.81	125.38	78.18	71.09
	71.49	65.17	170.96	291.22		245.13			169.91	155.25
2.95	3.15	2.66	3.14	1.12	3.21	2.89	3.16	2.86	3.39	2.98
19.94	14.54	9.73	21.78	18.44	33.94	22.18	10.19	18.91	12.75	13.50
9.74	7.44	5.61	10.84	11.83	17.11	14.99	7.47	13.39	8.26	9.34
0.77	1.01	0.11	1.35	0.94	2.48	1.11	0.10	0.86	0.54	0.20
10.21	3.20	6.09	12.62	10.31	26.04	14.32	5.00	3.73	18.26	6.77
50066	55502	50100	51340	55121	51175	54553	58583	57218	56499	51343
60853	67783	52565	57165	60694	58044	57728	61192	62794	62187	55043
42588	38963	38906	44309	38279	45326	39560	50747	37035	42464	34024
1168.51	1011.10	600.14	950.89	841.69	1467.10	1061.40	650.83	404.02	370.91	831.41
64.37	176.31	87.80	78.57	102.44	136.16	81.73	31.47	55.97	39.23	64.43
47.59	106.13	90.66	67.02	111.49	150.66	79.63	28.19	33.82	41.51	46.02
44.06	101.37	73.53	57.46	101.70	141.38	65.74	25.08	32.70	35.03	39.82

22－1　续表1

指　标	Item	南宁市 Nanning	柳州市 Liuzhou	桂林市 Guilin
商品房屋销售面积（万平方米）	Selling Space of Commercial Houses (10 000 sq.m)	1327.53	412.89	439.36
#住宅	Residential Buildings	1150.15	387.99	419.56
公共财政预算收入（亿元）	Public Budget Income (100 million yuan)	312.79	159.16	145.33
#税收收入	Tax Revenue	232.93	114.61	70.61
#国内增值税	Value-added Tax	47.84	34.26	14.68
营业税	Sales Tax	26.42	8.34	7.80
企业所得税	Enterprises Income Tax	34.70	11.65	8.79
个人所得税	Individual Income Tax	9.84	3.28	2.73
公共财政预算支出（亿元）	Public Budget Expenditure (100 million yuan)	586.98	339.56	399.03
#教育支出	Expenditure for Education	97.46	68.06	72.75
社会保障和就业支出	Expenditure for Social Security & Employment	66.26	30.95	40.02
医疗卫生（与计划生育）支出	Expenditure for Medical & Health Care	57.89	37.89	50.27
农林水利事务支出	Expenditure for Affairs of Agriculture, Forestry & Water Resources	60.73	44.48	49.66
农村居民人均可支配收入（元）	Per Capita Annual Net Income of Rural Households (yuan)	11398	11107	12176
农村居民人均生活费支出（元）	Per Capita Annual Living Expenditure of Rural Households (yuan)	9359	7855	7964
#食品烟酒支出	Expenditure for Food	3243	3362	3187
城镇居民人均可支配收入（元）	Per Capital Annual Disposable Income of Urban Households (yuan)	30728	30270	30124
城镇居民人均生活消费性支出（元）	Per Capita Living Expenditure of Urban Households (yuan)	15885	19360	17649
#食品烟酒支出	Expenditure for Food	5708	7826	6483
农村人均住房面积（平方米）	Per Capita Living Floor Space of Rural Households (sq.m)		41.2	47.40
城镇人均住房建筑面积（平方米）	Per Capita Living Building Space of Urban Households (sq.m)		36.61	38.30
乡村户数（万户）	Rural Households (10 000 households)	138.63	63.49	105.83
常用耕地面积（千公顷）	Daily Cultivated Area (1 000 hectares)	672.11	349.36	329.39

注：本表统计范围为全市数。
Note: The statistic indicators in this table refer to the whole city (including the counties belonging to the city).

Continued

梧州市 Wuzhou	北海市 Beihai	防城港市 Fangcheng-gang	钦州市 Qinzhou	贵港市 Guigang	玉林市 Yulin	百色市 Baise	贺州市 Hezhou	河池市 Hechi	来宾市 Laibin	崇左市 Chongzuo
126.19	222.57	219.37	162.51	266.93	375.22	186.51	94.27	94.93	152.43	9801
120.11	215.27	193.95	150.93	253.02	360.98	166.37	86.23	92.99	143.06	6429
95.61	50.07	55.65	49.51	47.62	104.81	79.48	32.42	33.36	30.32	2347
49.24	36.68	34.69	30.49	31.08	63.15	47.29	18.99	19.60	20.70	26605
6.72	10.90	4.11	8.16	7.05	5.36	8.19	4.60	6.50	4.60	15953
3.08	3.04	2.24	3.05	3.27	3.40	4.10	1.12	1.82	2.04	6608
3.60	3.73	2.43	1.75	2.71	4.32	2.61	1.43	2.73	1.19	44.23
0.89	0.90	0.61	0.71	1.02	1.38	1.34	0.49	0.88	0.43	43.41
227.99	150.06	127.60	200.08	212.55	317.55	341.16	161.15	289.76	159.61	55.64
47.14	28.99	15.25	45.52	56.84	81.73	66.07	32.31	57.63	33.33	519.99
22.93	8.13	14.00	25.13	19.46	33.30	39.64	12.01	27.84	18.95	26.24
25.70	18.84	10.10	23.22	30.93	46.40	39.43	19.61	34.96	19.13	20.74
22.62	19.37	16.60	17.75	25.49	34.27	65.51	27.28	62.21	24.55	33.93
10142	11622	12113	10947	11572	12590	9348	9552	7509	9820	9801
	8166	7561	6871	7306	8751	7101	7025	6209	8346	6429
	2987	3850	2738	3280	2582	2439	2804	2112	2935	2347
27260	29412	29758	29360	26771	30083	26919	26883	23660	28962	26605
	18861	19005	17173	15995	17207	16488	15206	15708	17389	15953
	8450	7795	6079	6607	6973	5132	5877	5261	6338	6608
		40.81	40.49	50.98	39.05			46.21		44.23
		51.76	49.62	46.98	57.53		51.89	45.40		43.41
75.63	26.25	17.01	86.08	119.37	137.68	82.02	53.07	95.65	54.05	55.64
138.70	123.62	91.34	207.88	321.14	241.1	448.98	140.33	384.49	405.82	519.99

22－1 续表2

指 标	Item	南宁市 Nanning	柳州市 Liuzhou	桂林市 Guilin
农业机械总动力（万千瓦）	Total Agricultural Machinery Power (10 000 kw)	468.14	233.71	555.55
化肥使用量（折纯量，万吨）	Consumption of Chemical Fertilizers (Pure quantity, 10 000 tons)	48.87	19.16	24.29
农村用电量（亿千瓦时）	Electricity Consumed in Rural Areas (100 million kwh)	12.14	8.94	7.50
有效灌溉面积（千公顷）	Irrigated Area (1 000 hectares)	230.17	112.09	218.99
农作物总播种面积（千公顷）	Total Sown Area of Farm Crops (1 000 hectares)	977.09	401.64	715.59
#粮食作物	Grain Crops	436.67	166.48	376.27
粮食产量（万吨）	Grain Output (10 000 tons)	223.36	85.81	204.70
甘蔗产量（万吨）	Output of Sugarcane (10 000 tons)	1115.47	665.94	41.82
油料产量（万吨）	Output of Oil Plants (10 000 tons)	15.53	3.60	7.34
蔬菜产量（万吨）	Output of Vegetables (10 000 tons)	517.30	225.06	430.54
园林水果产量（万吨）	Output of Fruits (10 000 tons)	233.80	87.66	475.92
肉类总产量（万吨）	Total Output of Meat (10 000 tons)	65.04	22.47	53.73
奶类产量（万吨）	Output of Milk (10 000 tons)	5.05	0.67	0.16
禽蛋产量（万吨）	Output of Eggs (10 000 tons)	3.95	1.81	6.32
水产品产量（万吨）	Output of Aquatic Products (10 000 tons)	26.12	7.97	12.50
工业企业单位数（个）	Number of Industrial Enterprises (unit)	910	792	640
工业总产值(规模以上,当年价,亿元)	Gross Industrial Output Value (Above designated size, at current prices, 100 million yuan)	3522.00	4705.40	2516.55
#轻工业	Light Industry	1413.64	493.10	957.58
重工业	Heavy Industry	2108.36	4212.29	1558.97
#大型企业	Large Enterprises	786.94	2380.41	469.73
中型企业	Medium Enterprises	1176.67	1223.24	993.88
小型企业	Small Enterprises	1558.39	1038.59	1052.94
#内资企业	Domestic Funds Enterprises	2832.47	3443.41	2334.29
港澳台商投资企业	Enterprises with Funds from Hong Kong, Macao & Taiwan	536.99	171.86	24.36
外商投资企业	Foreign Funded Enterprises	152.53	1090.12	157.90
工业企业资产总计（亿元）	Total Assets of Industrial Enterprises (100 million yuan)	2283.71	3277.35	1382.19
工业企业负债合计（亿元）	Total Liabilities of Industrial Enterprises (100 million yuan)	1310.88	2299.53	707.68
工业企业所有者权益（亿元）	Owner's Equity of Industrial Enterprises (100 million yuan)	971.86	977.21	673.69
工业企业主营业务收入（亿元）	Business Income of the Major Products of Industrial Enterprises (100 million yuan)	3314.21	4432.55	2304.64
工业企业利润总额（亿元）	Total Profits of Industrial Enterprises (100 million yuan)	225.34	134.55	169.60
工业企业本年应交增值税（亿元）	Value Added Tax Payable of Industrial Enterprises (100 million yuan)	79.26	104.79	63.31
工业企业从业人员年平均人数（万人）	Annual Average Number of Employed Persons of Industrial Enterprises (10 000 persons)	23.52	26.54	19.18
建筑企业单位数（个）	Number of Construction Enterprises (unit)	401	85	134
建筑业企业从业人员（万人）	Number of Persons Employed in Construction Enterprises (10 000 persons)	36.60	18.54	6.17
建筑业总产值（亿元）	Gross Output Value of Construction (100 million yuan)	1185.42	623.50	308.15

Continued

梧州市 Wuzhou	北海市 Beihai	防城港市 Fangcheng-gang	钦州市 Qinzhou	贵港市 Guigang	玉林市 Yulin	百色市 Baise	贺州市 Hezhou	河池市 Hechi	来宾市 Laibin	崇左市 Chongzuo
140.48	144.18	78.64	190.11	370.65	366.60	291.30	129.91	321.06	208.63	256.98
7.00	6.59	6.33	24.70	19.58	16.58	12.48	6.61	13.68	26.14	30.20
4.62	2.17	2.42	6.38	9.70	9.70	10.76	3.78	9.13	6.03	2.57
71.22	50.41	29.37	80.65	151.43	144.18	109.09	81.02	85.10	101.37	72.73
295.52	184.07	125.24	397.10	451.33	494.73	469.06	250.73	469.59	427.65	516.49
157.89	79.00	50.07	218.29	274.69	314.85	270.37	134.21	269.32	172.68	123.54
82.11	38.54	20.28	112.80	154.92	184.91	118.36	72.71	104.52	81.55	52.50
16.62	237.15	295.23	401.95	241.32	170.60	301.30	17.63	344.53	1193.22	2418.56
4.33	4.97	0.68	2.85	10.95	5.47	1.63	3.38	1.54	3.96	2.49
214.69	83.94	29.59	141.24	160.28	316.35	233.26	171.91	146.78	124.02	102.63
59.61	11.39	8.22	190.55	28.55	100.27	97.80	77.54	39.59	55.17	59.14
20.30	12.66	4.71	30.80	37.42	76.83	26.40	16.40	22.54	15.29	12.42
0.10	0.16	0.48	3.37	0.42	0.54	0.00	1.62	0.00	0.57	0.00
0.88	1.95	0.70	2.62	2.55	7.38	0.70	0.88	0.52	0.42	0.26
9.79	110.60	51.11	56.86	23.65	16.39	15.98	7.95	7.98	7.00	7.49
380	205	150	316	456	560	329	183	173	220	159
2305.34	2180.74	1476.18	1511.33	975.94	1658.43	1474.82	476.64	344.54	526.29	741.04
352.34	263.66	578.65	552.50	397.58	790.30	156.62	73.90	100.54	167.24	416.00
1953.00	1917.08	897.54	958.83	578.36	868.12	1318.20	402.74	244.00	359.50	325.05
1000.51		526.55	81.20	189.60	388.51	491.32	43.71	89.10	68.95	189.95
706.90		382.81	927.50	440.31	670.75	511.20	214.71	137.89	180.59	306.42
588.62		566.82	502.63	338.00	599.16	472.29	218.21	113.71	273.66	244.67
2070.76		981.48	1343.56	822.87	1340.68	1409.35	427.01	338.27	505.29	555.01
155.60		49.94	41.06	102.52	109.32	64.59	43.15	5.33	12.77	18.44
78.98		444.77	127.71	50.54	208.43	0.88	6.48	0.95	8.23	167.60
862.22	886.50	877.65	976.72	787.02	828.02	1398.80	444.51	751.81	577.49	539.09
417.36		600.19	557.17	403.28	455.72	999.39	256.72	568.77	466.18	327.07
443.51	369.60	275.44	415.86	383.74	371.76	399.59	187.79	183.04	110.44	210.97
2151.83	2050.80	1135.39	1421.30	901.74	1474.70	1135.38	436.02	306.46	474.48	613.28
216.63	147.00	35.06	66.94	64.49	91.14	20.02	26.74	44.95	4.46	104.10
79.22	51.70	18.14	55.75	19.53	36.19	26.08	11.87	18.40	16.24	16.32
17.33	7.30	3.25	9.99	11.91	19.19	8.00	3.24	4.60	4.13	3.83
41	1274	72	62	44	79	80	38	53	32	34
1.46	2.85	3.13	18.44	3.10	7.57	2.65	0.73	1.67	1.86	2.53
31.73	78.49	111.10	476.16	112.68	314.49	52.73	18.22	42.95	61.02	31.62

22－1 续表3

指 标	Item	南宁市 Nanning	柳州市 Liuzhou	桂林市 Guilin
房屋建筑施工面积（万平方米）	Floor Space of Buildings under Construction (10 000 sq.m)	7197.35	6822.07	2120.48
房屋建筑竣工面积（万平方米）	Floor Space of Buildings Completed (10 000 sq.m)	1660.45	1497.91	145.59
公路里程（公里）	Length of Highways (km)	12651.57	8607.46	13117.00
#等级公路	Length of Expressway & Class I to IV Highway	12013.99	7319.64	11051.00
民用汽车拥有量（辆）	Number of Civil Motor Vehicles Owned (vehicle)	1042870	531578	487507
#私人汽车	Private Motor Vehicles	883290	470410	436287
邮政业务总量（亿元）	Business Volume of Post Service (100 million yuan)	5.51	4.56	5.25
电信业务总量（亿元）	Business Volume of Telecommunications Service (100 million yuan)	236.03	31.58	99.06
固定电话用户（万户）	Local Telephone Subscribers (10 000 subscribers)	69.67	30.33	44.40
移动电话用户（万户）	Number of Mobile Telephone Subscribers (10 000 subscribers)	785.38	365.85	470.18
互联网用户数（万户）	Number of Internet Subscribers (10 000 subscribers)	638.57	91.22	95.09
社会消费品零售总额（亿元）	Total Retail Sales of Consumer Goods (100 million yuan)	1980.36	1045.13	836.45
批发和零售业法人企业数（个）	Number of Corporation Enterprises in Wholesale & Retail (unit)	882	479	280
批发和零售业年末从业人数（人）	Number of Year-end Employed Persons in Wholesale & Retail (person)	69412	25791	15125
批发和零售业商品销售额（亿元）	Sales of Goods of Wholesale & Retail (100 million yuan)	2956.03	1039.15	1294.76
住宿和餐饮业法人企业数（个）	Number of Corporation Enterprises in Hotel & Catering (unit)	213	65	159
住宿和餐饮业年末从业人数（人）	Number of Year-end Employed Persons in Hotel & Catering (person)	35119	6428	8038
住宿和餐饮业营业额（亿元）	Turnover of Hotel & Catering (100 million yuan)	48.70	9.23	35.82
进出口总额（人民币，万元）	Total Import & Export (RMB, 10 000 yuan)	4162345	1353756	590191
进口额	Import	2051000	894671	70973
出口额	Export	2111346	459085	519219
实际外商直接投资（万美元）	Foreign Actual Direct Investment (USD 10 000)	77000	2777	16138
入境国际旅游者人数（万人次）	Number of International Tourists Through Guangxi (10 000 person-times)	55.54	18.88	233.32
#外国人	Foreigners	42.26	13.41	128.71
国际旅游外汇收入（万美元）	Foreign Exchange Earnings From International Tourism (USD 10 000)	23233.00	7961.79	118217.80
国内旅游人数（万人次）	Number of Domestic Tourists (10 000 person-times)	9499.62	3297.26	5152.55
国内旅游总收入（亿元）	Total Domestic Tourism Receipts (100 million yuan)	903.24	351.48	558.81
星级饭店数（个）	Total Number of Tourist Hotel (unit)	48	48	67
金融机构本外币存款（亿元）	Saving Deposit in RMB & Foreign Currencies of Financial Institutions (100 million yuan)	9055.88	3321.35	2979.80
金融机构人民币存款（亿元）	Saving Deposit in RMB of Financial Institutions (100 million yuan)	8901.72	3305.14	2961.03
#住户存款	Deposit of Households	2924.55	1313.64	1687.93

说明：根据海关报表调整，2015年起进出口总额使用人民币口径。

Note: According to the adjustment of the reports from the customhouse, the data of indicator “Total Import & Export” is calculated in RMB since 2015.

Continued

梧州市 Wuzhou	北海市 Beihai	防城港市 Fangcheng-gang	钦州市 Qinzhou	贵港市 Guigang	玉林市 Yulin	百色市 Baise	贺州市 Hezhou	河池市 Hechi	来宾市 Laibin	崇左市 Chongzuo
869.43	1568.26	465.44	1044.44	556.13	2288.86	249.46	104.17	773.37	642.79	104.17
27.68	235.90	331.90	132.25	376.71	1255.19	157.25	64.70	84.99	280.06	69.36
6509.28		3034.56	6954.77	7389.00	10325.19	16833.19		13163.87	7011.00	7278
6262.65		2361.24	6684.46	6174.00	8265.48	15959.46		12607.43	5734.00	6763
159161		103128	718305	225610	400667	238999	132605	206898	136411	113578
143499		91710	186907	207173	369213	215929	121252	188680	125253	101581
2.91		2.05	2.98	4.18	6.74	61.52	1.46	2.31	1.25	2.43
46.59		21.28		55.64	82.47	59.03	30.70	54.74	32.95	35.67
15.73		11.44		28.63	41.58	21.22	8.74	16.82	8.59	10.48
197.42		89.49	209.80	263.51	358.71	282.56	133.23	278.73	141.83	162.89
42.18		18.15	196.41	47.16	249.70	39.11	24.54	44.63	26.24	24.62
395.95	225.34	111.89	373.63	431.89	660.43	246.84	160.98	267.96	159.11	131.34
195	152	80	163	123	246	200	61.00	105	71	141
7572	49311	3541	7309	6767	17451	9717	4641.00	6458	3021	4947
126.02	424.59	179.49	214.74	153.02	1157.96	206.07	67.04	106.40	57.02	401.37
43	51	26	28	33	55	79	12	32	18	27
2287	8388	1753	2038	2214	4640	3723	1323.00	2041	1627	2206
3.19	6.35	2.38	2.35	1.84	90.37	4.38	1.52	1.71	1.45	21.93
405743	2047464	5789124	2921011	187879	266793	1380719	51915	181096	58873	12307305
145739	944738	4671200	1859275	83806	45332	395601	13436	156723	18272	5115111
260004	1102726	1117924	1061736	104073	221461	985118	38479	24373	40601	7192195
417.78		8981		2910.00		299.00	1331.16	13031.00	2382.00	1783.79
20.27	13.55	16.86	6.19	9.07	12.23	7.82	37.65	10.68	2.16	38.29
1.80	6.65	15.66	0.84	1.12	2.62	3.90	5.24	3.43	0.64	25.71
7540.38		5808.76	2442.90	3575.85	5730.21	3099.87	1.35	4618.31	1001.91	13870.07
1727.66	2473.24	1568.79	1801.21	1666.60	2787.85	2716.69	1775.52	2154.20	1806.31	1991.54
192.68	284.34	125.37	172.02	176.79	277.74	259.59	208.38	230.51	133.83	173.58
34	30	31	18	15	21	31	19	51	17	42
1048.23	825.11	567.87	912.54	1091.00	1637.99	1112.67	615.68	1002.42	607.11	700.13
1044.91	815.63	562.31	906.42	1089.92	1636.12	1111.76	615.07	1001.37	606.68	699.48
658.14	524.15	320.34	586.01	817.33	1253.03	659.95	378.75	624.90	346.75	453.17

22－1　续表4

指　标	Item	南宁市 Nanning	柳州市 Liuzhou	桂林市 Guilin
金融机构本外币贷款（亿元）	Loans in RMB & Foreign Currencies of Financial Institutions (100 million yuan)	9853.31	2279.66	1862.14
金融机构人民币贷款（亿元）	Loans in RMB of Financial Institutions (100 million yuan)	9423.79	2273.90	1859.58
境内贷款	Domestic Loans	9420.01	2273.79	1859.49
短期贷款	Short-term Loans	1560.03	85.82	437.14
中长期贷款	Medium & Long-term Loans	7255.05	656.45	1330.64
境外贷款	Overseas Loans	3.78	0.11	0.09
幼儿园数（所）	Number of Kindergartens (unit)	1633	760	915
在园儿童数（万人）	Student Enrollment (10 000 persons)	30.49	13.32	17.28
普通小学学校数（所）	Number of Regular Primary Schools (unit)	1276	329	585
普通小学专任教师数（人）	Full-time Teachers in Regular Primary Schools (person)	32398	15528	20450
普通小学招生数（万人）	New Student Enrollment in Regular Primary Schools (10 000 persons)	11.47	5.06	6.54
普通小学在校学生数（万人）	Regular Primary Student Enrollment (10 000 persons)	61.67	30.10	36.81
普通小学毕业生数（万人）	Graduates of Regular Primary Schools (10 000 persons)	9.08	4.63	5.10
普通中学学校数（所）	Number of Regular Secondary Schools (unit)	352	151	215
普通中学专任教师数（人）	Full-time Teachers in Regular Secondary Schools (person)	25466	13321	15838
普通中学招生数（万人）	New Student Enrollment in Secondary Schools (10 000 persons)	13.95	6.99	7.79
普通中学在校学生数（万人）	Student Enrollment in Regular Secondary Schools (10 000 persons)	39.21	19.09	21.94
普通中学毕业生数（万人）	Graduates in Regular Secondary Schools (10 000 persons)	12.55	5.73	6.84
普通高等学校数（所）	Regular Institutions of Higher Education (unit)	32	6	10
普通高等学校专任教师数（人）	Full-time Teachers in Regular Institutions of Higher Education (person)	18808	3596	8105
普通高等学校招生数（万人）	New Student Enrollment in Regular Institutions of Higher Education (10 000 persons)	12.97	2.48	7.72
普通高等学校在校学生数（万人）	Student Enrollment in Regular Institutions of Higher Education (10 000 persons)	40.05	7.61	22.96
普通高等学校毕业生数（万人）	Graduates in Regular Institutions of Higher Education (10 000 persons)	9.90	2.02	5.89
公共图书馆（个）	Public Libraries (unit)	15	11	14
卫生机构数（个）	Number of Health Institutions (unit)	2906	2338	5250
#医院、卫生院	Hospitals, Village Clinics	228	163	203
卫生机构床位数（张）	Number of Beds in Health Institutions (bed)	43093	22587	21090
#医院、卫生院	Hospitals, Village Clinics	39984	21191	19062
卫生机构人员数（人）	Number of Employed Personnel in Health Institutions (person)	77244	37748	42991
#卫生技术人员	Medical & Technical Personnel	61239	30364	31782
#执业医师、执业助理医师	Certified Physicians , Certified Assistant Physicians	21910	9971	11407
注册护士	Senior Nurses	26796	13524	13406

Continued

梧州市 Wuzhou	北海市 Beihai	防城港市 Fangcheng-gang	钦州市 Qinzhou	贵港市 Guigang	玉林市 Yulin	百色市 Baise	贺州市 Hezhou	河池市 Hechi	来宾市 Laibin	崇左市 Chongzuo
722.84	548.00	517.65	600.57	683.92	1014.95	815.46	370.36	575.75	405.70	390.24
721.92	535.15	511.47	594.98	683.85	1014.94	815.08	370.36	575.04	405.46	390.23
721.77	535.07	511.40	594.82	683.81	1014.94	815.07	370.35	575.04	405.45	390.20
51.32	38.94	25.87	44.76	60.10	314.88	512.31	112.63	155.03	22.85	103.84
247.05	320.45	162.28	228.93	311.55	657.02	293.99	245.52	411.17	141.25	285.90
0.15	0.08	0.08	0.16	0.05	0.05	0.01	0.01	0.00	0.01	0.03
609	315	237	1721	902	1489	1278	398	818	921	313
12.64	7.85	4.13	14.97	20.54	31.14	16.75	9.01	11.78	8.75	7.64
720	384	518	1081	1065	1388	955	524	1107	219	313
14988	7571	4570	17541	22443	29547	16366	10269	19122	10354	9696
5.04	2.81	1.72	6.94	7.96	11.76	5.52	3.99	6.29	3.33	2.85
28.55	15.69	9.29	35.43	45.03	62.00	34.61	20.26	36.07	18.68	17.19
4.64	2.49	1.41	5.75	7.33	9.91	5.48	2.85	5.59	2.95	2.77
134	95	47	124	219	284	184	105	192	80	87
11947	6567	2906	11487	9116	23430	12162	7286	12276	8212	6271
6.61	3.76	1.90	7.80	11.87	14.77	7.93	2.84	8.00	4.34	3.55
18.80	10.57	5.38	21.92	34.37	41.19	21.79	7.97	22.35	12.24	10.21
5.95	3.30	1.74	6.65	12.14	12.86	6.73	2.78	6.77	3.85	3.00
3	5	1	3		1	4	1	2	3	6
1059	1497	185	1172		898	1929	672.00	764	518	1788
1.10	0.55	0.18	0.65		0.50	1.24	0.47	0.61	0.62	1.56
3.43	3.25	0.36	1.90		1.80	3.94	1.37	1.85	1.19	4.35
0.66	0.53	0.00	0.50		0.45	0.70	0.23	0.42	0.20	1.22
5	3	4	5	6	8	13	4	11	7	7
1693	1501	643	447	4279	3103	2643	1180	2312	214	1427
98	52	41	83	116	183	222	80	180	93	120
13251	8111	3928	14056	14964	23746	17299	7753	16337	10078	8153
12495	8053	3671	11270	14344	22136	17237	7314	15432	9580	7513
25084	12798	7513	24812	27521	35038	28352	14710	26150	14939	15455
17975	9704	5593	16977	18910	24260	20523	10404	19282	10962	10721
10340	3427	1936	5076	6158	7512	6073	3283	5917	3685	3380
7801	4131	2214	7081	7361	9813	8645	4355	8278	4305	4481

22－2 南宁市主要经济指标情况（1978－2016年）
Main Economic Indicators of Nanning（1978－2016）

年 份 Year	生产总值（按当年价格，亿元）Gross Domestic Product (current prices,100 million yuan)	第一产业 Primary Industry	第二产业 Secondary Industry	#工业 Industry	第三产业 Tertiary Industry	生产总值指数（上年=100）Indices of Gross Domestic Product (preceding year=100)	第一产业 Primary Industry	第二产业 Secondary Industry	#工业 Industry	第三产业 Tertiary Industry
1978	14.74	6.19	5.22	4.75	3.33	111.5	110.3	112.1	108.1	112.6
1979	10.68	2.90	5.17	4.73	2.61	119.7	111.1	134.1	133.9	106.2
1980	18.01	7.01	7.00	6.45	4.00	105.5	105.3	108.0	112.6	101.7
1981	12.44	3.32	5.62	5.02	3.50	109.0	109.2	102.2	102.6	121.9
1982	13.72	4.11	5.99	5.26	3.62	108.8	120.2	107.2	105.6	102.0
1983	14.95	4.11	6.58	5.82	4.26	108.8	98.1	110.7	111.5	115.8
1984	15.38	4.12	6.51	5.65	4.75	100.0	98.3	96.4	95.6	107.4
1985	30.93	11.83	10.84	9.59	8.27	112.7	103.4	122.1	117.7	113.1
1986	35.15	12.64	12.72	11.10	9.79	107.9	101.4	111.7	110.1	114.1
1987	42.05	14.64	15.67	13.75	11.75	112.6	105.2	117.6	118.3	114.2
1988	53.78	17.88	19.13	16.67	16.76	109.7	92.8	109.0	108.3	129.6
1989	62.04	19.16	21.92	20.06	20.96	107.4	107.7	102.8	108.0	114.9
1990	70.88	23.10	24.84	22.83	22.94	109.6	111.1	111.6	112.1	107.8
1991	79.32	23.91	27.46	25.20	27.95	106.3	100.6	106.9	106.7	111.6
1992	91.81	27.77	30.47	27.59	33.56	112.7	115.1	109.3	107.9	114.3
1993	134.62	34.44	49.93	43.65	50.25	123.5	106.9	134.4	129.7	128.3
1994	187.23	49.10	67.51	57.80	70.61	116.5	107.7	119.6	117.1	120.7
1995	235.81	61.52	80.79	65.22	93.49	114.5	112.6	114.9	108.3	115.7
1996	267.20	69.05	84.59	66.64	113.56	111.4	105.9	110.4	107.7	116.5
1997	304.49	78.59	92.22	70.98	133.69	112.5	113.9	108.8	106.3	115.2
1998	339.55	83.44	99.73	76.71	156.38	111.5	108.4	110.3	110.3	114.8
1999	356.99	85.26	101.99	77.23	169.73	109.4	107.4	108.1	106.4	111.7
2000	377.94	87.66	105.37	79.09	184.91	107.7	100.7	104.6	105.4	113.9
2001	418.17	90.74	113.16	85.25	214.26	108.8	102.2	106.4	106.7	113.2
2002	463.18	94.35	125.56	93.39	243.27	110.9	107.7	112.0	112.2	111.6
2003	521.78	99.70	152.35	109.62	269.73	110.9	103.7	119.3	113.4	109.4
2004	619.12	107.68	193.38	137.83	318.06	113.2	105.9	118.2	116.8	113.1
2005	727.90	124.25	231.21	165.18	372.44	113.4	108.2	115.6	115.0	114.0
2006	880.11	144.34	297.31	221.29	438.46	116.8	108.4	125.3	129.9	114.4
2007	1089.07	178.00	372.27	284.09	538.80	117.4	107.3	121.2	124.2	117.9
2008	1320.43	203.11	457.94	352.27	659.39	114.7	105.3	114.8	116.9	117.4
2009	1524.71	212.38	527.46	395.80	784.88	115.1	105.8	117.0	113.5	116.3
2010	1800.26	244.43	651.88	483.78	903.94	114.2	105.7	117.8	115.9	113.7
2011	2211.44	305.55	829.61	612.59	1076.28	113.5	105.7	118.3	118.1	112.2
2012	2503.18	322.96	960.75	706.11	1219.48	112.3	105.2	118.1	118.7	109.6
2013	2803.54	349.93	1110.89	820.60	1342.73	110.3	104.8	114.6	114.8	108.1
2014	3148.32	354.69	1251.54	923.49	1542.09	108.5	104.2	109.9	110.3	108.2
2015	3410.08	371.10	1345.15	1000.37	1693.83	108.6	104.1	110.4	111.4	107.9
2016	3703.33	395.93	1426.50	1063.14	1880.90	107.0	103.2	105.8	105.6	108.8

22—2 续表 continued

年 份 Year	全社会固定资产投资(不含农户)(亿元) Total Investment in Fixed Assets (excluding rural registents) (100 million yuan)	社会消费品零售总额(亿元) Total Retail Sales of Consumer Goods (100 million yuan)	进出口(万美元) Total Import & Export (USD 10 000)	#出口 Exports	财政收入(亿元) Finance Revenue (100 million yuan)	#公共财政预算收入 Public Budget Income	公共财政预算支出(亿元) Public Budget Expenditure (100 million yuan)	城镇居民人均可支配收入(元) Per Capita Annual Disposable Income of Urban Households (yuan)	农村居民人均纯收入(元) Per Capita Annual Net Income of Rural Households (yuan)
1978	1.77	3.47			2.01	2.01	0.71		88
1979	2.47	4.02			1.98	1.98	0.60		105
1980	1.67	4.94			2.37	2.37	0.74	386	107
1981	1.34	5.50			2.45	2.45	0.74	445	135
1982	1.65	6.24			2.60	2.60	0.81	478	158
1983	1.96	6.93			2.63	2.63	0.77	513	239
1984	2.39	8.42			2.74	2.74	0.95	624	316
1985	4.46	11.72			3.54	3.54	1.80	716	367
1986	5.93	12.50			3.89	3.89	2.67	851	404
1987	6.80	15.16			4.41	4.41	2.90	949	461
1988	9.15	20.59			5.11	5.11	4.05	1166	521
1989	7.39	23.79			5.74	5.74	3.94	1274	574
1990	7.59	25.16	13732	9983	6.39	6.39	4.77	1454	624
1991	8.44	30.63	15884	11153	7.01	7.01	4.84	1659	683
1992	11.36	36.76	15903	10121	7.35	7.35	4.84	2106	778
1993	23.65	52.09	23324	9463	10.65	10.65	6.69	3081	912
1994	33.90	66.79	25234	9424	15.02	7.35	8.58	4543	1093
1995	56.35	83.99	17594	6988	17.11	9.12	9.46	5544	1326
1996	64.39	100.66	13703	6210	19.05	10.36	10.58	5973	1553
1997	74.78	115.36	36368	29434	21.58	11.68	11.95	5931	1788
1998	82.36	128.64	39753	33228	24.52	13.16	13.99	6570	1942
1999	88.08	137.14	57100	40094	27.01	14.97	17.29	6847	2079
2000	113.17	212.43	66164	51238	36.46	21.65	29.07	7448	1791
2001	121.41	231.35	53733	43053	45.29	29.19	34.86	7906	1954
2002	145.56	256.78	49668	40746	52.53	31.28	45.26	8796	2111
2003	190.36	288.45	65792	51143	61.06	36.24	52.50	9162	2231
2004	262.76	332.05	63625	52421	74.63	43.25	62.12	8059	2467
2005	362.90	380.34	71916	57716	100.22	45.20	73.55	9203	2680
2006	447.22	438.20	92853	71681	120.36	56.62	93.08	10193	3033
2007	560.22	518.81	128596	101316	150.84	70.15	118.00	11877	3462
2008	693.44	647.46	186666	158604	191.17	92.88	166.08	14446	4001
2009	1043.91	757.01	278735	238172	231.37	120.46	203.55	16254	4385
2010	1483.02	905.93	220407	158638	300.88	156.10	261.28	18032	5005
2011	2018.95	1073.15	251042	166236	363.52	186.29	301.85	20005	5848
2012	2585.18	1255.59	414678	251734	422.00	229.72	376.51	22561	6777
2013	2475.01	1450.84	442117	235270	473.66	256.25	418.40	24817	7685
2014	2933.87	1616.90	481410	261702	526.59	274.85	465.77	27075	8576
2015	3366.89	1786.68	585153	325095	572.48	297.05	527.69	29106	9408
2016	3824.73	1980.36	628556	319017	613.87	312.79	586.98	30728	11398

注：1. 城镇居民人均可支配收入2004年（含2004年）以前为城市居民人均可支配收入。

2. 2000年以后农民人均纯收入统计口径调整。2014年后口径调整为农村居民人均可支配收入。

Note:1. The statistical range of indicator "Per Capita Annual Disposable Income of Urban Households" is the household in cities in and before 2004.

2. After 2000，2014 the statistical range of Per Capita Net Income of Farmers has been adjusted.

22－3　柳州市主要经济指标情况（1978－2016年）
Main Economic Indicators of Liuzhou（1978－2016）

年　份 Year	生产总值（按当年价格，亿元）Gross Domestic Product (current prices, 100 million yuan)	第一产业 Primary Industry	第二产业 Secondary Industry	#工业 Industry	第三产业 Tertiary Industry	生产总值指数（上年=100）Indices of Gross Domestic Product (preceding year=100)	第一产业 Primary Industry	第二产业 Secondary Industry	#工业 Industry	第三产业 Tertiary Industry
1978	9.89	2.70	4.86	4.53	2.33	106.6	104.7	106.4	107.2	109.5
1979	10.87	2.76	5.31	4.94	2.80	104.5	98.8	106.8	108.1	106.6
1980	12.26	3.16	6.11	5.67	2.99	112.9	104.8	116.7	116.5	114.2
1981	13.47	3.73	6.56	6.09	3.18	106.4	110.7	104.9	106.2	105.0
1982	14.10	3.99	6.68	6.23	3.43	105.2	103.4	105.0	105.6	107.3
1983	16.29	4.31	7.76	7.27	4.23	109.9	105.5	108.9	109.0	116.1
1984	18.74	4.57	9.14	8.40	5.04	114.0	101.8	121.1	120.4	112.5
1985	23.16	5.18	11.53	10.77	6.45	120.1	102.2	127.9	128.2	119.6
1986	26.87	5.94	13.57	12.50	7.36	113.2	105.7	118.5	119.4	107.3
1987	35.51	6.93	18.87	17.27	9.72	117.0	108.9	115.4	114.2	126.4
1988	42.78	8.12	21.53	19.79	13.13	107.6	96.5	105.4	105.9	118.9
1989	49.01	9.61	24.06	22.43	15.34	102.7	111.2	100.8	101.8	102.3
1990	52.80	11.98	24.23	22.88	16.59	102.8	106.4	100.6	101.0	104.9
1991	61.67	11.97	28.85	26.41	20.85	111.5	98.1	113.9	113.5	117.0
1992	76.34	13.73	36.49	33.42	26.12	119.2	115.1	120.2	120.5	120.2
1993	105.48	16.23	56.71	52.77	32.54	110.3	105.0	123.0	123.8	101.7
1994	141.56	21.04	78.94	72.80	41.57	115.1	100.7	130.7	130.4	105.6
1995	177.64	29.25	93.46	85.68	54.93	116.5	114.7	117.8	116.8	115.8
1996	178.75	31.93	82.52	73.56	64.30	102.2	108.3	98.7	97.4	104.0
1997	201.07	33.54	91.26	82.07	76.27	115.0	110.8	110.4	110.8	122.8
1998	216.86	34.74	96.04	87.48	86.08	107.9	101.8	105.6	106.7	113.0
1999	228.37	35.60	99.09	91.10	93.68	107.3	106.8	105.9	106.3	109.1
2000	251.56	37.36	107.26	99.70	106.93	109.0	105.3	108.7	109.6	110.7
2001	283.68	39.40	119.84	111.59	124.45	111.1	106.8	112.2	112.8	111.4
2002	314.63	42.86	135.51	124.07	136.27	113.7	106.9	117.8	115.8	111.7
2003	361.57	44.61	168.73	150.61	148.23	111.9	104.6	117.2	112.4	108.7
2004	440.83	54.56	226.06	203.54	160.21	114.2	107.9	120.4	120.5	109.0
2005	512.00	58.95	266.11	241.78	186.95	114.0	107.3	117.5	118.6	111.6
2006	622.34	65.75	345.79	319.71	210.79	115.2	108.0	121.0	122.5	109.3
2007	755.12	77.20	437.93	407.55	239.99	115.6	106.8	119.4	119.9	112.2
2008	905.26	85.52	543.66	505.78	276.08	114.1	105.1	118.6	119.2	109.0
2009	1046.05	90.45	636.43	588.07	319.18	116.3	105.4	120.1	119.1	112.4
2010	1315.31	109.48	839.96	776.84	365.87	115.8	105.4	120.4	119.9	109.8
2011	1579.72	135.86	1003.68	923.21	440.17	110.8	105.7	111.7	111.3	110.3
2012	1820.61	147.38	1147.36	1055.69	525.87	111.5	106.1	111.7	111.6	112.6
2013	2010.05	159.29	1274.93	1166.65	575.84	110.0	105.0	111.6	111.0	107.6
2014	2208.51	160.01	1312.54	1191.11	735.90	108.5	103.3	108.5	108.6	109.7
2015	2298.62	167.10	1300.11	1174.93	831.41	107.2	103.3	105.2	105.2	112.4
2016	2476.94	179.46	1361.81	1232.52	935.67	107.3	103.1	105.7	105.9	110.5

22—3 续表 continued

年 份 Year	全社会固定资产投资(不含农户)(亿元) Total Investment in Fixed Assets (excluding rural registents) (100 million yuan)	社会消费品零售总额(亿元) Total Retail Sales of Consumer Goods (100 million yuan)	进出口(万美元) Total Import & Export (USD 10 000)	#出口 Exports	财政收入(亿元) Finance Revenue (100 million yuan)	#公共财政预算收入 Public Budget Income	公共财政预算支出(亿元) Public Budget Expenditure (100 million yuan)	城镇居民人均可支配收入(元) Per Capita Annual Disposable Income of Urban Households (yuan)	农村居民人均纯收入(元) Per Capita Annual Net Income of Rural Households (yuan)
1978	1.23	3.63			2.79	2.79	1.15		82
1979	0.96	3.93			2.99	2.99	0.73		91
1980	1.73	4.75			2.96	2.96	0.79	384	81
1981	1.33	5.45			3.24	3.24	0.80	431	103
1982	1.68	6.04			3.41	3.41	0.96	467	159
1983	1.81	6.61			2.92	2.92	0.97	489	254
1984	2.99	7.30			3.34	3.34	1.17	586	270
1985	4.88	9.43			4.37	4.37	1.95	668	316
1986	5.37	10.96			4.91	4.91	3.32	841	352
1987	8.67	12.54			5.76	5.76	3.95	966	392
1988	9.76	16.97			6.43	6.43	4.10	1119	453
1989	7.63	18.25			7.23	7.23	4.88	1260	518
1990	6.59	18.84			7.55	7.55	5.26	1515	586
1991	10.71	21.66			7.81	7.69	5.35	1794	694
1992	15.64	26.54			8.40	8.40	5.72	2105	783
1993	35.34	39.75			13.10	13.10	9.22	3267	890
1994	45.78	48.38			17.07	6.92	8.35	3912	1120
1995	38.68	60.48			18.78	8.26	9.71	4508	1440
1996	40.54	63.06			18.34	7.78	11.68	4805	1701
1997	41.36	72.65			20.90	9.32	12.06	5457	2035
1998	46.17	74.45			25.74	13.05	13.95	5552	2155
1999	45.46	77.43			27.93	13.93	16.60	5328	2183
2000	44.83	81.15			33.09	16.86	19.48	5740	1658
2001	50.77	94.57	21317	14022	42.20	21.76	27.43	7547	1797
2002	75.78	102.86	26813	14632	49.00	23.24	30.77	7928	1954
2003	109.37	90.90	28454	13922	58.19	27.13	38.37	8370	2082
2004	141.32	175.50	59342	19236	67.74	29.81	43.73	9155	2250
2005	171.76	200.25	69599	21250	80.19	28.18	49.48	9556	2534
2006	200.69	230.50	101256	39472	95.20	34.85	62.61	11002	2914
2007	302.04	274.08	133110	68613	116.38	40.37	74.93	12866	3497
2008	430.30	344.33	202586	93049	140.13	52.44	96.36	14474	3956
2009	681.86	400.98	167882	36484	157.64	61.41	127.48	16017	4330
2010	1004.88	480.00	281894	62952	201.18	74.64	155.03	17766	4935
2011	1304.57	568.80	278372	92446	229.60	89.45	184.29	19615	5721
2012	1683.13	661.84	311234	90678	260.18	113.55	221.17	22181	6746
2013	1566.71	758.42	288429	87472	285.06	125.12	240.58	24355	7663
2014	1810.94	858.20	226825	80197	316.55	133.16	261.61	26693	8606
2015	2082.89	944.11	222657	77924	343.81	146.68	309.72	28722	9449
2016	2338.61	1045.13	1353756	459085	370.16	159.16	339.56	30270	11107

注：1. 城镇居民人均可支配收入2004年（含2004年）以前为城市居民人均可支配收入。

2. 2000年以后农民人均纯收入统计口径调整。2014年后口径调整为农村居民人均可支配收入。

Note:1. The statistical range of indicator "Per Capita Annual Disposable Income of Urban Households" is the household in cities in and before 2004.

2. After 2000，2014 the statistical range of Per Capita Net Income of Farmers has been adjusted.

22－4　桂林市主要经济指标情况（1978－2016年）
Main Economic Indicators of Guilin（1978－2016）

年　份 Year	生产总值（按当年价格，亿元）Gross Domestic Product (current prices, 100 million yuan)	第一产业 Primary Industry	第二产业 Secondary Industry	#工业 Industry	第三产业 Tertiary Industry	生产总值指数（上年=100）Indices of Gross Domestic Product (preceding year=100)	第一产业 Primary Industry	第二产业 Secondary Industry	#工业 Industry	第三产业 Tertiary Industry
1978	11.22	4.87	3.96	3.66	2.39	111.2	105.1	109.9	109.7	123.8
1979	12.57	5.70	4.32	3.94	2.55	108.3	111.1	107.8	106.1	103.3
1980	13.76	6.11	4.73	4.26	2.92	103.7	97.9	109.2	108.3	107.6
1981	14.54	6.44	4.85	4.28	3.25	103.3	102.9	99.9	98.4	109.8
1982	15.96	7.36	4.95	4.36	3.65	107.4	109.0	103.6	103.6	110.0
1983	17.71	8.26	5.35	4.77	4.10	107.4	107.4	106.1	107.6	109.2
1984	19.69	8.54	6.02	5.26	5.13	109.9	100.5	114.4	114.5	120.9
1985	24.42	10.47	7.54	6.55	6.40	114.9	107.4	121.1	118.1	118.4
1986	28.54	11.30	9.31	7.89	7.93	109.5	102.3	113.0	113.5	114.9
1987	34.47	12.92	11.37	9.16	10.19	110.4	100.7	111.8	108.1	120.6
1988	41.82	16.08	13.21	11.00	12.53	105.3	101.7	105.6	107.3	108.7
1989	45.06	16.96	14.23	12.22	13.87	100.8	104.9	100.4	102.7	97.1
1990	49.88	20.45	14.44	12.36	15.00	103.0	102.4	101.7	102.0	105.3
1991	57.13	22.20	17.01	15.06	17.93	113.5	109.3	116.8	120.9	116.1
1992	70.87	25.95	23.27	20.42	21.64	117.8	110.3	131.4	132.2	114.2
1993	96.93	32.33	35.29	30.65	29.31	119.8	107.9	137.2	138.5	118.2
1994	134.28	50.33	43.41	37.88	40.54	112.4	111.2	113.1	113.7	113.0
1995	178.03	65.00	57.62	49.75	55.41	118.5	119.4	117.4	114.9	118.9
1996	223.11	80.71	69.17	59.33	73.22	121.0	116.8	120.3	119.9	126.7
1997	247.31	90.03	74.85	64.18	82.42	111.9	118.2	106.9	106.5	110.7
1998	259.64	90.67	82.92	70.89	86.05	107.8	102.7	113.7	113.8	107.4
1999	278.32	96.27	85.33	72.39	96.72	109.5	106.2	109.2	108.5	113.3
2000	302.49	99.50	93.57	79.49	109.42	110.1	105.2	111.3	111.7	113.6
2001	332.53	104.96	101.41	86.81	126.16	109.8	107.3	109.1	110.5	112.7
2002	360.78	107.50	112.47	95.60	140.81	109.2	102.5	111.6	110.9	112.8
2003	391.54	105.63	139.89	117.51	146.02	109.8	106.0	112.1	110.2	110.5
2004	459.16	118.05	170.73	143.52	170.38	113.1	109.2	115.9	115.8	113.4
2005	512.03	119.89	186.99	155.67	205.15	113.6	107.9	118.8	119.9	112.7
2006	595.52	133.42	234.83	200.34	227.27	112.2	106.5	116.3	117.8	111.8
2007	724.05	157.72	290.76	250.60	275.56	114.8	105.8	121.2	122.7	113.7
2008	851.59	171.42	357.46	308.71	322.71	112.9	106.0	118.2	119.7	111.1
2009	948.23	177.90	412.00	354.05	358.33	113.8	105.3	117.6	116.7	113.9
2010	1103.56	203.31	492.35	417.93	407.89	113.8	104.8	120.7	120.2	110.3
2011	1327.57	247.11	615.08	519.85	465.37	111.8	105.2	118.7	118.9	106.7
2012	1485.02	271.84	697.46	585.55	515.71	113.1	106.7	119.3	119.8	108.0
2013	1657.90	299.44	792.87	662.66	565.59	111.0	105.2	115.5	115.3	107.3
2014	1826.27	320.63	865.05	717.27	640.59	108.0	104.9	109.9	110.0	106.6
2015	1942.90	339.59	900.98	745.22	702.33	108.0	104.4	108.2	108.1	109.2
2016	2054.82	361.27	916.74	750.07	776.81	107.0	104.5	106.6	106.3	108.7

22－4 续表 continued

年 份 Year	全社会固定资产投资（不含农户）（亿元）Total Investment in Fixed Assets (excluding rural registents) (100 million yuan)	社会消费品零售总额（亿元）Total Retail Sales of Consumer Goods (100 million yuan)	进出口（万美元）Total Import & Export (USD 10 000)	#出口 Exports	财政收入（亿元）Finance Revenue (100 million yuan)	#公共财政预算收入 Public Budget Income	公共财政预算支出（亿元）Public Budget Expenditure (100 million yuan)	城镇居民人均可支配收入（元）Per Capita Annual Disposable Income of Urban Households (yuan)	农村居民人均纯收入（元）Per Capita Annual Net Income of Rural Households (yuan)
1978	0.91	4.17			0.92				
1979	0.98	4.74			0.94				
1980	1.48	5.60			0.96				
1981	1.38	6.00			1.09				
1982	1.73	6.34			1.24				
1983	1.73	6.70			1.40				
1984	1.76	8.03			1.56				
1985	3.27	11.02			1.74				
1986	5.75	12.17			2.07				
1987	8.77	15.17			2.74				
1988	9.58	19.88	435	435	3.72				
1989	7.60	20.71	1841	1653	4.65				
1990	7.34	22.22	2696	1791	5.07				513
1991	7.50	24.86	4143	2737	8.03				689
1992	12.71	28.84	5185	4278	8.87				735
1993	25.36	37.57	8404	5736	9.48				872
1994	33.09	50.75	9204	8454	12.86				1137
1995	42.58	67.28	19114	16360	15.32				1575
1996	53.02	82.49	23661	14763	17.97				2075
1997	58.62	90.30	24253	16044	20.68				2347
1998	63.20	95.92	23945	13300	22.73	14.76	19.92		2570
1999	69.83	104.17	20887	11267	23.16	15.21	21.77		2673
2000	79.23	113.52	26167	12909	24.22	15.89	24.15		2878
2001	88.51	124.12	21277	11940	29.52	20.52	30.92		2063
2002	97.41	136.04	23813	14158	32.90	20.19	36.57		2195
2003	111.05	103.95	26227	16488	37.04	22.13	40.95		2354
2004	146.90	142.88	35468	23861	42.74	25.52	45.09	8149	2638
2005	198.73	164.78	44155	30843	51.61	24.78	54.62	9268	3003
2006	260.87	191.17	58426	42871	59.33	29.70	64.80	10713	3391
2007	403.05	228.79	79243	53074	72.50	36.32	84.67	12908	3908
2008	485.96	284.77	101058	69541	85.55	45.18	117.15	14636	4465
2009	659.35	330.92	73600	51547	97.64	55.15	141.71	16221	4833
2010	908.56	391.53	90743	62220	121.08	67.08	183.59	17949	5487
2011	1140.53	462.36	95655	71700	141.94	80.75	232.67	19882	6325
2012	1462.40	536.35	97487	78858	163.56	106.01	261.33	22300	7328
2013	1390.32	604.03	92370	75889	180.37	111.00	286.56	24552	8361
2014	1627.30	682.87	94327	77225	195.18	123.89	304.43	26811	9431
2015	1970.83	751.96	88271	77420	209.19	134.53	356.04	28768	10365
2016	2131.62	836.45	89500	78700	223.76	145.33	399.03	30124	12176

注：1. 城镇居民人均可支配收入2004年（含2004年）以前为城市居民人均可支配收入。
2. 2000年以后农民人均纯收入统计口径调整。2014年后口径调整为农村居民人均可支配收入。

Note:1. The statistical range of indicator "Per Capita Annual Disposable Income of Urban Households" is the household in cities in and before 2004.
2. After 2000，2014 the statistical range of Per Capita Net Income of Farmers has been adjusted.

22－5 梧州市主要经济指标情况（1978－2016年）
Main Economic Indicators of Wuzhou（1978－2016）

年份 Year	生产总值(按当年价格，亿元) Gross Domestic Product (current prices, 100 million yuan)	第一产业 Primary Industry	第二产业 Secondary Industry	#工业 Industry	第三产业 Tertiary Industry	生产总值指数(上年=100) Indices of Gross Domestic Product (preceding year=100)	第一产业 Primary Industry	第二产业 Secondary Industry	#工业 Industry	第三产业 Tertiary Industry
1978	6.07	3.07	1.77	1.64	1.22	125.2	109.8	172.9	175.3	117.0
1979	6.32	3.17	1.87	1.68	1.28	113.8	123.4	107.7	105.7	101.3
1980	6.99	3.42	2.11	1.91	1.46	105.6	107.3	103.4	103.0	104.5
1981	7.88	3.46	2.46	2.22	1.96	109.2	93.4	116.0	116.8	130.5
1982	9.07	4.23	2.73	2.43	2.11	106.2	111.7	106.3	160.1	104.6
1983	9.85	4.50	2.81	2.52	2.49	105.2	104.0	100.8	99.7	113.5
1984	10.62	5.03	2.89	2.59	2.70	105.7	107.4	102.5	103.2	106.0
1985	12.68	5.75	3.54	3.14	3.40	97.4	110.5	116.1	114.0	115.4
1986	14.41	6.20	4.02	3.58	4.18	127.8	107.3	107.7	109.1	117.1
1987	17.91	7.68	5.17	4.65	5.06	113.2	111.8	114.3	115.9	114.4
1988	21.96	9.16	6.43	5.71	6.36	109.2	103.9	112.5	110.9	114.1
1989	25.35	10.61	7.25	6.48	7.49	106.1	108.1	105.0	107.5	104.6
1990	30.69	13.08	7.09	6.36	10.52	119.7	114.5	104.6	102.0	142.9
1991	35.02	14.31	7.86	7.04	12.85	117.3	114.5	113.9	118.7	125.1
1992	45.24	17.51	11.03	9.75	16.70	116.6	111.1	109.4	106.4	129.5
1993	59.36	21.16	17.51	15.67	20.69	120.5	109.0	155.1	162.0	112.7
1994	73.24	27.81	21.77	19.29	23.66	104.4	102.6	114.6	114.1	98.0
1995	86.27	32.72	25.00	21.75	28.56	105.9	106.9	105.5	103.3	105.0
1996	96.55	35.96	28.98	25.69	31.60	108.5	106.1	115.8	118.0	104.4
1997	107.21	37.57	33.95	29.91	35.69	112.4	105.2	119.3	119.0	113.9
1998	112.00	38.85	34.19	29.63	38.96	105.5	99.7	105.0	104.2	112.9
1999	115.78	39.95	34.67	30.51	41.16	108.2	107.5	107.3	108.9	109.7
2000	127.08	41.77	38.51	33.27	46.79	108.1	101.9	110.2	108.9	112.1
2001	139.05	43.13	41.64	35.86	54.28	108.4	105.2	107.8	108.1	111.8
2002	153.16	46.10	47.06	39.86	60.00	110.2	106.8	111.5	109.7	111.9
2003	162.00	40.22	56.02	46.32	65.76	109.5	100.8	120.2	116.5	107.6
2004	196.61	47.74	75.93	60.42	72.95	114.2	109.7	124.8	119.9	108.1
2005	228.40	49.83	97.61	81.07	80.96	114.6	105.8	121.0	119.4	114.1
2006	270.42	52.96	126.23	109.40	91.22	114.6	105.2	123.0	127.6	110.2
2007	319.57	59.67	165.00	145.61	94.91	115.6	102.8	126.6	129.0	108.4
2008	400.12	66.45	215.50	190.96	118.17	114.9	104.1	123.6	124.9	107.0
2009	453.65	69.53	246.60	215.91	137.52	117.6	106.6	123.7	122.9	113.0
2010	579.28	79.96	341.23	304.60	158.10	117.8	104.8	125.3	126.8	110.2
2011	742.49	96.02	465.84	422.43	180.62	114.3	105.6	119.6	120.9	107.4
2012	832.58	104.84	525.22	479.88	202.52	113.6	105.1	117.5	119.0	108.5
2013	991.71	115.32	654.83	605.03	221.55	113.2	104.8	116.8	117.5	107.9
2014	1062.00	117.18	646.06	595.31	298.76	106.0	102.1	107.0	107.8	105.0
2015	1078.65	122.44	623.96	572.62	332.25	108.3	103.9	108.1	108.4	110.6
2016	1175.65	131.31	679.35	627.01	364.99	107.6	103.3	108.6	109.2	107.2

22－5 续表 continued

年 份 Year	全社会固定资产投资(不含农户)(亿元) Total Investment in Fixed Assets (excluding rural registents) (100 million yuan)	社会消费品零售总额(亿元) Total Retail Sales of Consumer Goods (100 million yuan)	进出口(万美元) Total Import & Export (USD 10 000)	#出口 Exports	财政收入(亿元) Finance Revenue (100 million yuan)	#公共财政预算收入 Public Budget Income	公共财政预算支出(亿元) Public Budget Expenditure (100 million yuan)	城镇居民人均可支配收入(元) Per Capita Annual Disposable Income of Urban Households (yuan)	农村居民人均纯收入(元) Per Capita Annual Net Income of Rural Households (yuan)
1978	0.33	2.53			0.90	0.90	0.60	442	85
1979	0.40	2.78			0.82	0.82	0.56	449	88
1980	0.50	3.30			0.95	0.95	0.61	458	94
1981	0.58	3.61		16735	1.04	1.04	0.71	459	93
1982	0.84	3.79		16577	1.06	1.06	0.75	486	133
1983	0.90	4.01		16374	1.05	1.05	0.81	472	230
1984	0.88	4.40		14713	1.14	1.14	1.02	589	264
1985	1.31	6.15		15454	1.42	1.42	1.21	776	327
1986	2.00	7.17		19573	1.54	1.54	1.77	942	385
1987	2.41	8.57	29089	20611	1.89	1.89	1.95	1093	453
1988	3.32	10.82	28502	19393	2.34	2.34	2.43	1571	516
1989	3.94	11.74	23785	18333	2.62	2.62	2.86	1724	555
1990	4.10	12.10	22940	19171	2.71	2.71	3.26	1890	598
1991	5.00	13.89	24707	19556	3.44	3.44	3.49	2314	662
1992	9.72	17.53	37416	23636	3.75	3.75	4.02	2315	803
1993	16.51	23.10	44064	24692	5.16	5.16	4.92	3246	1054
1994	19.55	31.61	47494	26422	4.07	3.29	5.32	4309	1247
1995	24.86	37.76	42880	23103	6.61	4.13	5.85	4909	1565
1996	21.48	42.49	24490	16105	7.58	4.65	6.36	4945	2015
1997	23.10	46.21	21211	13956	8.18	5.31	6.87	4934	2212
1998	23.95	48.27	18951	9781	8.84	5.92	8.25	4838	2302
1999	13.42	52.17	17340	9818	9.08	6.16	8.96	5415	2394
2000	20.73	57.55	19569	12400	9.88	6.87	10.27	5221	2442
2001	26.32	63.32	10621	14300	11.32	8.12	13.76	5838	1784
2002	30.14	69.54	15406	18293	12.59	8.20	16.46	6282	1897
2003	41.70	76.40	21223	21975	14.26	9.17	19.25	6785	2007
2004	73.04	71.31	37304	25724	17.64	11.94	22.02	7062	2292
2005	99.89	85.55	45805	29260	20.25	11.99	27.21	8118	2575
2006	121.94	98.04	44051	29073	23.08	13.71	33.84	9449	2879
2007	151.37	115.59	51494	32191	27.03	15.27	43.66	11362	3252
2008	198.31	146.54	50845	36114	32.42	18.13	50.91	13268	3854
2009	330.37	171.09	55835	38763	40.06	23.49	71.71	14747	4218
2010	468.42	191.77	64221	44548	56.13	32.42	90.96	16427	4879
2011	631.65	224.08	79616	52508	76.14	44.91	118.55	18239	5651
2012	858.09	257.21	121038	44127	101.02	73.83	159.21	20563	6592
2013	850.30	292.30	176506	49932	118.23	85.74	175.95	22537	7475
2014	926.36	328.30	124948	50777	122.42	90.45	184.05	24272	8342
2015	1061.33	364.93	567181	285673	123.74	92.37	214.73	25898	9051
2016	1168.51	395.95	61037	39424	128.55	95.61	227.99	27260	10142

注：1. 城镇居民人均可支配收入2004年（含2004年）以前为城市居民人均可支配收入。

2. 2000年以后农民人均纯收入统计口径调整。2014年后口径调整为农村居民人均可支配收入。

Note:1. The statistical range of indicator“Per Capita Annual Disposable Income of Urban Households” is the household in cities in and before 2004.

2. After 2000，2014 the statistical range of Per Capita Net Income of Farmers has been adjusted.

22－6　北海市主要经济指标情况（1978－2016年）
Main Economic Indicators of Beihai（1978－2016）

年　份 Year	生产总值（按当年价格，亿元）Gross Domestic Product (current prices, 100 million yuan)	第一产业 Primary Industry	第二产业 Secondary Industry	#工业 Industry	第三产业 Tertiary Industry	生产总值指数（上年=100）Indices of Gross Domestic Product (preceding year=100)	第一产业 Primary Industry	第二产业 Secondary Industry	#工业 Industry	第三产业 Tertiary Industry
1978	2.86	1.72	0.78	0.73	0.35	100.8	98.8	101.9	101.2	109.6
1979	3.21	1.82	1.92	0.86	0.47	103.7	101.1	102.7	102.3	118.4
1980	3.67	1.86	1.19	0.99	0.61	110.4	104.5	123.4	110.9	116.7
1981	3.77	1.94	1.16	1.04	0.67	105.4	104.8	99.6	107.5	116.4
1982	4.44	2.48	1.14	1.01	0.83	108.4	115.8	99.5	97.0	95.1
1983	4.79	2.51	1.28	1.12	1.00	107.7	104.4	116.1	111.8	109.8
1984	5.16	2.33	1.45	1.24	1.38	110.2	98.0	100.4	108.4	171.4
1985	6.83	3.04	2.27	1.65	1.52	107.8	93.8	140.1	128.2	111.8
1986	8.01	3.28	2.77	2.10	1.96	117.7	105.7	128.3	126.1	128.8
1987	9.47	3.98	3.02	2.24	2.47	103.3	110.4	105.0	106.8	105.1
1988	12.08	5.01	3.75	3.16	3.32	110.0	105.6	120.5	124.1	106.1
1989	13.81	6.30	3.94	3.43	3.57	104.6	109.2	101.2	103.2	101.4
1990	17.61	8.05	4.78	4.19	4.78	125.6	138.9	108.4	107.2	123.0
1991	21.21	9.52	5.92	5.08	5.77	107.9	98.1	116.7	114.0	117.8
1992	31.55	11.94	9.82	7.37	9.79	142.1	115.5	164.3	150.0	162.3
1993	54.31	15.03	20.51	12.78	18.77	146.3	104.3	179.2	162.0	160.4
1994	75.45	19.72	28.24	20.94	27.49	118.1	111.6	123.7	140.0	116.6
1995	88.26	26.16	27.61	21.04	34.49	102.6	117.9	89.2	89.6	108.1
1996	91.62	29.23	24.04	18.63	40.03	102.6	105.7	94.3	97.9	108.7
1997	95.33	29.99	26.03	21.85	39.31	101.6	101.1	101.0	105.6	102.4
1998	102.63	32.58	30.02	24.19	40.03	109.4	108.7	115.0	111.8	105.2
1999	107.63	34.96	29.75	24.63	42.97	106.9	107.4	103.7	105.9	109.6
2000	113.67	35.46	31.81	26.98	46.40	107.7	103.8	110.0	112.7	108.6
2001	123.44	37.39	33.87	29.26	52.18	109.3	103.4	115.6	119.8	109.4
2002	134.39	39.43	36.77	31.05	58.19	110.4	104.6	113.5	112.3	112.3
2003	140.14	39.08	42.82	33.29	58.24	111.8	102.9	123.6	116.4	110.7
2004	155.53	42.76	51.92	44.57	60.85	111.3	103.1	120.2	123.7	110.7
2005	164.61	51.76	49.81	41.64	63.04	121.9	107.9	137.8	139.9	123.9
2006	179.25	56.08	59.32	50.36	63.85	110.9	104.2	118.9	120.9	110.2
2007	225.95	63.53	71.79	61.32	90.62	117.9	104.8	128.0	130.6	119.5
2008	276.50	70.60	96.60	82.50	109.30	116.8	103.7	125.8	126.0	117.8
2009	321.06	77.07	118.40	100.70	125.60	116.2	104.7	123.0	122.0	116.5
2010	401.41	87.17	167.88	144.92	146.36	117.6	103.7	132.3	133.5	110.0
2011	496.60	115.50	207.40	176.10	173.80	118.2	103.1	131.9	132.9	111.4
2012	630.09	127.37	303.75	267.77	198.97	121.7	104.3	138.3	141.9	108.7
2013	735.00	142.81	373.65	332.78	218.53	113.3	104.1	119.1	119.8	108.1
2014	856.54	149.49	454.51	407.81	252.54	112.4	101.9	118.7	119.7	105.7
2015	891.94	159.35	450.13	401.25	282.46	111.4	103.2	113.2	113.9	111.4
2016	1006.98	175.09	516.14	464.42	315.75	108.6	104.1	109.6	109.9	109.7

22－6 续表 continued

年 份 Year	全社会固定资产投资（不含农户）（亿元） Total Investment in Fixed Assets (excluding rural registents) (100 million yuan)	社会消费品零售总额（亿元） Total Retail Sales of Consumer Goods (100 million yuan)	进出口（万美元） Total Import & Export (USD 10 000)	#出口 Exports	财政收入（亿元） Finance Revenue (100 million yuan)	#公共财政预算收入 Public Budget Income	公共财政预算支出（亿元） Public Budget Expenditure (100 million yuan)	城镇居民人均可支配收入（元） Per Capita Annual Disposable Income of Urban Households (yuan)	农村居民人均纯收入（元） Per Capita Annual Net Income of Rural Households (yuan)
1978	0.27	1.15	3005	3005	0.32	0.32	0.21		
1979	0.29	1.31	3040	3040	0.33	0.33	0.23		
1980	1.01	1.67	3893	3893	0.37	0.37	0.30		
1981	0.61	1.94	3676	3676	0.40	0.40	0.33		
1982	0.64	2.24	3948	3948	0.45	0.45	0.34		
1983	0.55	2.46	4192	4191	0.46	0.46	0.31	539	239
1984	1.06	2.75	3731	3731	0.52	0.52	0.54	754	316
1985	2.03	3.84	10236	9218	0.78	0.78	0.73	828	400
1986	2.77	4.69	8409	7389	0.86	0.86	1.21	998	417
1987	2.65	5.00	10634	9218	0.93	0.93	1.14	1122	458
1988	3.01	6.77	8353	6929	1.10	1.10	1.10	1296	546
1989	2.35	6.74	16828	8794	1.32	1.32	1.65	1376	586
1990	3.11	7.07	14510	8998	1.59	1.59	1.82	1591	738
1991	3.85	7.86	17182	8462	1.95	1.95	2.25	1910	786
1992	10.05	9.72	24409	9430	2.85	2.85	2.70	2727	869
1993	36.58	15.42	13865	9318	5.68	5.68	5.27	4516	1281
1994	34.75	18.61	16592	8373	6.77	5.33	6.88	5649	1635
1995	25.81	21.57	39655	8260	8.30	5.87	7.96	6365	2224
1996	17.48	24.01	26976	7768	7.69	4.95	6.08	6396	2348
1997	17.58	26.30	32096	10406	8.41	5.46	5.95	6558	2394
1998	24.11	28.68	19381	15178	9.70	6.63	8.26	6301	2366
1999	25.65	31.16	16812	13250	10.69	7.56	8.79	6483	2427
2000	21.83	34.01	7403	4876	10.20	6.54	8.98	6167	2155
2001	19.94	37.34	7327	5040	10.68	6.85	10.72	7013	2265
2002	26.60	40.75	10782	6738	11.63	7.19	13.33	7692	2454
2003	43.06	34.24	14429	8668	13.06	8.27	13.21	8015	2587
2004	51.40	40.71	15073	10656	15.32	9.72	14.63	8773	2790
2005	51.40	46.24	20079	13770	19.27	10.86	17.77	9520	3180
2006	67.24	53.41	29172	19574	23.10	14.04	24.98	10380	3414
2007	87.40	64.36	49838	30671	30.03	19.02	33.57	12334	3846
2008	200.30	82.08	71075	43863	27.03	14.34	31.26	13989	4309
2009	321.85	95.40	79643	47351	35.75	17.22	50.99	15134	4697
2010	485.26	108.00	137122	83948	47.10	27.51	63.04	16798	5426
2011	603.19	127.29	171242	113143	57.50	37.06	84.64	18656	6249
2012	725.36	146.51	207820	118382	100.10	41.13	98.73	21202	7227
2013	674.90	167.30	269833	136611	113.60	42.11	99.47	23407	8239
2014	797.71	185.81	350016	175176	127.39	47.25	104.97	25818	9079
2015	932.54	202.99	379048	189211	142.99	47.61	131.76	27729	9923
2016	1011.10	225.34	310157	167007	166.31	50.07	150.06	29412	11622

注：1. 城镇居民人均可支配收入2004年（含2004年）以前为城市居民人均可支配收入。

2. 2000年以后农民人均纯收入统计口径调整。2014年后口径调整为农村居民人均可支配收入。

Note:1. The statistical range of indicator “Per Capita Annual Disposable Income of Urban Households” is the household in cities in and before 2004.

2. After 2000，2014 the statistical range of Per Capita Net Income of Farmers has been adjusted.

22—7　防城港市主要经济指标情况（1978—2016年）
Main Economic Indicators of Fangchenggang（1978—2016）

年　份 Year	生产总值（按当年价格，亿元）Gross Domestic Product (current prices, 100 million yuan)	第一产业 Primary Industry	第二产业 Secondary Industry	#工业 Industry	第三产业 Tertiary Industry	生产总值指数（上年=100）Indices of Gross Domestic Product (preceding year=100)	第一产业 Primary Industry	第二产业 Secondary Industry	#工业 Industry	第三产业 Tertiary Industry
1978	1.08	0.56	0.29	0.22	0.23	—	—	—	—	—
1980	1.26	0.68	0.30	0.21	0.28	102.5	105.4	90.3	102.1	108.7
1985	2.56	1.56	0.42	0.30	0.58	103.3	101.7	103.9	99.3	107.2
1986	3.09	1.73	0.62	0.51	0.75	124.4	118.0	143.7	164.1	127.8
1987	3.71	1.89	0.70	0.58	1.12	114.0	107.2	106.9	107.5	136.1
1988	4.68	2.34	0.86	0.65	1.48	102.6	90.5	110.8	103.3	120.6
1989	5.82	3.30	0.90	0.73	1.62	117.4	140.0	104.3	110.3	92.3
1990	6.98	4.02	1.04	0.84	1.92	110.1	104.2	121.2	119.4	115.9
1991	8.24	4.33	1.59	1.20	2.32	116.7	100.8	124.9	118.8	142.3
1992	12.38	6.08	2.02	1.37	4.29	127.9	105.1	143.0	143.2	150.8
1993	17.49	6.12	4.33	3.00	7.04	124.8	100.2	150.6	148.6	134.2
1994	24.66	8.95	7.51	5.71	8.20	122.3	120.9	151.6	160.3	104.9
1995	29.26	11.73	7.01	5.60	10.52	112.2	115.2	106.4	113.3	115.1
1996	36.66	13.96	10.27	8.17	12.43	116.8	121.0	126.4	122.3	105.3
1997	44.64	18.11	12.08	9.72	14.45	115.1	116.5	118.1	118.4	110.7
1998	49.04	19.27	13.12	10.30	16.65	112.0	109.3	111.8	109.5	114.8
1999	52.05	19.46	14.06	11.35	18.54	108.2	104.5	107.3	108.2	112.6
2000	55.03	19.99	14.28	11.57	20.77	107.4	100.6	111.0	113.2	110.0
2001	60.03	20.18	16.12	13.12	23.72	108.8	103.3	114.2	114.9	110.5
2002	66.53	20.40	20.05	17.41	26.09	113.1	102.7	129.6	138.6	110.6
2003	72.53	20.70	21.41	18.09	30.42	110.7	106.2	116.1	114.9	109.8
2004	83.32	21.67	27.38	22.34	34.28	111.7	104.8	118.9	114.3	110.8
2005	99.14	26.04	35.22	29.72	37.87	116.0	105.3	130.9	135.6	111.0
2006	122.78	29.54	48.55	41.23	44.70	119.8	107.6	132.9	133.2	116.0
2007	162.91	32.87	72.71	64.34	57.33	120.8	105.7	127.3	130.3	123.5
2008	213.34	36.45	99.38	87.94	77.50	120.2	104.9	120.7	120.3	127.9
2009	251.04	39.88	124.93	109.73	86.23	122.6	104.7	136.2	136.0	116.5
2010	320.42	47.43	159.77	138.19	113.21	117.8	105.7	120.1	117.4	119.9
2011	413.77	57.79	217.63	187.32	138.35	115.3	105.8	119.0	117.4	114.0
2012	443.99	61.16	233.56	197.64	149.28	112.2	105.7	117.8	117.8	106.5
2013	530.40	67.30	295.36	255.59	167.74	112.4	105.5	117.9	119.5	105.9
2014	588.89	70.57	340.36	298.41	177.96	110.4	101.6	115.2	117.1	105.2
2015	620.71	75.49	353.00	310.52	192.23	110.2	103.7	112.6	113.8	107.8
2016	676.04	82.60	386.26	340.88	207.18	109.1	104.0	111.5	106.5	112.1

注：2013年更新为全国第三次经济普查数据。
Note: The data in 2013 has been adjusted according to the 3rd National Economic Census.

22—7 续表 continued

年份 Year	全社会固定资产投资(不含农户)(亿元) Total Investment in Fixed Assets (excluding rural registents) (100 million yuan)	社会消费品零售总额(亿元) Total Retail Sales of Consumer Goods (100 million yuan)	进出口(万美元) Total Import & Export (USD 10 000)	#出口 Exports	财政收入(亿元) Finance Revenue (100 million yuan)	#公共财政预算收入 Public Budget Income	公共财政预算支出(亿元) Public Budget Expenditure (100 million yuan)	城镇居民人均可支配收入(元) Per Capita Annual Disposable Income of Urban Households (yuan)	农村居民人均纯收入(元) Per Capita Annual Net Income of Rural Households (yuan)
1978	0.32	0.57			0.08	0.08	0.18		72
1980	0.35	0.77			0.91	0.91	0.22		78
1985	0.58	1.12			0.17	0.17	0.41		246
1986	0.76	1.92			0.21	0.21	0.60		286
1987	0.90	2.11			0.25	0.25	0.72		296
1988	1.41	2.84			0.33	0.33	0.75		338
1989	0.68	3.34			0.50	0.50	0.89		387
1990	0.92	3.52	1348	1043	0.58	0.51	1.17		443
1991	1.90	3.68	1642	1399	0.93	0.56	1.33		535
1992	2.45	5.11	1348	1063	1.57	0.94	1.93		862
1993	8.56	6.70	1738	1049	2.92	2.92	2.71		877
1994	10.41	9.83	3730	2417	3.64	2.30	4.08		1020
1995	13.13	12.79	17715	10863	3.84	2.47	4.72		1443
1996	11.39	14.86	19800	10146	4.04	2.62	3.97	4508	1855
1997	11.88	16.56	30353	23214	4.51	3.04	4.38	5122	2269
1998	14.42	17.93	41202	28015	5.21	3.69	5.43	5456	2503
1999	14.69	19.38	33083	21789	5.42	3.86	5.47	5591	2626
2000	15.23	20.94	24073	12593	4.13	3.26	4.74	6200	1844
2001	17.53	22.66	10459	1855	4.53	3.61	6.61	6661	2026
2002	16.03	24.29	34444	5742	5.03	3.57	7.54	7664	2163
2003	19.70	17.60	48685	7358	5.61	3.84	8.37	7869	2334
2004	30.40	20.28	73486	8358	6.78	4.72	9.14	6324	2517
2005	42.96	22.89	84953	9924	8.04	4.51	10.22	7254	2704
2006	68.96	26.37	102900	11610	10.59	5.21	13.92	9113	3172
2007	103.53	31.41	145857	19495	15.76	7.74	19.08	12159	3791
2008	146.32	39.09	220775	30660	21.92	11.70	26.22	14364	4474
2009	254.10	45.33	216891	39202	27.39	18.47	40.10	16067	4930
2010	376.84	51.84	279774	77906	35.12	22.69	52.57	17831	5628
2011	491.27	61.16	410586	94431	44.35	28.30	60.77	19722	6502
2012	550.39	71.30	489826	82804	52.38	35.55	74.73	22203	7539
2013	475.45	81.43	430030	107839	59.26	40.71	88.48	24423	8557
2014	499.91	91.67	546866	150522	65.33	45.45	97.52	26523	9524
2015	549.74	101.03	860140	231166	70.64	52.05	131.72	28433	10429
2016	600.14	111.89	875753	169314	75.61	55.65	127.60	29758	12113

注：1. 城镇居民人均可支配收入2004年（含2004年）以前为城市居民人均可支配收入。

2. 2000年以后农民人均纯收入统计口径调整。2014年后口径调整为农村居民人均可支配收入。

Note:1. The statistical range of indicator "Per Capita Annual Disposable Income of Urban Households" is the household in cities in and before 2004.

2. After 2000, 2014 the statistical range of Per Capita Net Income of Farmers has been adjusted.

22－8　钦州市主要经济指标情况（1978－2016年）
Main Economic Indicators of Qinzhou（1978－2016）

年 份 Year	生产总值（按当年价格，亿元）Gross Domestic Product (current prices, 100 million yuan)	第一产业 Primary Industry	第二产业 Secondary Industry	#工业 Industry	第三产业 Tertiary Industry	生产总值指数（上年=100）Indices of Gross Domestic Product (preceding year=100)	第一产业 Primary Industry	第二产业 Secondary Industry	#工业 Industry	第三产业 Tertiary Industry
1978	4.46	2.80	0.85	0.70	0.80	107.0	97.1	137.7	116.7	121.3
1979	4.80	2.93	0.99	0.80	0.88	108.3	106.1	114.0	114.8	109.9
1980	6.15	4.01	1.15	0.93	0.99	122.0	127.6	115.5	114.3	110.6
1981	6.50	4.15	1.26	1.00	1.06	106.9	107.3	111.0	112.6	101.0
1982	7.79	5.38	1.22	0.95	1.19	113.6	120.7	93.0	90.2	110.2
1983	8.20	5.39	1.34	1.02	1.46	104.2	100.0	107.7	109.0	118.9
1984	8.40	5.26	1.42	1.07	1.72	95.6	88.3	105.0	104.4	114.0
1985	9.72	5.93	1.76	1.39	2.03	105.8	99.7	116.6	120.9	114.1
1986	11.79	7.20	2.25	1.82	2.34	111.8	108.2	125.4	126.8	108.9
1987	14.48	8.66	2.78	2.33	3.03	112.6	111.5	116.1	118.5	111.8
1988	16.70	9.12	3.36	2.81	4.22	101.4	90.1	106.3	107.3	124.7
1989	18.85	10.03	3.60	3.03	5.21	111.9	119.3	95.8	94.8	113.2
1990	23.92	13.33	4.07	3.46	6.52	119.8	108.7	136.8	143.1	128.0
1991	28.50	14.91	4.97	4.30	8.62	118.4	113.5	117.8	119.4	129.0
1992	38.79	21.28	7.19	5.82	10.33	132.1	139.5	140.7	135.1	113.7
1993	52.65	26.73	12.30	9.83	13.61	113.4	102.1	154.4	157.9	109.7
1994	70.12	37.74	15.03	12.36	17.35	110.0	113.5	108.4	109.9	104.3
1995	86.89	47.03	16.41	13.73	23.45	107.0	105.9	98.4	98.3	118.5
1996	97.82	51.81	17.54	14.00	28.47	108.9	102.7	115.0	112.4	116.1
1997	109.58	57.86	20.46	16.33	31.26	113.8	116.9	111.1	109.6	110.5
1998	118.23	62.98	22.29	17.58	32.96	111.9	112.0	116.4	116.7	108.0
1999	122.86	66.01	22.06	17.46	34.78	110.5	115.6	102.5	102.1	108.0
2000	131.25	68.69	23.49	19.49	39.07	104.7	101.9	103.4	106.9	111.5
2001	142.55	72.79	26.28	21.22	43.48	108.7	107.4	112.7	109.8	108.6
2002	148.12	71.02	29.02	22.98	48.08	110.9	109.8	112.1	109.9	111.9
2003	152.89	70.02	34.98	28.62	47.89	106.4	101.3	113.2	111.5	111.0
2004	171.25	72.67	43.99	35.91	54.60	113.3	113.3	116.2	114.8	111.3
2005	188.02	76.45	51.50	41.65	60.08	114.9	107.2	138.7	143.4	111.0
2006	235.95	84.29	79.50	68.52	72.15	115.1	105.3	131.4	136.4	113.6
2007	286.67	97.34	98.69	86.30	90.65	116.9	107.4	124.6	127.6	120.6
2008	345.75	107.77	124.85	107.37	113.13	115.4	103.4	121.3	120.3	122.0
2009	396.18	114.04	141.38	118.10	140.76	115.2	105.8	119.6	116.4	119.2
2010	520.67	132.21	218.51	187.91	169.90	118.0	104.9	130.6	131.4	115.5
2011	646.65	156.00	290.70	252.90	199.91	120.1	105.1	136.6	140.3	110.7
2012	691.32	166.81	289.15	237.24	235.35	111.8	106.5	114.4	111.5	111.6
2013	753.74	181.77	316.85	250.12	255.13	107.9	104.6	110.3	107.3	106.3
2014	854.96	193.95	338.94	250.57	322.07	109.8	104.0	113.6	110.8	107.5
2015	944.42	204.37	381.75	278.17	358.31	108.4	103.9	108.4	105.7	111.4
2016	1102.05	220.10	481.90	363.22	400.05	109.0	103.5	111.3	109.9	109.7

22－8 续表 continued

年份 Year	全社会固定资产投资(不含农户)(亿元) Total Investment in Fixed Assets (excluding rural registents) (100 million yuan)	社会消费品零售总额(亿元) Total Retail Sales of Consumer Goods (100 million yuan)	进出口(万美元) Total Import & Export (USD 10 000)	#出口 Exports	财政收入(亿元) Finance Revenue (100 million yuan)	#公共财政预算收入 Public Budget Income	公共财政预算支出(亿元) Public Budget Expenditure (100 million yuan)	城镇居民人均可支配收入(元) Per Capita Annual Disposable Income of Urban Households (yuan)	农村居民人均纯收入(元) Per Capita Annual Net Income of Rural Households (yuan)
1978	0.51	1.66			0.40	0.40	0.46		117
1979	0.57	1.93			0.42	0.42	0.44		136
1980	0.66	2.37			0.47	0.47	0.5		182
1981	0.61	2.59			0.67	0.67	0.54		206
1982	0.89	2.95			0.74	0.74	0.55		244
1983	1.01	3.29			0.61	0.61	0.51		259
1984	0.92	3.67			0.60	0.60	0.65		250
1985	0.78	4.49			0.65	0.65	0.82	620	278
1986	1.30	5.11			0.81	0.81	1.26	745	302
1987	1.27	6.14			0.93	0.93	1.4	865	455
1988	1.96	7.70			1.12	1.12	1.63	1242	506
1989	1.82	9.31			1.35	1.35	3.01	1507	494
1990	1.69	9.77			1.62	1.62	2.32	1640	655
1991	2.45	13.07			2.04	2.04	2.58	1852	663
1992	5.59	15.56			2.28	2.28	2.68	2095	800
1993	12.61	21.65			3.41	3.41	3.49	3091	985
1994	13.28	20.50			3.91	2.22	3.61	4030	1231
1995	14.16	25.18			4.39	2.68	3.97	4635	1670
1996	15.50	28.39			4.93	3.20	4.69	5098	1930
1997	15.47	32.29			5.70	3.84	5.51	5027	2174
1998	20.76	35.42			6.64	4.67	6.29	5433	2362
1999	20.80	39.06			7.44	5.79	7.68	5672	2475
2000	23.02	42.81	3357	1146	8.26	6.72	9.27	5692	2092
2001	28.93	47.37	1772	1208	8.35	5.52	11.68	6328	2278
2002	35.30	51.23	3202	2059	9.24	6.23	13.25	6734	2442
2003	44.50	55.87	4320	3598	10.19	6.99	15.59	7437	2610
2004	63.00	62.47	9056	5191	11.75	7.84	16.78	7922	2783
2005	89.85	70.76	19846	11415	14.11	9.08	20.87	8942	3091
2006	117.88	80.72	44040	13458	17.17	10.47	24.91	10041	3405
2007	165.93	95.32	84089	31384	23.56	13.04	32.37	12057	3934
2008	248.91	124.01	127008	51370	32.00	18.28	48.80	14106	4444
2009	374.65	145.09	88572	22566	38.02	21.01	66.51	15768	4843
2010	451.60	172.19	131101	32558	58.37	22.36	78.00	17356	5340
2011	558.34	204.27	298225	87518	123.10	25.57	96.98	19248	6167
2012	652.59	237.56	376656	100190	139.20	33.58	122.67	21600	7140
2013	609.72	268.82	353042	105243	136.12	44.95	134.26	23695	8054
2014	726.95	303.05	533447	201112	138.31	47.64	141.27	25425	8892
2015	866.23	333.5	582738	247574	162.23	50.34	192.54	27281	9710
2016	950.89	373.63	442813	161508	154.08	49.50	200.08	29360	10947

注：1. 城镇居民人均可支配收入2004年（含2004年）以前为城市居民人均可支配收入。

2. 2000年以后农民人均纯收入统计口径调整。2014年后口径调整为农村居民人均可支配收入。

Note:1. The statistical range of indicator "Per Capita Annual Disposable Income of Urban Households" is the household in cities in and before 2004.

2. After 2000，2014 the statistical range of Per Capita Net Income of Farmers has been adjusted.

22－9 贵港市主要经济指标情况（1996－2016年）
Main Economic Indicators of Guigang（1996－2016）

年份 Year	生产总值（按当年价格，亿元）Gross Domestic Product (current prices, 100 million yuan)	第一产业 Primary Industry	第二产业 Secondary Industry	#工业 Industry	第三产业 Tertiary Industry	生产总值指数（上年=100）Indices of Gross Domestic Product (preceding year=100)	第一产业 Primary Industry	第二产业 Secondary Industry	#工业 Industry	第三产业 Tertiary Industry
1996	108.26	50.95	19.70	18.17	37.60	100.5	94.7	91.9	91.6	116.1
1997	111.58	52.03	20.58	19.26	38.98	106.7	108.9	106.5	107.8	104.2
1998	113.66	51.73	21.58	20.06	40.35	107.6	108.7	106.6	106.3	106.9
1999	115.38	51.31	21.98	20.54	42.08	105.6	106.8	103.2	103.5	105.7
2000	120.81	51.17	24.87	23.16	44.77	104.3	98.3	109.8	109.5	108.1
2001	132.35	52.59	28.11	25.98	51.65	108.5	104.7	113.4	112.9	110.0
2002	139.82	52.92	29.94	27.24	56.96	110.8	109.5	111.3	110.3	111.9
2003	156.92	52.51	38.58	33.98	65.83	111.4	104.9	125.0	121.4	110.6
2004	191.18	62.21	53.52	46.24	75.45	112.8	106.9	123.9	121.0	111.5
2005	222.82	66.01	72.63	60.23	84.19	116.2	107.4	137.8	133.2	109.3
2006	260.02	70.08	88.85	75.17	101.09	112.9	105.1	120.3	122.6	112.7
2007	330.56	83.30	127.51	111.25	119.75	117.0	102.9	133.2	136.4	112.4
2008	386.82	96.34	153.46	133.62	137.02	111.3	105.2	111.8	112.0	115.0
2009	437.73	96.92	182.21	158.37	158.61	115.2	104.8	120.7	120.2	115.6
2010	544.66	108.05	248.25	218.78	188.35	114.0	104.6	120.6	120.8	112.0
2011	630.82	138.79	264.49	228.92	227.54	106.1	105.4	105.2	104.4	107.8
2012	679.18	148.68	273.38	229.15	257.13	110.2	106.1	112.0	110.4	110.1
2013	742.01	160.76	303.35	253.11	277.90	108.2	104.9	111.1	110.7	106.2
2014	805.40	162.14	325.5	270.65	317.75	105.2	103.0	105.2	105.2	106.4
2015	865.20	173.95	348.50	285.89	342.75	107.5	103.8	108.5	107.0	107.9
2016	958.76	190.01	393.20	319.38	375.55	107.9	103.8	110.0	108.4	107.9

22—9 续表 continued

年 份 Year	全社会固定资产投资（不含农户）（亿元） Total Investment in Fixed Assets (excluding rural registents) (100 million yuan)	社会消费品零售总额（亿元） Total Retail Sales of Consumer Goods (100 million yuan)	进出口（万美元） Total Import & Export (USD 10 000)	#出口 Exports	财政收入（亿元） Finance Revenue (100 million yuan)	#公共财政预算收入 Public Budget Income	公共财政预算支出（亿元） Public Budget Expenditure (100 million yuan)	城镇居民人均可支配收入（元） Per Capita Annual Disposable Income of Urban Households (yuan)	农村居民人均纯收入（元） Per Capita Annual Net Income of Rural Households (yuan)
1996	7.75	45.39	6432	4560	6.42	4.19	5.22		1906
1997	9.06	43.90	7063	5359	6.46	4.21	5.35		2103
1998	12.26	46.79	3115	2502	7.24	4.98	6.58		2179
1999	13.04	49.37	1173	749	7.41	5.39	7.33		2114
2000	17.29	53.67	1892	1628	8.03	5.81	8.12		1868
2001	21.09	58.58	1553	1122	9.00	6.46	10.97		1979
2002	29.47	63.46	5046	2513	10.03	6.59	12.88		2091
2003	36.35	70.70	5666	4254	12.04	8.09	15.47		2228
2004	58.61	79.96	6306	5130	14.31	9.56	18.42	6209	2399
2005	129.43	91.42	7777	5443	17.05	9.21	22.01	7642	2693
2006	149.56	104.50	9544	6144	19.08	10.97	27.33	8938	2961
2007	155.90	123.80	11474	8515	23.02	12.29	35.31	10717	3472
2008	220.07	155.86	16388	9525	29.07	15.62	47.44	12666	4049
2009	290.18	181.08	14324	11131	34.03	19.53	64.24	13915	4504
2010	385.29	209.54	17386	12090	40.02	21.44	90.80	15531	5289
2011	430.02	245.97	27228	14033	43.33	21.69	106.07	17017	6257
2012	552.24	284.05	23144	10609	50.03	26.57	126.24	19314	7253
2013	496.26	321.72	22123	12143	57.42	31.22	140.46	21361	8189
2014	611.41	359.56	30603	18703	66.11	36.45	146.84	23262	9131
2015	778.61	389.10	32258	13281	72.75	42.57	186.38	24890	10017
2016	841.69	431.89	28527	15816	78.96	47.62	212.55	26771	11572

注：1. 城镇居民人均可支配收入2004年（含2004年）以前为城市居民人均可支配收入。

2. 2000年以后农民人均纯收入统计口径调整。2014年后口径调整为农村居民人均可支配收入。

Note:1. The statistical range of indicator "Per Capita Annual Disposable Income of Urban Households" is the household in cities in and before 2004.

2. After 2000，2014 the statistical range of Per Capita Net Income of Farmers has been adjusted.

22－10　玉林市主要经济指标情况（1978－2016年）
Main Economic Indicators of Yulin（1978－2016）

年　份 Year	生产总值（按当年价格，亿元）Gross Domestic Product (current prices, 100 million yuan)	第一产业 Primary Industry	第二产业 Secondary Industry	#工业 Industry	第三产业 Tertiary Industry	生产总值指数（上年=100）Indices of Gross Domestic Product (preceding year=100)	第一产业 Primary Industry	第二产业 Secondary Industry	#工业 Industry	第三产业 Tertiary Industry
1978	9.12	5.79	1.66	1.43	1.67	102.0	101.2	107.6	116.1	97.2
1979	9.18	5.75	1.61	1.30	1.82	99.7	93.9	95.9	90.5	127.3
1980	10.42	6.76	1.66	1.41	2.00	110.8	109.9	94.4	112.7	113.5
1981	11.64	7.45	1.89	1.59	2.30	112.8	112.1	114.5	113.3	113.5
1982	13.86	9.01	2.17	1.84	2.69	118.5	120.7	113.2	106.1	116.7
1983	14.36	9.01	2.34	1.94	3.01	100.7	95.6	108.5	100.5	109.9
1984	15.45	9.41	2.58	2.02	3.46	106.4	101.3	109.1	94.8	117.7
1985	17.63	10.11	3.42	2.92	4.10	105.2	93.9	120.5	167.7	119.4
1986	20.74	11.55	4.32	3.64	4.87	112.4	108.7	121.9	125.5	111.9
1987	26.98	14.67	5.75	4.92	6.56	120.9	111.9	128.9	133.9	130.0
1988	33.57	18.31	7.31	6.23	7.95	106.6	101.4	114.8	113.7	107.8
1989	35.97	19.62	7.78	6.51	8.58	101.2	108.8	101.9	106.0	89.9
1990	41.13	23.99	8.24	6.79	8.90	109.1	107.8	103.3	107.3	117.0
1991	50.40	27.30	11.31	9.61	11.79	112.6	106.4	128.9	129.0	118.9
1992	65.31	30.29	18.97	16.69	16.04	126.6	109.3	156.1	156.1	135.0
1993	97.97	36.08	36.67	33.29	25.22	125.2	103.8	143.2	153.1	117.5
1994	134.92	52.92	49.25	45.40	32.75	115.6	119.0	112.5	112.1	115.4
1995	156.08	63.65	50.71	46.01	41.71	111.2	110.0	113.1	113.5	110.0
1996	168.34	72.91	51.46	46.67	43.97	104.5	106.0	101.9	101.8	103.6
1997	173.51	77.16	51.58	47.14	44.77	104.3	107.0	101.3	101.2	104.7
1998	187.40	80.87	57.77	52.88	48.76	109.2	106.5	111.2	112.4	110.6
1999	191.15	80.37	57.10	52.59	53.68	106.5	107.4	102.8	103.3	111.0
2000	199.64	78.42	60.70	55.58	60.52	106.1	98.5	109.4	109.4	112.9
2001	213.91	81.59	61.17	55.55	71.14	107.4	105.1	107.8	107.9	110.1
2002	231.70	80.61	71.50	65.34	79.59	110.4	105.8	116.7	117.6	110.1
2003	258.45	79.68	84.99	77.24	93.78	108.3	98.0	116.8	116.4	111.9
2004	312.68	99.49	101.03	87.80	112.16	115.2	112.3	122.1	117.2	110.8
2005	352.60	100.62	120.80	104.41	131.19	113.1	106.8	117.5	116.8	114.6
2006	410.96	107.62	148.64	129.90	154.70	113.5	107.0	119.2	120.1	113.4
2007	501.39	128.88	187.06	164.60	185.45	115.2	105.1	121.6	122.4	116.5
2008	602.83	149.49	230.32	201.70	223.02	112.8	105.8	114.7	114.7	115.4
2009	683.49	152.06	277.14	241.11	254.29	114.8	106.2	120.7	119.3	114.0
2010	840.25	171.73	373.39	324.14	295.13	115.7	105.7	123.7	122.5	112.8
2011	1019.94	213.81	458.59	395.50	347.55	111.0	105.4	113.7	113.0	110.9
2012	1102.08	229.20	482.33	404.39	390.55	110.9	106.1	114.6	113.3	108.7
2013	1210.44	243.57	526.26	421.03	451.61	110.0	104.2	113.8	112.9	107.8
2014	1314.52	248.78	591.66	479.53	501.08	108.4	103.4	111.3	110.3	106.7
2015	1445.91	259.14	635.83	509.64	550.94	108.9	101.4	111.1	110.2	109.4
2016	1553.83	278.16	665.03	521.11	610.64	108.0	102.1	109.6	108.2	109.0

22—10 续表 continued

年 份 Year	全社会固定资产投资（不含农户）（亿元） Total Investment in Fixed Assets (excluding rural registents) (100 million yuan)	社会消费品零售总额（亿元） Total Retail Sales of Consumer Goods (100 million yuan)	进出口（万美元） Total Import & Export (USD 10 000)	#出口 Exports	财政收入（亿元） Finance Revenue (100 million yuan)	#公共财政预算收入 Public Budget Income	公共财政预算支出（亿元） Public Budget Expenditure (100 million yuan)	城镇居民人均可支配收入（元） Per Capita Annual Disposable Income of Urban Households (yuan)	农村居民人均纯收入（元） Per Capita Annual Net Income of Rural Households (yuan)
1978	0.39	3.11			0.89		0.68		
1979	0.46	3.50			0.79		0.69		
1980	0.46	3.93			0.87		0.77		
1981	0.35	4.36			1.06		0.92		
1982	0.82	5.03			1.22		0.93		
1983	1.20	5.83			1.15		0.93		
1984	0.62	7.15			1.06		1.07		
1985	0.99	8.85			1.41		1.61		
1986	1.40	10.25			1.46		1.94		
1987	1.98	12.49			1.95		2.28		
1988	3.89	17.56			2.69		3.04		
1989	2.46	22.02	1010		2.95		3.52		
1990	2.38	23.15	2083		3.23		4.01		
1991	7.52	25.88	2471		3.70		4.35		
1992	12.92	29.18	5542		4.21		4.89		
1993	21.46	34.53	6409		7.24		6.74		
1994	34.65	47.49	17887		9.32	5.36	8.54		
1995	42.03	61.34	19100		11.16	6.82	10.72		
1996	39.77	72.84	18482		12.54	8.19	10.82		
1997	26.11	76.48	18145		13.19	9.04	11.44		
1998	29.43	80.73	23280	21149	13.95	9.59	12.44		
1999	25.79	83.39	6690	6324	15.24	10.85	14.11		
2000	28.15	75.77	17854	17163	16.65	12.09	16.11		1736
2001	30.03	82.62	9800	8400	15.44	10.53	18.86		1839
2002	33.86	90.53	13280	9945	18.32	10.87	20.84		1959
2003	48.33	99.63	26001	17510	21.43	12.06	24.07		2035
2004	92.30	113.97	30143	21422	25.42	14.13	26.76	7136	2259
2005	131.31	130.80	36916	25866	28.64	14.86	31.97	8297	2573
2006	176.11	151.39	34807	26705	33.68	17.74	40.42	10175	3041
2007	230.68	180.96	37023	29780	40.68	20.88	54.89	12202	3536
2008	290.69	224.88	44214	31665	47.75	25.57	71.59	14156	4123
2009	444.61	262.92	35401	21663	54.67	30.61	96.21	15827	4531
2010	615.56	307.24	45148	31594	68.96	36.84	129.37	17642	5302
2011	792.18	362.81	63457	34069	85.86	48.94	159.73	19590	6269
2012	1004.26	422.83	58807	35843	100.36	65.57	192.65	22171	7269
2013	974.78	482.91	41679	28992	113.81	75.48	203.73	24366	8272
2014	1154.39	545.71	48681	32224	128.17	88.81	229.10	26681	9341
2015	1332.12	600.34	45092	32872	139.57	97.16	285.76	28842	10292
2016	1467.10	660.43	40427	33567	148.95	104.81	317.55	30083	12590

注：1. 城镇居民人均可支配收入2004年（含2004年）以前为城市居民人均可支配收入。

2. 2000年以后农民人均纯收入统计口径调整。2014年后口径调整为农村居民人均可支配收入。

Note:1. The statistical range of indicator "Per Capita Annual Disposable Income of Urban Households" is the household in cities in and before 2004.

2. After 2000，2014 the statistical range of Per Capita Net Income of Farmers has been adjusted.

22—11　百色市主要经济指标情况（1978—2016年）
Main Economic Indicators of Baise（1978—2016）

年 份 Year	生产总值(按当年价格，亿元) Gross Domestic Product (current prices, 100 million yuan)	第一产业 Primary Industry	第二产业 Secondary Industry	#工业 Industry	第三产业 Tertiary Industry	生产总值指数(上年=100) Indices of Gross Domestic Product (preceding year=100)	第一产业 Primary Industry	第二产业 Secondary Industry	#工业 Industry	第三产业 Tertiary Industry
1978	6.15	3.92	1.09	0.93	1.14	112.9	111.7	115.2	106.7	114.2
1979	6.53	4.06	1.15	0.98	1.32	107.1	104.9	108.7	109.3	112.0
1980	6.74	4.10	1.23	0.99	1.41	96.4	94.8	99.0	97.3	98.6
1981	7.46	4.67	1.25	1.04	1.54	110.8	117.2	93.5	96.2	109.0
1982	8.38	5.34	1.30	1.07	1.74	106.6	106.4	102.3	100.8	110.5
1983	9.09	5.64	1.46	1.20	1.99	107.9	104.6	112.5	113.0	113.7
1984	9.40	5.47	1.56	1.30	2.37	98.7	90.9	106.7	110.2	113.3
1985	10.56	5.99	1.80	1.50	2.77	102.5	99.9	108.3	107.5	103.9
1986	12.85	7.41	2.16	1.89	3.28	110.3	110.4	108.8	114.2	111.0
1987	15.21	8.26	2.96	2.57	3.99	110.3	104.8	124.1	122.4	111.7
1988	17.87	9.52	3.42	2.87	4.93	103.7	101.7	104.2	101.5	107.0
1989	19.92	10.60	3.83	3.34	5.49	101.3	103.0	104.4	106.4	96.0
1990	23.14	11.84	4.35	3.73	6.95	103.3	101.0	103.3	102.1	107.5
1991	26.91	13.41	5.54	4.59	7.96	108.7	105.3	119.4	113.4	107.8
1992	31.04	14.12	7.04	5.39	9.88	111.3	105.2	120.9	115.0	114.8
1993	41.56	18.31	10.69	7.42	12.56	112.7	108.0	124.3	116.7	111.4
1994	58.68	26.50	13.54	10.33	18.64	115.3	112.4	112.7	122.0	121.9
1995	77.13	32.62	20.53	15.66	23.98	116.3	112.6	127.7	122.7	112.7
1996	89.18	37.10	23.20	20.43	28.88	114.4	114.5	112.6	130.7	115.7
1997	97.14	40.49	24.50	21.11	32.15	113.1	112.0	115.3	114.3	112.7
1998	106.08	44.56	27.04	23.09	34.48	110.9	112.2	112.0	111.6	108.3
1999	112.02	47.28	28.66	24.17	36.08	109.1	109.4	110.5	109.4	107.3
2000	119.50	47.85	32.43	26.81	39.22	107.2	103.1	107.8	105.6	110.7
2001	128.37	49.45	35.25	28.42	43.67	107.1	101.0	111.4	110.3	111.1
2002	143.97	48.09	47.43	37.25	48.45	113.1	104.7	130.4	129.4	108.1
2003	162.13	50.32	58.38	47.28	53.43	112.9	103.4	129.9	133.2	106.2
2004	203.76	61.04	82.83	69.22	59.89	115.9	106.0	127.4	129.9	112.2
2005	239.36	63.91	105.70	88.06	69.75	115.2	106.1	120.3	118.8	117.1
2006	297.28	67.32	149.11	126.14	80.85	115.0	103.8	122.8	121.6	112.5
2007	352.73	79.98	176.49	151.47	96.26	115.4	104.0	122.2	124.1	113.8
2008	416.24	88.07	217.61	189.29	110.56	113.4	103.2	120.2	123.7	109.7
2009	452.86	90.77	225.78	191.66	136.31	114.8	104.1	119.8	119.1	113.8
2010	573.99	105.21	313.89	273.49	154.80	115.0	104.9	121.1	121.4	110.5
2011	656.71	125.61	357.84	312.26	173.26	106.5	104.6	107.7	108.3	105.2
2012	755.24	137.14	414.21	361.92	203.89	109.2	107.4	109.7	109.1	109.6
2013	803.58	148.76	432.59	373.87	222.22	108.6	105.3	110.1	109.8	107.2
2014	917.95	158.71	490.02	417.90	269.22	108.4	104.2	109.9	108.7	107.8
2015	980.42	169.38	511.68	433.61	299.36	108.1	104.7	107.3	106.7	111.8
2016	1114.31	182.25	594.73	508.74	337.33	108.8	103.9	109.5	109.2	110.2

22－11 续表 continued

年 份 Year	全社会固定资产投资（不含农户）（亿元）Total Investment in Fixed Assets (excluding rural registents) (100 million yuan)	社会消费品零售总额（亿元）Total Retail Sales of Consumer Goods (100 million yuan)	进出口（万美元）Total Import & Export (USD 10 000)	#出口 Exports	财政收入（亿元）Finance Revenue (100 million yuan)	#公共财政预算收入 Public Budget Income	公共财政预算支出（亿元）Public Budget Expenditure (100 million yuan)	城镇居民人均可支配收入（元）Per Capita Annual Disposable Income of Urban Households (yuan)	农村居民人均纯收入（元）Per Capita Annual Net Income of Rural Households (yuan)
1978	0.58	2.05			0.54	0.54	0.83		57
1980	0.95	2.75			0.47	0.47	0.96		64
1985	1.47	4.56			0.77	0.77	1.87		139
1986	1.33	5.56			0.87	0.87	2.29		166
1987	1.53	6.56			1.14	1.14	2.74		191
1988	2.76	8.46			1.42	1.42	3.07		218
1989	2.09	8.64			1.67	1.67	3.53		259
1990	2.74	8.91			1.95	1.95	3.84	1546	283
1991	4.67	10.36			2.23	2.23	4.03	1620	330
1992	8.77	14.57			2.36	2.36	4.85	2002	382
1993	18.47	14.14	62	62	3.74	3.74	5.42	2703	483
1994	20.63	18.76	986	986	4.53	2.71	6.34	4017	643
1995	27.92	23.55	1736	1552	5.78	3.70	8.55	5035	909
1996	13.31	24.67	1985	1805	7.13	4.56	8.07	5180	1261
1997	13.75	27.40	4259	3014	8.57	5.42	9.53	5049	1642
1998	18.80	29.83	4392	3335	10.04	6.90	12.01	5495	1848
1999	21.38	31.82	2770	1460	11.24	7.62	13.50	5607	1985
2000	29.46	34.02	2433	1393	12.78	8.18	14.68	5747	1183
2001	37.32	36.82	3210	2205	14.67	9.38	20.64	6806	1258
2002	58.08	39.99	11439	5484	16.69	9.54	23.55	7215	1331
2003	76.31	43.72	13358	7090	20.10	11.64	27.00	7378	1403
2004	102.74	37.22	17110	4775	24.80	14.15	32.82	6687	1550
2005	175.56	48.72	18560	6943	32.37	15.23	39.74	8077	1783
2006	249.92	56.23	32489	12104	40.08	20.19	52.73	9887	2110
2007	293.66	66.22	43980	17046	50.08	26.79	75.19	12197	2463
2008	325.45	83.56	48921	33994	55.10	29.46	98.48	13169	2820
2009	530.15	97.10	37238	26212	56.85	28.55	111.46	14573	3064
2010	639.71	113.85	39415	20264	72.32	33.86	137.67	15976	3461
2011	764.01	134.34	42887	25521	84.07	39.69	162.89	17384	4052
2012	1000.07	156.67	50866	29286	98.11	56.58	214.85	19561	4774
2013	845.44	178.60	59786	38667	107.69	65.70	231.69	21458	5409
2014	895.23	201.06	72850	53059	108.7	70.91	261.13	23282	6145
2015	1051.22	221.18	164091	113945	114.51	72.98	310.99	25041	6766
2016	1061.40	246.84	200104	142771	123.22	79.48	341.16	26919	9348

注：1. 城镇居民人均可支配收入2004年（含2004年）以前为城市居民人均可支配收入。
2. 2000年以后农民人均纯收入统计口径调整。2014年后口径调整为农村居民人均可支配收入。

Note:1. The statistical range of indicator "Per Capita Annual Disposable Income of Urban Households" is the household in cities in and before 2004.
2. After 2000，2014 the statistical range of Per Capita Net Income of Farmers has been adjusted.

22—12 贺州市主要经济指标情况（2002—2016年）
Main Economic Indicators of Hezhou（2002—2016）

年 份 Year	生产总值（按当年价格，亿元） Gross Domestic Product (current prices, 100 million yuan)	第一产业 Primary Industry	第二产业 Secondary Industry	#工业 Industry	第三产业 Tertiary Industry	生产总值指数（上年=100） Indices of Gross Domestic Product (preceding year=100)	第一产业 Primary Industry	第二产业 Secondary Industry	#工业 Industry	第三产业 Tertiary Industry
2002	110.26	42.54	30.68	27.74	37.04	107.6	102.0	109.0	108.9	113.7
2003	114.98	40.71	38.24	31.86	36.03	110.5	104.9	116.6	112.6	112.1
2004	139.50	49.43	54.28	44.77	35.79	112.6	106.3	122.8	116.5	108.9
2005	141.07	51.25	48.52	35.38	41.30	114.6	105.2	123.9	121.7	109.8
2006	162.15	53.61	61.40	46.40	47.15	113.3	105.1	118.6	119.8	114.3
2007	205.43	48.39	100.39	83.19	56.65	115.0	105.0	120.5	122.4	116.5
2008	227.36	55.28	104.30	84.00	67.77	106.4	103.9	106.1	106.0	108.8
2009	249.22	56.31	112.07	85.21	80.84	112.6	104.3	113.8	107.8	117.2
2010	296.87	63.68	139.57	105.91	93.62	113.1	104.5	119.6	119.2	110.0
2011	356.40	78.92	165.09	124.77	112.39	110.6	105.2	113.5	114.6	109.8
2012	394.21	85.43	183.53	136.10	125.25	109.0	106.2	110.9	109.1	108.0
2013	423.85	92.58	196.30	143.55	134.97	108.7	104.4	112.0	112.2	106.1
2014	448.97	98.59	192.02	134.23	158.36	106.1	104.2	105.5	105.6	108.1
2015	468.11	103.14	188.68	126.87	176.29	107.6	104.0	106.6	105.5	111.2
2016	518.19	111.44	211.55	144.67	195.20	108.1	104.1	110.0	110.6	108.3

22－12 续表 continued

年 份 Year	全社会固定资产投资(不含农户)(亿元) Total Investment in Fixed Assets (excluding rural registents) (100 million yuan)	社会消费品零售总额(亿元) Total Retail Sales of Consumer Goods (100 million yuan)	进出口(万美元) Total Import & Export (USD 10 000)	#出口 Exports	财政收入(亿元) Finance Revenue (100 million yuan)	#公共财政预算收入 Public Budget Income	公共财政预算支出(亿元) Public Budget Expenditure (100 million yuan)	城镇居民人均可支配收入(元) Per Capita Annual Disposable Income of Urban Households (yuan)	农村居民人均纯收入(元) Per Capita Annual Net Income of Rural Households (yuan)
2002	12.51	25.72	9901	7731	6.26	3.67	10.25		1793
2003	22.49	28.29	11671	9011	7.06	4.63	12.76		1894
2004	45.98	31.06	11251	9401	8.78	5.98	13.89	6415	2090
2005	82.96	34.85	11220	9290	11.22	6.95	17.23	7516	2351
2006	106.10	39.87	10281	8760	13.56	8.50	21.84	8619	2682
2007	133.66	45.65	9853	8614	15.81	9.72	28.43	10790	3093
2008	159.19	59.81	10558	9502	16.01	8.52	35.47	12772	3458
2009	254.68	68.94	14085	12749	18.15	10.39	47.98	14151	3776
2010	363.3	78.68	10953	9140	22.08	12.13	61.23	15802	4298
2011	464.71	92.36	15499	11580	26.65	14.02	78.91	17606	4963
2012	591.58	106.39	15589	9061	32.04	19.21	97.69	19855	5823
2013	483.19	119.00	19951	7220	35.76	21.95	107.26	21682	6557
2014	566.02	133.63	17306	7351	40.60	24.41	118.32	23590	7337
2015	662.05	146.94	64051	45190	47.14	28.97	154.75	25194	8056
2016	650.83	160.98	51915	38479	50.9	32.42	161.15	26883	9552

注：1. 城镇居民人均可支配收入2004年（含2004年）以前为城市居民人均可支配收入。

2. 2000年以后农民人均纯收入统计口径调整。2014年后口径调整为农村居民人均可支配收入。

Note:1. The statistical range of indicator "Per Capita Annual Disposable Income of Urban Households" is the household in cities in and before 2004.

2. After 2000，2014 the statistical range of Per Capita Net Income of Farmers has been adjusted.

22－13 河池市主要经济指标情况（1978－2016年）
Main Economic Indicators of Hechi（1978－2016）

年份 Year	生产总值（按当年价格，亿元）Gross Domestic Product (current prices, 100 million yuan)	第一产业 Primary Industry	第二产业 Secondary Industry	#工业 Industry	第三产业 Tertiary Industry	生产总值指数（上年=100）Indices of Gross Domestic Product (preceding year=100)	第一产业 Primary Industry	第二产业 Secondary Industry	#工业 Industry	第三产业 Tertiary Industry
1978	5.67	2.53	1.69	1.40	1.46	108.9	95.8	126.8	120.6	133.7
1979	6.57	3.14	2.02	1.71	1.42	103.1	102.1	112.0	108.3	95.4
1980	7.82	3.89	2.19	1.85	1.73	107.7	103.4	110.0	106.2	116.3
1981	7.58	3.84	1.90	1.67	1.84	95.9	98.2	85.2	93.8	104.1
1982	8.44	4.52	1.89	1.68	2.31	109.6	117.4	94.5	95.6	107.6
1983	8.56	4.17	2.23	1.94	2.16	100.9	94.9	113.5	112.0	104.3
1984	9.84	4.71	2.68	2.23	2.46	109.3	105.7	115.8	112.4	111.1
1985	12.72	5.49	4.33	3.72	2.90	121.7	107.5	159.8	152.8	112.8
1986	14.25	6.02	4.74	3.83	3.49	100.8	98.4	93.5	92.9	116.3
1987	17.34	7.11	5.84	4.69	4.39	115.9	109.5	121.6	102.5	120.2
1988	20.78	8.90	6.74	5.70	5.15	100.4	96.8	102.4	107.1	103.8
1989	24.43	10.08	8.24	6.86	6.11	115.9	125.7	114.0	115.8	103.7
1990	27.91	11.43	8.65	7.43	7.83	108.0	112.0	105.6	106.2	123.4
1991	31.56	12.59	9.18	7.98	9.79	109.8	108.1	103.7	104.9	119.0
1992	37.17	14.41	10.86	9.37	11.90	111.3	105.9	115.8	117.1	114.2
1993	51.33	17.86	18.12	16.04	15.35	121.0	108.6	145.7	151.1	112.1
1994	73.14	24.75	27.16	23.89	21.23	121.1	111.1	133.4	132.8	117.3
1995	98.89	30.24	37.70	32.89	30.95	118.5	110.6	122.4	120.1	121.9
1996	108.77	35.20	36.32	31.34	37.24	105.0	104.4	99.2	98.3	114.0
1997	122.84	39.04	40.90	34.00	42.91	110.3	110.8	109.3	106.8	111.1
1998	130.03	42.52	43.62	35.01	43.89	110.9	108.5	112.6	110.9	111.1
1999	137.75	43.70	46.08	37.37	47.97	109.3	106.7	110.8	111.8	109.8
2000	141.39	41.81	56.31	48.95	43.27	108.0	102.9	111.0	111.5	108.6
2001	145.31	43.05	54.58	45.53	47.68	103.8	104.3	98.1	93.1	109.2
2002	137.64	42.94	42.00	32.17	52.69	95.2	102.0	74.6	65.6	108.8
2003	148.58	44.34	46.08	34.17	58.16	106.9	104.1	108.4	103.5	108.3
2004	178.45	54.58	58.68	43.32	65.20	113.7	110.2	122.2	118.5	109.4
2005	206.96	58.55	76.08	57.36	72.34	113.5	107.9	124.7	126.2	108.3
2006	248.89	64.80	100.87	78.48	83.22	114.1	107.2	122.1	123.4	111.1
2007	319.31	73.86	144.43	120.07	101.02	116.7	105.5	122.2	127.3	119.2
2008	367.31	80.26	166.45	142.63	120.60	113.0	103.8	117.3	121.2	114.3
2009	382.77	82.20	165.86	136.33	134.72	108.2	104.2	105.3	100.1	114.5
2010	468.74	97.87	216.29	180.08	154.58	112.5	105.8	117.0	114.7	111.4
2011	511.96	119.81	211.65	173.39	180.50	104.1	103.6	100.8	101.5	109.1
2012	492.71	126.34	174.34	132.96	192.02	99.3	104.9	93.2	90.5	103.9
2013	528.62	133.78	189.78	143.02	205.06	106.0	103.9	108.1	107.0	104.9
2014	601.17	137.23	205.26	152.07	258.68	108.2	103.7	112.4	113.1	105.9
2015	618.03	140.81	200.01	147.14	277.21	104.5	102.2	103.7	104.0	106.8
2016	657.18	150.99	199.82	147.09	306.36	104.9	103.2	101.2	101.4	108.5

22—13 续表 continued

年 份 Year	全社会固定资产投资(不含农户)(亿元) Total Investment in Fixed Assets (excluding rural registents) (100 million yuan)	社会消费品零售总额(亿元) Total Retail Sales of Consumer Goods (100 million yuan)	进出口(万美元) Total Import & Export (USD 10 000)	#出口 Exports	财政收入(亿元) Finance Revenue (100 million yuan)	#公共财政预算收入 Public Budget Income	公共财政预算支出(亿元) Public Budget Expenditure (100 million yuan)	城镇居民人均可支配收入(元) Per Capita Annual Disposable Income of Urban Households (yuan)	农村居民人均纯收入(元) Per Capita Annual Net Income of Rural Households (yuan)
1978	1.43	2.26			0.47	0.47	0.78		54
1979	1.16	2.54			0.42	0.42	0.78		55
1980	1.14	2.73			0.43	0.43	0.84		55
1981	0.90	2.86			0.44	0.44	0.83		61
1982	1.04	3.03			0.45	0.45	0.92		75
1983	1.36	3.59			0.51	0.51	1.13		96
1984	1.86	4.09			0.58	0.58	1.46		133
1985	2.60	5.36			0.76	0.76	1.76		145
1986	3.54	5.80			0.81	0.81	2.33		174
1987	4.30	6.95			1.11	1.11	2.52		214
1988	4.71	10.32			1.39	1.39	3.03		254
1989	5.64	9.98			1.78	1.78	3.40		302
1990	5.61	9.93			1.96	1.96	3.86		332
1991	6.42	10.91			2.20	2.20	4.20		368
1992	9.16	13.14			2.54	2.54	4.71		413
1993	14.14	15.57		50	4.43	2.59	6.26		519
1994	20.81	20.83		846	5.70	3.21	7.17		656
1995	26.02	29.02	2625	2408	7.85	4.55	8.76		900
1996	24.29	34.41	2586	2056	9.12	5.46	9.43	3890	1170
1997	30.32	38.88	4027	3441	10.58	6.59	11.08	3976	1591
1998	36.76	42.70	4869	4861	11.84	7.70	13.34	4662	1748
1999	36.16	46.66	1730	1666	13.20	8.87	15.17	4726	1885
2000	40.55	50.95	1834	1812	14.50	9.56	16.42	4800	1386
2001	50.15	55.62	1350	1336	18.68	12.38	23.36	5292	1384
2002	53.45	59.03	1348	1143	16.63	9.43	23.98	5033	1419
2003	60.81	46.24	4115	2665	16.65	9.85	25.30	5238	1497
2004	92.05	52.01	10369	5837	20.03	12.15	28.40	6156	1727
2005	137.00	60.50	14567	8667	23.04	11.60	33.72	7170	1912
2006	188.28	68.78	28276	18241	27.40	13.18	43.24	8619	2186
2007	218.74	80.55	26083	15546	34.32	14.45	58.64	10752	2592
2008	211.17	99.98	31406	12506	40.23	17.91	80.68	12042	2944
2009	277.80	115.07	48624	16474	40.32	21.04	93.40	13369	3183
2010	361.95	131.73	64621	12634	47.34	22.95	120.97	14889	3599
2011	437.24	154.79	78614	10839	50.72	23.36	142.45	16448	4118
2012	277.84	176.99	52444	8112	44.56	22.17	175.95	17964	4620
2013	349.14	198.97	48148	3758	50.23	26.97	198.04	19653	5198
2014	399.65	223.79	47929	2291	54.67	29.93	226.19	21363	5723
2015	454.48	243.38	39168	3185	56.14	31.45	259.12	22752	6164
2016	404.02	267.96	27558	3691	62.24	33.36	289.76	23660	7509

注：1. 城镇居民人均可支配收入2004年（含2004年）以前为城市居民人均可支配收入。

2. 2000年以后农民人均纯收入统计口径调整。2014年后口径调整为农村居民人均可支配收入。

Note:1. The statistical range of indicator "Per Capita Annual Disposable Income of Urban Households" is the household in cities in and before 2004.

2. After 2000，2014 the statistical range of Per Capita Net Income of Farmers has been adjusted.

22－14　来宾市主要经济指标情况（1978－2016年）
Main Economic Indicators of Laibin（1978－2016）

年 份 Year	生产总值(按当年价格，亿元) Gross Domestic Product (current prices, 100 million yuan)	第一产业 Primary Industry	第二产业 Secondary Industry	#工业 Industry	第三产业 Tertiary Industry	生产总值指数(上年=100) Indices of Gross Domestic Product (preceding year=100)	第一产业 Primary Industry	第二产业 Secondary Industry	#工业 Industry	第三产业 Tertiary Industry
1978	3.60	2.32	0.71	0.59	0.57	101.9				
1979	3.68					102.4				
1980	3.86	2.48	0.76	0.67	0.62	102.2	101.2	115.6	95.7	111.6
1981	4.28									
1982	5.02									
1983	5.71									
1984	6.36									
1985	6.97	4.04	1.46	1.18	1.48	101.9	88.7	113.8	102.9	132.5
1986	7.65									
1987	9.43									
1988	11.69									
1989	14.35									
1990	16.78	8.98	4.54	4.07	3.26	106.3	97.4	103.5	102.9	130.4
1991	20.40	10.33	5.48	4.90	4.59	115.1	111.5	108.8	108.2	133.3
1992	23.57	12.17	6.04	5.37	5.36	110.4	109.8	109.6	109.2	112.7
1993	32.77	15.38	10.03	9.06	7.36	114.6				
1994	45.47	21.33	14.11	12.64	10.03	103.3	97.8	108.8	107.1	108.5
1995	59.31	28.80	17.98	16.19	12.53	116.3	118.8	114.1	113.1	114.0
1996	72.23	34.77	21.56	19.75	15.90	115.4	110.1	116.8	118.4	125.0
1997	79.73	37.81	23.94	21.50	17.98	112.9	114.9	110.5	107.6	112.2
1998	86.89	36.86	30.37	22.38	19.67	114.9	100.9	140.6	109.7	109.0
1999	87.49	39.44	27.55	21.51	20.50	106.4	111.3	100.9	110.7	106.9
2000	98.95	42.34	33.87	30.46	22.73	104.7	102.3	101.8	115.9	114.2
2001	109.21	45.55	37.39	34.42	26.27	110.9	109.3	108.1	110.6	113.2
2002	114.71	46.13	39.05	35.01	29.54	109.7	108.4	111.0	108.6	110.1
2003	126.30	48.71	44.21	39.57	33.38	110.7	106.8	115.6	115.7	110.7
2004	154.75	58.91	57.13	51.45	38.71	113.1	108.6	119.7	119.9	110.8
2005	165.22	52.54	65.17	58.05	47.51	113.4	107.9	118.2	118.4	113.6
2006	200.06	65.88	77.41	69.50	56.77	113.9	108.6	116.4	116.7	116.3
2007	235.64	70.10	96.86	87.23	68.68	115.3	106.4	122.2	123.4	115.1
2008	273.47	76.22	113.87	100.25	83.38	112.8	105.0	114.9	113.2	117.4
2009	303.14	80.36	129.45	109.47	93.33	112.9	104.6	116.5	112.1	114.8
2010	405.22	97.83	192.35	168.00	115.04	118.0	105.0	125.0	123.1	117.8
2011	486.21	120.37	231.75	195.60	134.09	113.0	105.1	118.9	116.3	109.9
2012	514.29	127.01	236.07	189.06	151.22	111.7	107.7	114.6	112.1	109.8
2013	515.57	134.45	219.51	169.21	161.61	103.0	105.1	99.5	98.0	107.8
2014	551.12	133.17	228.21	173.67	189.75	106.1	102.1	105.9	106.3	109.4
2015	557.93	136.83	218.05	158.59	203.05	103.4	102.0	102.1	99.9	106.7
2016	589.11	148.60	220.20	160.92	220.31	103.9	103.0	101.5	102.0	107.1

22－14 续表 continued

年 份 Year	全社会固定资产投资(不含农户)(亿元) Total Investment in Fixed Assets (excluding rural registents) (100 million yuan)	社会消费品零售总额(亿元) Total Retail Sales of Consumer Goods (100 million yuan)	进出口(万美元) Total Import & Export (USD 10 000)	#出口 Exports	财政收入(亿元) Finance Revenue (100 million yuan)	#公共财政预算收入 Public Budget Income	公共财政预算支出(亿元) Public Budget Expenditure (100 million yuan)	城镇居民人均可支配收入(元) Per Capita Annual Disposable Income of Urban Households (yuan)	农村居民人均纯收入(元) Per Capita Annual Net Income of Rural Households (yuan)
1978	0.73	1.47	436	436	0.52	0.20	0.39		
1979	0.68	1.59		840	0.41	0.25	0.36		
1980	0.83	1.84	979	979	0.44	0.25	0.34		
1981	0.43	2.20		935	0.46	0.24	0.36		
1982	0.47	2.28		859	0.51	0.33	0.41		
1983	0.63	2.95		607	0.65	0.38	0.46		
1984	0.83	3.08		414	0.74	0.38	0.81		
1985	1.06	3.70	204	204	0.91	0.52	0.76		259
1986	1.81	3.99		224	1.40	0.61	1.00		
1987	2.51	4.54		455	1.88	0.86	1.38		
1988	3.75	6.12		518	2.22	1.08	1.66		
1989	2.89	7.14		542	2.67	1.50	2.03		
1990	1.58	7.07	265	265	2.19	1.65	2.43		591
1991	1.27	8.04		409	2.45	1.69	2.46		604
1992	2.03	8.85		2813	3.49	2.09	3.49		660
1993	4.05	7.99		69	3.77	2.75	3.77		794
1994	7.01	9.88		245	3.97	1.80	3.94		945
1995	10.04	11.54	2268	2268	3.89	2.41	4.12		1219
1996	11.32	12.94	5166	3630	4.90	3.01	5.24		1512
1997	13.66	13.95	5718	3952	6.04	3.45	5.17		1845
1998	30.86	14.33	2586	1014	6.99	4.39	6.20		1998
1999	27.35	16.54	10829	3537	7.63	4.91	6.85		2142
2000	18.01	18.09	6009	4554	8.39	5.49	8.20		1458
2001	16.52	20.06	7088	4763	9.16	5.53	9.42		1639
2002	24.11	22.59	7956	4969	10.23	5.35	14.15		1769
2003	34.92	25.41	9034	5646	11.31	5.86	14.25		1927
2004	45.62	28.77	17814	10013	13.74	6.26	16.11	6428	2113
2005	56.89	32.97	14329	7356	17.51	6.64	20.89	8166	2385
2006	74.65	38.71	15009	8810	21.06	8.63	25.49	10051	2829
2007	93.90	46.15	23985	13243	26.07	10.39	33.83	12089	3245
2008	125.77	57.57	52149	20200	30.29	14.64	46.09	14037	3767
2009	205.01	66.84	26929	16725	34.14	20.48	61.18	15609	4094
2010	306.90	79.46	17127	10213	43.05	24.94	89.76	17334	4659
2011	419.58	94.42	13091	3563	47.66	25.10	100.17	19233	5382
2012	561.80	109.53	14321	6565	52.55	32.20	119.82	21499	6231
2013	453.22	120.87	11965	4634	56.13	36.37	123.68	23563	7085
2014	482.83	134.17	10688	4699	58.11	37.95	129.29	25401	7751
2015	498.15	145.11	6722	4003	50.02	30.29	139.33	27077	8379
2016	370.91	159.11	8925	6145	49.6	30.32	159.52	28962	9820

注：1. 城镇居民人均可支配收入2004年（含2004年）以前为城市居民人均可支配收入。

2. 2000年以后农民人均纯收入统计口径调整。2014年后口径调整为农村居民人均可支配收入。

Note:1. The statistical range of indicator “Per Capita Annual Disposable Income of Urban Households” is the household in cities in and before 2004.

2. After 2000，2014 the statistical range of Per Capita Net Income of Farmers has been adjusted.

22－15　崇左市主要经济指标情况（2003－2016年）
Main Economic Indicators of Chongzuo（2003－2016）

年　份 Year	生产总值(按当年价格，亿元) Gross Domestic Product (current prices, 100 million yuan)	第一产业 Primary Industry	第二产业 Secondary Industry	#工业 Industry	第三产业 Tertiary Industry	生产总值指数(上年=100) Indices of Gross Domestic Product (preceding year=100)	第一产业 Primary Industry	第二产业 Secondary Industry	#工业 Industry	第三产业 Tertiary Industry
2003	104.22	40.96	24.97	19.31	38.28	108.3	103.8	111.5	109.9	111.9
2004	125.55	48.34	31.08	25.26	46.13	112.8	110.2	118.6	117.9	112.1
2005	151.13	55.34	43.63	36.29	52.17	113.9	108.8	129.4	130.3	107.5
2006	194.03	66.45	66.58	58.13	61.00	117.1	110.1	127.8	130.4	114.5
2007	231.87	76.24	78.12	67.97	77.51	116.6	107.1	122.9	123.9	119.7
2008	272.98	81.45	101.67	89.11	89.86	111.8	105.7	118.9	119.9	110.0
2009	304.36	86.94	107.41	90.83	110.01	112.6	105.1	111.6	108.1	120.1
2010	392.37	114.85	149.11	127.53	128.41	113.1	107.0	116.6	115.0	114.0
2011	491.85	144.98	197.42	169.71	149.45	110.5	106.2	116.0	115.6	108.1
2012	530.51	142.95	216.96	184.06	170.60	111.8	105.2	117.4	117.4	110.4
2013	584.63	149.44	248.24	210.62	186.95	110.2	104.2	115.7	115.9	107.8
2014	649.72	147.28	277.45	232.64	224.99	108.3	103.8	111.5	111.0	107.5
2015	682.82	155.06	274.61	226.38	253.15	108.0	103.2	108.1	107.6	111.5
2016	766.20	167.66	310.69	257.13	287.85	108.2	103.4	107.9	107.0	111.5

22－15 续表 continued

年 份 Year	全社会固定资产投资（不含农户）(亿元) Total Investment in Fixed Assets (excluding rural registents) (100 million yuan)	社会消费品零售总额(亿元) Total Retail Sales of Consumer Goods (100 million yuan)	进出口(万美元) Total Import & Export (USD 10 000)	#出口 Exports	财政收入(亿元) Finance Revenue (100 million yuan)	#公共财政预算收入 Public Budget Income	公共财政预算支出(亿元) Public Budget Expenditure (100 million yuan)	城镇居民人均可支配收入（元） Per Capita Annual Disposable Income of Urban Households (yuan)	农村居民人均纯收入（元） Per Capita Annual Net Income of Rural Households (yuan)
2003	32.49	20.11	26185	22009	13.01	8.86	18.38	—	1927
2004	40.73	23.90	32628	28005	14.84	8.31	20.61	6208	2122
2005	52.81	26.98	49490	41380	16.74	8.46	23.78	7102	2298
2006	71.05	31.06	55332	43609	20.50	8.51	27.77	8640	2767
2007	115.15	36.71	93233	78026	26.94	12.30	39.83	11070	3290
2008	128.49	45.99	160531	134526	32.07	16.77	52.85	12732	3754
2009	212.28	53.45	286765	257935	36.73	20.79	70.06	14032	4028
2010	308.84	61.08	373711	341557	47.54	26.16	85.53	15620	4621
2011	415.14	72.40	507571	468275	57.65	30.23	103.11	17301	5370
2012	532.15	84.37	713458	680593	66.00	39.49	130.99	19370	6263
2013	482.38	96.38	1027713	975800	73.02	47.49	140.92	21289	7077
2014	581.49	108.44	1469407	1317965	73.16	48.40	155.51	23184	7707
2015	691.57	119.39	2013277	1423209	75.15	50.12	185.10	24668	8308
2016	831.41	131.34	1857407	1086290	58.2	40.76	202.87	26605	9801

注：1. 城镇居民人均可支配收入2004年（含2004年）以前为城市居民人均可支配收入。

2. 2000年以后农民人均纯收入统计口径调整。2014年后口径调整为农村居民人均可支配收入。

Note:1. The statistical range of indicator "Per Capita Annual Disposable Income of Urban Households" is the household in cities in and before 2004.

2. After 2000, 2014 the statistical range of Per Capita Net Income of Farmers has been adjusted.

22－16 广西农垦管区社会经济主要指标
Main Social & Economic Indicators by Guangxi State Farms

指 标	Item	2010	2011	2012	2013	2014	2015	2016	2016年比上年增长%
辖区土地面积(平方公里)	Administrative Region Land Area (sq.km)	1701.84	1681.88	1681.88	1681.88	1681.88	1681.88	1681.88	
地区生产总值（当年价，亿元）	Gross Domestic Product (At current prices, 100 million yuan)	236.88	296.67	341.92	382.72	417.90	449.59	494.05	8.0
第一产业	Primary Industry	33.06	39.73	41.81	45.93	47.19	49.91	57.30	5.3
第二产业	Secondary Industry	145.79	180.48	213.03	240.82	262.64	280.90	305.04	8.2
#工业	Industry	113.53	137.25	160.32	183.38	199.34	218.42	234.24	7.8
建筑业	Construction	32.26	43.23	52.71	57.44	63.30	62.48	70.80	11.1
第三产业	Tertiary Industry	58.03	76.46	87.08	95.97	108.07	118.78	131.71	8.7
年末总人口（万人）	Total Population at Year-end (10 000 persons)	28.51	31.82	35.28	36.93	37.98	39.61	41.46	4.7
男性	Male	16.54	18.78	20.51	21.67	22.51	23.57	24.62	6.6
女性	Female	11.97	13.04	14.77	15.26	15.47	16.04	16.84	1.9
年末总户数（万户）	Total Households at Year-end (10 000 households)	8.36	9.88	10.69	11.07	11.45	11.72	11.98	2.3
就业人员（万人）	Employed Persons (10 000 persons)	16.93	18.51	20.13	20.46	20.85	21.69	22.73	4.8
第一产业	Primary Industry	5.92	6.09	6.17	6.31	6.18	6.20	6.40	3.2
第二产业	Secondary Industry	7.03	8.25	9.31	9.31	9.55	9.96	10.42	4.6
第三产业	Tertiary Industry	3.98	4.17	4.65	4.84	5.13	5.53	5.91	6.8
国有单位就业人员(万人)	Number of Employed Persons in State-owned Units (10 000 persons)	5.76	5.89	5.90	6.07	5.94	5.99	6.13	2.4
在岗职工人数（万人）	Number of Staff & Workers (10 000 persons)	3.23	3.16	3.01	2.91	2.77	2.59	2.50	-3.7
在岗职工工资总额(万元)	Total Wage of Staff & Workers (100 million yuan)	64937	71739	79755	87731	92626	91669	95368	4.0
在岗职工平均工资（元）	Average Wage of Staff & Workers (yuan)	19455	22583	26585	29662	32609	34182	37819	10.6
全社会固定资产投资（亿元）	Total Investment in Fixed Assets (100 million yuan)	131.31	180.21	235.41	270.79	281.00	300.60	343.94	14.4
#基本建设	Basic Construction	83.87	107.39	150.79	176.22	181.01	182.66	227.49	24.5
更新改造	Innovation	9.86	15.78	7.93	11.06	11.64	9.85	9.37	-4.9
其他投资	Others	5.53	9.09	10.75	11.30	12.14	17.56	11.78	-32.9
房地产开发	Real Estate Development	27.45	33.36	32.88	47.97	61.52	81.10	88.04	8.6
私人建房	Housing Construction by Individuals	4.60	14.59	33.06	24.24	14.69	9.43	7.26	-23.0
城镇固定资产投资(亿元)	Urban Investment in Fixed Assets (100 million yuan)	127.67	173.67	229.33	257.25	266.95	285.57	329.84	15.5
城镇居民人均可支配收入（元）	Per Capita Annual Disposable Income of Household (yuan)	13310	14775	17550	19654	21641	23446	25331	8.0
农林牧渔业从业人口(万人)	Farming, Forestry, Animal Husbandry & Fishery Employed Persons (10 000 persons)	5.92	6.09	6.17	6.31	6.18	6.20	6.40	3.2
常用耕地面积（千公顷）	Daily Cultivated Area (1000 hectares)	32.65	32.91	32.81	33.76	33.85	33.88	33.96	0.2
农林牧渔业总产值(当年价，亿元)	Gross Output Value of Farming, Forestry, Animal Husbandry & Fishery (At current prices, 100 million yuan)	51.56	63.00	70.44	75.92	78.79	86.54	94.83	9.6

注：地区生产总值与各行业增加值增长速度按可比价计算；规模以上工业的统计口径2008-2010年为“年主营业务收入500万元及以上的工业法人企业”，2011年及以后为“年主营业务收入2000万元及以上的工业法人企业”。

22－16 续表 continued

指 标	Item	2010	2011	2012	2013	2014	2015	2016	2016年比上年增长%
农业机械总动力(万千瓦)	Total Agricultural Machinery Power (10 000 kw)	23.62	25.30	25.43	27.30	27.7	31.83	33.19	4.3
化肥使用量(折纯量,万吨)	Consumption of Chemical Fertilizers (Pure quantity, 10 000 tons)	4.97	5.53	5.52	5.82	5.51	5.27	5.59	6.0
农场用电量(万千瓦小时)	Electricity Consumed in Rural Areas (10 000 kwh)	32097	38711	48746	49132	49518	52350	52378	0.1
有效灌溉面积(千公顷)	Irrigated Area (1 000 hectares)	11.52	12.61	12.99	12.83	13.57	15.37	15.81	2.8
农作物总播种面积(千公顷)	Total Sown Area of Farm Crops (1 000 hectares)	32.39	32.63	32.76	32.76	32.97	33.51	32.95	-1.7
#甘蔗	Sugarcane	22.55	22.62	22.91	22.62	21.98	22.17	21.60	-2.6
甘蔗产量(万吨)	Output of Sugar cane (10 000 tons)	227.75	223.72	239.43	242.19	234.56	232.83	226.82	-2.6
剑麻纤维产量(万吨)	Output of Sisal fiber (10 000 ton)	1.80	2.02	2.11	2.19	1.94	1.80	1.93	7.3
干毛茶产量(吨)	Output of Primary tea (ton)	881	849	1137	1068	968	770	664	-13.8
水果产量(万吨)	Output of Fruits (10 000 tons)	16.14	18.02	23.50	25.28	25.68	30.67	31.87	3.9
生猪年末存栏头数(万头)	Number of Pigs in Livestock (10 000 heads)	90.15	100.29	127.40	145.71	164.43	141.44	145.07	2.6
肉猪出栏头数(万头)	Number of Slaughtered Fattened Hogs (10 000 heads)	130.66	130.94	154.46	179.99	193.3	215.86	207.01	-4.1
肉类总产量(万吨)	Total Output of Meat (10 000 tons)	10.07	10.10	11.91	13.73	14.71	16.53	15.91	-3.8
#猪牛羊肉	Pork, Beef & Mutton	9.17	9.19	10.85	12.63	13.59	15.18	14.56	-4.1
牛奶产量(吨)	Output of Cow milk (10 000 tons)	4366	4471	4017	3989	4111	4641	5238	12.9
水产品产量(万吨)	Output of Aquatic Products (10 000 ton)	1.50	1.57	1.66	1.70	1.63	1.71	1.70	-0.6
工业企业单位数(规模以上,个)	Number of Industrial Enterprises (Above designated size,unit)	369	248	274	300	329	347	384	10.7
工业总产值(规模以上,当年价,亿元)	Gross Industrial Output Value (Above designated size, at current prices, 100 million yuan)	266.40	315.10	387.54	450.07	514.19	588.37	635.54	8.0
工业企业增加值(规模以上,当年价,亿元)	Value-added of Industrial Enterprises (Above designated size,at current prices,100 million yuan)	105.99	118.47	144.33	161.94	183.19	200.88	217.18	8.7
工业企业税金(规模以上,亿元)	Taxation expense of Industrial Enterprises (Above designated size, 100 million yuan)	10.13	10.27	10.55	11.29	12.55	13.65	14.10	3.3
工业企业利润(规模以上,亿元)	Total Profits of Industrial Enterprises (Above designated size, 100 million yuan)	20.11	24.23	26.62	27.07	29.94	31.32	32.51	3.8
成品糖产量(万吨)	Machine-made Sugar (10 000 tons)	61.30	67.55	69.82	83.16	84.77	80.52	65.60	-18.5
发酵酒精产量(万吨)	Output of Alcohol (10 000 tons)	21.47	20.02	25.22	22.12	22.35	20.39	18.10	-11.2
剑麻制品(万吨)	Sisal Product (10 000 tons)	4.31	4.88	5.71	4.57	4.35	4.86	4.36	-10.3
淀粉产量(万吨)	Output of Starch (10 000 tons)	28.57	29.96	29.66	32.80	32.67	27.67	27.36	-1.1
软饮料产量(万吨)	Output of Soft drinks	28.21	30.06	31.64	25.65	17.81	16.88	16.72	-0.9
成品茶(吨)	Refined Tea (ton)	2298	2188	2761	2873	2710	2463	2292	-6.9
人造板产量(万立方米)	Output of Wood-based Plate (10 000 cu.m)	95.87	106.61	141.22	143.44	161.21	160.05	166.23	3.9
水泥(万吨)	Cement (10 000 tons)	46.46	53.76	44.52	48.00	49.46	45.31	20.20	-55.4
饲料产量(万吨)	Output of Feed (10 000 tons)	31.36	41.16	46.37	54.67	63.78	73.82	84.24	14.1
工农业产品进出口总额(亿元)	Import & Export of Industrial & Agricultural Products (100 million yuan)	17.10	17.17	14.46	16.88	18.29	20.47	14.15	-30.9
年末实有外来投资企业及项目个数(个)	Actual Number of External Investment Enterprises & Projects in Year-end (unit)	759	820	892	980	1057	1129	1208	7.0

第二十三篇
县（市、区）基本情况
BASIC STATISTICS OF COUNTIES (CITIES, DISTRICTS)

（编辑：杨海玲）

23－1　110个县域社会经济主要指标（2016年）

指　标	Item	兴宁区 Xingning District	青秀区 Qingxiu District
行政区域面积（平方公里）	Administrative Region Land Area (sq.km)	723	865
常住户数（户）	Total Households at Year-end (household)	99946	226823
年末常住人口（万人）	Total Population at Year-end (10 000 persons)	42.89	77.75
年末户籍人口（万人）	Registered Population at Year-end (10 000 persons)	32.70	71.23
地区生产总值（万元）	Gross Domestic Product (10 000 yuan)	3888040	8334304
第一产业增加值	Primary Industry	107325	179417
第二产业增加值	Secondary Industry	639046	965459
#工业	Industry	115114	144100
第三产业增加值	Tertiary Industry	3141669	7189429
人均生产总值（元）	Per Capital GDP (yuan)	91387	107936
地区生产总值指数（上年=100）	Indices of Gross Domestic Product (preceding year=100)	107.2	108.6
第一产业	Primary Industry	99.1	105.8
第二产业	Secondary Industry	104.4	104.0
#工业	Industry	103.0	93.2
第三产业	Tertiary Industry	108.1	109.3
人均生产总值指数（上年=100）	Indices of Per Capital GDP (preceding year=100)	105.8	107.1
地区生产总值构成（%）	Construction of GDP (%)		
第一产业	Primary Industry	2.8	2.2
第二产业	Secondary Industry	16.4	11.6
第三产业	Tertiary Industry	80.8	86.3
公共财政预算收入（万元）	Government Revenue (10 000 yuan)	91128	319313
税收收入（万元）	Total Tax Revenue (10 000 yuan)	76323	282453
公共财政支出（万元）	Government Expenditure (10 000 yuan)	168721	342773
年末金融机构各项存款余额（万元）	Year-end Deposits of Financial Institutions (10 000 yuan)		
#居民储蓄存款余额	Urban & Rural Savings Deposits		
年末金融机构各项贷款余额（万元）	Year-end Loans of Financial Institutions (10 000 yuan)		
耕地面积（公顷）	Farmland (hectare)	14395	19045
设施农业占地面积（公顷）	Protected Agriculture Covered (hectare)	54	278
农作物总播种面积（公顷）	Total Sown Area of Major Farm Crops (hectare)	27564	38234

注：本表由各县（市）区上报，截止出版前未经国家审核反馈。
Note: The data in this table is reported by relevant counties (cities, districts), has yet to be verified by the date of publication.

Main Social & Economic Indicators by County（2016）

江南区 Jiangnan District	西乡塘区 Xixiangtang District	良庆区 Liangqing District	邕宁区 Yongning District	武鸣县 Wuming County	隆安县 Long' an County	马山县 Mashan County	上林县 Shanglin County
1183	1076	1369	1231	3389	2306	2341	1871
167030	249772	93162	90256	236769	89542	159353	146303
62.68	121.77	37.02	28.16	56.54	31.25	40.72	35.85
51.41	79.20	27.96	35.97	71.59	42.20	56.86	49.89
5417961	8060270	1354202	760318	3214218	650828	504775	525128
281001	218325	222338	271599	820160	256807	176958	211110
3765217	4361647	712004	175577	1482171	179421	102552	104817
3441670	3658033	423614	79752	1274924	101883	37520	53609
1371743	3480298	419859	313142	911887	214600	225266	209200
87634	66603	36689	27174	57071	20907	12447	14679
109.0	105.2	106.0	109.8	109.0	105.0	105.1	102.5
102.9	101.3	104.5	104.5	106.5	106.9	104.9	102.0
109.9	106.1	101.1	109.1	103.9	101.3	100.1	93.8
110.3	106.2	97.2	119.1	102.1	93.5	100.2	83.3
107.9	104.2	116.8	115.1	121.6	105.9	107.7	108.3
106.8	104.2	105.1	108.5	108.0	104.1	104.3	101.5
5.2	2.7	16.4	35.7	25.5	39.5	35.1	40.2
69.5	54.1	52.6	23.1	46.1	27.6	20.3	20.0
25.3	43.2	31.0	41.2	28.4	33.0	44.6	39.8
44544	78340	75160	30632	95827	25472	22086	25443
39997	65303	67241	25206	64786	16809	15949	16044
161843	256427	164238	177201	369075	235499	280155	262506
				2229671	891952	897664	876939
				1504563	717392	567417	701326
				1390901	453012	434574	504312
38567	44133	35530	44443	118217	62306	46185	47768
808	133	128	7	2075	102	83	28
74381	40708	58352	66228	178148	68515	59596	61296

23－1　续表1

指　标	Item	兴宁区 Xingning District	青秀区 Qingxiu District
#粮食作物	Grain Crops	10906	15039
粮食总产量（吨）	Yield of Grain (ton)	54154	87074
#稻谷	Rice	46304	68990
油料产量（吨）	Yield of Oil-bearing Crops (ton)	3957	9273
糖料产量（吨）	Yield of Sugar Crops (ton)	56089	534809
园林水果（不含瓜类水果）产量（吨）	Yield of Fruit (ton)	8180	19494
肉类总产量（吨）	Output of Meat (ton)	18024	33403
#猪肉	Pork	9248	20435
禽蛋产量（吨）	Output of Eggs (ton)	1414	2630
奶类产量（吨）	Output of Milk (ton)	1560	0
蔬菜产量（吨）	Yield of Vegetables (ton)	162763	175920
水产品产量（吨）	Aquatic Products (ton)	8128	6977
规模以上工业企业个数（个）	Number of Industrial Enterprises above Designated Size (unit)	25	27
规模以上工业总产值（当年价，万元）	Included Gross Industrial Output Value above Designated Size (at current price，10 000 yuan)	330411	485856
规模以上工业企业从业人员年平均人数（人）	Annual Average Number of Employed Persons (person)	3200	4126
规模以上工业企业主营业务收入（万元）	Income from Major Business (10 000 yuan)	318499	410166
公路里程（公里）	Length of Domestic Highways (km)	526	689
民用汽车拥有量（辆）	Number of Civil Motor Vehicles Owned (unit)		
年末实有公共汽（电）车营运数（辆）	Year-end Total Operating Public Buses (vehicle)		
年末实有出租汽车数（辆）	Year-end Total Taxis (vehicle)		
固定电话年末用户（户）	Number of Local Telephone Subscribers in Year-end (subscriber)		
年末移动电话用户数（户）	Number of Mobile Telephone Subscribers at Year-end (subscriber)		
互联网宽带接入用户（户）	Number of Internet Subscribers (subscriber)		
全社会用电量（万千瓦时）	Total Consumption of Electricity (10 000 kwh)	133600	295700
#居民生活用电量	Household Consumption of Electricity	43300	73800
社会消费品零售总额（亿元）	Total Retail Sale of Consumer Goods (100 million yuan)	415.79	406.88
固定资产投资（不含农户）（亿元）	Investment in Fixed Assets (100 million yuan)	251.41	789.65

Continued

江南区 Jiangnan District	西乡塘区 Xixiangtang District	良庆区 Liangqing District	邕宁区 Yongning District	武鸣县 Wuming County	隆安县 Long'an County	马山县 Mashan County	上林县 Shanglin County
16708	12228	18680	29610	69190	38455	39570	38670
91751	63954	95496	144868	365826	174402	181733	183675
67965	41316	80446	120547	220583	79728	84087	134104
12332	9536	6102	13851	45279	5699	2685	7740
1546309	145914	1042724	1049664	1600858	433117	154267	559608
52251	568595	70950	50577	963802	407476	16766	8168
30253	35842	37327	61811	144199	45157	40151	40268
10053	16893	10462	19899	90597	30611	27759	33481
4131	3903	714	651	16848	1248	828	575
5200	1505	779	0	1441	0		0
520611	301203	350079	271315	1268466	286075	213732	135550
15574	12457	13285	13526	47910	15989	12386	21724
164	235	55	18	190	36	16	16
11624470	9501771	1429588	336710	4468198	455492	115889	198497
46055	70070	10595	4355	36600	5609	2381	3192
10493980	9038789	1169009	280962	4165198	486659	88663	180870
	690	1005	1021	2297		1243	1015
			28972	28910		24534	18015
			141	169	61	35	60
				100	23	40	32
			490			28517	17683
			110215			305412	251485
			66264			36586	26475
248600				161328	68724	36957	31991
54800	114000		3712	34123	15405	20730	17367
184.56	354.04	33.33	20.56	75.84	19.18	23.04	19.99
440.50	609.02	333.35	176.18	355.98	51.77	38.10	41.66

23－1 续表2

指 标	Item	兴宁区 Xingning District	青秀区 Qingxiu District
新增固定资产（万元）	Newly Increased Fixed Assets (10 000 yuan)	915746	1229518
房地产开发投资完成额（万元）	Real Estate Development (10 000 yuan)	1096745	1636903
#住宅	Residential Buildings	979919	1057309
住宅竣工面积（万平方米）	Completed Floor Space of Residential Buildings (10 000 sq.m)	43.54	44.45
普通中学数（所）	Number of Regular Secondary Schools (unit)	14	14
小学数（所）	Number of Primary Schools (unit)	49	82
普通中学专任教师数（人）	Full-time Teachers in Regular Secondary Schools (person)	621	711
小学专任教师数（人）	Full-time Teachers in Primary Schools (person)	1776	3169
普通中学在校学生数（人）	Student Enrollment in Regular Secondary Schools (person)	9550	10165
小学在校学生数（人）	Primary Student Enrollment (person)	35411	59835
专业技术人员（人）	Number of Professionals (person)	1960	3456
#农业技术人员	Agricultural Professionals (person)	26	
医疗卫生机构床位数（张）	Number of Beds in Heathcare Institutions (bed)	4278	11300
医疗卫生机构技术人员（人）	Medical & Technical Personnel of Heathcare Institutions (person)	5497	16366
#执业（助理）医师	Practitioner (assistant) Doctors	2366	15163
居民人均可支配收入（元）	Per Capita Annual Disposable Income of Households (yuan)		36424
城镇居民人均可支配收入（元）	Per Capita Annual Disposable Income of Urban Households (yuan)	33725	38873
农村居民人均可支配收入（元）	Per Capita Annual Disposable Income of Rural Households (yuan)	12406	12712
各种社会福利收养性单位数（个）	Number of Adopting Units of Social Welfare (unit)	3	10
各种社会福利收养性单位床位数（张）	Number of Beds in Adopting Units of Social Welfare (bed)	125	1176
城镇基本养老保险参保人数（人）	Number of Persons Joining Basic Pension Insurance (person)	62512	60266
城镇基本医疗保险参保人数（人）	Number of Persons Joining Basic Health Care Insurance (person)		179614
失业保险参保人数（人）	Number of Persons Joining Unemployment Insurance (person)		
新型农村合作医疗参保人数（人）	Number of Persons Joining New-type Rural Cooperative Medical Service (person)	136008	
新型农村社会养老保险参保人数（人）	Number of Persons Joining New-type Rural Social Pension Insurance (person)		
城镇居民最低生活保障人数（人）	Number of Urban Residents Receiving Lowest Cost-of-living (person)	1214	497
农村居民最低生活保障人数（人）	Number of Rural Residents Receiving Lowest Cost-of-living (person)	2261	2200

Continued

江南区 Jiangnan District	西乡塘区 Xixiangtang District	良庆区 Liangqing District	邕宁区 Yongning District	武鸣县 Wuming County	隆安县 Long' an County	马山县 Mashan County	上林县 Shanglin County
1728892	2831705	242071	157538	1198717	0		239225
1201614	797505	1987174	1030074	462322	41031	27349	112255
824887	456920	980574	795748	257020	40867	0	87558
29.58	149.47	27.11		8.85	8.17	0.89	18.60
31	43	18	11	26	16	20	17
92	126	44	69	105	91	105	109
1123	2955	1129	944	2426	1221	1480	1413
2784	4493	1537	1453	2366	1373	2323	2054
14603	28426	14084	14455	27842	18802	23077	21635
52348	105581	35389	21689	36302	31781	37532	30476
7866	17900	2301	3043	8917	3651	5706	5185
135	50	100	77	227	79	136	138
714	7838	1200	1241	2948	1720	1445	1328
493	5219	2019	1512	3314	2138	2099	1522
229	3351	666	537	1149	773	530	756
		22270		20046	13825	12686	
29610	28905	26885	28133	29398	23970	24016	23249
12655	11537	12065	11459	13304	9799	8973	9289
4	15	26	7	21	19	15	28
456	281	305	180	752	421	460	485
	6157	68933	16706	353100	23378	19436	18635
	1742	34075	17312	75100	43753	37065	35096
	38781		17125	18900	13444	8640	9782
250236	315969	216557	281251	587100	364707		430125
91500	98558		99357		159066	197854	163868
703	27556	195	215	775	364	7740	3980
2242	32828	4634	8927	9586	15250	30193	27502

23－1 续表3

指 标	Item	宾阳县 Binyang County	横 县 Hengxian County
行政区域面积（平方公里）	Administrative Region Land Area (sq.km)	2298	3448
常住户数（户）	Total Households at Year-end (household)	294352	281781
年末常住人口（万人）	Total Population at Year-end (10 000 persons)	81.42	90.17
年末户籍人口（万人）	Registered Population at Year-end (10 000 persons)	105.79	126.92
地区生产总值（万元）	Gross Domestic Product (10 000 yuan)	1995600	2702385
第一产业增加值	Primary Industry	481086	672283
第二产业增加值	Secondary Industry	657266	1118948
#工业	Industry	457202	836542
第三产业增加值	Tertiary Industry	857248	911155
人均生产总值（元）	Per Capital GDP (yuan)	24558	30067
地区生产总值指数（上年=100)	Indices of Gross Domestic Product (preceding year=100)	108.5	106.1
第一产业	Primary Industry	105.3	102.1
第二产业	Secondary Industry	103.2	102.2
#工业	Industry	103.3	100.8
第三产业	Tertiary Industry	115.0	115.2
人均生产总值指数（上年=100)	Indices of Per Capital GDP (preceding year=100)	107.7	105.2
地区生产总值构成（%）	Construction of GDP (%)		
第一产业	Primary Industry	24.1	24.9
第二产业	Secondary Industry	32.9	41.4
第三产业	Tertiary Industry	43.0	33.7
公共财政预算收入（万元）	Government Revenue (10 000 yuan)	122889	130319
税收收入（万元）	Total Tax Revenue (10 000 yuan)	71230	74093
公共财政支出（万元）	Government Expenditure (10 000 yuan)	447914	479531
年末金融机构各项存款余额（万元）	Year-end Deposits of Financial Institutions (10 000 yuan)	1981895	2148577
#居民储蓄存款余额	Urban & Rural Savings Deposits	1537683	1856273
年末金融机构各项贷款余额（万元）	Year-end Loans of Financial Institutions (10 000 yuan)	1107173	1197885
耕地面积（公顷）	Farmland (hectare)	90991	110323
设施农业占地面积（公顷）	Protected Agriculture Covered (hectare)	455	453
农作物总播种面积（公顷）	Total Sown Area of Major Farm Crops (hectare)	139254	161010

Continued

城中区 Chengzhong District	鱼峰区 Yufeng District	柳南区 Liunan District	柳北区 Liubei District	柳江县 Liujiang County	柳城县 Liucheng County	鹿寨县 Luzhai County	融安县 Rong' an County
78	474	164	301	2537	2114	2975	2898
56812	137966	194532	151440	156641	125011	116927	98154
17.14	48.04	51.76	44.55	60.42	36.73	35.01	29.70
15.69	34.74	35.90	35.14	56.98	41.10	41.12	32.88
2830075	3907574	6226897	5018944	2181325	1204209	1382401	647633
10415	23106	28688	96735	395094	421448	313005	168854
1071057	2640104	4377357	2744638	1052019	394919	640657	231812
756692	2602923	4201522	2574946	911713	322073	487396	188029
1748603	1244364	1820852	2177571	734213	387841	428738	246967
166279	81860	120993	113192	36283	32875	39576	21879
107.1	105.0	109.8	106.3	106.8	105.1	109.7	107.3
99.5	86.0	101.3	102.8	103.0	104.8	103.5	103.4
102.5	103.0	109.6	103.5	105.1	99.7	111.6	107.5
102.6	103.0	109.9	103.3	108.5	100.4	109.6	108.7
110.8	110.2	110.2	110.5	111.4	111.9	111.6	110.1
106.1	103.6	109.0	105.5	105.7	104.4	108.3	106.4
0.4	0.6	0.5	1.9	18.1	35.0	22.6	26.1
37.8	67.6	70.3	54.7	48.2	32.8	46.3	35.8
61.8	31.8	29.2	43.4	33.7	32.2	31.0	38.1
56548	64064	78873	74928	86852	52339	58904	27125
50368	59647	71415	66337	62209	33096	41884	16816
65786	63440	100533	100590	278354	214228	249616	194511
				1653542	916400	1412975	769382
				1118833	663865	966804	557652
				1446902	543100	1207072	416760
374	4906	2563.02	8427	85973.26	77586	58985	26856
50		68.97	325	214.14	333	270	67
1147	10323	3857	12139	88898	89161	81479	44888

23－1　续表4

指　标	Item	宾阳县 Binyang County	横　县 Hengxian County
#粮食作物	Grain Crops	71660	78380
粮食总产量（吨）	Yield of Grain (ton)	372750	416437
#稻谷	Rice	318079	333818
油料产量（吨）	Yield of Oil-bearing Crops (ton)	19886	18799
糖料产量（吨）	Yield of Sugar Crops (ton)	1598573	2019123
园林水果（不含瓜类水果）产量（吨）	Yield of Fruit (ton)	29655	91186
肉类总产量（吨）	Output of Meat (ton)	63507	80306
#猪肉	Pork	38508	45970
禽蛋产量（吨）	Output of Eggs (ton)	1718	2758
奶类产量（吨）	Output of Milk (ton)	228	6100
蔬菜产量（吨）	Yield of Vegetables (ton)	659249	809269
水产品产量（吨）	Aquatic Products (ton)	41570	47041
规模以上工业企业个数（个）	Number of Industrial Enterprises above Designated Size (unit)	67	102
规模以上工业总产值（当年价，万元）	Included Gross Industrial Output Value above Designated Size (at current price，10 000 yuan)	1500168	2631137
规模以上工业企业从业人员年平均人数（人）	Annual Average Number of Employed Persons (person)	17839	27534
规模以上工业企业主营业务收入（万元）	Income from Major Business (10 000 yuan)	1314014	2592466
公路里程（公里）	Length of Domestic Highways (km)	1010	1828
民用汽车拥有量（辆）	Number of Civil Motor Vehicles Owned (unit)	15961	28539
年末实有公共汽（电）车营运数（辆）	Year-end Total Operating Public Buses (vehicle)	309	23
年末实有出租汽车数（辆）	Year-end Total Taxis (vehicle)	120	132
固定电话年末用户（户）	Number of Local Telephone Subscribers in Year-end (subscriber)	27819	36948
年末移动电话用户数（户）	Number of Mobile Telephone Subscribers at Year-end (subscriber)	573858	587995
互联网宽带接入用户（户）	Number of Internet Subscribers (subscriber)	451174	435153
全社会用电量（万千瓦时）	Total Consumption of Electricity (10 000 kwh)	140830	156102
#居民生活用电量	Household Consumption of Electricity	40421	44869
社会消费品零售总额（亿元）	Total Retail Sale of Consumer Goods (100 million yuan)	103.04	92.94
固定资产投资（不含农户）(亿元)	Investment in Fixed Assets (100 million yuan)	244.23	245.77

Continued

城中区 Chengzhong District	鱼峰区 Yufeng District	柳南区 Liunan District	柳北区 Liubei District	柳江县 Liujiang County	柳城县 Liucheng County	鹿寨县 Luzhai County	融安县 Rong' an County
266	3276	1557	3236	34130	32890	32640	20733
1297	17051	8292	16835	177264	173665	171820	101343
608	13240	7399	13800	148540	157142	143982	93215
91	784	567	1564	4505	9952	10581	3166
0	207735	75	257749	1609227	2758799	1015658	382487
657	9385	3318	34963	123029	312060	142408	138066
2792	3353	4839	14257	51755	45501	32223	21724
1031	1889	2880	7081	31114	32111	21166	11313
0	12	9239	2819	786	1682	1561	838
255	2182	195	2721	572	19	788	
10705	52317	44260	169239	826179	265298	404973	182220
322	523	1367	10333	17505	19173	10519	7120
12	233	114	142	109	36	53	33
1045976	10951468	6065688	6400657	2844111	777144	1570056	510576
5724	73071	30194	29734	24955	9408	21476	5291
1347634	10054648	5256292	5985068	1979478	670897	1338731	442894
71		51	163	1264	1171	1496	1129
				69371	32256	10636	21091
					51	129	39
					48	114	60
				214095	15200	26355	15420
				341025	296800	227624	226137
				51890	35590	57285	40896
		220476	778536	88150	47524	113859	34211
		41794	41227	30919	16563	18208	12285
162.75	194.65	281.63	200.51	45.66	35.41	36.89	27.36
220.08	791.41	254.82	252.44	249.95	122.23	193.46	102.32

23－1 续表5

指 标	Item	宾阳县 Binyang County	横 县 Hengxian County
新增固定资产（万元）	Newly Increased Fixed Assets (10 000 yuan)	1880603	2151326
房地产开发投资完成额（万元）	Real Estate Development (10 000 yuan)	124709	122769
#住宅	Residential Buildings	107317	96493
住宅竣工面积（万平方米）	Completed Floor Space of Residential Buildings (10 000 sq.m)	35.75	9.12
普通中学数（所）	Number of Regular Secondary Schools (unit)	44	41
小学数（所）	Number of Primary Schools (unit)	204	219
普通中学专任教师数（人）	Full-time Teachers in Regular Secondary Schools (person)	3184	3196
小学专任教师数（人）	Full-time Teachers in Primary Schools (person)	3439	3655
普通中学在校学生数（人）	Student Enrollment in Regular Secondary Schools (person)	51650	16314
小学在校学生数（人）	Primary Student Enrollment (person)	68048	82027
专业技术人员（人）	Number of Professionals (person)	9773	9480
#农业技术人员	Agricultural Professionals (person)	256	231
医疗卫生机构床位数（张）	Number of Beds in Heathcare Institutions (bed)	2568	3752
医疗卫生机构技术人员（人）	Medical & Technical Personnel of Heathcare Institutions (person)	3552	4277
#执业（助理）医师	Practitioner (assistant) Doctors	1131	1863
居民人均可支配收入（元）	Per Capita Annual Disposable Income of Households (yuan)	18640	18163
城镇居民人均可支配收入（元）	Per Capita Annual Disposable Income of Urban Households (yuan)	29103	29574
农村居民人均可支配收入（元）	Per Capita Annual Disposable Income of Rural Households (yuan)	11644	11538
各种社会福利收养性单位数（个）	Number of Adopting Units of Social Welfare (unit)	27	234
各种社会福利收养性单位床位数（张）	Number of Beds in Adopting Units of Social Welfare (bed)	2961	5396
城镇基本养老保险参保人数（人）	Number of Persons Joining Basic Pension Insurance (person)	384532	52169
城镇基本医疗保险参保人数（人）	Number of Persons Joining Basic Health Care Insurance (person)	65722	87017
失业保险参保人数（人）	Number of Persons Joining Unemployment Insurance (person)	23671	19877
新型农村合作医疗参保人数（人）	Number of Persons Joining New-type Rural Cooperative Medical Service (person)	882013	1102700
新型农村社会养老保险参保人数（人）	Number of Persons Joining New-type Rural Social Pension Insurance (person)		415207
城镇居民最低生活保障人数（人）	Number of Urban Residents Receiving Lowest Cost-of-living (person)	848	786
农村居民最低生活保障人数（人）	Number of Rural Residents Receiving Lowest Cost-of-living (person)	16455	23128

Continued

城中区 Chengzhong District	鱼峰区 Yufeng District	柳南区 Liunan District	柳北区 Liubei District	柳江县 Liujiang County	柳城县 Liucheng County	鹿寨县 Luzhai County	融安县 Rong' an County
1166734	1451200	1527800	1565765		824909	823923	803354
594877	969900	562725	404318	169019	64581	123353	48059
427576	969900	236145	287017	115294	47398	103226	29175
29.30	23.40	36.00	30.98	9.14	10.14	17.00	17.78
6	8	17	15	18	16	7	14
19	37	40	46	115	142	64	45
642	689	1279	968	1633	817	1026	1031
921	1352	2176	1540	2466	1600	1472	1245
8602	10576	18357	13149	19452	8998	14932	13397
16645	28152	42698	28192	37439	22140	25581	18443
1510		2865	7433	7434	4679	3952	3890
5		17	42	284	223	170	132
3699	5099	2069	2003	1630	1658	1649	1096
6035	4713	5075	3327	1846	1824	1982	1619
1847	157	2577	1366	587	539	736	505
36704			32779			20191	15746
36841	30654	34865	33792	30235	28729	30483	25113
19073	18352	17912	14349	11084	11410	11653	10622
4	4	9	5		46	30	23
465	895	1362	828		540	548	430
	133657		134846	64029	43126	48965	32814
	128292		172000	32995	28618	327652	250748
	46656	80782	81586	22253	14057	19563	9895
11809		38740	59630	426259	316012		
2236		9560	15948	228710	127558	147652	93853
791	2413	2515	57935	402	739	654	1373
214	350	324	13786	6299	6597	9935	12104

23－1　续表6

指　标	Item	融水苗族自治县 Rongshui County	三江侗族自治县 Sanjiang County
行政区域面积（平方公里）	Administrative Region Land Area (sq.km)	4638	2417
常住户数（户）	Total Households at Year-end (household)	107056	88802
年末常住人口（万人）	Total Population at Year-end (10 000 persons)	41.64	30.88
年末户籍人口（万人）	Registered Population at Year-end (10 000 persons)	51.98	40.13
地区生产总值（万元）	Gross Domestic Product (10 000 yuan)	832732	471074
第一产业增加值	Primary Industry	158435	178860
第二产业增加值	Secondary Industry	350788	96556
#工业	Industry	225790	35934
第三产业增加值	Tertiary Industry	323509	195658
人均生产总值（元）	Per Capital GDP (yuan)	20080	15315
地区生产总值指数（上年=100）	Indices of Gross Domestic Product (preceding year=100)	108.6	109.0
第一产业	Primary Industry	100.2	104.0
第二产业	Secondary Industry	108.6	107.8
#工业	Industry	105.3	100.5
第三产业	Tertiary Industry	113.2	114.6
人均生产总值指数（上年=100）	Indices of Per Capital GDP (preceding year=100)	107.9	108.3
地区生产总值构成（%）	Construction of GDP (%)		
第一产业	Primary Industry	19.0	38.0
第二产业	Secondary Industry	42.1	20.5
第三产业	Tertiary Industry	38.8	41.5
公共财政预算收入（万元）	Government Revenue (10 000 yuan)	43301	20690
税收收入（万元）	Total Tax Revenue (10 000 yuan)	25728	15304
公共财政支出（万元）	Government Expenditure (10 000 yuan)	307170	226150
年末金融机构各项存款余额（万元）	Year-end Deposits of Financial Institutions (10 000 yuan)	1141994	738525
#居民储蓄存款余额	Urban & Rural Savings Deposits	793158	478674
年末金融机构各项贷款余额（万元）	Year-end Loans of Financial Institutions (10 000 yuan)	722380	374057
耕地面积（公顷）	Farmland (hectare)	55715	20788
设施农业占地面积（公顷）	Protected Agriculture Covered (hectare)		20
农作物总播种面积（公顷）	Total Sown Area of Major Farm Crops (hectare)	44462	27178

Continued

叠彩区 Diecai District	象山区 Xiangshan District	七星区 Qixing District	雁山区 Yanshan District	临桂区 Lingui District	阳朔县 Yangshuo County	灵川县 Lingchuan County	全州县 Quanzhou County
52	90	71	302	2247	1436	2302	3979
48338	86587	73113	19129	139252	93804	118355	250017
18.53	29.18	30.48	13.41	47.34	28.66	36.80	66.06
15.07	24.46	21.43	6.94	50.77	32.85	38.95	84.29
782465	2077547	1896695	255252	2559086	1168777	1490596	1750537
14809	12840	17902	53130	404781	250380	370264	500105
164184	685926	988553	61758	1643966	422608	688254	697929
77854	521178	904155	43667	1408492	217413	586294	587817
603472	1378781	890240	140364	510339	495789	432078	552503
42595	71467	62463	19403	54345	40952	40721	26614
109.1	108.7	108.5	108.4	107.5	106.7	107.9	107.0
101.0	101.0	94.4	102.8	103.1	106.0	104.4	104.1
107.5	105.6	107.5	108.8	107.9	103.2	109.5	107.9
106.6	105.2	108.0	112.6	107.2	97.1	109.4	107.7
109.7	110.5	110.0	110.6	110.0	110.3	108.5	108.4
107.5	107.8	107.6	102.1	106.2	105.8	106.8	106.3
1.9	0.6	0.9	20.8	15.8	21.4	24.8	28.6
21.0	33.0	52.1	24.2	64.2	36.2	46.2	39.9
77.1	66.4	46.9	55.0	19.9	42.4	29.0	31.6
34110	77131	99773	10690	196593	44918	120942	48927
18297	29209	54046	5074	112440	24280	60637	30415
41357	83326	125251	56621	319850	174617	319680	369504
				2070621	1006534	1676306	1837551
					762967	1239239	1431911
				2057841	574381	1351721	928436
1006	1433	841	4286	47089	13995	27932	70918
37	30.48	30	0	555	175	270	179
2399	2598	2299	9589	83786	46473	64443	130684

23－1　续表7

指　标	Item	融水苗族自治县 Rongshui County	三江侗族自治县 Sanjiang County
#粮食作物	Grain Crops	23668	14087
粮食总产量（吨）	Yield of Grain (ton)	120004	70527
#稻谷	Rice	106490	61300
油料产量（吨）	Yield of Oil-bearing Crops (ton)	2903	1851
糖料产量（吨）	Yield of Sugar Crops (ton)	393929	7526
园林水果（不含瓜类水果）产量（吨）	Yield of Fruit (ton)	55030	12765
肉类总产量（吨）	Output of Meat (ton)	29172	19083
#猪肉	Pork	15718	9761
禽蛋产量（吨）	Output of Eggs (ton)	288	826
奶类产量（吨）	Output of Milk (ton)		
蔬菜产量（吨）	Yield of Vegetables (ton)	145757	67183
水产品产量（吨）	Aquatic Products (ton)	8712	4130
规模以上工业企业个数（个）	Number of Industrial Enterprises above Designated Size (unit)	36	12
规模以上工业总产值（当年价，万元）	Included Gross Industrial Output Value above Designated Size (at current price，10 000 yuan)	615573	41036
规模以上工业企业从业人员年平均人数（人）	Annual Average Number of Employed Persons (person)	4893	1183
规模以上工业企业主营业务收入（万元）	Income from Major Business (10 000 yuan)	544070	39050
公路里程（公里）	Length of Domestic Highways (km)	1765	1121
民用汽车拥有量（辆）	Number of Civil Motor Vehicles Owned (unit)	23082	13260
年末实有公共汽（电）车营运数（辆）	Year-end Total Operating Public Buses (vehicle)	26	37
年末实有出租汽车数（辆）	Year-end Total Taxis (vehicle)	80	80
固定电话年末用户（户）	Number of Local Telephone Subscribers in Year-end (subscriber)	9872	9754
年末移动电话用户数（户）	Number of Mobile Telephone Subscribers at Year-end (subscriber)	325615	206482
互联网宽带接入用户（户）	Number of Internet Subscribers (subscriber)	40277	25144
全社会用电量（万千瓦时）	Total Consumption of Electricity (10 000 kwh)	46780	28574
#居民生活用电量	Household Consumption of Electricity	26125	13254
社会消费品零售总额（亿元）	Total Retail Sale of Consumer Goods (100 million yuan)	27.02	21.12
固定资产投资（不含农户）(亿元)	Investment in Fixed Assets (100 million yuan)	105.24	46.65

Continued

叠彩区 Diecai District	象山区 Xiangshan District	七星区 Qixing District	雁山区 Yanshan District	临桂区 Lingui District	阳朔县 Yangshuo County	灵川县 Lingchuan County	全州县 Quanzhou County
600	1309	476	3865	48510	23360	33340	78530
3819	6574	2575	18886	261848	117484	176131	436799
3441	5801	2140	14147	240695	91375	146766	378786
106	59	96	324	1322	6903	1960	13999
442			0	69888	36205	12654	40621
218	172	139	29850	153235	445173	340231	346129
2472	4061	5089	17899	101038	27778	54161	73871
1455	3038	4103	6151	32453	16163	30533	56333
166	417	140	2815	17801	2585	9599	8811
111	240	889	0		73	0	
43402	17366	50935	85208	471150	287284	584509	530661
320	1922	1035	3021	17347	9446	11134	25588
10	25	67	9	80	23	68	53
370600	1620034	3568838	151195	4524696	500000	2176879	1953428
1900	14961	23557	1276	22518	12261	220	6858
256051	1229354	2582028	105950	4366580	492827	2138542	1883264
42	56	73	299	866	536	887	1973
28094	50303	36549	6608	63110	46585	38670	36036
				322	60	152	497
		130	1		48		100
				23182	19000	27000	20024
				354825	180000	354287	283765
				52129	34900	62567	27879
	132621	80417	18700	90895	39060	70278	127036
	33357	28954	9600	30268	17955	23575	31831
110.42	146.28	83.96	3.52	40.97	26.44	48.97	31.85
71.03	141.78	155.21	44.30	311.87	128.56	203.63	180.57

23－1 续表8

指 标	Item	融水苗族自治县 Rongshui County	三江侗族自治县 Sanjiang County
新增固定资产（万元）	Newly Increased Fixed Assets (10 000 yuan)	640843	198401
房地产开发投资完成额（万元）	Real Estate Development (10 000 yuan)	128147	54837
#住宅	Residential Buildings	108226	43171
住宅竣工面积（万平方米）	Completed Floor Space of Residential Buildings (10 000 sq.m)	6.24	6.80
普通中学数（所）	Number of Regular Secondary Schools (unit)	14	16
小学数（所）	Number of Primary Schools (unit)	28	233
普通中学专任教师数（人）	Full-time Teachers in Regular Secondary Schools (person)	1504	1103
小学专任教师数（人）	Full-time Teachers in Primary Schools (person)	1787	1502
普通中学在校学生数（人）	Student Enrollment in Regular Secondary Schools (person)	23063	17827
小学在校学生数（人）	Primary Student Enrollment (person)	39267	34642
专业技术人员（人）	Number of Professionals (person)	5162	4050
#农业技术人员	Agricultural Professionals (person)	413	150
医疗卫生机构床位数（张）	Number of Beds in Heathcare Institutions (bed)	1632	1219
医疗卫生机构技术人员（人）	Medical & Technical Personnel of Heathcare Institutions (person)	1909	1209
#执业（助理）医师	Practitioner (assistant) Doctors	419	390
居民人均可支配收入（元）	Per Capita Annual Disposable Income of Households (yuan)	15008	13630
城镇居民人均可支配收入（元）	Per Capita Annual Disposable Income of Urban Households (yuan)	24779	25044
农村居民人均可支配收入（元）	Per Capita Annual Disposable Income of Rural Households (yuan)	10310	10086
各种社会福利收养性单位数（个）	Number of Adopting Units of Social Welfare (unit)	25	132
各种社会福利收养性单位床位数（张）	Number of Beds in Adopting Units of Social Welfare (bed)	485	1093
城镇基本养老保险参保人数（人）	Number of Persons Joining Basic Pension Insurance (person)	32004	15863
城镇基本医疗保险参保人数（人）	Number of Persons Joining Basic Health Care Insurance (person)	86113	29502
失业保险参保人数（人）	Number of Persons Joining Unemployment Insurance (person)	14282	4936
新型农村合作医疗参保人数（人）	Number of Persons Joining New-type Rural Cooperative Medical Service (person)	408905	335712
新型农村社会养老保险参保人数（人）	Number of Persons Joining New-type Rural Social Pension Insurance (person)	227963	157902
城镇居民最低生活保障人数（人）	Number of Urban Residents Receiving Lowest Cost-of-living (person)	3296	7006
农村居民最低生活保障人数（人）	Number of Rural Residents Receiving Lowest Cost-of-living (person)	45464	46233

Continued

叠彩区 Diecai District	象山区 Xiangshan District	七星区 Qixing District	雁山区 Yanshan District	临桂区 Lingui District	阳朔县 Yangshuo County	灵川县 Lingchuan County	全州县 Quanzhou County
72025	267839	505500	216660	1785587	955646	1172976	749243
335301	243201	303052	108980	828709	791	250747	51711
297797	149319	287271	72540	701149	791	164975	39497
21.51	13.62	11.64	5.55	39.50		7.00	
1	1	3	2	19	12	20	25
15	23	29	7	76	90	50	268
65	47	171	199	1739	1050	1298	2403
513	1173	1451	334	2234	1156	1491	2537
599	412	1793	1725	19867	11435	15748	30321
9882	21387	22466	4254	34078	19408	29955	47528
582	1173	926	721	5216	3723	3972	7489
4	8	4	32	269	161	255	273
1405	3007	741	102	1171	715	1625	1876
2443	4158	1063	109	2427	1316	2075	2393
765	1365	423	40	901	419	761	1007
	30815	31597	22653			20773	
30521	30839	32238	28478	33491	32492	31359	28615
12436	12351	14926	11463	14487	13677	12769	12399
7	7	10	4	68	14	58	218
215	1390	1036	95	957	265	1028	2597
2259				26247	17442	21985	48737
	1061			58714	43286	62635	82141
				19134	6312	10880	13330
26022	23571	13652	54348	326447	264146	295800	701596
4682	571		26159	219656	151805	156957	353874
1181	2504	16764	96	6122	501	1921	6417
383	551	11892	2766	19990	10729	17292	33500

23－1　续表9

指　标	Item	兴安县 Xing' an County	永福县 Yongfu County
行政区域面积（平方公里）	Administrative Region Land Area (sq.km)	2332	2795
常住户数（户）	Total Households at Year-end (household)	114123	74421
年末常住人口（万人）	Total Population at Year-end (10 000 persons)	34.26	24.40
年末户籍人口（万人）	Registered Population at Year-end (10 000 persons)	39.11	28.83
地区生产总值（万元）	Gross Domestic Product (10 000 yuan)	1504908	1210232
第一产业增加值	Primary Industry	334348	267565
第二产业增加值	Secondary Industry	751821	728116
#工业	Industry	642279	583975
第三产业增加值	Tertiary Industry	418740	214551
人均生产总值（元）	Per Capital GDP (yuan)	44093	49855
地区生产总值指数（上年=100）	Indices of Gross Domestic Product (preceding year=100)	105.1	108.9
第一产业	Primary Industry	104.4	106.2
第二产业	Secondary Industry	104.0	110.0
#工业	Industry	103.9	110.1
第三产业	Tertiary Industry	107.7	108.6
人均生产总值指数（上年=100）	Indices of Per Capital GDP (preceding year=100)	104.4	107.9
地区生产总值构成（%）	Construction of GDP (%)		
第一产业	Primary Industry	22.2	22.1
第二产业	Secondary Industry	50.0	60.2
第三产业	Tertiary Industry	27.8	17.7
公共财政预算收入（万元）	Government Revenue (10 000 yuan)	95993	45831
税收收入（万元）	Total Tax Revenue (10 000 yuan)	39188	19951
公共财政支出（万元）	Government Expenditure (10 000 yuan)	233563	184157
年末金融机构各项存款余额（万元）	Year-end Deposits of Financial Institutions (10 000 yuan)	1336417	735012
#居民储蓄存款余额	Urban & Rural Savings Deposits	1104940	524439
年末金融机构各项贷款余额（万元）	Year-end Loans of Financial Institutions (10 000 yuan)	1203063	581655
耕地面积（公顷）	Farmland (hectare)	26567	26966
设施农业占地面积（公顷）	Protected Agriculture Covered (hectare)	139	287
农作物总播种面积（公顷）	Total Sown Area of Major Farm Crops (hectare)	65980	48865

Continued

灌阳县 Guanyang County	龙胜各族自治县 Longsheng County	资源县 Ziyuan County	平乐县 Pingle County	荔浦县 Lipu County	恭城瑶族自治县 Gongcheng County	万秀区 Wanxiu District	长洲区 Changzhou District
1835	2450	1941	1893	1760	2139	449	373
105143	48003	57462	150456	112765	90995	108873	74208
24.11	15.97	15.31	38.41	35.92	25.76	32.02	20.45
29.64	17.29	17.98	46.26	38.42	30.47	30.65	17.89
747989	606755	542692	1120685	1609110	731847	1936874	2424446
179398	112218	110314	416315	315083	243464	38356	46452
381473	319940	270790	411067	804414	261394	949634	1588121
339002	268198	214528	351152	697688	222566	886833	1552122
187119	174597	161588	293304	489613	226990	948885	789873
31179	38197	35633	29253	44903	28499	60670	119343
106.7	106.7	108.7	106.8	108.2	97.8	102.9	107.9
103.7	105.1	105.1	104.2	105.8	105.1	103.7	105.1
107.5	105.1	109.0	108.7	109.0	87.1	102.5	107.1
107.2	106.1	109.0	108.2	109.5	85.2	102.2	107.1
107.9	111.0	110.7	107.9	108.7	108.3	103.4	109.9
106.0	106.1	107.8	106.3	107.9	97.3	102.4	106.8
24.0	18.5	20.3	37.1	19.6	33.3	2.0	1.9
51.0	52.7	49.9	36.7	50.0	35.7	49.0	65.5
25.0	28.8	29.8	26.2	30.4	31.0	49.0	32.6
25998	30268	18692	37136	64297	38059	36482	24969
12741	16938	9296	19672	24501	15319	13106	15058
191829	171817	155351	204197	224264	206381	130386	96541
723280	526913	602243	842133	1054950	672784	696245	230175
584268	380323	406329	721798	878847	514275	453255	229871
429365	373396	404228	425957	833651	450863	547770	315795
19676	17776	16520	20755	25551	5890	3521	2800
71	8	22	56	25	28	11	8
43655	22108	23299	71030	54089	43542	7482	10046

23－1　续表10

指　标	Item	兴安县 Xing' an County	永福县 Yongfu County
#粮食作物	Grain Crops	38590	26790
粮食总产量（吨）	Yield of Grain (ton)	211289	149399
#稻谷	Rice	167303	130464
油料产量（吨）	Yield of Oil-bearing Crops (ton)	7228	2083
糖料产量（吨）	Yield of Sugar Crops (ton)	2457	116711
园林水果（不含瓜类水果）产量（吨）	Yield of Fruit (ton)	413875	236788
肉类总产量（吨）	Output of Meat (ton)	45413	45576
#猪肉	Pork	35798	22350
禽蛋产量（吨）	Output of Eggs (ton)	3463	2653
奶类产量（吨）	Output of Milk (ton)	52	160
蔬菜产量（吨）	Yield of Vegetables (ton)	352520	256155
水产品产量（吨）	Aquatic Products (ton)	12246	7521
规模以上工业企业个数（个）	Number of Industrial Enterprises above Designated Size (unit)	45	51
规模以上工业总产值（当年价，万元）	Included Gross Industrial Output Value above Designated Size (at current price，10 000 yuan)	1992034	2063037
规模以上工业企业从业人员年平均人数（人）	Annual Average Number of Employed Persons (person)	9715	9032
规模以上工业企业主营业务收入（万元）	Income from Major Business (10 000 yuan)	1973485	1993762
公路里程（公里）	Length of Domestic Highways (km)	174	769
民用汽车拥有量（辆）	Number of Civil Motor Vehicles Owned (unit)	34966	29189
年末实有公共汽（电）车营运数（辆）	Year-end Total Operating Public Buses (vehicle)	61	149
年末实有出租汽车数（辆）	Year-end Total Taxis (vehicle)	105	23
固定电话年末用户（户）	Number of Local Telephone Subscribers in Year-end (subscriber)	19397	21462
年末移动电话用户数（户）	Number of Mobile Telephone Subscribers at Year-end (subscriber)	202000	140465
互联网宽带接入用户（户）	Number of Internet Subscribers (subscriber)	36520	27458
全社会用电量（万千瓦时）	Total Consumption of Electricity (10 000 kwh)	87152	41919
#居民生活用电量	Household Consumption of Electricity	14992	12447
社会消费品零售总额（亿元）	Total Retail Sale of Consumer Goods (100 million yuan)	40.95	28.98
固定资产投资（不含农户）（亿元）	Investment in Fixed Assets (100 million yuan)	194.40	122.53

Continued

灌阳县 Guanyang County	龙胜各族自治县 Longsheng County	资源县 Ziyuan County	平乐县 Pingle County	荔浦县 Lipu County	恭城瑶族自治县 Gongcheng County	万秀区 Wanxiu District	长洲区 Changzhou District
27745	10608	9110	30668	23636	18816	4437	3340
252933	63006	56424	165547	128157	83806	23869	15945
131280	40066	41069	119993	91229	45246	20997	14657
3646	420	1351	13820	6272	13860	478	1759
5026	0		58081	71887	4200	575	0
384067	88928	68727	820284	362168	1069190	12614	6679
29199	11704	10180	31394	49726	24140	7136	6645
24350	6052	5918	20395	36428	13485	5607	4265
1739	705	799	4986	2982	3460	448	640
0	0		0	57	0	270	80
172905	122802	154000	573638	290270	155048	43319	92716
5590	801	1441	10810	7650	8099	6600	10007
29	23	29	21	67	22	72	19
1060635	571284	559110	1053803	2241402	634137	2159428	6021182
2791	6750	3349	6782	43852	5925	214	36015
1037330	572952	484853	1055526	2043144	592354	1341076	5984704
783	893	826	825	1007	749	191	247
20643	18916	21603	57845	80172	37593	17202	5210
107	28	45	193	106	45	325	
42	61	30	50	217	62		
16895	9200	6163	21542	33300	15672	39321	64110
164400	143628	93565	259145	289600	198542	71408	65850
20526	18944	21217	46000	42800	42480	1050300	106000
81661	58023	42579	36934	52780	40400	64365	124500
12610	6618	5844	16660	20219	12983	9226	102000
18.52	9.00	11.77	22.65	54.87	26.44	94.11	73.73
64.08	48.86	63.43	105.11	145.37	78.62	284.12	171.29

23－1 续表11

指 标	Item	兴安县 Xing' an County	永福县 Yongfu County
新增固定资产（万元）	Newly Increased Fixed Assets (10 000 yuan)	1570897	877496
房地产开发投资完成额（万元）	Real Estate Development (10 000 yuan)	71442	14462
#住宅	Residential Buildings	63938	12995
住宅竣工面积（万平方米）	Completed Floor Space of Residential Buildings (10 000 sq.m)		1.58
普通中学数（所）	Number of Regular Secondary Schools (unit)	13	13
小学数（所）	Number of Primary Schools (unit)	112	73
普通中学专任教师数（人）	Full-time Teachers in Regular Secondary Schools (person)	879	788
小学专任教师数（人）	Full-time Teachers in Primary Schools (person)	1251	916
普通中学在校学生数（人）	Student Enrollment in Regular Secondary Schools (person)	6733	10006
小学在校学生数（人）	Primary Student Enrollment (person)	21724	19271
专业技术人员（人）	Number of Professionals (person)	3000	2976
#农业技术人员	Agricultural Professionals (person)	168	145
医疗卫生机构床位数（张）	Number of Beds in Heathcare Institutions (bed)	1615	874
医疗卫生机构技术人员（人）	Medical & Technical Personnel of Heathcare Institutions (person)	1958	1237
#执业（助理）医师	Practitioner (assistant) Doctors	794	813
居民人均可支配收入（元）	Per Capita Annual Disposable Income of Households (yuan)		
城镇居民人均可支配收入（元）	Per Capita Annual Disposable Income of Urban Households (yuan)	30671	31020
农村居民人均可支配收入（元）	Per Capita Annual Disposable Income of Rural Households (yuan)	14584	11750
各种社会福利收养性单位数（个）	Number of Adopting Units of Social Welfare (unit)	17	51
各种社会福利收养性单位床位数（张）	Number of Beds in Adopting Units of Social Welfare (bed)	60	472
城镇基本养老保险参保人数（人）	Number of Persons Joining Basic Pension Insurance (person)	20669	10832
城镇基本医疗保险参保人数（人）	Number of Persons Joining Basic Health Care Insurance (person)	34010	34487
失业保险参保人数（人）	Number of Persons Joining Unemployment Insurance (person)	14457	9318
新型农村合作医疗参保人数（人）	Number of Persons Joining New-type Rural Cooperative Medical Service (person)	312188	233484
新型农村社会养老保险参保人数（人）	Number of Persons Joining New-type Rural Social Pension Insurance (person)	162088	117908
城镇居民最低生活保障人数（人）	Number of Urban Residents Receiving Lowest Cost-of-living (person)	1748	2965
农村居民最低生活保障人数（人）	Number of Rural Residents Receiving Lowest Cost-of-living (person)	16806	23959

Continued

灌阳县 Guanyang County	龙胜各族自治县 Longsheng County	资源县 Ziyuan County	平乐县 Pingle County	荔浦县 Lipu County	恭城瑶族自治县 Gongcheng County	万秀区 Wanxiu District	长洲区 Changzhou District
553652	236772	354861	731299	1336574	639099	1376085	1060153
13875	3288	39991	73284	46202	22093	48679	237044
12684	919	27409	51508	40670	14748	30679	188678
44.50		7.90	34.47	1.52	5.70	3.50	15.00
13	3	9	16	13	13	2	4
141	64	115	66	64	111	42	40
916	450	609	1155	1088	947	97	98
1161	748	706	1642	1440	1463	1153	1108
10154	6219	6047	16754	14730	12074	1001	2013
17473	10157	12723	28977	23143	21001	20369	15020
4042	2615	2407	5055	2850	3301	1412	1100
213	161	65	267	171	176	11	40
1040	500	433	1246	1289	851	4304	816
1131	843	547	1915	1775	1370	7895	860
355	259	161	876	651	469	1837	361
	15176	14280	20004	15253	26737	26539	
28172	28598	28139	28892	30167	28210	28448	28654
8995	9576	9037	11546	12480	10800	13082	12429
60	56	5	34	1	47	12	7
421	634	134	477	72	739	328	400
18914	75925	11607	27568	155600	18305	34497	19850
29728	16866	35289	58413	27800	41483	21161	143184
4902	7096	5434	8026	8806	9800	20062	9710
248543	146380	142000	359690	308447	247921	70981	
135636	89690	66132	195815	155595	140966	24754	
3558	1485	905	3662	1520	24178	2254	1610
19846	14219	13370	27725	17291	199258	2337	3320

23－1 续表12

指 标	Item	龙圩区 Longxu District	苍梧县 Cangwu County
行政区域面积（平方公里）	Administrative Region Land Area (sq.km)	971	2782
常住户数（户）	Total Households at Year-end (household)	84900	97985
年末常住人口（万人）	Total Population at Year-end (10 000 persons)	28.38	32.84
年末户籍人口（万人）	Registered Population at Year-end (10 000 persons)	30.85	40.59
地区生产总值（万元）	Gross Domestic Product (10 000 yuan)	1256293	362362
第一产业增加值	Primary Industry	86060	150658
第二产业增加值	Secondary Industry	698358	114652
#工业	Industry	638545	64551
第三产业增加值	Tertiary Industry	471874	97052
人均生产总值（元）	Per Capital GDP (yuan)	44502	11070
地区生产总值指数（上年=100)	Indices of Gross Domestic Product (preceding year=100)	109.5	105.8
第一产业	Primary Industry	102.2	103.2
第二产业	Secondary Industry	112.8	105.1
#工业	Industry	114.4	108.9
第三产业	Tertiary Industry	106.8	110.9
人均生产总值指数（上年=100)	Indices of Per Capital GDP (preceding year=100)	108.5	105.1
地区生产总值构成（%）	Construction of GDP (%)		
第一产业	Primary Industry	6.9	41.6
第二产业	Secondary Industry	55.6	31.6
第三产业	Tertiary Industry	37.6	26.8
公共财政预算收入（万元）	Government Revenue (10 000 yuan)	19767	37220
税收收入（万元）	Total Tax Revenue (10 000 yuan)	16364	18610
公共财政支出（万元）	Government Expenditure (10 000 yuan)	101800	218613
年末金融机构各项存款余额（万元）	Year-end Deposits of Financial Institutions (10 000 yuan)		1560900
#居民储蓄存款余额	Urban & Rural Savings Deposits		1062200
年末金融机构各项贷款余额（万元）	Year-end Loans of Financial Institutions (10 000 yuan)		1106400
耕地面积 (公顷)	Farmland (hectare)	10303	20890
设施农业占地面积 (公顷)	Protected Agriculture Covered (hectare)	340	17
农作物总播种面积（公顷）	Total Sown Area of Major Farm Crops (hectare)	25807	38689

Continued

藤县 Tengxian County	蒙山县 Mengshan County	岑溪市 Cenxi City	海城区 Haicheng District	银海区 Yinhai District	铁山港区 Tieshangang District	合浦县 Hepu County	港口区 Gangkou District
3946	1282	2770	182	541	503	2762	410
302679	74512	274108	103394	48825	44066	266744	51333
87.31	20.12	80.72	37.06	19.53	15.22	92.56	17.20
109.57	22.42	95.51	30.92	16.74	18.45	108.23	13.80
2335523	727507	2703892	4366041	1091423	2285249	2222338	3724397
510283	125304	356051	238863	371753	275177	861871	157791
1304673	368013	1767229	2491227	277666	1777862	600443	2498085
1161619	330566	1633099	2227254	212577	1742319	447845	2263599
520566	234190	580613	1635951	442004	232210	760024	1068521
26819	36330	33557	118401	56375	151191	24124	218184
108.0	106.8	108.2	109.2	107.0	110.2	106.4	109.4
103.6	103.5	102.9	103.8	105.5	104.4	103.6	103.8
109.3	108.8	109.5	109.0	105.3	111.3	109.9	111.0
110.4	110.2	110.0	109.5	105.3	111.5	109.5	112.3
109.1	106.3	107.9	110.4	109.5	109.7	107.0	106.4
107.2	105.9	107.5	107.5	104.7	108.9	105.4	107.3
21.8	17.2	13.2	5.5	34.1	12.0	38.8	4.2
55.9	50.6	65.4	57.1	25.4	77.8	27.0	67.1
22.3	32.2	21.5	37.5	40.5	10.2	34.2	28.7
129580	20461	161979	33226	24784	17796	65461	60650
80054	14235	102143	27833	19399	15345	42572	48737
406355	148281	416732	101787	112521	88007	458758	124156
1760840	498598	1807500	5476072			2180436.87	3754038
1366303	362785	1426600	3020000			1885935.15	1830392
1087797	321918	1298700	3230000			1153778.43	3980282
38183	12808	37314	2050	21844	18114	82072	3197
9	10	40	180	1080	611	1083	16
101185	32900	79190	4336	26755	21705	132544	7418

23－1　续表13

指　标	Item	龙圩区 Longxu District	苍梧县 Cangwu County
#粮食作物	Grain Crops	16985	24721
粮食总产量（吨）	Yield of Grain (ton)	83165	131531
#稻谷	Rice	79428	120229
油料产量（吨）	Yield of Oil-bearing Crops (ton)	5511	6555
糖料产量（吨）	Yield of Sugar Crops (ton)	4029	6352
园林水果（不含瓜类水果）产量（吨）	Yield of Fruit (ton)	64319	117285
肉类总产量（吨）	Output of Meat (ton)	15352	23701
#猪肉	Pork	10035	16141
禽蛋产量（吨）	Output of Eggs (ton)	136	195
奶类产量（吨）	Output of Milk (ton)	0	0
蔬菜产量（吨）	Yield of Vegetables (ton)	96084	153307
水产品产量（吨）	Aquatic Products (ton)	7179	10370
规模以上工业企业个数（个）	Number of Industrial Enterprises above Designated Size (unit)	31	13
规模以上工业总产值（当年价，万元）	Included Gross Industrial Output Value above Designated Size (at current price，10 000 yuan)	624602	223000
规模以上工业企业从业人员年平均人数（人）	Annual Average Number of Employed Persons (person)	7362	1343
规模以上工业企业主营业务收入（万元）	Income from Major Business (10 000 yuan)	450417	200700
公路里程（公里）	Length of Domestic Highways (km)	288	1285
民用汽车拥有量（辆）	Number of Civil Motor Vehicles Owned (unit)		18167
年末实有公共汽（电）车营运数（辆）	Year-end Total Operating Public Buses (vehicle)	62	
年末实有出租汽车数（辆）	Year-end Total Taxis (vehicle)		
固定电话年末用户（户）	Number of Local Telephone Subscribers in Year-end (subscriber)		6075
年末移动电话用户数（户）	Number of Mobile Telephone Subscribers at Year-end (subscriber)		150579
互联网宽带接入用户（户）	Number of Internet Subscribers (subscriber)		14400
全社会用电量（万千瓦时）	Total Consumption of Electricity (10 000 kwh)	51680	20535
#居民生活用电量	Household Consumption of Electricity	21071	9843
社会消费品零售总额（亿元）	Total Retail Sale of Consumer Goods (100 million yuan)	36.16	21.44
固定资产投资（不含农户）（亿元）	Investment in Fixed Assets (100 million yuan)	107.25	31.22

Continued

藤　县 Tengxian County	蒙山县 Mengshan County	岑溪市 Cenxi City	海城区 Haicheng District	银海区 Yinhai District	铁山港区 Tieshangang District	合浦县 Hepu County	港口区 Gangkou District
48440	13013	46950	1362	5614	5909	66109	4485
265736	67965	233183	4741	24303	28626	327759	18611
233958	53581	188535	1571	14808	17613	234916	11661
12492	6496	10038	1176	8542	10747	29242	1511
47135	38570	69484	9611	778521	206751	1376613	2674
161506	36802	196861	13404	10024	6289	84156	1604
55633	14646	79899	5764	14915	11463	94501	2295
35330	11230	38133	4353	8016	7484	53710	768
2831	1597	2899	37	998	146	18334	2078
6	210	400	479	530		639	0
1076590	232406	448181	45140	137200	82135	574904	20861
30466	11988	21314	241630	231965	185362	447044	214825
85	24	90	96	12	14	75	57
3451101	638200	5273776	11695215	148400	7356129	1594136	10571992
77000	5105	31017	43958	1834	6955	13577	18501
3414375	556103	5234820	11743156	113001	6588359	1350544	8406849
1914	102	1689	75	438	394	1916	293
3268	11217	47449	150000		11782	61847	0
88	8	100	386			11	
53	10	54	555			221	
29967	10550	69784	242000			72965	42510
500574	153556	511248	565000			863661	94707
81000	31680	60121	208800			102351	61535
119728	30963	93354	167000	53000	268787	126907	136221
30904	8720	31855	47400	24700	9838	48252	9913
81.42	15.74	73.35	118.36	17.26	9.58	80.13	22.23
243.07	60.11	271.45	371.65	225.12	199.04	215.28	311.80

23－1　续表14

指　标	Item	龙圩区 Longxu District	苍梧县 Cangwu County
新增固定资产（万元）	Newly Increased Fixed Assets (10 000 yuan)	517694	187144
房地产开发投资完成额（万元）	Real Estate Development (10 000 yuan)	47829	0
#住宅	Residential Buildings	44857	0
住宅竣工面积（万平方米）	Completed Floor Space of Residential Buildings (10 000 sq.m)	24.84	
普通中学数（所）	Number of Regular Secondary Schools (unit)	10	15
小学数（所）	Number of Primary Schools (unit)	69	132
普通中学专任教师数（人）	Full-time Teachers in Regular Secondary Schools (person)	655	914
小学专任教师数（人）	Full-time Teachers in Primary Schools (person)	1368	1909
普通中学在校学生数（人）	Student Enrollment in Regular Secondary Schools (person)	12050	14831
小学在校学生数（人）	Primary Student Enrollment (person)	29435	30838
专业技术人员（人）	Number of Professionals (person)	2247	11446
#农业技术人员	Agricultural Professionals (person)	0	2891
医疗卫生机构床位数（张）	Number of Beds in Heathcare Institutions (bed)	535	358
医疗卫生机构技术人员（人）	Medical & Technical Personnel of Heathcare Institutions (person)	947	651
#执业（助理）医师	Practitioner (assistant) Doctors	406	175
居民人均可支配收入（元）	Per Capita Annual Disposable Income of Households (yuan)	0	11134
城镇居民人均可支配收入（元）	Per Capita Annual Disposable Income of Urban Households (yuan)	25355	20232
农村居民人均可支配收入（元）	Per Capita Annual Disposable Income of Rural Households (yuan)	9780	7397
各种社会福利收养性单位数（个）	Number of Adopting Units of Social Welfare (unit)		0
各种社会福利收养性单位床位数（张）	Number of Beds in Adopting Units of Social Welfare (bed)		0
城镇基本养老保险参保人数（人）	Number of Persons Joining Basic Pension Insurance (person)		237
城镇基本医疗保险参保人数（人）	Number of Persons Joining Basic Health Care Insurance (person)		4389
失业保险参保人数（人）	Number of Persons Joining Unemployment Insurance (person)		3652
新型农村合作医疗参保人数（人）	Number of Persons Joining New-type Rural Cooperative Medical Service (person)	235053	346342
新型农村社会养老保险参保人数（人）	Number of Persons Joining New-type Rural Social Pension Insurance (person)	125997	200151
城镇居民最低生活保障人数（人）	Number of Urban Residents Receiving Lowest Cost-of-living (person)	698	649
农村居民最低生活保障人数（人）	Number of Rural Residents Receiving Lowest Cost-of-living (person)	12304	23236

Continued

藤县 Tengxian County	蒙山县 Mengshan County	岑溪市 Cenxi City	海城区 Haicheng District	银海区 Yinhai District	铁山港区 Tieshangang District	合浦县 Hepu County	港口区 Gangkou District
1667321	516300	2266090	3080126	209739	3100025	2048130	3707299
143037	27600	139494	774141	772800	18000	121282	535636
93448	18583	116906	516143	708383		101692	391199
2.18	6.89	18.80	84.50	45.00		79.77	60.97
38	11	33	14	10	7	42	5
270	74	446	25	39	50	277	29
3277	750	3792	552	656	587	3823	234
4755	951	4322	1622	913	765	4450	757
56097	10386	37666	8188	7386	6881	56208	3468
86516	15522	83715	39222	18749	12089	77932	13817
10282	3790	10795	1826	1690	1352	11063	1097
543	73	537	9	25		623	47
2653	886	2493	2734	144	161	4865	462
2730	707	3381	4070	354	352	3627	713
1251	259	1368	1510	149	99	1325	227
15965	14129	20448	29887				28185
25003	24525	28620	29986	29318	28777	28798	31608
10036	8611	10130	12565	12864	12141	11395	12962
26	46	18	8	30	3	130	3
650	531	413	420	313	58	1467	106
60000	22325	369975	22681		59496	65650	32827
114168	14120	205301	144698	1659	16348	68237	37170
21996	6807	19825				27028	12599
891772	185011	768503	50245	137014	155047	842430	63257
378801	81025	379873	3482	45662	59496	273088	16964
2713	1745		1727	9300	398	8503	866
89171	15647	60321	450	28300	4977	32986	2194

23－1 续表15

指 标	Item	防城区 Fangcheng District	上思县 Shangsi County
行政区域面积（平方公里）	Administrative Region Land Area (sq.km)	2426	2814
常住户数（户）	Total Households at Year-end (household)	103115	59579
年末常住人口（万人）	Total Population at Year-end (10 000 persons)	38.81	21.18
年末户籍人口（万人）	Registered Population at Year-end (10 000 persons)	43.85	24.81
地区生产总值（万元）	Gross Domestic Product (10 000 yuan)	1388526	776644
第一产业增加值	Primary Industry	294413	203445
第二产业增加值	Secondary Industry	597497	372308
#工业	Industry	481094	349211
第三产业增加值	Tertiary Industry	496615	200890
人均生产总值（元）	Per Capital GDP (yuan)	35963	36869
地区生产总值指数（上年=100）	Indices of Gross Domestic Product (preceding year=100)	108.9	109.0
第一产业	Primary Industry	103.9	104.9
第二产业	Secondary Industry	111.9	112.1
#工业	Industry	109.6	111.7
第三产业	Tertiary Industry	108.2	107.8
人均生产总值指数（上年=100）	Indices of Per Capital GDP (preceding year=100)	107.8	108.4
地区生产总值构成（%）	Construction of GDP (%)		
第一产业	Primary Industry	21.2	26.2
第二产业	Secondary Industry	43.0	47.9
第三产业	Tertiary Industry	35.8	25.9
公共财政预算收入（万元）	Government Revenue (10 000 yuan)	87024	66396
税收收入（万元）	Total Tax Revenue (10 000 yuan)	62272	46107
公共财政支出（万元）	Government Expenditure (10 000 yuan)	256983	214199
年末金融机构各项存款余额（万元）	Year-end Deposits of Financial Institutions (10 000 yuan)		539790
#居民储蓄存款余额	Urban & Rural Savings Deposits		327016
年末金融机构各项贷款余额（万元）	Year-end Loans of Financial Institutions (10 000 yuan)		329256
耕地面积（公顷）	Farmland (hectare)	26323	58044
设施农业占地面积（公顷）	Protected Agriculture Covered (hectare)	58	
农作物总播种面积（公顷）	Total Sown Area of Major Farm Crops (hectare)	51159	57049

Continued

东兴市 Dongxing City	钦南区 Qinnan District	钦北区 Qinbei District	灵山县 Lingshan County	浦北县 Pubei County	港北区 Gangbei District	港南区 Gangnan District	覃塘区 Qintang District
589	2594	2217	3558	2526	1097	1099	1352
45464	143922	187180	377699	240602	216211	213600	164507
15.71	56.48	70.59	120.66	76.57	61.34	53.78	42.94
14.74	63.99	85.75	165.47	93.92	69.92	70.16	60.71
929897	2433505	2677808	2583932	1886577	1921138	897698	1156585
170352	643717	491889	652648	402273	215901	220832	255961
384083	638407	1174868	1052083	966886	561070	335066	525590
304244	376744	781380	796202	691178	279588	244569	442536
375461	1151382	1011051	879201	517418	1144167	341800	375033
59513	43278	38145	21523	24781	31479	16790	27121
110.3	111.0	111.7	109.7	110.0	108.7	107.9	108.3
103.3	101.6	105.3	103.9	104.5	103.7	103.7	103.8
114.1	116.3	117.7	115.5	112.6	111.0	111.6	112.6
114.7	119.0	115.8	115.9	113.2	100.6	108.1	114.7
109.4	113.8	108.7	108.6	110.2	108.5	107.1	105.6
108.8	109.7	110.6	108.8	108.9	107.6	106.8	107.1
18.3	26.5	18.4	25.3	21.3	11.2	24.6	22.1
41.3	26.2	43.9	40.7	51.3	29.2	37.3	45.4
40.4	47.3	37.8	34.0	27.4	59.6	38.1	32.4
125091	40082	37789	66646	46863	60706	33008	38227
79005	28310	23876	39880	29751	46507	26333	31550
264470	177536	252466	476248	347511	195711	183255	178010
1329268			2035803	1478477	4403962		
1045974			1772621	1167590			
795207			965233	705514	3207669	75964	
5647	37922	46762	80276	41680	37410	44442	61691
45	582	292	388	286	694	201	215
9728	87517	95470	135624	78410	40512	61580	72353

23－1 续表16

指 标	Item	防城区 Fangcheng District	上思县 Shangsi County
#粮食作物	Grain Crops	27577	11999
粮食总产量（吨）	Yield of Grain (ton)	113299	47286
#稻谷	Rice	80719	33220
油料产量（吨）	Yield of Oil-bearing Crops (ton)	3027	1712
糖料产量（吨）	Yield of Sugar Crops (ton)	461622	2473109
园林水果（不含瓜类水果）产量（吨）	Yield of Fruit (ton)	52632	16567
肉类总产量（吨）	Output of Meat (ton)	25649	11483
#猪肉	Pork	16233	4764
禽蛋产量（吨）	Output of Eggs (ton)	3697	752
奶类产量（吨）	Output of Milk (ton)		4783
蔬菜产量（吨）	Yield of Vegetables (ton)	181304	50017
水产品产量（吨）	Aquatic Products (ton)	144617	18523
规模以上工业企业个数（个）	Number of Industrial Enterprises above Designated Size (unit)	50	22
规模以上工业总产值（当年价，万元）	Included Gross Industrial Output Value above Designated Size (at current price，10 000 yuan)	1772116	1234795
规模以上工业企业从业人员年平均人数（人）	Annual Average Number of Employed Persons (person)	4828	4373
规模以上工业企业主营业务收入（万元）	Income from Major Business (10 000 yuan)	1175823	482182
公路里程（公里）	Length of Domestic Highways (km)	1120	1251
民用汽车拥有量（辆）	Number of Civil Motor Vehicles Owned (unit)		1085
年末实有公共汽（电）车营运数（辆）	Year-end Total Operating Public Buses (vehicle)	109	20
年末实有出租汽车数（辆）	Year-end Total Taxis (vehicle)	202	32
固定电话年末用户（户）	Number of Local Telephone Subscribers in Year-end (subscriber)	23904	10366
年末移动电话用户数（户）	Number of Mobile Telephone Subscribers at Year-end (subscriber)	412738	15452
互联网宽带接入用户（户）	Number of Internet Subscribers (subscriber)	44577	11721
全社会用电量（万千瓦时）	Total Consumption of Electricity (10 000 kwh)	49720	25716
#居民生活用电量	Household Consumption of Electricity	21825	14103
社会消费品零售总额（亿元）	Total Retail Sale of Consumer Goods (100 million yuan)	44.66	20.10
固定资产投资（不含农户）（亿元）	Investment in Fixed Assets (100 million yuan)	119.06	48.67

Continued

东兴市 Dongxing City	钦南区 Qinnan District	钦北区 Qinbei District	灵山县 Lingshan County	浦北县 Pubei County	港北区 Gangbei District	港南区 Gangnan District	覃塘区 Qintang District
6006	39971	55050	75560	47620	25426	41650	38914
23638	179575	283703	402525	261976	151335	238591	218007
19320	130652	236568	353980	216108	116737	199982	155028
572	4122	12415	5204	6788	8519	11631	18716
14939	1006745	982309	1458635	571834	570615	306051	1039833
11414	71939	413210	764739	655593	16339	15083	13711
7696	43456	106049	93813	64189	57549	45531	46900
4413	14112	21329	39821	40711	44359	34156	37767
468	8294	2204	11200	4480	3245	1906	5972
0	145	0	32892	673	3207	0	85
42786	398999	431713	389188	192544	129352	126892	163506
133141	430617	43472	47753	39303	16733	29056	19476
29	60	56	84	92	60	83	83
1438024	2137566	2791951	2852500	2850096	1498300	990030	1401278
4772	11000	17809	30799	32226	15300	11237	8746
1298634	1764800	2572778	2764232	2622857	1501600	869184	977860
296	1159		2267	1793	655	878	1254
	11065		276000	16780	40758	22012	19168
100	311	58	285	193	44	0	
210	390	150	44	262	71	70	
33098			102810	63072	1998	56279	49455
185045			735820	550152	26088	50123	39620
45128			129310	43133	7797	18045	14590
47839	113235		102048	64114	159956	67889	141078
24683	21854		48150	31379	31568	26105	18923
24.90	80.65	93.59	96.83	77.37	165.80	42.48	41.54
120.61	272.12	196.50	188.34	188.39	196.74	137.73	99.96

23－1　续表17

指　标	Item	防城区 Fangcheng District	上思县 Shangsi County
新增固定资产（万元）	Newly Increased Fixed Assets (10 000 yuan)	531179	273978
房地产开发投资完成额（万元）	Real Estate Development (10 000 yuan)	203314	38972
#住宅	Residential Buildings	132122	
住宅竣工面积（万平方米）	Completed Floor Space of Residential Buildings (10 000 sq.m)	13.13	
普通中学数（所）	Number of Regular Secondary Schools (unit)	17	12
小学数（所）	Number of Primary Schools (unit)	119	51
普通中学专任教师数（人）	Full-time Teachers in Regular Secondary Schools (person)	848	620
小学专任教师数（人）	Full-time Teachers in Primary Schools (person)	1630	1162
普通中学在校学生数（人）	Student Enrollment in Regular Secondary Schools (person)	15872	11325
小学在校学生数（人）	Primary Student Enrollment (person)	35802	18872
专业技术人员（人）	Number of Professionals (person)	3372	2792
#农业技术人员	Agricultural Professionals (person)	135	59
医疗卫生机构床位数（张）	Number of Beds in Heathcare Institutions (bed)	1014	889
医疗卫生机构技术人员（人）	Medical & Technical Personnel of Heathcare Institutions (person)	1596	1002
#执业（助理）医师	Practitioner (assistant) Doctors	452	603
居民人均可支配收入（元）	Per Capita Annual Disposable Income of Households (yuan)	22094	
城镇居民人均可支配收入（元）	Per Capita Annual Disposable Income of Urban Households (yuan)	31185	20362
农村居民人均可支配收入（元）	Per Capita Annual Disposable Income of Rural Households (yuan)	12621	9855
各种社会福利收养性单位数（个）	Number of Adopting Units of Social Welfare (unit)	37	56
各种社会福利收养性单位床位数（张）	Number of Beds in Adopting Units of Social Welfare (bed)	842	679
城镇基本养老保险参保人数（人）	Number of Persons Joining Basic Pension Insurance (person)	34800	26364
城镇基本医疗保险参保人数（人）	Number of Persons Joining Basic Health Care Insurance (person)	109500	72800
失业保险参保人数（人）	Number of Persons Joining Unemployment Insurance (person)	16500	10812
新型农村合作医疗参保人数（人）	Number of Persons Joining New-type Rural Cooperative Medical Service (person)	295300	155055
新型农村社会养老保险参保人数（人）	Number of Persons Joining New-type Rural Social Pension Insurance (person)	113300	86885
城镇居民最低生活保障人数（人）	Number of Urban Residents Receiving Lowest Cost-of-living (person)	4823	4769
农村居民最低生活保障人数（人）	Number of Rural Residents Receiving Lowest Cost-of-living (person)	12911	23842

Continued

东兴市 Dongxing City	钦南区 Qinnan District	钦北区 Qinbei District	灵山县 Lingshan County	浦北县 Pubei County	港北区 Gangbei District	港南区 Gangnan District	覃塘区 Qintang District
953000	1836317	1086545	1322800	1181999	852601	744663	754946
100071	371750	160343	162900	80027	517979	9737	5625
87869	241916	126877	93700	62788	354981	8361	5135
8.96	56.49	101.00	11.64	16.67	8.09	5.01	
8	10	20	44	27	23	20	24
37	130	203	402	337	118	215	134
487	927	1642	4123	2897	1956	1975	2428
851	2497	3754	7182	4040	3132	2512	2307
9745	12398	31538	87850	48325	30209	28771	33088
21277	50801	79797	140544	70943	71139	49073	43435
2519	4805	6145	13259	8012	5088	5083	6040
	275	76	700	317	68	30	95
500	883	2174	4517	2200	3263	1309	1174
1002	1387	1960	4875	3858	2993	1767	1473
406	344	730	1158	797	1206	1192	410
28857				16088	24441	17981	18595
34993	29984	29103	29326	29036	28535	27685	26995
14960	11275	10966	10955	10716	12192	11844	12257
5	125	0	272	222	39	102	71
132	1565	0	3721	11052	456	1331	485
	23800	64523		35468	10758	7054	
29705	73500	16123		80086	125392	49745	25645
9050	9900	17853	28737	16500			
103331	410000	635249	1388680	728377	460082	541145	529645
53534	108000	280016	418348	288100	196889	226915	163084
570	5455	2010	78566	3151	1762	480	428
2661	24577	29182		51125	11798	12231	25092

23－1　续表18

指　标	Item	平南县 Pingnan County	桂平市 Guiping City
行政区域面积（平方公里）	Administrative Region Land Area (sq.km)	2984	4071
常住户数（户）	Total Households at Year-end (household)	433178	540913
年末常住人口（万人）	Total Population at Year-end (10 000 persons)	118.08	157.06
年末户籍人口（万人）	Registered Population at Year-end (10 000 persons)	152.46	201.65
地区生产总值（万元）	Gross Domestic Product (10 000 yuan)	2377172	3227486
第一产业增加值	Primary Industry	555283	652097
第二产业增加值	Secondary Industry	935383	1560367
#工业	Industry	842935	1353367
第三产业增加值	Tertiary Industry	886506	1015022
人均生产总值（元）	Per Capital GDP (yuan)	20213	20618
地区生产总值指数（上年=100）	Indices of Gross Domestic Product (preceding year=100)	108.1	107.7
第一产业	Primary Industry	103.3	104.3
第二产业	Secondary Industry	113.6	108.3
#工业	Industry	113.5	105.8
第三产业	Tertiary Industry	106.0	108.9
人均生产总值指数（上年=100）	Indices of Per Capital GDP (preceding year=100)	107.2	106.9
地区生产总值构成（%）	Construction of GDP (%)		
第一产业	Primary Industry	23.4	20.2
第二产业	Secondary Industry	39.3	48.3
第三产业	Tertiary Industry	37.3	31.4
公共财政预算收入（万元）	Government Revenue (10 000 yuan)	112461	103464
税收收入（万元）	Total Tax Revenue (10 000 yuan)	66757	61041
公共财政支出（万元）	Government Expenditure (10 000 yuan)	516954	673298
年末金融机构各项存款余额（万元）	Year-end Deposits of Financial Institutions (10 000 yuan)	2389615	3382902.4
#居民储蓄存款余额	Urban & Rural Savings Deposits	2013465	2712021.51
年末金融机构各项贷款余额（万元）	Year-end Loans of Financial Institutions (10 000 yuan)	1417393	1713428.44
耕地面积（公顷）	Farmland (hectare)	61080	116730
设施农业占地面积（公顷）	Protected Agriculture Covered (hectare)	1	2220
农作物总播种面积（公顷）	Total Sown Area of Major Farm Crops (hectare)	105153	171892

Continued

玉州区 Yuzhou District	福绵区 Fumian District	容　县 Rongxian County	陆川县 Luchuan County	博白县 Bobai County	兴业县 Xingye County	北流市 Beiliu City	右江区 Youjiang District
436	829	2255	1554	3830	1468	2452	3718
183120	118233	210754	327412	432553	216141	410579	98114
72.07	39.71	66.41	79.54	140.26	58.43	119.18	39.71
66.92	43.50	86.02	109.39	185.98	75.97	149.54	36.25
3658102	731307	1912487	2340380	2458486	1504352	2985937	2257111
175422	237880	366502	341527	801873	392933	465868	278070
1363307	268805	982315	1117964	842485	634914	1434376	1008614
1014715	150338	885941	965198	668492	375928	1143536	806535
2119373	224622	563671	880889	814128	476505	1085693	970427
51080	18477	28898	29543	17597	25815	25181	56991
109.5	109.1	109.2	106.6	106.0	110.5	107.7	109.5
101.0	103.2	103.4	102.5	102.0	100.7	102.1	103.8
110.4	115.4	111.1	106.7	105.6	117.5	108.4	107.7
108.5	111.2	111.1	106.6	105.3	114.0	107.0	107.0
109.5	108.6	109.8	107.9	110.5	110.0	109.2	113.2
108.2	108.5	108.4	105.7	105.1	109.7	106.8	108.4
4.8	32.5	19.2	14.6	32.6	26.1	15.6	12.3
37.3	36.8	51.4	47.8	34.3	42.2	48.0	44.7
57.9	30.7	29.5	37.6	33.1	31.7	36.4	43.0
176463	37988	97858	112137	121314	83193	157035	59141
113315	23496	61602	65035	75252	51768	95320	44346
302944	147559	362367	475571	598555	290037	480032	228338
		2044800	1651288	2475912	1202813.61	2753568	3234643
		1621300	1420999	2149396	1044841.58	2151706	1515550
		1097700	906589	1434045	726606.74	1780553	2154622
27596		28974	33311	71543	33718	41279	30379
	411	136	272	451	995	139	55
26563	45783	58505	61150	143304	64316	90772	48368

23－1 续表19

指 标	Item	平南县 Pingnan County	桂平市 Guiping City
#粮食作物	Grain Crops	65250	103450
粮食总产量（吨）	Yield of Grain (ton)	365114	576146
#稻谷	Rice	318818	499848
油料产量（吨）	Yield of Oil-bearing Crops (ton)	29908	40678
糖料产量（吨）	Yield of Sugar Crops (ton)	156414	294469
园林水果（不含瓜类水果）产量（吨）	Yield of Fruit (ton)	122958	117448
肉类总产量（吨）	Output of Meat (ton)	106941	116832
#猪肉	Pork	80888	80723
禽蛋产量（吨）	Output of Eggs (ton)	6615	7747
奶类产量（吨）	Output of Milk (ton)	628	264
蔬菜产量（吨）	Yield of Vegetables (ton)	551692	631381
水产品产量（吨）	Aquatic Products (ton)	87234	83953
规模以上工业企业个数（个）	Number of Industrial Enterprises above Designated Size (unit)	120	110
规模以上工业总产值（当年价，万元）	Included Gross Industrial Output Value above Designated Size (at current price，10 000 yuan)	2423540	3586778
规模以上工业企业从业人员年平均人数（人）	Annual Average Number of Employed Persons (person)	44307	62367
规模以上工业企业主营业务收入（万元）	Income from Major Business (10 000 yuan)	2216617	3434856
公路里程（公里）	Length of Domestic Highways (km)	1491	2445
民用汽车拥有量（辆）	Number of Civil Motor Vehicles Owned (unit)	33875	63986
年末实有公共汽（电）车营运数（辆）	Year-end Total Operating Public Buses (vehicle)	70	87
年末实有出租汽车数（辆）	Year-end Total Taxis (vehicle)	102	360
固定电话年末用户（户）	Number of Local Telephone Subscribers in Year-end (subscriber)	110725	86920
年末移动电话用户数（户）	Number of Mobile Telephone Subscribers at Year-end (subscriber)	558905	922470
互联网宽带接入用户（户）	Number of Internet Subscribers (subscriber)	71792	117924
全社会用电量（万千瓦时）	Total Consumption of Electricity (10 000 kwh)	135896	145961
#居民生活用电量	Household Consumption of Electricity	46115	59311
社会消费品零售总额（亿元）	Total Retail Sale of Consumer Goods (100 million yuan)	65.55	116.53
固定资产投资（不含农户）(亿元)	Investment in Fixed Assets (100 million yuan)	176.64	230.62

Continued

玉州区 Yuzhou District	福绵区 Fumian District	容 县 Rongxian County	陆川县 Luchuan County	博白县 Bobai County	兴业县 Xingye County	北流市 Beiliu City	右江区 Youjiang District
15407	27634	38430	43910	86040	41280	59040	17948
90358	164107	228504	268263	484529	250458	343136	80639
85836	156329	208715	246365	375017	227437	309657	41513
3463	3792	3701	6391	14100	5589	17170	1648
12500	219191	21849	109442	1153718	83649	100560	766650
23100	54905	182047	67241	321682	39988	309051	220533
30696	58551	85864	113859	213134	169549	89736	30387
20699	19344	42105	77685	168073	54337	56637	14876
6472	24364	16150	9883	5609	3992	5826	392
30		290	150	481		4438	0
276071	411195	373138	316127	775068	264259	683887	350400
15393	13886	13241	27179	44789	9263	34051	26176
56	25	89	93	89	40	142	49
2215724	174000	2690506	3473223	1980900	1153319	3688380	2618625
21541	4104	29986	17300	35120	6205	80276	18300
2076586	168609	2592378	3016900	1288099	962241	3600540	1842440
1025		1330	1671	2828	1322	1687	1403
73250	16785	32789	41868	48125	36542	53758	65193
1242	45	341	283	539	188	476	215
685		119	100	85	60	66	515
160120	509	70429	58440	80376	52860	114441	40661
956800	222868	452520	448889	868590	390869	146213	514731
183250	13526	86439	64980	75293	59960	75949	118999
295220		70235	95942	134396	83010	149243	319324
63395		31145	33426	60905	21207	46949	38051
289.82	16.66	63.82	58.07	99.52	33.01	99.54	77.01
371.94	106.70	162.78	203.08	234.40	149.81	238.39	158.55

23－1 续表20

指 标	Item	平南县 Pingnan County	桂平市 Guiping City
新增固定资产（万元）	Newly Increased Fixed Assets (10 000 yuan)	1066896	1238286
房地产开发投资完成额（万元）	Real Estate Development (10 000 yuan)	316599	174202
#住宅	Residential Buildings	176291	172758
住宅竣工面积（万平方米）	Completed Floor Space of Residential Buildings (10 000 sq.m)	18.87	10.73
普通中学数（所）	Number of Regular Secondary Schools (unit)	64	74
小学数（所）	Number of Primary Schools (unit)	287	430
普通中学专任教师数（人）	Full-time Teachers in Regular Secondary Schools (person)	4530	6585
小学专任教师数（人）	Full-time Teachers in Primary Schools (person)	7300	7844
普通中学在校学生数（人）	Student Enrollment in Regular Secondary Schools (person)	85854	111509
小学在校学生数（人）	Primary Student Enrollment (person)	118401	165980
专业技术人员（人）	Number of Professionals (person)	14180	88406
#农业技术人员	Agricultural Professionals (person)	160	160
医疗卫生机构床位数（张）	Number of Beds in Heathcare Institutions (bed)	3992	4561
医疗卫生机构技术人员（人）	Medical & Technical Personnel of Heathcare Institutions (person)	4530	5995
#执业（助理）医师	Practitioner (assistant) Doctors	1695	1931
居民人均可支配收入（元）	Per Capita Annual Disposable Income of Households (yuan)	18084	17626
城镇居民人均可支配收入（元）	Per Capita Annual Disposable Income of Urban Households (yuan)	26513	26421
农村居民人均可支配收入（元）	Per Capita Annual Disposable Income of Rural Households (yuan)	11459	11526
各种社会福利收养性单位数（个）	Number of Adopting Units of Social Welfare (unit)	177	222
各种社会福利收养性单位床位数（张）	Number of Beds in Adopting Units of Social Welfare (bed)	2600	2413
城镇基本养老保险参保人数（人）	Number of Persons Joining Basic Pension Insurance (person)	43631	86035
城镇基本医疗保险参保人数（人）	Number of Persons Joining Basic Health Care Insurance (person)	137637	130316
失业保险参保人数（人）	Number of Persons Joining Unemployment Insurance (person)	27105	33310
新型农村合作医疗参保人数（人）	Number of Persons Joining New-type Rural Cooperative Medical Service (person)	1263200	1637314
新型农村社会养老保险参保人数（人）	Number of Persons Joining New-type Rural Social Pension Insurance (person)	463850	593785
城镇居民最低生活保障人数（人）	Number of Urban Residents Receiving Lowest Cost-of-living (person)	11860	4364
农村居民最低生活保障人数（人）	Number of Rural Residents Receiving Lowest Cost-of-living (person)	75898	54668

Continued

玉州区 Yuzhou District	福绵区 Fumian District	容　县 Rongxian County	陆川县 Luchuan County	博白县 Bobai County	兴业县 Xingye County	北流市 Beiliu City	右江区 Youjiang District
		1217449	2030752	1573092	1065838	1760989	137294
800422	16231	134426	41347	128023	16803	204335	346579
376131		112937	41347	95735	14263	191210	224907
23.00		16.03		18.27	1.70	57.16	4.78
26	12	31	29	76	28	51	21
135	107	144	168	355	263	301	80
1950	972	2714	4106	4106	1745	5003	1866
3258	1309	3061	4562	9621	2827	7828	1810
27652	13422	49425	56960	98906	34624	93864	36131
78952	28189	72638	88727	154422	50366	166475	33724
5632		7973	10564	18392	4616	14687	3700
112		161	206	322	79	280	100
5896	420	2873	2460	3843	1226	3768	4123
7523		2749	2544	3681	1375	3896	5036
2752	186	927	1384	1197	612	1556	1586
				16934			22767
35155	32052	27721	27158	25467	25877	32021	29426
14274	12274	11940	11980	11984	11167	13461	12445
19	1	77	28	68	131	15	38
708	60	956	516	3560	1263	447	2024
58412	138167	38532	38438	55833	221787	84631	30401
135621	365105	149738	110803	188737	41875	201680	67868
15896	4284	20013	21094	23435	10197	24130	11106
436580	375045	624648	926395	1317636	636065	1252814	223781
132560	128500	251879	284903	569313		357322	113329
3689	10716	1878	6552	12655	803	7969	1075
23650	10602	35235	73658	121317	33158	82034	16818

23－1　续表21

指　标	Item	田阳县 Tianyang County	田东县 Tiandong County
行政区域面积（平方公里）	Administrative Region Land Area (sq.km)	2373	2811
常住户数（户）	Total Households at Year-end (household)	105754	105047
年末常住人口（万人）	Total Population at Year-end (10 000 persons)	32.49	37.35
年末户籍人口（万人）	Registered Population at Year-end (10 000 persons)	35.60	43.62
地区生产总值（万元）	Gross Domestic Product (10 000 yuan)	1450432	1401005
第一产业增加值	Primary Industry	272623	283405
第二产业增加值	Secondary Industry	870381	789630
#工业	Industry	773708	644486
第三产业增加值	Tertiary Industry	307428	327969
人均生产总值（元）	Per Capital GDP (yuan)	44815	37626
地区生产总值指数（上年=100）	Indices of Gross Domestic Product (preceding year=100)	111.9	105.0
第一产业	Primary Industry	103.3	103.8
第二产业	Secondary Industry	115.3	104.8
#工业	Industry	115.4	104.6
第三产业	Tertiary Industry	111.4	106.5
人均生产总值指数（上年=100）	Indices of Per Capital GDP (preceding year=100)	111.1	104.3
地区生产总值构成（%）	Construction of GDP (%)		
第一产业	Primary Industry	18.8	20.2
第二产业	Secondary Industry	60.0	56.4
第三产业	Tertiary Industry	21.2	23.4
公共财政预算收入（万元）	Government Revenue (10 000 yuan)	78660	63742
税收收入（万元）	Total Tax Revenue (10 000 yuan)	39777	37628
公共财政支出（万元）	Government Expenditure (10 000 yuan)	286827	264058
年末金融机构各项存款余额（万元）	Year-end Deposits of Financial Institutions (10 000 yuan)	932926.87	1137523.5
#居民储蓄存款余额	Urban & Rural Savings Deposits	609314.82	741327.3
年末金融机构各项贷款余额（万元）	Year-end Loans of Financial Institutions (10 000 yuan)	867338.36	985333.55
耕地面积（公顷）	Farmland (hectare)	36883	64529
设施农业占地面积（公顷）	Protected Agriculture Covered (hectare)	71	103
农作物总播种面积（公顷）	Total Sown Area of Major Farm Crops (hectare)	53082	63015

Continued

平果县 Pingguo County	德保县 Debao County	那坡县 Napo County	凌云县 Lingyun County	乐业县 Leye County	田林县 Tianlin County	西林县 Xilin County	隆林各族自治县 Longlin County
2457	2575	2223	2047	2633	5524	2997	3518
145303	95688	50428	59509	49654	60672	39867	107620
45.66	30.72	15.95	19.33	15.49	23.20	14.50	35.67
51.79	37.01	21.73	22.22	17.74	26.51	16.06	42.67
1595994	816791	246936	310338	223879	477270	234922	463393
161542	103746	70932	81907	70137	139488	92522	110023
1064446	517244	61510	125296	41735	171070	46710	156836
971774	424747	44297	87800	11965	143428	26562	124862
370006	195801	114494	103134	112006	166713	95690	196534
35073	26632	15555	16121	14509	20643	16269	13039
109.1	108.6	103.2	107.3	106.9	110.6	107.4	108.6
105.4	102.6	101.0	103.6	103.8	105.4	106.1	105.4
109.7	110.5	99.9	108.6	109.4	115.9	106.6	108.1
109.1	110.3	104.9	105.7	106.7	117.1	103.8	105.9
108.8	107.4	106.2	108.8	107.9	110.6	109.2	110.9
108.3	108.2	102.3	106.4	106.1	109.9	106.5	107.8
10.1	12.7	28.7	26.4	31.3	29.2	39.4	23.7
66.7	63.3	24.9	40.4	18.6	35.8	19.9	33.8
23.2	24.0	46.4	33.2	50.0	34.9	40.7	42.4
166065	74111	20392	13031	11012	19520	9630	27767
99984	37461	12357	9067	7120	14040	6352	20160
307386	243154	200379	214169	180016	215175	161174	286721
1289891.82	590205	409328.92	442275.8	347202.9	595628.8	348316.1	704427.4
860757.72	395183	264031.03	282087.3	202680.5	341973.6	179994.5	463389.4
1358200.81	484630	201785.38	278877.38	206489.07	368244.52	204588.83	424622.79
46016	40190	27436	17013	25162	20982	22066	50844
170	40	13	17	11	123	6	10
40564	37424	24923	21160	19261	37051	22270	33450

23－1　续表22

指　标	Item	田阳县 Tianyang County	田东县 Tiandong County
#粮食作物	Grain Crops	22470	24493
粮食总产量（吨）	Yield of Grain (ton)	118843	118525
#稻谷	Rice	65778	74341
油料产量（吨）	Yield of Oil-bearing Crops (ton)	1586	1625
糖料产量（吨）	Yield of Sugar Crops (ton)	205821	1053150
园林水果（不含瓜类水果）产量（吨）	Yield of Fruit (ton)	194806	264370
肉类总产量（吨）	Output of Meat (ton)	28524	31974
#猪肉	Pork	19511	20931
禽蛋产量（吨）	Output of Eggs (ton)	318	630
奶类产量（吨）	Output of Milk (ton)	0	0
蔬菜产量（吨）	Yield of Vegetables (ton)	676470	440791
水产品产量（吨）	Aquatic Products (ton)	21159	20020
规模以上工业企业个数（个）	Number of Industrial Enterprises above Designated Size (unit)	36	36
规模以上工业总产值（当年价，万元）	Included Gross Industrial Output Value above Designated Size (at current price，10 000 yuan)	2118368	1971030
规模以上工业企业从业人员年平均人数（人）	Annual Average Number of Employed Persons (person)	6934	10712
规模以上工业企业主营业务收入（万元）	Income from Major Business (10 000 yuan)	977309	1101763
公路里程（公里）	Length of Domestic Highways (km)	1286	1359
民用汽车拥有量（辆）	Number of Civil Motor Vehicles Owned (unit)	24354	24354
年末实有公共汽（电）车营运数（辆）	Year-end Total Operating Public Buses (vehicle)	90	86
年末实有出租汽车数（辆）	Year-end Total Taxis (vehicle)	90	145
固定电话年末用户（户）	Number of Local Telephone Subscribers in Year-end (subscriber)	17032	16762
年末移动电话用户数（户）	Number of Mobile Telephone Subscribers at Year-end (subscriber)	225083	34665
互联网宽带接入用户（户）	Number of Internet Subscribers (subscriber)	45292	22451
全社会用电量（万千瓦时）	Total Consumption of Electricity (10 000 kwh)	347089	170164
#居民生活用电量	Household Consumption of Electricity	16086	19734
社会消费品零售总额（亿元）	Total Retail Sale of Consumer Goods (100 million yuan)	25.06	21.90
固定资产投资（不含农户）（亿元）	Investment in Fixed Assets (100 million yuan)	156.45	170.22

Continued

平果县 Pingguo County	德保县 Debao County	那坡县 Napo County	凌云县 Lingyun County	乐业县 Leye County	田林县 Tianlin County	西林县 Xilin County	隆林各族自治县 Longlin County
26801	26246	17074	14220	11961	20765	14467	22713
111032	103392	64278	52632	52822	96890	57210	92007
55560	48678	26417	19027	18964	42872	22628	37222
905	1051	323	1215	1958	787	1706	1987
221720	177765	22473	12127	3977	327395	36933	34004
50734	32076	8678	8320	8536	41131	98989	26215
36440	19970	12050	12151	9734	21854	10994	19963
20976	10895	7872	8875	6531	13921	6190	12978
954	992	199	144	153	492	408	1924
0	0	11	0	0	0	0	0
143173	124428	73342	59381	59426	113075	61173	71040
9950	2251	853	1000	19074	4130	17870	29220
51	23	9	22	5	35	8	22
2815024	1110823	86754	261730	19467	416980	54934	347600
16555	7268	1163	2650	625	3359	1399	2700
2713142	757882	61897	186872	16264	290129	36035	344100
1867	1117	1209	1290	1315	1779	876	1859
26502	16094	7434	8674	9350	14152	7485	15940
168	58	37	28	50	45	47	41
20	51	19	26	50	10	42	52
38145	18968	9273	8609	3344	15583	9889	16339
327949	114727	109947	116436	103161	110506	98142	237277
88490	5969	9084	9202	13870	6395	7898	27751
193218	125148	23066	23328	9938	34270	12042	127730
25519	12932	6704	10684	6633	10109	5949	11881
29.08	11.97	8.27	6.26	6.85	10.73	6.23	15.23
185.43	97.05	24.82	36.04	28.21	31.36	29.02	39.99

23－1　续表23

指　标	Item	田阳县 Tianyang County	田东县 Tiandong County
新增固定资产（万元）	Newly Increased Fixed Assets (10 000 yuan)	182571	1624361
房地产开发投资完成额（万元）	Real Estate Development (10 000 yuan)	78474	78933
#住宅	Residential Buildings	78474	47267
住宅竣工面积（万平方米）	Completed Floor Space of Residential Buildings (10 000 sq.m)	15.58	7.15
普通中学数（所）	Number of Regular Secondary Schools (unit)	8	19
小学数（所）	Number of Primary Schools (unit)	28	138
普通中学专任教师数（人）	Full-time Teachers in Regular Secondary Schools (person)	999	1591
小学专任教师数（人）	Full-time Teachers in Primary Schools (person)	1282	2017
普通中学在校学生数（人）	Student Enrollment in Regular Secondary Schools (person)	13663	20989
小学在校学生数（人）	Primary Student Enrollment (person)	27170	35450
专业技术人员（人）	Number of Professionals (person)	3410	4232
#农业技术人员	Agricultural Professionals (person)	106	98
医疗卫生机构床位数（张）	Number of Beds in Heathcare Institutions (bed)	1312	1883
医疗卫生机构技术人员（人）	Medical & Technical Personnel of Heathcare Institutions (person)	1397	2272
#执业（助理）医师	Practitioner (assistant) Doctors	57	612
居民人均可支配收入（元）	Per Capita Annual Disposable Income of Households (yuan)	17477	18692
城镇居民人均可支配收入（元）	Per Capita Annual Disposable Income of Urban Households (yuan)	27986	29233
农村居民人均可支配收入（元）	Per Capita Annual Disposable Income of Rural Households (yuan)	11181	12469
各种社会福利收养性单位数（个）	Number of Adopting Units of Social Welfare (unit)	93	107
各种社会福利收养性单位床位数（张）	Number of Beds in Adopting Units of Social Welfare (bed)	855	1055
城镇基本养老保险参保人数（人）	Number of Persons Joining Basic Pension Insurance (person)	12660	19889
城镇基本医疗保险参保人数（人）	Number of Persons Joining Basic Health Care Insurance (person)	24141	49992
失业保险参保人数（人）	Number of Persons Joining Unemployment Insurance (person)	9342	12083
新型农村合作医疗参保人数（人）	Number of Persons Joining New-type Rural Cooperative Medical Service (person)	298683	363195
新型农村社会养老保险参保人数（人）	Number of Persons Joining New-type Rural Social Pension Insurance (person)	172403	166873
城镇居民最低生活保障人数（人）	Number of Urban Residents Receiving Lowest Cost-of-living (person)	949	2022
农村居民最低生活保障人数（人）	Number of Rural Residents Receiving Lowest Cost-of-living (person)	43842	48965

Continued

平果县 Pingguo County	德保县 Debao County	那坡县 Napo County	凌云县 Lingyun County	乐业县 Leye County	田林县 Tianlin County	西林县 Xilin County	隆林各族自治县 Longlin County
1405353	584054	219252	192526	263172	152969	118573	300153
131422	8758				7306	16757	27843
109123	6975				7306	15335	20288
19.43	4.75				5.14	25.59	7.73
11	16	12	9	13	16	10	20
173	49	120	100	65	105	39	138
1630	1003	661	885	809	664	673	1028
1878	1488	794	1251	1131	1270	869	1713
26976	15016	9215	20991	11368	14358	10132	25216
38449	23869	16862	20991	16119	26219	16998	43305
4690	3387	4509	2522	1972	2978	1955	3870
125	63	101	53	105	113	56	90
1811	1104	802	629	415	993	587	1195
2699	2012	1305	908	469	863	484	1278
880	224	228	144	104	219	83	272
19175	13709	10618	11803	12135	12887	12586	12316
29315	28557	21611	24676	25439	25084	22502	27092
10606	8616	6891	7443	7533	9394	8604	7707
166	48	31	22	9	54	11	18
2530	1073	480	278	209	1037	360	681
207674	6775	12073	5046	74153	86416	69301	3010
89091	35291	19243	20163	3855	16726	17249	26498
11290	5972	4633	4406	3210	5330	3800	6550
409703	299743	196587	193775	152344	230665	136986	363084
	174370	104842	78032	74683	92575	66899	168471
2060	1608	2711	3251	1942	56066	1684	2974
48395	64113	36684	37232	35462	2534	25198	69169

23－1　续表24

指　标	Item	靖西市 Jingxi City	八步区 Babu District
行政区域面积（平方公里）	Administrative Region Land Area (sq.km)	3326	
常住户数（户）	Total Households at Year-end (household)	138003	199598
年末常住人口（万人）	Total Population at Year-end (10 000 persons)	51.95	64.36
年末户籍人口（万人）	Registered Population at Year-end (10 000 persons)	65.97	73.58
地区生产总值（万元）	Gross Domestic Product (10 000 yuan)	1585910	1777752
第一产业增加值	Primary Industry	158123	306293
第二产业增加值	Secondary Industry	1099497	718497
#工业	Industry	1032837	522959
第三产业增加值	Tertiary Industry	328291	752963
人均生产总值（元）	Per Capital GDP (yuan)	30610	27695
地区生产总值指数（上年=100)	Indices of Gross Domestic Product (preceding year=100)	108.7	109.7
第一产业	Primary Industry	102.7	103.8
第二产业	Secondary Industry	110.3	112.5
#工业	Industry	110.2	114.0
第三产业	Tertiary Industry	107.2	109.6
人均生产总值指数（上年=100)	Indices of Per Capital GDP (preceding year=100)	108.1	109.0
地区生产总值构成（%）	Construction of GDP (%)		
第一产业	Primary Industry	10.0	17.2
第二产业	Secondary Industry	69.3	40.4
第三产业	Tertiary Industry	20.7	42.4
公共财政预算收入（万元）	Government Revenue (10 000 yuan)	130734	72904
税收收入（万元）	Total Tax Revenue (10 000 yuan)	82384	46874
公共财政支出（万元）	Government Expenditure (10 000 yuan)	430990	307564
年末金融机构各项存款余额（万元）	Year-end Deposits of Financial Institutions (10 000 yuan)	1085181.81	3752874
#居民储蓄存款余额	Urban & Rural Savings Deposits	743227.34	1972632
年末金融机构各项贷款余额（万元）	Year-end Loans of Financial Institutions (10 000 yuan)	616094.93	2330169
耕地面积（公顷）	Farmland (hectare)	67482	30329
设施农业占地面积（公顷）	Protected Agriculture Covered (hectare)	30	718
农作物总播种面积（公顷）	Total Sown Area of Major Farm Crops (hectare)	68934	71892

Continued

平桂区 Pinggui District	昭平县 Zhaoping County	钟山县 Zhongshan County	富川瑶族自治县 Fuchuan County	金城江区 Jinchengjiang District	南丹县 Nandan County	天峨县 Tian'e County	凤山县 Fengshan County
	3224	1472	1540	2346	3905	3184	1729
121770	126800	95774		110503	97752	50571	59981
40.85	35.44	36.36	26.86	34.54	29.01	16.10	16.82
45.90	44.72	44.70	33.62	34.41	32.28	17.54	21.89
1220884	644472	890543	671316	1172935	970779	571041	212379
201334	206874	168581	231328	127967	118651	70204	59416
613325	186625	375542	242892	324726	442631	341530	40892
428668	83173	248264	185027	218968	386215	308883	14127
406225	250973	346420	197096	720242	409497	159307	112070
29960	18241	24580	25115	34077	33591	35623	12687
110.3	104.5	108.0	105.4	106.0	106.7	101.1	104.7
103.6	104.5	102.9	105.4	103.5	103.4	100.2	102.5
113.8	100.7	110.7	102.8	98.8	107.4	98.4	104.6
114.5	96.5	110.9	101.2	96.3	107.6	98.1	102.4
108.7	107.4	107.8	109.1	110.7	106.9	107.7	105.9
109.8	103.7	107.5	104.4	105.2	105.9	100.3	103.8
16.5	32.1	18.9	34.5	10.9	12.2	12.3	28.0
50.2	29.0	42.2	36.2	27.7	45.6	59.8	19.3
33.3	38.9	38.9	29.4	61.4	42.2	27.9	52.8
64764	24533	32526	39383	28396	49539	21179	7718
39474	14981	20015	25776	22060	28072	14904	4720
244764	245125	242074	248907	180758	227587	163080	190054
	703900	977832	716096	2337000	843291	420136	424720
	517900	711160	585828	1243000	538163	241711	238582
	422200	524859	426343	1437100	619853	381580	211098
26600	13833	37545	0	23128	23542	12749	14686
	174	91	75	32	20	5	0
51036	39754	36944	51108	36412	35482	26706	21407

23－1　续表25

指　标	Item	靖西市 Jingxi City	八步区 Babu District
#粮食作物	Grain Crops	51210	34148
粮食总产量（吨）	Yield of Grain (ton)	235010	187863
#稻谷	Rice	83550	167809
油料产量（吨）	Yield of Oil-bearing Crops (ton)	1561	8158
糖料产量（吨）	Yield of Sugar Crops (ton)	165474	107755
园林水果（不含瓜类水果）产量（吨）	Yield of Fruit (ton)	23573	97037
肉类总产量（吨）	Output of Meat (ton)	29584	47803
#猪肉	Pork	19049	33133
禽蛋产量（吨）	Output of Eggs (ton)	348	1279
奶类产量（吨）	Output of Milk (ton)	40	2
蔬菜产量（吨）	Yield of Vegetables (ton)	158850	574672
水产品产量（吨）	Aquatic Products (ton)	8063	19875
规模以上工业企业个数（个）	Number of Industrial Enterprises above Designated Size (unit)	23	45
规模以上工业总产值（当年价，万元）	Included Gross Industrial Output Value above Designated Size (at current price，10 000 yuan)	3075517	1692469
规模以上工业企业从业人员年平均人数（人）	Annual Average Number of Employed Persons (person)	7572	13561
规模以上工业企业主营业务收入（万元）	Income from Major Business (10 000 yuan)	2986308	1635523
公路里程（公里）	Length of Domestic Highways (km)	1762	1104
民用汽车拥有量（辆）	Number of Civil Motor Vehicles Owned (unit)	29644	132605
年末实有公共汽（电）车营运数（辆）	Year-end Total Operating Public Buses (vehicle)	89	321
年末实有出租汽车数（辆）	Year-end Total Taxis (vehicle)	96	300
固定电话年末用户（户）	Number of Local Telephone Subscribers in Year-end (subscriber)	25620	93200
年末移动电话用户数（户）	Number of Mobile Telephone Subscribers at Year-end (subscriber)	287493	1283600
互联网宽带接入用户（户）	Number of Internet Subscribers (subscriber)	29525	195000
全社会用电量（万千瓦时）	Total Consumption of Electricity (10 000 kwh)	430614	482113
#居民生活用电量	Household Consumption of Electricity	23284	38851
社会消费品零售总额（亿元）	Total Retail Sale of Consumer Goods (100 million yuan)	28.24	56.48
固定资产投资（不含农户）(亿元)	Investment in Fixed Assets (100 million yuan)	104.27	203.02

Continued

平桂区 Pinggui District	昭平县 Zhaoping County	钟山县 Zhongshan County	富川瑶族自治县 Fuchuan County	金城江区 Jinchengjiang District	南丹县 Nandan County	天峨县 Tian'e County	凤山县 Fengshan County
23562	25635	25614	25254	16995	20078	17090	13100
122016	143212	144533	129429	73550	87213	65773	43117
98925	121486	125031	95977	42075	52244	23397	17204
6338	1868	4568	12868	861	3164	978	488
13781	106	9788	5287	300675	56777	2390	8181
49399	54801	114885	459320	40814	41222	35176	9009
26659	24533	32706	32334	13494	20377	11330	9960
19074	16832	21441	26198	9602	9973	8090	7346
960	1328	2120	3147	148	298	411	258
51	18	16100	0	0			0
362467	232071	194848	338329	247104	176056	31856	36272
12846	19998	17410	9437	9217	1901	7375	354
68	14	39	18	30	12	7	5
1682000	231700	861525	535887	507400	1196093	413460	21056
9000	1865	5515	3003	16050	8054	842	127
1111300	179761	849111	498840	567000	883305	417774	22837
787	781	722	737	925	1158	1295	915
	5149	13499		30000	16881	1017	8027
	74	31	16	147	68	27	20
	13	64	60	300	131	43	
	37874	10573	10900	33485	15900	8765	6779
	167500	279394	200300	447850	242000	119398	119946
	57280	37278	39411	280000	32276	9897	17873
125463	33324	38605	41686	112815	195118	13097	13280
16343	14397	16148	13091	18635	12407	9680	7911
30.47	24.02	34.58	15.42	67.06	27.13	12.03	8.24
188.99	58.82	108.19	91.80	90.82	46.15	18.53	22.84

23－1 续表26

指　标	Item	靖西市 Jingxi City	八步区 Babu District
新增固定资产（万元）	Newly Increased Fixed Assets (10 000 yuan)	752663	957761
房地产开发投资完成额（万元）	Real Estate Development (10 000 yuan)	102844	133803
#住宅	Residential Buildings	28495	104621
住宅竣工面积（万平方米）	Completed Floor Space of Residential Buildings (10 000 sq.m)	1.56	2.26
普通中学数（所）	Number of Regular Secondary Schools (unit)	28	28
小学数（所）	Number of Primary Schools (unit)	275	183
普通中学专任教师数（人）	Full-time Teachers in Regular Secondary Schools (person)	1589	1323
小学专任教师数（人）	Full-time Teachers in Primary Schools (person)	2189	2949
普通中学在校学生数（人）	Student Enrollment in Regular Secondary Schools (person)	28506	28419
小学在校学生数（人）	Primary Student Enrollment (person)	46086	66061
专业技术人员（人）	Number of Professionals (person)	5753	6305
#农业技术人员	Agricultural Professionals (person)	902	214
医疗卫生机构床位数（张）	Number of Beds in Heathcare Institutions (bed)	1522	3695
医疗卫生机构技术人员（人）	Medical & Technical Personnel of Heathcare Institutions (person)	2016	3697
#执业（助理）医师	Practitioner (assistant) Doctors	405	1622
居民人均可支配收入（元）	Per Capita Annual Disposable Income of Households (yuan)	12795	18629
城镇居民人均可支配收入（元）	Per Capita Annual Disposable Income of Urban Households (yuan)	24743	28562
农村居民人均可支配收入（元）	Per Capita Annual Disposable Income of Rural Households (yuan)	8471	10123
各种社会福利收养性单位数（个）	Number of Adopting Units of Social Welfare (unit)	131	110
各种社会福利收养性单位床位数（张）	Number of Beds in Adopting Units of Social Welfare (bed)	1375	1392
城镇基本养老保险参保人数（人）	Number of Persons Joining Basic Pension Insurance (person)	13431	46597
城镇基本医疗保险参保人数（人）	Number of Persons Joining Basic Health Care Insurance (person)	63529	71832
失业保险参保人数（人）	Number of Persons Joining Unemployment Insurance (person)	11503	14815
新型农村合作医疗参保人数（人）	Number of Persons Joining New-type Rural Cooperative Medical Service (person)	579328	566656
新型农村社会养老保险参保人数（人）	Number of Persons Joining New-type Rural Social Pension Insurance (person)	274300	208927
城镇居民最低生活保障人数（人）	Number of Urban Residents Receiving Lowest Cost-of-living (person)	3719	30244
农村居民最低生活保障人数（人）	Number of Rural Residents Receiving Lowest Cost-of-living (person)	97601	344834

Continued

平桂区 Pinggui District	昭平县 Zhaoping County	钟山县 Zhongshan County	富川瑶族自治县 Fuchuan County	金城江区 Jinchengjiang District	南丹县 Nandan County	天峨县 Tian'e County	凤山县 Fengshan County
1115907	336747	891551	853787	402521	472120	143311	86027
75494	56100	28689	20667	198954	47237		34252
68.5	34800	19086	17497	145969	29228		22053
6.90	12.16	3.90	26.27	13.42	3.50	3.14	1.13
21	19	22	12	15	15	12	14
117	208	196	28	43	169	105	131
615	1126	1354	1078	1421	938	637	782
1958	1789	2010	1566	1613	1860	888	1149
25257	19185	19739	14521	21371	15435	12527	8296
37081	35363	37387	25530	29609	32544	17425	19231
	5412	4574	5616	4340	5180	2564	3459
	240	96	184	167	129	83	236
943	1676	1571	911	3422	915	556	648
1271	1482	1605	1157	3472	1032	776	945
288	386	460	224	1112	427	177	240
16994	16192	15357	15123	17418			9796
25676	36043	25600	25279	29989	28687	22245	20103
8589	9119	9780	9179	8925	8881	7232	6507
9	161	2	8	14	14	29	43
268	718	36	133	340	278	565	567
3222	33448	18188	11680	23211	17230	8702	8177
20572	60423	48149	40517	76251	74612	16229	22310
6908	11033	11359	8500	10708	9306	6688	7530
366626	338728	359192	267866	191073	234637	145023	181686
135658	158424	145741	153635	107019	107286	76779	68335
71056	1878	1493	3684	754	4209	2105	2762
283921	30168	32149	23998	15070	36720	16359	30363

23－1　续表27

指　标	Item	东兰县 Donglan County	罗城仫佬族自治县 Luocheng County
行政区域面积（平方公里）	Administrative Region Land Area (sq.km)	2437	2651
常住户数（户）	Total Households at Year-end (household)	80752	120700
年末常住人口（万人）	Total Population at Year-end (10 000 persons)	22.15	30.98
年末户籍人口（万人）	Registered Population at Year-end (10 000 persons)	31.17	38.58
地区生产总值（万元）	Gross Domestic Product (10 000 yuan)	260279	436714
第一产业增加值	Primary Industry	71711	158078
第二产业增加值	Secondary Industry	53380	85716
#工业	Industry	16952	43955
第三产业增加值	Tertiary Industry	135189	192920
人均生产总值（元）	Per Capital GDP (yuan)	11788	14138
地区生产总值指数（上年=100）	Indices of Gross Domestic Product (preceding year=100)	107.6	104.9
第一产业	Primary Industry	103.7	102.7
第二产业	Secondary Industry	108.9	102.9
#工业	Industry	109.4	98.2
第三产业	Tertiary Industry	109.3	107.6
人均生产总值指数（上年=100）	Indices of Per Capital GDP (preceding year=100)	106.9	104.2
地区生产总值构成（%）	Construction of GDP (%)		
第一产业	Primary Industry	27.6	36.2
第二产业	Secondary Industry	20.5	19.6
第三产业	Tertiary Industry	51.9	44.2
公共财政预算收入（万元）	Government Revenue (10 000 yuan)	13176	15328
税收收入（万元）	Total Tax Revenue (10 000 yuan)	9049	9468
公共财政支出（万元）	Government Expenditure (10 000 yuan)	220088	265484
年末金融机构各项存款余额（万元）	Year-end Deposits of Financial Institutions (10 000 yuan)	613375	809315
#居民储蓄存款余额	Urban & Rural Savings Deposits	364762	546923
年末金融机构各项贷款余额（万元）	Year-end Loans of Financial Institutions (10 000 yuan)	288418	351397
耕地面积（公顷）	Farmland (hectare)	14001	44780
设施农业占地面积（公顷）	Protected Agriculture Covered (hectare)	166	52
农作物总播种面积（公顷）	Total Sown Area of Major Farm Crops (hectare)	23386	54360

Continued

环江毛南族自治县 Huanjiang County	巴马瑶族自治县 Bama County	都安瑶族自治县 Du'an County	大化瑶族自治县 Dahua County	宜州市 Yizhou City	兴宾区 Xingbin District	忻城县 Xincheng County	象州县 Xiangzhou County
4553	1976	4088	2750	3857	4403	2522	1918
108306	71735	182429	102500	195583	309911	130556	103796
28.06	23.18	53.62	37.32	58.12	96.25	32.56	29.69
37.72	29.12	71.79	47.44	66.63	112.60	44.08	37.00
453011	372003	444404	551034	1156694	2604242	584836	993772
161028	103428	135676	94493	407613	616850	190271	287658
91743	92098	74863	245945	236335	882108	180671	473008
56967	61389	31307	207220	141855	550617	140802	390607
200240	176477	233865	210596	512746	1105284	213894	233106
16185	16108	8310	14803	19964	27170	18067	33585
105.7	108.6	107.8	102.8	103.6	104.5	103.5	101.9
101.6	104.8	103.4	102.9	104.2	103.0	101.9	103.6
106.3	113.7	104.8	100.2	97.8	100.8	103.1	99.2
106.3	113.5	105.9	98.9	102.8	99.1	100.4	103.7
109.0	108.2	111.5	106.3	106.3	108.7	105.2	105.8
105.1	107.8	107.2	102.2	102.9	103.6	102.5	101.1
35.5	27.8	30.5	17.1	35.2	23.7	32.5	28.9
20.3	24.8	16.8	44.6	20.4	33.9	30.9	47.6
44.2	47.4	52.6	38.2	44.3	42.4	36.6	23.5
25102	14784	24442	30300	37998	53798	17754	25971
8438	9257	15310	21040	24545	41274	10428	15390
257780	228530	362108	293622	271416	363783	212605	193844
877696.85	516636	1012221	743205	1585286	3058101	554402	722959
527542.06	362699	610808	455573	1203358	1408285	420247	528274
418001.72	242686	468240	468070	945381	2476500	288662	427069
60528	18851	30843	25318	99107	189719	60309	71270
27	23	1	19	44	1227	26	32
43532	38771	60759	36125	94576	200477	53601	67969

23－1 续表28

指 标	Item	东兰县 Donglan County	罗城仫佬族自治县 Luocheng County
#粮食作物	Grain Crops	15516	26361
粮食总产量（吨）	Yield of Grain (ton)	55379	113387
#稻谷	Rice	29862	78425
油料产量（吨）	Yield of Oil-bearing Crops (ton)	801	3498
糖料产量（吨）	Yield of Sugar Crops (ton)	23638	517000
园林水果（不含瓜类水果）产量（吨）	Yield of Fruit (ton)	29025	56552
肉类总产量（吨）	Output of Meat (ton)	13349	21317
#猪肉	Pork	7864	15909
禽蛋产量（吨）	Output of Eggs (ton)	345	585
奶类产量（吨）	Output of Milk (ton)	0	0
蔬菜产量（吨）	Yield of Vegetables (ton)	50373	116549
水产品产量（吨）	Aquatic Products (ton)	5686	6636
规模以上工业企业个数（个）	Number of Industrial Enterprises above Designated Size (unit)	5	16
规模以上工业总产值（当年价，万元）	Included Gross Industrial Output Value above Designated Size (at current price，10 000 yuan)	41070	135189
规模以上工业企业从业人员年平均人数（人）	Annual Average Number of Employed Persons (person)	849	2783
规模以上工业企业主营业务收入（万元）	Income from Major Business (10 000 yuan)	34252	110875
公路里程（公里）	Length of Domestic Highways (km)	1328	64
民用汽车拥有量（辆）	Number of Civil Motor Vehicles Owned (unit)	7856	13687
年末实有公共汽（电）车营运数（辆）	Year-end Total Operating Public Buses (vehicle)	16	27
年末实有出租汽车数（辆）	Year-end Total Taxis (vehicle)	23	55
固定电话年末用户（户）	Number of Local Telephone Subscribers in Year-end (subscriber)	11538	9789
年末移动电话用户数（户）	Number of Mobile Telephone Subscribers at Year-end (subscriber)	136796	172181
互联网宽带接入用户（户）	Number of Internet Subscribers (subscriber)	24486	23540
全社会用电量（万千瓦时）	Total Consumption of Electricity (10 000 kwh)	20033	26737
#居民生活用电量	Household Consumption of Electricity	10056	5268
社会消费品零售总额（亿元）	Total Retail Sale of Consumer Goods (100 million yuan)	14.29	17.37
固定资产投资（不含农户）(亿元)	Investment in Fixed Assets (100 million yuan)	36.51	22.74

Continued

环江毛南族自治县 Huanjiang County	巴马瑶族自治县 Bama County	都安瑶族自治县 Du'an County	大化瑶族自治县 Dahua County	宜州市 Yizhou City	兴宾区 Xingbin District	忻城县 Xincheng County	象州县 Xiangzhou County
23517	17996	45043	25988	47645	65010	27707	34180
121925	62545	125725	73889	222745	311013	109040	186764
81090	23667	34443	18345	123910	236193	56891	166979
756	1456	74	539	2886	20533	2974	2927
391716	153659	328225	255488	1407575	7421701	461701	1404036
23245	34950	29002	13779	83111	171446	40602	119427
21169	19268	39904	28096	27129	66212	18378	18756
13417	11692	28543	20983	16504	44384	9677	11258
513	320	896	513	911	1860	575	786
0	0		0		4960		0
134060	98167	93886	50302	430027	525144	211640	161906
3966	5222	3262	18370	17833	33547	6011	12850
23	13	13	6	40	69	16	57
192396	163703	94695	231332	405015	2348648	347443	1129750
5302	1459	2331	1490	9545	18035	3492	8091
153136	127059	79993	232640	42287	2050000	336754	1020621
1179	924	1734	1453	1480	2732	1077	967
18617	7132	20322	9634	42181	42476	15010	11546
25	78	52	27	71	361	4	12
55	60	146	59	175	485	27	20
8062	16563	42136	23470	19991	44725	9871	41188
207520	150263	278286	241049	539859	784278	228388	248200
30350	23869	48239	32668	92553	132546	31411	55260
27109	22066	49459	30148	92846	560704	26085	36395
13362	13382	32453	18856	30791	41532	21884	14397
21.07	13.20	21.64	16.82	49.09	70.18	22.10	23.00
29.81	36.55	38.60	24.10	37.38	172.73	34.93	60.35

23－1　续表29

指　标	Item	东兰县 Donglan County	罗城仫佬族自治县 Luocheng County
新增固定资产（万元）	Newly Increased Fixed Assets (10 000 yuan)	98449	147069
房地产开发投资完成额（万元）	Real Estate Development (10 000 yuan)	952	42416
#住宅	Residential Buildings	828	29749
住宅竣工面积（万平方米）	Completed Floor Space of Residential Buildings (10 000 sq.m)	11.49	8.13
普通中学数（所）	Number of Regular Secondary Schools (unit)	12	14
小学数（所）	Number of Primary Schools (unit)	114	161
普通中学专任教师数（人）	Full-time Teachers in Regular Secondary Schools (person)	629	1006
小学专任教师数（人）	Full-time Teachers in Primary Schools (person)	1256	1666
普通中学在校学生数（人）	Student Enrollment in Regular Secondary Schools (person)	11948	14194
小学在校学生数（人）	Primary Student Enrollment (person)	23187	26918
专业技术人员（人）	Number of Professionals (person)	3242	3868
#农业技术人员	Agricultural Professionals (person)	187	201
医疗卫生机构床位数（张）	Number of Beds in Heathcare Institutions (bed)	968	980
医疗卫生机构技术人员（人）	Medical & Technical Personnel of Heathcare Institutions (person)	816	1316
#执业（助理）医师	Practitioner (assistant) Doctors	220	396
居民人均可支配收入（元）	Per Capita Annual Disposable Income of Households (yuan)	9697	10530
城镇居民人均可支配收入（元）	Per Capita Annual Disposable Income of Urban Households (yuan)	20547	20046
农村居民人均可支配收入（元）	Per Capita Annual Disposable Income of Rural Households (yuan)	6590	6638
各种社会福利收养性单位数（个）	Number of Adopting Units of Social Welfare (unit)	20	51
各种社会福利收养性单位床位数（张）	Number of Beds in Adopting Units of Social Welfare (bed)	299	533
城镇基本养老保险参保人数（人）	Number of Persons Joining Basic Pension Insurance (person)	8254	8992
城镇基本医疗保险参保人数（人）	Number of Persons Joining Basic Health Care Insurance (person)	14617	34119
失业保险参保人数（人）	Number of Persons Joining Unemployment Insurance (person)	5816	6700
新型农村合作医疗参保人数（人）	Number of Persons Joining New-type Rural Cooperative Medical Service (person)	269428	301045
新型农村社会养老保险参保人数（人）	Number of Persons Joining New-type Rural Social Pension Insurance (person)	86377	136229
城镇居民最低生活保障人数（人）	Number of Urban Residents Receiving Lowest Cost-of-living (person)	413	3365
农村居民最低生活保障人数（人）	Number of Rural Residents Receiving Lowest Cost-of-living (person)	23772	51654

Continued

环江毛南族自治县 Huanjiang County	巴马瑶族自治县 Bama County	都安瑶族自治县 Du'an County	大化瑶族自治县 Dahua County	宜州市 Yizhou City	兴宾区 Xingbin District	忻城县 Xincheng County	象州县 Xiangzhou County
149716	123814	161602	107928	250486	923844	261744	307388
9388	19362	38308	72600	96218	168669	13755	12084
8644	17792	32903	72600	73103	103104	11504	8671
0.00	9.02	20.42	14.01	5.75	22.01	2.44	0.00
16	14	28	20	24	28	7	10
144	116	247	158	209	113	119	138
1020	694	1912	1431	1810	3057	942	952
1508	1543	3390	2217	2255	4775	1501	1326
16448	14611	40344	25642	32335	42342	14185	13847
26193	29991	61586	44067	49886	86761	25736	22172
4070	3276	8077	5276	7763	13946	4026	5337
332	168	179	256	95	1149	71	110
801	703	1720	1612	3462	2076	1832	1594
1236	1053	1854	1448	4624	2320	1291	627
293	307	677	374	1320	749	568	310
12463	10312	10724	10329	16933		15018	
23066	22317	20323	20436	29758	29492	28632	29059
8122	6675	6561	6006	9679	10374	9204	10194
12	8	24	17	15	99	14	11
222	555	831	335	362	680	497	320
10210	9021		16581	41747	301034	7515	12330
28942	28743	31028	30044	67903	116496	35778	329105
8606	7702	10380	9145	14128	15315	6276	8565
323982	243064	638129	396321	523880	805992	359098	0
154100	108151	265000	169043	239704	242848	167152	148436
941	757	17109	652	1127	3421	505	22123
39731	25578	109325	51814	22912	38086	35371	

23－1 续表30

指 标	Item	武宣县 Wuxuan County	金秀瑶族自治县 Jinxiu County
行政区域面积（平方公里）	Administrative Region Land Area (sq.km)	1704	2469
常住户数（户）	Total Households at Year-end (household)	132413	47990
年末常住人口（万人）	Total Population at Year-end (10 000 persons)	36.86	12.95
年末户籍人口（万人）	Registered Population at Year-end (10 000 persons)	45.39	15.72
地区生产总值（万元）	Gross Domestic Product (10 000 yuan)	1055799	287518
第一产业增加值	Primary Industry	264336	84067
第二产业增加值	Secondary Industry	482252	63024
#工业	Industry	423053	41544
第三产业增加值	Tertiary Industry	309212	140426
人均生产总值（元）	Per Capital GDP (yuan)	28741	22358
地区生产总值指数（上年=100）	Indices of Gross Domestic Product (preceding year=100)	105.1	103.2
第一产业	Primary Industry	102.6	104.4
第二产业	Secondary Industry	103.9	98.5
#工业	Industry	103.4	108.2
第三产业	Tertiary Industry	109.3	104.7
人均生产总值指数（上年=100）	Indices of Per Capital GDP (preceding year=100)	104.3	102.1
地区生产总值构成（%）	Construction of GDP (%)		
第一产业	Primary Industry	25.0	29.2
第二产业	Secondary Industry	45.7	21.9
第三产业	Tertiary Industry	29.3	48.8
公共财政预算收入（万元）	Government Revenue (10 000 yuan)	52532	9624
税收收入（万元）	Total Tax Revenue (10 000 yuan)	39796	6748
公共财政支出（万元）	Government Expenditure (10 000 yuan)	236199	130982
年末金融机构各项存款余额（万元）	Year-end Deposits of Financial Institutions (10 000 yuan)	980952	395441
#居民储蓄存款余额	Urban & Rural Savings Deposits	593710	249226
年末金融机构各项贷款余额（万元）	Year-end Loans of Financial Institutions (10 000 yuan)	472121	227414
耕地面积（公顷）	Farmland (hectare)	60123	13699
设施农业占地面积（公顷）	Protected Agriculture Covered (hectare)	251	24
农作物总播种面积（公顷）	Total Sown Area of Major Farm Crops (hectare)	71126	21387

Continued

合山市 Heshan City	江州区 Jiangzhou District	扶绥县 Fusui County	宁明县 Ningming County	龙州县 Longzhou County	大新县 Daxin County	天等县 Tiandeng County	凭祥市 Pingxiang City
366	2918	2841	3704	2311	2747	2165	645
47030	109821	126484	113913	69112	102135	88562	39167
11.74	33.94	39.85	35.08	22.57	30.53	33.20	11.75
13.78	37.25	46.35	44.27	27.29	38.34	45.64	11.40
304413	1596760	1503785	1169067	1039053	1093834	561195	653498
42908	264443	429602	310007	246450	231748	141305	53060
117332	708134	635015	489101	420160	487584	181754	187210
61465	608975	564035	414449	335883	425998	122560	101427
144173	624183	439168	369959	372443	374502	238136	413229
25974	47269	37860	33464	46149	35916	16952	55974
102.0	108.3	107.2	108.4	107.5	107.2	104.4	112.6
103.4	103.2	103.5	102.9	104.2	104.0	101.8	103.7
98.1	108.4	108.5	110.8	107.4	105.5	100.8	111.0
94.5	106.0	107.9	109.4	107.3	104.9	105.6	107.4
105.1	110.4	109.1	110.0	109.9	111.7	108.8	114.6
101.4	107.3	106.2	107.5	107.0	106.8	104.0	111.3
14.1	16.6	28.6	26.5	23.7	21.2	25.2	8.1
38.5	44.3	42.2	41.8	40.4	44.6	32.4	28.6
47.4	39.1	29.2	31.6	35.8	34.2	42.4	63.2
14362	29967	105208	52747	47534	32722	18196	66802
11241	19552	60568	30429	31493	18232	13994	36361
120772	189105	342843	312136	249451	232850	222389	168718
349029	1816846.05	1125538	873013	841021.34	814496	740872	782995
258639	734756.44	822219	632848	536447.01	636478	563258	605677
164186	1050413.45	663030	425960	523379.2	472579	411954	355006
12368	113586	132928	83387	64867	68861	46742	9758
16	72	15	42	19	137	10	5
13085	92895	140585	75676	67606	70393	56369	12435

23－1 续表31

指 标	Item	武宣县 Wuxuan County	金秀瑶族自治县 Jinxiu County
#粮食作物	Grain Crops	28883	10916
粮食总产量（吨）	Yield of Grain (ton)	132052	47815
#稻谷	Rice	106391	36375
油料产量（吨）	Yield of Oil-bearing Crops (ton)	10406	1515
糖料产量（吨）	Yield of Sugar Crops (ton)	2092430	244195
园林水果 (不含瓜类水果) 产量 (吨)	Yield of Fruit (ton)	156025	49276
肉类总产量（吨）	Output of Meat (ton)	37054	8422
#猪肉	Pork	30212	6286
禽蛋产量（吨）	Output of Eggs (ton)	489	367
奶类产量（吨）	Output of Milk (ton)	720	0
蔬菜产量（吨）	Yield of Vegetables (ton)	189783	94927
水产品产量（吨）	Aquatic Products (ton)	13095	1868
规模以上工业企业个数（个）	Number of Industrial Enterprises above Designated Size (unit)	51	14
规模以上工业总产值（当年价，万元）	Included Gross Industrial Output Value above Designated Size (at current price，10 000 yuan)	1250790	93390
规模以上工业企业从业人员年平均人数（人）	Annual Average Number of Employed Persons (person)	5936	1236
规模以上工业企业主营业务收入（万元）	Income from Major Business (10 000 yuan)	1000012	89660
公路里程（公里）	Length of Domestic Highways (km)	1032	934
民用汽车拥有量（辆）	Number of Civil Motor Vehicles Owned (unit)	18063	9165
年末实有公共汽（电）车营运数（辆）	Year-end Total Operating Public Buses (vehicle)	172	
年末实有出租汽车数（辆）	Year-end Total Taxis (vehicle)	45	148
固定电话年末用户（户）	Number of Local Telephone Subscribers in Year-end (subscriber)	13681	19415
年末移动电话用户数（户）	Number of Mobile Telephone Subscribers at Year-end (subscriber)	277487	154610
互联网宽带接入用户（户）	Number of Internet Subscribers (subscriber)	40194	14986
全社会用电量（万千瓦时）	Total Consumption of Electricity (10 000 kwh)	60170	13918
#居民生活用电量	Household Consumption of Electricity	15449	5558
社会消费品零售总额（亿元）	Total Retail Sale of Consumer Goods (100 million yuan)	24.44	8.50
固定资产投资（不含农户）(亿元)	Investment in Fixed Assets (100 million yuan)	69.78	15.47

Continued

合山市 Heshan City	江州区 Jiangzhou District	扶绥县 Fusui County	宁明县 Ningming County	龙州县 Longzhou County	大新县 Daxin County	天等县 Tiandeng County	凭祥市 Pingxiang City
5981	10567	15805	16346	12410	26959	36768	4687
28824	43811	64237	71273	49773	123039	152555	20322
25823	30675	49733	57081	34719	83114	72059	13242
1280	3161	10888	3640	3209	1595	1793	696
308091	5981970	6254270	4189870	3821429	3154217	384365	399450
14877	80240	198560	46369	148272	79637	26263	12022
4030	8147	15454	19470	8320	31662	35435	5697
2234	4281	9728	14396	4221	22724	29448	3818
169	248	600	431	282	417	345	307
0		0	0	0		0	0
56800	55222	419942	136414	111263	91896	170901	39870
2613	11069	19117	8838	17049	11751	3912	3183
8	32	39	19	15	21	11	21
161585	1716810	1657787	1256205	1035133	1187219	248457	315426
2759	9666	9980	4299	5876	9716	2254	1456
150407	1103197	1256444	1224917	969650	1031747	201319	214479
291	1400	1238	1435	942	879	927	430
10578	23230	13093	15477	2638	26294	3672	9473
38	83	110	23	39	25	50	85
89	128	91	62	25	12	30	129
8769		19995	10886	12001	19789	11450	15058
112686		56985	223684	192604	323441	205090	111563
17952		26986	26786	31188	34687	25620	27834
47445	42677	51508	30347	30712	37220	33249	23434
5659	16235	19965	15573	13666	13989	13990	9191
10.89	27.33	22.51	15.27	19.16	12.93	10.99	23.14
17.64	135.59	169.76	120.92	105.97	118.12	68.53	112.51

23－1　续表32

指　标	Item	武宣县 Wuxuan County	金秀瑶族自治县 Jinxiu County
新增固定资产（万元）	Newly Increased Fixed Assets (10 000 yuan)	449037	81621
房地产开发投资完成额（万元）	Real Estate Development (10 000 yuan)	140774	46754
#住宅	Residential Buildings	104430	25586
住宅竣工面积（万平方米）	Completed Floor Space of Residential Buildings (10 000 sq.m)	0.12	1.90
普通中学数（所）	Number of Regular Secondary Schools (unit)	13	6
小学数（所）	Number of Primary Schools (unit)	30	92
普通中学专任教师数（人）	Full-time Teachers in Regular Secondary Schools (person)	1238	336
小学专任教师数（人）	Full-time Teachers in Primary Schools (person)	1520	781
普通中学在校学生数（人）	Student Enrollment in Regular Secondary Schools (person)	20293	4129
小学在校学生数（人）	Primary Student Enrollment (person)	32048	10001
专业技术人员（人）	Number of Professionals (person)	3640	2655
#农业技术人员	Agricultural Professionals (person)	225	150
医疗卫生机构床位数（张）	Number of Beds in Heathcare Institutions (bed)	1653	720
医疗卫生机构技术人员（人）	Medical & Technical Personnel of Heathcare Institutions (person)	1704	718
#执业（助理）医师	Practitioner (assistant) Doctors	640	287
居民人均可支配收入（元）	Per Capita Annual Disposable Income of Households (yuan)	17321	
城镇居民人均可支配收入（元）	Per Capita Annual Disposable Income of Urban Households (yuan)	28803	29068
农村居民人均可支配收入（元）	Per Capita Annual Disposable Income of Rural Households (yuan)	10245	8490
各种社会福利收养性单位数（个）	Number of Adopting Units of Social Welfare (unit)	12	12
各种社会福利收养性单位床位数（张）	Number of Beds in Adopting Units of Social Welfare (bed)	509	356
城镇基本养老保险参保人数（人）	Number of Persons Joining Basic Pension Insurance (person)	29118	15758
城镇基本医疗保险参保人数（人）	Number of Persons Joining Basic Health Care Insurance (person)	51890	20355
失业保险参保人数（人）	Number of Persons Joining Unemployment Insurance (person)	10015	4762
新型农村合作医疗参保人数（人）	Number of Persons Joining New-type Rural Cooperative Medical Service (person)	362689	129251
新型农村社会养老保险参保人数（人）	Number of Persons Joining New-type Rural Social Pension Insurance (person)	173564	56300
城镇居民最低生活保障人数（人）	Number of Urban Residents Receiving Lowest Cost-of-living (person)	678	3102
农村居民最低生活保障人数（人）	Number of Rural Residents Receiving Lowest Cost-of-living (person)	23067	28602

Continued

合山市 Heshan City	江州区 Jiangzhou District	扶绥县 Fusui County	宁明县 Ningming County	龙州县 Longzhou County	大新县 Daxin County	天等县 Tiandeng County	凭祥市 Pingxiang City
46653		1296826	1108545	895127	822113	564367	706699
10300	129384	202153	97178	26366	72095	44828	72334
7200	90777	144855	51693	23731	63217	30349	71554
		6.71	0.00	3.31	5.44		4.60
3	12	18	17	6	12	15	3
6	62	101	43	23	173	82	38
342	693	1456	786	533	851	660	321
498	1359	1642	1745	1000	1263	1584	637
4182	10318	13373	16561	9093	13665	13617	4670
8513	35796	33093	32183	14863	21492	30969	10084
1942	2858	4604	3818	2311	4002	4035	1648
65	120	127	183	65	54	59	35
489	426	1414	1147	1091	1126	1215	281
692	728	1736	1402	1225	1394	1211	713
230	245	681	349	387	404	376	264
22095	19114	18198	13639	14402		12361	20208
28360	28384	27879	23946	24726	27722	23197	29772
10265	10933	11179	9609	8844	10222	8691	9889
4	20	18	14	16	40	13	2
100	213	810	629	445	920	488	166
19062	12100	32141	164614	18104	24600	12858	11595
57000	76618	96787	40383	53479	63889	50586	13671
5905	10317	14481	11242	9325	9010	7523	6930
78969	269496	337593	386260	220358	302127	389640	79926
29186	128846	145018	0	112179	146279	187377	49436
1094	951	8025	2141	1073	1095	1405	2169
5047	10982	10428	34817	19930	40057	33524	4642

附　录

GENERAL SURVEY

（编辑：黄浩洲）

2016年广西壮族自治区
国民经济和社会发展统计公报

广西壮族自治区统计局 国家统计局广西调查总队

2017年4月11日

2016年，面对复杂严峻的国内外经济环境和持续较大的经济下行压力，自治区党委、政府坚决贯彻落实中央的各项决策部署，坚持稳中求进工作总基调，统筹做好稳增长、促改革、调结构、惠民生、防风险等各项工作，着力推进供给侧结构性改革，全区经济运行呈现缓中趋稳、稳中向好的态势，各项社会事业不断进步，实现了“十三五”良好开局。

一、综　合

初步核算，全年全区生产总值[2]（GDP）18245.07亿元，比上年增长7.3%。其中，第一产业增加值2798.61亿元，增长3.4%；第二产业增加值8219.86亿元，增长7.4%；第三产业增加值7226.60亿元，增长8.6%。第一、二、三产业增加值占地区生产总值的比重分别为15.3%、45.1%和39.6%，对经济增长的贡献率分别为7.2%、47.0%和45.8%。按常住人口计算，人均地区生产总值37876元。

图1　2012—2016年广西生产总值（GDP）及其增长速度

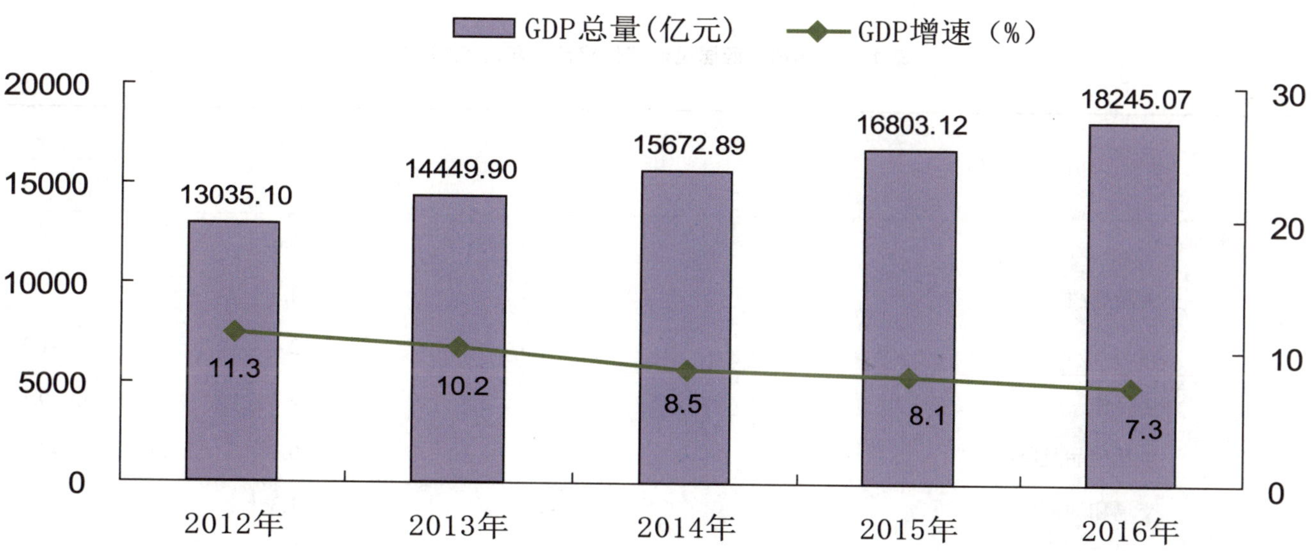

图2　2012—2016年广西人均GDP

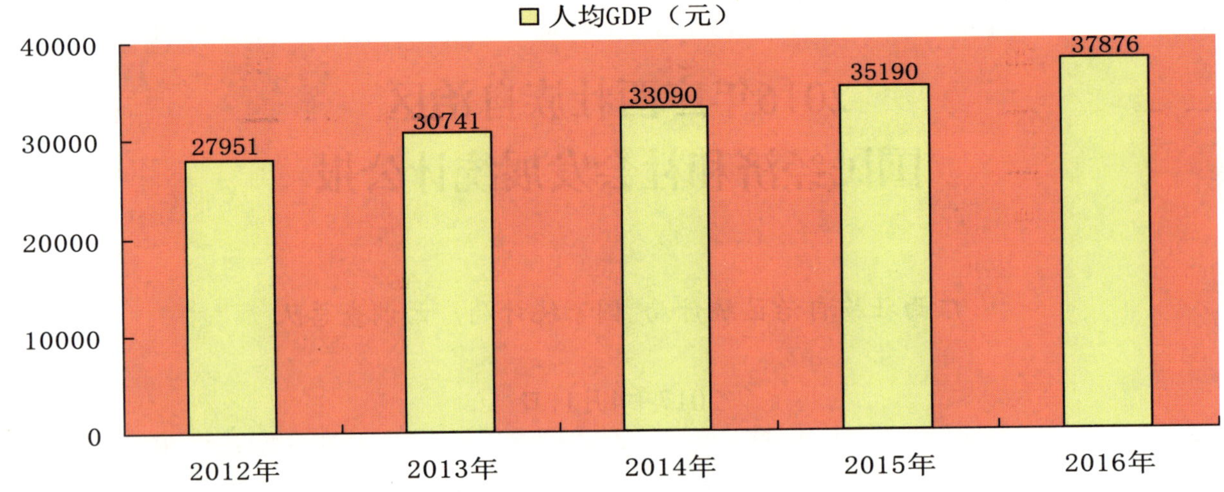

全年全区居民消费价格比上年上涨1.6%，其中食品烟酒价格上涨3.4%。固定资产投资价格下降0.5%。工业生产者出厂价格下降0.9%，工业生产者购进价格下降1.7%。农产品生产者价格上涨6.1%。农业生产资料价格上涨0.7%。

图3　2016年居民消费价格月度涨跌幅度

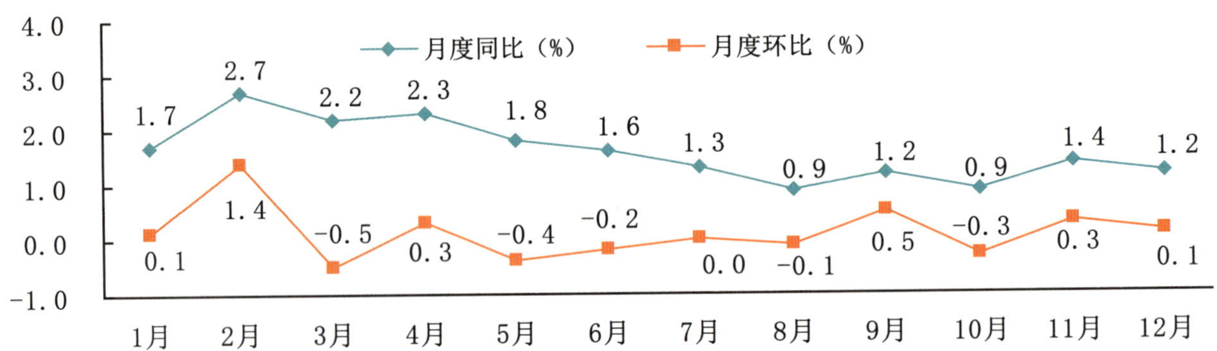

表1　2016年广西居民消费价格比上年涨跌幅度

单位：%

指　标	广　西		
		城市	农村
居民消费价格	1.6	1.6	1.7
其中：食品烟酒	3.4	3.3	3.7
衣　着	1.3	2.4	-1.3
居　住	0.3	0.2	0.3
生活用品及服务	-0.1	0.1	-0.4
交通和通信	-1.2	-1.3	-0.8
教育文化和娱乐	1.6	1.5	1.6
医疗保健	3.7	2.9	4.9
其他用品和服务	1.9	2.2	1.2

全年全区城镇新增就业41.87万人，比上年减少2.75万人。全区农村劳动力转移就业新增63.75万人次，比上年减少1.94万人次。年末城镇登记失业率2.93%。

全年全区财政收入2454.05亿元，比上年增长5.2%。一般公共预算收入1556.24亿元，增长2.7%，其中，税收收入1036.20亿元，增长0.4%。一般公共预算支出4472.48亿元，增长10.0%。

图4　2012—2016年广西财政收入

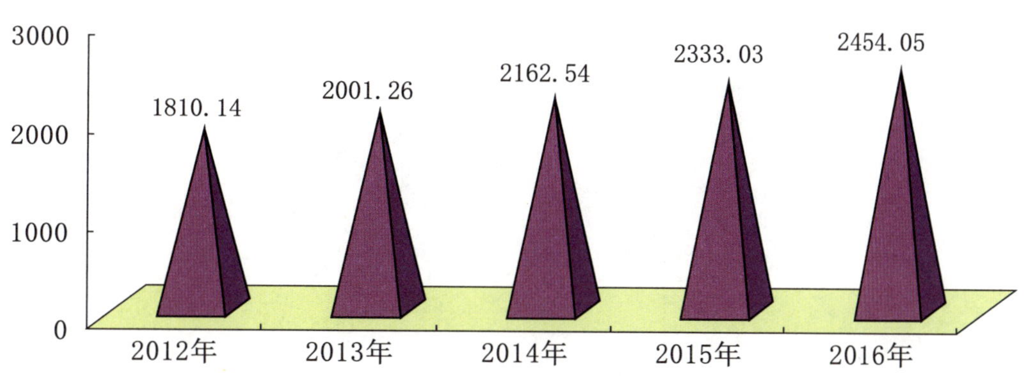

二、农　业

全年全区粮食播种面积3023.6千公顷，比上年减少35.7千公顷。油料种植面积257.21千公顷，增加8.85千公顷；甘蔗种植面积951.03千公顷，减少22.71千公顷；蔬菜种植面积1269.74千公顷，增加48.74千公顷；木薯种植面积206.87千公顷，减少6.41千公顷；果园面积1232.59千公顷，增加67.08千公顷；桑园面积205.24千公顷，增加3.87千公顷。

全年全区粮食总产量1521.3万吨，比上年减少3.5万吨，减产0.2%。其中，夏粮产量34.3万吨，减产7.3%；早稻产量529.7万吨，增产0.2%；秋粮产量957.3万吨，减产0.2%。全年谷物产量1420.6万吨，比上年减产0.1%。其中，稻谷产量1137.3万吨，减产0.1%；玉米产量279.6万吨，减产0.4%。油料产量68.73万吨，增长6.3%；甘蔗产量7461.32万吨，下降0.6%；蔬菜产量（含食用菌）2928.81万吨，增长5.1%；园林水果产量1525.20万吨，增长11.4%。

图5　2012—2016年广西粮食产量

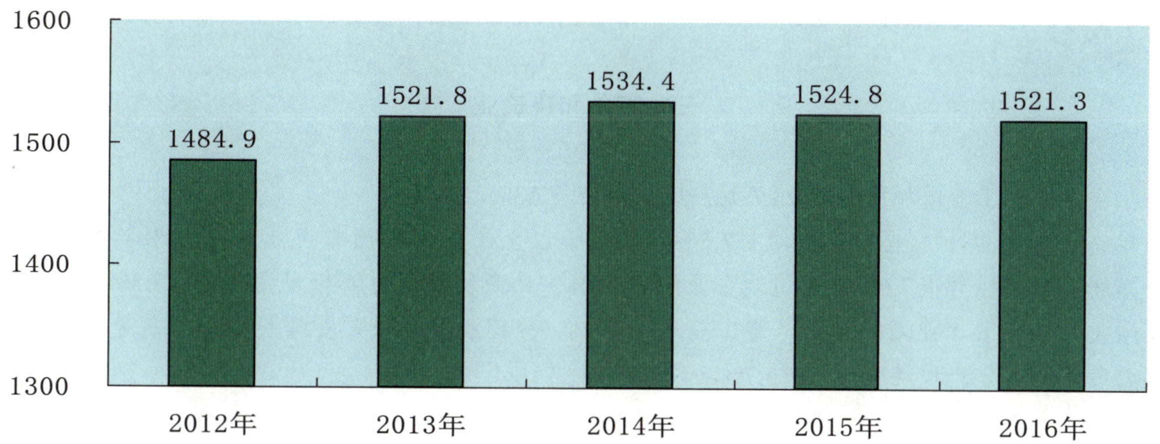

表2 2016年主要农产品产量及其增长速度

单位：万吨

产品名称	产量	比上年增长%
粮 食	1521.3	-0.2
其中：稻 谷	1137.3	-0.1
其中：早 稻	529.7	0.2
油 料	68.73	6.3
其中：花 生	64.64	6.5
甘 蔗	7461.32	-0.6
蔬 菜（含菌类）	2928.81	5.1
烤 烟	2.09	-2.4
木 薯	172.12	-2.2
园林水果	1525.20	11.4
其中：柑橘类	578.22	11.4
香蕉	319.93	8.2
菠萝	3.42	-0.4
荔枝	66.75	4.7
龙眼	59.67	4.0
芒果	58.44	19.3
茶 叶	6.81	7.0
蚕 茧	37.80	4.8

全年全区猪牛羊禽肉总产量402.8万吨，比上年下降1.5%；其中猪肉产量249.8万吨，下降3.5%；牛肉产量14.7万吨，增长2.3%；羊肉产量3.3万吨，增长0.8%；禽肉产量135.0万吨，增长1.9%。禽蛋产量23.1万吨，增长0.9%；牛奶产量9.7万吨，下降3.9%。全年生猪出栏3280.1万头，比上年下降4.0%；年末生猪存栏2216.1万头，比上年末下降3.8%。全年蚕茧产量37.80万吨，增长4.8%。水产品产量361.52万吨，增长4.6%，其中海水产品产量186.95万吨，增长4.2%。

全年全区木材采伐量3410万立方米，比上年增长14.4%。松脂产量67.35万吨，增长3.4%。

三、工业和建筑业

全年全区全部工业增加值6764.13亿元，比上年增长7.3%。

全年全区规模以上工业增加值增长7.5%。在规模以上工业中，国有企业增长8.2%，集体企业增长5.1%，股份合作企业增长7.6%，股份制企业增长7.6%，外商及港澳台商投资企业增长7.3%，其他经济类型企业增长7.2%。轻工业增长3.8%，重工业增长9.1%。分门类看，采矿业增长1.4%，制造业增长8.0%，电力热力燃气及水生产和供应业增长5.7%。

图6　2012—2016年广西全部工业增加值

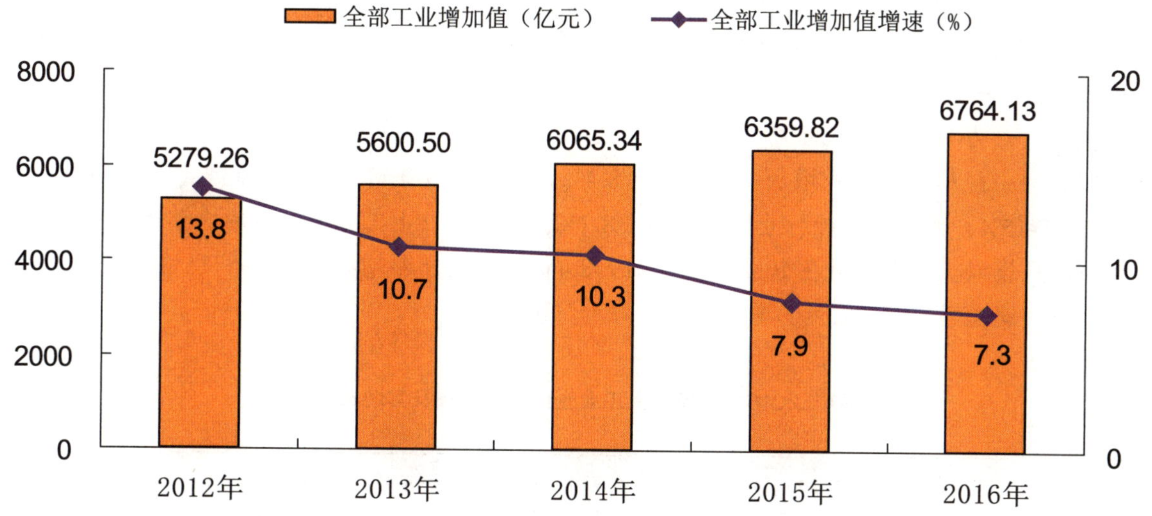

表3　2016年规模以上工业主要产品产量及其增长速度

产品名称	单　位	产　量	比上年增长%
成品糖	万吨	914.29	-0.7
发酵酒精	千升	739861	-14.1
卷　烟	亿支	738.67	-5.8
机制纸及纸板	万吨	288.71	0.7
原　煤	万吨	399.59	1.1
发电量	亿千瓦小时	1281.41	3.9
其中：火电[3]	亿千瓦小时	574.21	5.6
水电	亿千瓦小时	594.22	-12.1
粗　钢	万吨	2109.57	0.3
钢　材	万吨	3644.70	2.8
十种有色金属	万吨	180.26	14.8
其中：电解铝	万吨	78.36	36.1
氧化铝	万吨	906.00	7.1
水　泥	万吨	11970.65	7.3
显示器	万台	2022.52	29.3
电子元件	亿只	198.45	48.2
化　肥（折100%）	万吨	85.60	-22.5
发动机	万千瓦	19657.61	6.0
汽　车	万辆	245.45	7.0
铁合金	万吨	521.08	-3.2

全年全区规模以上工业中，农副食品加工业增加值比上年增长4.5%，木材加工和木竹藤棕草制品业增长11.4%，通用设备制造业增长15.4%，专用设备制造业增长8.0%，计算机通信和其他电子设备制造业增长11.3%，电气机械及器材制造业增长15.6%，汽车制造业增长7.1%，非金属矿物制品业增长14.4%，化学原料及化学制品制造业增长6.0%，有色金属冶炼及压延加工业增长15.9%，黑色金属冶炼及压延加工业增长6.1%，电力热力生产和供应业增长5.3%，石油加工炼焦及核燃料加工业增长1.5%。高技术制造业增加值增长8.9%，占规模以上工业增加值的比重为8.4%。装备制造业增加值增长9.9%，占规模以上工业增加值的比重为24.5%。六大高耗能行业增加值增长8.7%，占规模以上工业增加值的比重为37.9%。

全年全区规模以上工业企业主营业务收入21978.4亿元，比上年增长9.0%；利税总额2285.2亿元，增长3.2%，其中利润总额1287.7亿元，增长8.9%。

表4　2016年规模以上工业企业利润总额及其增长速度

单位：亿元

指　　标	利润总额	比上年增长%
规模以上工业企业	1287.7	8.9
其中：国有控股企业	273.5	25.5
其中：大中型企业	910.2	12.8
其中：国有企业	16.5	亏转盈
集体企业	18.1	3.4
股份合作企业	-1.5	盈转亏
股份制企业	891.8	6.1
外商及港澳台投资企业	296.8	14.9
其他经济类型企业	66.1	4.4
其中：轻工业	373.0	0.3
重工业	914.7	12.9

分行业看，计算机通信和其他电子设备制造业实现利润121.7亿元，比上年增长29.1%；电气机械和器材制造业实现利润61.9亿元，增长12.5%；有色金属冶炼及压延加工业实现利润22.3亿元，增长189.6%；农副食品加工业实现利润129.5亿元，下降8.6%；电力热力行业实现利润63.3亿元，下降27.9%；汽车制造业实现利润112.8亿元，增长10.6%;化学原料及化学制品制造业实现利润59.3亿元，下降3.6%；非金属矿物制品业实现利润141.4亿元，增长0.3%；黑色金属冶炼业实现利润109.0亿元，增长72.7%。

全年全区全社会建筑业增加值1456.41亿元，比上年增长7.8%。全区具有资质等级的总承包和专业承包建筑业企业实现利润62.98亿元，比上年增长15.9%；上缴税金98.50亿元，增长5.2%。

四、固定资产投资

全年全区全社会固定资产投资18236.78亿元，比上年增长12.4%，扣除价格因素，实际增长12.9%。其中，固定资产投资（不含农户）17652.95亿元，比上年增长12.8%。

图7 2012—2016年广西全社会固定资产投资

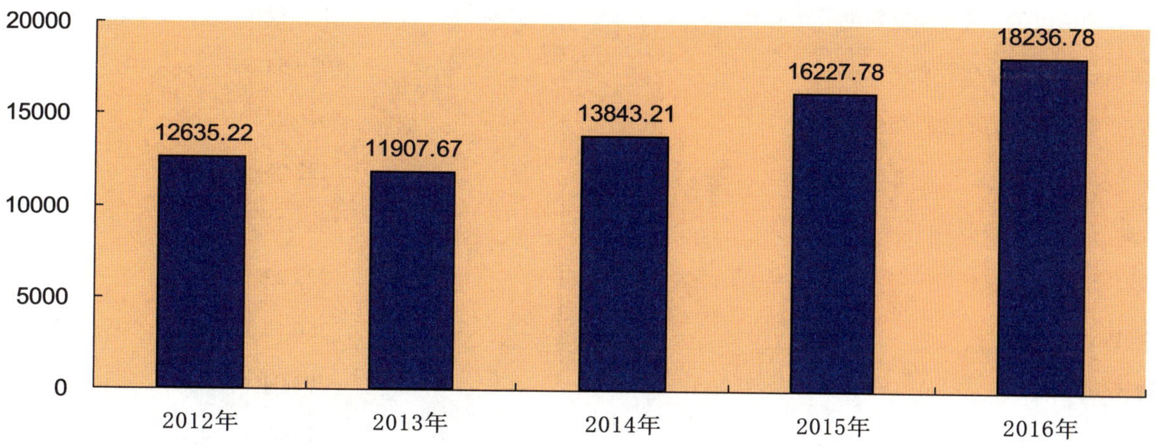

注：2013年起广西固定资产投资统计口径从计划总投资50万元项目提高至500万元。

在固定资产投资（不含农户）中，第一产业投资948.89亿元，比上年增长26.8%；第二产业投资6526.70亿元，增长0.7%，其中工业投资6404.46亿元，增长0.2%；第三产业投资10177.35亿元，增长20.8%。基础设施投资5909.91亿元，增长20.9%，占固定资产投资（不含农户）的比重为33.5%。民间固定资产投资10869.59亿元，增长7.5%，占固定资产投资（不含农户）的比重为61.2%。高技术产业投资834.71亿元，增长15.9%，占固定资产投资（不含农户）的比重为4.7%。

表5 2016年分行业固定资产投资（不含农户）及其增长速度

单位：亿元

行　　业	投资额	比上年增长%
总　计	17652.95	12.8
农、林、牧、渔业	948.89	26.8
采矿业	276.88	-29.7
制造业	5188.04	-1.2
其中：农副食品加工业	367.40	13.1
造纸和纸制品业	136.18	8.3
石油加工、炼焦和核燃料加工业	27.39	-44.0
化学原料和化学制品制造业	255.10	-8.8
非金属矿物制品业	863.09	-3.0
黑色金属冶炼和压延加工业	99.83	-27.1
有色金属冶炼和压延加工业	145.87	-20.2
金属制品业	202.62	7.4
通用设备制造业	175.79	5.4
专用设备制造业	253.07	3.9
交通运输设备制造业	40.41	-16.9
电气机械和器材制造业	213.87	-1.0

续表

行　　业	投资额	比上年增长%
通信设备计算机和其他电子设备制造业	183.17	4.9
电力、热力、燃气和水生产和供应业	939.53	26.4
其中：电力、热力的生产与供应业	676.97	35.2
建筑业	122.25	38.1
交通运输、仓储和邮政业	1844.22	17.6
信息传输、软件和信息技术服务业	223.23	46.1
批发和零售业	756.17	14.7
住宿和餐饮业	202.04	-6.8
金融业	72.07	84.8
房地产业	2999.09	24.4
租赁和商务服务业	560.11	47.3
科学研究和技术服务业	153.43	31.3
水利、环境和公共设施管理业	2087.68	21.0
居民服务、修理和其他服务业	94.15	27.1
教育	477.54	22.0
卫生和社会工作	219.03	27.3
文化、体育和娱乐业	224.86	-0.1
公共管理、社会保障和社会组织	262.50	-11.2

全年全区房地产开发投资2397.99亿元，比上年增长25.6%。其中，住宅投资1725.29亿元，增长22.6%；办公楼投资93.53亿元，增长28.9%；商业营业用房投资320.21亿元，增长31.3%。商品房施工面积21134.65万平方米，增长13.6%，其中住宅15339.29万平方米，增长11.6%。商品房竣工面积1735.05万平方米，增长3.6%，其中住宅1373.27万平方米，增长4.8%。商品房销售面积4215.39万平方米，增长19.6%，其中住宅3864.01万平方米，增长21.5%。

表6　2016年房地产开发和销售主要指标完成情况及其增长速度

指　　标	单　位	绝对数	比上年增长%
投资额	亿元	2397.99	25.6
其中：住宅	亿元	1725.29	22.6
其中：90平方米及以下	亿元	550.10	12.5
房屋施工面积	万平方米	21134.65	13.6
其中：住宅	万平方米	15339.29	11.6
房屋新开工面积	万平方米	4984.18	29.5
其中：住宅	万平方米	3577.13	28.0
房屋竣工面积	万平方米	1735.05	3.6

续表

指　　标	单　位	绝对数	比上年增长%
其中：住宅	万平方米	1373.27	4.8
商品房销售面积	万平方米	4215.39	19.6
其中：住宅	万平方米	3864.01	21.5
本年资金来源	亿元	3159.72	35.1
其中：国内贷款	亿元	468.38	41.1
其中：个人按揭贷款	亿元	632.64	40.4
本年购置土地面积	万平方米	639.10	53.6
土地成交价款	亿元	206.53	90.4

五、国内贸易

全年全区社会消费品零售总额7027.31亿元，比上年增长10.7%，扣除价格因素，实际增长10.3%。按经营地统计，城镇消费品零售额6193.53亿元，增长10.6%；乡村消费品零售额833.78亿元，增长11.5%。

图8　2012—2016年广西社会消费品零售总额

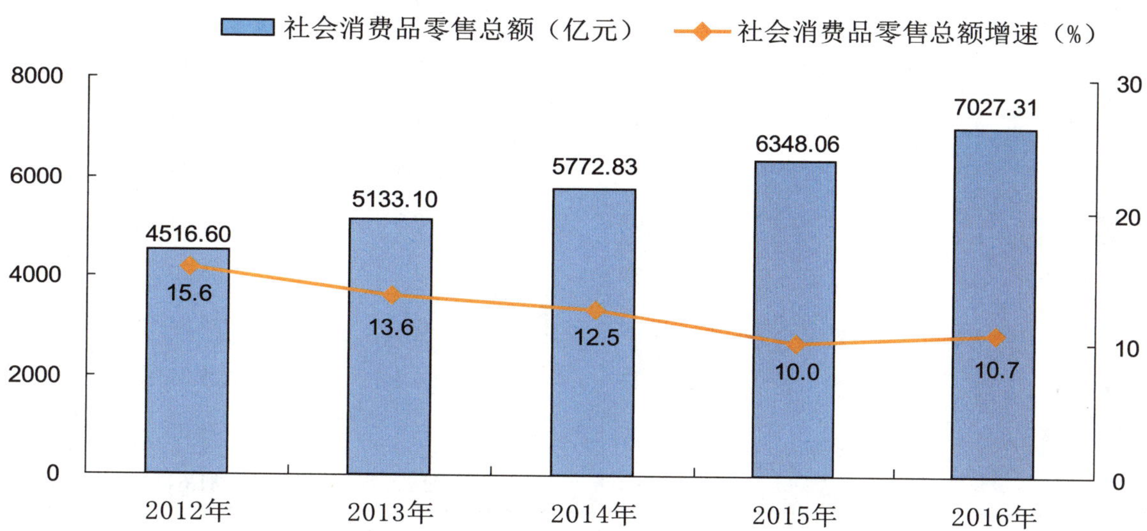

在限额以上企业商品零售额中，建筑及装潢材料类零售额比上年增长130.0%，中西药品类增长15.1%，汽车类增长13.9%，家具类增长11.8%，通讯器材类增长11.2%，日用品类增长9.4%，体育娱乐用品类增长8.4%，服装鞋帽针纺织品类增长5.5%，化妆品类增长4.4%，石油及制品类增长3.5%，家用电器和音像器材类增长2.0%，粮油食品类下降1.6%。

六、对外经济

全年全区货物进出口总额3170.42亿元，比上年下降0.5%。其中，货物出口1523.83亿元，比上年下降12.4%；货物进口1646.59亿元，增长13.9%。贸易逆差（出口小于进口）122.75亿元。从出口企业性质看，国有企业出口164.58亿元，比上年下降10.9%；外商投资企业出口283.63亿元，增长3.1%；私营企业出口993.80亿元，下降21.6%。

表7　2016年货物进出口总额及其增长速度

单位：亿美元

指　　标	绝对数	比上年增长%
货物进出口总额	3170.42	-0.5
其中：一般贸易	828.43	-6.1
其中：货物出口额	1523.83	-12.4
其中：一般贸易	307.91	-1.5
来料加工	84.77	-12.9
进料加工	255.68	-0.5
边境小额贸易	752.58	-25.9
货物进口额	1646.59	13.9

表8　2016年对主要国家和地区货物进出口总额及其增长速度

单位：亿美元

国家和地区	货物出口额	比上年增长%	货物进口额	比上年增长%
亚洲	1267.74	-16.3	1125.79	23.2
其中：东盟	991.93	-17.8	843.50	40.4
其中：越南	916.16	-17.5	673.08	58.4
其中：中国香港	194.59	-14.4	1.38	-96.3
日本	23.00	-1.4	22.71	28.3
韩国	12.47	11.7	13.24	15.9
非洲	20.84	-7.9	34.23	-2.9
欧洲	66.09	3.0	54.72	-13.6
其中：欧盟	60.39	6.2	35.20	-20.3
拉丁美洲	30.09	42.1	224.86	-10.2
北美洲	115.13	17.1	125.35	7.8
其中：美国	110.27	19.5	75.06	4.7
大洋洲	23.94	26.2	81.64	22.6

全年全区批准项目合同外资额（商务部口径，下同）23.19亿美元，比上年下降30.9%；实际利用外资额8.88亿美元，比上年下降48.4%。

全年全区对外承包工程和劳务合作完成营业额8.51亿美元，比上年下降9.5%。

七、交通、邮电和旅游

全年全区交通运输、仓储和邮政业增加值855.67亿元，比上年增长4.5%。

年末全区公路总里程12.05万公里，比上年新增0.25万公里；其中，高速公路里程4603公里，比上年新增315公里。年末铁路营业总里程5141公里，比上年新增55公里；其中，高速铁路营业里程1751公里。

表9　2016年旅客、货物运输量及其增长速度

指　　标	单　位	绝对数	比上年增长%
旅客运输总量	亿人	5.08	-0.4
旅客运输周转量	亿人公里	744.14	1.7
货物运输总量	亿吨	15.82	5.6
货物运输周转量	亿吨公里	4246.09	4.5

全年全区港口完成货物吞吐量3.21亿吨，比上年增长1.9%，其中外贸货物吞吐量1.22亿吨，下降4.1%。港口集装箱吞吐量251.49万标准箱，增长23.0%。

年末全区民用汽车保有量427.34万辆，比上年末增长16.6%，其中轿车208.76万辆，增长18.2%。年末私人汽车保有量378.12万辆，增长19.4%。

全年全区完成邮电业务总量1000.57亿元，比上年增长53.5%。其中，邮政业务总量63.70亿元，增长45.9%；电信业务总量936.87亿元，增长54.1%。全年局用交换机（含接入网设备）总容量1158万门。年末全区固定及移动电话用户4123.09万户，比上年末增加88.55万户。年末固定电话用户348.94万户。其中，城市电话用户244.36万户，农村电话用户104.58万户。年末移动电话用户3774.15万户，比上年末增加179.27万户。电话普及率85.59部/百人。年末互联网用户3953.9万户，比上年末增加439.82万户。

全年全区入境过夜游客482.52万人次，比上年增长7.2%；国际旅游（外汇）消费21.64亿美元，增长12.9%。接待国内旅客4.04亿人次，增长20.1%，国内旅游消费4047.65亿元，增长29.1%。旅游总消费4191.36亿元，增长28.8%。

八、金　融

全年全区金融业增加值1135.45亿元，比上年增长10.9%。

年末全区金融机构本外币各项存款余额25477.80亿元，比年初增加2684.26亿元，其中人民币各项存款余额25257.56亿元，增加2690.59亿元。年末金融机构本外币各项贷款余额20640.54亿元，比年初增加2521.15元，其中人民币各项贷款余额20175.77亿元，增加2518.92亿元。

表10　2016年金融机构本外币存贷款余额及其增长速度

单位：亿元

指　　标	年末数	比上年末增长%
各项存款余额	25477.80	11.8
其中：住户存款	12606.56	10.3
其中：人民币	12548.64	10.2
非金融企业存款	7496.93	17.4
各项贷款余额	20640.54	13.9
其中：境内短期贷款	4593.91	-3.8
境内中长期贷款	14719.50	18.6

年末全区上市公司（A股）数量35家，市价总值3541.45亿元，比上年末下降2.7%。

全年全区保险公司原保险保费收入469.2亿元，比上年增长 21.6%。其中，财产险业务原保险保费收入165.7亿元，增长12.6%；寿险业务原保险保费收入238.6亿元，增长28.7%；健康险和意外险业务原保险保费收入64.9亿元，增长22.0%。支付各类赔款及给付159.0亿元，增长19.7%。其中，财产险业务赔款76.0亿元，增长5.0%；寿险业务给付58.0亿元，增长31.8%；健康险和意外险业务赔款及给付25.0亿元，增长52.1%。

九、教育和科学技术

全年全区研究生教育招生1.0万人，在校研究生2.77万人，毕业生0.88万人。普通高等教育招生25.95万人，在校生81.03万人，毕业生18.94万人。各类中等职业教育（含技工）招生31.19万人，在校生81.02万人，毕业生24.95万人。普通高中招生33.85万人，在校生91.89万人，毕业生26.85万人。普通初中招生69.73万人，在校生198.75万人，毕业生64.96万人。普通小学招生78.28万人，在校生451.37万人，毕业生69.85万人。特殊教育招生0.33万人，在校生1.59万人，毕业生0.16万人。学前教育在校生209.64万人。

表11　2016年各类教育发展情况

单位：万人

指　　标	招生人数	在校生人数	毕业生人数
研究生	1.00	2.77	0.88
普通高等教育	25.95	81.03	18.94
中等职业教育（含技工）	31.19	81.02	24.95
普通高中	33.85	91.89	26.85
普通初中	69.73	198.75	64.96
普通小学	78.28	451.37	69.85
特殊教育	0.33	1.59	0.16

全年全区安排科学研究与技术开发计划项目1573项，资助经费68955万元。其中，科技重大专项经费10265万元；重点研发计划经费15370万元；技术创新引导专项（基金）经费12650万元；科技基地和人才专项经费24310万元；自然科学基金6360万元。取得省部级以上登记科技成果3364项，其中，应用技术成果2837项；软科学研究成果14项；基础理论成果513项。全年全区获广西科技进步奖项目155项，其中，特别贡献奖1项；自然科学奖13项；技术发明奖23项；科学技术进步奖118项。全年全区专利申请量59231件，比上年增长35.6%，其中发明专利申请量43078件，比上年增长39.8%。全年全区授权专利14852件，比上年增长9.4%，其中授权发明专利5158件，比上年增长28.4%。每万人口发明专利拥有量为3.00件，比上年增长50%。全年共签订技术合同1832项，技术合同成交金额34.14亿元。

年末全区共有产品检测实验室（指全区获得省级实验室资质认定的检验检测实验室）1016个，国家级质检中心11个，自治区级质检中心38个。全区累计完成产品认证企业个数（有效期内）1253个。全区共有法定计量技术机构87个，全年强制检定计量器具136.42万台（件）。累计制、修订地方标准208个，有效期内广西名牌产品数390个，地理标志保护产品56个。全区共有地震台站128个，地震监测台网7个。

全年全区各级气象台共发布气象预警信号9826次，全年自治区气象台发布预警121次。全区共有海洋观测站5个。

十、文化、卫生和体育

年末全区共有县级以上公共图书馆112个，文化馆123个，博物馆106个，国有艺术表演团体22个，娱乐场所3046个，互联网上网服务营业场所（网吧）4365个。年末全区共有50个项目列入国家级非物质文化遗产名录，618个项目列入自治区级非物质文化遗产名录。

按机构分，年末全区共有广播电台7座，电视台6座，广播电视台84座。有线广播电视用户673.82万户，数字电视用户510.47万户。年末广播节目综合人口覆盖率为96.9%；电视节目综合人口覆盖率为98.4%。全年全区出版各类报纸6.57亿份，各类期刊0.47亿册，图书2.77亿册。年末全区共有档案馆158个，已开放各类档案81.59万卷。

年末全区共有医疗卫生机构34255个，其中，医院543个，乡镇卫生院1267个，社区卫生服务中心150个，诊所（卫生所、医务室）9281个，村卫生室21011个，疾病预防控制中心115个，卫生监督所（中心）112个，妇幼保健院（所、站）103个。卫生技术人员29万人，其中执业医师和执业助理医师9.67万人，注册护士12.26万人。医疗卫生机构床位22.47万张，其中医院14.85万张，乡镇卫生院6.05万张。全年全区甲乙丙类法定报告传染病51.48万例，报告发病率1073.5人/10万，报告死亡率6.14人/10万。

全年全区运动员在世界三大赛中获金银铜牌15枚，其中金牌6枚，银牌7枚，铜牌2枚。有2人创2项世界纪录，有3人创4项全国纪录。

十一、人口、人民生活和社会保障

年末全区户籍总人口5579万人，比上年末增加61万人。年末全区常住人口[4]4838万人，比上年末增加42万人，其中城镇人口2326万人。全年出生人口77万人，出生率13.82‰；死亡人口29万人，死亡率5.95‰；自然增长率7.87‰。

表12　2016年常住人口及其主要构成

单位：万人

指　　标	年末数	比重%
全区常住人口	4838	—
其中：城镇	2326	48.08
乡村	2512	51.92
其中：男性	2512.4	51.93
女性	2325.6	48.07
其中：0—14岁	1068.2	22.08
15—64岁	3288.4	67.97
65岁及以上	481.4	9.95

全年全区居民人均可支配收入18305元，比上年增长8.5%，扣除价格因素，实际增长6.8%。全区居民人均可支配收入中位数[5]15295元，增长7.0%。按常住地分，城镇居民人均可支配收入28324元，比上年增长7.2%，扣除价格因素，实际增长5.5%；城镇居民人均可支配收入中位数为27189元，增长6.0%。农村居民人均可支配收入10359元，比上年增长9.4%，扣除价格因素，实际增长7.6%；农村居民人均可支配

收入中位数为9449元，增长6.7%。本地非农务工人均月收入2598元，增长5.7%；外出农民工人均月收入3087元，增长5.8%。

全年全区居民人均消费支出12295元，比上年增长7.8%，扣除价格因素，实际增长6.1%。按常住地分，城镇居民人均消费支出17268元，增长5.8%，扣除价格因素，实际增长4.1%；农村居民人均消费支出8351元，增长10.2%，扣除价格因素，实际增长8.4%。农村居民家庭食品消费支出占消费总支出的比重（即恩格尔系数）为34.5%，城镇为34.4%。

表13 2011—2016年城乡居民生活改善情况

指 标 \ 年 份	2011	2012	2013	2014	2015	2016
城镇居民人均可支配收入（元）	18356	20681	22689	24669	26416	28324
农村居民人均可支配收入（元）	6003	6894	7793	8683	9467	10359
城镇居民家庭恩格尔系数（%）	39.5	39.0	37.9	35.2	34.4	34.4
农村居民家庭恩格尔系数（%）	43.8	42.8	40.0	36.9	35.4	34.5

说明：因国家住户调查方法制度改革，自2016年起不再发布农村居民人均纯收入和老口径的城镇居民人均可支配收入数据，只发布农村居民人均可支配收入和新口径的城镇居民人均可支配收入数据，并推算至2010年，表中数据均为新口径可支配收入数据。

年末全区参加城镇职工（包括企业和机关事业单位）基本养老保险人数751.91万人，比上年末（注：2015年我区机关事业单位基本养老保险尚未实施）增加175.28万人，其中，参保职工511.24万人，参保离退休人员240.67万人。参加城镇基本医疗保险的人数1096.42万人，增加18.83万人（其中，参加城镇职工基本医疗保险人数530.71万人，参加城镇居民基本医疗保险人数565.71万人）。参加城镇基本医疗保险的农民工26.54万人，增加4.06万人。参加失业保险的人数283.71万人，增加10.53万人，领取失业保险金人数5.93万人。参加工伤保险的人数374.07万人，增加13.59万人（其中，参加工伤保险的农民工52.05万人，增加0.7万人）。参加生育保险的人数319.59万人，增加11.73万人。年末参加城乡居民基本养老保险的人数1772.03万人，比上年增加30.52万人。2016年末全区社会保障卡持卡人数2586.37万人。

年末全区共有111个县（市、区）开展了新型农村合作医疗试点工作，新型农村合作医疗参合率99.3%；新型农村合作医疗基金支出总额为180.64亿元，受益人数6651.49万人次。

年末全区共有提供住宿的养老服务机构和设施1.2万个，床位16.2万张，年末收养6.9万人。为儿童提供救助收养服务的机构43个，床位3130张，年末收养1550人。各类社区服务设施1146个，其中社区服务中心82个，社区服务站633个。城市低保22.4万人，农村低保290.6万人，特困人员救助供养26.9万人。民政部门资助参加基本医疗保险147.7万人，民政部门直接救助60.1万人次。

十二、资源、环境和安全生产

全年全区国有建设用地供应总量1.51万公顷，比上年下降5.6%。其中，工矿仓储用地0.29万公顷，增长3.6%；住宅用地0.23万公顷，增长4.6%；基础设施等用地0.91万公顷，下降9.9%。

全年全区水资源总量2232.7亿立方米。全年平均降水量1665毫米。年末全区监测的57座大型水库蓄水总量285.1亿立方米，比上年末蓄水量略有减少。全年总用水量290.6亿立方米，比上年下降2.9%。其中，生活用水增长0.05%，工业用水减少10.2%，农业用水减少1.7%，生态补水增长13.3%。万元地区生产总值用水量[6] 161立方米，比上年下降9.6%。万元工业增加值用水量73立方米，下降17.1%。人均用水量600立方米，比上年下降3.9%。

全年全区完成造林面积244.5千公顷，其中人工造林面积105.3千公顷，占全部造林面积的43.1%。全区建成自然保护区达到78个，其中国家级自然保护区23个。自然保护区面积135.3万公顷。森林覆盖率62.28%。活立木蓄积量7.62亿立方米。森林蓄积量（乔木林）7.23亿立方米。新增水土流失治理面积1775.5平方公里。

全年全区平均气温为21.4℃，比上年下降0.1℃，共有4个热带气旋直接影响广西。

初步核算，全年全区能源消费总量比上年增长3.4%，电力消费量增长1.78%。全区万元地区生产总值能耗下降3.6%。规模以上万元工业增加值综合能源消耗比上年下降5.5%。工业企业原油加工单位综合能耗下降0.72%，单位氧化铝综合能耗下降1.08%，单位电解铝综合能耗下降0.06%，每千瓦时火力发电标准煤耗上升2.17%。

近岸海域66个海水水质监测点中，达到国家一、二类海水水质标准的监测点占30%，三类海水占44%，四类、劣四类海水占26%。

在监测的14个城市中，城市空气质量达标的城市占35.7%，未达标的城市占64.3%。在监测的14个城市中，城市区域声环境质量较好的城市占64.3%，轻度污染的占35.7%。

年末全区城市污水处理厂日处理能力423.3万立方米，比上年末增长1.3%；城市污水处理率为92.0%，提高2.9个百分点。城市生活垃圾无害化处理率为99.1%，提高1.5个百分点。城市建成区绿地率为30.9%，提高0.5个百分点；人均公园绿地面积10.63平方米，增加0.24平方米。

全年全区农作物受灾面积232.5千公顷，其中农作物绝收面积13.1千公顷。

全年全区各类生产安全事故共死亡1580人，比上年下降36.3%。道路交通事故造成伤亡人数为5860人，下降4%。

注释：

［1］本公报中2016年数据均为初步统计数。部分数据因四舍五入的原因，存在与分项合计不等的情况。

［2］地区生产总值、各产业增加值绝对数按现价计算，增长速度按不变价格计算。

［3］火电包括燃煤发电量，燃油发电量，燃气发电量，余热、余压、余气发电量，垃圾焚烧发电量，生物质发电量。

［4］常住人口指在广西居住半年以上的人口，以及户口在广西、外出广西不满半年或在境外工作学习的人口。

［5］人均收入中位数是指将所有调查户按人均收入水平从低到高顺序排列，处于最中间位置的调查户的人均收入。

［6］万元地区生产总值用水量、万元工业增加值用水量、万元地区生产总值能耗按2015年价格计算。

［7］自2016年起，自治区本级财政科技计划整合为广西科技重大专项、广西重点研发计划、广西技术创新引导专项（基金）、广西科技基地和人才专项、广西自然科学基金五大类。

资料来源：

本公报中城镇新增就业、登记失业率、社会保障数据来自人力资源社会保障厅；户籍总人口数据来自公安厅；财政数据来自财政厅；物价、城乡居民收入和支出、恩格尔系数、部分农业数据来自国家统计局广西调查总队；进出口数据来自南宁海关；外商直接投资、对外承包工程和劳务合作等数据来自商务厅；金融数据来自中国人民银行南宁中心支行；保险数据来自中国保险监督委员会广西监管局；旅游数据来自旅游发展委；公路里程、港口数据来自交通运输厅；旅客、货物运输量和周转量数据来自交通运输厅、南宁铁路局和广西机场集团；铁路营业里程、高速铁路数据来自南宁铁路局；汽车保有量数据来自自治区交警总队；邮政业务数据来自自治区邮政管理局；电信业务数据来自自治区通信管理局；教育数据来自教育厅；安排科技计划课题、专利数据、技术合同等数据来自科技厅；质量检验、标准制定修订数据来自自治区质量技术监督局；地震数据来自自治区地震局；艺术表演团体、博物馆、公共图书馆、文化馆、娱乐场所、互联网上网服务营业场所（网吧）、非物质文化遗产数据来自文化厅；广播电视、报纸、期刊、图书数据来自自治区新闻出版广电局；档案数据来自自治区档案局；卫生、新农合数据来自卫计委；体育数据来自自治区体育局；社会服务及救助数据来自民政厅；安全生产数据来自自治区安全生产监督管理局；交通事故数据来自公安厅；气象预警、平均气温、登陆台风数据来自自治区气象局；国有建设用地供应数据来自国土资源厅；水资源、新增水土流失治理面积数据来自水利厅；林业数据来自林业厅；自然保护区、环境监测数据来自环境保护厅；城市污水处理、建成区绿地覆盖率来自住房城乡建设厅；其他数据均来自自治区统计局。